Carl Andresen

Theologie und Kirche im Horizont der Antike

Arbeiten zur Kirchengeschichte

Begründet von
Karl Holl† und Hans Lietzmann†

herausgegeben von
Christian Albrecht und Christoph Markschies

Band 112

Walter de Gruyter · Berlin · New York

Carl Andresen

Theologie und Kirche im Horizont der Antike

Gesammelte Aufsätze zur Geschichte der Alten Kirche

Herausgegeben von

Peter Gemeinhardt

Walter de Gruyter · Berlin · New York

∞ Gedruckt auf säurefreiem Papier,
das die US-ANSI-Norm über Haltbarkeit erfüllt.

ISSN 1861-5996
ISBN 978-3-11-021642-4

Bibliografische Information der Deutschen Nationalbibliothek

Die Deutsche Nationalbibliothek verzeichnet diese Publikation in der Deutschen
Nationalbibliografie; detaillierte bibliografische Daten sind im Internet
über http://dnb.d-nb.de abrufbar.

Vorwort

Am 28. Juli 2009 wäre der Göttinger Kirchenhistoriker Carl Andresen einhundert Jahre alt geworden. Fragt man nach theologischen Themen, für die bis heute sein Name steht, stößt man schnell auf das Spannungsfeld von „Antike und Christentum". Nicht nur stammt der so benannte Artikel in der „Theologischen Realenzyklopädie" (Band 4, 1979, 50-99) aus Andresens Feder. Schon seine Kieler Habilitationsschrift über „Logos und Nomos. Die Polemik des Kelsos wider das Christentum", die 1955 als Band 40 der „Arbeiten zur Kirchengeschichte" erschien, war der Verhältnisbestimmung von Antike und Christentum gewidmet. Geht es hier um die antike Philosophie als Terrain der Begegnung, so hat Andresen in weiteren Studien auch Themen des Ritus, des Rechtes und der Ethik behandelt, um den Ort von Theologie und Kirche im Horizont der Antike präzise zu bestimmen. Diese Beiträge sind an verschiedenen, teils entlegenen Orten erschienen; manche Vorträge wurden bis heute nicht publiziert. Sie werden hier in einer Auswahl erstmals oder erneut abgedruckt, über die unten Rechenschaft abgelegt wird. Die Reihe „Arbeiten zur Kirchengeschichte", die sein Berliner Lehrer Hans Lietzmann begründet hatte, gab Andresen selbst von 1971 bis 1984 gemeinsam mit Kurt Aland und Gerhard Müller heraus. So ist es ebenso passend wie erfreulich, dass sich Reihenherausgeber und Verleger bereit gefunden haben, auch die Gesammelten Aufsätze in dieser Reihe erscheinen zu lassen.

I.

Carl Andresen wurde am 28. Juli 1909 in Agerskov (Dänemark) geboren.[1] Er studierte evangelische Theologie in Tübingen, Berlin und Kiel. In der Autobiographie, die er in den letzten Monaten seines Lebens begonnen hatte, aber unvollendet lassen musste, tritt klar zu Tage, welcher Ort der zutiefst prägende war: Berlin, wo er in engem Kontakt zu Hans Lietzmann stand, bei dem er als Hilfsarbeiter der Kirchenväterkommission und als Senior im kirchenhistorischen Seminar wirkte. 1932 legte Carl Andresen das erste, 1934 das zweite Theologische

---

1 Der folgende biographische Abriss beruht neben dem von Carl Andresen selbst angefertigten Lebenslauf und den Mitteilungen von Frau Ingeborg Andresen auch auf dem Nachruf von Ekkehard Mühlenberg in: Jahrbuch der Akademie der Wissenschaften in Göttingen für das Jahr 1986, Göttingen 1987, 122-128.

Examen ab und wurde Pfarrer in Sörup (Schleswig-Holstein). Den ursprünglichen
Plan, unter Lietzmanns Betreuung eine patristische Dissertation abzufassen, gab
er auf; obwohl er dankbar anerkannte, was er bei diesem methodisch gelernt
hatte, sah er eine zu tiefe Diskrepanz zwischen Lietzmanns religionsgeschichtli-
chem Zugang zur Kirchengeschichte und seinem eigenen theologischen Interesse
an der Geschichte.[2] Zwischen 1940 und 1945 leistete er Militärdienst und verbrachte weitere zwei Jahre in russischer Kriegsgefangenschaft. Dass und wie
sogar in dieser Situation theologisches Arbeiten in einem Dreierkollegium möglich war, klingt in der Eingangspassage eines der hier abgedruckten Aufsätze an:
„Ubi tres, est ecclesia, licet laici" – diesen Satz Tertullians nahm Andresen als Titel
und Thema eines Festschriftbeitrages für den Bonner Praktischen Theologen
Gerhard Krause, den er im Gefangenenlager getroffen hatte, wozu noch der
Lietzmannschüler und spätere Münsteraner Patristiker Franz Heinrich Kettler als
„Dritter im Bunde" stieß (s.u. S. 268).

Diese biographische Reminiszenz verweist auf den lebensgeschichtlichen
Kontext, den Carl Andresen mit einer ganzen Reihe anderer Theologen seiner
Generation teilte: Die Jahre, in die das Abfassen der Qualifikationsschriften hät-
ten fallen sollen, verbrachte er im Krieg und in Gefangenschaft. Nach seiner
Heimkehr trat Andresen eine Stelle als Pfarrer an der Universitätsklinik in Kiel an,
promovierte 1951 an der dortigen Theologischen Fakultät bei Peter Meinhold
und habilitierte sich bereits 1953. Fünf Jahre später verlieh ihm die Kieler Fakultät die Würde eines Ehrendoktors. 1956, mit 47 Jahren, wurde Carl Andresen als
Nachfolger von Walther Eltester auf die Professur für Neues Testament, Alte
Kirchengeschichte und Christliche Archäologie an die Philipps-Universität Marburg berufen. 1961 folgte er einem Ruf auf den Lehrstuhl für Kirchengeschichte
und Christliche Archäologie an der Georg-August-Universität Göttingen. Diesem
Wirkungsort blieb er bis zu seiner Emeritierung im Jahr 1977 treu; einen ehren-
vollen Ruf nach Tübingen, wo er erneut die Nachfolge Eltesters angetreten hätte,
lehnte er 1966 ab. 1962 wurde er zum Mitglied der Göttinger Akademie der Wissenschaften gewählt und übernahm die Leitung der neu geschaffenen Patristischen Arbeitsstelle, nach dem Tod seines Vorgängers Hermann Dörries (1895-
1977) auch die Leitung der Kommission zur Erforschung des älteren Mönchtums. Der Ruhestand war eine Phase unverändert intensiven Schaffens: In kurzer
Folge erschienen 1980 bis 1984 die drei Bände des „Handbuchs der Dogmen-
und Theologiegeschichte", die seit den frühen 60er Jahren in Planung waren.
Seine Ämter als Herausgeber – neben den „Arbeiten zur Kirchengeschichte" sind
hier auch die Lehrbuchreihe „Theologische Wissenschaft" und die Übersetzungen antiker Texte in der „Bibliothek der Alten Welt" zu nennen – führte er fort.
Carl Andresen verstarb am 21. Juni 1985 in Göttingen.

---

2   Vgl. seinen Brief an Hans Lietzmann vom 22.12.1933, in: Glanz und Niedergang der deutschen
     Universität. 50 Jahre deutscher Wissenschaftsgeschichte in Briefen an und von Hans Lietzmann,
     hg. von Kurt Aland, Berlin – New York 1979, 755f. Nr. 850.

II.

In mancher Hinsicht lassen sich die hier vorgelegten „Gesammelten Aufsätze zur Geschichte der Alten Kirche" als Vorstudien und Supplementa zu Andresens patristischem Opus magnum lesen[3], das nicht in einer theologischen, sondern in einer religionskundlichen Buchreihe erschien, aber das religionsgeschichtliche Material in den Dienst einer „ekklesiologischen Typenlehre" stellte. Unabhängig von der Frage, woran genau die Differenzen zwischen ihm und seinem Lehrer Hans Lietzmann aufbrachen (s.o.), hat Andresen jedenfalls selbst mit seinem Beitrag über die „Altchristliche Kritik am Tanz" (unten S. 91-137) das Feld der antiken Religiosität mit all ihren Zweideutigkeiten paradigmatisch ausgeleuchtet. Dass das Christentum sich aber in, mit und unter solchen fließenden Übergängen von anderen Religionen der antiken Welt stets durch sein spezifisches religiöses Selbstverständnis auszeichnete, führte Andresen dazu, die alte Kirchengeschichte als Abfolge ekklesiologischer Selbstdeutungstypen zu konzipieren. Auch wenn die Kirchengeschichtsschreibung sich selbstverständlich keine normative theologische Funktion anmaßen kann, hat sie doch mit Normativität – formulierten Dogmen, rechtlichen Strukturen, faktischen Autoritätsansprüchen – zu tun, die „Kirche" erst in rechter Weise als Gegenstand historischer *und* theologischer Forschung zu erfassen helfen. Kirchengeschichte befasst sich mit solchen normativen und faktischen Konstruktionen von christlicher Identität und ist darum unweigerlich Theologie – das war jedenfalls für Andresen die logische Konsequenz. Dieses Programm einer Kirchengeschichte als „Geschichte des Selbstverständnisses der Kirche" trug er konzise in einem 1972 in Aarhus gehaltenen Vortrag vor, der hier erstmals veröffentlicht wird (s.u. S. 185-197).

Die Selbstdefinition und -reflexion des antiken Christentums steht als ein Schwerpunkt von Andresens Schaffen neben dem anderen großen Thema, das bereits in seinen frühen Studien zur Apologetik, zumal in der oben erwähnten Kelsos-Monographie Gestalt gewonnen hatte: das Verhältnis des frühen Christentums zur antiken Philosophie. Diese Frage hat Andresen schon in seiner ersten größeren patristischen Publikation (Justin und der mittlere Platonismus [1952/53], unten S. 1-35 – ein Auszug aus seiner Dissertation) beschäftigt. Verschiedentlich ist Andresen auf diesen Problemzusammenhang zurückgekommen, nicht zuletzt in seinem Beitrag zur Patristik-Konferenz in Oxford 1975 („The Integration of Platonism into Early Christian Theology", unten S. 283-296) – der einzige von Andresen selbst in englischer Sprache veröffentlichte Aufsatz. Die Einladung, an diesem prominenten Ort einen Hauptvortrag zu halten, belegt die internationale Wertschätzung seiner Arbeiten.

Weitere Facetten können in der vorliegenden Auswahl nur angedeutet werden: Mit der Studie zum Kirchenrecht (unten S. 233-266) betrat Andresen ein von evangelischer Seiten selten beackertes Feld, mit der Frage nach einer „Laienkirche" im Anschluss an das oben genannte Tertullian-Zitat wandte er sich in histo-

---

3   Die Kirchen der alten Christenheit, RM 29/1-2, Stuttgart 1971.

rischer Perspektive ekklesiologischen Fragen zu, die zwischen den Zeilen ihre bleibende Aktualität erkennen lassen (unten S. 267-281). Die Frage des Ritus angesichts von Sterben und Tod („Bestattung als liturgisches Gestaltungsproblem in der Alten Kirche", unten S. 47-53) ist erst in der Forschung der neuesten Zeit wieder in ihrer lebenspraktischen *und* theologischen Bedeutung in den Blick gerückt. Schließlich müssen die Beiträge zu Augustin – im Grunde als dritter Schwerpunkt – genannt werden. Der Autor der *Confessiones* und von *De civitate Dei* war für Carl Andresen im Denken und Schreiben stets präsent, und ihm widmete er auch seine – bislang unveröffentlichte – Abschiedsvorlesung vor der Göttinger Theologischen Fakultät aus dem Jahr 1977. Die Bände zum „Augustin-Gespräch der Gegenwart", die Andresen herausgab, und seine Einleitung und Kommentierung der großen Übersetzung von *De civitate Dei* durch Wilhelm Thimme dienen bis heute Studierenden und anderen Interessierten als Zugang zu Augustin und besonders zu seinem geschichtstheologischen Hauptwerk.

Präsentiert wird ein Ausschnitt aus dem Werk, der sich auf Beiträge zur Dogmengeschichte, zur antiken Geistesgeschichte und zum Leben und Selbstverständnis der Kirche konzentriert. Carl Andresen hat zwei Listen von „Gesammelten Aufsätzen" mit den Titeln „Antike und Christentum" bzw. „Retractata" hinterlassen. Ich bin diesen Vorgaben bei der Textauswahl weitgehend, wenn auch nicht vollständig gefolgt. So ließ es der verfügbare Raum nicht zu, Andresens Aufsätze zur Christlichen Archäologie aufzunehmen. Es fehlen notgedrungen auch die umfangreichen Beiträge über die „Geschichte der abendländischen Konzile des Mittelalters" (1961) und über „,Siegreiche' Kirche im Niedergang des römischen Weltreiches. Untersuchungen zu Euseb von Caesarea und Dionysios von Alexandrien" (1979).[4] Ausgespart wurden seine Vor- und Nachworte zu den einzelnen Bänden des „Handbuchs der Dogmen- und Theologiegeschichte", die über die Konzeption dieses viel gelesenen, aber auch viel diskutierten Sammelwerkes Auskunft geben. Doch zeigt der Vortrag „Dogmengeschichtliche Aspekte zur religions- und geistesgeschichtlichen Ableitung des frühen Christentums" (1985, unten S. 297-314), wie der Herausgeber sein Unternehmen begründete.[5] Aufgenommen werden konnten dagegen drei bislang unpublizierte Vorträge Carl Andresens. Sie lassen – ebenso wie die in der Staats- und Universitätsbibliothek Göttingen aufbewahrten Vorlesungsmanuskripte – erkennen, wie sich Andresens Sicht der Alten Kirchengeschichte im Dialog mit Studierenden, Kirchen- und Gemeindevertretern sukzessive herausbildete, bevor sie in den erwähnten Lehrbüchern und Monographien ihren Niederschlag fand.

---

4   Zu den Details dieser und aller weiteren Veröffentlichungen vgl. die Bibliographie (unten S. 315-322), in der die hier aufgenommen Beiträge mit einem * markiert sind.

5   Einen Abriss der Entstehungsgeschichte und eine Zusammenfassung der Diskussion über das HDThG bietet Adolf Martin Ritter in seinem Editorial zur Neuauflage (HDThG I, Göttingen 21999, XIII-XXXVIII).

III.

Die hier versammelten Aufsätze entstammen einem Zeitraum von mehr als drei Jahrzehnten. Die dadurch bedingte Zeitgebundenheit konnte und sollte ebenso wenig bereinigt werden, wie es darum gehen durfte, Spannungen und Entwicklungen unkenntlich zu machen. Die Arbeit des Herausgebers und seines Teams galt vor allem der formalen Gestaltung: Die Texte wurden für den Wiederabdruck in der Zitation vereinheitlicht. Offensichtliche Druck- und Tippfehler wurden stillschweigend verbessert: die Siglen für Lexika, Zeitschriften und Reihen wurden zur leichteren Benutzbarkeit dem Abkürzungsverzeichnis der TRE angeglichen. Die Seitenzahlen der ursprünglichen Veröffentlichungsorte sind in eckigen Klammern notiert, um das Wiederauffinden von Zitaten zu ermöglichen.

Die Aufsätze erscheinen somit formal überarbeitet, inhaltlich jedoch bewusst unverändert. Sie dokumentieren den jeweiligen Stand der Diskussion zur Zeit ihrer Entstehung und wollen in dieser Perspektive gelesen werden. Naturgemäß sind viele Literaturangaben veraltet; auch die Editionslage patristischer Texte hat sich seither spürbar verbessert. Es mag sein, dass auch manche Antworten durch die seitherige Forschung überholt sind – das wird die Diskussion erweisen. Die Fragen, die Andresen stellte, sind es nach Auffassung des Herausgebers nicht. Vielmehr sind es gerade die Fragen nach dem Verhältnis des frühen Christentums zur antiken Philosophie, nach seinen ethischen und rituellen Lebensvollzügen, nach seinem Recht und nach seinen Dogmen, die als Ensemble den weiten historischen und theologischen Blick des Patristikers Carl Andresen erkennen lassen, der zu den prägenden kirchengeschichtlichen Lehrern in den ersten Jahrzehnten der Nachkriegszeit gehörte. Eine eigene Würdigung dieser Forschergeneration ist ein dringendes Desiderat.

Als Herausgeber ist es mir Freude und Selbstverständlichkeit, denen zu danken, die sich in unterschiedlicher Weise um das Gelingen der Veröffentlichung verdient gemacht haben. Das Scannen, Bearbeiten und Korrigieren der Texte haben meine Hilfskräfte Silke Kuhlmann und Annbritt Ohlsen, in der Anfangsphase auch Olaf Rosendahl, zuverlässig und ausdauernd erledigt. Ihnen sei herzlich gedankt, ebenso meiner Sekretärin, Antje Marx, für ihre Akribie beim Formatieren der Druckvorlage. Zu danken habe ich weiterhin meinem Kollegen und Vorgänger auf dem Göttinger Lehrstuhl für Kirchengeschichte, Ekkehard Mühlenberg, der mir großzügig seinen Katalog der von Andresen verfassten Rezensionen überließ, sowie auch Herrn Kollegen Adolf Martin Ritter (Heidelberg), der das Projekt im Allgemeinen und die Textauswahl im Besonderen mit gutem Rat begleitet hat. Den Herausgebern Christoph Markschies (Berlin) und Christian Albrecht (München) ist für die Aufnahme des Bandes in die Reihe AKG zu danken, Dr. Albrecht Döhnert und Frau Sabina Dabrowski vom Verlag Walter de Gruyter für die tatkräftige Begleitung der Drucklegung. Schließlich ist stellvertretend für die Familie Frau Ingeborg Andresen zu danken, die das Buchprojekt mit steter Anteilnahme begleitet und mir großzügig Einsicht in die unveröffentlichten, teils auch unvollendeten Manuskripte des Verstorbenen gewährt hat.

Am Ende seiner Göttinger Abschiedsvorlesung über „Augustin – das Geheimnis seiner Wirkung" (unten S. 215-225) verlieh Andresen seiner Gewissheit
Ausdruck, der Bischof von Hippo werde auch weiterhin gelesen werden, weil er
sich auf das „Weggespräch" mit den Nachgeborenen verstehe. Dies gilt – *mutatis
mutandis* – auch für die hier gesammelten Aufsätze Carl Andresens selbst.

Göttingen, im April 2009   Peter Gemeinhardt

Inhaltsverzeichnis

Justin und der mittlere Platonismus[1]

Die Frage nach der philosophiegeschichtlichen Zuordnung Justins ist unterschiedlich beantwortet worden. Sie bedarf bei einem Apologeten, der als Christ den Philosophenmantel trägt (Dial. 1, 2) und in dem Schrifttum seine „philosophische" Bildung bekundet, einer eindeutigen Antwort.

Im Verlauf der bisherigen Justinforschung haben sich im wesentlichen zwei verschiedene Standpunkte herausgeschält.

Auf der einen Seite steht die Ansicht, daß Justin in den philosophischen Voraussetzungen seines Denkens als Platoniker zu werten sei. Sie ist zuletzt eingehend von JOHANNES PFÄTTISCH begründet worden[2]. Er kann sich darauf berufen, daß der christliche Apologet selbst schildert, wie er in seinem philosophischen Werdegang zuletzt bei einem Platoniker in die Schule gegangen sei, bevor er Christ wurde (Dial. 3, 7). Noch als Christ stimmt er Platon in philosophischer Hinsicht zu (Apol. II, 12, 1). Der in der Apologie und dem Dialog mit Tryphon obwaltende transzendente Gottesbegriff ist fraglos platonisch bestimmt, Platonische Begriffe und Zitate werden mit Vorliebe verwandt[3]. Ohne [158]

1   ZNW 44 (1952/53), 157-195. — Die vorstehende Arbeit ist einer größeren Untersuchung zum Kelsos-Problem entnommen. Ich hoffe, sie bald unter dem Titel: „Logos und Nomos – die Polemik des Kelsos wider das Christentum" vorlegen zu können. Vielleicht darf ich diese Gelegenheit benutzen, um meinem verehrten Lehrer, Herrn Prof. Dr. Peter Meinhold-Kiel, für die stete Beratung und Förderung, mit denen er immer meine Studien sowohl zu der größeren Arbeit als auch zu diesem Aufsatz begleitet hat, herzlich zu danken.

2   JOHANNES MARIA PFÄTTISCH, Der Einfluß Platos auf die Theologie Justins des Märtyrers, Paderborn 1910, 4ff. Dort ältere Literatur.

3   Zu den Platonzitaten bei Justin vgl. EDGAR GOODSPEED, Die ältesten Apologeten. Texte mit kurzer Einleitung, Göttingen 1914, S. 380. Darüber hinaus finden sich noch folgende Anklänge an berühmte Platonstellen bei Justin: der Satz Apoll. I, 2, 4: ὑμεῖς δ'ἀποκτεῖναι μὲν δύνασθε, βλάψαι δ'οὔ ist sichtlich unter Einfluß von Platon, Apol. 30C entstanden: εὖ γὰρ ἴστε ἐάν με ἀποκτείνητε οὐκ ἐμὲ μείζω βλάψετε ἢ ὑμᾶς αὐτούς, vgl. Plutarch, De tranquill. anim. 17 (475E); Fragm, aus De amore bei Stob. ecl. 11,161 WACHSMUT; Epiktet, Diss. 1, 29, 18; II, 2, 18; Enchir. 53, 3; ferner Clem. Alex. Strom. IV, 80, 1ff. – Der Ausruf am Schluß der sog. ersten Apologie (I, 68, 2: ὃ φίλον τῷ θεῷ τοῦτο γενέσθω erinnert an das Wort, das Sokrates bei der Überbringung der Nachricht von dem Hinrichtungsbeschluß Kriton 43D spricht: εἰ ταύτῃ τοῖς θεοῖς φίλον τῷ θεῷ τοῦτο γενέσθω. Der Gedanke I, 18, 1, daß die Auslöschung des Bewußtseins nach dem Tode ein „Glücksfund" (ἕρμαιον) für die Ungerechten sei, ist durch Phaidon 107C beeinflußt: εἰ μὲν γὰρ ἦν ὁ θάνατος τοῦ παντὸς ἀπαλλαγή ἕρμαιον ἂν ἦν τοῖς κακοῖς ἀποθανοῦσι τοῦ τε σώματος ἅμ' ἀπηλλάχθαι καὶ τῆς αὐτῶν κακίας μετὰ τῆς ψυχῆς. Er kehrt auch im mittleren Platonismus wieder; vgl. Plutarch, Quomodo non posse 10 (1093A); 29 (1106B); Attikos bei Eus. Praep. ev. XV, 5,

Zweifel hat Justin von einzelnen Dialogen Platons Kenntnis gehabt; er nimmt sie sich sogar zum literarischen Vorbild: das Gespräch mit dem christlichen Greis am Strande von Ephesus ist bis in Einzelzüge hinein dem „Protagoras" nachgebildet[4].

Andererseits hat man die Anschauung vertreten, daß bei Justin sich christliche Predigt mit einem stoischen Rationalismus verbinde[5]. Ausgangspunkt für dieses Urteil ist vor allem die Lehre von dem „keimhaften Logos", die für die Logostheorie von Justin tragende Bedeutung besitzt. Der Gedanke des Logos spermatikos scheint so eindeutig von dem stoischen Prinzip der Weltvernunft bestimmt zu sein, daß schon von dort her sich die Frage nach der philosophischen Einordnung Justins entscheiden läßt. Außerdem findet sich in seinem Schrifttum eine Fülle von stoischen Begriffen und Vorstellungen[6]. [159]

Gleichzeitig wird Justin als Stoiker in die geistige Atmosphäre jüdisch-alexandrinischer Gelehrsamkeit versetzt. Dort bietet der gleichfalls stoisch beeinflußte Philon von Alexandreia, mit dem Justin in seiner Exegese des ATs manche Berührungen aufweist, eine gute Vergleichsmöglichkeit.

4f.: zu dem dortigen Gedanken, daß man das Unrecht wohl vor den Menschen, nicht aber vor Gott verbergen kann, vgl. Justin, Apol. I, 12, 3 mit Platon, Politeia, II, 365Cf. Überhaupt wird manche Platonstelle dem Justin durch den Schulunterricht der Platoniker vermittelt worden sein. So erscheint die Apol. I, 3, 3 zitierte Stelle Politeia V, 473D/E in der Lehrschrift des Platoniker Albinos, Didask. 34 (ed. HERMANN, Opera Platonis VI, 188, 18ff.) und bei Apuleius, De Platone II, 24 (ed. THOMAS, Quae supersunt III, 129, 9ff.) in dem Kapitel über die Staatslehre.

4   Zu der viel erörterten Frage vgl. jetzt WOLFGANG SCHMID, Die Textüberlieferung der Apologie des Justin, ZNW 40 (1941), 137, Anm. 45-47.

5   So ADOLF VON HARNACK, Lehrbuch der Dogmengeschichte I[4], Tübingen 1909, 502ff., der 505 Anm. 1 von JOHANNES GEFFCKEN das Urteil übernimmt, daß die Apologeten „mangelhafte und recht subalterne Philosophen" seien, was auch für Justin gelte. Der Vergleich Justins mit dem zeitgenössischen Platonismus führt zu einem milderen Urteil. Vgl. ferner REINHOLD SEEBERG, Lehrbuch der Dogmengeschichte I[3], Freiburg 1894, 331ff., der bereits die von der Stoa unterschiedene, besondere Fassung der Lehre von dem „keimhaften Logos" bei Justin erkannt hat (388). Er führt diese Umwandlung ebenso wie HANS MEYER, Geschichte der abendländischen Weltanschauung II, Würzburg 1947, 13 auf Justin selbst zurück. – HANS LIETZMANN, Gesch. d. Alten Kirche II, Berlin 1936, 182 spricht von einer Popularphilosophie, wie sie auch bei den religiös empfindenden Stoikern der Zeit sichtbar werde; die Dämonenlehre der Apologeten komme dagegen aus dem zeitgenössischen Platonismus. – Die stoische Grundlage betonen ferner JOHANNES STELZENBERGER, Die Beziehungen der frühchristlichen Sittenlehre zur Ethik der Stoa, München 1933, 76ff. und MAX POHLENZ, Die Stoa, Geschichte einer geistigen Bewegung, Göttingen 1948, 421ff.

6   Stoischer Gottesbeweis (Jahreszeiten): Apol. II, 5, 2, vgl. I, 13, 2 – Berufung auf die Ekpyrosis-lehre der Stoa: I, 20, 4; 57, 1; 60, 8 vgl. aber auch II, 7, 3 – Kindererzeugung als Sinn der Ehe: I, 29, 1, vgl. Musonios fragm. 13 (ed. OTTO HENSE 67ff.); zur Hochschätzung des Stoikers Musonios durch Justin vgl. II, 8, 1 – Übernahme des stoischen Ideals der Apathie: I, 57, 2; 58, 3; II, 1, 2 und der Ataraxie: I, 46, 4. – Vgl. ferner die stoischen Begriffe des Naturgesetzes: II, 2, 4, des „unüberschreitbaren Zauns" der Heimarmene: I, 43, 7, des Orthos Logos II, 2, 2; 7, 7; 9, 4 und der „natürlichen Begriffe" Dial. 93, 1 vgl. 47, 2; Apol. II, 14, 2.

Der Widerspruch zwischen diesen beiden unterschiedlichen Auffassungen wird durch die Beobachtung aufgehoben, daß es ein ganz bestimmter Platonismus ist, dem Justin sich geöffnet hat, ebenso wie die Stoa von ihm nur unter ganz bestimmten Voraussetzungen anerkannt wird. Das besondere Verständnis von Platon und der Stoa sowie deren Vereinigung zu einer eklektischen Philosophie erhalten von dem mittleren Platonismus her ihre Erklärung. Wir werden diese These zu begründen haben, da sie in dieser Form noch nicht ausgesprochen worden ist[7]. Wir werden 1. die besondere Form des Platonismus bei Justin zu untersuchen, 2. die Eigenart seines Stoizismus zu zeigen und 3. darzustellen haben, wie diese Kontamination von Platon und Stoa im mittleren Platonismus auch das theologische Denken von Justin beeinflußt hat. [160]

1. In den Eingangskapiteln des Dialoges mit dem Juden Tryphon (2, 3ff.) schildert Justin, welchen Weg seine philosophische Ausbildung genommen hat. Ohne Zweifel ist er in seiner nachträglichen Schilderung befangen, und Spuren tendenziöser Darstellung sind in den genannten Partien unverkennbar. So ist der ironische Unterton nicht zu überhören, wenn Justin berichtet, wie der von ihm aufgesuchte Peripatetiker zuerst Geld verlangt, „damit unser Zusammensein nicht ohne Nutzen sei" (2, 4). Der Hinweis auf die materielle Begehrlichkeit ist, wie Lukian und Ailios Aristeides lehren, ein beliebtes Motiv der zeitgenössischen Polemik wider die „Philosophen"[8]. Doch lenken gerade diese tendenziösen Züge

---

7   Ähnliches hat wohl BENGT SEEBERG, Die Geschichtstheologie Justins d. Märtyrers, ZKG 58 (Stuttgart u.a. 1939), 24 vermutet, wenn er von dem „Bild einer eklektischen oder synkretistisch geprägten Philosophie" spricht. Bereits KURT PRAECHTER (FRIEDRICH ÜBERWEG — MAX HEINZE, Grundriss der Geschichte der Philosophie I, Berlin 1926[12], 556) hatte im Anschluß an seine Darstellung des mittleren Platonismus die Vermutung ausgesprochen, „daß auch andere Kirchenschriftsteller dieser Zeit ihre Kenntnis platonischer Lehren weniger dem unmittelbaren Studium Platons als der Schultradition des II. Jh. verdanken", vgl. auch J. GEFFCKEN, GGA 1932, 248. RENÉ ARNOU hat in seinem Artikel „Le Platonisme des Pères", DThC XII (1935), 2258ff. K. PRAECHTERs Vermutung in eine Behauptung umgewandelt; „C'est à l'école de ce platonisme moyen que la plupart des écrivains ecclésiastiques ont, aux premiers siècles, appris la philosophie" (2274); den Einzelnachweis für Justin liefert er aber nicht. Auch die verdienstvollen Arbeiten von LUIGI ALFONSI, Ricerche sull' Aristotele perduto III: Giustino nella tradizione platonico-aristotelica, in: Rivista della storia di filosofia 1 (1946), 229ff. und ders., La filosofia e le varie scuole filosofiche, Aevum 25 (1952), 165f. und von MICHELE PELLEGRINO, Gli Apologeti Greci del II. secolo, Rom 1947, 64ff. haben das Problem im Einzelnen nicht angeschnitten. – Während der Drucklegung dieses Aufsatzes erschien W. SCHMID, „Frühe Apologetik und Platonismus, ein Beitrag zur Interpretation des Prooems von Justins Dialogus", in: Hermeneia. Festschrift für OTTO REGENBOGEN, Heidelberg 1952, 163ff. Eine scharfsinnige Analyse des Textes bringt hier in manche dunkle Stelle des Dialogus Licht, und mit Genugtuung stelle ich nachträglich fest, daß von dem anerkannten Justinforscher die Lösung des Problems in gleicher Richtung gesucht wird, wenn er von Justins „vulgären Platonismus" spricht und 178 meint: „Es wird sich, glaube ich, immer mehr erweisen, daß Justins Platonverständnis kaum niveauloser als das mancher heidnischer ‚Platoniker' seiner Zeit war", vgl. obige Anm. 5.

8   Vgl. die Kritik an den stoischen Kynikern bei Lukian, Dial. mort. X, 11; Nigrinus 25; Piscator 14f., 36; Ailios Aristeides, Or. 45 (Dindorf II, 397-408).

in der Selbstdarstellung Justins das Augenmerk auf den mittleren Platonismus. Denn der Schulplatonismus bestimmt in seiner religiösen Grundhaltung weithin das Urteil einer religiös empfindenden Zeit, nicht zum mindesten über die anderen Philosophenrichtungen. Ihm unterwirft sich Justin, wenn er von dem großen „Ruhm" spricht, den die Platoniker genießen (2, 7). Von dort her ist auch das Urteil, das er rückblickend über seine früheren Lehrer gibt, zu verstehen.

Man hat sich über die Behauptung Justins gewundert, er habe bei dem Stoiker keine weitere Förderung in der Gotteserkenntnis erhalten (2, 3). Ein Stoiker, der nichts von Religion und Frömmigkeit hält — das scheint unglaublich zu sein[9]. In Wahrheit spricht aber aus der Zeichnung des Stoikers bei Justin das Urteil des Schulplatonikers, für dessen platonischen Spiritualismus der monistische Gottesbegriff der Stoa unerträglich ist. Die Ablehnung des stoischen Gottesbegriffes ist für den mittleren Platonismus kennzeichnend[10]. Wir werden noch zu zeigen haben, daß Justin in gleicher Weise die „Theologie" der Stoa kritisiert.

Am ungünstigsten wird der Peripatetiker von Justin gezeichnet. Er bezweifelt, ob derselbe überhaupt als Philosoph anzusprechen ist (2, 3). Es ist bekannt, wie die Schulphilosophie des mittleren Platonismus sich in bestimmten Vertretern scharf gegen die Peripatetiker ausspricht[11]. Man tadelt an Aristoteles, daß er durch seine Kosmologie [161] den Gedanken der göttlichen Vorsehung und durch seine Lehre von dem fünften Element die Unsterblichkeit der Seele gefährde[12]. Vorsehungsglaube und Glaube an die Unsterblichkeit der Seele sind aber die Grunddogmen der schulplatonischen Frömmigkeit. Deshalb trägt man keine Bedenken, Aristoteles und Epikur, den Vertreter der „Gottlosigkeit" schlechthin, auf gleiche Stufe zu stellen[13]. Damit scheidet Aristoteles aus dem Lager der sog. positiven Philosophie aus[14]. Von diesen Erwägungen aus mag Justin zu seinem Urteil über den peripatetischen Lehrer gekommen sein.

---

9   J. PFÄTTISCH, 9; was GUSTAVE BARDY, Saint Justin et la philosophie stoicienne, RSR 13 (1923), 493ff. von dem „agnostizischen Moralismus" der zeitgenössischen Stoa sagt, ist in seinem Quellennachweis (Philon, Musonios!) recht fragwürdig.

10   Vgl. z.B. Plutarch: die Stoa unterwirft Gott der Veränderlichkeit und Vergänglichkeit (De comm. notit. 31f.; De defectu 19.24) ; sie macht Gott zum Urheber des Bösen (De Stoic. repugn. 31-34); in der Leugnung der partiellen Vorsehung steht sie mit Epikur auf gleicher Stufe (De comm. notit. 32).

11   So schrieb der Platoniker Kalvisios Tauros „Über den Unterschied der Lehren Platons und Aristoteles" (Suidas, Lexikon ed. ADA SARA ADLER IV, 509 s. v. Tauros), um den aristotelischen Einflüssen im mittleren Platonismus entgegenzutreten. Die gleiche Absicht verfolgte das Werk von Attikos, das uns in Fragmenten durch Eus. praep. ev. XI und XV erhalten ist.

12   Attikos bei Eus. praep. ev. XV, 5, 6ff.; Kalvisios Tauros bei Johannes Philoponus, De aeternitate mundi (ed. RABE, 520, 26.)

13   Attikos aaO, vgl. Origenes, Contr. Cels. I, 21 (ed. KOETSCHAU, Orig. I, 72, 12); VIII, 45 (aaO II, 260, 16).

14   Vgl. HAL KOCH, Pronoia und Paideusis, Studien über Origenes und sein Verhältnis zum Platonismus, Berlin 1932, 270. Vieles von dem, was H. KOCH für die philosophiegeschichtliche Beurteilung von Origenes gültig nachgewiesen hat, trifft auch für Justin zu.

Nach dem Platoniker wird der Pythagoreer am günstigsten beurteilt. Es heißt von ihm, daß er „sehr hoch über die Weisheit dachte" (2, 4). Dieser Lehrer nannte Justin Musik, Astronomie und Geometrie, d.h. die sogenannten Grundwissenschaften als die Voraussetzung für ein erfolgreiches Studium der Philosophie[15]. Was Justin in seinem Rückblick dem Pythagoreer in den Mund legt, ist gleichzeitig die Anschauung des mittleren Platonismus. Theon von Smyrna, ein Vertreter der gleichen Philosophie aus der Zeit Hadrians, stellt in seiner Schrift „Daß die Grundwissenschaften für das Studium Platons nützlich seien" die These auf, daß Platon weithin „den Pythagoreern folgt."[16] Wie Theon begründet der Schulplatoniker Albinos die philosophische Propädeutik der Grundwissenschaften damit, daß sie von der Welt der Erscheinungen abziehen und das Denken auf die intelligible Welt kehren[17].

Dem in den Reihen der Platoniker sich geltend machenden Einfluß des Pythagoreismus ist es auch zuzuschreiben, wenn Justin Platon und Pythagoras als „die weisen Männer, die für uns gleichsam Mauer und Stütze der Philosophie geworden sind", bezeichnet (Dial. 5, 6). Das hohe Lob spendet er den Genannten wohl weniger, weil sie der auch im mittleren Platonismus vertretenen Tradition als Lehrer der Seelenwanderung bzw. als Dogmatiker der Unsterblichkeit der Seele [162] gelten[18]. Justin hat an der genannten Stelle gerade die Unsterblichkeit der Seele abgelehnt (5, 5), ebenso wie er die platonische Seelenwanderungslehre verwirft[19]. Der Lobesspruch ist darauf zurückzuführen, daß nach der Meinung

---

15   Ebd.; vgl. auch Dial. 3, 6, wo gleichfalls auf die Grundwissenschaften hingewiesen wird.

16   Ed. HILLER, 12, 10ff.

17   Didask. 7, 161, 9ff.; vgl. 28, 182, 7ff. Origenes folgt dieser Tradition, wenn er seinem Schulbetrieb zu Caesarea die genannten Disziplinen einordnet, Gregorios Thaumaturgos, Dankrede § 113f. (ed. KOETSCHAU, Freiburg i.Br. 1894).

18   *Platon* als Lehrer der Unsterblichkeit der Seele auf Grund von Phaid. und Phaidr.: Albinos, Didask. 25, 177, 15ff.; Galen (Schüler des Albinos) Hist. phil. 24 (HERMANN DIELS, Doxographi Graeci, Berlin 1879, 613, 15f.); Attikos bei Eus. praep. ev. XV, 9, 2; die platonischen Vorlagen bei Diog. Laert. III, 67 und Hipp. I, 19, 10 vgl. I, 20, 10 – als Lehrer der Seelenwanderung auf Grund von Politeia 614Bff.; Tim. 42B/D: Albinos, Didask. 16, 172, 2ff.; 25, 178, 26ff.; Diog. Laert. III, 67; Hipp. I, 19, 12 („einige" Platoniker), vgl. ferner DIELS 588, 21; 652, 1. – *Pythagoras* als Lehrer der Unsterblichkeit der Seele: Diog. Laert. VIII, 28 (Quelle: Alexander Polyhistor); Aetios, Plac. IV, 7, 1 (DIELS 392a, 12) vgl. Hipp. I, 2, 11; Tertullian, De anima 54, ferner DIELS 589, 2 – als Lehrer der Seelenwanderung: Porphyrios, Vita 19 (was DIELS 651n[b], 14 als Mißverständnis der obigen Platonstellen bezeichnet); vgl. ferner DIELS 587, 6; 589, 2; 590, 12; 651, 20. – Zur Abhängigkeit Platons von Pythagoras vgl. Cic. Tusc. I, 16, 38f. (Quelle: Antiochos von Askalon?, vgl. KARL REINHARDT, Poseidonios, München 1921, 472 oder Poseidonios von Hermann Apameia?, vgl. DIELS – WALTHER KRANZ, Die Fragmente der Vorsokratiker I, Berlin [5]1934, 45, 9) und Apuleius, De Plat. I, 3; dazu JULA KERSCHENSTEINER, Platon und der Orient, Stuttgart 1945, 44ff.

19   Apol. I, 8, 4. Die Seelenlehre Justins bedürfte einer gesonderten Darstellung. Es sei hier nur darauf verwiesen, daß nach dem Platoniker bei Hipp. I, 19, 10 „einige" Platoniker die Sterblichkeit der Seele lehren, wie nach ihm (I, 19, 13) andere auch die Seelenwanderung ablehnen. Selbst Attikos, der gegenüber dem Aristotelismus betont, daß die Unsterblichkeitslehre alle Platoniker verbinde, muß seine Behauptung durch ein σχεδόν einschränken, vgl. Eus. praep. ev. XV, 9, 2.

der Mittelplatoniker es Pythagoras und Platon gewesen sind, die der Philosophie ihre religiöse Zielsetzung gegeben haben. Der Schulplatonismus setzt daher die platonische Telosdefinition der „Gottähnlichkeit" und das pythagoreische Telos „Folge Gott" gleich[20]. Justins Urteile decken sich mit denen des mittleren Platonismus, wenn er seinen pythagoreischen Lehrer so günstig beurteilt. [163]

Das Eingangsgespräch des Dialoges mit Tryphon beweist also, daß Justin auch bei einem späteren Rückblick auf seinen philosophischen Werdegang sich nicht von den Urteilen des Schulplatonismus frei gemacht hat. Darüber hinaus vertritt er in seinem sonstigen Schrifttum einen Platonismus, der nicht mit dem klassischen Platon, sondern mit der Philosophie der „Platoniker" gleichzusetzen ist.

In dem Gespräch mit dem christlichen Greis am Strande von Ephesus wird im Zusammenhang mit dem Problem der Unsterblichkeit bzw. der Sterblichkeit der Seele auch die Frage angeschnitten, ob die Welt geworden oder ungeworden sei. Hierbei äußert Justin seine persönliche Stellungnahme: Platon hat im Timaios „dunkel ausgedrückt" (αἰνίσσεται), daß die Welt vergänglich sei, indem er von einem Gewordensein des Kosmos sprach. Daß der Kosmos trotzdem nicht der Auflösung verfällt, ist dem göttlichen Erhaltungswillen zu verdanken (Dial. 5, 4).

Die Auskunft Justins stimmt fast wörtlich mit Timaios 41 A/B überein. Das Charakteristische besteht jedoch darin, daß die Platonstelle von Justin in einem ganz bestimmten Sinne interpretiert wird. Die Worte, welche der Demiurg bei Platon an die Götter, die „Götter der Götter", richtet, werden aus dem Zusam-

---

Vielleicht bezieht sich hierauf die Notiz bei Origenes C. Cels. III, 22 (KOE. I, 218, 25ff.), daß „einige" die Sterblichkeit der Seele lehren.

20   Zur Telosdefinition der „Gottähnlichkeit" auf Grund von Theait. 176A/B u.a. vgl. KOCH, 191 Anm. 1), vgl. Albinos, Isag. 6, 151, 4; Didask. 1, 153, 6ff.; 28, 181, 16ff.; Apuleius, De Plat. II, 23, 126, 4ff.; die Platoniker bei Diog. Laert. III, 78 und Hipp. I, 19, 17; Theon v. Smyrna, (ed. HILLER, 14, 8f.18f.). Für Justin ist sie direkt nicht belegt. Er kennt hingegen die Definition der Philosophie als „Wissen um die göttlichen und menschlichen Dinge" (Dial. 3, 5), die – aus der Stoa übernommen (SVF. II, 35f., 1017) – auch dem mittleren Platonismus bekannt ist, vgl. Albinos, Didask. 1, 152, 4f.; Apuleius, De Plat. I, 6, 109, 2; Maximos Tyr. Or. 26, 1c (HOBEIN); der Platoniker bei Diog. Laert. III, 63; Origenes, C. Cels. III, 72 (KOE. I, 263, 25ff.). Die Definition der Philosophie als „Wissen von dem Seienden und Erkenntnis des Wahren" (Justin, Dial. 3, 4) ist im mittleren Platonismus nicht üblich, vgl. aber Clem. Alex. Strom. I, 32, 4. Hiermit hat der mittlere Platonismus die Telosdefinition der „Gottesnachfolge", die auf Pythagoras zurückgeführt wird (Eudoros bei Stob. ecl. II, 49, 8ff. WACHSMUT), aufs engste verbunden, vgl. Apuleius, De Plat. II, 23, 127, 7ff., Albinos, Didask. 28, 181, 29ff. sucht sie aus Platons Dialogen nachzuweisen. Auch Justin Apol. I, 14, 1 ist sie bekannt: …θεῷ δὲ μόνῳ τῷ ἀγεννήτῳ διὰ τοῦ υἱοῦ ἑπόμετα, vgl. Plutarch, De recta ratione aud. 1 (37D): …ὅτι ταὐτόν ἐστι τὸ ἕπεσθαι θεῷ καὶ τὸ πείθεσθαι λόγῳ. Ungewiß bleibt, ob man Apol. I, 6, 2 in dem Ausdruck: ὁ τῶν ἄλλων ἑπομένων καὶ ἐξομοιουμένων ἀγαθῶν στρατός… einen Widerhall dieser Synthese von Pythagoras (Gottesnachfolge) und Platon (Gottähnlichkeit) erblicken darf. Die Vorstellung kann auch durch Phaidr. 246E beeinflußt sein, eine Stelle, die nachweislich auf die Dämonenlehre des mittleren Platonismus eingewirkt hat, vgl. den Platoniker bei Hipp. I, 19, 8 und auch Origenes, C. Cels. VIII, 4 (KOE. II, 224, 5ff.).

menhang des Timaios herausgelöst und auf das kosmologische Problem angewandt.

Die scholastische Interpretationsmethode stammt zweifelsohne aus dem mittleren Platonismus. Ebenso argumentiert Attikos, wenn er die Worte des Demiurgen zitiert und damit seine Auffassung begründet, daß man den Timaios wörtlich in dem Sinne zu verstehen habe, daß die Welt geworden sei[21]. Die These: „Geworden zwar, aber unvergänglich" ist uns auch durch Kelsos bekannt[22]. Sie wird durch Plutarch und Attikos für den mittleren Platonismus bestätigt[23]. [164]

Justin gehört also nach seiner philosophischen Vorbildung zu jener Richtung des Schulplatonismus, die in ihrer betont religiösen Einstellung an der Schöpfung der Welt festhält, um damit gleichzeitig den Gedanken der göttlichen Vorsehung zu erhalten[24]. Wenn Justin sagt, daß es im Gegensatz zu seiner Anschauung „einige (sc. Platoniker) gibt", die in der kosmologischen Frage einen gegenteiligen Standpunkt vertreten (5, 1), dann ist er genau wie Attikos (Eus. praep. ev. XV, 6, 3.6.10) sich dessen bewußt, daß man in der platonischen Schulphilosophie über diesen Punkt nicht einheitlich denkt. Justin hat in dem besagten Schulstreit bewußt Position bezogen.

Diese bestimmten, aus dem zeitgenössischen Platonismus überkommenen kosmologischen Vorstellungen hat der Apologet auch in sein Christentum übernommen und in die heiligen Schriften hineingetragen. Nimmt man z.B. aus seiner Apologie den Satz Apol. 1, 10, 2: ...καὶ πάντα τὴν ἀρχὴν ἀγαθὸν ὄντα δημιουργῆσαι αὐτὸν (sc. θεὸν) ἐξ ἀμόρφου ὕλης δι' ἀνθρώπους δεδιδάγμεθα, dann besteht das einzig genuin christliche Element desselben in der Behauptung daß Gott die Welt „um der Menschen willen" geschaffen habe[25]. Die Vorstellung von dem guten Weltenschöpfer ist aus dem Timaios gewonnen und gehört zu den Grunddogmen des mittleren Platonismus[26]. Ebenso stammt der Begriff der „ungestalteten Hyle"

---

21   Eus. praep. ev. XV, 6, 4f, unter Zitierung von Tim. 41A/B; vgl. auch XV, 6, 7.

22   Fragm. VI, 52a nach der Zählung von ROBERT BADER. Kelsos will gegenüber den Christen auf den leidigen Schulstreit nicht eingehen, vgl. die nächste Anm.

23   Für die verlorene Plutarchschrift „Daß nach Platon die Welt geworden ist" (Lampriaskatalog 66) vermittelt De animae procreatione (1012A – 1030C) einen Einblick in die Anschauungen Plutarchs. Sie werden (gleichzeitig für Attikos) durch die Kritik des Neuplatonikers Proklos (in Tim. 2; DIEHL I, 381f.; in Tim. 3; DIEHL II, 153f.) bestätigt. Auch der Platoniker bei Diog. Laert. III, 71f. vertritt den gleichen Standpunkt. – Die Gegenthese: „Ungeworden und unvergänglich" erscheint bei Albinos, Didask. 14, 169, 20ff.; Apuleius, De Plat. I, 8 und entspricht der Auffassung der älteren Akademie (Xenokrates und Eudoros bei Plutarch, De an. procreat. 3). Der Platoniker bei Hipp. I, 19, 4 verwischt diese Schulgegensätze.

24   Die religiösen Motive in dieser Streitfrage werden an Kalvisios Tauros sichtbar, der an sich auf dem alten Standpunkt steht, daß die Welt ungeworden sei, aber aus religiösen Gründen bereit ist, auch von einem Gewordensein zu sprechen. Nachweis bei KOCH, 274f.

25   Vgl. auch Apol. I, 2, 4f.; II, 4, 2; Dial. 41, 1; wobei die Formulierung auch im Munde eines Stoikers denkbar wäre, vgl. den stoischen Zusammenhang in Apol. II, 5, 2 mit Cic. De nat. deor. II, 23, 60f; Tusc. I, 28, 68f.

26   Tim. 29A/E; Tim. 29E benutzt im ähnlichen Zusammenhang Attikos bei Eus. praep. ev, XV, 6, 13, vgl. ferner XV, 6, 7 (= Tim. 29A, vgl. auch Tim. 92C); außerdem bei Procl. in Tim. 2 (I, 305);

aus demselben Platondialog und wird gleichfalls mit Vorliebe von den Schulplatonikern verwendet[27]. Auch die auf Tim. 30A zurückgehende Anschauung, daß der Demiurg in seiner Schöpfung das vorweltliche Chaos der [165] Materie ordnete, gehört zu dem Allgemeingut des Schulplatonismus[28]. Justin trägt dabei keine Bedenken, diese schulplatonische Auffassung mit dem mosaischen Schöpfungsbericht in Einklang zu bringen. Er behauptet, daß Platon im Timaios seine Kenntnis aus Moses geschöpft habe (I, 59, 1). Wenn er im gleichen Zusammenhang sagt, daß der Kosmos ἐκ τῶν ὑποκειμένων entstanden sei (I, 59, 5), dann bedient er sich darin eines schulphilosophischen Begriffes: die Platoniker meinen damit das vorkosmische, materielle Substrat, das als solches dem göttlichen Schöpfungsakt nicht unterliegt, sondern zeitlose Gegebenheit ist[29].

Daß Justin nicht von dem originalen Platon, sondern von dem zeitgenössischen Platonismus beeinflußt ist, zeigt ferner sein Verständnis der Philosophie. Er sagt abschließend von seinem Gespräch mit dem christlichen Greis (Dial. 3-7): „Sofort wurde in meiner Seele ein Feuer angezündet und der Eros nach den Propheten und jenen Männern, die Christi Freunde sind, erfaßte mich. Indem ich die Worte jenes Mannes bei mir selbst überlegte[30], fand ich, daß diese Philosophie allein sicher und nützlich ist. Auf diese Weise und durch diese Lehren bin ich ein Philosoph geworden" (8, 1f.). Justin spricht faktisch von seiner Bekehrung zum Christentum. Sie stellt den Abschluß seines philosophischen Werdeganges dar, indem das Christentum als die wahre Philosophie erkannt wird.

Justin schildert aber — und das ist bedeutsam — den Akt der christlichen Gotteserkenntnis mit den gleichen Worten wie kurz vorher den Akt philosophischer Wahrheitserkenntnis[31]. Beiden Justinstellen liegt nämlich das gleiche Pla-

---

Anonymus bei Diog. Laert. III, 72; Albinos, Didask. 12, 167, 11ff.; Apuleius, De Plat. I, 5, 86, 14 – Justin trägt Apol. I, 16, 7 den guten Weltschöpfer Platons in Mt. 19,17 hinein, wenn er liest: „Niemand ist gut denn allein Gott, *der das All gemacht hat*", vgl. dagegen die andere Lesart Dial. 101, 2 = Irenäus 1, 13, 2 bei Hipp. V, 7, 26.

27   Tim. 50D auch 51A vgl. den Anonymus bei Diog. Laert. III, 76; Albinos, Didask, 8, 162, 30f.; Apuleius, De Plat. I, 5, 87, 5f.

28   Albinos, Didask. 12, 167, 12f.; Apuleius, De Plat. I, 5; Attikos bei Eus. praep. ev. XV, 6, 4; Anonymus bei Diog. Laert. III, 69; Kelsos VI, 42, 48 (BADER).

29   Albinos, Didask.. 8, 162, 27; Attikos bei Procl. in Tim. 2 (119B); in Tim. 3 (187B), (DIEHL I, 391; II, 153f.) – Zu dem aristotelischen Charakter des Begriffes (Gegenbegriff: τὸ συμβεβηκός vgl. Albinos, Didask. 5, 156, 33ff.) ist zu bemerken, daß die aristotelischen Einflüsse am stärksten sich in der Logik der platonischen Schulphilosophie bemerkbar machen, vgl. Albinos, Didask. 4-6; Apuleius, De interpretatione (nach K. PRAECHTER, 545 der verlorene, dritte Teil seiner Lehrschrift, die sog. Dialektik). Aus der aristotelischen Dialektik stammt bei Justin, Dial. 102, 4 der Begriff: καθολικαὶ καὶ μερικαὶ κρίσεις vgl. Albinos, Didask. 5, 158, 1ff.; 6, 158, 7f. (Gegensatz: καθόλου – ἐπὶ μέρους); Apuleius, De interpret. 5; Diog. Laert. III, 54f.

30   Dial. 8, 1: ...διαλογιζόμενος πρὸς ἐμαυτόν... wörtlich: ...„indem ich den Dialog mit mir selbst fortsetzte". Die Erkenntnis ist der Dialog der Seele mit sich selber, vgl. Albinos, Didask. 4, 155, 15f.

31   Dial. 4, 1: ...ἐξαίφνης ταῖς εὖ πεφυκυίαις ψυχαῖς ἐγγινόμενον διὰ τὸ συγγινὲς καὶ ἔρωτα τοῦ ἰδέσθαι (sc. αὐτὸ ἐκεῖνο τὸ ὄν). Anders W. SCHMID, Frühe Apologetik, 176f. (vgl. oben Anm. 7), der den

tonwort aus dem siebenten Brief [166] zugrunde[32]. Auch der Platoniker Kelsos zitiert die Briefstelle, um die platonische Gotteserkenntnis zu charakterisieren[33]. Dabei benutzen Kelsos und Justin anscheinend eine gleichförmige Textgestalt, die sie vielleicht einer gemeinsamen Quelle verdanken. Daß beide Schriftsteller bei demselben Thema auf die gleiche Platonstelle zurückgreifen, ist kein Zufall: sie erfreut sich im mittleren Platonismus besonderer Beliebtheit[34]. Diese Vorliebe für Platon, Ep. VII 341C/D hängt mit der religiösen Zielsetzung der platonischen Schulphilosophie zusammen. Für sie stellt die Schau des höchsten Gutes in der intelligiblen Welt der Ideen das Ziel der noetischen Gotteserkenntnis dar[35]. Justin deutet die Philosophie Platons durchaus im Sinne der Schulplatoniker, wenn er die Schau der Ideen als das Telos platonischer Philosophie bezeichnet (2, 6), wobei er sich wieder am stärksten mit Attikos (Eus. praep. ev. XV, 13, 1ff.) berührt.

In dem Gespräch mit dem christlichen Greis wird auch die Frage behandelt, wie man nach Platon Gott erkennen kann (3, 6f.). Gott ist nicht den Augen sichtbar, sondern „nur durch den Nus erfaßbar" (3, 7). In gleicher Weise spricht der Schulplatoniker Albinos von der Erkennbarkeit Gottes[36]. Grundlage für Justin und Albinos ist Phaidros 247C, sie beziehen aber die Stelle, die von dem Erkennen der intelligiblen Welt des Wahren und Guten handelt, auf die Gotteserkenntnis. Ähnlich verwertet Kelsos auch Phaidros 247C, wenn er feststellt, daß Gott an „keiner Gestalt, keiner Farbe" Anteil hat[37]. Es ist also nicht Justins selbständige Konzeption, wenn er die ontologischen Sätze Platons theologisch versteht, wie J. PFÄTTISCH (25, Anm. 4) [167] meint. Das ist ihm vielmehr durch den mittleren Platonismus vermittelt worden.

Von dort ist Justin auch beeinflußt, wenn er dem transzendenten Gottesbegriff Platons in seiner persönlichen Gottesvorstellung weithin Raum gibt.

---

ganzen Passus Dial. 4, 1 „als verkürzende Nachbildung" von Symposion 210E – 212 interpretiert.

32 Platon, Ep. VII 341C/D. Zu dem Echtheitsproblem dieses von den Kirchenvätern viel zitierten Briefes vgl. GERHARD MÜLLER, APh 3, 1 (1949), 251ff.

33 Fragm. VI, 3 (BADER): ...ἀλλ' ἐκ πολλῆς συνουσίας ἐγγιγνόμενον καὶ ἐξαίφνης οἷον ἀπὸ πυρὸς πηδήσαντος ἐξαφθὲν φῶς ἐν τῇ ψυχῇ... Mit Recht hat R. BADER das Particip ἐγγιγνόμενον nicht dem Platontext zugewiesen, wo es in keiner handschriftlichen Überlieferung erscheint. Um so beachtlicher ist die Berührung mit Justin, zumal wo Clem. Alex. Strom. V, 77, 1 und Eus. praep. ev. XI, 12, 2, den richtigen Wortlaut bringen, vgl. auch die Wiederholung des Platonzitates bei Origenes C. Cels. VI, 3 (KOE. II, 73, 10ff.)!

34 Albinos, Didask. 10, 164, 7; 165, 27ff.; Maximos Tyrios, Or. 29, 5; Plutarch, De Iside 77 (382D), der allerdings Ep. VII, 344B für denselben Gedanken zitiert, vgl. auch Clem. Alex. Protr. VI, 68, 1; Strom. V, 77, 1. Die Hochschätzung des Platonwortes durch Origenes spricht aus seiner Behauptung, daß Platon dasselbe der heiligen Schrift verdanke: C. Cels. VI, 5 (KOE. II, 74, 22ff.).

35 Vgl. Justin, Dial. 2, 6 mit Kelsos VII, 45; VIII, 63b; ferner Albinos, Didask. 27, 179, 34ff.

36 Didask. 10, 165, 4f., vgl. auch Athenagoras, Suppl. 10, 1 und Clem. Alex. Strom. V, 16, 1.

37 Fragm. VI, 64 (BADER). Die Gleichartigkeit der Formulierungen bei Kelsos, Justin (Dial. 4, 1), Plutarch (De Iside 76; 382B) und Origenes (De principiis I, 1, 6; KOE. V, 21, 15f.) stellt die gemeinsame Quelle genügend unter Beweis.

Mehrmals wird zum Ausdruck gebracht, daß Gott unaussprechlich und unnenn-
bar ist[38]. Gleiche Formulierungen finden wir auch bei Kelsos und den Platonikern
der Zeit[39].

Für die Unaussprechlichkeit und Jenseitigkeit Gottes beruft Justin (II, 10, 6)
sich auf die im mittleren Platonismus beliebte und vielzitierte Stelle Timaios 28C.
Sie hat überhaupt für seine Gottesprädikationen einen bestimmenden Einfluß
gewonnen[40]. Die von J. PFÄTTISCH (21f.) aufgeworfene Frage, wie der Apologet
in Tim. 28C die Unaussprechlichkeit Gottes ausgedrückt finden kann, da Platon
nur von dem Demiurgen spreche, erklärt sich aus der Tradition des Schulplatonismus. Apuleius, der um der Bedeutsamkeit der Stelle willen diese zunächst
lateinisch paraphrasiert, um sie dann, wohl aus dem Gedächtnis, wenn nicht aus
seiner Vorlage, griechisch zu zitieren, trägt den Bedeutungswandel sogar in den
Platontext hinein[41].

Dabei läßt sich wie bei der eben erwähnten Platonstelle aus dem siebenten
Brief sogar an dem Wortlaut nachweisen, daß Justin auch diese Wanderstelle
nicht dem originalen Platontext entnommen hat, sondern ihn einer wohl im
Schulplatonismus tradierten Textfassung verdankt. Die von Justin angeblich
vollzogene und durch J. PFÄTTISCH (aaO) beanstandete Textänderung erklärt sich
durch den ähnlichen Wortlaut bei Albinos in seiner „Lehrschrift"[42]: [168]

Justin	Albinos
τὸν δὲ πατέρα καὶ *δημιουργὸν πάντων* οὔθ᾽ εὑρεῖν *ῥᾴδιον* οὔθ᾽ εὑρόντα εἰς πάντας εἰπεῖν *ἀσφαλές.*	τὸ μὲν δὴ τιμιώτατον ἀγαθὸν οὔτε εὑρεῖν *ῥᾴδιον* οὔτε εὑρόντα *ἀσφαλές* εἰς πάντας ἐκφέρειν.

Das vorgelegte Material dürfte hinreichend beweisen, daß wir es bei Justin nicht
mit dem klassischen Platon zu tun haben, daß sogar sein Verständnis des Timaios
nicht auf selbständige Lektüre des Dialoges zurückzuführen ist. Das Platonverständnis Justins ist vielmehr mit dem des mittleren Platonismus identisch.

---

38   Apol. I, 9, 3; 10, 1; 61, 11; 63, 1; Apol. II, 6, 1ff.; 11, 4; 13, 4; Dial. 126, 2; 127, 2-4.
39   Kelsos VI, 65; Albinos, Didask. 10, 164, 7.28; Apuleius, De Plat. I, 5: indictum, innominabilem;
      Maximos Tyr. Or. 2, 10a; 11, 9d u.ö.
40   Vgl. die Gottesprädikationen Apol. I, 26, 5; Dial. 7, 3; 16, 4; 34, 8; 48, 2; 50, 1; 55, 1; 66, 4 –
      Apol. I, 8, 22; 13, 1 – Apol. I, 45, 1 – Apol. I, 58, 1; vgl. auch Maximos Tyr. Or. 2, 10a; 11, 13a;
      Attikos bei Eus. Praep. ev. XV, 13, 5.
41   De Plat. I, 5: θεὸν εὑρεῖν τε ἔργον εὑρόντα τε εἰς πολλοὺς ἐκφέρειν ἀδύνατον. Vgl. dazu auch
      Plutarch, Plat. quaest. II, 1 (1000Fff.).
42   Albinos, Didask. 27, 179, 32ff. aus dem Topos der Güterlehre, die Gott mit dem höchsten Gut
      gleichsetzt aaO, 179, 37ff., vgl. Apuleius, De Plat. II, 1: daher das veränderte Subjekt bei Albi-
      nos. – Die Kursivschreibung zeigt die Veränderungen gegenüber dem Platontext an. Zur Lesart
      δημιουργόν bei Justin vgl. Procl. in Tim. 2 (I, 347, 3ff.); in Tim. 4 (III, 152, 1ff.) und Eus. praep.
      ev. XI, 29, 4. Die Berührung zwischen Justin und Albinos (Apuleius) wird im Vergleich zu Athe-
      nagoras, Suppl. 6, 2; Clem. Alex. Protr. VI, 68, 1; Strom. V, 78, 1; 92, 3 besonders deutlich, die
      mit geringfügigen Varianten den Platontext bringen. Das Gleiche gilt von Kelsos VII, 42 und
      Justin II, 10, 6.

2. Wir sahen bereits, wie die platonische Schulkritik an der stoischen Gottesvorstellung sich bei Justin in der rückschauenden Beurteilung seines stoischen Lehrers auswirkt. Offen spricht er sie in dem Anhang zu seiner Apologie aus: die Stoiker „wandeln in der Lehre von den Prinzipien und den unkörperhaften Dingen nicht richtig" (II, 7, 8[43]). Unter den ἀσώματα sind die „Ideen" Platons zu verstehen. In gleicher Weise verwendet Justin den Begriff im Dialog (2, 6). Als solcher ist er auch dem Schulplatonismus geläufig[44].

Damit erhebt sich die Frage, warum Justin an der genannten Stelle neben dem Lehrpunkt der Prinzipien, zu denen nach dem System des Platonismus Gott, die Materie und die Ideen gehören[45], noch zusätzlich die ἀσώματα erwähnt.

Antwort auf die Frage gibt der Schulplatoniker Albinos. Bei ihm gehört zu dem Topos über die Ideen auch ein Lehrkapitel über den immateriellen Charakter der Eigenschaften[46]. Dieser Lehrpassus ergibt sich für den Schulplatonismus als zwangsläufige Folge aus seinem Verständnis der Ideen Platons. Die Ideen sind die Wesenheiten der jenseitigen, intelligiblen Welt Gottes, nach denen die Erscheinungen der sichtbaren Welt ihre Gestalt (εἶδος) gewonnen haben[47], denn die Hyle, das Substrat der sichtbaren Welt, ist als solche qualitäts- und gestaltlos[48]. Sie erhält aber bei dem Schöpfungsakt ihre Qualitäten [169] dadurch, daß ihr die Ideen Gottes wie ein Wachssiegelabdruck eingeprägt werden[49]. So entstehen die Formen der Erscheinungswelt als Abbilder (εἰκόνες) der Ideen Gottes: alles qualitative Sein innerhalb der materiellen Welt ist ein Spiegelbild der ideellen Welt[50].

Dieses kosmologische Verständnis der platonischen Ideenlehre führt den mittleren Platonismus in einen unausgesprochenen Gegensatz zur Stoa und ihrer Lehre von der Körperlichkeit der Eigenschaften[51]. Albinos wendet sich daher mit ausführlicher Begründung gegen die stoische Auffassung[52]. Auch die Qualitäten sind körperlos (ἀσώματοι), weil das demiurgische Prinzip, die Idee, das sie entstehen ließ, selbst ein ἀσώματον ist (166, 25ff.). Es entspricht also dem kosmologischen Verständnis der Ideenlehre, wenn Albinos im Anschluß an die Darstellung der Gottes- und Ideenlehre (cap. 9 u. 10) auch die Körperlosigkeit der Eigen-

43 Apol. II, 7.3 wird die Weltenperiodenlehre der Stoa direkt, Dial. 1, 5 indirekt von Justin angegriffen, vgl. hierzu Origenes, C. Cels. IV, 67 (KOE. I, 337, 6ff.); V, 20 (KOE. II, 21, 23ff.).

44 Attikos bei Eus. praep. ev. XV, 13, 5; zur Terminologie der Ideen vgl. den Platoniker bei Diog. Laert. III, 64.

45 Albinos, Didask. 8-10; Apuleius, De Plat. I, 5; der Platoniker bei Hipp. I, 19, 1.

46 Albinos, Didask. 11, 166, 35; zum Abschluß des Kapitel heißt es: ὁ μὲν δὴ περὶ τῶν ἀρχῶν λόγος τοιοῦτος ἄν τις εἴη θεολογικὸς λεγόμενος.

47 Albinos, Didask. 9, 163, 12ff.

48 Didask. 8, 162, 30ff., vgl. den Platoniker bei Diog. Laert. III, 69; 76: sie ist weder körperhaft noch unkörperlich, vgl. auch Apuleius, De Plat. I, 5, 87, 10 und den Platoniker bei Hipp. I, 19, 3.

49 Didask. 10, 166, 2ff., vgl. Apuleius, De Plat. I, 6, 87, 21ff.

50 Albinos, Didask. 9, 163, 16ff.

51 SVF II, 389, 410.416; zur Kritik Plutarchs vgl. SVF II, 380; der Platoniker Galen widmet dem Thema eine eigene Schrift, SVF II, 381-386.

52 Didask. 11, 166, 14ff.; seine Gegner nennt er allerdings nicht.

schaften abhandelt (cap. 11). Justin beweist sich darin als der geschulte Platoniker, wenn er nicht nur allgemein an den Stoikern ihre Prinzipienlehre beanstandet, sondern auch diese Problematik erwähnt. Er weiß, daß die Lehre von den „körperlosen Dingen" zu dem „theologischen Lehrpunkt", wie Albinos sagt, gehört. Schon diese Beobachtung verrät, woher er in seiner Kritik an dem Gottesbegriff der Stoa bestimmt ist.

Ein weiterer Anklagepunkt Justins gegen die theologischen Anschauungen der Stoa besagt: „Die sogenannten stoischen Philosophen lehren, daß auch Gott selbst im Feuer sich auflöst, und behaupten, daß die Welt wiederum aufs Neue im Wechsel entstehe. Wir aber stellen uns unter dem Schöpfergott des Alls etwas Größeres vor als das, was sich verändert" (I, 20, 2).

Justin verbindet stoische Theologie und Kosmologie. Da nach der Lehre der Stoa der Zeus-Logos mit der ewigen, qualifizierten Substanz der Welt identisch ist[53], die Welt aber in immer sich wiederholenden Weltenbränden neu entsteht, unterliegt Gott dem steten Wechsel. Die gleiche Verbindung stoischer Kosmologie und Theologie zu polemischen Zwecken tritt bei Justin in dem Anhang seiner Apologie zutage. Wenn Gott Körper ist, dann unterliegt er der Veränderlichkeit und Vergänglichkeit (II, 7, 9).

Es fällt nicht schwer, nachzuweisen, woher dieses Argument rührt. Unterschiedslos wird es von allen Vertretern des mittleren [170] Platonismus vorgetragen[54]. In der Gottesfrage tritt der Gegensatz von platonischem Dualismus und stoischen Monismus ans helle Licht. Mag der Schulplatonismus auch sonst weithin sich darum bemühen, Platon und Stoa miteinander zu verbinden und diesen Gegensatz in einem wohlabgewogenen Eklektizismus auszugleichen, in dieser Frage der Gottesauffassung kennt er keinen Kompromiß.

Als stärksten Beweis für die These, daß Justin Stoiker sei, pflegt man seine Anschauung von dem „keimhaften Logos" (λόγος σπερματικός) anzuführen. Selbst J. PFÄTTISCH, der Justin als Anhänger Platons zu deuten sucht, ist der Meinung, daß Justin den Begriff und Ausdruck „zweifelsohne von den Stoikern" habe (104).

Nun ist bereits früher gesehen worden, daß Justin den Logos spermatikos nicht im Sinne des kosmologischen Pantheismus der Stoa als das Weltpneuma, sondern als ein geistig-ethisches Prinzip versteht[55]. Besonders deutlich tritt das Apol. I, 44, 9f. in Erscheinung. Alles, was die Philosophen und Dichter über die Unsterblichkeit der Seele und die Strafen nach dem Tode und die Schau der Himmel sowie ähnliche Lehren gesagt haben, deutet an, daß bei allen „die Samenkörner der Wahrheit" vorhanden sind. Wenn Justin dabei die Widersprüche der Philosophen und Dichter untereinander darauf zurückführt, daß sie „nicht genau gedacht haben" (I, 44, 10), dann wird durch solche Feststellung besonders

---

53   SVF I, 85.160.162.557; II, 1027.
54   Plutarch, De defect. 19 (420A); 29 (426B); Albinos, Didask. 10, 166, 2ff.; Origenes C. Cels. III, 75 (KOE. I, 267, 3ff.); IV, 14 (KOE. I, 284, 24ff.); VI, 71 (KOE. II, 141,15-24), der hier als Platoniker urteilt, vgl. ferner Clem. Alex. Protr. V, 66, 3; Strom. I, 51, 1; V, 89, 2f. SVF. II, 1049-1056.
55   Vgl. oben Anm. 5 zu R. SEEBERG und H. MEYER, ferner M. POHLENZ, Die Stoa, 412.

klar, daß es sich hier um ein geistiges Vernunftprinzip handelt, dessen Wirkungsbereich an das Erkenntnisvermögen der Denker und Dichter gebunden ist.

Damit fehlt dem Logos spermatikos bei Justin die besondere Bedeutung, die
er in der Stoa besitzt. Dort wird das Urprinzip des Feuers als σπερματικὸς λόγος
τοῦ κόσμου bezeichnet[56], von dem alle Logoi spermatikoi als die ursächlichen
Prinzipien der Naturerscheinungen abzuleiten sind[57]. Die Anschauung entspricht
dem stofflichen Denken der Stoa. Auch wenn sie dabei den Gedanken der
„schwachen Fünklein" (*igniculi*) und „Samen der Tugenden" (*semina virtutum*) in
der Tugendlehre verwendet, um nachzuweisen, daß jedem Menschen die Möglichkeit gegeben ist, mit Hilfe der „Keimkräfte" sich zu dem hohen Ideal der
Arete zu entwickeln[58], womit eine Ausweitung ins Ethische erfolgt, so verbinden
sich damit doch die stofflichen Vor- [171] stellungen eines Substanzdenkens, für
das die Seele des Menschen von feuriger Substanz ist und so an dem Weltenprinzip des Feuers Anteil hat[59]. Es entspricht nur einer inneren Folgerichtigkeit, wenn
der Platoniker Justin dem Gedanken des Logos spermatikos nicht nach dieser
Seite hin eine Bedeutung zugesprochen hat.

Es hieße Justin als Philosoph überfordern, wenn man das moralische Verständnis des Logos spermatikos ihm selber zuschreiben wollte. Es spricht alles
dafür, daß er auch darin von anderen Einflüssen bestimmt ist. Um diese näher
festzulegen, läßt sich nicht vermeiden, daß wir an diesem Punkt das Blickfeld
über Justin hinaus erweitern.

Wir besitzen bei Cicero eine Kritik an dem Telos der stoischen Ethik, die
nachweislich auf Antiochos von Askalon zurückgeht[60]. Sie behauptet, daß die
Stoa in der Güterlehre von Xenokrates, dem Nachfolger Platons in der Leitung
der Akademie, und von Aristoteles abhängig sei. Dabei wird die Lehre von den
„Keimkräften" dem älteren Platonismus und Aristoteles zugeschrieben, jedoch
eine bedeutsame Verschiebung in ihrem Verständnis vollzogen[61].

Cicero bzw. Antiochos spricht von den *semina iustitiae*, die bereits in den ersten Menschengeschlechtern vorhanden gewesen sind. Diese haben schon erkannt,
daß die Familienordnungen Ordnungen der Natur sind. Damit ist der Grundstock zur Weiterentwicklung der Tugend gelegt. Dieser Fortschritt wird dadurch
ermöglicht, daß einerseits dem Geiste des Menschen die Liebe zur Erkenntnis
„eingesät" (*insitus*) ist, andererseits der Mensch in seinem Gemeinschaftsstreben
immer auf das achtet, was ehrenhaft und ziemlich ist: *his initiis, ut ante dixi,*
‚tanquam' seminibus a natura datis temperantia, modestia, iustitia et omnis honestas perfecte

---

56   SVF I, 102; vgl. mit I, 98 und II, 1133.
57   SVF II, 1027.1071-1075; vgl. auch I, 497.
58   Cicero, Tusc. III, 1, 2. Quelle ist Chrysipp und seine Diastrophelehre, vgl. M. POHLENZ, Stoa II,
     71.
59   SVF I, 135; II, 773.780.
60   De fin. IV, 6, 14ff. Zur Quellenanalyse von De finibus vgl. M. POHLENZ, Grundfragen der
     stoischen Philosophie, AGWG III, 26 (1940), 47ff. und ANNEMARIE LUEDER, Die philosophi-
     sche Persönlichkeit des Antiochos von Askalon, Göttingen 1940, 13ff.
61   De fin. bon. IV, 7, 17.

absoluta est (IV, 7, 18). Die Ausführungen sind nicht nur dadurch charakterisiert, daß sie eine Bezugnahme auf den Logos spermatikos als dem metaphysischen Prinzip des Kosmos vermissen lassen, sondern auch dadurch, daß die Vorstellung von den „Keimkräften" der Stoa sich eng mit der von „den Samen der Gerechtigkeit" verbunden hat. Das geht eindeutig aus einem weiteren Ciceroreferat hervor, das in gleicher Weise auf Antiochos von Askalon zurückgeht[62] und die Begriffe der *semina* bzw. [172] *scintillae virtutum* völlig synonym gebraucht. Es ist bei solcher Kontamination der Vorstellungen nicht zu übersehen, daß die „Keimkräfte" der Stoa vorwiegend geistig-moralisch verstanden werden und nur noch bildhafte Bedeutung besitzen[63].

Eine gleiche Feststellung macht man bei der Darstellung, die Areios Didymos für die peripatetische Ethik gibt[64]. Sie trägt den Gedanken der „Keimkräfte" in Aristoteles hinein, indem sie gleichfalls damit ein ausschließlich ethisches Verständnis verbindet. Die Menschen besitzen von Natur die „Anfänge" und „Samen" zu den Tugenden, die „durch Sitten und rechte Umgangsformen" vervollkommnet werden. Was Areios Didymos in kürzerer Form bringt, ist die gleiche Konzeption, wie wir sie bereits durch Cicero kennen lernten. Daß Areios aber als Mittelsmann der Philosophie des Antiochos von Askalon für den mittleren Platonismus, spez. Albinos, anzusehen ist, dürfte nach den erneuten Untersuchungen von REGINALD ELDRED WITT nicht mehr zweifelhaft sein[65]. Auf diesen bedeutsamen Akademiker des ersten vorchristlichen Jahrhunderts, der sich um eine Angleichung von Akademie, Stoa und Peripatos bemüht und dabei die in der Metaphysik begründeten Gegensätze der Schulen durch eine gewisse Indifferenz gegenüber den metaphysischen Fragen zu meiden sucht[66], wird man das ausschließlich ethische Verständnis der Logoi spermatikoi zurückzuführen haben.

---

62 De fin. bon. V, 15, 43, vgl. A. LUEDER, 9ff.: *Est enim natura sic generata vis hominis, ut ad omnem virtutem percipiendam facta videatur, ob eamque causam parvi virtutum simulacris, quarum in se habent semina, sine doctrina moventur; sunt enim prima elementa naturae, quibus auctis virtutis quasi germen efficitur. Nam cum ita nati factique simus, ut ... ad scientiam, prudentiam, fortitudinem aptos animos haberemus, ...non sine causa eas, quas dixi, in pueris virtutum quasi scintillas videmus, e quibus accendi philosophi ratio debet, ut eam quasi deum ducem subsequens ad naturae perveniat extremum.*

63 Mit Recht macht A. LUEDER, 35 darauf aufmerksam, daß Antiochos immer von den *quasi scintillae* spricht, d.h. die Keimkräfte nur als Bild und Vergleich, nicht aber als philosophisch stringenten Begriff verstanden wissen will.

64 Bei Stob. ecl. II, 116, 22 WACHSMUT. Zu der umstrittenen Frage, inwieweit Areios in seiner Darstellung durch Antiochos beeinflußt ist, vgl. M. POHLENZ, Grundfragen, 26ff.

65 REGINALD ELDRED WITT, Albinus and the history of middle Platonism, Cambridge 1937, 95ff., der mit gewissen Modifikationen die ältere Arbeit von HANS STRACHE, De Arii Didymi in morali philosophia auctoribus, Diss. Berlin 1909, fortführt. Selbst der Kritiker von H. STRACHE und R. WITT, M. POHLENZ, PhWS, 1911, 1497 und Stoa II, 129.131), bestreitet nicht den Einfluß von Antiochos auf Areios, warnt nur vor einer Überschätzung.

66 Entsprechend seinem Bemühen, die Skepsis der Akademie zu überwinden, liegt nach dem Zeugnis von Cicero (Lucullus 9, 29) sein Interesse vornehmlich auf erkenntnistheoretischem und ethischem Gebiet: *duo esse haec maxima in philosophia: iudicium veri et finem bonorum*. Das Vermeiden der metaphysischen Probleme charakterisiert Antiochos als Vermittlungsphilosophen.

Damit sind die geistesgeschichtlichen Zusammenhänge aufgezeigt, wenn die moralisch verstandenen „Keimkräfte" der Stoa auch im mittleren Platonismus wiederzufinden sind. Bei Albinos verbindet sich der Begriff mit dem der „Allgemeinvorstellungen". Auch das ist bereits bei Antiochos von Askalon vorgezeichnet[67]. [173]

Nach der Darstellung des Apuleius von Madaura ist der Mensch von Geburt im absoluten Sinn weder gut noch böse, sondern trägt in sich „gewisse Samen beider Eigenschaften, die mit dem Ursprung seiner Geburt verbunden sind". Es ist die Aufgabe der Erziehung, diese „Samen" zum Guten „hervorleuchten" zu lassen (De Plat. II, 3). Bei beiden Platonikern hat sich die Vorstellung der Logoi spermatikoi von der sie in der Stoa tragenden Grundanschauung des Logos spermatikos als dem Weltenprinzip losgelöst und ist auf eine ethische Bedeutung eingeschränkt worden. Nur das Wort *emicare* bei Apuleius erinnert noch in dem ihm zugrunde liegenden Bild von der Leuchtkraft der Samen an die ursprünglichen Vorstellungen der Stoa. Nach stoischer Anschauung besitzen die „Keimkräfte" die feurige Substanz des Logos, des „künstlerischen Feuers"!

Auch Origenes ist in seiner Kritik und Verwertung des Gedankens der „Keimkräfte" als Schüler des Schulplatonismus anzusprechen.

Die Gründe für seine Ablehnung der stoischen Lehre werden deutlich, wo er sie in der Fassung Chrysipps darstellt, nach dem man den anstößigen Bericht von der Blutschande Zeus' mit Hera (Ilias I, 399f.) allegorisch zu verstehen habe: Zeus = Logos habe der Hera, d.h. der Hyle die Logoi spermatikoi zur Ordnung des Alls übergeben[68]. Die moralische Entrüstung von Origenes verbindet sich mit dem Urteil des Platonikers, der dieses kosmologische Verständnis des Logos spermatikos ablehnt und daher auch die Allegorese Chrysipps verwirft: sie widersprechen seinem platonisch gefärbten, transzendentalen Gottesverständnis, für das der bei Origenes beliebte Ausdruck „der über allen waltende Gott" kennzeichnend ist[69]. Dies religiöse Motiv wird überhaupt für die Mittelplatoniker maßgeblich gewesen sein, wenn sie den stoischen Begriff des Logos spermatikos nur in der von Antiochos abgewandelten Form verwenden.

Wenn Origenes den Gedanken der „Keimkräfte" aber für seine eigenen Anschauungen verwendet, dann spricht er bezeichnender- [174] weise von den „Samen der Tugend", die der Mensch als „vernünftiges Wesen" nicht verlieren

---

67 Albinos, Didask. 25, 178, 7ff., vgl. Cicero, De fin. bon. V, 21, 59 = Antiochos: ...*ingenuitque* (sc. *natura*) *sine doctrina notitias parvas rerum maximarum et quasi instituit docere et induxit in ea, quae inerant, tamquam elementa virtutis* mit Anm. 62 die *notitiae parvae* sind die *notitiae communes* der Stoa.

68 C. Cels. IV, 48 (KOE. I, 321, 5ff.) = SVF. II, 1074; C. Cels. I, 37 (KOE. I, 89, 2ff.) liegt sie ihm wahrscheinlich in der poseidonischen Fassung vor, nach der die ersten Menschen durch die in der Erde befindlichen „Keimkräfte" entstanden sein sollen, vgl. die berühmte olympische Rede Dions v. Prusa §§ 27-31 (HANS VON ARNIM) und dazu M. POHLENZ, Grundfragen, 101ff. Hier beschränkt Origenes sich auf die Feststellung, daß diese Theorie noch „paradoxer" als die Jungfrauengeburt sei (KOE. I, 89, ₅)

69 AaO (KOE. I, 321, 13), vgl. Index KOE., der bei weitem für diesen Begriff nicht vollständig ist. Ich notiere für Contra Celsum KOE. I, 62, 19f. 63, 16f. 74, 2. 234, 16. 266, 29f. 301, 11. 308, 2. 356, 20; KOE. II, 5, 2. 47, 4. 50, 13ff. 54, 16. 55, 26. 124, 25. 125, 1. 269, 10 u.ö.

kann[70]. Diese begriffliche Abwandlung der Logoi spermatikoi in *semina virtutum* ist uns bereits durch Cicero und Areios Didymos geläufig. An ersteren erinnert es auch, wenn Origenes von der Tapferkeit — einer der vier platonischen Kardinaltugenden — als dem „in uns vorhandenen Samen" spricht wie Cicero unter antiocheischem Einfluß von den *semina iustitiae*[71].

Damit dürfte hinreichend bewiesen sein, wie das moralische Verständnis der „Keimkräfte" bei Justin seine Erklärung aus dem mittleren Platonismus erhält. Die Vorstellung der stoischen Weltvernunft ist für ihn ebenso wie für die Schulplatoniker damit nicht verbunden. Diese Beobachtung wirft nun eine weitere Frage auf. Zweifelsohne steht bei Justin die Logoslehre in engem Zusammenhang mit der Lehre von dem Logos spermatikos. Der Logos ist bei ihm nicht nur ein geistiges Prinzip, sondern er hat auch kosmologische Bedeutung, indem er an der Weltschöpfung beteiligt ist und gleichzeitig im Heidentum wie überhaupt im Kosmos wirkt (I, 55, 2ff.). Läßt sich dieses kosmologische und geistige Verständnis des Logos spermatikos bei Justin gleichfalls aus dem mittleren Platonismus ableiten?

Die Beantwortung der aufgeworfenen Frage läßt sich leider nicht durch unmittelbares Quellenmaterial der Schulplatoniker klären, wie es für das ethische Verständnis des Logos spermatikos möglich ist. Attikos, mit dem Justin sich am stärksten berührt, ist nur fragmentarisch erhalten. In den durch Eusebios und Proklos erhaltenen Fragmenten findet sich weder Begriff noch Vorstellung des Logos spermatikos. Einen gewissen Ersatz bietet jedoch Plutarch, der sich auch sonst in seinen Anschauungen mit Attikos berührt. Bei ihm findet sich die Abwandlung der stoischen Vorstellung der Logoi spermatikoi in ein geistiges, von der stoisch-stofflichen Logoslehre losgelöstes Vernunftprinzip des Kosmos. [175]

Plutarch verwendet den Gedanken der „Keimkräfte" in seiner allegorischen Interpretation des ägyptischen Kultes (De Iside 49ff.). Diese Allegorese erfolgt dabei im Sinne des Timaios, vornehmlich der dortigen Partien über die Weltseele (Tim. 34Bff.).

Während Typhon als der unvernünftige, böse Teil der Weltseele verstanden wird, ist Osiris der Nus und der Logos, die die oberen Teile der platonischen Weltseele bilden. Er gilt als „der Führer und Kyrios aller Besten". Dieser Nus bzw. Logos wirkt in dem Kosmos, wobei das Ordnungsprinzip in der sichtbaren

---

70   C. Cels. IV, 25 (KOE. I, 294, 16ff.), der voraufgehende Satz spricht von den ἀφορμαὶ πρὸς ἀρετήν statt von den „Samen der Tugend".

71   C. Cels. IV, 78 (KOE. I, 348, 23): sie beweist die überlegene Stellung des Menschen gegenüber dem Tier. Vgl. dazu Cicero, De fin. bon IV, 7, 18. Auch De princ. I, 3, 6 (KOE. V, 56, 19ff.) spricht Origenes von den „Keimkräften": *Quia autem operatio patris et filii et in sanctis et in peccatoribus sit, manifestatur ex eo quod omnes, qui rationabiles sunt, verbi dei, id est rationis, participes sunt et per hoc velut semina quaedam insita sibi gerunt sapientiae et iustitiae, quod est Christus.* Das Verständnis der Stelle ist dadurch erschwert, daß sie nur in Rufins Wiedergabe vorliegt (vgl. KOE. V, 57 Anm.), und ferner dadurch differenziert, daß sie mit Hilfe der Logoschristologie argumentiert. Das erinnert stark an Justin ebenso wie die Folgerung, die aus der Gleichsetzung des Christuslogos mit der Weltvernunft gezogen wird, daß der Logos nicht nur bei den „Heiligen", sondern auch bei den „Sündern", und d.h. doch wohl im Heidentum, wirksam sei.

Welt, das durch Zeiten, Kräfte und Kreisläufe die Erde, den Himmel und die Gestirne ordnet, als „Ausfluß und sichtbares Abbild des Osiris", d.h. des Logos der Weltseele bezeichnet wird (371A/B).

Daß tatsächlich hinter der Bezeichnung des kosmischen Ordnungsprinzipes als „Ausfluß" des Logos der Weltseele die stoische, aber völlig abgewandelte Vorstellung des Logos spermatikos steht, zeigt eine andere Stelle des genannten allegorischen Kapitels bei Plutarch (De Iside 59). Hier werden die Trauerriten und Freudenfeste des Isiskultes philosophisch interpretiert. Während die „Logoi und Formen und Ausflüsse des Gottes" im Himmel und in der Gestirnwelt Dauer besitzen, erleiden die auf der Erde „ausgesäten" Formen die Auflösung und sind vergänglich. Sie „leuchten aber auf" und kommen in dem kosmischen Werdeprozeß immer wieder zum Vorschein (375A/B). Ähnlich wie bei Apuleius das Verb *emicare* nur noch schwach die Herkunft der Anschauung erkennen läßt, so schimmert auch hier in dem Ausdruck ἐκλάμπειν etwas von der ursprünglichen, stoischen Vorstellungsform der Logoi spermatikoi als einer feurigen Substanz durch. Als Bild wirkt der stoische Begriff nach, inhaltlich ist er jedoch durch den Logos der Weltseele des Timaios abgelöst worden.

Auch wertende Normen sind mit diesem Verständnis der Logoi spermatikoi als den „Ausflüssen" und Emanationen der platonischen Weltseele verbunden, wie eine dritte Stelle des gleichen Abschnittes lehrt (De Iside 53). Isis ist die Hyle, die „Amme und Empfängerin" allen Werdens, wie Platon sie Tim. 49A; 51A bezeichnet hat. Sie nimmt die von dem Logos (sc. der Weltseele) gewirkten „Gebilde und Ideen" in sich auf. Der ihr innewohnende Eros sehnt sich nach dem „Ersten und Obersten", d.h. dem Guten und flieht das Böse. „Sie wendet sich aber immer dem Besseren zu und bietet sich jenem (sc. dem Logos der Weltseele) dar, damit sie aus sich selbst gebären und jener in sie die Samen (ἀπορροαί) und Abbilder hineinsäen kann. Wenn sie diese empfängt und voll des Werdens ist, dann freut sie sich und ist fröhlich. Denn der in der Hyle sich abspielende Werdeprozeß ist ein Abbild des Seins und das Werdende eine Nachahmung des Seienden" (372E/F). [176]

Wieder liegt bei Plutarch die gleiche philosophische Konzeption wie an den anderen Stellen vor. Der Logos der platonischen Weltseele ist als kosmologisches Prinzip an die Stelle des stoischen Logos spermatikos getreten. Die Vorstellung der „Keimkräfte" ist dabei auf die platonische Ideenlehre, wie sie im mittleren Platonismus verstanden wird, übertragen worden. Indem aber der Logos als das weltenschöpferische Prinzip gleichzeitig mit dem Guten identifiziert wird, erhält die Bereitschaft, seine Samen in sich aufzunehmen, eine ethische Note. Die „Keimkräfte" sind auch die Kräfte zum Guten.

Plutarch zeigt also in seinen Spekulationen über die Weltseele des Timaios das Bestreben, dem Logos der platonischen Weltseele die Rolle des stoischen Logos spermatikos zu geben, wobei durch die Übertragung alle stofflichen Vorstellungen der Stoa ausgeschaltet werden. Auch für Attikos dürfen wir ähnliche Anschauungen voraussetzen. Wir wissen durch Proklos, daß er über die platonische Weltseele gleiche Ansichten vertreten hat wie der Philosoph von Chaironeia[72]. Noch klarer würden wir sehen, wenn es sich erhärten ließe für Attikos, daß er die Ideen Platons als λόγοι παραδειγματικοί bezeichnet hat, wie ein weiteres Referat bei Proklos vermuten läßt[73]. Denn dieser Begriff ist sichtlich in Parallele zu den Logoi spermatikoi der Stoa geprägt worden.

Bei den obwaltenden Quellenverhältnissen werden wir uns an Plutarch halten müssen. Das Wenige genügt aber, um den Bedeutungswandel, den der stoische Begriff der „Keimkräfte" erfahren hat, nachzuzeichnen. Nachdem bereits durch Antiochos von Askalon der Prozeß einer Spiritualisierung dadurch eingeleitet worden ist, daß der Begriff seiner kosmologischen Bedeutung entkleidet und vorwiegend ethisch verstanden wird, bedeutet die Gleichsetzung mit dem Logos der platonischen Weltseele im mittleren Platonismus (Plutarch) eine weitere Loslösung von den stofflichen Vorstellungen des stoischen Weltenpneumas und eine Spiritualisierung des Begriffes. Gleichzeitig gewinnt aber durch Plutarch derselbe seine ursprüngliche kosmologische Bedeutung zurück, diesmal jedoch nicht in einem monistischen, sondern in einem platonisch-dualistischen Weltbild.

Die Tragweite des aufgezeigten Bedeutungswandels für das vorliegende Problem wird erst deutlich werden, wenn gezeigt ist, daß auch die Logosanschauung Justins durch ähnliche Spekulationen über die platonische Weltseele beeinflußt ist. Es dürfte aber schon nachgewiesen sein, daß die vergeistigte Auffassung des Logos spermatikos im mittleren Platonismus die philosophische Vorbedingung dafür geschaffen hat, daß Justin denselben in seine Logoslehre übernehmen [177] konnte. Die Verwendung der Vorstellung durch Justin kann noch kein Anlaß sein, ihn deshalb als Stoiker zu bezeichnen. Im Gegenteil, alles spricht dafür, daß er den Begriff und die Vorstellung des Logos spermatikos durch den mittleren Platonismus überkommen hat.

Der gleichen Vermittlung verdankt Justin wohl auch die stoische Vorstellung der „Allgemeinbegriffe" (*communes notitiae*; κοιναί bzw. φυσικαί ἔννοιαι)[74]. Er versteht darunter die apriorisch dem Menschen mitgegebenen Begriffe vorwiegend religiöser, moralischer Art. So ist für ihn die Bezeichnung „Gott" eine „der Natur der Menschen eingepflanzte Anschauung" (II, 6, 3). Ebenso ist „in die Natur der Menschen das Erkenntnisvermögen des Schönen und Schimpflichen" hineingelegt (II, 14, 2). Justin bezieht sich mit solchen Sätzen auf die stoische Vorstellung der „naturhaft gebildeten Begriffe" genau so wie es auch die Schulplatoniker der Zeit tun. Dabei ist sein apriorisches Verständnis durch einen Schulplatoniker wie Albinos erwiesen[75].

Es läßt sich nun bei Justin beobachten, daß zwischen der Vorstellung der „naturhaft gebildeten Begriffe" und der „Keimkräfte" eine Annäherung stattgefunden hat. Das tritt nicht nur darin in Erscheinung, daß Justin in gleichen Wen-

---

72   Proclus, in Tim. 3 (DIEHL II, 154), vgl. in Tim. 2 (DIEHL I, 381ff.) u.ö.

73   Proclus, in Tim. 2 (DIEHL I, 366).

74   Besonders charakteristisch SVF. II, 83.53ff.: Die Seele ist ein weißes, unbeschriebenes Blatt, auf der „Wahrnehmung" und „Gedächtnis" ihre Eintragungen machen, also sensualistisch, nicht apriorisch gedacht.

75   Isag. 6, 150, 17ff.; Didask. 4, 156,17ff.

dungen von den „dem ganzen Menschengeschlecht eingepflanzten Samen des Logos" (II, 8, 1) und der „der Natur der Menschen eingepflanzten Anschauung" von Gott (II, 6, 3) spricht. Auch vorstellungsmäßig schimmert die Angleichung der beiden Begriffe durch.

Im Dialog mit Tryphon weist der Apologet darauf hin, daß die sittliche Forderung als solche jeder Generation bekannt sei, ebenso wie jedes Geschlecht wisse, was schlecht ist. Wer trotzdem das Schlechte tue, der verdürbe „durch schlechte Sitten und böse Gesetze" die „naturhaft gebildeten Begriffe", „vielmehr — er löscht sie aus"[76]. Aus dem letztgewählten Bilde von dem Feuer spricht immer noch die alte Anschauung der Stoa von dem feurigen Charakter der „Keimkräfte". Es ist kaum zufällig gewählt. In ähnlicher Weise sagt Albinos, daß man die „naturhaft gebildeten Begriffe" ans „Licht" bringen muß[77]. Die Allgemeinvorstellungen besitzen für ihn Lichtcharakter. Daß es berechtigt ist, in diesem Sinne dem von Albinos gebrauchten Ausdruck eine Bedeutung zuzumessen, lehrt eine andere Stelle aus [178] der „Lehrschrift", wo es heißt, daß wir die „Allgemeinvorstellungen" „mit Hilfe kleiner Fünkchen" denken[78]. Das sind die *igniculi* bzw. die *scintillae* der Stoa, jetzt aber im Munde eines Platonikers!

Sehr aufschlußreich für das Verhältnis Justins zur Stoa ist ferner sein Urteil, daß die Stoiker „in der ethischen Lehre ehrbar sind" (I1, 8, 1 vgl. auch 11, 7, 8). Der in dem Satz verwandte Ausdruck ὁ ἠθικὸς λόγος entspricht dem, was Kelsos und Attikos als ὁ ἠθικὸς τόπος bezeichnen[79] und was sonst verkürzt von den Schulplatonikern als τὸ ἠθικόν angesprochen wird. Man wird daher die im Schulplatonismus übliche Dreiteilung der Philosophie in Ethik, Physik und Dialektik auch für Justin voraussetzen dürfen[80].

Vor allem aber entspricht sein positives Urteil über die Ethik der Stoa der allgemeinen Haltung des Schulplatonismus. Wir haben gesehen, wie die Platoniker der Zeit sich gegen die stoischen Vorstellungen (Gottesanschauung, Körperlichkeit der Eigenschaften usw.) wenden, welche in ihren philosophischen Voraussetzungen die platonisch-dualistische Grundkonzeption dieser Schulphilosophie gefährden. Sonst zeigen sie sich aber gegenüber allen anderen stoischen Anschauungen und Begriffen offen. Das gilt vornehmlich innerhalb der Ethik, wo sich

---

76 Dial. 93, 1; dahinter steht die stoische Lehre von der Diastrophe der ursprünglichen Vernunftanlage STV. III, 228-236. Musonios fragm. 6 (HENSE, 26, 17ff.) spricht wie Justin von der διαφθορά. Auch diese stoische Lehre ist von den Schulplatonikern übernommen worden, vgl. Albinos, Didask. 32, 186, 20ff.

77 Isag. 6, 150, 15ff.

78 Didask. 25, 178, 7ff.: μικρὰ αἰθύματα, der den apriorischen Charakter der Allgemeinbegriffe mit der platonischen Anamnesislehre begründet. Das findet sich bereits bei Cicero, Tusc. I, 24, 57f. Die Frage, ob Cicero als Quelle Antiochos von Askalon (so K. REINHARDT, Poseidonios, 236 Anm. 1, vgl. 471f.) oder Poseidonios von Apameia (so ISAAK HEINEMANN, Poseidonios' metaphysische Schriften II, Breslau 1928, 378ff.) benutzt, braucht hier nicht entschieden zu werden. – Auch bei Origenes sind die „Allgemeinvorstellungen" „eingesät", also nach Art der „Keimkräfte" gedacht, vgl. C. Cels. I, 4 (KOE. I, 58, 9ff.); VII, 46 (KOE. II, 197, 30ff.).

79 Kelsos I, 4 (BADER); Attikos bei Eus. praep. ev. XI, 2, 1.

80 Das Material bei H. KOCH, 246f.

sogar das Bestreben zeigt, das stoische Ideal des Weisen nachzuahmen[81]. Justin unterscheidet sich davon nur dadurch, daß er mit seinem positiven, offen ausgesprochenen Urteil über die Ethik der Stoa die grundsätzliche Einstellung des mittleren Platonismus bestätigt, die dieser stillschweigend bekundet.

Dementsprechend bedient sich Justin der stoischen Terminologie vornehmlich in ethischen Zusammenhängen. Er verwendet mehrmals den Begriff des ὀρθὸς λόγος, der für die Stoa so charakteristisch ist[82]. Für sie ist das Sittengesetz Ausdruck der Weltvernunft, des „gemeinsamen Gesetzes", das „durch alles geht" (SVF III, 4). Wenn diese Beziehung auf die stoische Weltvernunft bei Justin nicht mehr zu erkennen ist, dann wird er darin durch Albinos bestätigt[83]. Und wenn [179] er sagt, daß „ohne Philosophie und den Orthos Logos niemand Einsicht gewährt wird" (Dial. 3, 3), dann steht dahinter der Satz desselben Schulplatonikers, der den Orthos Logos von der „Einsicht" (φρόνησις) ableitet[84]. Der mittlere Platonismus betont den intelligiblen Charakter des Orthos Logos und grenzt sich damit unausgesprochen gegen das stoische Verständnis ab.

Noch deutlicher tritt der Zusammenhang mit dem Schulplatonismus bei Justin in Erscheinung, wenn er schreibt, daß die christliche Ehefrau deren Scheidungsklage gegen ihren heidnischen Mann das Thema der Eingangspartien zum „Anhang" der Apologie darstellt, sich geweigert habe, der „gegen das Gesetz der Natur" sich richtenden Forderung ihres Gatten nachzukommen (II, 2, 4). Auf den ersten Blick scheint es so, als wenn Justin sich in seiner Argumentation auf die stoische Forderung des naturgemäßen Lebens beruft[85]. In einem anderen Lichte jedoch erscheint die Stelle, wenn man feststellt, daß die Schulplatoniker der Ansicht sind, bereits Platon habe diese alte Forderung Zenons erhoben[86].

In dem Gespräch mit dem christlichen Greis bestätigt Justin als Platoniker dessen Frage, ob die Philosophie auch die „Glückseligkeit" (εὐδαιμονία) im Gefolge habe. Er fügt seinem Ja noch einen kleinen Zusatz hinzu, der nicht überhört werden darf: „...und zwar sie (sc. die Philosophie) *allein*" (Dial. 3, 4). Damit soll gesagt sein, daß die Philosophie allein auf Grund der durch sie verheißenen Güter zur Glückseligkeit ausreichend sei. Der Gedanke der Autarkie des Tugendstrebens für die Eudämonie des Weisen ist an sich altes stoisches Dogma[87], er ist aber gleichfalls von den Schulplatonikern übernommen worden und wird dort teilweise in heftiger Fehde gegen den Aristotelismus und seine Lehre von den *externa*

---

81 Am deutlichsten wird das bei Apuleius, De Plat. II, 20-23.

82 Apol. II, 2, 2; 7, 7; Dial. 141, 1, vgl. dazu den Index von Adler zu SVF IV s.v. Logos.

83 Albinos, Didask. 29, 183, 5ff., vgl. auch 183, 11; Apuleius, De Plat. II, 20, 122, 17: *solida ratio vivendi*; II, 22, 125, 17f.: *decreto et lege rectae rationis*.

84 Albinos, Didask. 29, 183, 5f.

85 SVF III, 4-9; 149; 264: τὸ ἀκολούθως τῇ φύσει ζῆν, nach Diog. Laert. (SVF I, 179) von Zenon aufgestellt.

86 So der Platoniker bei Diog. Laert. III, 79.

87 SVF I, 187; III, 49-67.

bona verteidigt[88]. Von dort hat Justin den Eudämoniebegriff übernommen und in das Christentum hineingetragen[89].

In diese Problematik gehört auch die Geschichte von Herakles am Scheideweg (II, 11, 1ff.), ein beliebtes Thema der Popularphilosophie, das auch im mittleren Platonismus seinen Eingang gefunden [180] hat[90]. Justin bringt die Geschichte, um zunächst einmal zu beweisen, daß die christliche Bereitschaft zum Martyrium (II, 11, 1) nichts anderes bedeutet, als mit Herakles den rauhen Weg der Tugend zu wählen. Damit verbindet sich aber gleichzeitig latent eine schulphilosophische Polemik.

Justin hält nicht ohne Grund Herakles seinem Gegner Crescens entgegen (II, 11, 2). Crescens ist Kyniker (II, 3, 7), und gerade die kynisch-stoischen Wanderprediger betrachten Herakles als ihren Schutzpatron[91]. Auch diese Geschichte wird eine Rolle gespielt haben, wenn sie als Telos der Philosophie die „Indifferenz" (ἀδιαφορία) bezeichneten[92]. Der christliche Apologet trägt jedoch ein anderes Verständnis der bekannten Erzählung des Prodikos vor. Er schließt aus ihr, daß „derjenige, der die Scheingüter flieht und den sogenannten rauhen und törichten Aufgaben nachgeht, die Glückseligkeit erhalten wird" (II, 11, 6). Justin sieht also in Herakles den Verächter der „Scheingüter" (τὰ δοκοῦντα) oder wie die Schulplatoniker sagen, „der sogenannten Güter" (τὰ λεγόμενα ἀγαθά)[93].

Es ist sicher kein Zufall, daß auch Attikos Herakles ins Feld führt, um gegen den Aristotelismus und seine Lehre von den *externa bona* das Telos der Philosophie zu verteidigen und um nachzuweisen. daß die Tugend zur Eudämonie ausreichend sei: „Die Tugend bedarf keines Dinges zur Glückseligkeit, ihr kann auch nichts genommen werden, selbst wenn sie Armut und Krankheit, Ruhmlosigkeit und Folterungen, Pechfackel und Kreuz (σταυρός!), ja alle Schicksale der Tragödie erleiden muß. Immer ist der Gerechte glückselig und glücklich zu preisen"[94]. [181]

---

88 Attikos bei Eus. praep. ev. XV, 4, 1ff., vgl. Albinos Didask. 27, 180, 8ff.; Apuleius, De Plat. II, 1, 104, 11; die Platoniker bei Diog. Laert. III, 78 und Hipp. I, 20, 5; Areios Didymos bei Stob. ecl. II, 124, 19ff.; 129, 6ff. WACHSMUT.

89 Apol. II, 11, 6; Dial. 8, 2; 142, 3, womit der Dialog schließt, wie er Dial. 1, 4 mit dem Eudämoniegedanken angefangen ist. Für den Schulplatonismus vgl. Albinos, Didask. 27, 180, 13ff. u.ö.; Apuleius De Plat. I, 1 u.ö.; der Platoniker bei Hipp. I, 22, 3.

90 Xenophon, Mem. II, 1, 21ff. = Cicero, De off. I, 32, 118; Epiktet, Diss. I, 6, 32ff.; Maximos Tyrios, Or. 14, 1a; 34, 8b; 38, 7g; Philon, De merc. meretr. 2f.; Clem. Alex. Paed. II, 10, 110.

91 Vgl. Lukian, Cynicus 13; Convivium 16, auch Somnium 8.

92 Das legt einmal Justin Apol. II, 11, 2 in Verbindung mit II, 3, 7 nahe, wie die Vermutung auch dadurch bestätigt wird, daß die Schulplatoniker Herakles als Beispiel für ihre Auffassung von der Eudämonie des Philosophen heranzuziehen pflegen, vgl. Attikos und dazu im folgenden.

93 Albinos, Didask. 27, 180, 8ff.

94 Attikos bei Eus. praep. ev. XV, 4, 16. Recht dunkel ist der Hinweis auf das Kreuz, der sich nicht aus dem Schicksal des großen Dulders Herakles erklären läßt. Nun hat ERNST BENZ, Der gekreuzigte Gerechte bei Platon, im Neuen Testament und in der alten Kirche (Mainzer Akademie der Wissenschaften und der Literatur. Geistesgeschichtliche und sozialwissenschaftliche Klasse XII, Mainz 1950, 1031ff.) neuerdings auf Platon, Politeia II, 361E und die erstaunliche Tatsache hingewiesen, daß bereits hier im Griechentum der Sklaventod der Kreuzigung mit dem unschul-

Von Attikos wird nicht nur wie von Justin die Eudämonie als autarkes Telos der Philosophie gegen eine andere Schulrichtung verteidigt, sondern bei ihm erscheint auch Herakles in dem gleichen Lichte eines Märtyrertums, hinter dem der dunkle Schatten des Kreuzes aufragt[95]. Ohne Zweifel ist Justin an der genannten Stelle von ähnlichen Gedankengängen der Schulplatoniker bestimmt und greift in seiner Polemik wider Crescens auf sie zurück.

Damit ergibt sich für das Verhältnis Justins zur Stoa ein einheitliches Bild. Die Stellungnahme erfolgt unter den gleichen Gesichtspunkten, wie sie für die Schulplatoniker der Zeit obwalten. Sowohl in dem, was Justin an der Stoa kritisiert, wie in dem, was er lobt, wie auch in seiner oft stoisch gefärbten Sprache entspricht er der Art eines platonischen Schulphilosophen.

3. Nachdem nachgewiesen worden ist, daß sowohl der Platonismus von Justin wie auch sein Verhältnis zur Stoa ihn philosophiegeschichtlich als Schulplatoniker ausweisen, bleibt als letztes noch der Nachweis zu führen, daß Vorstellungen und Anschauungen des mittleren Platonismus auch sein theologisches Denken beeinflußt haben.

Als erstes ist hier auf sein Schriftverständnis hinzuweisen. An Hand der Aussprüche der Propheten legt Justin in eingehenden Ausführungen dar, wie dieselben alle in der Geschichte des Christus und des Christentums ihre Erfüllung gefunden haben (I, 30-53). Diese Tatsache bezeichnet er „als den größten und wahrheitskräftigsten Beweis" (I, 30, 1, vgl. I, 14, 4). Für seine griechischen Leser erklärt [182] er gleichzeitig, wie man den Prophetenbeweis zu verstehen hat. Wenn in den beigebrachten Prophetensprüchen eine Person redet, dann hat man nicht zu meinen, daß der Prophet selbst redet. In ihm spricht der bewegende und

---

digen Leiden des Gerechten in Verbindung gebracht wird. Kennt Attikos das Platonwort? Die Vermutung wird durch Clem. Alex. Strom. IV, 51, 1ff. nahegelegt. Auch er beruft sich auf das Platonwort und stellt dar, wie der wahre Christ, der Gnostiker, gerade im Leiden seine Eudaimonia bewahrt. Hier erscheint also Platon, Politeia II, 361E im Rahmen einer schulphilosophischen Problematik, die sich an die Frage nach der Autarkie des eudämonistischen Telos knüpft. So sucht der Gnostiker nach Klemens die Glückseligkeit nicht „im Zufall", sondern seine Eudaimonia beruht „auf ihm selbst" aaO IV, 52, 2. Mit dem prägnanten Hinweis auf die Tyche wird ein altes Argument der Schulplatoniker gegen die aristotelische Lehre von den *externa bona* aufgenommen: die Eudaimonia wäre von der Tyche abhängig, beruhte sie nur auf den äußeren Gütern, vgl. Attikos bei Eus. praep. ev. XV, 4, 2. Denn „alles, was vergeht, unterliegt der Tyche" (aaO XV, 4, 15). Wenn Klemens betont, daß der Gnostiker sich seine Freiheit nicht rauben läßt, „auch wenn man ihm Unehre, Verbannung, Vermögensentziehung und zu allem noch den Tod antut" (aaO IV, 52, 3), dann erinnert das an den Schulplatoniker Albinos, nach dem für den Philosophen die Tugend zur Glückseligkeit ausreichend ist, „auch wenn die als solche bezeichneten Übel eintreten wie Unehre, Verbannung und Tod" (Didask. 27, 181, 8ff).

95   Man darf also dem geistreichen Vortrag von E. BENZ hinzufügen, daß das Bild des am Kreuz den Sklaventod erleidenden Gerechten auch der Schulphilosophie bekannt war und von ihr mit ihrer Schulproblematik erfüllt wurde. Als weitere Ergänzung sei notiert, daß auch Eus. praep. ev. XII, 10, 1ff. die Politeiastelle zitiert, wohl in Abhängigkeit von Klemens. Nach dem Sieg der Kirche sieht er in dem leidenden Gerechten Platons neben den Propheten und Aposteln auch die Märtyrer vorgezeichnet.

inspirierende Logos[96]. Manchmal spricht der Logos ὡς ἀπὸ προσώπου des „Herrschers des Alls und Gottvaters", bald wieder ὡς ἀπὸ προσώπου des Christus, im dritten Fall ὡς ἀπὸ προσώπου von Völkern, die dem Herrn und seinem Vater antworten (I, 36, 2). Dieser Anweisung fügt Justin dann noch eine wichtige Erklärung hinzu: „Wie es auch bei Euren Schriftstellern zu beobachten ist, daß einer das ganze Werk geschrieben hat, indem er die Personen, die sich unterreden, auftreten läßt" (I, 36, 2).

Daß Justin mit solcher Schriftdeutung gleichzeitig eine Aussage über den philosophischen Charakter der heiligen Schriften machen will, wird deutlich, wenn man sich vergegenwärtigt, daß er von Vorstellungen des Schulplatonismus beeinflußt ist, die sich auf das Wesen des platonischen Dialoges beziehen.

Der Schulplatoniker Albinos gibt in seiner „Einleitung" über einen diesbezüglichen Lehrtopos nähere Auskunft. Der Dialog ist eine aus Frage und Antwort sich zusammensetzende Rede mit einer „geziemenden Charakterisierung (ἠθοποιΐα) der angenommenen Personen und einer geziemenden Wiedergabe ihrer Rede"[97]. Wörtlich die gleiche Definition findet sich auch bei einem anderen Schulplatoniker[98]. Wir haben es also mit festgeprägten Vorstellungen zu tun. Im nächsten Kapitel gibt Albinos dann eine Erläuterung seiner Definition des Dialoges. Der Dialog hat politische oder philosophische Themen zum Gegenstand. Dementsprechend müssen auch die auftretenden Personen charakterisiert werden: der Philosoph in seiner Lebensart, der Sophist und Nichtfachmann (ἰδιώτης) in ihrer Eigenart. Der Philosoph ist still, edel, einfach und wahrheitsliebend, der Sophist dagegen vielschillernd und ehrgeizig. Wird diese Stilregel nicht beachtet, dann kann man nicht von einem Dialog sprechen[99].

Auch Origenes kennt als Mittelplatoniker diese Stilforderung. [183] Er beschuldigt Kelsos, daß er in seiner Charakteristik der Christen gegen die „Tugend eines Schriftstellers, der Personen auftreten läßt", verstoßen habe[100]. Die gleiche Kritik übt Origenes auch an der Gestalt des Juden bei Kelsos. Der Jude spricht Sätze, die wohl einem Epikureer, Demokritanhänger oder Peripatetiker zu Gesicht stehen würden, nie aber einem Juden ziemen[101]. Kelsos behauptet, alles zu wissen, er weiß aber nicht einmal, daß die Prosopoiie ein „Lehrtopos" ist, der

---

96 Apol. I, 36, 1; Apol. I, 35, 3 ist es der „prophetische Geist", der die Propheten erfüllt, vgl. I, 31, 1; 32, 2 ; 33, 2; 38,1; 39,1; 40, 5; 41,1; 42,1; 44,1; 47,1; 48, 4; 51, 1; Dial. 7, 1; 32, 2; 73, 2 u.ö. Dieser „prophetische Geist" wird durch I, 33, 6 mit dem Logos identifiziert, vgl. I, 59, 1: „der durch die Propheten sprechende Logos". Die Unausgeglichenheit der Aussagen, die dadurch erhöht wird, daß I, 6, 2 und I, 13, 3 deutlich der „prophetische Geist" von Christus, dem Logos, unterschieden wird, spiegelt die Unfertigkeit der trinitarischen Vorstellungen wider, vgl. B. SEEBERG, 28f. mit Anm.

97 Albinos, Isag. I, 147, 18ff., vgl. die wörtliche Wiederholung Isag. 2, 148, 2ff.

98 Der Platoniker bei Diog. Laert.III, 48. Noch in späterer Zeit gebraucht ein Anonymus in wörtlicher Diktion die gleiche Definition, vgl. Prolegomena 14, (HERMANN, 208, 16ff.).

99 Isag. 2, 148, 13ff., vgl. die Feststellung Justins I, 14, 5, daß Christus kein „Sophist" war.

100 C. Cels. VII, 36 (KOE. II, 187, 1ff.)

101 C. Cels. I, 43 (KOE. I, 93, 9ff.); I, 48 (KOE. I, 100, 6f.); I, 49 (KOE. I, 100, 19ff.); II, 76 (KOE. I 196, 23ff.).

gleichzeitig über die philosophische Schulbildung eines Verfassers Auskunft gibt[102].

Man ermißt die Bedeutung solcher Äußerungen über das Wesen des Dialoges im mittleren Platonismus erst voll, wenn man sich vor Augen hält, daß die Platoniker in dem platonischen Dialog eben mehr sehen als nur eine Stilform. Der Dialog ist gleichzeitig ein äußeres Spiegelbild der inneren Dialektik der Wahrheitserkenntnis, des Dialogs der Seele[103]. Je gewissenhafter die Formgesetze des Dialoges beachtet werden, um so förderlicher ist das Gespräch für die Erkenntnis der Wahrheit.

Von hier aus wird in seiner ganzen Tragweite deutlich, was Justin meint, wenn er die Schriften der Christen mit den Werken der philosophischen Schriftsteller vergleicht. Er will damit nicht nur den heiligen Schriften in der philosophischen Literatur einen Platz sichern[104], sondern gleichzeitig damit auch zum Ausdruck bringen, daß sie in der Formung der in ihnen auftretenden Personen und Dialoge die Regeln beachten, die die zeitgenössische Philosophie aufstellt und die der Wahrheitserkenntnis förderlich sind. Deshalb zeigt er in den folgenden Kapiteln, wie sorgsam die verschiedenen Prophetenstellen die einzelnen Personen unterscheiden (I, 37ff.). Daraus spricht für ihn der philosophisch-dialektische Charakter der Schriften und ihr Wahrheitsgehalt.

Im engen Zusammenhang mit dem Nachweis des dialektischen Charakters der Prophetie (Apol. I, 36-42) stehen bei Justin seine Ausführungen über das Problem der Heimarmene (I, 43f.). Die Frage ist die: Lehrt das Christentum mit seiner Behauptung, daß die späteren Ereignisse bereits durch die Propheten angekündigt sind, nicht gleichzeitig die Anschauung, daß alles „entsprechend dem Zwang der Heimarmene" eintritt (I, 43, 1)? Als Antwort weist Justin darauf hin, daß die Christen durch die Propheten belehrt wurden, Strafe und Lohn würden entsprechend der Taten des Einzelnen vergolten (I, [184] 43, 2). Die diesbezüglichen Prophetenstellen nennt er später[105]. Wie bei einem so philosophisch orientierten Christen nicht anders zu erwarten ist, hat Justin die Bibelstellen nicht unvoreingenommen gelesen, vielmehr ihnen von einer ganz bestimmten philosophischen Position in dem Heimarmeneproblem aus ihre Ausdeutung gegeben. Deshalb schickt er dem Schriftbeweis philosophische Erörterungen voraus (I, 43, 2 -8), die inhaltlich weithin mit der Ablehnung der stoischen Heimarmenelehre durch den mittleren Platonismus identisch sind.

Justin führt mehrere Argumente an, die gegen die stoische Schicksalslehre sprechen. Wenn alles gemäß der Heimarmene geschieht, dann gibt es kein *liberum*

---

102   C. Cels. II, 1 (KOE. I, 126, 10f.)

103   Vgl. oben Anm. 30.

104   Vgl. die bekannte Anwendung des Literaturbegriffes der ἀπομνημονεύματα auf die Evangelien durch Justin, EDGAR J. GOODSPEED, Index apologeticus s.v.

105   Apol. 1, 44, 1ff. = Deut. 30,15.19 und Jes. 1,16-20; die gleichen Stellen für die gleiche Problematik auch bei Origenes, De princ. III, 1, 6 (KOE. V, 201, 7ff.) Dazu noch im folgenden.

arbitrium (τὸ ἐφ' ἡμῖν), Lob und Tadel haben ihren Sinn verloren[106]. Und wenn das Menschengeschlecht nicht die freie Entscheidungsmöglichkeit hätte, das Schimpfliche zu fliehen und das Schöne zu wählen, dann könnte man auch nicht von Schuld sprechen (1, 43, 3). Die gleichen Argumente führt auch der Schulplatoniker Albinos ins Feld[107], und in ähnlicher Weise erklärt sich Apuleius gegen die Fatumlehre der Stoiker[108]. Dabei befehden beide Platoniker genau so wenig wie Justin die stoische Anschauung offen.

Für den Gedanken der menschlichen Entscheidungsfreiheit bedient sich Justin noch weiterer Argumente, die gegen den Determinismus sprechen. Wir sehen, daß ein und derselbe Mensch sich sowohl zum Guten wie zum Bösen wenden kann (I, 43, 5). Wenn es vorher bestimmt wäre, entweder gut oder böse zu sein, dann hätte der Mensch nicht die *possibilitas utriusque*, auch hätte der Mensch nicht die Möglichkeit, immer wieder seine Haltung zu ändern[109]. Ähnlichen Gedankengängen folgt Albinos innerhalb seiner „Lehrschrift", wo er in einem besonderen Kapitel zur Frage der Heimarmene Stellung nimmt. Nach Platon ist die Heimarmene nicht befähigt, die Stellung eines „Gesetzes" einzunehmen, weil der eine dieses tun, der andere das raten wird. Ohne Grenzen sind die Möglichkeiten im Reiche des Geborenen und des Zufälligen[110]. Auch wenn die Argumentation bei [185] Albinos stärker nach der metaphysischen Seite hin ausgerichtet ist, während Justin sie vorwiegend ethisch durchführt, so haben wir es doch mit der gleichen Kritik an der stoischen Auffassung der Heimarmene als eines ewig gültigen Gesetzes zu tun.

Justin holt darauf zu einem weiteren Gegenschlag gegen den stoischen Heimarmene-Gedanken aus. Der Sachverhalt wird unter Berücksichtigung der von WOLFGANG SCHMID vorgeschlagenen Textkorrektur besonders deutlich[111]. Wenn die stoische Heimarmenelehre zu Recht besteht, dann ist überhaupt die Unterscheidung von Gut und Böse, guten und bösen Menschen, nicht aufrechtzuerhalten, denn dann würde die Heimarmene die „Ursache" der bösen sein, womit sie sich aber selbst widersprechen würde.

Auf welchem Boden diese antistoische Kritik gewachsen ist, lehrt Plutarch, der nachweist, daß der Begriff der Selbstverantwortlichkeit (τὸ ἐφ' ἡμῖν) und der

---

106 Apol. I, 43, 2 (ed. KRÜGER, 35, 13). W. SCHMID, aaO 112 korrigiert den Text: ‚οὔτε τὸ ἐνδεχόμενον' οὔτε τὸ ἐφ' ἡμῖν ἐστιν ὅλως. Ich schlage eine einfache Korrektur von οὔτε in οὐδέ vor und übersetze: „...so gibt es schlechthin auch keine Verantwortlichkeit". Ebenso argumentiert der Platoniker Albinos, wie wir gleich sehen werden.

107 Albinos, Didask. 26, 179, 6f.:...ἐπεὶ καὶ τὸ ἐφ' ἡμῖν οἰχήσεται καὶ ἔπαινοι καὶ ψόγοι καὶ πᾶν τὸ τούτοις παραπλήσιον. Vgl. auch Origenes bei der Erörterung des *liberum arbitrium* in De princ. III, 1, 1 (KOE. V, 195, 7f.).

108 De Plat. I, 12; vgl. auch Maximos Tyrios Or. 13 (HOBEIN).

109 Apol. I, 43, 6. Die *possibilitas utriusque* auch II, 7, 6, vgl. Apuleius, De Plat. II, 3, 105, 12ff.; Maximos Tyrios Or. 34, 4a; 38, 6h; Origenes, De princ. III, 1, 5 (KOE. V, 200, 7ff.).

110 Didask. 26, 179, 3ff.

111 W. SCHMID, 113f. liest Apol. I, 43, 6 (KRÜGER 35, 22f.): Εἰ δὲ εἵμαρτο ἢ φαῦλον ἢ σπουδαῖον εἶναι...ἀλλ' οὐδ' οἱ μὲν ἦσαν σπουδαῖοι, οἱ δὲ φαῦλοι, ἐπεὶ τὴν εἱμαρμένην αἰτίαν φαύλων καὶ ἐναντία ἑαυτῇ πράττουσαν ἀποφαινοίμεθα...

Heimarmene als allumfassende Notwendigkeit im stoischen Sinne miteinander unvereinbar sind[112]. Ähnlich wie Justin weist er ferner auf den inneren Widerspruch in dem stoischen Heimarmenebegriff hin[113], wobei beide Schulplatoniker die stoische Gleichsetzung von der Heimarmene und dem „Logos des Zeus" zum Ausgangspunkt ihrer Kritik nehmen[114].

Ein letztes Argument, das Justin für den Gedanken der Wahlfreiheit anführt, läßt sich gleichfalls aus der Gedankenwelt der Schulplatoniker ableiten. Wenn man entweder zum Guten oder Bösen durch die Heimarmene vorherbestimmt ist, dann gibt es im objektiven Sinne weder Tugend noch Schlechtigkeit, sondern dieselben sind nur subjektive Scheinbegriffe (I, 43, 6 Kr. 35, 25ff.).

Für die Interpretation muß man auf eine frühere Stelle der Apologie zurückgreifen, auf die Justin selbst verweist[115]. Wenn man die partielle Fürsorge Gottes für die mit Vernunft und Erkenntnisgabe ausgestatteten Menschen (I, 28, 3) leugnet, dann leugnet man entweder überhaupt das Dasein Gottes oder behauptet, daß Gott sich am Bösen freut bzw. teilnahmslos gegenüber allem Schicksal wie ein Stein verharrt. Dann gibt es weder Tugend noch Schlechtigkeit, [186] sondern gut und böse existieren nur in der Vorstellung der Menschen. „Das ist aber die größte Gottlosigkeit und Ungerechtigkeit" (I, 28, 4).

Dieser Schlußsatz kehrt wörtlich I, 43, 6 in unserm Kapitel über die Heimarmene wieder, ebenso wie auch der Hinweis auf die Relativierung der sittlichen Begriffe hier wie dort erscheint. Apol. I, 28 wird das Argument nur auf das Problem der persönlichen Fürsorge Gottes, Apol. I, 43 hingegen auf die Frage nach der Heimarmene angewendet.

Untersucht man nun die Hintergründe zu diesem ausgesprochen religiösmoralischen Verdikt, dann zeigt sich, daß Justin mit ihm die gegenteilige Anschauung in beiden Fällen als Epikureismus verdächtigen will. Ohne Zweifel spielt er auf epikureische Lehren an, wonach die ethischen Begriffe nur hypothetischen Charakter besitzen[116]. Seiner eigenen Feder wird die Kritik nicht zuzuschreiben sein. Schon die alte Stoa hat sich dagegen gewendet, daß nach Epikur die Tugendbegriffe nur Bedeutung erlangen, wenn sie mit der Hedone verbunden sind[117], und noch Seneca sagt, daß der Hedonebegriff Epikurs die Grundlagen aller Sittlichkeit aufhebt[118].

---

112 De Stoic. repugn. 47 (1056D), vgl. dazu Anm. 121.

113 AaO 32f. (1049Aff.); 34 (1049Fff.); 45 (1055C/D).

114 Vgl. oben zu Anm. 54. In gleicher Weise kritisiert Justin Apol. II, 7, 9 die stoische Heimarmenelehre wie ihren Gottesbegriff, vgl. dazu auch Plutarch, An seni resp. ger. 18 (793D); De comm. notit. 34 (1076D) und den Platoniker Galen = (SVF II, 1056).

115 Apol. I, 43, 6: ἐκεῖνο τὸ προειρημένον weist auf Apol. I, 28, 4 hin.

116 Vgl. Epikurs sententiae rarae, Usener, Epicurea fragm. 31ff. 69; Leugnung der Vorsehung fragm. 59.361.367ff.

117 SVF III, 20ff. (Chrysipp); I, 553 = Cicero, de fin. bon. II, 21, 69 (Kleanthes).

118 Seneca, Ep. moral. 90, 35 (ed. BELTRAM); De vita beata 6-15, vor allem cap. 5; gewisse Einschränkungen in seiner Kritik De vita beata 13.

Von der Stoa hat dann der mittlere Platonismus das antiepikureische Argument übernommen. Bereits bei Antiochos von Askalon wird darauf hingewiesen, daß der Hedonismus Epikurs die Tugend preisgibt und die ethischen Vorstellungen auflöst[119]. In gleicher Weise prangert der Schulplatoniker Kalvisios Tauros Epikurs Lehre von der Hedone an, indem er sich gleichzeitig auf ein Wort des Stoikers Hierokles beruft[120]. Am stärksten berührt sich Justin in dieser Frage jedoch mit Attikos und Plutarch. Ersterer kämpft für die persönliche Vorsehung Gottes gegen die Peripatetiker, indem er Aristoteles und Epikur auf gleiche Stufe stellt (Eus. praep. ev. XV, 5, 7). Dabei verwendet er das gleiche Argument wie Justin: „Die Leugnung der Vorsehung ist eine Förderung der Ungerechtigkeit" (XV, 5, 5). Plutarch behauptet das gleiche von der Heimarmenelehre der Stoiker; sie führt zur Leugnung der göttlichen Pronoia und stellt die Stoiker neben den [187] Gottesverächter Epikur[121]. Von hier ist Justin sichtlich beeinflußt, wenn er auf die gefährlichen Folgerungen für die Ethik hinweist, die sich aus dem Heimarmenebegriff der Stoa ergeben. Ihm ist es nicht zur Last zu legen, wenn so die Philosophenschule, die als erste den Kampf gegen den Hedonismus Epikurs aufgenommen hat, in ihrem Determinismus mit einem Argument befehdet wird, das sie selbst einst geprägt hat!

Daß Justin in seinen Ausführungen Apol. I, 43 tatsächlich von dem mittleren Platonismus beeinflußt ist, lehren auch die letzten Partien dieses Kapitels, wenn es heißt: „Auch wir sprechen von einem unüberschreitbaren Schicksal, verstehen aber darunter, daß diejenigen, die das Gute wählen, die entsprechende Belohnung, und gleichermaßen diejenigen, die das Gegenteil wählen, die entsprechende

---

119 Quelle: Cicero, De fin. bon. II, 22, 71; zur Quellenfrage vgl. M. POHLENZ, Grundfragen, 76ff. und A. LUEDER, aaO 15.

120 Bei AULUS GELLIUS, Att. Noct. IX, 5, 8. Es ist bezeichnend für das religiöse Motiv, das der Kritik der Platoniker an der „Gottlosigkeit Epikurs" zugrunde liegt, daß Kalvisios Tauros keine Bedenken trägt, sich auf einen Stoiker zu berufen, obgleich die Platoniker in ihrer Heimarmenelehre die Stoa des Epikureismus zeihen, vgl. dazu im folgenden. Alles, was der Begründung einer göttlichen Vorsehung dienlich ist, wird von ihnen willkommen geheißen.

121 De Stoic. repugn. 38 (1051E/F), vgl. M. POHLENZ, Plutarchs Schriften gegen die Stoiker, Hermes 74 (1939), 12 Anm. 2. – Auch in dem Anhang zur Apologie bringt Justin anläßlich der Auseinandersetzung mit der Stoa (II, 7,3ff.) den Hedonismus Epikurs und die stoische Heimarmenelehre in Verbindung miteinander. Nachdem er auf den Scheincharakter der Eudaimonia eines Sardanapals (als Typos des Schwelgers auch Maximos Tyrios, Or. 15, 8e; 32, 9b u.ö.) und Epikurs hingewiesen hat, schreibt er: „Ohne diese Folgerung zu bedenken, haben die Stoiker behauptet, daß alles gemäß dem Zwang der Heimarmene geschieht" (II, 7, 4). Wie Apol. I, 28, 4 und I, 43, 6 erscheint hier auch das Argument, daß die stoischen Anschauungen zu dem Schluß führen, ...μηδὲν εἶναι κακίαν μηδ' ἀρετήν. Das gleiche Argument erscheint Plutarch, De Stoic. repugn. 47 (1056D): ...πότερον οὖν τὰς συγκαταθέσεις μὴ λέγωμεν ἐφ' ἡμῖν εἶναι μηδὲ τὰς ἀρετὰς μηδὲ τὰς κακίας μηδὲ τὸ κατορθοῦν μηδὲ τὸ ἁμαρτάνειν (vgl. Justin, Apol. II, 7, 3) ἢ τὴν εἱμαρμένην λέγωμεν ἐλλείπουσαν εἶναι...; ob für Justin allerdings die diffizile Argumentation eines Plutarch angenommen werden darf, erscheint recht zweifelhaft. Platon behauptet, daß das stoische Postulat der Freiheit des menschlichen Erkenntnisurteiles (συγκαταθέσεις) mit der Heimarmenelehre in Widerspruch stehe. Alles spricht dafür, daß Justin nach Art der Schulpolemik den Gegner des Epikureismus verdächtigen will.

Strafe erhalten" (I, 43, 7). Was der Apologet in dem zitierten Satz als christliche Anschauung ausgibt, entspricht dem, was Albinos in dem betreffenden Kapitel über die Heimarmene als Lösung der Schulplatoniker ausweist: die Seele ist in dem, was sie zu tun oder zu lassen gedenkt, frei, die Folgen aber ihrer freien Entscheidungen und Handlungen unterliegen dem Schicksal, der Heimarmene[122].

Man sieht, wie tiefgreifend der Einfluß des Schulplatonismus bei Justin noch zu dem Zeitpunkt ist, wo er als Christ den christlichen Glauben gegenüber philosophischen Einwänden zu verteidigen hat. Er liest die heiligen Schriften unter Gesichtspunkten die er aus seiner schulphilosophischen Vorbildung als Platoniker übernommen hat. [188]

Von dort aus wird seine Wahl der beiden Schriftworte, die er zur Erklärung heranzieht (Deut. 30,15.19 und Jes. 1,16-20) verständlich (I, 44, 1-7). Schon die Art, wie das Deuteronomiumzitat eklektisch zusammengestellt wird, zeigt, daß hier nachträglich eine Position biblisch begründet wird, die bereits von dem philosophischen Standpunkt hereingenommen ist. Um dem Moseswort für die vorliegende Fragestellung seine Beweiskraft zu geben, wird ferner sein ursprünglicher Zusammenhang verwischt. Sind die Worte Deut. 30,15.19 an sich von Moses an das jüdische Volk gerichtet, so wird bei Justin behauptet, daß Gott sie dem ersten Menschen bei seiner Erschaffung gesagt habe. Gleichzeitig wird das Schriftwort in seinem Wortlaut verändert[123]. Und wenn Justin dann noch behauptet, daß Platons Worte aus dem „Staat" (X, 617E): „Die Schuld liegt bei dem, der die Wahl getroffen hat, Gott aber ist unschuldig" von dem griechischen Philosophen aus Moses übernommen sind (I, 44, 8), dann ist solche Behauptung in nichts durch den Wortlaut gerechtfertigt. Sie erhält aber ihre zwanglose Erklärung durch die Tatsache, daß die Platonstelle im mittleren Platonismus gerade im Zusammenhang der Heimarmenelehre eine besondere Rolle gespielt hat[124].

Ein besonders schwieriger Fragenkomplex ist das Problem, ob und welche philosophischen Vorstellungen auf die Logoschristologie Justins Einfluß genommen haben. Daß Justin auch gewisse philosophische Anschauungen mit seiner Logoslehre verbunden hat, ist *communis opinio* in der Justinforschung. Es fragt sich nur, woher diese philosophischen Einflüsse abzuleiten sind. Hier ist J. PFÄTTISCH in seiner Untersuchung dem Tatbestand am nächsten gekommen, indem er die These aufgestellt hat, daß für Justin die Vorstellungen über den Logos als dem Sohn Gottes eng mit der Weltseele aus Platons Timaios verbunden sind (59ff.).

---

122 Albinos, Didask. 26, 179, 10ff.; Apuleius, De Plat. I, 12, 96, 15f., vgl. H. KOCH, 286f.

123 Justin liest: ἔκλεξαι τὸ ἀγαθόν statt Deut. 30,19 LXX: ἔκλεξαι τὴν ζωήν. Wie Justin liest auch Origenes, De princ. III, 1, 6 (KOE. V, 201, 14); Clem. Alex. Strom. V, 96, 5 STÄHLIN II, 389, 23ff. behält den LXX-Text bei, trifft aber wie Justin und Origenes die gleiche Auswahl von Deut. 30,15.19; letzterer führt das Bibelwort dafür an, daß „nach der barbarischen Philosophie" die Tugend für die Eudämonie „ausreichend" sei. Das ist mittelplatonisch.

124 Maximos Tyrios, Or. 41, 5a und vor allem der Platoniker bei Hipp. I, 19, 19, dessen Standpunkt sich mit dem Justins deckt: εἱμαρμένην φησὶν (sc. Πλάτων) εἶναι, οὐ μὴν πάντα καθ᾽ εἱμαρμένην γίνεσθαι, ἀλλ᾽ εἶναι τι καὶ ἐφ᾽ ἡμῖν, ἐν οἷς φησιν. αἰτία ἑλομένου, θεὸς ἀναίτιος. Vgl. ferner Clem. A-lex. Strom. V, 14, 137; Eus. praep. ev. VI, 6, 50; adv. Hierocl. 47 (ed. KAYSER 412, 13).

Diese These ist dahin zu ergänzen, daß die Spekulationen über die Weltseele Platons Justin durch den mittleren Platonismus vermittelt worden sind. Wir gehen zur Begründung unserer These von der viel behandelten Stelle Apol. I, 60, 1ff. aus. Hier heißt es: „Was bei Platon im Timaios naturphilosophisch von dem Sohn Gottes ausgesagt ist, wenn er [189] schreibt: ‚Wie ein Chi hat er ihn im All ausgegossen', das hat er (sc. Platon) ...von Moses genommen" (I, 60, 1).

Zum Verständnis der recht eigentümlichen Behauptung Justins ist zunächst die Wendung: τὸ ἐν τῷ παρὰ Πλάτωνι Τιμαίῳ πεφυσιολογούμενον. Man pflegt das hier gebrauchte Verb (φυσιολογεῖν) gewöhnlich im Sinne des Fachterminus stoischer Naturphilosophie als „die allegorische Umdeutung der Götter in Naturkräfte" zu verstehen[125]. Danach hätte Justin in der Platonstelle eine naturspekulative Allegorese Platons auf den Sohn Gottes gesehen.

Eine andere Bedeutung erhält der Begriff φυσιολογεῖν jedoch, wenn man ihn mit dem Sprachgebrauch des Schulplatonikers Attikos vergleicht. In seiner Kritik an der aristotelischen Lehre von dem fünften Element erhebt Attikos die Forderung, der Naturforscher (τὸν φυσιολογοῦντα) dürfe „keine Gesetze aufstellen" (οὐ νομοθετεῖν δεῖ), sondern habe sich auf die Erforschung der Natur und ihrer Empirie zu beschränken. Solcher Forderung ist nach Attikos Platon nachgekommen, wenn er nur von vier Elementen gesprochen hat[126]. Attikos denkt zweifelsohne hierbei an den Timaios. Denn die Schulplatoniker, die dieses Spätwerk Platons buchstäblich in ausgesprochener Platonorthodoxie verstehen, machen den Dialog zur Grundlage ihrer Anschauungen, soweit sie die sog. Physik ihres Systems betreffen[127]. Geht man von diesem Timaiosverständnis der Schulplatoniker aus und nimmt es auch für Justin an, dann hat man die obige Wendung so zu verstehen, daß für Justin Platon nicht allegorisch, sondern ausdrücklich von dem „Sohn Gottes" in dem Timaios gesprochen hat.

Die Richtigkeit unserer Interpretation bestätigt die Form, in der Justin das Platonzitat aus dem Timaios bringt. Irrigerweise wird in den Textausgaben von KRÜGER und GOODSPEED nur auf Tim. 36B/C verwiesen. In Wirklichkeit hat Justin das Platonzitat aus Tim. 36B und 34A/B kombiniert. Solche Veränderungen an dem Platontext durch die Schulplatoniker sind nichts Ungewöhnliches. Sie enthüllen gleichzeitig ihr jeweiliges Platonverständnis. Und so ist es auch hier.

---

125 Vgl. J. PFÄTTISCH, 59 mit Anm. 1.
126 Bei Eus. praep. ev. XV, 7, 1.
127 Davon kann man sich schnell an Hand der Textausgaben von THOMAS zu Apuleius, De Plat. I und von HICKS zu dem Platoniker bei Diog. Laert. III, 67ff. überzeugen, vgl. auch die für den mittleren Platonismus charakteristische Deutung des Timaios bei Albinos, Isag 5, 150, 9ff. und Didask. 8, 162, 21ff., die für die sog. Physik gegebene Inhaltsübersicht, die in ihrer Gliederung dem Timaios folgt. Dieses Timaiosverständnis setzt sich bis in den Neuplatonismus fort, vgl. Procl. in Tim. 1 (DIEHL I, 1) über den Timaios: καὶ ὁ σύμπας οὗτος διάλογος καθ' ὅλον ἑαυτὸν τὴν φυσιολογίαν ἔχει σκοπόν, und die Kritik eines Anonymus in seinem Prolegomena 22 (HERMANN VI, 216, 3ff.): πάλιν γοῦν κἀνταῦθα οὐκ ἀποδεξόμεθα τοὺς λέγοντας τὸν σκοπὸν εἶναι τοῦ Τιμαίου περὶ φυσιολογίας διδάξαι.

[190] Aus Tim. 36B hat Justin den Gedanken von dem Chi der Weltseele übernommen. Tim. 34A/B entnimmt er aber den zweiten Gedanken seines Zitates, daß die Weltseele von dem Demiurgen „durch das Ganze ausgestreckt wurde"[128]. Aus dem Zusammenhang der zweiten Stelle erklärt es sich auch, warum Justin seinem Timaioszitat ein männliches Objekt (αὐτόν) und nicht ein weibliches (nämlich die Weltseele) gegeben hat, wie man auf Grund von Tim. 36B/C erwarten sollte. Tim. 34A/B wird nämlich das Universum als „der kommende Gott" bezeichnet, welcher von dem Demiurgen „als ein glückseliger Gott" gezeugt wurde. Damit bestätigt schon die Form des Platonzitates, daß Justin im Timaios eine Aussage über den „Sohn Gottes" vorzufinden glaubte. Er hat die platonische Weltseele bzw. den „kommenden Gott" Platons auf Christus bezogen.

Voraussetzung für solche Platonexegese ist die Gleichsetzung des Demiurgen im Timaios mit „Gott". Bei der späteren, sinngemäßen Wiederholung des Timaioszitates spricht Justin von dem Demiurgen als „dem ersten Gott" (I, 60, 5). Diese Bezeichnung begegnet sonst nie bei Justin[129], sie ist aber auch nicht — und das ist bedeutsam — aus dem Timaios gewonnen, wo sie gleichfalls nie angewendet wird. Hingegen ist es in der platonischen Schulphilosophie der Zeit üblich, den Begriff des „ersten Gottes" auf den Demiurgen des Timaios zu beziehen. So spricht Albinos von dem πρῶτος θεός, der immer und gleichzeitig alles in actu denkt und somit die „Ursache" des Nus des Universums ist[130]. Wie Albinos sich das denkt, sagt er in dem gleichen Kapitel: der Demiurg und erste Gott ist die Ursache allen Seins. Er hat den Nus des Universums geordnet, indem er die Weltseele aus ihrem Schlaf erweckte und so die Ursache ihres Denkens wurde[131]. Dieser von dem Vater geordnete Nus der Weltseele „ordnet die gesamte Natur in diesem Kosmos" (165, 2ff.). [191]

Führt uns der Begriff des „ersten Gottes" bei Justin wieder auf Spekulationen im Schulplatonismus, die mit der platonischen Weltseele zusammenhängen, so gilt ein Gleiches auch von dem durch Justin verwandten Begriff „die Kraft nach dem ersten Gott" (I, 60, 7).

---

128   Platon, Tim. 34 B: ...ψυχὴν δὲ εἰς τὸ μέσον αὐτοῦ θεὶς διὰ παντός τε ἔτεινεν.

129   Apol. I, 26, 3 erscheint der Ausdruck als Selbstprädikation von Simon Magus.

130   Didask. 10, 164, 16ff., vgl. auch Anm. 41.

131   Didask. 10, 164, 35ff.; 14; 169, 33; so schon Eudoros bei Plutarch, De anim. procreat. 3; Severus bei Procl., in Tim. (DIEHL I, 289, 7ff.; II, 95, 29ff.). Dem Gedanken entspricht die Vorstellung, daß die Ideen „Gedanken Gottes" sind, vgl. Albinos, Didask. 9, 163, 12ff.; Attikos bei Eus. praep. ev. XV, 13, 5; der Platoniker bei Hipp. I, 19, 1, vgl. dazu WILLY THEILER, Die Vorbereitung des Neuplatonismus, Berlin 1930, 16ff., der diese Anschauung auf Antiochos von Askalon zurückführt und das in seiner Rezension von R. E. WITT (Gn. 15, 1939, 104ff.) erneut vertreten hat. Diese Vorstellungen scheinen auch auf Justin, Dial. 62, 1 eingewirkt zu haben, wenn er den Logos als den „Gedanken" Gottes bezeichnet, mit dem Gott bei der Erschaffung des Menschen spricht (Gen 1,26-28). Denn während Dial. 61, 2 die Geburt des Logos aus dem göttlichen Denkvorgang abgeleitet wird, ist hier „der Gedanke Gottes" eine Hypostase.

Das Wort Dynamis ist bei Justin sehr vieldeutig[132]. Überwiegend wird Dynamis auf den vorweltlichen Christus im Sinne einer Hypostase bezogen[133], und es ist bezeichnend, wie Justin Apol. I, 46, 5 bei dem Hinweis auf die Jungfrauengeburt nicht von der „Kraft des Höchsten" (Lc 1,35), sondern von der „Kraft des Logos" spricht: der Logos ist die Dynamis, die bereits vor den Zeiten präexistente Wirklichkeit ist, bis sie dann in dem Menschen Jesus geschichtliche Wirklichkeit geworden ist. Besonders deutlich tritt uns diese Anschauung in dem Dialog mit Tryphon entgegen, wenn es heißt: „Er war der Eingeborene des Vaters des Alls, der in besonderer Weise aus diesem als Logos und Dynamis gezeugt wurde, später aber durch die Jungfrau Mensch geworden ist" (Dial. 105, 1). Dynamis, d.h. wirkende Kraft ist der Logos bereits von dem Zeitpunkt an, als er für die Erschaffung der Welt aus Gott gezeugt wurde[134]. Mit anderen Worten: wenn das Wort Dynamis von Justin auf Christus bezogen wird, dann ist damit die kosmologische Kraft gemeint, die überall im Kosmos wirksam ist.

Einen ähnlichen Sinn von Dynamis kennen nun auch die Schulplatoniker. Es ist dabei besonders zu beachten, daß er im engen Zusammenhang mit ihren Spekulationen über die platonische Weltseele steht. So sagt Attikos, daß „nach unserer Lehre" Platon behauptet hat, daß die Welt als schönstes Werk von dem Schönsten der Demiurgen entstanden ist. Platon legte dem Schöpfer des Alls eine „Kraft" bei, durch die derselbe den früher nicht existenten Kosmos geschaffen hat[135]. Was Attikos mit dieser am Schöpfungswerk beteiligten Dynamis meint, lehrt ein weiteres Fragment seiner Schrift gegen die Peripatetiker: es ist die Weltseele des Timaios, von der Attikos ähn- [192] lich wie Justin von dem Logos Apol. I, 60 sagt, daß sie „das Ganze durchzieht"[136]. Auch Apuleius von Madaura spricht in ähnlicher Weise von den kosmogonischen Aufgaben der Weltseele und scheint gleichfalls den Dynamisbegriff in seiner Vorlage vorgefunden zu haben[137].

---

132 Auf nähere Darstellung muß verzichtet werden. Eine besondere Rolle spielt die Dynamis des Namens bei den Dämonenbeschwörungen, vgl. Dial. 31, 1 u.ö.

133 B. SEEBERG, 27. Der Einfluß von Lc 1,35 ist verhältnismäßig gering, vgl. Apol. I, 33, 4; Dial. 100, 5 und 84, 2.

134 Als Prinzip der Weltschöpfung erscheint der Logos = Dynamis vor allem in dem viel interpretierten Kapitel Dial. 61, vgl. vor allem Dial. 61, 3, wo der Dynamisbegriff im Hinblick auf die berühmte Stelle Prov 8,22ff. verwandt wird, ohne aber in den Zitaten, die Justin anführt bzw. auf die er anspielt (61, 1), vorbereitet zu sein.

135 Bei Eus. praep. XV, 6, 7: κατὰ δὲ τὴν ἡμετέραν ἀκοήν, ἀξιοῦντος Πλάτωνος τὸν κόσμον γεγονέναι κάλλιστον ἔργον...καὶ περιθέντος τῷ τοῦ παντὸς ποιητῇ δύναμιν, δι' ἧς καὶ οὐκ ὄντα πρότερον ἐποίησε τὸν κόσμον... Vgl. auch Plutarch, Quaest. plat. II, 1 (1001A/B), wo im Anschluß an Tim. 28C die Göttlichkeit der Weltschöpfung damit bewiesen wird, daß sie einer göttlichen Zeugung entsprungen ist, der immer noch die Dynamis des göttlichen Erzeugers innewohne.

136 Bei Eus. praep. ev. XV, 12, 1. Dabei wird die platonische Weltseele mit dem stoischen Physisbegriff identifiziert! Ein paralleles Beispiel zu der Vorstellung der „Keimkräfte": man übernimmt stoische Begriffe, ohne das monistische Weltbild der Stoa zu akzeptieren.

137 De Plat. I, 9: ...caelestem animam optimam et sapientissimam virtutem (δύναμιν) esse genetricem, subservire etiam fabricatori deo et praesto esse ad omnia inventa eius (ich lese nach GOLDBACHER; zur Lesart ‚virtute' vgl. THOMAS 92 Textapparat), vgl. Justin, Dial. 61, 1 von der Dynamis des Logos: ἔχει γὰρ

Doch nicht nur die Begriffe „der erste Gott" und „die Kraft nach dem ersten Gott" in Apol. I, 60 deuten darauf hin, daß Justin in seiner Logoslehre von den Spekulationen der Schulplatoniker über die Weltseele beeinflußt ist, auch die Aussagen, die er über den Logos und seine kosmologische Bedeutung macht, werden uns von dort her verständlich. Damit wenden wir uns gleichzeitig einem weiteren Kapitel der Apologie zu, das bisher die Interpretation vor manches Rätsel gestellt hat. Auch wenn man mit BENGT SEEBERG den geschichtstheologischen Aufriß berücksichtigt, so sind es auf den ersten Blick doch „merkwürdige Spekulationen" (49f.), die sich um das Kreuz als Symbol des Logos ranken und die dieses Symbol in dem Mast des seefahrenden Schiffes, dem Gerät des Ackerbauers und Handwerkers, der Nase des Menschen wie in den Standarten der römischen Kaiser wiederfinden (I, 55). Die „philosophische" Ernsthaftigkeit der von Justin vorgetragenen Gedanken wird ersichtlich, wenn man sich vergegenwärtigt, daß seine Logoslehre von den Vorstellungen der Schulplatoniker über die Weltseele beeinflußt ist.

Wir notieren wieder, daß Justin auch in diesem Kapitel den Dynamisbegriff verwendet, wenn er von der „Kraft dieses Schemas" spricht[138]. Ebenso stellt diese „Kraft" eine kosmische Macht dar. Das geht unzweifelhaft aus dem Anfangssatz zu dem fraglichen Abschnitt hervor: κατανοήσατε γὰρ πάντα τὰ ἐν τῷ κόσμῳ, εἰ ἄνευ τοῦ σχήματος τούτου διοικεῖται ἢ κοινωνίαν ἔχειν δύναται. Das Kreuz ist das Symbol jener „Kraft", d.h. des Logos, die als kosmisches Prinzip die Einheit des Universums sichert. [193]

In ähnlicher Weise spricht Albinos davon, daß der Gott die Weltseele durch den ganzen Kosmos ausgespannt hat und das Universum „auf diese Weise zusammenbindet und zusammenhält"[139]. Ausdrucksmäßig berührt sich Justin noch stärker mit Attikos, wenn dieser feststellt, daß das All „nicht vernünftig und harmonisch verwaltet sein könnte, wenn es nicht eine beseelte Kraft gäbe, die durch das All hindurchgeht und alles zusammenbindet und zusammenhält"[140]. Wie der Zusammenhang lehrt, meint Attikos damit die Weltseele Platons. Hier haben wir wie bei Justin auch den Gedanken der „Verwaltung" (διοικεῖσθαι) des Kosmos. Gleichzeitig wird bei Attikos die Weltseele mit dem Logos, der Weltvernunft, identifiziert. Es sei töricht, so meint dieser Schulplatoniker in dem folgenden Satz, anzunehmen, daß der gute Weltenschöpfer das All durch den Logos erhalte, wenn er es nicht „durch die Gemeinschaft eines gleichartigen Prinzipes (ἑνός τινος

πάντα προσονομάζεσθαι ἔκ τε τοῦ ὑπηρετεῖν τῷ πατρικῷ βουλήματι καὶ ἐκ τοῦ ἀπὸ τοῦ πατρὸς θελήσει γεγεννῆσθαι.

138 Apol. I, 55, 6. Die Übersetzung von G. RAUSCHEN (BKV I, 70): „…tragt ihr doch damit … die Abzeichen *Eurer* Herrschaft und Macht zur Schau" ist sinnentstellend. Die Standarten der Römer sind ein Zeichen der ἀρχή und der δύναμις des *Kreuzes*. Der Archebegriff (vgl. I, 55, 2) schillert doppeldeutig, einmal im politischen Sinn als „Herrschaft", das andere Mal im Sinne der schulplatonischen Prinzipienlehre als kosmisches Prinzip.

139 Didask. 14, 170, 5ff.

140 Bei Eus. praep. ev. XV, 12, 3: εἰ γὰρ μὴ μία τις εἴη δύναμις ἔμψυχος διήκουσα διὰ τοῦ παντὸς καὶ πάντα συνδοῦσα καὶ συνέχουσα, οὔτ' ἂν εὐλόγως τὸ πᾶν καλῶς διοικούμενον εἶναι δύναιτο.

ὁμοίου κοινωνίᾳ)" zusammenbinde und zusammenfüge (aaO). Wie bei Justin wird einmal der Begriff der κοινωνία im kosmologischen Sinne verstanden und zum anderen die platonische Weltseele als Logos der Weltvernunft gesehen[141].

Endlich erhält es von dem mittleren Platonismus her seine Erklärung, wenn Justin in dem genannten Kapitel der Apologie (I, 55) den Begriff des „Schema des Kreuzes" verwendet (I, 55, 2.4). Der Begriff des „Schema" spielt in den kosmologischen Spekulationen des mittleren Platonismus eine starke Rolle. Die Schemata sind die Strukturformen, durch die der Gott bei seiner Weltschöpfung das Grenzenlose und Ungeordnete der Materie gestaltete und formte[142]. Deshalb finden sich überall in der geschaffenen Welt diese Schemata, indem sie gleichzeitig ein Ausdruck für die Struktur des Universums sind. So versäumt Albinos nicht, bei der Erschaffung des menschlichen Hauptes darauf hinzuweisen, daß mit seiner Lokalisierung an oberster Stelle das Haupt ein „Schema" hat, „welches das Schema des Alls nachahmt"[143]. Wir erinnern uns dessen, was Justin über den auf- [194] rechten Gang des Menschen als „Schema" des Kreuzes sagt[144]. Berücksichtigt man solche Darlegungen der Schulplatoniker, dann wird man Justin nicht absprechen können, daß er auch mit dem eigentümlichen Kapitel Apol. I, 55 sich in Gedankengängen bewegt, die im Sinne des Schulplatonismus der Zeit philosophisch durchdacht sind. Wir haben es mit Einwirkungen der Vorstellungen über die platonische Weltseele zu tun, wie sie die Schulplatoniker vornehmlich um Plutarch und Attikos entwickelt haben.

Eine konstitutive Bedeutung haben diese Spekulationen des mittleren Platonismus für die Logoslehre Justins allerdings nicht gewonnen. Der Logos ist für Justin immer der personenhafte Träger göttlicher Offenbarung in der Geschichte. Das ist das völlig Ungriechische und, wenn man so will, Unphilosophische an der Logoslehre Justins. Der Apologet hat die Vorstellungen, die er über die platonische Weltseele aus seiner philosophischen Vorbildung übernommen hat, nur dazu verwandt, um der Gestalt des Logos, wie er sie in seiner Apologie den griechischen Lesern darstellt, auch eine kosmologische Bedeutung zu geben. Damit ist für ihn die „philosophische" Voraussetzung gegeben, in dem Logos ein kosmisches Prinzip zu sehen, das als Logos spermatikos bei Heiden (II, 8, 1ff.; 10, 2f.; I, 46, 2) und Christen (I, 32, 8; Dial. 54, 1) wirkt und gleichzeitig als Dynamis die Welt ordnet und zusammenhält. Das bedeutet eine nicht unwesentliche Erweite-

---

141 Ebenso auch Plutarch, De Iside 62 (376B), vgl. ferner 49 (371A); 55 (373C/D); an letztgenannter Stelle bezeichnet Platon die Weltseele als das die Gegensätze harmonisierende Weltprinzip.

142 Plutarch, Quaest. plat. II, 2 (1001B/C):...ὅτι δυοῖν ὄντοιν ἐξ ὧν ὁ κόσμος συνέστηκε σώματος καὶ ψυχῆς, τὸ μὲν οὐκ ἐγέννησε θεὸς ἀλλά, τῆς ὕλης παρασχομένης, ἐμόρφωσε καὶ συνήρμοσε, πέρασιν οἰκείοις καὶ σχήμασι δήσας καὶ ὁρίσας τὸ ἄπειρον. ἡ δὲ ψυχή, νοῦ μετασχοῦσα καὶ λογισμοῦ καὶ ἁρμονίας, οὐκ ἔργου ἐστὶ τοῦ θεοῦ μόνον ἀλλὰ καὶ μέρος, οὐδ' ὑπ' αὐτοῦ ἀλλὰ καὶ ἀπ' αὐτοῦ καὶ ἐξ αὐτοῦ γέγονεν. Vgl. Albinos, Didask. 12, 167, 15ff.; Diog. Laert. III, 71f.; vgl. Tim. 33B.

143 Didask. 23, 176, 11ff.

144 Apol. I, 55, 4. Der Gedanke ist an sich stoisch, vgl. Cicero, De nat. deor. II, 56, 140 = Panaitios, vgl. M. POHLENZ, PRE XVIII, 2, 429; er ist auf Grund von Tim. 90A auch bei den Platonikern bekannt, vgl. Ps. Plutarch, De exilio 5 (600F).

rung der kirchlichen Logoslehre und stellt gleichzeitig die philosophische Rechtfertigung der Behauptung des Apologeten dar, daß das Christentum bereits vor
seiner Entstehung im Griechentum vorgezeichnet ist.

Wir fassen zusammen:

1. Justin ist philosophiegeschichtlich dem mittleren Platonismus zuzuordnen.
   Diese Einordnung läßt sich genau festlegen. Er gehört der sog. orthodoxen
   Richtung unter den Schulplatonikern an, wie sie vornehmlich durch Plutarch
   und Attikos repräsentiert wird. Das zeigt sein Verständnis des Timaios, seine
   Auffassung von dem Logos als der Weltvernunft, die er nicht im stoischen
   Sinne, sondern nach dem Verständnis der Mittelplatoniker als Emanation der
   Weltseele aufgefaßt hat.

2. Bevor Justin dem Christentum begegnet ist, hat er einer philosophischen
   Richtung angehört, die sich in ausgesprochen religiöser Zielsetzung zur Aufgabe macht, die Seelen ihrer Anhänger von allem [195] Irdischen zu lösen und
   sie aufwärts zu den Höhen göttlichen Seins zu führen. Ein religiöser Philosoph ist Justin bereits vor seiner Bekehrung gewesen. Daß es einen Gott gibt,
   der in seiner göttlichen Vorsehung sich um den einzelnen Menschen sorgt,
   und daß das moralische Leben der Menschen über ihr Schicksal im Jenseits
   entscheidet, war ihm ohne das Christentum bekannt. In dieser Hinsicht hat
   die christliche Religion ihm nichts Neues bringen können, und es fragt sich,
   worin ihre Anziehungskraft für ihn bestanden hat. Die Frage ist um so mehr
   zu stellen, weil das Problem von Sünde und Gnade in der Theologie Justins
   keine Rolle spielt.

3. In dem Dialog mit Tryphon endet der Bericht über das entscheidende Gespräch mit dem christlichen Greis damit, daß Justin auf den christlichen
   Schriftbeweis hingewiesen wird (7, 1ff.). Dabei wird über das Verhältnis von
   philosophischer Erkenntnis und Schriftbeweis eine beachtenswerte Aussage
   gemacht. Wohl kann derjenige, der sich mit den Propheten beschäftigt, bezüg-
   lich der philosophischen Lehren über die Prinzipien (ἀρχαί) und das Telos der
   Philosophie einen sehr großen Nutzen haben. Voraussetzung ist aber, daß er
   ihnen Glauben geschenkt hat (aor. πιστεύσαντα ἐκείνοις). Was hingegen die
   Propheten zu „glaubwürdigen Zeugen der Wahrheit" macht, ist die Tatsache,
   daß das, „was sich ereignet hat und sich ereignet, dazu zwingt, ihren Aussprü-
   chen zuzustimmen" (7, 2). Nicht der philosophische Charakter der Schriften
   als solcher verleiht denselben Beweiskraft, sondern der mit ihnen verbundene
   Geschichtsbeweis.

Was Justin in dem Dialog den Greis sagen läßt und wozu er sich selbst bekennt
(Dial. 8. 1), begegnet in der Apologie als der „größte und wahrheitskräftigste
Beweis" in breiter Darstellung (Apol. I, 30ff.). Mit diesem Schriftbeweis verbindet
sich aber eine ganz bestimmte Geschichtsauffassung, die bei Justin zu einer aus-
geprägten Geschichtstheologie geführt hat. Diese Erkenntnis verdanken wir der
verdienstvollen Untersuchung von BENGT SEEBERG. Sie bestätigt sich bei einem
Vergleich mit der Schulphilosophie, der Justin als Heide und Christ verpflichtet

gewesen ist. Mag der Platonismus ihn auch weithin beeinflußt haben, der Einstellung Justins auf die Geschichte hat er nicht die Richtung weisen können. Zu der mit der Geschichte arbeitenden Argumentation bot er keine Ansatzpunkte: sie ist Justin durch die schon vor ihm geformte, sich in dem „Schriftbeweis" ausdrückende christliche Theologie begegnet. Und diese ist es, die ihm die entscheidend neue Richtung für sein Denken gegeben hat.

Zur Dogmengeschichte der alten Kirche[1]

Geht man davon aus, daß die negative Bewertung der altchristlichen Dogmenge-schichte durch MARTIN WERNER aus der Anwendung HARNACKscher Konzepti-onen auf das eschatologische Problem resultiert, dann findet die gegenwärtige Forschungslage im Protestantismus ihre tiefere Erklärung: sie hängt aufs engste mit der Krisis eines theologischen Geschichtsbegriffs zusammen[2]. Nur dort, wo die Lehrtradition der Kirche dogmatisch gesichert erscheint wie im Katholizismus oder im Anglikanismus, verläuft der Forschungsgang unangefochten, ohne aller-dings entscheidend neue Gesichtspunkte zu erarbeiten. Daher sind die [82] bei-den, zu gleicher Zeit erschienen Arbeiten von H.A. WOLFSON und G. KRETSCHMAR als interessante Versuche, neue Impulse zu vermitteln, zu begrü-ßen. Ihre Bedeutsamkeit rechtfertigt auch, sie gemeinsam anzuzeigen, obgleich beide Werke sowohl in Zielsetzung wie Anlage inkommensurabel sind: W. ver-zichtet auf die Forschungsprobleme, stellt ausschließlich auf Grund der Quellen dar und verfolgt die Entwicklung bis zu Augustin und Johannes von Damaskus, während KR. sich sehr intensiv mit der früheren Forschung, vor allem von FRIEDRICH LOOFS auseinandersetzt, nur die frühchristliche Periode im Auge hat und sich auf das Problem der trinitarischen Personvorstellung beschränkt.

Schon durch die Anlage bekundet WOLFSON die geistesgeschichtlichen As-pekte seiner Untersuchungen. Er gliedert den Stoff systematisch nach den zentra-len Aussagen des christlichen Dogmas. Im 1. Teil (1-140) werden zunächst die verschiedenen Lösungen des Problems „Glaube und Denken" bei den Kirchen-vätern dargestellt und als Transmutation der philonischen Konzeption (Allegore-se) verstanden. Der 2. Teil („The Trinity, the Logos and the Platonic Ideas" 141-286) zeigt, wie das Trinitätsdogma das Ergebnis einer folgerichtigen Denkent-wicklung sei, was kurz skizziert werden soll. Nachdem Paulus unter Einfluß der

---

1   ThLZ 84 (1959), 81-88. – WOLFSON, HARRY AUSTRYN: The Philosophy of the Church Fathers. Vol. I: Faith, Trinity, Incarnation. Cambridge/Mass. 1956, XXXIX, 635 = Structure and Growth of Philosophic Systems from Plato to Spinoza III. KRETSCHMAR, GEORG: Studien zur früh-christlichen Trinitätstheologie, Tübingen 1956. VIII, 247 = BHTh 21.

2   Zur Problematik vgl. WILHELM SCHNEEMELCHER, Das Problem der Dogmengeschichte, ZThK 48 (1951), 63-89; ARNOLD GILG, Von der dogmengeschichtlichen Forschung in der 1. Hälfte des 20. Jh.s, ThZ 10 (1954), 113-133; GERHARD STECK, Umgang mit der Dogmengeschichte in der Alten Kirche, EvTh 16 (1956), 492-504. Vielleicht sollte einmal auch gesagt, sein, daß solche Krisis etwas Gesundes ist: als theologische Disziplin kann sich die Dogmengeschichte nicht der philosophischen Problematik der Geschichte entziehen. Das ist bei reinen historischen Untersu-chungen schon leichter möglich.

jüdischen Weisheitsspekulation das Pneuma mit dem präexistenten Messias identifiziert und ihm damit eine neue Funktion zugewiesen hatte, entstand zunächst
eine Trinität nach der Auferstehung. Durch die Lehre von der Geistzeugung des
Menschen Jesus (Mt. Lk.) wurde sie zu einer Trinität nach der Inkarnation. Eine
Trinität der Prä- [83] existenz war weder für Joh., der den präexistenten Christus
des Paulus mit dem philonischen Logos gleichsetzte, noch für die apostolischen
Väter, die paulinische und johanneische Christologie harmonisierten, denkmöglich. Diese rationale Möglichkeit erschloß sich erst den Apologeten, die Philos
Idee vom innergöttlichen und außergöttlichen Logos („the twofold stage theory
of the preexistent Logos" 192) übernahmen. Ähnlich wie bei Philo, ja noch verstärkter mußte bei den Apologeten die Lehre vom doppelten Status des Logos
zur begrifflichen Unterscheidung von Logos und Pneuma führen, zumal sie den
paulinischen präexistenten Logos mit dem johanneischen verbanden (232 ff.). Sie
sind daher die Väter der Trinität im eigentlichen Sinne. – In ähnlicher Weise
behandelt Teil 3 („The three Mysteries" 287-493) die weitere Entwicklung, zunächst der eigentlichen Trinitätslehre: ihr gelang der Ausgleich von trinitarischer
Einheit und Dreiheit nur durch Abkehr von der absoluten Einheit philonischer
Monarchie und durch das Postulat der relativen Einheit, für die man auf den
Relationsbegriff aristotelischer Prägung zurückgriff. Die Lösung von 381 erscheint so als Gratentscheidung zwischen jüdischem Monotheismus (Philo) und
heidnischem Polytheismus (361ff.). Ähnlich wird die gedankliche Lösung des
„Mysterium der Inkarnation" (361ff.) gesehen, die insofern als Abwandlung philonischer Denkformen erscheint, weil in ihr das Problem der 3. Gestalt des philonischen Logos (der göttliche Logos in seiner innerweltlichen Immanenz) wieder
auftaucht und seine Lösung (die zwei Seinsweisen des Logos – ousiai) auf den
Inkarnierten und seine zwei „Naturen" (physeis) angewandt wird, allerdings wieder unter Zuhilfenahme aristotelischer und stoischer Begriffe, was bis in die monenergistische und monotheletische Fragestellung (463ff.) verfolgt wird. Die beiden Schlußkapitel des 4. Teils (495ff.) behandeln Gnosis und Häresien, die nicht
in die Gesamtentwicklung eingeordnet werden: erstere, weil sie pseudophilosophisch, d.h. unsystematisches Denken ist (574), letztere aber, weil sie als Verlust
der orthodoxen Mitte beurteilt werden. Entweder wird der philonische Logosbegriff entstellt übernommen oder absolut für die göttliche Monarchie proklamiert (585f.), was dem Wesen der Orthodoxie, „combination of two contradictory elements" zu sein, widerspricht.

Wie das Vorwort andeutet, wird die „Philosophie der Kirchenväter", die ein
weiterer Band für den 3. Artikel (Dogma der Auferstehung) zum Abschluß bringen soll, in einen größeren Rahmen gestellt, der Judentum, Christentum und
Islam umspannt. Philo spielt dabei als Prototyp des dogmatisierenden Systematikers eine besondere Rolle[3]. Es wäre daher kleinlich, die Aussprache mit dem

---

3   Vgl. für die beiden vorangegangenen Philobände W.s die instruktive Rezension von HANS-
     JOACHIM SCHOEPS, ThLZ 76 (1951), 680ff.

großangelegten Werk in Quisquilien zerfließen zu lassen[4]. Diese muß eher von den methodologischen Voraussetzungen ausgehen, die als sog. „hypothetico-deductive method of text study" im Vorwort begründet werden. Danach wird zunächst rein theoretisch die jeweilige Frage in ihrer rationalen Problematik und zugleich deduktiv in ihrer Lösungsmöglichkeit aufgezeigt, um erst nachträglich durch die Quellen erhärtet zu werden. Denn nach W. bedient sich jede Religionsphilosophie bestimmter Denkkategorien, die samt ihren philosophischen Begriffen konvertierbar sind. Sie stellen nach ihm das eigentlich kontinuierliche Element der Philosophiegeschichte dar, während ihre dogmatischen Gehalte mit den jeweiligen Religionen wechseln, die philosophisch einsichtig gemacht werden sollen (Philo I, 106f.). Von dort aus kann W. von dem „philonic framework" sprechen, auch wenn Philo das Trinitäts- bzw. Inkarnationsdogma substantiell unbekannt war (VIIf.). Seine formale Sicht kann endlich die Kirchenväter als Entwicklungsphase abendländischer Religionsphilosophie darstellen, die – wie das Titelblatt verkündet – von Platon bis zu Spinoza reicht, wobei speziell Philo für die altchristliche „Religionsphilosophie" maßgebliche Bedeutung gewinnt. Allerdings erheben sich gegen diesen speziellen Punkt mehrere Bedenken. [84]

Bejaht man W.s Sicht und Methode, dann ist nicht einzusehen, wodurch nun Philo aus den vielfachen Beispielen religionsphilosophischer Raisonnements exemplarisch hervorragen soll. Sind nicht auch bei Platon, besonders dem Platon des Timaios und der Nomoi, deren Schriften bei dem alexandrinischen Religionsphilosophen so nachhaltige Wirkungen auslösen, dogmatische Voraussetzungen gegeben, deren philosophische Lösung Philo sehr ähnliche Denkkategorien (Ideen Platons!) gebraucht? Selbst die „natürliche Theologie der frühgriechischen Denker" (WERNER JAEGER) hat ihren dogmatischen Gehalt. Daß dieser einer kosmischen Theologie entspricht, während er für Philo von der alttestamentlichen Schöpfungsgeschichte mitgeprägt wird, darf bei W.s These vom „framework" keine Rolle spielen. – Verneint man die W.sche Grundthese, dann werden die Dinge noch eindeutiger. Dann muß z.B. die Lehre der Apologeten von der innergöttlichen Existenz des Logos vor der Schöpfung und der außergöttlichen nach derselben auf nachweisbare Einflüsse des mittleren Platonismus zurückgeführt werden – der Hinweis auf „Philos theory of the twofold stages of Logos" wirkt dann ungeschichtlich. In ähnlicher Weise hängt der auch von W. festgehaltene, vermehrte Einfluß aristotelischer Begrifflichkeit geschichtlich damit zusammen, daß die antiochenische Schule bei der Lösung der christologischen Frage auf

---

4 Wenn JOHN E.L. OULTON in seiner Rezension, JThS NS 8 (1957), 333ff., sich kritisch dazu äußerte, daß nach W. Johannes von Damaskus die Perichorese auf die Trinität angewandt haben soll, was textlich nicht zu belegen sei, zugleich aber der von W. angewandten Methode hypothetischer Deduktion zustimmt, dann scheint mir das nicht sachgemäß. Denn W. behauptet Vorwort VII, mit seiner Methode die „unuttered thoughts" eruieren zu können, die als latenter Denkprozeß hinter den Formulierungen stehen. So postuliert er die Identifikation der präexistenten Weisheit mit dem präexistenten Christus bei Paulus (164), auch wenn sie explizit nicht ausgesprochen wird. Erst die Kritik an der ahistorischen Methode berechtigt zur Korrektur an Einzelheiten, die sehr oft angebracht werden müßte.

den spätantiken Aristotelismus zurückgriff. Die präformative Bedeutung Philos wird hier erst recht problematisch, vielmehr reduziert sich die Darstellung philosophischer Denkformen durch W. auf die alte Problematik des Verhältnisses von Dogmengeschichte und spätantiker Philosophiegeschichte.

Immerhin soll nicht geleugnet werden, daß unter Beachtung der genannten Kautele die Darstellungsweise H.A. WOLFSONs möglich ist, und f.m.V. hat er gezeigt, daß die altchristliche Dogmengeschichte unter dem Gesichtspunkt des Ausklanges der Antike auch als spätantike Geistesgeschichte vorgetragen werden kann. Dem christlichen Theologen ist sie allerdings verwehrt, weil sie die Preisgabe seines dogmatischen Standpunktes erfordert. Ihm können daher von W. auch keine neuen Wege gewiesen werden, die gegenwärtige Forschungskrise zu überwinden.

Ganz anders repräsentiert sich die Arbeit von KRETSCHMAR! Sie proklamiert keine neue Untersuchungsmethode, sondern geht den Weg der bewährten historisch-kritischen Analyse der Texte. Indem sie aber auch die trinitarische Schriftauslegung einbezieht und die Auswirkung trinitarischer Vorstellungen auf die altchristliche Liturgie untersucht, gewinnt sie neue Gesichtspunkte. Zugleich verweist sie den „Ort" dogmatischer Vorstellungen noch stärker als bisher in den Raum der Kirche.

Nachdem im 1. Kapitel (1-15) der Binitarismus des 4. Jahrhunderts (Euseb von Cäsarea – Pneumatomachen) als Sondererscheinung ohne Traditionswert ausgeschieden worden ist[5] und im Kapitel „Die monarchianische Tradition" (16-61) das gleiche für die von LOOFS verfolgte ökonomische Trinitätslehre nachgewiesen wird, wendet sich KR. der „trinitarischen Tradition im eigentlichen Sinne" (cap. 3, 62-124) zu. Die trinitarische Schriftexegese lokalisiert sie in den Bereich der alexandrinischen und syrisch-palästinensischen Kirche. Durch judenchristliche und rabbinische Quellen wird sie in das Spätjudentum (Vorstellung himmlischer Parakletgestalten) zurückverfolgt: dem palästinensischen Christentum ist die personhafte Zuordnung von Vater, Christus und hl. Geist zuzuschreiben. Kapitel 4 (125-216) zeigt den „Ort der Trinität im Gottesdienst" auf: hier kommen dem Trishagion, das als trinitarische Umprägung des jüdischen Qeduscha zuerst in die alexandrinische Liturgie Eingang fand, ferner der großen Doxologie und vor allem der eucharistischen Epiklese, deren trinitarisches Gebetsschema sich wie das Sanctus in die Mitte des 2. Jahrhunderts zurückverfolgen läßt, besondere Bedeutung zu. Das gilt im erhöhten Maße für die Taufepiklese (Taufwasserweihe bzw. Geistversiegelung des Täuflings) der östlichen, vor allem syro-palästinensischen Taufliturgie, die das gleiche trinitarische Gebetsschema zeigt, während im

---

5   Auch MAURICE WILES, Some reflections on the Origins of the Doctrine of the Trinity, JThS NS 8 (1957), 92-106 bezweifelt den binitarischen Ursprung der Entwicklung. Er vertritt übrigens die These, daß urchristlichem Denken die Denkmöglichkeit unendlicher Offenbarungsweisen über die Dreiheit hinaus offen gestanden hätte, beantwortet jedoch nicht, warum sie in der Alten Kirche nie vertreten wurde. – Für die Pneumatomachen wäre der Art. von PETER MEINHOLD, XXI, 1 (1951), 1066ff., der die theologische Problematik der Pneumatomachen neu sehen läßt, zu berücksichtigen gewesen.

Abendland, wo man nur die drei Tauffragen, nicht die dreiteilige Taufformel kannte, dasselbe nicht zur Geltung kam. Speziell bei der Geistversiegelung der östlichen Taufepikles aber werden die drei Personen der Trinität nach Dt. 19,15 als himmlische Taufzeugen vorgestellt. Das erinnert nicht nur an die spätjüdische Parakletvorstellung, sondern auch an die „Taufzeugen" des Elchasai (schlecht lesbar in der Vorlage) und neutestamentliche Stellen wie 1.Tim. 5,21; Joh. 8,17ff., die [85] von der Vorstellung der himmlischen Zeugen bestimmt werden. Damit ist nicht nur ihr hohes Alter bewiesen, sondern auch, daß „der Name der Trinität wohl von den 3 himmlischen ‚Zeugen' der Taufe seinen Ausgang genommen haben mag" (215). – „Zusammenfassung und Abschluß" (217-223) halten nochmals die beiden Traditionsströme der trinitarischen Personenvorstellung fest: a) Christus und hl. Geist als oberste himmlischen Mächte (Origenes, Methodius von Olympos u.a.), die vor Gott stehen – dieser Vorstellungskreis mündet vor allem in das eucharistische Gebet ein; b) Gott, Christus und hl. Geist als nebeneinanderstehende, himmlische Taufzeugen (syr. Didaskalie, Elchasai etc.), ein stärker die Taufliturgie beeinflussender Traditionsstrom. Gemeinsamer Vorstellungshintergrund ist das spätjüdisch-apokalyptische Bild vom Himmelsgericht und seiner Parakleten. Nicht die Inkarnation, sondern Ostern ist der Kristallisationspunkt der Trinitätslehre: der Erhöhte trat zur Rechten Gottes, zu dessen Linken bereits der hl. Geist als Paraklet (Asc. Jesajae) stand. Das NT und die apostolischen Väter sahen in ihm allerdings den in der Kirche wirksamen Geist, doch das außerkanonische Schrifttum der gleichen Zeit nutzte die spätjüdische Paraklettradition, um die himmlische Dreiheit von Gott-Kyrios-Pneuma zu entwerfen. Diese lebt in der „pluralistischen" Trinitätstheologie (F. LOOFS) und der Engelchristologie (M. WERNER) fort. Dank seines subordinatianischen Schemas mußte es in den Arianismus ausmünden. Hingegen korrigierten die Synoden von Nicäa 325 und Alexandrien 362 die Engelchristologie im Sinne des Hebr. und der Apc. Joh., die Unterscheidung zwischen Gottheit und Engel, Schöpfer und Geschöpf im Bekenntnis zum Homousios aber bedeutete die „Entmythologisierung" spätjüdischer Traditionen, soweit sie im trinitarischen Personbegriff fortlebten.

Wie nicht anders zu erwarten war, haben die umwälzenden Feststellungen von G. KRETSCHMAR in der Forschung bereits ihr Echo gefunden. Einzelkritik dürfte auch ihnen nicht gerecht werden[6]. Selbst die Tatsache, daß oft mit Ar-

---

6 Sie übt der als Kenner der „Engelchristologie" berufene Rezensent JOSEPH BARBEL, Zur „Engels-Trinitätslehre" im Urchristentum, ThRv 54 (1958), 50-58, der gegenüber der These vom Einfluß des apokalyptischen Schemas zweier oberster Parakleten auf die ältesten Trinitätsanschauungen „ernstliche Bedenken" anmeldet. Daß Tertullian und Novatian keine ausgeformte Trinitätslehre kennen und der hl. Geist nur bei dem Montanisten Tertullian eine Rolle spielt (KR. 23-27), wird bezweifelt. Im Gegensatz zu KR. 64ff. hält B. mit EMMANUEL LANNÉ, Cherubin et Seraphim. Essai d'interpretation du chap. X de la Démonstration de S. Irénée, RSR 43 (1955), 254ff. daran fest, daß die trinitarische Exegese von Jes. 6 durch Origenes nicht judenchristlich, sondern philonisch inspiriert sei. Den Schlußfolgerungen, die KR. 98f. aus der Apc. Elchasai zieht, hält er die Datierungsproblematik entgegen. Um so mehr findet das liturgische Material von KR. positive Bewertung. – Auch sonst sind kritische Korrekturen vorgenommen worden: PIERRE NAUTIN, VigChr 11 (1957), 213ff. macht zur Kr. 31 darauf aufmerksam, daß Theoph.

beitshypothesen gearbeitet werden muß, wird man einer Untersuchung, die Neu-
land erobert, nachsehen müssen, falls ihre Ergebnisse sich anderswie erhärten
lassen. Mehr Gewicht kommt – so paradox es klingen mag – der positiven Stellungnahme von JEAN DANIÉLOU zu, der weithin den Beobachtungen von G.
KRETSCHMAR zustimmt und mit ihm über J. BARBEL darin hinausgeht, daß er
von einer „Engel-Trinitätslehre" spricht: er weist sie aber ausschließlich dem
Judenchristentum zu[7]. Der katholische Forscher empfindet viel stärker, daß eine
nur [86] in außerkanonischen Quellen nachweisbare Paraklettradition, deren trinitarische Vorstellungen subordinatianisch sind und die „theologisch gesehen zum
Arianismus führt" (KR. 220f.), letztlich häretisch ist. Hier stellt sich in der Tat
dem Leser der „Studien" eine erste Frage, die ihm auch nicht dadurch beantwortet wird, daß G. KRETSCHMAR zum Schluß auf die revisionistischen, die neutestamentliche Kritik an der jüdischen Angelologie aufnehmenden Bestimmungen
der großen Konzilien hinweist: denn es geht doch um die Personalität der Trinität
als solche, die jüdisch-apokalyptischen Ursprungs ist. Weiter Fragen ergeben sich
aus dem liturgiewissenschaftlichen Teil der Untersuchungen, wobei betont sei,
daß sie in keiner Weise das Verdienst schmälern, welches der Autor sich durch
die Feststellung des „liturgischen Ortes" der Trinitätslehre erworben hat. Dankbar begrüßt man, daß dieser erste Versuch, die liturgiegeschichtliche Forschung
für Probleme der Dogmengeschichte fruchtbar zu machen, ausdrücklich feststellt,
daß in der altchristlichen Liturgie „die lex credendi zur lex orandi wurde und
nicht umgekehrt" (216). Es fragt sich aber, ob dieses methodisch richtige Prinzip
gegenüber dem Untersuchungsgegenstand – die trinitarische Personalität – festgehalten werden kann. Durch den Beweisgang drängt dem Leser sich der Eindruck auf, daß in diesem speziellen Punkte zumindest die lex credendi des Juden-

---

Ad Aut. II, 10 ἐν αὐτῷ auf Gott, nicht auf den Kosmos zu beziehen sei. – ULRICH WILCKENS,
Weisheit und Torheit. Eine exeg.-religionsgeschl. Untersuchung zu 1.Kor. 1.2, Tübingen 1958,
131f. betont den gnostischen Charakter der Christologie der Epistula Apostolorum, vgl. KR. 49f.
U. WILCKENS 160ff. weist übrigens nach, daß auch die spätjüdische Sophiavorstellung person-
haft war, was für die Trias des Theophilus: Gott-Wort-Weisheit (vgl. KR. 33) bedeutsam wäre. –
Daneben notiere ich, daß FELIX SCHEIDWEILER, Novatian und die Engelchristologie, ZKG 66
(1954/5), 131 Anm. 10 den KR. 124 Anm. 2 zitierten Text Ps. Tertullian, adv. haer. 8 korrigiert,
so daß die von KR. vorgetragene Interpretation auch textlich gesichert ist. Da F. SCHEIDWEILER
mit KR. 213, Anm. 8 die Ansicht vertritt, Justin Apol. I, 6,2 kenne die Trias Gott-Christus-Engel,
während der prophetische Geist nachgehängt wirke, sei darauf verwiesen, daß Justin unter
Einfluß von Platon, Phaidros 246E sich formuliert, vgl. Apol. I, 28,1 – die Stelle für die Rekonstruktion theologischer Anschauungen daher nicht günstig ist.

7   J. DANIÉLOU, Trinité et Angélologie dans la théologie-judéo-chrétienne, RSR 45 (1957), 5-41;
     Théologie du Judéochristianisme, Paris 1958, spez. 167ff. Gegen J. BARBEL verneint D. 185ff.
     für Origenes, Hom. Jes. I, 2; IV, 1 den philonischen Einfluß. Théol. 187 vgl. RSR 29 bietet er
     den griechischen Text von Origenes, ad Rom. III, 8 zu R. 3,25 nach dem Toura-Fund; er ist
     wohl im einzelnen präziser, bietet aber gegenüber der vers. lat. einen gekürzten Text, vgl. KR.
     84f., Anm. 3. – Für die judenchristliche Engelchristologie gegen MICHAELIS, WERNER GEORG
     KÜMMEL, ThR 17 (1948), 111f. und GILG. aaO 112f. erklärt sich auch F. SCHEIDWEILER und
     benennt als weiteren Beleg Ps. Clem. Hom. XVI, 14, dem ich Hom. XVIII, 4,3 in Verbindung
     mit Recogn. II, 42 (Vorstellung jüdischer Volksengel) zufüge.

christentums auf die lex orandi der östlichen Kirche Einfluß genommen hat[8]. Oder will in diesem Falle die lex credendi weiter gefaßt sein, d.h. als Inbegriff der vielfachen, nicht immer mit Schrift und Bekenntnis identischen Vorstellungen, die in der kirchlichen Frömmigkeit lebendig sind und gerade in der Liturgie ihren Ausdruck finden können? Dafür gäbe es manche Beweise. Nur hier ist ein solches erweitertes Verständnis der lex credendi nicht am Platze, weil es auch dem Autor um die an der Schrift orientierte Trinitätstheologie im strengen Sinne, deren Probleme er lösen will, geht. Was endlich den theoretisch durchaus möglichen Rückschluß von der lex orandi auf die lex credendi betrifft, so stößt auch das bei dem Untersuchungsgegenstand auf Schwierigkeiten. Es hängt aufs engste mit dem Wesen der Liturgie als heiliger Handlung, und erst recht der östlichen Liturgie, der die Analogie zwischen himmlischer und irdischer Handlung vertraut war, zusammen, daß sie der „Ort" der trinitarischen Personvorstellung werden konnte. Handlung und Person gehören zusammen. In der lex credendi hingegen geht es im strengen Sinne des Wortes um einen trinitarischen Person*begriff*, der wesentlich anderer Struktur ist[9]. Er tritt nicht [87] durch die Handlung, im liturgischen Zeitbegriff ins Bewußtsein, sondern durch die Reflexion. Er ist rationale Vorstellung selbst dort, wo er sich an der trinitarischen Schriftexegese entzündet. Für die

---

[8]   Besonders an dem an sich einleuchtenden und wohl gelungenen Nachweis, daß das Sanctus in der alexandrinischen Liturgie unter Einfluß der synagogalen Qeduscha entstanden sei (152ff.). Etwas bedenklicher ist schon die Einordnung der Taufvorstellungen des Elchasai in den Strom der liturgischen Entwicklung (210ff.), weil von dort 1.Tim. 5,21 oder Apc. 1,4 interpretiert werden.

[9]   Hinzukommt, daß die trinitarische Vorstellung der göttlichen Person, wie KR. nachweist, dem visionären Bild entstammt. Doch schon wenn dasselbe in der Miniatur festgehalten werden soll, vollzieht sich ein Strukturwandel. Das beweisen die von KR. 80ff. beigefügten Beispiele für die Darstellung der Jesajavision bzw. ihre Kombination mit der Ezechielvision aus Cosmas Indicopleustes und der Madrider Handschrift zur Gregor d. Gr. Mit Recht verweist KR. auf das unbiblische Motiv, daß ein dritter Engel dargestellt wird, der Jesaja mit der Kohle die Lippen reinigt. Das hängt aber nicht damit zusammen, daß die Zweizahl durch kirchliche Tradition festgelegt ist, sondern ergibt sich aus dem Stil des kaiserlichen Repräsentationsbildes, der diese Bilder des Christus Kosmokrator bestimmt und zwei flankierende Gestalten fordert, vgl. die bekannte Goldplatte aus Madrid mit dem thronenden Theodosius I. vom Jahre 388. Solcher Strukturwandel der Seraphimvision zum Repräsentationsbild ist letztlich der Grund, warum sie noch auf der mittelalterlichen Kaiserkrone von Nürnberg in der Bildzone „Per me reges regnant" angewandt werden kann. Aus der Gesetzmäßigkeit des spätantiken Repräsentationsbildes erklärt sich auch, warum die altchristliche Kunst kein trinitarisches Repräsentationsbild geschaffen hat, sondern nur das christologische, vgl. San Vitale, Ravenna mit den flankierenden Engeln. Theoretisch wäre die Anordnung Christus-Gott-hl. Geist möglich gewesen, nach dem Hofstil wären aber die beiden Beisitzer immer die „Subordinierten" gewesen. Erst die Ikonenkunst entwickelte aus der trinitarischen Exegese von Gen. 18 das Bild der Dreifaltigkeit, die sog. Philoxenie Abrahams, vgl. WOLFGANG BRAUNFELS, Die hl. Dreifaltigkeit. Lukasbücherei zur christl. Ikonographie, Düsseldorf 1954 (mit Lit.), ferner WALTER FELICETTI-LIEBENFELS, Geschischte der byzantinischen Ikonenmalerei, Olten 1956, nachdem auch sie ursprünglich christologisch dargestellt wurde, vgl. S. Maria Maggiore und dazu CARLO CECHELLI, I Mosaici della S. Maria Maggiore, Turin 1956, 106ff. KR., dem das Material bekannt sein dürfte, scheidet es daher auch aus.

dogmengeschichtliche Forschung ist aber gerade die dogmatische und d.h. zugleich von der Schrift aus zu begründende Legitimität des trinitarischen Personbegriffs wichtig.

Solche aufbrechenden Fragen rütteln nicht an dem f.m.V. bleibenden Hauptergebnis der Studien von G. KRETSCHMAR, daß die Ursprünge der trinitarischen Personvorstellung im Bereicht der spätjüdischen Paraklettradition zu suchen sind. Sie lassen sich unter Anbringung gewisser Korrekturen durchaus mit ihm vereinen. Das lässt sich im Rahmen dieser Anzeige nur in groben Umrissen andeuten, soll aber anderen Ortes noch näher begründet werden.

1. Bekanntlich hat HARNACK die These vertreten, Tertullian habe den trinitarischen Personbegriff in die theologische Diskussion eingeführt (Lehrbuch der Dogmengeschichte I, Tübingen ⁴1909, 567f. mit Anm. 2). Er nahm an, der lateinische Kirchenvater habe ihn seiner lateinischen Bibel entnommen. Diese These bedarf insofern einer Korrektur, als sich nachweisen läßt, daß Tertullian ihn einer älteren exegetischen Tradition verdankt, die zunächst im Ostern entwickelt wurde und christologisch bzw. trinitarisch interpretierte Schriftstellen unter der Zitationsformel: ἐκ προσώπου = ex persona zitierte. Allerdings kommt in der Geschichte dieser Zitationsformel Tertullian eine besondere Rolle zu, weil sie unter dem Einfluß seines Begriffsrealismus zu einer theologischen Aussage über die trinitarischen Personen werden konnte.

2. Dieser aus der Schriftexegese unmittelbar gewonnene trinitarische Personbegriff hatte gerade in der abendländischen Kirche Entwicklungs- [88] möglichkeiten, weil hier die mit der Taufliturgie verbundene Trinitätslehre und ihre Personvorstellungen mehrdeutig waren. Warum in Gegensatz zur östlichen die westliche Taufliturgie für die Ausbildung der trinitarischen Personalität keine Bedeutung gewinnen konnte, hat KR. 125ff. in überzeugender Weise erklären können. Hingegen wurde der rationale, schriftexegetische Personbegriff des Abendlandes für den Osten bedeutsam, als die Diskussionen um das trinitarische Dogma seit 360 in die entscheidende Phase traten. Wie weit es mit seinem abendländischen Exil zusammenhängt, daß jetzt Athanasius seinen Widerwillen gegen die Formel von den drei Hypostasen preisgibt, bleibt ungeklärt. Auf jeden Fall war die Formel des Basilius von der einen Ousia und den drei Hypostasen (ep. 38, vgl. dazu jetzt HERMANN DÖRRIES, De spiritu sancto, Der Beitrag des Basilius zum Abschluß des trinitarischen Dogmas, AAWG 3, 39, Göttingen 1956), mit der abendländischen von der una substantia – tres personae nur auf Grund des abendländischen Personbegriffs zu verbinden.

3. Die „Entmythologisierung" der trinitarischen Personvorstellung der östlichen Kirche in den Konzilsentscheidungen wäre danach als dogmatische Korrektur durch einen aus der Schriftinterpretation gewonnenen Personbegriff zu begreifen. Die Geschichte der trinitarischen Personalität ist also verwickelter. Unter Aufnahme der KRETSCHMARschen Beobachtungen erscheint sie in den Linien einer Entwicklung, wie sie WALTER BAUER, Rechtgläubigkeit und Ketzerei im ältesten Christentum, Tübingen 1934, gezeichnet hat. Die theologi-

sche Legitimität dieses Prozesses, der ursprünglich judenchristliche Traditionen orthodox macht, liegt aber in dem exegetischen Charakter des dabei angewandten Personbegriffes.

Es steht außer Zweifel, daß KRETSCHMARs Arbeit im Gegensatz zu der von WOLFSON für die dogmengeschichtliche Forschung starke Auswirkungen haben wird. Dankbar begrüßt man daher auch am Schluß ihre Register, denn man wird bei der Behandlung aller einschlägigen Stellen immer wieder auf sie zurückgreifen müssen. Angesichts der eingangs angedeuteten Forschungssituation bedeutet sie einen großen Fortschritt, weil sie die dogmengeschichtliche Diskussion an einem zentralen Punkte wieder in Gang bringen wird.

Bestattung als liturgisches Gestaltungsproblem
in der Alten Kirche[*]

Religionsgeschichtlich gesehen, geht das sepulkrale Brauchtum der Antike auf einen uralten Seelen- und Totenglauben (Animismus) zurück, dessen verschiedenartige Totenehrungen für den Totengeist als ein real existentes Wesen gedacht sind. Diese animistische, oft nur noch im Unterbewußtsein lebendige Tiefenschicht ist der Grund, warum bei aller Verschiedenartigkeit in den einzelnen Riten eine erstaunliche Gleichförmigkeit des Brauchtums festzustellen ist, mag es nun die vorderorientalischen Völker, Ägypten, Griechenland oder die römische Welt betreffen.

Kulturgeschichtlich gesehen, erstarren die Vorstellungen eines ursprünglichen Seelenglaubens in dem sakralen Recht der Bestattung, dessen Verletzung als Verstoß gegen die Frömmigkeit (*pietas*) empfunden wird, und vor allem in einer altüberlieferten Sitte, die sich von Generation zu Generation mit einer bemerkenswerten Konstanz vererbt. Das Gesetz der „Pietät" konsolidiert das Brauchtum in einem so starken Maße, daß es selbst bei einem revolutionären Wandel der Jenseitsvorstellungen sich halten kann. Doch wird dadurch sein animistischer Untergrund nur überlagert; er kann immer wieder zum Durchbruch kommen.

Nur unter Berücksichtigung dieses allgemein geltenden Tatbestandes begreift man, warum die Alte Kirche keine neuen Bestattungsbräuche schuf, sich vielmehr um deren Christianisierung bemühte. Selbst ihre amtlichen Verlautbarungen nahmen auf den Seelenglauben Rücksicht. Die spanische Synode von Elvira (305 n.Chr.) verbietet das Anzünden von Kerzen auf Friedhöfen bei Tage mit der Begründung, man dürfe die Seelen der Verstorbenen nicht beunruhigen (can. 34). Die syrische Kirchenordnung (um 400 n.Chr.) muß angesichts einer animistisch oder vielleicht auch jüdisch bedingten Angst vor ritueller Befleckung durch Berühren der Leichen den Klerikern die Pflicht einer liturgischen Mitwirkung bei der Bestattung einschärfen (Const. Ap. VI, 30). Die sogenannte Hippolytische Kirchenordnung (als älteste Kirchenordnung des Westens etwa um 220 n.Chr. nach Rom zu verlegen), beschränkt sich vorzugsweise in ihren Anordnungen auf

---

[*]   PTh 49 (1960), 86-91. Der abgekürzt wiedergegebene, Januar 1958 vor der Evangelischen Akademie Schleswig-Holsteins in Schleswig gehaltene Vortrag stützt sich auf das Material, das JOHANNES KOLLWITZ in den Artikeln „Bestattung", RAC 2 (1954), 208-219, und „Coemeterium", RAC 3 (1957), 231-235, zusammengetragen hat. Grundlegend bleibt THEODOR KLAUSER, Die Cathedra im Totenkult der heidnischen und christlichen Antike, Münster 1927, vgl. ferner ALFRED STUIBER, Refrigerium interim, Bonn 1957.

die Regelung der Friedhofsgebühren. Dabei nimmt sie die Libationsgefäße, die für die Totenopfer bestimmt waren und darin dem Totenkult dienten, als selbstverständliche Gegebenheiten hin.

Endlich will der geringe Einfluß theologisch-dogmatischer Vorstellungen auf das altchristliche Bestattungswesen berücksichtigt sein. Die altkirchlichen Theologen haben sich so gut wie gar nicht mit unserer Thematik beschäftigt oder streifen sie höchstens am Rande. Das kleine Werk Augustins „Die Fürsorge für die Toten" ist ein Brief, [87] der die Anfrage des Bischofs Paulinus von Nola hinsichtlich des Nutzens einer Beisetzung in der Nähe von Heiligengräbern beantwortet. Er wird in erster Linie von der Frage getrieben, ob Tote noch eine Beziehung zum Diesseits herstellen können, nicht aber von der Sorge einer theologisch begründeten, liturgischen Gestaltung. Am instruktivsten enthüllt sich die relative Bedeutungslosigkeit dogmatischer Erwägungen an der Sitte der Beisetzung. Diese wird seit der Mitte des 2. Jahrhunderts auch in den heidnischen Kreisen Roms üblich, nachdem man vorher die Verbrennung von Leichen geübt hatte. Soweit wir wissen, hat demgegenüber die christliche Gemeinde Roms seit ihren ersten Anfängen an dem Beisetzungsbrauch festgehalten. Sie war darin aber nicht von theologischen Erwägungen bestimmt, sondern folgte dem jüdisch-synagogalen Brauch, der mit dem im Judentum lange umstrittenen Dogma von der Auferstehung der Toten nichts zu tun hat. Pietät und Tradition erweisen sich gegenüber theologischen Konzeptionen und ihren Versuchen, sepulkrales Brauchtum zu reformieren, als sehr resistent. Gegenteilig läßt sich beobachten, daß oft die Theologie für eine nachträgliche, christliche Begründung des Altüberlieferten herangezogen wird und so das Bestehende sanktioniert.

Nur der Weg einer liturgischen Gestaltung bot der Alten Kirche die Möglichkeit, neue christliche Bestattungssitten zu schaffen. Wir werden zu zeigen haben, welche Wege man hierbei einschlug. Wir wählen dabei zwei Beispiele, die geeignet erscheinen, den allmählichen Christianisierungsprozeß und die Methode, an markanten Punkten des antiken Bestattungsrituals damit einzusetzen, zu veranschaulichen.

I.

Die *Totenklage* der Antike fußt auf dem Glauben, daß man der zunächst noch bei der Leiche weilenden Seele des Verstorbenen zeigen müsse, wie schmerzlich ihr Verlust von den Hinterbliebenen empfunden werde. Daher das Raufen der Haare, Zerreißen der Kleider, Schlagen der Brust, das laute Schreien der Klageweiber, daher aber auch die Leichenrede. Die erwähnten Formen des Trauerausdruckes sind auch in der christlichen Periode beibehalten worden, vor allem innerhalb der breiten Masse des Kirchenvolkes. Erste Bemühungen christlicher Gestaltung werden bei der Beisetzung von Klerikern oder Mönchen sichtbar. Hier ersetzte man die Totenklage durch die liturgische Sitte des Psalmengesanges. Mit der Schilderung der Bestattung seiner Mutter Monnika hat Augustin ein sehr anschauliches Beispiel dafür gegeben (Conf. IX, 12, 31). Seit dem 4. Jahrhundert wurde es dann Sitte, daß Kleriker oder Mönche nicht mehr wie früher im Hause, sondern in der Kirche oder den kleinen Seitenkapellen (Oratorien) aufgebahrt wurden (*Prothesis*). Unter Absingen von Psalmen hielt die Gemeinde an der Bahre die Totenwache. Auch beim Gang zum Grabe wurden Psalmen gesungen; seit dem 5. Jahrhundert waren bei jeder christlichen Beerdigung in Byzanz Nonnen oder Diakonissen, die man als die christlichen Nachfahren der heidnischen Klageweiber in dieser Funktion bezeichnen kann, fester Bestandteil in einem christlichen Leichenzug, um die Sterbepsalmen zu singen.

Die Totenklage ist sicherlich nie ganz aus der Alten Kirche verdrängt worden. Desungeachtet kann man feststellen, daß der *Psalmengesang*, d.h. die gottesdienstliche Sitte der im Wechsel zwischen Vorsänger und Gemeinde, sowie in Form des [88] Sprechgesanges erfolgenden Rezitation von alttestamentlichen Psalmen an die Stelle der Totenklage getreten ist. Als man eine eigene Totenmesse schuf, trat an die Stelle des Psalmengesanges das *Totengebet (commendatio animae)*. Es ist uns innerhalb des *Sacramentarium Gelasianum*, eines wohl vor 600 n.Chr. entstandenen, römischen Meßbuches greifbar. Unter dem Gebetsruf: „Erlöse, Herr, die Seele Deines Knechtes NN, wie Du erlöst hast…" nennt es vornehmlich alttestamentliche Typen der Erlösung; vielleicht geht es auf spätjüdischsynagogale Gebetsformulare zurück. Der Theologe mag mit guten Gründen bezweifeln, ob das Totengebet gegenüber dem Psalmengesang, der seinem kerygmatischen Kern nach Gotteslob am Sarge ist, einen Fortschritt bedeutet. Ohne jeden Zweifel wurde mit diesem liturgischen Gebet der Seelenglaube christianisiert, denn die *commendatio animae* bittet um die Erlösung der Seele. Immerhin war in ihm das heidnische Verständnis des Totengeistes, den man beschwichtigen muß, durch die Vorstellung der hilfsbedürftigen Seele, der in der Todesnot geholfen und für welche Fürbitte geleistet werden muß, abgelöst worden. Der Seelenglaube als solcher wurde allerdings nicht ausgerottet, sondern nur eingedämmt und wurde so ein untergründiges Ferment der Bestattungsbräuche im christlichen Mittelalter.

Von diesem, durch die Liturgie christianisierten Seelenglauben fällt ein besonderes Licht darauf, daß die Alte Kirche auch die *Leichenrede (laudatio funebris)* beibehielt. Wie erwähnt, stellte sie ursprünglich die positive Ergänzung zur Totenklage dar, indem der Totengeist durch die Lobsprüche beschwichtigt werden sollte. Doch schon in der vorchristlichen Periode war die Leichenrede, „entmythologisiert" worden, indem sie als rein biographischer Rückblick auf das Leben des Verstorbenen umgestaltet und rationalisiert wurde. Ihre Aufnahme in das altchristliche Bestattungsritual schuf daher ein wichtiges Gegengewicht gegen den christianisierten Seelenglauben: die Gedächtnisrede lenkte die Gedanken in die Vergangenheit des Verstorbenen zurück. Damit wurde aber gleichzeitig die Frage nach der eschatologischen Existenz seiner Seele zurückgedrängt. Als dann im 4. Jahrhundert unter dem liturgischen Einfluß der Märtyrerakten und ihrer Verlesung in den Märtyrerfeiern das Heiligenideal auf die Gedächtnisreden einwirkte (besonders instruktiv bei Gregor von Nyssa), erhielten dieselben eine transsubjektive, gottesdienstliche Funktion, weil sie entsprechend dem altchristlichen Frömmigkeitsideal zu Erbauungsreden wurden. Moderne, zu Recht aus der neuzeitlichen Entwicklung gewonnene Kriterien dürfen auf keinen Fall an die altkirchliche Leichenrede herangetragen werden.

II.

Noch konkreter äußerten sich die animistischen Vorstellungen in dem heidnischen Ritual des *Totenmahles*, weil sie hier z.T. mit dem altheidnischen Heroenkult verbunden waren. Man dachte sich den Toten als ein durch Opfer zu verehrendes, halbgöttliches Wesen, dem bei dem gemeinsamen Mahl am Grabe oder in der Totenkammer ein besonderer Ehrenplatz (*cathedra*) reserviert wurde. Seine Teilnahme an dem Mahl wurde durch Auftragen der Speisen, die in den Libationshydren, Lekythen usw. zahlreicher Grabfunde dem Verstorbenen sozusagen vorgesetzt wurden, in sehr konkreter Weise respektiert. An bestimmten Gedächtnistagen und vor allem am [89] Jahrestag des Todes versammelte sich die Familie am Grabe, um auf diese Weise die sogenannten *Parentalia* zu begehen. Das junge Christentum änderte zunächst an diesem Brauchtum nichts; selbst die Sitte, dem Verstorbenen ein „Opfer" darzubringen, wurde beibehalten. Nicht nur literarische Zeugnisse, sondern auch archäologische Grabungsfunde und der Befund der Katakombenwelt (Libationshydren; Kathedren, *Triclia* = unterirdische Speiseräume, Goldgläser mit Trinksprüchen für die Verstorbenen usw.) haben den Tatbestand eindeutig erwiesen. Entsprechend dem erwähnten Gesetz der Traditionstreue haben solche Feiern am Grabe sich noch lange erhalten. Wenn man sie dabei durch Bibelstellen wie Tob. 4,18 (*Vulgata*: „Stell' dein Brot und deinen Wein auf das Grab des Gerechten") zu legitimieren suchte, dann haben wir hier ein typisches Beispiel dafür, wie die biblizistische Begründung nachträglich ein altüberliefertes, sepulkrales Brauchtum sanktioniert.

Hingegen bedeutete es in der Entwicklung einen entscheidenden Schritt vorwärts, als man das Totenmahl mit einer vorausgehenden *Eucharistiefeier am Grabe* verband. Dieses erste Stadium einer liturgischen Gestaltung kann bereits am Ende des 2. Jahrhunderts beobachtet werden. Auch außerchristliche Religionsgemeinschaften haben in ähnlicher Weise die familiären Totenfeiern zu kultischen Mahlzeiten der Mysteriengemeinde ausgeweitet. Für das Frühstadium und seine offensichtliche Vermengung heidnischer und christlicher Anschauungen ist bezeichnend, daß man die Eucharistiefeiern am Grabe als „Opferhandlungen für die Toten" (*oblationes pro defunctis*) bezeichnen konnte, wie Tertullian formuliert. In dem zweideutigen Begriff schwingt noch die Nähe zu den heidnischen Totenopfern nach. Mit ihm wird jedoch auch die Entwicklung zur späteren Votivmesse als stellvertretendem Offertorium angedeutet. Noch problematischer war, daß die sepulkrale Eucharistie die Entstehung der Totenkommunion im Gefolge hatte, indem man entweder bei der Feier an der Bahre dem Verstorbenen die Hostie reichte oder bei den Jahresgedächtnisfeiern am Grabe ihn in die *Pax* einbeschloß.

Erst im 6. Jahrhundert, als die Votivmesse sich durchsetzte, sprach man dagegen Verbote aus (Synode von Auxerre 565).

Ein zweites Entwicklungsstadium leitet seit dem 3. bis 4. Jahrhundert der steigende *Märtyrerkult* ein, als es üblich wurde, daß die ganze Gemeinde an den Jahrestagen der Martyrien, den „Geburtstagen" der Märtyrer, sich an ihren Gräbern versammelte. Nach wie vor hielt man daran fest, mit Brotkorb und Weinflasche zur Verehrungsstätte vor den Stadtmauern zu pilgern, um die *Refrigeria* zu begehen, bei denen es nach dem liturgischen Teil recht fröhlich zugehen konnte. Außerdem läßt sich nicht leugnen, daß die aus den alten Trinksprüchen entwickelten Akklamationsformeln, mit denen man die Märtyrerheiligen anrief und ihren Schutz oder ihre Fürbitte (*intercessio*) erbat, von einem christianisierten Heroenbegriff getragen wurden. Immerhin war mit diesen gemeindlichen Märtyrerfeiern, die jetzt in den liturgischen Festkalender der Kirche eingeordnet wurden (berühmtes Beispiel ist die *Cathedra*-Feier Petri in Rom seit Ende des 3. Jahrhunderts), die Möglichkeit einer stärkeren liturgischen Gestaltung gegeben, wie sie z.B. an dem Verlesen der Märtyrerakten bei solchen Feiern deutlich wird. Vor allem konnten zielstrebige Bischöfe wie Ambrosius von Mailand oder der seinem Beispiel folgende Augustin in Nordafrika dazu übergehen, die gemeinsamen Mahlzeiten von den Märtyrergräbern [90] zu verbannen und mit Psalmengesang, Textlesungen und Eucharistie in Form der sogenannten Vigilien (im Osten: *Pannychis*) als rein liturgische Nachfeiern durchzuführen. Später förderte die Entstehung großer Märtyrerbasiliken über den Gräbern den Prozeß der Liturgisierung, wollte man nicht den anderen Ausweg beschreiten, daß man die alten Totenmahle zu Armenspeisungen umgestaltete, wie es z.B. durch Hieronymus für St. Peter in Rom bezeugt wird.

Als dritter einflußreicher Entwicklungsfaktor erwies sich seit dem 4. bis 5. Jahrhundert der *Reliquienkult*. Mit der Verlegung der Märtyrergebeine in oder unter den Altarraum fielen die Märtyrerfeiern auf den Coemeterien fort. Gleichzeitig strebten fortan die Christen danach, in möglichster Nähe zu den Heiligen (*ad sanctos*) beigesetzt zu werden, so daß auch die christlichen Coemeterien in die Nähe der Basiliken und damit des gottesdienstlichen Raumes rückten (seit dem 6. Jahrhundert Bruch mit der antiken Tradition der Coemeterien *extra muros*) oder die Coemeterien eine Märtyrerbasilika in ihrem Raum zogen (Alichamps, Arles). Fortan konnten so die liturgischen Märtyrerfeiern für die privaten Bestattungen der Christen vorbildlich werden. Damit war der Weg zur Entstehung der altkirchlichen Totenmesse gebahnt. Dieses dritte und letzte Entwicklungsstadium einer *Votivmesse*, die im allgemeinen eine abgewandelte Gottesdienstordnung anwandte, ist im Westen erst mit dem 7. Jahrhundert zum Abschluß gekommen. Seitdem war die rein liturgische Totenmesse für die Verstorbenen kirchliche Regel, die dann das ganze Mittelalter beherrschte. Wenn man sich aber vergegenwärtigt, daß noch um 400 die syrische Kirchenordnung neben der Eucharistiefeier in der Kirche die christlichen Totenfeiern am Grabe als die Regel betrachtet, dann wird einem die Weite des Weges bis zur endgültigen liturgischen Gestaltung der Bestattung bewußt.

III.

Neben den beiden erwähnten Punkten der Totenklage und des Totenmahles könnte ein gleicher Nachweis für weitere Sitten der antiken Beisetzung geführt werden. Er lehrt, daß ihre Christianisierung mehr war als die Problematik einer rein formalen Gestaltung. Diese mußte vielmehr von der Alten Kirche im unentwegten Kampf gegen das altheidnische Brauchtum errungen werden. In diesem Ringen alter und neuer Mächte um die Seele des Menschen bedeutete die liturgische Gestaltung der Bestattung in erster Linie die Abschirmung des Christentums gegenüber heidnischen Anschauungen, die besonders hartnäckig an der Welt der Toten und ihrer Gräber hafteten. Zusammenfassend kann daher aus der Entwicklungsgeschichte des altchristlichen Bestattungswesens folgendes festgehalten werden:

1. Die Alte Kirche mühte sich darum, einen neuen christlichen *nomos*, eine christliche *lex pietatis* im Sinne der traditionsgebundenen „Pietät" zu schaffen. Dieselbe war aber jetzt im eigentlichen Sinne *lex caritatis*: an die Stelle des alten Sakralrechtes trat die Verpflichtung christlicher Bruderliebe zur Fürsorge für die Gräber der Verstorbenen. Der antiken Grabstättenkultur, die von dem heidnischen Grabstättenkultus getragen wurde, konnte so eine christliche Gräberkultur (altchristliche Sarkophagkunst) entgegengestellt werden, die einem legitim christlichen Motiv entsprang.

2. Die liturgischen Formen des altchristlichen Gottesdienstes (Psalmodieren, Textlesung, Fürbittengebet, Eucharistie) wurden in das Ritual der Bestattung übertragen. Dabei dienten die Diener der Kirche (Klerus, Mönche) der Gemeinde als Vorbilder für die Gestaltung des familiären Brauchtums. Zugleich schuf die Alte Kirche so für die christliche Verkündigung am Grabe und das Auferstehungszeugnis den notwendigen Raum. Die folgenreiche Bedeutung dieses Vorganges kann nicht genug betont werden.

3. Im Märtyrer- und später im Reliquienkult entwickelte die Alte Kirche ein religiöses Instrument, um den antiken Totenkult und seinen Animismus wirksam zu bekämpfen. Daß sie zugleich im Reliquienkult auf magische Vorstellungen zurückgriff, wird man nicht in einem unhistorischen Rationalismus tadeln dürfen. Auch die sogenannte Verdrängungstheorie, die diesen Vorgang als eine missionarisch abgezielte, um nicht zu sagen: kluge Angleichung des Christentums an das bisherige Brauchtum erklären will, wird dem vorliegenden Tatbestand nicht gerecht. Die aufgezeigte Auseinandersetzung der Alten Kirche mit den latent fortbestehenden Mächten des Animismus ist der tiefere Grund, warum sie zu dem Mittel, Gleiches mit Gleichem zu bekämpfen, griff. Ja, im Rückblick scheint sie darin gerechtfertigt zu sein, denn gerade die liturgische Märtyrerfeier und der Heiligenkult brachten den entscheidenden Fortschritt zu einer christlichen Totenliturgie.

4. Allerdings hat der Christianisierungsprozeß des überlieferten Brauchtums durch die Alte Kirche den Seelenglauben nicht ausgelöscht, sondern eher sein

latentes Fortleben in christlicher Gestaltung ermöglicht. Es erhebt sich von dort die Frage, inwieweit nicht auch heute die christliche Bestattungsfeier und ihre Liturgie weiterhin die Aufgabe hat, die uralten Mächte des Animismus um Sarg und Grab in ihr Verließ zu bannen.

Zur Entstehung und Geschichte des trinitarischen Personbegriffes[*]

Gliederung

Durch die „Studien zur frühchristlichen Trinitätstheologie" von GEORG KRETSCHMAR ist ein zentrales Problem der dogmengeschichtlichen Forschung – die Entstehung der Trinitätslehre – erneut zur Diskussion gestellt worden. Ich habe in meiner Anzeige (ThLZ 84, 1959, 82-88) zu der These, daß die personale Vorstellung der Trinität auf spätjüdische Parakletvorstellungen zurückweise, Stellung genommen und bemerkt, daß der interessante Versuch, die judenchristliche Angelologie (JOSEPH BARBEL, JEAN DANIÉLOU) für das dogmengeschichtliche Gespräch fruchtbar zu machen, doch gewisser Korrekturen bedürfe. Im Hinblick auf den rationalen Charakter der Trinitäts*lehre* ist in erster Linie nach der Herkunft des trinitarischen Person*begriffes* zu fragen. So wichtig die Frage nach der religionsgeschichtlichen Herkunft der trinitarischen Personvorstellung auch sein mag, so wenig eignet sich das Bild dreier Personen für die Deduktion eines abstrakten Trinitätsbegriffes. KRETSCHMAR spricht deshalb auch wohl von einer „Entmythologisierung" der trinitarischen Vorstellungen in den dogmatischen Entscheidungen von 325 und 381. Wenn er aber solchen Entmythologisierungsprozeß den Konzilien und ihren Debatten zuweisen sollte, dann wären die ehrwürdigen Väter sicher überfordert. Was sich auf diesen Konzilien als dogmatische Entscheidung manifestierte, war in Wirklichkeit das Ergebnis einer theologiegeschichtlichen Entwicklung, die sich in diesem amythischen Sinne um die Deduktion eines trinitarischen Personbegriffes bemüht hatte. Sie zu verfolgen, bleibt eine wichtige dogmengeschichtliche Aufgabe.

---

[*] ZNW 52 (1961), 1-39.

1.

Seit HARNACK begnügt man sich mit der Feststellung, Tertullian habe den trinitarischen Personbegriff geschaffen[1]. HARNACK [2] glaubte, Tertullian habe das lateinische „persona" christologischen Bibelstellen wie Thr. 4,20 und Prov. 8,30 in der von ihm benutzten lateinischen Übersetzung entnommen. In der Tat ist es auffallend, daß die lateinische Bibel Tertullians darin sich von der sog. Itala zu unterscheiden scheint, daß sie meistens das griechische πρόσωπον nicht mit „facies", sondern „persona" wiedergibt[2]. Doch schon HARNACK wußte, [3] daß

---

1   ADOLF HARNACK, Lehrbuch der Dogmengeschichte II, Tübingen ³1894, 825, Anm. 1; REINHOLD SEEBERG, Lehrbuch der Dogmengeschichte I, Erlangen ²1908, 341f., Anm. 2; HANS LIETZMANN, Geschichte der Alten Kirche II, Berlin 1953, 228; MARTIN WERNER, Die Entstehung des christlichen Dogmas, Bern 1941, 601f.; KARL BARTH, Kirchliche Dogmatik I, 1, Zollikon/Zürich 1932, 375; BERTHOLD ALTANER, Patrologie, Freiburg ⁵1958, 142; JOHN NORMAN DAVIDSON KELLY, Early Christian doctrines, London 1958, 115, u.a.m.

2   Die Untersuchung HANS VON SODENs, Der lateinische Paulustext bei Marcion und Tertullian, Jülicher-Festgabe, Tübingen 1927, 258, gibt für die Frage nichts aus, weil sie sich auf den Vergleich beschränkt. Die Schwierigkeit für die Klärung dieser Frage ergibt sich daraus, daß einerseits Tertullian unsere älteste Textquelle bildet, andererseits es sich bei ihm vorwiegend um christologische Stellen handelt, die eben deshalb den persona-Begriff bringen. Das gilt für die von HARNACK beigebrachten drei Stellen:

a) Threni 4,20: „Der Hauch unseres Antlitzes (προσώπου), der gesalbte Kyrios, wurde fortgerafft", den hebr. Text „Hauch unserer Nase" glättend, bei Tertullian, Adv. Pr. 14, 10: „Spiritus personae eius Christus dominus" (CCL 2, 1178). EMIL KROYMANN korrigiert auf Grund von Adv. Marc. III, 6, 7: „Spiritus eius persona Christus dominus", was abzulehnen ist. Hingegen hat Tertullian aaO den Text geändert: „Nos quidem certi Christum semper in prophetis locutum, spiritum scilicet creatoris, sic ut propheta testatur: ‚persona spiritus nostri Christus dominus', qui ab initio vicarius patris in dei nomine et auditus sit et visus", vgl. THEODOR L. VERHOEVEN, Studien over Tertullianus' Adv. Prax., Diss. Utrecht 1948, 197. Die Stelle lehrt zugleich, daß Tertullian Threni 4,20 zur theol. Begründung seiner christologischen Exegese des AT gebrauchte. Die freie Wiedergabe Adv. Marc. V, 11, 12: „persona autem dei Christus dominus" zeigt, wie geläufig sie ihm von dorther war. Das hat er aber aus der Tradition, vgl. Justin, Apol. I, 55, 5, dessen Deutung auf die Nase als Kreuzsymbol vielleicht zugleich auf den hebr. Text zurückgreift. Irenäus lat. III, 10, 3 Sagn.: „Spiritus faciei nostrae Christus dominus", vgl. Epideixis 71, TU III, 1 „Geist unseres Angesichts der Herr Christus"; PETRUS SABATIER, VL II, 2, 1751, 731: „Spiritus ante faciem nostram Christus Dominus". Zur Auslegungsgeschichte vgl. JEAN DANIÉLOU, RSR 39 (1951), 338ff.

b) Prov. 8,30 LXX: „...täglich frohlockte ich vor seinem Antlitz" (ἐν προσώπῳ αὐτοῦ), bei Tertullian, Adv. Pr. 6,3: „cotidie autem oblectabar in persona ipsius", vgl. auch Adv. Hermogenem 18, 2: „cotidie autem oblectabar in persona eius"; Irenäus lat. IV, 20,3 Harv. II, 215: „quotidie autem laetabar ante faciem eius in omni tempore"; P. SABATIER, VL II, 1, 1751, 311: „quotidie autem iucundabar ante faciem eius in omni tempore", vgl. Cyprian, Testim. II, 1 als Beweis für die Tatsache, daß auch diese Stelle in die Tradition christologischer Exegese des AT gehört, was wieder Justin, Dial. 61, 4 bestätigt.

c) 2.Kor 4,6: „Denn Gott (ist es), der gesagt hat: ‚Aus der Finsternis soll Licht leuchten', und er ist aufgeleuchtet in unseren Herzen, so daß hell wurde die Erkenntnis der Herrlichkeit Gottes auf dem Antlitz Christi" (LIETZMANN), Tertullian, Adv. Marc. V, 11. 12: „quoniam deus, qui di-

solche Textbeobachtung nicht genügt, um den trinitarischen Personbegriff des nordafrikanischen Theologen zu erklären. Deshalb vertrat er die bekannte Hypothese, erst mit Hilfe der ihm durch seine Vorbildung vertrauten, juristischen Begrifflichkeit habe Tertullian die Formel: tres personae – una substantia bilden können[3]. Das klassische Beispiel für die Erhebung eines ursprünglich biblizistischen Begriffs zum theologischen Dogma mit Hilfe der spätantiken Bildung war zudem damit gegeben.

In dieses Entwicklungsbild will nicht so ganz hineinpassen, daß ungefähr gleichzeitig mit Tertullian (195 — etwa 220) auch anderswo der Personbegriff in der theologischen Debatte eine Rolle spielt. Hier wäre als erster Kallist (217-222) zu nennen, zumal wenn man von den beiden Lehrskizzen, die uns sein Gegner Hippolyt hinterlassen hat, der zweiten und konzentrierten Gestalt (Ref. X, 27, 3-4) trauen kann. Denn danach hätte Kallist den Gedanken des Monarchianismus dadurch ausgedrückt, daß Gott seinem Wesen nach Person sei. Allerdings stößt die Stelle auf kritische Bedenken, die am Text selbst geklärt sein wollen; er wird hier aus der indirekten Referatsform bei Hippolyt zurückversetzt:

---

xit ex tenebris lucem lucescere, reluxit in cordibus nostris ad inluminationem agnitionis gloriae suae in persona Christi", vgl. ebenso De resurr. mort. 44, 2; P. SABATIER, VL III, 1751, 735: in faciem, vgl. ferner LEO ZIEGLER, Italafragmente, Marburg 1876, 96. Diese Stelle läßt sich nicht in der älteren christologisch-exegetischen Tradition nachweisen, sie wird erst später in die trinitarische Diskussion hineingezogen.

Unter Berücksichtigung der von uns geltend gemachten Klausel zu diesem Punkt der HARNACKschen These bleibt de facto nur 2.Kor 4,6 übrig als Stütze. Auch dieser Punkt steht auf schwachen Füßen.

3   A. HARNACK, Lehrbuch der Dogmengeschichte I, Tübingen ⁴1909, 576f., Anm. 2 nahm auf Grund der Kieler jur. Diss. von SIEGMUND SCHLOSSMANN, Persona und Prosopon im Recht und im christlichen Dogma, Leipzig 1906, die These, daß „persona" und „substantia" von Tertullian mit juristischen Vorstellungen verbunden worden seien, zurück, hielt aber daran fest, derselbe habe den Begriff zuerst eingeführt. VERHOVEN aaO 170 mit Anm. 2 nimmt wie vor ihm die Forschung von diesem Widerruf keine Notiz, während neuerdings GEORGE LEONARD PRESTIGE, God in Patristic thought, London ²1952, 221, davon Kenntnis nimmt und den juristischen Einfluß auf die berühmte trinitarische Formel leugnet. Vgl. auch KELLY aaO 114. Allerdings hat ALEXANDER BECK, Römisches Recht bei Tertullian und Cyprian, Halle 1930, 71ff., erneut gegen SCHLOSSMANN sich dafür ausgesprochen, daß auf die Formel: „tres personae – una substantia" das Zivilrecht (Miterbengemeinschaft) Einfluß genommen habe. Die Frage dürfte wohl erst als geklärt gelten, wenn einwandfrei die theologiegeschichtliche Ableitung des tertullianischen Personbegriffs gelungen ist. Dann dürfte auch die Ansicht, daß „substantia" dem stoisch-metaphysischen Substanzbegriff entspricht, begründet sein. M. NEDONCELLA, Prosopon et persona dans l'antiquité classique, RSR 22 (1948), 277-299 trägt zur Fragestellung nichts bei. Das gilt auch von dem so ausgezeichneten Buch von G.L. PRESTIGE, der 157-178 die altchristliche Entwicklungsgeschichte des Personbegriffs skizziert. Vgl. HELMUT RISTOW, Der Begriff Prosopon in der Theologie des Nestorius, Aus der byzantinistischen Arbeit der DDR, BBA 5 (1957), 218-236, spez. 223ff. Die Arbeit von ARIE DE WILDE, De Persoon. Historisch-systematisch onderzoek naar de betekenis van het Persoonssymbool, Assen 1951, lag mir nicht vor. Ältere Literatur notiert WALTER BAUER, Wörterbuch zum NT, Berlin ⁵1958, s.v.

„Dieser Schöpfer des Alls, der Vater und Gott, ist einer. Er wird zwar mit dem Namen ‚Sohn' bezeichnet und genannt, ist aber dem Wesen nach das eine Pneuma. Gott ist nämlich kein anderes Pneuma neben dem Logos oder der Logos (sc. ein anderes Pneuma) neben Gott. – Dieses (sc. Pneuma) also ist eine Person [4] (πρόσωπον), zwar dem Namen nach getrennt, dem Wesen nach (οὐσία) aber nicht. – Der Logos ist der eine Gott (εἷς θεός) und ist Fleisch geworden. Der nach dem Fleisch Sichtbare und Beherrschte ist der Sohn, der aber in ihm Wohnende der Vater."

Mit Recht bezeichnet PRESTIGE (aaO 160) den markierten Passus als eine Erläuterung durch Hippolyt. Schon die Partikel „also" (οὖν) deutet das an. Sollte PRESTIGE auch darin Recht haben, daß in diesem „comment" οὐσία im Sinne der ersten Substanz von Aristoteles oder, wie PRESTIGE formuliert, als „distinctive individuality" zu fassen ist, dann wird der Charakter des Passus als hippolytische Paraphrase noch evidenter. Er würde Kenntnis der aristotelischen Begrifflichkeit voraussetzen, die man einem Hippolyt wohl zutraut[4], aber kaum Kallist, der zudem in der 1. Lehrformel den Begriff οὐσία überhaupt nicht verwendet, sondern stoizisierend von einem ὑπεράρχειν bzw. einer ὕπαρξις spricht. Vergegenwärtigt man sich außerdem, daß das Demonstrativum τοῦτο in dem erwähnten „Kommentar" auf Pneuma zu beziehen ist, dem somit Personcharakter zugesprochen wird, während es in der 1. Lehrformel als „unteilbare" Einheit, welche alles erfüllt, ausgesprochen neutrisch charakterisiert ist, dann erhalten die kritischen Bedenken weiteren Zündstoff. Und in der Tat geht aus der 1. Lehrskizze hervor, daß Kallist nicht den Prosoponbegriff bemüht hat, um die Wesenseinheit des göttlichen Allgeistes festzuhalten. Das besagt zugleich, daß die Kritik auch auf die vor unserm Passus liegenden Sätze auszudehnen ist, wo der Begriff der οὐσία bereits auftaucht. Eine formale Beobachtung macht schließlich das Maß voll: sie bezieht sich auf den Aufbau der von Hippolyt gebotenen Zusammenfassung. Derselbe trägt insofern systematischen Charakter, als die spezielle Theologie im Sinne einer theologischen Metaphysik an den Anfang gestellt wird, während als zweiter Punkt des theologischen Systems die Behandlung des Inkarnationsdogmas folgt. Dieses Schema systematischer Darstellung der Häretiker und ihrer Lehren nach Topoi kehrt nicht nur bei den anderen Lehrskizzen von Buch X, ferner Buch IX (vgl. z.B. 21-23.27) wieder, sondern wird von Hippolyt auch für seine eigene Lehrdarstellung an- [5] gewandt. Es fehlt jedoch in der 1. Lehrformel von Kallist völlig. Ja, in unserm Falle scheint es sich mit einer polemischen Tendenz zu verbinden. Indem es die These von Hippolyt, Kallist habe den Prosoponbegriff zum Kernbegriff seiner metaphysischen Gottesaussagen gemacht, formal unterstreicht, rückt Kallist auch als theologischer Systematiker in die Nähe von Sabellius: und diese Nähe will Hippolyt aus polemischen Gründen gerne

---

4   Vgl. den Aristotelesbericht in Hippolyt Ref. VII, 14,1-19,8 spez. 18,1-6, wo der aristotelische οὐσία-Begriff ausführlich behandelt wird. Bekanntlich schießt diese Aristotelespartie inhaltlich weit über das hinaus, was auf Grund eines mittelplatonischen Kompendiums Ref. I, 20 über das System des Stagiriten referiert wird.

festgehalten wissen, wie er offen Ref. IX, 12, 19 zu erkennen gibt[5]. Denn jetzt muß der römische Bischof dem Leser als ein perfider Überläufer erscheinen, der mit gutem Grund von Sabellius, den er selbst exkommunizierte, des Verrates an der gemeinsamen theologischen Position angeklagt wurde (Ref. IX, 11, 1f.; 12, 15f.).

Ein solcher theologischer Systematiker ist Kallist aber nicht gewesen. Das geht eben aus der ersten Lehrformel hervor, die Hippolyt wieder in seinem Referatsstil Ref. IX, 12, 16-18 vorträgt. Wenn man auch in diesem Falle die indirekte Satzbildung in direkte Aussagen überträgt, dann zeigt sich, daß der Passus eine Stellungnahme mit durchgehender Argumentation zu einem einzigen theologischen Problem darstellt:

„Der Logos ist der Sohn. Derselbe (sc. Logos) wird mit Namen aber auch Vater genannt, doch ist er als unteilbares Pneuma Einheit (ἕν). Der Vater ist nicht etwas für sich (ἄλλο) und der Sohn etwas für sich (ἄλλο), sondern sie sind ein und dieselbe Wirklichkeit (ἕν καὶ τὸ αὐτὸ ὑπάρχειν). Und da das All des göttlichen Pneumas voll ist, sowohl die oberen wie die unteren Welten (τὰ τε ἄνω καὶ κάτω), ist auch das in der Jungfrau fleischgewordene Pneuma nicht ein anderes (sc. Pneuma) neben dem Vater, sondern ein und dasselbe (ἕν καὶ τὸ αὐτὸ sc. Pneuma). Dies besagt das Schriftwort: ‚Glaubst du nicht, daß ich in dem Vater bin und der Vater in mir?' (Joh. 14,11). Denn was sichtbar wird, was ‚Mensch' ist, das ist der Sohn, das in dem Sohn aber vorfindliche (χωρηθὲν) Pneuma ist der Vater. Ich spreche also nicht von zwei Göttern, Vater und Sohn, sondern von einem (ἕνα sc. θεόν). Denn der Vater, der in dem Sohn ist, nahm das Fleisch an und vergöttlichte es, nachdem er es mit sich selber vereinigt hatte, und schuf eine Einheit (ἕν), so daß Vater und Sohn ein [6] Gott (ἕνα θεόν) genannt wird. Diese Person (πρόσωπον), die eine Einheit ist, kann nicht eine Zweiheit sein. In diesem Sinne hat der Vater mit dem Sohne gemeinsam gelitten (συμπεπονθέναι)."

Anfangssatz wie auch der Schlußsatz deuten die theologische Situation an, in der die vorliegende Stellungnahme von Kallist erfolgt: einmal das Auftreten der Logos-Christologie in Rom und zum andern des Modalismus monarchianischer Prägung. Da aber die Schlußwendung sichtlich angehängt wirkt, dürfte der konkrete Anlaß zu der Erklärung die Logos-Christologie bilden, mit deren Logosbegriff sie denn auch einsetzt. Da aber nun gerade Hippolyt uns als ein dezidierter Vertreter der Logos-Christologie in Rom bekannt ist, liegt die begründete Vermu-

---

5 Hipp., Ref. IX, 12, 19: „Denn er wird nicht zugleich sagen, daß der Vater gelitten habe *und* die eine Person (ἕν πρόσωπον) sei, sondern dieser dumme und verschlagene Mensch, der ‚oben und unten' fahrlässig Gotteslästerung betreibt, möchte die Gotteslästerung gegen den Vater vermeiden; er verfällt bald in die Lehre des Sabellius, bald aber scheut er sich nicht vor der Lehre Theodots, damit es so scheine, als spräche er allein gemäß der Wahrheit." Aus Ref. VII, 7, 35 ergibt sich eindeutig, daß der Vorwurf der Abhängigkeit vom „Ebioniten" Theodot sich auf das Inkarnationsdogma, d.h. aber die Prosoponformel von Kallist, bezieht. Die Wendung von den Blasphemien „oben und unten", mit der Hippolyt zugleich ironisch auf die Lehrformel von Kallist anspielt, erhält in diesem systematischen Aufriß zugleich den Vorwurf, in der „Gotteslehre" (= oben) lästere K. Endlich will beachtet sein, daß Hippolyt sonst Noët und Theodot als die häretischen Quellen von Kallist nennt, vgl. Ref. IX, 3, 27, 4, was die tendenziösen Motive der Paraphrasierung erst recht deutlich macht.

tung nahe, daß die 1. Lehrformel als Grundlage das Protokoll eines Streitgespräches zwischen Hippolyt und Kallist benutzt. Für ihre Integrität spricht ferner, daß die Argumentationsweise eher dem Bilde entspricht, das wir auch sonst von diesem mehr organisatorisch und reformatorisch als spekulativ begabten Bischof Roms gewinnen. Er arbeitet auf der einen Seite mit biblischen Belegstellen, wobei die Johannesstelle nach Tertullian, Adv. Praxean 20 („tria capitula") zu den viel diskutierten Schriftworten der monarchianischen Debatte gehört. Andererseits benutzt er Gemeinplätze, wie sie gerne in der Diskussion beschworen werden, sei es der Begriff εἷς θεὸς oder das in der spätantiken Popularphilosophie viel strapazierte, heraklitische Gegensatzpaar ἄνω καὶ κάτω oder der Satz, daß alles vom göttlichen Pneuma erfüllt sei, der nicht minder allen Gebildeten geläufig war. Wohl verrät die Definition des Logos als „unteilbares Pneuma" Vertrautheit mit dem stoischen Logosbegriff, was den Gegensatz Hippolyt – Kallist auch geistesgeschichtlich interessant macht. Das erklärt sich aber aus dem geistigen Klima römischer, von der Stoa bestimmter Popularphilosophie und deutet noch nicht auf eine intensive philosophische Schulung, wie Hippolyt sie auf sich genommen hatte. Kallist begründet in der sog. Lehrformel seine Stellungnahme zu den theologischen Streitigkeiten in Rom. Er rechtfertigt die Aufnahme des Logosbegriffes, die zu keiner Preisgabe des traditionellen Monarchianismus zu führen brauche. Entscheidende Bedeutung kommt dabei der Identifikation des Logos mit dem Vater unter dem Stichwort des ἓν πνεῦμα zu. Sie wird – und das geht deutlich aus dem Text hervor – innerhalb der spez. Theologie noch nicht zur Formel vom ἓν πρόσωπον erweitert, sondern erst bei der Behandlung des Inkarnationsproblems. Was auch theologisch sinnvoll ist, denn für den Inkarnierten wäre die Definition ἓν πνεῦμα unbrauchbar. Auf ihn wird aber sichtlich der Personbegriff geschichtlicher Existenz angewendet, und man kann begründet annehmen, daß dieser mit dem lateinischen „persona" identische Begriff überhaupt nicht aus der theologischen Debatte der Zeit, sondern aus der sprachlichen Um- [7] welt übernommen wurde. Zweifelsohne ist Prosopon bei Kallist kein trinitarischer, sondern ein anthropologischer Begriff.

Damit scheidet er für unsere Fragestellung aus, zugleich aber auch die sog. zweite Lehrformel für die dogmengeschichtliche Verwertung. Die Klärung dieser Überlieferungsproblematik war zunächst im Hinblick auf die Forschungssituation notwendig, weil man oft die nötige Kritik gegenüber dem Quellenbefund vermißt[6]. Sie war vor allem erforderlich, um das Verhältnis des Kallist zu einem

---

6   Das gilt einerseits für KELLY, aaO 123f., der sichtlich auf Grund der zweiten Lehrformel bei Hippolyt Kallists Anschauung wie folgt beschreibt: „The Godhead in his eyes was the single, indivisible spirit which pervades the universe, and constituted one object of presentation (if one may use such language of God), one being *or* (Hervorhebung C.A.) ‚Person' (πρόσωπον)." Wie bereits vermerkt, vermeidet PRESTIGE, 160, dies. Er wertet für mein Verständnis aber Ref. IX, 12, 18f. in falscher Richtung hin aus, wenn er in der Stelle einen Beleg dafür sieht, daß „by prosopon Hippolytus meant not ‚mask' but ‚individual'". Das gilt für den anthropologischen Begriff des Kallist, besagt aber noch nichts Positives über den Bedeutungsgehalt des theologisch-trinitarischen Personbegriffs von Hippolyt.

zweiten Theologen der Zeit näher zu bestimmen, der uns jetzt beschäftigen muß: *Sabellius*. Es fragt sich, ob die polemische Kallistdarstellung durch Hippolyt wenigstens darin dogmengeschichtlich verwertbar ist, daß Sabellius für seinen Gottesbegriff die Formel: ἓν πρόσωπον geprägt hat.

Die Frage müßte von vornherein verneint werden, wenn HARNACKs Auffassung zuträfe, daß Sabellius Prosopon in der griechisch möglichen Wortbedeutung von ‚Maske' gebrauchte. Dagegen sind jedoch neuerdings, vor allem von PRESTIGE, ernsthafte Gründe vorgetragen worden. Vor allem stimmt es bedenklich, daß in einem posthumen Zeitpunkt erst Basilius in seinen Briefen die Behauptung aufgestellt hat, was bei seiner erklärten Gegnerschaft zu Sabellius doppelt suspekt erscheint. Umgekehrt erscheint die Formulierung ἓν πρόσωπον als Lehrdefinition für Sabellius noch später, nämlich bei Theodoret[7]. Epiphanius dürfte mit seiner Wiedergabe: ἐν μιᾷ ὑποστάσει τρεῖς ὀνομασίαι das theologische Schlagwort festgehalten [8] haben, unter dem man im 4. Jh. den ‚Libyer' bekämpfte[8]. Es bleibt aber für die dogmengeschichtliche Forschung eine Belastung, daß wir bei den älteren Polemikern des 3. Jh.s (Novatian, Dionysius von Alexandria und seinem Namensvetter in Rom, übrigens auch bei Ps. Athanasius, Contra Arianos or. IV) zu diesem speziellen Punkt nichts erfahren. Das wird von einem Kritiker der HARNACKschen Auffassung wie J. N. D. KELLY zugegeben, der sich gezwungen sieht, für Sabellius nur auf dem Umwege eines Rückschlusses auf Hippolyt zu dessen Personbegriff vorzustoßen und zwar mit dem Argument: „it is most unlikely that Sabellius used it with a diametrical opposite meaning" (122)[9]. Ich würde meinen, man müßte doch noch etwas vorsichtiger auf Grund der Überlieferungsprobleme formulieren und feststellen, daß weder Hippolyt noch die spätere Sabelliustradition, auf die auch die Konzeption von Marcell eingewirkt

---

7   Theodoret, Haer. fab. II, 9: ...μίαν ὑπόστασιν ἔφησεν εἶναι τὸν πατέρα καὶ τὸν υἱὸν καὶ τὸ ἅγιον πνεῦμα καὶ ἓν τριώνυμον πρόσωπον.

8   Epiphanius, Pan. haer. 62, 1, 4 (Holl II, 389) mit Nachweisen im App. Auch Basilius, Gregor von Nazianz und Johannes Chrysostomus behaupten, Sabellius habe den Monarchianismus seiner fortgeführten „Trinitäts"lehre mit dem Begriff der μία ὑπόστασις festgehalten. Hierfür läßt sich bereits Origenes, Tituskommentar ed. de la Rue IV, 695B anführen, nach dessen Behauptung die Sabellianer die Einheit Gottes als μία ὑπόστασις definiert hätten. Die lateinische Übersetzung hält an dieser griechischen Worttransskription fest, gibt sie aber ihrerseits auch mit „persona" wieder. Darauf macht PRESTIGE, aaO 161 aufmerksam. Allerdings erscheint mir seine Behauptung: „there is no reason to think that it represents anything other than prosopon in the lost original" nicht gesichert.

9   Während KELLY, aaO 122, richtig schreibt: „Unfortunately we cannot be sure that all the details of the position just summarized can be attributed to Sabellius himself. Most of the surviving evidence dates from a century or more after his lifetime, when his theology and that of the much more familiar Marcellus of Ancyra were hopelessly confused", bemüht sich PRESTIGE, aaO 160, um den Nachweis der Formel ἓν πρόσωπον für die Sabellianer bei Origenes und den Kappadokiern, ohne ihn jedoch detailliert zu haben, vgl. obige Anmerkung. Mit der negativen Feststellung aber: „most of the critics of Sabellianism positively state that those heretics denied the existence of three prosopa", 161, ist er keineswegs erbracht.

hat – ein später noch zu lösendes Problem – verständlich sind, wenn nicht in der sabellianischen Trinitätslehre der Prosoponbegriff irgendeine Rolle gespielt hat. Das gilt nun einwandfrei für den dritten Zeitgenossen von Tertullian, nämlich Hippolyt selbst. Er bringt in seinem Werk „Gegen Noët" nicht nur für das Verhältnis zwischen Vater und Sohn die Formel: δύο πρόσωπα, μία δύναμις, sondern läßt zugleich eindeutig erkennen, daß er unter πρόσωπον die Individualität der göttlichen Person, eben die Wortbedeutung des lateinischen „persona", verstanden [9] hat[10]. Eine wichtige Bestätigung der Wendung von den „zwei Personen, Vater und Sohn" bietet die zu wenig beachtete Parallele in dem Fragment „Über die Segnungen Jakobs", der wegen ihres unpolemischen Zusammenhangs besondere Aussagekraft zukommt[11]. Wenn wir bei ihm auch nie auf die Formel „drei Personen" stoßen – ein ebenfalls später noch zu würdigendes Faktum –, so steht doch fest, daß Hippolyts Prosoponbegriff in den Rahmen einer heilsökonomischen Trinitätslehre eingespannt ist, die ihn dogmengeschichtlich in die Nähe Tertullians rückt.

Eben diese Nähe hat aber auch neuerdings wieder die Frage einer möglichen Abhängigkeit der beiden Theologen voneinander aufgeworfen. Nachdem Evans in seinem Tertulliankommentar[12] zunächst die These aufgestellt hatte: „The term πρόσωπον, evidently a translation of Tertullian's 'persona', fills a blank in Greek theological terminology, making for the future unnecessary such a circumlocution as Justin's ἄλλος καὶ ἄλλος" und für die Abhängigkeit Hippolyts von Tertullian plädierte, hat neuerdings PRESTIGE gerade umgekehrt sich geäußert: „In view of the relations previously shown to have existed between the thought of Hippolytus and that of Tertullian, it seems very probable, that Hippolytus was the source from which his Latin contempory adopted the term, though Hippolytus does not actually refer to three prosopa"[13]. Auf Grund unserer bisherigen Beobachtungen

---

10   Da das von PIERRE NAUTIN inaugurierte Hippolyt-Iosipe-Problem in unserm Zusammenhang keine Rolle spielt, zitiere ich nach seiner Textausgabe, Hippolyte, Contre les hérésies, Paris 1949. Contra Noetum 7 (247, 10ff.) heißt es zu dem ἐσμέν von Joh. 10,30: „Der Ausdruck ‚wir sind' bezieht sich nicht auf einen, sondern auf zwei; er (sc. Jesus) hat zwei Personen (δύο πρόσωπα), aber eine Kraft (μίαν δύναμιν) angezeigt." Da diese Johannesstelle von Hippolyt ausdrücklich als Argumentum Noëts bezeichnet wird, begegnen wir hier dem zweiten Topos der tria capitula der Gegner Tertullians, Adv. Prax 20. – Hippolyt, Contra Noët. 10f. (251, 19ff.) nennt wie Irenäus im Anschluß an Prov. 8 die Dreiheit: Vater – Wort – Weisheit, wobei der antignostische Zusammenhang (Polemik gegen Valentin u.a.) die Abhängigkeit von kleinasiatischen Theologen und dem Bischof von Lyon in diesem Punkt beweist. Contra Noët. 14 (255, 30ff.) belegt, daß Hippolyt die Formel „zwei Personen" nur auf das Verhältnis von Vater und Sohn anwandte, aber nicht unter Einbeziehung des Geistes von „drei Personen" sprach, obwohl er abschließend den Taufbefehl Mt. 28,19 zitiert.

11   In der Ausgabe von GOTTLIEB NATHANAEL BONWETSCH, TU 38, Leipzig 1911, 32, 19f.

12   ERNEST EVANS, Tertullian's Treatise against Praxeas. The Text edited with an Introduction and Commentary, London 1948, 24.

13   PRESTIGE aaO 159; 106 hat er die literarhistorische Begründung für seine These damit gegeben, daß Contra Noëtum älter sei als Adv. Praxean. Damit ist jedoch eine Abhängigkeit Tertullians nur als möglich, jedoch nicht de facto erwiesen.

erscheint die Fragestellung nicht ohne Grund in eine Sackgasse geraten zu sein, weil sie den Prosoponbegriff zumindest von Sabellius nicht in ihre Überlegungen einbezieht. Es fragt sich, ob das Auftreten des Personbegriffes an der Schwelle zum 3. Jh. nicht daraus resultiert, daß die genannten Theologen unabhängig voneinander einer älteren Tradition verpflichtet sind, die sie für das trinitarische Problem nur unterschiedlich ausmünzen.

2.

Es ist bekannt, daß *Tertullian* in seiner Schrift gegen Praxeas sich auf die ältere christologische Exegese der Schriften stützt, die ihm vornehmlich durch die Apologeten, daneben aber wohl auch durch homiletische Tradition vermittelt wurde. Er wertet sie für die exegetische Begründung seiner Trinitätslehre aus. Hierfür nur ein Beispiel. Adv. Prax. 12 heißt es: [10]

> „Wenn dich in den bisherigen Darlegungen das Numerische an der Trinität vor den Kopf stößt, weil sie nicht in einfacher Einheit geeint sei, dann stelle ich die Gegenfrage: Wie kann eine für sich allein bestehende Person (singularis sc. persona) in Pluralform sagen: ,Laßt uns einen Menschen nach unserm Bild und Abbild machen' (Gen. 1,26), wo er doch hätte sagen müssen: ,Ich will einen Menschen nach meinem Bild und Abbild machen', so wie einer, der einzig und für sich alleine (singularis) ist? Doch auch im folgenden täuschte und scherzte er mit dem Satz: ,Siehe, Adam ist geworden wie einer von uns' (Gen. 3,22), den er im Plural spricht, wenn er nur einer, allein und alleinstehend gewesen wäre. Oder sprach er mit den Engeln, wie die Juden die Stelle auslegen, weil auch sie den Sohn nicht anerkennen?"

In ähnlicher Argumentation hatte bereits Theophilus von Antiochia aus der Stelle Gen. 1,26 gefolgert: „Er hat zu keinem andern als zu seinem Logos und zu seiner Weisheit gesagt: ,Lasset uns machen'" (Ad Aut. II, 18), eine Auslegungstradition, die durch Irenäus bestätigt wird[14]. Irenäus kennt daneben aber auch eine rein christologische Exegese der Genesisstelle, vgl. adv. haer. V, 15,4; Epideixis 55[15]:

---

14 Vgl. Irenäus, Adv. haer. IV, prol. 3 (Harv. II, 145); V, 6, 2 (Harv. II, 333) (ohne Zitat); V, 28, 4 (Harv. II, 403) (ohne Zitat); IV, 20, 1 (Harv. II, 213) (mit Zitat); V, 1, 3 (Harv. II, 317) (mit Zitat).

15 Dieser Traditionsstrang wird von KRETSCHMAR aaO 34, der allerdings durch die Auseinandersetzung mit FRIEDRICH LOOFS stärker an der Trias Gott – Wort – Weisheit orientiert ist, nicht berücksichtigt. Daß Irenäus in seiner Exegese von Gen. 1,26f. stark an der gnostischen Interpretation, wonach der Mensch durch die kosmischen Mächte (Archonten) geschaffen wurde, vgl. Irenäus adv. haer. I, 5, 4 (Harv. I, 49f.) = Tertullian, adv. Val. 24, vgl. Exc. ex Theod. 50, 2; 54, 2 (Valentin), ferner Iren. I, 24, 1 (Harv. I, 196ff.) = Hipp. VII, 28, 1f. (Saturnin); Athanasius, Contra Ar. or. I, 56 (PG 26, 129C) (Karpokrates), ausgerichtet ist mit seiner Gegenthese von der schöpferischen Hilfsfunktion von Logos und Sophia, sollte nicht übersehen werden. Die gnostischen Vorstellungen dürften beidseitig von der spätjüdischen Angelologie und ihrer Lehre, daß Engel den Menschen erschufen, vgl. Basilius, Hexameron hom. 9 = Ambrosius, Hexameron VI,

Darnach spricht der Vater zu dem Sohn. Sie interessiert uns hier besonders, weil diese zweite Exegese einem mehr „orthodoxen" Traditionsstrang angehört. Ihr frühester Beleg findet sich im Barnabasbrief (6, 15). Vor allem wird sie von Justin (Dial 62, 2) vertreten, der darin einen „unwiderlegbaren" Beweis sieht, daß Gott „mit einem anderen, der sowohl der Zahl nach wie auch als geistiges Wesen ein anderer ist, gesprochen hat"[16]. In der Frage, von welchen der beiden ihm wohlbekannten (adv. Val. 5; ad Scapulam 4) Autoren Tertullian in seiner Interpretation von Gen. 1,26f. abhängig sei, wird man sich für Justin entscheiden müssen, und zwar aus folgenden Gründen: 1. Justin, Dial 62, 3, fügt wie Tertullian als zweiten Beleg auch Gen. 3,22 an, um zu folgern, daß es sich bei denen, „die miteinander zu- [11] sammen sind", um eine Zahlenangabe, und zwar mindestens zwei, handle. 2. Justin wendet sich gegen die jüdische Auslegung von Gen. 1,26f., wonach Gott zu den Engeln spricht, die ihm bei der Erschaffung des Menschen halfen. Ein gleiches tut Tertullian, Adv. Praxean 12, 2, auch. Wäre er von Irenäus abhängig, würde man einen Hinweis auf die gnostische Interpretation erwarten; der Hinweis auf die jüdische Exegese ist durch nichts im Text bei Tertullian begründet. Steht damit aber der auslegungsgeschichtliche Traditionsstrang fest, dem Tertullian verpflichtet ist, dann wird auch der Unterschied zu ihm deutlich: er vollzieht den entscheidenden Schritt von der herkömmlichen christologischen zur trinitarischen Exegese von Gen. 1,26f., wenn er feststellt:

> „Weil ihm (sc. Gott) bereits beigesellt waren der Sohn, sein Wort, und eine dritte Person, der Geist in dem Wort, darum sprach er im Plural: ‚Lasset uns machen' und ‚unser' und ‚uns' (Adv. Prax. 12, 3)."

Methodisch gesehen, scheint es daher richtiger zu sein, die Frage zu klären, ob Tertullian nicht auch darin von älterer Tradition bestimmt wird, daß er den Personbegriff unmittelbar mit der Schriftexegese verbindet.

Gewisse Beobachtungen erhärten die Fragestellung. So sagt er zu der schon von der Urgemeinde geübten, christologischen Exegese der Psalmen: „Fast alle Psalmen, welche die Person Christi enthalten, stellen den Sohn dar, wie er mit dem Vater Worte wechselt." (Adv. Prax. 11, 4) Noch charakteristischer ist seine Auslegung von Jes. 45,14f.:

> „Daher sagt auch Jesajas von der Person Christi: ‚Die großen Männer Seboins werden zu dir herüberkommen und dir mit gefesselten Händen folgen und dich anbeten, weil in dir Gott ist; du bist nämlich unser Gott, und wir wußten es nicht, du Gott Israels'. Auch hier setzt er mit den Ausdrücken ‚Gott in dir' und ‚du Gott Israels' zwei voraus: der in Christus war und Christus selbst" (Adv. Prax. 13, 2)[17].

7, 40 (daher auch die Bezeichnung für Logos und Sophia als „Hände Gottes", Belege bei KRETSCHMAR, 34, Anm. 8), wie auch der spätantiken Dämonologie beeinflußt sein.

16   Zu dem ἕτερος ἀριθμῷ θεός vgl. Dial. 56, 11; 129, 2f.

17   EVANS, aaO, meint: „Tertullian alone seems to apply this text ad personam Christi". Hier wäre auf Hippolyt, Contra Noëtum 4 (NAUTIN 239, 17ff.) hinzuweisen. Danach haben schon die Monarchianer die Stelle für ihre Zwecke benutzt, während Hippolyt ganz ähnlich wie Tertullian

In beiden Fällen ist der Personbegriff selbst nicht im Text enthalten, sondern wird aus dem Dialogcharakter bzw. den Anredeformeln im Text des Schriftwortes erschlossen. Sehr oft sichert Tertullian solche Exegese durch die Feststellung, das Zitat sei „ex persona" geschrieben. Daß diese Zitationsformel von ihm nicht eigens für die trinitarische Thematik von Adv. Praxean entwickelt worden ist, geht aus ihrer Anwendung in anderen Schriften hervor[18]. Auch [12] in diesem formalen Punkt scheint er älterer Tradition verpflichtet zu sein, und damit konzentriert sich unsere Fragestellung auf die Vorgeschichte der Zitationsformel.

Justin ist der erste christliche Schriftsteller, der sie zur Anwendung bringt[19]. In grundsätzlichen, für seine Schriftauffassung bedeutsamen Sätzen erklärt er den Lesern seiner Apologie:

„Wenn ihr hört, daß die Propheten Sätze sprechen, als wenn eine Person redet (ὡς ἀπὸ προσώπου), dann wähnt nicht, daß sie von den geisterfüllten (sc. Propheten) unmittelbar gesprochen werden, sondern von dem sie bewegenden Logos. Manchmal nämlich spricht er wie einer, der das künftige Geschehen vorhersagt, manchmal aber, als ob er unter der Person des Herrschers des Alls und Gottvaters spricht, manchmal wieder, als ob unter der Person des Christus, manchmal auch, als ob unter der Person von Völkern, die dem Kyrios und seinem Vater gegenüber sich verantworten, wie man es ja auch bei euren Schriftstellern beobachten kann, bei denen man unterscheiden muß: einen, der der Verfasser des ganzen Werkes ist, der aber (mehrere) sich unterredende Personen auftreten läßt" (I, 36, 1f.).

Der Apologet führt im folgenden eine Mehrzahl von Schriftstellen unter der genannten Zitationsformel an. Dieselbe wird auch im Dialog mit Tryphon angewandt, dort ohne jegliche Begründung: ein Beweis dafür, daß Justin sie bei seinen jüdischen Gesprächspartnern als bekannt voraussetzen kann. Und in der Tat benutzt Philo von Alexandrien sie in seinen Werken bei exegetischen Fragen und Zitaten[20]; er ist zugleich bemüht, das spätjüdische Inspirationsdogma mit dem

---

aus der Wendung des Zitates Jes. 45: ἐν σοὶ ὁ θεός ἐστιν die Folgerung zieht: ἐν τίνι δὲ ὁ θεός, ἀλλ' ἢ ἐν Χριστῷ Ἰησοῦ τῷ πατρῴῳ λόγῳ καὶ τῷ μυστηρίῳ τῆς οἰκονομίας;

18 Scorpiace 7, 1 von Gott: „qua ratione etiam ipse se plus quam homicidam pronuntiavit ex sophiae suae persona, voce Solomonis", folgt Prov. 9,2; de anima 57, 11: „ex persona Abrahae" zu Lk. 16,30f.; adv. Marc. II, 10, 3: „in persona principis Sor ad diabolum pronuntiatur" zu Ez. 28,11ff.; adv. Judaeos 14, 7: „sic et apud Zachariam (3,1-6) in persona Jesu". Die Zitationsformel variiert also. Wichtig vor allem de anima 17, 12:„Sed enim Plato... propterea et in Phaedro ex persona Socratis negat se cognoscere posse semetipsum" vgl. Phaidr. 229E. Tertullian kennt demnach die Zitationsformel auch innerhalb der profanen Literatur, was noch nicht besagt, daß er sie von dort übernommen hat.

19 Für Justin ist die Formel: ὡς ἀπὸ προσώπου typisch. Beispiele für den Fall 1: Apol. 37, 1; 44, 2; Dial. 36, 6; 88, 8; Fall 2: Apol. I, 38, 1; 49, 1; Fall 3: Apol. I, 47, 1f.; 53, 7; Dial. 25, 1; 30, 2; 42, 2f.

20 Philo, De special. legibus IV, 7, 39; de fuga et inventione 25, 137. Für den Vergleich mit Justin, Dial. 126, 2 interessant: de mutatione 13 die Formel: ἐκ προσώπου τοῦ τῶν ὅλων ἡγημένου; de opificio 24, 72 zu Gen. 1,26f., wonach die Stelle ὡσανεὶ πλείοσιν gesprochen sei: εἰσάγει γὰρ τὸν πατέρα τῶν ὅλων ταυτὶ λέγοντα „ποιήσωμεν ἄνθρωπον κατ' εἰκόνα ἡμετέραν καὶ καθ' ὁμοίωσιν". Vgl. Justin, Dial. 62, 2 mit 56, 11.

literarischen Aspekt, daß Moses der Autor der Tora ist, zu verbinden[21]. In dieser philonisch-justinischen Gestalt läßt sich dann die Zitationsformel seit Anfang des 3. Jh.s überall innerhalb der patristischen Literatur im Dienste einer prosopographischen Exegese feststellen. In Alexandria läßt Klemens die Aufforderung des [13] christologischen Psalms 2,8: „Fordere von mir und ich will dir die Heiden zum Erbe geben" ἐκ προσώπου θεοῦ formuliert sein[22], und in Rom zitiert Hippolyt die Christusweissagungen des AT in gleicher Weise[23]. Seit Origenes aber häufen sich die Beispiele für die morgenländische wie abendländische Theologie derart, daß ein erschöpfender Nachweis nur ermüden würde[24].

Einen interessanten Bericht des Origenes über ein Streitgespräch mit Juden zum Thema des leidenden Gottesknechtes (Jes. 52f.) müssen wir aber noch näher ins Auge fassen. Denn in ihm stellt der Alexandriner seinen Gesprächspartnern folgende Fragen zum Text

> „Wer ist wohl die Person, die sagt: ‚Dieser trägt unsere Sünden und leidet für uns den Schmerz` und die sagt: ‚Er selbst wurde wegen unserer Sünden verwundet und wegen unserer Übertretungen gepeinigt', und zu wem wohl paßt die Person, die sagt: ‚Durch seine Wunden wurden wir geheilt'. Sichtlich sprechen Menschen, die in Sünden lebten und geheilt wurden, weil der Erlöser gelitten hat, sei es nun, daß sie zu jenem (sc. Volk, d.h. dem jüdischen) gehören, sei es, daß sie Heiden sind. Der Prophet schaute in die Zukunft und nahm auf Eingebung des heiligen Geistes eine derartige Personenbildung vor (προσωποποιήσαντι)." (Contra Celsum I, 55)

Die Fragestellung sowie ihre Beantwortung ist in mehrfacher Hinsicht aufschlußreich. Denn sie läßt erkennen, wie die von Origenes angewandte exegetische Methode in sich mehrere hermeneutische Prinzipien birgt, die in einem latenten Spannungsverhältnis zu einander stehen. Bekanntlich hat schon die Urchristenheit auf Grund des hermeneutischen Schemas von Verheißung und Erfüllung die

---

21 De vita Mosis II, 23, 188ff. ist hierfür recht aufschlußreich, zumal Philo auch im gleichen Zusammenhang die Formel ἐκ προσώπου gebraucht.

22 Strom. IV. 36, 1; Paed. I, 56, 1ff.; Strom. VI, 49, 2. Wie Justin und Tertullian wendet der Alexandriner die Formel auch auf profane Literatur an, z.B. um ein Zitat des „Dichters der jüdischen Tragödien" Ezechiel einzuleiten, Strom. I, 155, 1. Daß sie später im rabbinischen Judentum abhanden gekommen ist, vgl. BRUCE M. METZGER, The formulas introducing Quotations of Scripture in the NT and the Mishnah, JBL 70 (1951), 297-307, hat seine guten Gründe.

23 Danielkommentar II, 20, 4 (wonach auch dem Judentum die Zitierungsweise bekannt ist); IV, 29, 1; Contra Noëtum 17; adv. Judaeos (SCHWARTZ 19, 14f. 19, 20f. 20, 21 22, 14).

24 Ich beschränke mich auf wenige Beispiele aus der Fülle: Origenes, Contra Celsum II, 20; Johanneskommentar II, 35; ep. ad Gregorium (Koetschau 41, 7ff.) – Cyprian ep. 69, 2; 63, 3 – Eusebius Caes., Praep. ev. VII, 11, 5; Dem. ev. III, 15, 52 – Gregor von Nyssa, Contra Eunomium III, 1, 28 –; Augustin, De trin. II, 17, 31, vor allem aber die Psalmenerklärung, wo stereotyp die christologische Exegese eingeleitet wird durch die Wendung: hunc psalmum ex persona Christi accipiendum est, vgl. Tertullian, Adv. Prax. 7. Von Augustin geht die Zitationsformel ins Mittelalter über, vgl. ARTUR MICHAEL LANDGRAF, Schriftzitate in der Scholastik um die Wende des 12./13. Jh.s, in: Biblica 18 (1937), 79-94. So ist sie auch zu Luther gelangt, vgl. Resolutiones zu den Thesen von 1518 (WA I, 557): „et ecclesia in persona animarum psallit et gemit ps. VI: ‚Conturbata sunt ossa mea et anima mea turbata est valde'."

Jesajastelle herangezogen, um die Passion Christi theologisch zu [14] deuten, und damit die christologische Exegese derselben eingeleitet. Das schwingt noch in der Wendung nach, daß der Prophet „in die Zukunft schaute". Neben diesen heils-ökonomischen Geschichtsbeweis und das aus ihm abgeleitete exegetische Prinzip tritt jedoch ein ausgesprochen profanes Deutungselement: wie Justin und Tertullian schließt Origenes aus dem Dialogcharakter der Stelle, daß eine Mehrzahl von Personen, „die in Sünden lebten und geheilt wurden", hier redet. Wohl fehlt hier die durch die obige Justinstelle belegte Zitationsformel: ὡς ἀπὸ προσώπου πολλῶν. Daß sie aber auch für Origenes postuliert werden darf, geht aus der im Singularis mehrmals wiederkehrenden Wendung τὸ πρόσωπον τὸ λέγον hervor. Sie steht jedoch in sprachlicher Spannung zu der Interpretation selbst, die von einer Personenmehrzahl spricht. Dieselbe läßt sich nur ertragen, weil Prosopon auch die Bedeutung von Maske haben kann. Hier leuchtet also als Hintergrund des dialogischen Auslegungsprinzips von ferne die Welt der Bühne auf. Endlich tritt mit dem Fachausdruck der „Personbildung" der literarische Aspekt in Erscheinung. Ähnlich wie bei Philon verbindet er sich mit dem Inspirationsdogma. Daß er für Origenes bestimmend ist, geht aus der Tatsache hervor, daß von ihm aus die vorgetragene Deutung auf eine Mehrzahl von Personen ohne logischen Bruch möglich ist.

Solche latenten Spannungen der exegetischen Methode ließen sich gleichfalls an der obigen Justinstelle aufzeigen. Mit ihr ist das Origeneszitat aber noch mittels einer anderen Tatsache verbunden. Kann Justin in der Apologie von heidnischen Lesern und im Dialog von rabbinischen Gesprächspartnern als selbstverständlich erwarten, daß sie die technische Begrifflichkeit seiner hermeneutischen Methode anerkennen, so auch Origenes, der einleitend festgehalten hat, daß sein Gespräch mit Rabbinern stattfand. Das legt die Vermutung nahe, die dialektisch-exegetische und auch die prosopographische Methode, sowie die Zitationsformel ἐκ προσώπου stamme aus der spätantiken Literatur.

3.

Es ist wieder Origenes, der die Richtigkeit der Vermutung bestätigt. In dem ihm gegenüber Kelsos eigentümlichen Ton belehrenden Besserwissens stellt er fest:

> „Wie man diejenigen Schriftsteller tadelt, die bei der Personbildung (προσωποποιΐα) etwa Barbaren und Ungebildeten, oder Sklaven und Leuten, die noch niemals philosophische Reden hörten und sich auch nicht richtig ausdrücken können, eine Philosophie in den Mund legen, die zwar dem Schriftsteller, der die Person schuf, geläufig ist, aber der sprechenden Person unmöglich bekannt sein kann, so tadelt man andererseits zu Recht jene Schriftsteller, die ihre als Philosophen und Rechtskenner charakterisierten Personen Worte sprechen lassen, die nur ungebildete und von gemeinen Leidenschaften beherrschte Menschen im Mund führen und auf Grund ihrer Unbildung aussprechen. [15]

Deshalb findet Homer bei vielen Bewunderung, weil er die Persönlichkeit seiner Helden so durchführt, wie er sie von Anfang an gestaltet hatte, z.b. die Person des Nestor, des Odysseus, des Diomedes, des Agamemnon, des Telemachos, der Penelope oder der übrigen. Euripides aber wird von Aristophanes in der Komödie als unzeitiger Schwätzer verspottet (Acharn. V, 393ff.), weil er philosophische Sätze, die er bei Anaxagoras oder einem (andern) Weltweisen gehört hatte, barbarischen Frauen und Sklaven in den Mund legt." (C. Cels. VII, 36)

Die Stelle ist nicht nur dafür instruktiv, wie gegenüber dem Christengegner auf die theologischen Schriftprinzipien christlicher Provenienz nicht zurückgegriffen wird, sondern auch dafür, dass Origenes ausschließlich die literarische Betrachtungsweise der „Personbildung" obwalten läßt. Die „dramatische" Wertung und die Bühnenwelt, aus der ursprünglich die Formel ὡς ἀπὸ προσώπου ihrem Vorstellungsgehalt nach stammt, treten zurück: der Dramatiker wie der Komödiendichter wird als Literat gesehen. Vorbild und leuchtendes Beispiel literarischer Gestaltung ist aber Homer, „der große Hierophant des Himmels und der Götter, der die unbeschreitbaren und den menschlichen Seelen verschlossenen Pfade zum Himmel gewiesen hat" (Herakleitos; 60 n.Chr.) und über alle Gegensätze hinweg die unbestrittene Autorität der spätantiken Religionsphilosophie ist[25]. Ihr religiöses Homerbild hat zugleich die älteren Traditionen der Homerinterpretation, die vor allem von der Stoa gepflegt wurde, in sich aufgenommen. Leider fehlt uns bis zum heutigen Tage eine umfassende Geschichte der antiken Homerphilologie und Homerdeutung. Gewisse Vorarbeiten hat KARL REINHARDT in seiner Berliner [16] Dissertation geliefert[26]. Er hat nachweisen können, daß sowohl für den zitierten Herakleitos aus Alexandria wie für den Verfasser von Ps. Plutarch „Über

---

25 Herakleitos, Homerica Problemata 76 (ed. FRANZ OELMANN, Leipzig 1910, 100,8ff.). Zur Homerinterpretation der älteren Stoa vgl. STVFr. I, 274. 275 (Zenon), 539-547 (Kleanthes), II, 1061-1100 (Chrysipp). Nicht zufällig verdanken wir sie z.t. der christlichen Polemik, vgl. SVF II, 1074 (Origenes), 1072 (Ps. Klemens, Hom.). – Für die Platoniker vgl. vor allem Maximos Tyrios, Or. 17,26 (HEINRICH HOBEIN), der im Gegensatz zu Herakleitos und dessen Kritik an den platonischen Dialogen sowohl Platon wie Homer als Quelle allen Wissens preist; zu Plutarch vgl. KONRAT ZIEGLER, Plutarchos von Chaironeia, Stuttgart 1949, 277ff.; Attikos bei Euseb, Praep. ev. XV, 2ff. Zur neupythagoreischen Homerinterpretation vgl. ARMAND DELATTE, Études sur la litterature pythagoricienne, Paris 1915, 109ff.; FRANZ CUMONT, Recherches sur le symbolisme funéraire des Romains, Paris 1942, 4ff. 186ff. und Index s. v. Homère; JEROME CARCOPINO, De Pythagore aux Apôtres. Études sur la conversion du monde Romain, Paris 1956, 9ff. Er hat auf die Inschrift CIL XI, 6435 aufmerksam gemacht: „Dogmata Pythagorae sensi studiumque sophorum /et libros legi, legi pia carmina Homeri", die für die religiöse Interpretation Homers aufschlußreich ist. Wichtige Quellen hierfür sind: Porphyrius, De antro nympharum (ed. AUGUST NAUCK); Anonymus, Quaestiones Homericae (ed. Hermann SCHRADER) und Proclus, In rem publicam (ed. ERNST DIEHL), vor allem I, 1-18; II, 1-10: mit ihnen kommen die Neuplatoniker zu Wort.

26 De Graecorum theologia, Diss. Berlin 1910, vgl. auch FRITZ WEHRLI, Zur Geschichte der allegorischen Deutung Homers im Altertum, Diss. Basel 1928. Die älteren Arbeiten von J. STERN, Homerstudien der Stoiker, Programm Lörrach 1893 und A. B. HERSMAN, Studies in Greek allegorical interpretation, Chicago 1906 haben keine Spuren hinterlassen. Zu Herakleitos vgl. KARL REINHARDT, PRE XV, 508ff.

das Leben und die Poesie Homers" der Stoiker Krates von Pergamon (etwa 150 v.Chr) die gemeinsame Quelle darstellt. Im Umkreis dieser stoischen Homerphilologie begegnet auch das literarische Begriffsmodell der „Personbildung". Für Homer stellt Ps. Plutarch fest: „Vielfach und mannigfaltig wendet er das Mittel der Personbildung (προσωποποιΐα) an. Er führt viele und verschiedene Personen ein, die miteinander sprechen, denen er auch verschiedene Charaktere beilegt"[27]. Als Beispiel werden darauf die gleichen Homergestalten, Nestor, Agamemnon, Diomedes, Odysseus u.a.m. aufgeführt, wie bei Origenes im obigen Zitat[28]. Dieser hat von der antiken Homerphilologie noch weitere Fachbegriffe übernommen, wie ein Beispiel aus seinem Johanneskommentar beweist. Es geht um die prosopographische Deutung des Ps. 44 (45), dessen Anfangsvers: „Aus meinem Herzen brach hervor ein gutes Wort" (Logos! LXX) schon früh von der christologischen Exegese des AT durch die Christen und später von der Logoschristologie für die präexistente „Geburt" des Logos beansprucht worden ist. Setzt diese Deutung voraus, daß Gott selbst hier Sprecher ist, so kommt diese Voraussetzung bald in Schwierigkeiten, weil in den folgenden Versen („meine Zunge ist der Griffel eines behenden Schreibers"!) der „vom Geiste erfüllte" Prophet als Sprecher gedacht werden muß. Jedoch muß man angesichts eines späteren Verses („Höre, Tochter, sieh und neige dein Ohr") erneut postulieren, daß dort der Vater die sprechende Person ist. Solche Kalamitäten prosopographischer Exegese löst Origenes mit der Feststellung: „Es ist nicht schwer zu zeigen, daß auch in anderen Psalmen ein Wechsel der Personen eintritt." Man begreift ihr argumentatives Gewicht erst, wenn man bei Ps. Plutarch liest: „Bei Homer findet auch oft ein Wechsel der Personen statt" und dort erfährt, daß die Homerphilologie sich eingehend mit diesem literarischen Phänomen [17] beschäftigte. Eben darauf beruft sich Origenes und beruhigt sich dabei[29].

Das Erbe der stoischen Homerphilologie übernahmen die Platoniker[30] und nach ihnen die Neuplatoniker. Zugleich vollzog sich damit ein wichtiger Wandel

---

27 De vita Homeri 66, (BERNADAKIS VII, 366, 18ff.); vgl. ferner aaO 75; (BERNADAKIS VII, 370,20ff.); 218 (BERNADAKIS VII, 562, 10ff.). Zu der Wendung „Personen einführen" (πϱ. εἰσάγειν), die sich auch zu der Zitationsformel: ἐκ προσώπου τινὸς ἐπάγειν λόγους (vgl. Porphyrius, Quaest. Hom. ed. SCHRADER S. 313, 15f.) verdichten kann und darin die Beziehung zwischen der Formel: ἐκ προσώπου und der „dramatischen" Sicht zeigt, wird auf das Verbum aufmerksam gemacht, das aus der Bühnensituation gewonnen ist.

28 De vita Homeri 164, (B. VII, 428, 18ff.); bis auf Telemachos und Penelope werden alle von Origenes genannten Homergestalten behandelt.

29 Origenes, In Joannem I, 39 (Ges Orig. IV, 50, 26ff.), vgl. dazu Ps. Plutarch, De vita Homeri 57 (BERNADAKIS VII, 363, 18ff.), wo als terminus technicus auch der Begriff der „apostrophe" verwendet wird.

30 Ich habe das Material bereits in meinem Aufsatz „Justin und der mittlere Platonismus", ZNW 44, Berlin 1952/53, 182f., zusammengetragen. Vgl. vorn in diesem Band...
Für die neuplatonische Sicht sind auch die Ausführungen von Proclus, In rem publicam I, 137, 20ff. aufschlußreich: hier wird die Entwicklung von den Göttersprüchen bis zur literarischen Formel dargestellt. Der Ausgangspunkt ist charakteristisch. Für die allgemeine Verbreitung der Zitationsformel vgl. Polybios XII, 27, 10f.; Scholien zu Arat, Achilles (ed. MAASS, 84, 4ff.).

in der Betrachtungsweise. Herrschte früher die rein literarisch-ästhetische Sicht vor, die nicht zufällig Homer mit einem Bühnenbildner vergleichen konnte, wobei auch die griechische Wortbedeutung von Prosopon als „Maske" eine Rolle spielte, so verbanden die Platoniker die literarische Form des Dialoges mit ihrer dialektischen Erkenntnismetaphysik. Schon dadurch, daß der Dialog vom Raum der Bühne in die Welt des sokratischen Athen verlegt wurde, war ein Bedeutungswandel unvermeidlich geworden. Hier wurden keine mythischen Gestalten vor das geistige Auge gebannt, sondern geschichtliche Persönlichkeiten aus dem Freundeskreis des großen Philosophen, die in ihren Gesprächen nach der Wahrheit suchten. Wie damit auch die Masken-Vorstellung für die Bedeutung hinfällig wurde, zeigt die Feststellung des anonymen Schulplatonikers: „Über die Ansichten, die Platon teilt, äußert er sich durch vier Personen (πρόσωπα): Sokrates, Timaios, den Fremden aus Athen und den Fremden aus Elea" (bei Diog. Laert. III, 52).

Noch entschiedener wendet sich ein unbekannter Neuplatoniker des 4. Jh.s gegen den Vergleich platonischer „Personenbildung" mit der Bühnenwelt (Anonymus, Pro. 14, Hermann VI, 208, 21ff.). Vergegenwärtigt man sich zudem, daß die platonische Erkenntnismetaphysik in dem Dialog und seiner Dialektik zu ontologischer Wesenheit und transzendenter Wahrheit vorzustoßen vorgab, wobei man Platon als Künder göttlicher Weisheit feierte, dann versteht man leichter, wie Justin und Origenes mit ihrer prosopographischen Exegese der heiligen Schriften an die platonische Schultradition anknüpfen konnten. Allerdings darf dieser Exkurs nicht ohne den Hinweis abgeschlossen werden, daß trotz solchen Bedeutungswandels die Deutung von Prosopon als Maske latent weiterbestand und immer wieder aufbrechen konnte, wie z.B. bei dem Neuplatoniker Proklus, der die Dialoggestaltung Platons an der Mimesis eines Homer mißt [18] und unangefochten dabei den Vergleich mit der Theaterwelt vollzieht (In rem publicam prooem. 2).

4.

Auch wenn Tertullian weiß, daß die prosopographische Zitationsformel für die Dialoge Platons angewandt wird[31], dürfte er die Methode der dialogischen Schriftinterpretation christlicher Überlieferung verdanken. Dafür spricht schon, daß er in seiner trinitarischen Schriftauslegung auf älteren Traditionen fußt, die er für seine Trinitätslehre nur auszubauen hatte.

---

31   Vgl. das Anm. 18 gebrachte Zitat aus De anima 17, 12; de anima 28, 1 (CCL II, 824,5) und vor allem de anima 29, 4 (CCL II, 826,22ff.), wo Tertullian Kenntnis des um 150 n.Chr in Athen lehrenden Schulplatonikers Albinos bekundet. Was JAN HENDRIK WASZINK, Tertullian: de anima. Einleitung, Übersetzung, Kommentar, Amsterdam 1933, 251ff. auf Grund der Studien von CHRISTINE MOHRMANN über den christlichen Ursprung der Zitationsformel schreibt, bedarf demnach einer gewissen Korrektur.

Das läßt sich an seiner Interpretation von Ps. 110,1 und ihrer langen Vorgeschichte sehr schön zeigen. Im Anschluß an die bereits zitierte Behauptung, daß
in „fast allen Psalmen", die von Christus handeln, der Sohn mit dem Vater Worte
wechselt, fährt er fort:

> „Beachte, wie auch der Geist als dritte Person (ex tertia persona)[32] vom Vater und
> vom Sohne spricht: ‚Es sprach der Herr zu meinem Herrn: Setze dich zu meiner
> Rechten, bis daß ich deine Feinde zum Schemel deiner Füße lege.' (Ps. 110,1) Ebenso
> durch Jesaja: ‚Diese Worte sagt der Herr zu meinem Herrn Christus.' (Jes. 45,1) In
> gleicher Weise (spricht der Geist) durch denselben (sc. Propheten) zum Vater über
> den Sohn: ‚Herr, wer hat unserer Predigt geglaubt, und wem ist der Arm des Herrn
> geoffenbart worden? Wir haben ihn angekündigt als ein kleines Kind, als eine Wurzel
> im trockenen Land, und daß er weder Gestalt noch Ruhm besaß.' (Jes. 53,1f.). Das
> sind nur einige wenige Stellen von vielen. Denn wir brauchen gar nicht erst uns die
> Mühe zu machen, alle Schriften aufzuschlagen, da wir ja in den einzelnen Kapiteln ih-
> re volle Majestät und Geltung bezeugen und so einen eindrucksvolleren Kampf in
> diesen Diskussionen führen können. Deshalb wird gerade durch diese wenigen Stellen
> eindeutig die Unterscheidung (innerhalb) der Trinität vor Augen gestellt: für sich
> selbst existiert, der spricht, d.h. der Geist, ferner der Vater, zu dem er spricht, und
> endlich der Sohn, von dem er spricht." (Adv. Prax. 11, 7-10)

Die zitierten Ausführungen bilden den Abschluß einer grundsätzlichen Partie
exegetischer, prosopographischer Methode, mit der Tertullian seine Trinitätslehre
begründet. In einer für ihn typischen, forensischen Begrifflichkeit nennt er als
heuristisches Prinzip: „Alle Schriften zeigen einerseits die machtvolle Prunkrede
(demonstratio = rhet. Begriff) und darin andererseits die Trennung (innerhalb)
der Trinität. Von diesen (beiden Tatsachen) leitet sich unser Haupteinwand
(praescriptio: forens. Begriff) ab, daß der Sprecher (qui loquitur) [19] und die
Person, von der die Rede ist (de quo loquitur) und der Gesprächspartner (ad
quem loquitur) nicht als ein und dieselbe Person angesehen werden können."
Diese Präskriptio wird im folgenden für die drei göttlichen Personen (Vater,
Sohn, heiliger Geist) biblisch belegt.

Daß Tertullian mit den Belegstellen seiner trinitarischen Exegese der Tradition verpflichtet ist, läßt sich auch hier wieder nachweisen[33]. Vor allem aber müssen uns die Belege interessieren, wo der heilige Geist als Sprecher „auftritt". Dieselben entstammen nämlich auch älterer Überlieferung, haben aber dort eine
andere Deutung erfahren. So wird der Spruch Jes. 53,1-2 von Justin als Verheißung des am Christentum aufbrechenden jüdischen Unglaubens nach dem Vor-

---

32 EVANS aaO übersetzt: „Observe also the Spirit speaking in the third person concerning the
Father and the Son..." und sagt dazu 256: „Ex tertia persona goes with spiritum ‚as a third inter-
locutor' or with de patre et filio ‚in the third person'." Wir entscheiden uns im Gegensatz zu ihm
zur ersten Alternative, wofür aber erst das ff. die Begründung gibt.

33 Ich halte nur fest, daß Tertullian mit Ps. 71,18 und Ps. 4,2 für sein Argumentum: „filius loquens
de patre" bzw. „ad patrem" Belege nennt, die von mir in der älteren Tradition nicht festgestellt
wurden! Man wird also Tertullian ein auf vorgezeichneten Bahnen wandelndes, selbständiges
prosopographisches Schriftstudium zusprechen müssen.

bild von Joh. 12,38 zitiert und einer Testimoniensammlung eingefügt (Dial. 118, 1-4); er konkretisiert dabei diesen prophetischen Geschichtsbeweis, indem er ihn durch Jesajas ὡς ἀπὸ προσώπου τῶν ἀποστόλων geschrieben sein läßt (Dial. 42, 2). Ebenso deutet Justin Ps. 110,1 anders, wo seiner Meinung nach „neben dem Schöpfer und Vater des Alls" noch ein anderer, d.h. Christus, als Herr vom heiligen Geist bezeichnet werde (Dial. 56, 14-15, wie Tertullian aaO Ps. 45 als zweiten Beleg zitierend): hier ist an den Inspirationsgeist, der durch David spricht, gedacht, nicht aber die trinitarische Person gemeint. Das gilt übrigens auch für Irenäus, Adv, haer. III, 6, 1, der in seiner Formulierung Tertullian am nächsten steht.

> „Die Stelle zeigt, wie der Vater mit dem Sohne spricht, der ihm sowohl ‚das Erbe der Heiden' (Ps. 2,8) gegeben wie auch ‚alle Feinde' (Ps. 110,1) unterworfen hat. Daher, weil der Vater wahrhaft ‚Herr' ist und der Sohn wahrhaft ‚Herr' ist, hat der heilige Geist sie zu Recht mit der Anrede ‚Herren' bezeichnet."

Auch in diesem Falle haben wir es mit dem κυριολογεῖν (Justin) des Inspirationsgeistes zu tun, und sachlich ist es durchaus berechtigt, wenn FRANÇOIS MARIE MATTHIEU SAGNARD in seiner Übersetzung den hl. Geist mit den Propheten gleichsetzt. Im übrigen hatte Tertullian – und das zeigt wieder die Nähe zu Irenäus – eingangs zu dem zitierten Kapitel wie Irenäus und die herkömmlich prosopographische Deutung Ps. 2 und Ps. 110 für das intertrinitarische Gespräch zwischen Vater und Sohn angeführt[34]. Um so mehr fällt auf, daß er kurz hernach Ps. 110,1 als [20] Beweis nennt, daß auch der Geist trinitarischer Gesprächspartner sei. Man kann zunächst hier die Feststellung von EVANS in seinem Kommentar unterstreichen: "There appears to be no parallel to Tertullian's suggestion that the Holy Spirit refers here to the Son as ‚my Lord'!" (256)

Dieses Rätsel nicht zu lösen, würde den Verzicht auf eine Ableitung des tertullianischen Personbegriffs aus seinen exegetischen Voraussetzungen und damit auf die Einsicht in die für Tertullian elementare biblische Begründung seiner Trinitätslehre bedeuten. Seiner Lösung kommt zentrale Bedeutung zu, und vielleicht kann hier ein Rückblick auf die Auslegungsgeschichte von Ps. 110 eine gewisse Hilfestellung leisten. JEAN DANIÉLOU hat bereits früher, seinerseits durch CHARLES HAROLD DODD angeregt, darauf hingewiesen, welche Rolle das Formular der Testimonia-Sammlungen in dieser exegetischen Tradition von Ps. 110 gespielt hat[35]. Ergänzend sei dazu bemerkt, daß sich zwei Strukturtypen solcher

---

34 In Auseinandersetzung mit Praxeas: „Ecce ego propono patrem filio dixisse: ‚Filius meus es tu, ego hodie generavi te' (Ps. 2,7), si velis ut credam ipsum esse patrem et filium, ostende sic pronuntiatum alibi: ‚Dominus dixit ad se: Filius meus sum ego, ego hodie generavi me'; proinde et: ‚ante luciferum generavi me' (Ps. 110,3); et: ‚dominus condidi me initium viarum in opera mea, ante omnes autem colles generavi me' (Prov. 8,22), et si qua alia in hunc modum sunt". Daß hier andere Verse gewählt sind, hängt mit der Polemik zusammen; doch auch sie entsprechen dem dialogischen Auslegungsprinzip: „pater loquens ad filium".

35 JEAN DANIELOU, La Session à la droite du Père, Studia evangelica = TU 73, Berlin 1959, 689-698, vgl. ferner CHARLES HAROLD DODD, According to the Scriptures, Nisbet 1952, 62-108. 126f., dessen modifizierte Testimonia-These jetzt auch von KELLY, aaO 66, für die Dogmenge-

Formulare unterscheiden lassen. Der eine begegnet schon in der Petrusrede Acta 2,24-35: aufgebaut und theologisch begründet durch das Schema von Verheißung und Erfüllung werden die neutestamentlichen Heilsfakten aus dem AT belegt. Dabei gelten die alttestamentlichen Zeugen als vom prophetischen Geist erfüllte Seher, welche die Heilszeit geschaut und von ihr geredet haben. Innerhalb dieses Typus A, der sich – um einige Beispiele zu nennen – über Barnabasbrief 12, 8-11; Justin, Dial. 32, 2f. bis zu Irenäus (Epideixis 84-85; adv. haer. IV, 33, 10-14) verfolgen läßt, erfolgt die Zuordnung der Testimonia auf Grund des heilsgeschichtlichen Geschichtsprinzips: diese enthalten daher nicht nur christologische, sondern auch ekklesiologische Exegese des AT. Die gleichen Kirchenväter kennen daneben aber noch einen zweiten Typ, der gleichfalls bereits im NT, und zwar Hbr. 1,5-13; 5,5f., zum ersten Mal begegnet. Er sammelt die alttestamentlichen Testimonia unter dem Gesichtspunkt, daß ‚Gott sagt', d.h. unter Berücksichtigung ihres Spruchcharakters. Daß diese Exzerptsammlungen im engeren Sinne christologisch orientiert waren, liegt auf der Hand. Daß sie der eigentliche Quellort der dialogischen und später der prosopographischen Exegese sind, gleichfalls. Allerdings mußte dieser Typ B, der bei seiner Auswahl stets nach dem Sprecher [21] und dem Angesprochenen, oder wie Hippolyt (Contra Noëtum 4) in auffallender Ähnlichkeit mit Tertullian es formuliert, fragt: πρὸς τίνα λέγει καὶ περὶ τίνος, im Gegensatz zu Typ A bald in textliche Schwierigkeiten geraten. Man erkennt das bereits an der Verwendung von Hbr. 1,5ff. durch den ersten Klemensbrief. Der Verfasser scheidet Ps. 104,4 („der seine Engel zu Winden macht und seine Diener zur Feuerflamme"), den Hbr. 1,7 als Gottesspruch an die Engel einführte, aus und stellt ihn als Schriftwort (γέγραπται) voran, während er die Psalmworte dialogischen Gehaltes Ps. 2,7 und Ps. 110,1 zusammenstellt und als Wort des Gottvaters (δεσπότης) an den Sohn charakterisiert. Das geschieht sichtlich, weil Ps. 104,4 des Spruchcharakters entbehrt. Die Problematik des Typs B verdichtete sich, wenn solche textlichen Schwierigkeiten innerhalb des gleichen Psalmes oder einer prophetischen Stelle auftraten, und steigerte sich noch, als mit dem Auftreten der Logoschristologie die Präzisierung der prosopographischen Exegese notwendig wurde. Hier liegen die eigentlichen, weil theologischen Motive, weshalb Justin z.B. auf die literarische Theorie der „Personbildung" bzw. des „Personwechsels" zurückgreift.

Nur von einem apologetischen Motiv der Angleichung der heiligen Schriften an die profane Literatur der Hellenen zu sprechen, wäre kurzschlüssig. Die apologetische Zwangssituation des 2. Jh.s ist gerade darum dogmengeschichtlich so fruchtbar gewesen, weil in ihr die theologischen Unfertigkeiten des altkatholischen Christentums aufbrachen. Im übrigen beweist der unapologetische Zusammenhang, in dem das obige Zitat aus dem Johanneskommentar des Origenes steht, die Richtigkeit unserer Justindeutung.

---

schichte herangezogen ist. Zu dem Problem der spätjüdischen Provenienz des Formulars vgl. J. C. G. GREIG, Gospel Messianism and the Qumran Use of Prophecy, Studia evangelica, aaO 593ff., ferner SAGNARD, aaO 706ff.

Allerdings wurden mit der Übernahme des Arguments profaner Literaturwissenschaften neue Schwierigkeiten geschaffen. Man mußte jetzt unter Aufnahme der Prosoponformel bei Verwendung eines Spruchwortes jeweils den Verfasser nennen, dessen Rang als Prophet nun dadurch gefährdet wurde, daß er in die Kategorie des Schriftstellers absank. Und wo nicht die Zitationsformel ἐκ προσώπου, sondern ὡς ἀπὸ προσώπου gewählt wurde, die von dem Modell der literarischen Fiktion geprägt worden war, mußte der dogmatische Wert der theologischen Aussagen beeinträchtigt werden, da sie vor Zweifeln an der metaphysischen Realität der göttlichen Prosopa nicht gefeit war. Es ergab sich als zwangsläufige Folgerung, daß auch für den Typ B der Testimoniensammlungen das Inspirationsdogma angewandt werden mußte, so daß Einleitungsformeln entstanden, wie die: καλεῖσθαι ἐν παραβολῇ ὑπὸ τοῦ ἁγίου πνεύματος ἀπὸ προσώπου (Dial. 36, 2). Das göttliche Pneuma wurde die dogmatische Autorität prosopographischer Exegese, die früher in dem Charakter des Spruchwortes als göttliches Diktum selbst gelegen hatte. Zugleich rückte jetzt der Typ A der Testimoniensammlungen, der schon immer [22] von dem Dogma des prophetischen und inspirierenden Pneumas bestimmt war, in die Nähe zu Typ B der prosopographischen Exegese. Die Systeme konnten sich vermischen: der Prozeß läßt sich bereits bei Justin beobachten, wird aber in den ausgedehnten Exzerptsammlungen von Irenäus besonders augenfällig. Er vermehrte nämlich auch die Möglichkeiten prosopographischer Exegese und gestattete die Aussage, daß das Pneuma an bestimmten Stellen „in eigener Person" (ἀπὸ προσώπου...τοῦ ἰδίου) spreche[36].

Doch selbst solche Aussagen standen unter der harten Konsequenz, die sich aus der pneumatologischen Begründung der prosopographischen Exegese ergab: der heilige Geist konnte nicht zur trinitarischen Person einer präexistenten Trinität, zum Partner des innergöttlichen Gesprächs, werden. Das gilt nicht nur für Justin, sondern auch für die Vertreter einer ökonomischen Trinitätslehre wie Irenäus und Hippolyt. Ersterer äußert sich nach dem Zitat einer Testimoniengruppe, die ähnlich wie unsere Ausgangsstelle bei Tertullian Ps. 2,7f., 110,1 und Jes. 45,1 zusammenfaßt, zu Ps. 2,7:

> „Wenn David sagt: ‚Gott sprach zu mir' (Ps. 2,7), so ist es notwendig zu sagen, daß nicht eigentlich David noch irgendeiner von den Propheten aus sich selber heraus spricht, da es ja nicht ein Mensch ist, der die Prophetien hersagt, sondern der Geist Gottes. Dieser nimmt Gestalt und Form in den Propheten je nach der Ähnlichkeit der betreffenden Person an und spricht zuweilen als Christus, und zuweilen führt er das Wort als der Vater. So sagt nun Christus selbst sehr zutreffend durch David, daß der Vater mit ihm spricht, und sehr geziemend sagt er selbst auch das übrige über sich durch die Propheten…" (Epideixis 49f. nach Ter-Minassiantz.)[37] [23]

---

36 Justin, Dial. 36, 6 als Abschluß eines, die sessio ad dexteram mit Hilfe der Testimonia Ps. 110,1 und Ps. 24 spez. V. 10 beweisenden Abschnittes, vgl. die gleiche Kombination und Argumentation Dial. 127, 5.

37 Vgl. zu dieser Offenbarungstheorie einer „Morphologie" des prophetischen Pneumas Hos. 12,10: Irenäus benutzt die Stelle auch adv. haer. IV, 20, 6, um die Propheten als Geistträger auszuweisen: „Sic igitur manifestabatur Deus: per omnia enim haec Deus Pater ostenditur, Spiritu

Die bemerkenswert allgemein gehaltenen Ausführungen zeigen deutlich, wie nur Vater und Sohn als Gesprächspartner und trinitarische Personen exegetisch begründet werden können. Die Möglichkeit der Selbstaussage für eine trinitarische Person bleibt dem Sohn vorbehalten und wird nicht auf den Geist ausgedehnt. Genauso liegen die Dinge bei Hippolyt. Es ist sehr aufschlußreich, wie dieser Zeitgenosse Tertullians Jes. 53,1, wo nach dem Nordafrikaner der heilige Geist als Sprecher und damit als trinitarische Person auftritt, noch genau wie Justin das Prophetenwort unter der Zitationsformel: ὡς ἐκ προσώπου anführt (Contra Noëtum 17). Wenn er aber nach einer ausführlichen prosopographisch-exegetischen Begründung seine ökonomische Trinitätslehre formuliert, dann spricht er von den πρόσωπα δύο οἰκονομίᾳ. Getrennt von ihnen und ihrem Personcharakter bleibt das neutrische Dritte (τὸ δὲ τρίτον), der heilige Geist, das Pneuma (Contra Noët. 14)[38]. Der prosopographischen Exegese war in der Tat die Begründung einer dritten trinitarischen Person nur möglich, wenn sie den theologisch-metaphysischen Aussagewert ihrer Prosoponformeln auch auf den heiligen Geist ausdehnte und ihn damit in das innertrinitarische Gespräch als trinitarische Person hineinzog. Dies getan zu haben, bleibt das dogmengeschichtliche Verdienst Tertullians. Und es erscheint durchaus als begründet, des Rätsels Lösung darin zu sehen, daß der nordafrikanische Theologe im kühnen Griff aus der bisherigen Anwendung der Zitationsformel für die prosopographische Exegese die Folgerung zog, daß in bestimmten Sprüchen der heilige Geist sich als trinitarische Person selbst manifestiere. Es darf Beachtung beanspruchen, daß Tertullian erst nach dem bedeutsamen, seine dialogische Exegese begründenden Kapitel 11, in dem für den Geist die Zitationsformel „ex tertia persona" zum ersten Male in der Auslegungsge-

---

quidem operante, Filio vero administrante, Patre vero comprobante, homine vero consummato ad salutem. Quemadmodum et per prophetam Osee ait: ‚Ego, inquit, visiones multiplicavi et in manibus prophetarum assimilatus sum.'" (Harv. II, 218). Zu dem Begriff der „Ähnlichkeit" vgl. nicht nur die Offenbarungskonzeption der Hermasapokalypse (Visiones, Similitudines), sondern auch Justin, Dial. 77, 4 (im ff. zitiert). Für Irenäus dürfte im Hinblick auf seine Rekapitulationslehre und die hier zentrale Bedeutung von Gen. 1,26 auch Einfluß des dortigen ὁμοίωσις-Begriffes anzunehmen sein, vgl. adv. haer. III, 22, 1f. Das dürfte auch für den „Personbegriff" des obigen Irenäuszitates gelten, der zweifelsohne einer theologischen Anthropologie angehört, aber auch in der Eschatologie (Auferstehungslehre, vgl. Epideixis 42: „Denn auch der Seele wird Auferstehung zuteil, indem die Leiber der Gläubigen von neuem Person annehmen...") eine Rolle spielt, hierzu vgl. Od. Sal. XVII, 4: „Meine Fesseln sind durch ihn zerrissen worden, Antlitz und Gestalt einer neuen Person (πρόσωπον) habe ich empfangen und wandelte in ihr und wurde erlöst" (W. BAUER), zu Irenäus selbst vgl. ALBERT HOUSSIAU, La Christologie de saint Irénée, Paris 1955, 79ff.

38   Zu Hippolyts dyoprosopischer Formel hat bereits PIERRE NAUTIN, Contre les hérésies, Paris 1949, 202f. auf ihren theologischen Zusammenhang mit der Zitationsformel ὡς ἀπὸ προσώπου hingewiesen. Er entwickelt die theologische Problematik jedoch unter dem Gesichtspunkt, daß bestimmte Gottessprüche sich nicht mit einem transzendenten Gottesbegriff vereinigen ließen und deshalb auf den Inkarnierten bezogen werden mußten. Daher sei von der Zitationsformel aus nur der Begriff „zwei Personen" möglich gewesen.

schichte angewandt wurde, den Begriff der „tertia persona" exegetisch aus Gen. 1,26 deduziert hat[39]. [24]

Gerade angesichts der nicht auszuschließenden Möglichkeit, daß auch die montanistische Parakletvorstellung auf die Ausbildung des Personbegriffes für das Pneuma eingewirkt hat[40], kommt unserem Ableitungsversuch des trinitarischen Personbegriffes aus der älteren, prosopographischen Exegese erhöhte Bedeutung zu. Denn immer wieder läßt sich beobachten, wie wenig der Montanismus Tertullians exegetische Methode als solche beeinflußt hat[41]. Wenn ein zusätzlicher Entwicklungsfaktor genannt werden soll, dann liegt er in der Schriftauffassung des Nordafrikaners, die von einem ausgesprochenen Verbalrealismus geprägt wird[42]. Vor ihm war die theologische Exegese von Theologen betrieben worden, die einer spiritualistischen Exegese huldigten und betonten: „Bedenkt, daß der heilige Geist diese Dinge in Parabeln und Gleichnissen spricht" (Justin, Dial. 77, 4).

Tertullian hingegen verweist seine Gegner nachdrücklich auf jene Bibelstellen, die „nicht in Allegorien und Parabeln, sondern in bestimmten und einfachen Bestimmungen" einen eindeutigen Sinn besitzen[43]. Wo die Forderung erhoben wurde, daß „alle Dinge mit ihrer Bezeichnung übereinstimmen müssen" (adv. Prax. 9, 4)[44], mußten die biblischen Begriffe hinsichtlich der Trinität auch metaphysisches Gewicht bekommen. Demgegenüber erscheint Tertullians dogmengeschichtlicher Beitrag mit den Formeln: „una substantia – tres personae; una persona – duae substantiae" mehr als das Zufallsprodukt eines in seinen wirkungsvollen Formulierungen glücklichen Rhetorikers. Sie sollten erst in einem

---

39   Adv. Prax. 12: „an quia ipse erat pater filius spiritus (!), ideo pluralem se praestans pluraliter sibi loquebatur? immo iam adhaerebat illi filius, secunda persona, sermo ipsius, et tertia, spiritus in sermone, ideo pluraliter pronuntiavit ,Faciamus' et ,Nostram' et ,Nobis'", vgl. hiermit die anthropologische Interpretation von Gen. 1,26 in cap. 5. Wie stark Tertullian im übrigen von der traditionellen prosopographischen Exegese noch bestimmt wird, lehrt Adv. Prax. 13, wo er Jes. 53,1 nicht als Spruch des Geistes, sondern als Jesajazitat anführt und infolgedessen zu einer bipersonalen Deutung kommt.

40   Vgl. Adv. Prax. 2, 1, ferner 8, 5 und 9, 3, wo die Personalität des Parakleten allerdings nicht dialogisch, sondern grammatikalisch (alium, nicht aliud) aus Joh. 14 abgeleitet wird.

41   Vgl. zur Exegese von Ps. 110: adv. Hermogenem 11, 3; adv. Marc IV, 11, 4; V, 17, 6; adv. Judaeos 9, 23 taucht noch die alte Zitationsformel: „per prophetam spiritus sanctus dicens ex persona patris" auf.

42   De carne Christi 13, 2: „Omnia periclitabuntur aliter accipi quam sunt, si aliter quam sunt cognominantur, et amittere quod sunt, dum aliter accipiuntur. Fides nominum salus est proprietatum", vgl. ferner adv. Hermogenem 19, 1 (CCL I, 413, 2ff.); 43,3 (aaO 426, 3ff.).

43   Adv. Prax. 13 zu Gen. 19,24 (eine alte christologische Belegstelle): „haec aut nega scripta, aut quis es, ut non putes accipienda quemadmodum scripta sunt, maxime quae non in allegoriis et parabolis, sed in definitionibus certis et simplicibus habent sensum"?

44   Adv. Prax. 9, 4: „ipsum quod pater et filius dicuntur nonne aliud ab alio est? utique omnia quod vocantur hoc erunt, et quod erunt hoc vocabuntur, et permiscere se diversitas vocabulorum non potest omnino, quia nec rerum quarum erunt vocabula. ,Est est, non non: nam quod amplius est hoc a malo est' (Mt. 5,37)" (Text nach EVANS).

späteren Stadium der Entwick- [25] lung geschichtsträchtig werden. Die eigentliche Förderung, seinen spezifischen Beitrag zu ihr, wird man darin erblicken müssen, daß er den trinitarischen Personbegriff aufs engste mit der traditionellen, prosopographischen Exegese verknüpfte. Das zeigt die weitere Geschichte des exegetischen Prosoponbegriffes.

5.

Daß man Novatian in simplifizierender Verkürzung nicht als einen unmittelbaren Schüler Tertullians ansprechen kann, hat sich in der dogmengeschichtlichen Forschung durchgesetzt[45]. Dieses letztlich auf Hieronymus (de vir. ill. 70) zurückgehende Urteil übersieht, daß direkte Spuren eines literarischen Einflusses in „De trinitate" nicht festzustellen sind, und daß die Nähe zu Tertullian erst in jenen Partien empfunden wird, wo Novatian gegen die Sabellianer polemisiert (cap. 26ff.). Wie weit in dem abschließenden Glaubensbekenntnis (cap. 31) tertullianischer Einfluß zutage tritt, kann begründet in Frage gestellt werden. PRESTIGE hat allerdings die Ansicht geäußert, daß gerade in diesem systematischen Schlußteil Tertullians metaphysischer Substanzbegriff wieder auftauche, so daß er als posthumer Beweis für den unjuristischen Charakter desselben gelten könne[46]. Tatsächlich ist aber der Substanzbegriff bei Novatian im Gegensatz zu seiner präzisen, trinitarischen Verwertung durch den Nordafrikaner sehr schillernd. So kann er ihn ohne Zögern auch anwenden, um die Personalität des präexistenten Christus zu beschreiben[47]. Man kann daraus die Schlußfolgerung ziehen, daß dem römischen Theologen Tertullians trinitarische Formel: „una substantia – tres personae" überhaupt nicht zu Ohren gekommen ist.[48] Und wenn er für den In-

---

45   Vgl. EVANS in seinem Praxeaskommentar, 25ff., der richtig die Unterschiede markiert und dabei auch die Unterschiede der polemischen Situation bei Tertullian einerseits und Novatian andererseits berücksichtigt. KELLY, Early Christian doctrines, 125, formuliert gleichfalls vorsichtig mit dem Satz, daß Novatian „was to assimilate all the main features of Tertullian's doctrine, and even to deeper in it certain respects." Seine Deutung Novatians als Repräsentant römischer Theologie bedeutet einen Fortschritt.

46   PRESTIGE aaO 221, der dabei vor allem an die Stelle De trin. 31: „...a quo solo (sc. Patre) haec vis divinitatis emissa, etiam in filium tradita et directa, rursum substantiae per communionem ad patrem revolvitur" denkt.

47   De trin. 16, (PL 3, 944A/B): „in substantia fuit Christus ante mundi institutionem"; KELLY, Early Christian doctrines, 126 gibt hier „substantia" richtig mit „Person" wieder, vgl. auch de trin. 31, 978B/C: „...quia ex patre processit: substantia scilicet illa divina, cuius nomen est Verbum."

48   Das gilt auch angesichts der Beobachtung, daß er wie Tertullian von einer „secunda persona" sprechen kann, vgl. de trin. 31 (979A): „Deus utique procedens ex Deo, secundam personam efficiens post patrem qua filius". Dazu noch im ff.

karnierten auch immer durchlaufend zwei „Substanzen" festhält[49], dann [26] besagt das noch nicht, daß ihm die Inkarnationsformel: „una persona – duae substantiae" bekannt gewesen sei. Was Novatian unmittelbar übernimmt – wenn man überhaupt derart formulieren darf –, hat sich noch am stärksten in seiner Geistlehre niedergeschlagen[50]: doch vergeblich sucht man nach einer theologischen Begründung des Pneumas als „dritter Person" der Trinität; nicht das trinitarische Problem, sondern die ethische und ekklesiologische Fragestellung beherrscht seine Geistlehre.

Überhaupt treten die mit Tertullian verbindenden Elemente weniger in den allgemeinen Ausführungen (De trin. 29-31) als in der voraufgehenden antihäretischen Polemik in Erscheinung. Das gilt besonders von jener Partie, wo auf Grund einer sehr umfangreichen Testimoniensammlung, die von Gen. 1,26 bis in das NT geht und mit der Zuordnung von Ps. 2,7f., 110,1 und Jes. 45,1 nicht nur an Tertullian, sondern überhaupt die prosopographische Exegese älterer Observanz erinnert, den Sabellianern nachgewiesen wird, daß der Sohn die „zweite Person" nach dem Vater sei[51]. Nach dem bekannten heuristischen Prinzip stellt Novatian bei der Deutung des Jakobsegens über Manasse und Ephraem die Frage nach der „Person", von der hier die Rede sei[52]. Auch seine grammatikalische Analyse des Genesiszitates 48,15 entspricht den traditionellen Prinzipien[53]. Daß

---

49   Vgl. de trin. 10 (930A/B): „substantia corporis" bzw. „carnis"; de trin. 21 (16), 956B/Cff. gleichfalls; vor allem aber de trin. 24, wo der Begriff der „substantia carnis corporisque" (961C) tertullianisch geklärt wird: „Atque ideo Christum Jesum Dominum, ex utroque connexum (ut ita dixerim), ex utroque contextum atque concretum, et in eadem utriusque substantiae concordia mutui ad invicem foederis confibulatione sociatum, hominem et deum, scripturae hoc ipsum dicentis veritate, cognoscant." (962C)

50   Darauf macht Evans, 28 aufmerksam; natürlich geschieht das in Kritik an der montanistischen Auffassung des Parakleten, vgl. de trin. 29 (971C): „...qui non est in Evangelio novus (personalistische Auffassung!) sed nec nove datus."

51   De trin. 26 (21) (964B/Cff.), wobei die Sammlung eingeleitet wird mit der Feststellung: „nolunt enim illum esse secundam personam post patrem, sed ipsum patrem. Quibus quia facile respondetur, pauca dicentur. Quis enim non secundam filii post patrem agnoscat personam, cum legat dictum a patre consequenter ad Filium:..." folgt Gen. 1,26. Der Reihe nach folgen dann folgende Belege: Gen. 19,24; Ps. 2,7f.; 110,1; Jes. 45,1; Joh. 6,38; 14,28; 20,17; 8,17f.; 12,28; Mt. 16,16f.; Joh 17,5; 11,42; 17,3f.; Lc. 10,22; Mc. 16,9; Hbr. 1,3.

52   De trin. 18 (947Cff.) zu Gen. 48,15: „Deus, qui pascit me a juventute usque in hunc diem, Angelus qui liberavit me ex omnibus malis, benedicat pueros hos", wobei Novatian entsprechend der christologischen Deutung der alttestamentlichen Stellen vom „Engel Gottes" (vgl. Justin) beweisen will, daß „Deus" und „Angelus" die gleiche Person sind. Die Argumentation erfolgt prosopographisch (aaO 947C): „Ergo si hic locus neque personae patris congruit, ne Angelus dictus sit, neque personae Angeli, ne deus pronuntiatus sit: personae autem Christi convenit ut et deus sit, quia Dei filius sit, et Angelus sit, quoniam paternae dispositionis annuntiator est..."

53   De trin. 19 (963A): „Usque adeo autem eundem Angelum ponit quem Deum dixerat, ut singulariter in exitu sermonis sui posuerit personam de qua loquebatur dicendo ‚benedicat pueros hos'. Si enim alterum Deum, alterum Angelum voluisset intelligi, plurali numero duas personas complexus fuisset: nunc unius personae singularem numerum in benedictione deposuit, ex quo

er mit [27] Hilfe dieser dialogischen Interpretationsmethode nicht eine exegetische Begründung für die „dritte" Person der Trinität vorträgt, hängt zweifelsohne damit zusammen, daß seine Gegner sie ihm nicht abfordern. Die stilistische Beobachtung, daß Novatian neben Tertullian der erste Vertreter prosopographischer Exegese ist, der aus ihr den Begriff der „secunda persona" ableitet, zeigt an, daß er mit Hilfe der gleichen Methode gegenüber anderen Häretikern auch den Begriff der „tertia persona" hätte begründen können. Das besagt aber, daß Novatian für die dogmengeschichtliche Betrachtung nur als Zeuge für die kontinuierliche Tradition prosopographischer Exegese im Westen interessant ist. In gleicher Weise ist ein weiteres, ihn mit Tertullian verbindendes Element zu würdigen, der Verbalrealismus seiner Schriftauffassung[54]: auch er entspricht westlicher Tradition.

Nur in einem Punkte kann der römische Schismatiker gewisse Aufmerksamkeit beanspruchen: er läßt den steigenden Einfluß des lateinischen Wortes „persona" auf die prosopographische Exegese des Westens erkennen. Besonders aufschlußreich ist die bereits erwähnte lange Testimoniasammlung, die von ihm gegen die Sabellianer zusammengetragen wird (De trin. 26f. bzw. 21f.). Ganz wie Tertullian macht Novatian gegen ihren Monarchianismus darauf aufmerksam, daß in dem Herrenwort Joh. 10,30 („Ego et pater unum sumus") mit gutem Grund nicht „unus" steht, damit auf der einen Seite die „Eintracht der Gesellung" (concordia societatis) zweier Personen, andererseits aber auch die Individualität (proprietas) der Person deutlich werde[55]. Er fügt dem aber ein neues Testimonium hinzu, nämlich I.Cor. 3,6-8, um an Hand des Verhältnisses Paulus – Apollon die „Einheit der Eintracht" (concordiae unitas) neben der „Unterscheidung [28] der Personen" (distinctio personarum) zu belegen[56]. Daß hier ein anthropologischer, von der Eindeutigkeit des lat. „persona" getragener Personbegriff vorliegt, ist offensichtlich. Sein theologischer Charakter geht aber daraus hervor, daß unter

---

eundem Deum atque Angelum intelligi voluit." Solche Argumentation übt nicht nur Tertullian in Adv. Praxean, sondern auch schon Justin.

54   Hierfür zitiere ich nur De trin. 4 (920Cf.): „Id enim nomine continetur, quidquid etiam ex naturae suae conditione comprehenditur. Nomen enim significantia est eius rei, quae comprehendi potuit ex nomine", im Zusammenhang des Gottesbegriffes, zum Schriftbegriff und der dort entwickelten Akkommodationstheorie vgl. De trin. 6, 922B ff., auch de trin. 7; zum prophetischen Geschichtsbeweis vgl. die Testimoniensammlung de trin. 9, wo wieder Ps. 110,1f. und Ps. 2,7f. traditionsgemäß gekoppelt werden.

55   De trin. 27 (966B/C): „Et quia dixit ‚unum' intelligant haeretici quia non dixit ‚unus'. ‚Unum' enim neutraliter positum societatis concordiam non unitatem personae sonat. ‚Unum' enim non ‚unus' esse dicitur, quoniam nec numerus refertur, sed ad societatem alterius expromitur. Denique adjicit dicens ‚sumus' non ‚sunt', ut ostenderet per hoc quod dixit: ‚Sumus' et ‚pater', duas esse personas", vgl. Tertullian, Adv. Prax. 25 und vor allem 22, ferner Hippolyt Contra Noëtum 7 (NAUTIN 247, 10ff.).

56   De trin. 27, 967A/B: „Quis autem non intelligat alterum esse Apollo, alterum Paulum, non eundem atque ipsum Apollo pariter et Paulum? Denique et diversa uniuscuiusque sunt officia prolata: alter enim ‚qui plantat', et alter ‚qui rigat'; hos tamen duos, non quod ‚unus' sit, sed quod ‚unum sint proposuit apostolus Paulus: ut alter quidem sit Apollo alter vero Paulus, quantum ad personarum distinctionem pertinet, quantum vero ad concordiam pertinet, ‚unum' ambo sint."

seiner Einwirkung in die Sammlung prosopographischer Belege in verstärktem Maße neutestamentliche Stellen aufgenommen werden. Das gilt nicht nur für den erwähnten Zusammenhang, sondern läßt sich auch sonst bei Novatian beobachten[57].

Vielleicht würde aber auch dieser Punkt sich nicht als spezifische Leistung Novatians, sondern vielmehr als symptomatisches Zeichen für die Entwicklung der prosopographischen Exegese im lateinischen Westen erweisen, wenn uns eine breitere Quellenbasis zur Verfügung stehen würde. Das christologische Buch II der „Testimonia" Cyprians läßt jedenfalls das gleiche Phänomen der neutestamentlichen Ausweitung beobachten, was kaum zufällig ist und die gleichen theologiegeschichtlichen Ursachen haben dürfte. Außer jedem Zweifel steht aber, daß durch diese Entwicklung im Westen der trinitarische Personbegriff sich aufs engste mit der Schriftexegese verbinden konnte und hier stets als theologisch legitim empfunden wurde, weil für seine Begründung nicht die spekulativen Methoden einer theologischen Metaphysik aufgeboten zu werden brauchten. Selbst bei Hilarius von Poitiers, mit dem – übrigens nicht zufällig – diese abendländische Tradition prosopographischer Exegese abbricht, finden sich letzte Spuren von ihr[58]. [29]

Hingegen erfolgte ihre Entwicklung innerhalb der morgenländischen Kirche unter einem unglücklichen Stern. Daß hier die Schriftauffassung stärker unter den Einwirkungen einer spiritualistischen Exegese stand, wird man dabei nicht so stark in Rechnung setzen dürfen: dieser Spiritualismus hatte ja auch nicht die Apologeten bei der Ausformung der prosopographischen Exegese gestört, und nach wie vor wird sie auch im Osten betrieben[59]. Natürlich war im griechischen

---

57 Vgl. oben Anm. 51. Daß dies zugleich die ältere dialogische Methode unnötig macht, zeigt die Interpretation von Gen. 1,26f. in De trin. 17 (25) (945B/C), wo Novatian auf die pluralistische Exegese verzichtet, indem er das Genesiszitat mit Joh 1,3 koppelt und wie folgt argumentiert: „Hoc autem Verbum caro factum est et habitavit in nobis: ergo Christus est Deus. Per Christum igitur homo factus est, ut per dei filium. Sed deus hominem ad imaginem dei fecit: deus ergo qui fecit hominem ad imaginem dei, deus ergo Christus est: ut merito nec Veteris Testamenti circa personam Christi vacillet auctoritas, Novi Testamenti manifestatione…" Daß es sich nicht um etwas Zufälliges handelt, lehren Stellen wie de trin. 18 (948Cf.), wo Novatian die christologische Stelle Gen. 19,23 und den Gottesspruch (ex persona Dei) Am. 4,11 gleichfalls unter Heranziehung von Joh. 1,14 interpretiert. Ebenso verzichtet er de trin. 17 (946A/B) auf die pluralistische Exegese und greift auf Eph. 4,10 zurück.

58 Vgl. Hilarius, De trinitate IV, 23 (PL 10, 113f.), wo, ähnlich wie Novatian De trin. 18, aus den Engelepiphanien der Abrahamsgeschichte in Verbindung mit dem „Angelus magni consilii" (Jes. 9,6 LXX) gefolgert wird: „Ut personarum distinctio absoluta esset, angelus Dei nuncupatur: qui enim est Deus ex Deo, ipse est et Angelus dei". Im Vergleich zu Tertullian besonders lehrreich de trin. IV, 35 (Exegese von Ps. 45). Dazu auch De trin. IV, 40: „Dominus enim dixit regi, quem excitavit, ex persona virorum excelsorum adorantium et deprecantium: ‚Quoniam in te est Deus!' (Jes. 45,14). Solitarium res ista non recipit! in te enim praesentem, veluti ad quem sit sermo, significat" (PL 10, 125C), vgl. Tertullian, adv. Prax. 13; Hippolyt, Contra Noëtum 4 u.a. Für die prosopographische Methode vgl. auch De trin. V, 31 (PL 10, 150A).

59 Die Fülle der Beispiele läßt nur eine Auswahl zu, wobei ich mich auf typische Vertreter der spiritualistischen Exegese beschränke: Origenes und Eusebius von Caesarea. Zu der proso-

Sprachraum das Spannungsverhältnis zwischen der Prosoponformel und einem metaphysischen Personbegriff stärker. Ähnlich wie bei dem Neuplatonismus läßt sich auch in der Theologiegeschichte des östlichen Christentums beobachten, daß der Bedeutungsgehalt von πρόσωπον als „Maske" weiterhin lebendig blieb[60]. Ferner kann nicht [30] übersehen werden, daß die trinitarische Debatte des Ostens vornehmlich theologisch-systematischer Struktur war, wobei die Exegese die Rolle einer „ancilla theologiae" übernahm, sie hatte die nachträgliche Begründung für die trinitarische Begrifflichkeit zu geben, was ihren Rang als Entwicklungsfaktor mindern mußte. Doch die genannten Momente sollten der prosopographischen Exegese im Osten nicht so abträglich werden wie die Tatsache, daß „Häretiker" sie suspekt machten.

Hier wäre als erster *Sabellius* zu nennen. Was wir eingangs über die der exakten Rekonstruktion seines fortgeführten Monarchianismus hinderliche Quellenproblematik sagten, zwingt uns allerdings dazu, nur von den Sabellianern des 3./4. Jh.s zu sprechen. Die Bejahung solcher historischen Selbstbeschränkung bedeutet jedoch zugleich einen Gewinn. Denn jetzt erhält das Zeugnis eben jenes Basilius von Caesarea, der so stark zur Verdunklung des geschichtlichen Sabelliusbildes beigetragen hat, eine bei der bisherigen Forschungslage bisher nicht beachtete dogmengeschichtliche Bedeutsamkeit. Gehen wir zunächst von jenem Brief aus, den Basilius in Sachen des antiochenischen Schismas an den Comes Terentius richtete (375/76). Er sucht in ihm die theologische Verdächtigung der Meletiusanhänger zu entkräften, die von ihren Gegnern als verkappte Sabellianer angeprangert werden. Dabei heißt es im indirekten, der Polemik so nahehegenden

---

pographischen Methode bei Origenes, vgl. in Num. hom. 26, 3 (GCS Orig. VII, 246, 26ff.): „Omnia quae dicuntur, non solum ex ipso, qui dicitur, sermone pensanda sunt, sed et persona dicentis magnopere consideranda est etc", vgl. die Wendung „ad personam alicuius spectare, bzw. explicare" aaO hom. XV, 1 (130, 9f.) hom. XV, 4 (136, 7ff.); hom. XVIII, 4 (173, 9f.). Für das heuristische Prinzip der sprechenden Person vgl. Hom. in I Sam (GCS Orig.. III, 286, 1ff.), für die grammatikalische Methode vgl. in Cantica Canticorum 3, (GCS Orig. VIII 214, 21ff.): „Ego puto quod scientiam trinitatis ,montes excelsos' (Ps. 104,18) appellavit, ad cuius capacitatem nullus, nisi ,cervus' efficiatur, adscendit. Sed idem ipsi, qui hic ,montes excelsi' pluraliter appellantur, in aliis ,mons excelsus' singulariter dicitur, sicut Esaias ait (folgt Zitat Jes. 40,9). Idem namque ipse, qui ibi trinitas propter distinctionem personarum, hic unus deus intelligitur pro unitate substantiae". Wie stark aber bei Origenes die klassischen Stellen prosopographischer Exegese für die Ableitung der Trinitätslehre zurücktreten, lehrt eine Überprüfung des Johanneskommentars. Die trinitarische Interpretation von Jes. 6 durch Origenes ist bezeichnenderweise nicht prosopographisch begründet, vgl. hierzu KRETSCHMAR aaO 64ff. Sie spielt in der von uns verfolgten Tradition überhaupt gar keine Rolle. Als Beispiel prosopographischer Deutung durch Eusebius wird auf Demonstratio ev. V, 13, 3 (GCS Euseb. VI 236, 18ff.) (Moses am brennenden Dornbusch) hingewiesen.

60   Vgl. z.B. Origenes, De Oratione 20, 2 (GCS Orig. II, 344, 11ff.), wo der Prosoponbegriff eindeutig auf die Theaterwelt bezogen wird, um diese zugleich für die Anprangerung heuchlerischer Frömmigkeit zu verwerten. Interessant ist, wie das selbst bei dem lateinisch schreibenden, aber unter östlichen (Basilius) Einflüssen stehenden Ambrosius durchbrechen kann, vgl. De Helio et ieiunio 13, 47 (CSEL 32, 2, 439, 2ff.). Zu Basilius selbst noch im ff.

Referatsstil, der wieder bei der Übersetzung unberücksichtigt bleibt, über die Anschauungen des „Sabellius":

„Als Person (τῇ ὑποστάσει) existiert Gott als der eine. Die Schrift aber läßt ihn unterschiedlich nach der Besonderheit der jeweils gegebenen Notwendigkeit als Person auftreten (προσωποποιεῖσθαι). Bald verleiht er sich die Aussprüche (Bas. φωνάς) eines Vaters, wenn die Zeit dieser Person da ist, bald aber die dem Sohn geziemenden (sc. Sprüche), wenn er zu unserer Fürsorge oder irgendwelchen anderen Werken des Heilsplanes herabsteigt, dann wieder die Maske (προσωπεῖον Bas.) des Geistes annehmend, wenn die Heilszeit (ὁ καιρός) die Aussprüche (Bas. φωνάς) einer solchen Person erfordert" (ep. 214,3f.; PG 32, 788Bff.).

Ungeachtet des auch bei positiver Wiedergabe nicht zu verwischenden tendenziösen Stils der Stelle geht doch aus dem Fachausdruck der literarischen „Personbildung" hervor, daß die Sabellianer ihren ökonomischen Monarchianismus mit der prosopographischen Schriftmethode begründeten. Ja, die reflexive Wendung, wonach Gott sich selber die Vatersprüche beilegt (ἑαυτῷ περιτιθέναι)[61], zeigt an, [31] daß sie für diese die Zitationsformel: ἀπὸ ἰδίου προσώπου kannten, d.h. aber, ihre Belegstellen konsequent als „dicta Dei", Gottessprüche, verstanden.

Eine solche Interpretation dieser Briefstelle führt zu der Vermutung, daß sie auch das Prinzip prosopographisch relevanter Testimonia anwandten. Und in der Tat läßt sich durch Rückschluß aus einer Basiliushomilie, in der Basilius nun seinerseits die Anhomöer als verkappte Sabellianer befehdet, nachweisen, daß sie eine Kernstelle der monarchianischen „dicta probantia", nämlich Joh. 14,9 („Wer mich gesehen hat, der hat den Vater gesehen"), ins Feld führten[62]. Die letzte Klärung dieses Problemkreises scheint mir der Basiliusbrief „an die Leiter von Neocaesarea" zu bringen. Er ist zugleich dafür charakteristisch, wie der Kappadokier, der von sich aus lieber den Hypostasisbegriff verwendet, um die Individualität einer Person zu kennzeichnen[63], betont den Prosoponbegriff in seinem Sinne verwertet, wenn er sich mit „Sabellius" auseinandersetzt. Hier heißt es:

---

61   ROY J. DEFERRARI, Saint Basil, The letters III, London 1953, 233, hat mit seiner Übersetzung wohl sehr gut den polemischen Charakter der Stelle festgehalten, gibt aber mit „it applies to Him terms relating to His paternity" dem Ausdruck eine irreführende Wiedergabe. Ganz davon abgesehen, daß sie aus dem Reflexivpronomen ein Personalpronomen macht, fordert schon dieses, daß Gott Subjekt des A. c. I. ist, was durch den Satz über den heiligen Geist bestätigt wird. Gleichzeitig fordert das Verbum seinem Bedeutungsgehalt nach das Reflexivpronomen. Meine Wiedergabe von φωναί mit „Aussprüche" berücksichtigt die Tendenz des Basilius, der gegnerischen Position die Maskenvorstellung unterzuschieben. Zu der Wendung: ὁ καιρὸς ἀπαιτῇ vgl. die bekannte Ignatiusstelle, Polykarpbrief 2, 3.

62   Vgl. Hippolyt, Contra Noëtum 7 (P. NAUTIN 247, 23ff.); Tertullian, Adv. Prax. 20 (unter den „tria capitula" der Monarchianer); Novatian, De trin. 28 (968B/Cff.): „Identidem enim et frequenter opponit (sc. haereticus) quia dictum sit"; Hilarius, De trin. I, 30; VII, 5.

63   Für Basilius ist bekanntlich die Anwendung von Hypostasis für den Personbegriff charakteristisch, vgl. ep. 38, 2ff. Ad Gregorium; ferner epp. 233-236, dazu jetzt HERMANN DÖRRIES, De spiritu sancto. Der Beitrag des Basilius zum Abschluß des trinitarischen Dogmas, Göttingen 1956, 138ff. In seinem sog. Glaubensbekenntnis, dem „sermo de fide" = HAHN § 196, wie auch dem Bekenntnis an Julian Apostata ep. 360 nimmt Basilius daher den Prosoponbegriff nicht auf,

„Es genügt nämlich nicht, die Unterschiede der Personen (προσώπων) aufzuzählen, sondern man muß bekennen, daß jede einzelne Person (πρόσωπον) in ihrer wahren Individualität (ἀληθινῇ ὑποστάσει) vorhanden ist. Denn die Bildung von Personen ohne Individualität (ἀνυπόστατον τῶν προσώπων ἀναπλασμόν) verwarf auch nicht Sabellius, der sagte, daß derselbe Gott, der seinsmäßig (τῷ ὑποκειμένῳ) der eine sei, im Hinblick auf die jeweils anfallenden Erfordernisse verschiedene Offenbarungsgestalt annehme (μεταμορφούμενον), indem er bald als Vater, bald aber als Sohn, jetzt wieder als heiliger Geist Gespräche führe (διαλέγεσθαι)." (Ep. 210, 5; PG 32, 776 C)

Der dogmengeschichtliche Wert dieser Briefnotiz ist bisher durch die verschiedenen Übersetzungsmöglichkeiten des Verbums διαλέγεσθαι verhüllt geblieben. Der indirekte Aussagestil (A. c. I.) läßt den [32] grammatischen Entscheid zwischen „benannt werden" (pass., so ROY J. DEFERRARI in seiner Übersetzung) und die mediale Bedeutung „sich unterhalten" nicht zu. Es könnte höchstens gegen die erste Interpretation geltend gemacht werden, daß sie die Polemik des Basilius nicht berücksichtigt. Der Entscheid fällt aber für uns auf Grund der bisherigen Beobachtungen. In dem zweifelsohne satirisch, bzw. ironisch gefärbten Verbum des Basilius ist das Stichwort prosopographischer Exegese, das heuristische Prinzip dialogischer Analyse, enthalten. Der zweite Brief bestätigt die an dem vorher zitierten (an Terentius) gemachte Erkenntnis, daß die Sabellianer ihr theologisch-exegetisches Beweismaterial als „dicta Dei", Gottessprüche, autorisierten, wobei sie zugleich darauf verzichteten, das göttliche Pneuma als Inspirationsgeist für ihre Testimonia zu beanspruchen. Das will noch nicht besagen, daß ihre Schriftprinzipien einem Stadium entstammen, das vor den Apologeten liegt. Ebensowenig können unsere Beobachtungen, die sich vermehren ließen, die geschichtliche Frage klären, ob Sabellius es war, der die Identität von Gott und Pneuma für die Schriftdeutung postulierte, oder seine Anhänger eines späteren Stadiums, die seinen Monarchianismus mit der prosopographischen Exegese legitimieren wollten. Daß sie dieselbe übten, steht fest, nicht minder aber, daß sie sie in Mißkredit brachten.

Das gilt dann auch für den zweiten „Häretiker" des Ostens, der nicht zufällig immer in einem Atemzug mit Sabellius genannt wird, *Marcell von Ancyra*. Was von ihm erhalten ist, läßt keinen Zweifel darüber, daß er seine ökonomische Trinitätslehre über die Entfaltung und Rückbildung der göttlichen Monade formal und inhaltlich nach den bekannten Prinzipien der prosopographischen Argumentation begründete. Schon die Beobachtung, daß er das Formular der „dicta probantia" verwendet und dabei in einer, für dieses Spätstadium bemerkenswerten Konsequenz auf die dialogische Struktur der von ihm zusammengestellten Testimonia achtet, beweist, daß Marcell von den Traditionen prosopographischer Hermeneu-

---

vermeidet aber auch Hypostasis aus Gründen, die DÖRRIES, aaO 17 angibt. Nur gelegentlich wird Prosopon und Hypostasis synonym verwandt, vgl. De spiritu sancto 18, 44ff. Zu beachten ist, dass Basilius den trinitarischen Prosoponbegriff meidet, weil man zu leicht durch ihn der sabellianischen Häresie anheimfalle, vgl. ep. 236, 6; ep. 52, dazu H. DÖRRIES, aaO 114f.; 139.

tik lebt[64]. Dem entspricht, daß er intensiv bei seinen Schriftbelegen auf die Zitationsformel: ἐκ προσώπου wieder zurückgreift, die im Gegensatz zu der abgeschliffenen Form in der zeitgenössischen Exegese des 4. Jh.s ihre argumentative Bedeutung wiedererlangt hat[65]. Hierfür ist uns neuerdings [33] durch den Nachweis von FELIX SCHEIDWEILER, daß Ps. Athanasius, „Sermo maior de fide" aus der Feder des Bischofs von Ancyra stammt, neues Material zugewachsen[66], und es sind nicht zuletzt diese formalen Prinzipien prosopographischer Methode, die der verstorbene Gelehrte allerdings nicht anführte, welche seinen Vorschlag der Zuweisung unterstützen. Ihm verdanken wir auch die textliche Klärung eines schon bekannten Marcellfragmentes (fr. 58), das in der SCHEIDWEILERschen Rekonstruktion die Vertrautheit Marcells mit den prosopographischen Traditionen und vor allem der Auslegungsgeschichte von Gen. 1,26f. jetzt völlig evident macht[67]. Die Genesisstelle spielt auch in dem Fragment Nr. 80, wo sie unter der Formel: ἐκ προσώπου θεοῦ zitiert wird, eine Rolle, da Marcells Gegner Narkissos sich auf sie berufen und sie entsprechend der heuristischen Methode, nach dem Sprecher zu fragen (οὐδὲ γὰρ συγχωρεῖ ὁ λέγων), interpretiert hatte. Narkissos hatte dabei den Sprecher mit dem Logos identifiziert[68] und die alte pluralistische Interpretation vorgetragen, nach der zwei Personen, nämlich der Logos und der Vater, aus dem Spruch abzuleiten sind. Darauf antwortet Marcell:

> „Sollte er trotzdem (daher) den Logos der Potenz nach (δυνάμει) von dem Vater trennen wollen, so möge er zur Kenntnis nehmen, daß derselbe Prophet, der unter der Figur des redenden Gottes (ὡς τοῦ θεοῦ εἰρηκότος) das Wort geschrieben hat: ‚Wir wollen einen Menschen machen nach unserem Bilde und Gleichnis' (Gen. 1,26), auch geschrieben hat: ‚Und Gott machte den Menschen' (Gen. 1,27)." (Fragm. Nr. 80)

Die Argumentation bestätigt, was früher von der hermeneutischen Funktion der Prosoponformel für die Überwindung textlicher Schwierigkeiten bei der dialogischen Exegese gesagt wurde. Sie läßt jedoch zugleich erkennen, daß Marcell an dem prophetischen Charakter der Testimonia festhielt, was er denn anderswo in einer rhetorischen Frage eindeutig zum Ausdruck bringt:

---

64 Vgl. als besonders charakteristisches Beispiel das Fragment Nr. 76, wo im Anschluß an Jes. 41,4 und 44,6 als weitere Testimonia Jes. 45,21; 43,l0f.; 46,6f.; Hos. 13,4; Mal. 2,10; Ps. 80,9-11 ferner fr. 47. 78. 117.

65 Die Zitationsformel ἐκ προσώπου, vgl. fr. 58, erscheint deshalb verhältnismäßig wenig, dafür bevorzugt Marcell Wendungen, die den Spruchcharakter deutlich machen, vgl. fr 12 zu Prov. 8,22: „Unser Herr Christus ruft durch den Propheten", oder fr. 24 „Der Herr spricht durch den Propheten Salomo" zu Prov. 8,24, hierzu vgl. auch fr. nr. 62.

66 Vgl. FELIX SCHEIDWEILER, ByZ 47 (1954), 33-57. Die Zitationsformel für Ps. 110,2 = Sermo maior de fide 19; für Prov. 8,22 = aaO 21; für I.Esr. 4,41 = aaO cap. 35.

67 FELIX SCHEIDWEILER, Marcell von Ancyra, ZNW 46 (1955), 202ff., spez. 212. Die Textherstellung bringt die bisherige Bezugnahme auf Gen. 3,16 in Fortfall, und in der Tat spielt sie in der trinitarischen Diskussion keine Rolle.

68 Zur Textherstellung des von ERICH KLOSTERMANN falsch interpunktierten Fragmentes vgl. wieder SCHEIDWEILER aaO.

„Verstehst Du nun, daß der heilige Geist mit sich selber in Übereinstimmung bleibt, der durch viele und verschiedene Personen (in gleichbleibender Weise) die Ewigkeit des Logos bezeugt?" (Fragm. Nr. 53)[69].

Ebenso wie in dem vorhergehenden Fragment wird die Integrität des Schriftzeugnisses durch das Inspirationsdogma begründet. Was [34] wir im Fall der Sabellianer nicht klären konnten, können wir bei Marcell eindeutig feststellen: seine prosopographische Schriftmethode entspricht dem bei den Apologeten erreichten und aus den eingangs erwähnten Typen A und B komplex gestalteten Entwicklungsstadium. Man darf von dort die begründete Frage aufwerfen, ob in diesen methodischen Unterschieden nicht zugleich die theologischen Disgressionen zwischen Marcell und den Sabellianern ihre Ursache haben. Daß ihre theologischen Gegner sie unterschiedslos als Kinder des gleichen Geistes ansprachen, hat zweifelsohne seine Ursache darin, daß Marcell die gleiche dialogische Interpretationsmethode anwandte wie diese. Sie führt er gegen seinen Gegner Asterius an:

„Wenn Du eine weitere prophetische Aussage desselben (sc. Zeugen?) hören willst, die uns des einen Gottes gewiß macht,...: ‚Ich bin', so heißt es, ‚der erste, Gott, und auch für das Künftige bin ich es' (Jes. 41,4). Denn der Ausdruck ‚Ich' ist Hinweis auf die eine Person (ἑνὸς προσώπου), die zwei Satzteile zeigen uns eine Person an. Denn nachdem er ‚Ich' gesagt hat, fügt er auch ‚bin' hinzu, so daß durch die zwei Satzhälften – sowohl das Pronomen wie das Zeitwort – die Monas der Gottheit bezeugt wird. Sollte es noch weiterer Zeugnisse bedürfen, dann werde ich ihm (sc. Asterios) den gleichen Propheten anführen, der sagt: ‚Ich (bin) der erste und ich nach diesen Dingen (der letzte), und außer mir ist kein Gott.' (Jes. 44,6.) Wenn Asterios meint, daß der Sohn vom Vater als Menschensohn hypostatisch (ὑποστάσει) zu trennen sei, weil er an dem menschlichen Fleisch, das er um unsertwillen annahm, Anstoß nimmt, dann soll er uns doch zeigen, wer der ist, der dieses sagt. Denn auch in diesem Falle ist der genannte Spruch auf eine einzige Person (προσώπου) zu beziehen. Wer ist nun, der sagt: ‚...außer mir ist kein Gott'...?" (Fragm. 76).

Die Stelle bringt den eindeutigen Nachweis, daß Marcell seine Lehre von der göttlichen Monas und der einen göttlichen Person mit Hilfe der heuristischen Prinzipien der prosopographischen Exegese begründete. Sie macht jedoch gleichzeitig recht eindringlich deutlich, warum der Kirche des Ostens, die zu diesem Zeitpunkt, über das Nicaenum hinausdrängend, die Ausdehnung des Homousios auf den Heiligen Geist anstrebte, durch solche theologischen Ergebnisse die prosopographische Schriftmethode als ungeeignetes Mittel für die Begründung einer Trinitätslehre im Sinne des Nicaenums erscheinen mußte.

---

69 Zu dieser Übersetzung SCHEIDWEILER, aaO 208, der richtig feststellt, daß hier der heilige Geist als Inspirationsgeist gedacht ist.

6.

Hier ist nicht der Ort, jene dogmengeschichtliche Entwicklung innerhalb der östlichen Kirche nachzuzeichnen, die zur endgültigen Dogmatisierung des trinitarischen Dogmas im Nicaenoconstantinopolitanum (381) führte. Die wesentlichen Grundzüge der Entwicklung stehen in der Forschung fest und haben neuerdings durch die Untersuchung von HERMANN DÖRRIES zum Beitrag des Basilius beim Abschluß des trinitarischen Dogmas (Göttingen 1956) eine vertiefende Bestätigung erfahren. Was hierzu von unseren Beobachtungen aus noch gesagt werden kann, hat nur eine ganz bestimmte Seite des komplexen Geschichtsvorganges im Auge. [35]

Es ist bekannt, wie stark die Gegner des Nicaenums daraus Kapital geschlagen haben, daß der Begriff des Homousios sich nicht aus den heiligen Schriften belegen lasse: dieses Argument beherrscht die Synoden unter der Kirchenpolitik unter Konstantius II.[70] Welche Motive hinter dieser Flucht in den Biblizismus auch stehen mögen, der ebensowenig positiv aufzeigen konnte, wie man einen trinitarischen Glauben aus den heiligen Schriften ableiten könne und der deshalb sich auf den Taufbefehl von Mt. 28 zurückzog[71], er stand nicht minder unter dem Schatten der Ächtung prosopographischer Exegese durch die östliche Theologie wie die Verteidiger des Nicaenums. So bedeutsam auch die theologische Leistung der Kappadokier, insbesondere eines Basilius von Caesarea, war, indem der Begriffsunterschied zwischen Usia und Hypostasis geklärt wurde, was dann nicht nur den Weg zur trinitarischen Formel: μία οὐσία – τρεῖς ὑποστάσεις, sondern auch zur Annäherung an die westliche Tradition der Trinitätslehre und damit einem ökumenischen Glaubensbekenntnis frei machen sollte: die Lücke in der exegetischen Tradition des Ostens wurde dadurch nicht geschlossen. Wie in jeder, so war sie auch nicht in der theologiegeschichtlichen Entwicklung zu schließen. Wenn seit dem Konzil von 451 im Osten Hypostasis und Prosopon als Synonyma verwendet werden, dann hängt das nicht zuletzt damit zusammen, daß durch den christologischen Streit der anthropologische Prosoponbegriff zu einem festen Bestandteil der griechischen Theologie geworden war[72]. Im übrigen blieb man sich auch dann noch dessen bewußt, daß Hypostasis der für den Osten typische, trinitarische Personbegriff sei[73]. Nur zwei östliche Theologen scheinen darin eine

---

70 Ich verweise auf J.N.D. KELLY, Early Christian Creeds, London 1952, 383ff.

71 Vgl. das Glaubensbekenntnis von Ursacius und Genossen, abgedruckt bzw. übersetzt bei KELLY, aaO 285f.

72 Es ist sicher kein Zufall, daß derjenige östliche Theologe, der als erster von den τρία πρόσωπα in seiner Trinitätslehre redet, Apollinaris von Laodicea, zugleich auch als erster das christologische Problem anschneidet. Zur Identifizierung von Prosopon und Hypostasis bei ihm vgl. HANS LIETZMANN, Appolinaris von Laodicea und seine Schule, Tübingen 1904, 194, 22f.; 201, 26.

73 Ich erinnere an den vielzitierten Passus Epiphanius, haer. 73, 16: „Der Name ‚Hypostasis' möge gewisse Leute nicht abschrecken; denn deshalb sprechen die Morgenländer von ‚Hypostasen', damit sie die wesenhaften und existentiellen Eigentümlichkeiten der Personen (τῶν προσώπων) deutlich machen".

Ausnahme zu bilden. Sie scheinen dank ihrer abendländischen Beziehungen in nähere Berührung mit der trinitarisch-exegetischen Tradition des Westens getreten zu sein, und da sie in der dogmengeschichtlichen Entwicklung einen wichtigen Platz einnehmen, können sie hier nicht übergangen werden: ich meine Basilius von Caesarea und Athanasius.

Wir sahen bereits, daß *Basilius* für sich selbst und seine theologischen Gedankengänge den Prosoponbegriff vermeidet, und daß er [36] ihn unter Gleichsetzung mit Hypostasis vorwiegend verwendet, wenn er die Sabellianer oder unter ihrem Ketzerhut die Anhomöer bekämpft[74]. Um so mehr fällt auf, daß wir bei ihm Spuren prosopographischer Exegese feststellen können. Sie haben nicht zufällig in dem untheologischen Schrifttum ihren Niederschlag gefunden. So wird im „Exameron" Gen. 1,6 auf Grund seines Charakters als „dictum Dei" und mit Hilfe des dialogischen Prinzips als Befehlswort des Vaters an den Sohn interpretiert[75]. Ein gleiches Verfahren wird auch gegenüber Gen. 1,14 angewandt, wobei Basilius sich mit der rhetorischen Frage an den Hörer der Homilie wendet: „Wirst Du nicht in diesen Worten der Dualität der Personen gewahr?"[76] Sehr aufschlußreich ist vor allem die Interpretation von Gen. 1,26f.: hier weist die prosopographische Exegese nach, daß der Logos der „Mitarbeiter" Gottes bei der Erschaffung des Menschen gewesen sei[77]. Und gegenüber dieser Stelle kann man feststellen, daß Basilius mit seiner prosopographischen Exegese nun nicht seine Erkenntnisse aus der Polemik gegen die Sabellianer positiv verwertet. Denn im Gegensatz zu ihnen interpretiert er die berühmten Dicta Joh. 10,30 und 14,9 („Ich und der Vater sind eins"; „Wer mich gesehen hat, der hat den Vater gesehen") christologisch. Und wenn er diese neutestamentlichen Stellen neben Hbr. 1,3 und Col. 1,15 zur Interpretation des Gottesspruches heranzieht, dann werden wir an jene Form prosopographischer Exegese der Westens erinnert, die wir bei Novatian studieren konnten.

Was hingegen *Athanasius* betrifft, so darf daran erinnert werden, wie tiefe Abneigungen der alexandrinische Theologe, der im Gegensatz zu Basilius immer οὐσία und ὑπόστασις gleichgesetzt hatte, gegen die Verwendung von Hypostasis als trinitarischem Personbegriff empfand[78]. Er hat seinen Widerstand erst seit 362

---

74 Natürlich gibt es auch Ausnahmen, vgl. De spiritu 18, 45 (PG 32, 149B), wo bezeichnenderweise die Individualität des Prosopon=Person auf Grund von Mt. 28,19 und einer Analyse des Zahlenbegriffes der Trias exegetisch begründet wird.

75 Hom. 3, 2 in Exaemeron (ed. STANISLAS GIET SC 26 (1968), 190ff.). Der hier verwandte Ausdruck „Schema" für die literarische „Personbildung" ist der spätantiken Literaturwissenschaft entnommen. Beachte auch das Verbum διαλέγεσθαι!

76 AaO, hom. 6 (GIET, 332).

77 AaO, hom. 9 (GIET, 513ff.). Auch die Tatsache, daß Basilius hier in erster Linie gegen die Juden und ihren Monotheismus auf der einen, ihre „polytheistische" Engelsinterpretation auf der anderen Seite sich wendet, zeigt die Ferne der sabellianischen Polemik in dieser Homilie.

78 Vgl. hierzu HEINRICH DÖRRIE, Hypostasis. Wort und Bedeutungsgeschichte, NAWG 1955, 3, 74ff., der auf Grund einer eindringlichen Untersuchung der philosophiegeschichtlichen Bedeutungsgeschichte auch sich mit Athanasius beschäftigt. Ihm verdanke ich den Hinweis auf die unten angegebene Athanasiusstelle.

aufgegeben, als nach der Rückkehr aus der Verbannung unter Julian Apostata die [37] Synode von Alexandrien eine große theologische Friedensaktion in die Wege leitete. Man hat bisher sich bei diesem kirchenpolitischen Motiv beruhigt, um den Wechsel in der Einstellung des alexandrinischen Bischofs gegenüber der Hypostasenlehre zu erklären. Dagegen hat HEINRICH DÖRRIE (aaO 81) einen mehr theologischen Grund genannt: Athanasius habe in dem dreimal „Heilig, heilig, heilig" von Apc. 4,8 eine allegorische Bestätigung dafür gefunden, „wie die eine Gottheit dreifach in Sein und Erscheinung tritt". Untersucht man nun auf Grund der von H. DÖRRIE genannten Belegstelle[79] die von Athanasius vorgetragene Exegese der himmlischen Doxologie, dann liegt ihr wieder das dialogische Prinzip zu Grunde: „Der Umstand, daß die hohen Wesen dreimal die Doxologie ‚Heilig, heilig, heilig' sprechen, ist ein Anzeichen auf die drei vollkommenen Hypostasen, wie sie auch dadurch, daß sie das ‚Herr' sprechen, die eine Usia kundtun" (aaO). Wir kennen solche grammatikalische Analyse von „dicta probantia" aus der Geschichte der prosopographischen Exegese sehr wohl. Wir fragen zugleich aber, wie Athanasius zu dieser Interpretation der Jesajavision gekommen ist, da sie in der alexandrinischen Auslegungstradition nicht nachzuweisen ist. Diese steht in Alexandria unter spätjüdischem Einfluß, wie KRETSCHMAR, 64ff. auf Grund der Origenestexte überzeugend nachgewiesen hat. Er selbst hat aber auch für Athanasius auf eine andere Parallele hingewiesen, nämlich Gaudentius von Brescia: „‚dominus', non ‚domini', neque enim recipit pluralem numerum patris et filii et spiritus sancti una eademque divinitas" (CSEL 68, S. 88, 1ff.)[80]. Für unsere Beobachtungen kommt [38] diese Exegese nicht ohne Zufall aus dem Westen, aus

---

79   Athanasius, In Mt. 11,27: in illud ‚omnia mihi tradita sunt' 6 (PG 25, 220 A); vgl. dazu auch KRETSCHMAR, aaO, 79 mit Anm. und 140, Anm. 3, der dort als Parallele bereits auf Gaudentius hingewiesen hat. Ihm verdanke ich auch die Stelle.

80   Gaudentius, tr. IX, 41 De evang. lect. II (CSEL 68, 87ff.) heißt es im Rahmen einer allegorischen Deutung des Speisemeisters von Joh. 2 auf Moyses: „Et ne absolutum putes esse, quod dicitur unius deitatis, ab ipso (sc. Moyse) ibi trinitas praedicatur, siquidem dominum dicit deum et dominum. Non enim simpliciter dixit: ‚Audi Israhel deus tuus unus est', sed quid? ‚Audi, Israhel, dominus deus tuus dominus unus est', hoc est dixisse: unus est in trinitate deus, una est divinitas ac dominatio trinitatis, manente vera distinctione subsistentium personarum. Sicut etiam duae alae Seraphim, imaginem gerentes tuam legis et prophetarum quam Veteris ac Novi Testamenti, hymnum referunt adorandae trinitati iugiterque (con)clamant: ‚Sanctus, sanctus, sanctus, sanctus dominus Sabaoth'; ‚dominus', non ‚domini', neque enim recipit pluralem numerum patris et filii et spiritus sancti una eademque divinitas." Auch bei Gaudentius kann man die Verlagerung prosopographischer Exegese auf das NT beobachten. Von den alttestamentlichen Testimonia erscheint nur Ps. 2,8 (= tract. XVIII, 19; CSEL 68, 158), durch die Zitationsformel eingeleitet: „sicut ipse dei filius patris sui dicta per prophetam referendo testatur", während von dem neutestamentlichen Material bes. Joh. 10,3 und 14,28 unter der Formel ‚ex persona' zitiert werden (tr. XIV, 1. 18f.; CSEL 168, 125ff.) – zu der Exegese von Origenes und der Stelle Hom. 4,1 (PG 13, 231B/D) vgl. jetzt auch KELLY, Early Christian doctrines, 131, der richtig hierzu feststellt, daß sie die platonische Trias in den Text hineinlegt. In der Tat versagen ihm gegenüber die Methoden prosopographischer Exegese. Das fällt um so mehr auf, als Origenes kurz vorher nach der dialogischen Methode Jes. 45,7 eingeleitet hat mit der Formel: „Audi in Jesaia dicentem dominum", ebenso das Testimonim Prov. 8,24: ‚Audi sapientiam in Proverbiis praedicantem'.

dem Bereich einer ungebrochenen exegetischen Tradition des trinitarischen Personbegriffs. Ob ein Ausländer wie Eusebius von Vercelli, der maßgeblich an der Synode von Alexandrien beteiligt war[81], durch den Hinweis auf diese Tradition und die theologische Legitimität des trinitarischen Personbegriffes die Bedenken des alexandrinischen Bischofs ausgeräumt hat? Unabhängig von diesem spezifischen, letztlich unwesentlichen Problem darf man getrost sagen, daß für den Sieg des trinitarischen Personbegriffs auf dem 2. ökumenischen Konzil auch der westliche, aus der Exegese entwickelte Personbegriff einen entscheidenden Beitrag geleistet hat.

7.

Darnach bedarf die traditionelle Konzeption HARNACKs, welche die Entstehung des trinitarischen Personbegriffs ausschließlich Tertullian zuschrieb, einer Modifikation. Die exzeptionelle Stellung des Nordfarikaners beruht darauf, daß er als erster Theologe den Begriff der „tertia persona" exegetisch ableitete und so zu seiner Formel: „una substantia – tres personae" kommen konnte. Im übrigen lebte er aber von den Traditionen einer älteren prosopographischen Exegese, in welcher der Personbegriff bereits angelegt war. Eben darum hat diese exegetische Überlieferung den trinitarischen Personbegriff des Westens stärker beeinflußt als Tertullians Trinitätsformel. Ihre Perhorreszierung durch die „Häretiker" im Osten aber zwang die Verteidiger des Homousios zu der mühevollen Arbeit einer Begriffsklärung des Unterschiedes von Usia und Hypostasis, die mit dem traditionellen und philosophischen Sprachgebrauch von Hypostasis zu kämpfen hatte. Daher mußte im griechischen Sprachraum der trinitarische Personbegriff in schweren theologischen Auseinandersetzungen errungen werden. Zu seinem endlichen Siege aber trug der abendländische Personbegriff nicht unwesentlich bei. Für die systematische Sicht ist daraus zu folgern, daß der trinitarische Personbegriff keine aus mythologischen Vorstellungen (Engelvorstellung) abgeleitete Abstraktion darstellt. Der hierfür zu fordernde Denkprozeß einer „Entmythologisierung" trägt moderne Begrifflichkeit an einen historischen Vorgang heran und erschwert die Aufhellung der geschichtlichen Hintergründe für die Entstehung des trinitarischen [39] Personbegriffs. Seine Rationalität selbst liegt in dem dialogischen Prinzip prosopographischer Exegese begründet, das seinerseits letztlich von der Rationalität des dialektischen Gesprächs getragen wird.

---

81 Neben den Berichten der Kirchenhistoriker (Sokrates, Sozomenos, Rufin, Theodoret) ist die subscriptio des Eusebius unter den Tomus ad Antiochenos (PG 26, 808C) der historische Beleg für seine Teilnahme an der Synode.

Altchristliche Kritik am Tanz – ein Ausschnitt
aus dem Kampf der alten Kirche
gegen heidnische Sitte[*]

Es liegt auf der Hand, daß erst in einem verhältnismäßig späten Stadium ihrer Entwicklung der alten Kirche ins Bewußtsein getreten ist, wie zäh die vorchristlich-heidnische Religiosität mit der altüberlieferten Sitte und ihren Lebensgewohnheiten verbunden war. Als eine ekklesiologische Problematik zumindest mußte eine solche Einsicht der vorkonstantinischen Kirche, die sich in der permanenten Kampfsituation der polemischen Auseinandersetzung mit dem Heidentum befand und in gelegentlichen Zusammenstößen mit dem römischen Staat denselben als Hort der heidnischen Lebensordnung erfuhr, verdeckt bleiben. Sehr aufschlußreich hierfür ist die apologetische Literatur. Obwohl in ihr zum erstenmal bewußt das Verhältnis des Christentums zu seiner Umweltkultur ins Auge gefaßt wird, hält man dennoch an dem älteren, letztlich aus der Heidenmissionspredigt kommenden Topos[1] fest, daß das Christentum dank seines moralischen Ethos dem Heidentum weit überlegen sei; andersartige Beobachtungen (Sokrates, Musonius) wurden mit der These vom Logos spermatikos diesem absolutistischen Geschichtsbild gewaltsam eingeordnet. Vielleicht kommt die Thetik jenes ethischen Absolutheitsanspruches bei den Apologeten noch stärker als bisher dadurch zum Ausdruck, daß sie gelegentlich denselben in das literarische Formular des ethnographischen „Sittengemäldes" einkleiden, das seiner Herkunft nach auf die neutral-beobachtende Schilderung des Brauchtums angelegt ist.[2] Selbst der schöne Passus im Diognetbrief am Ende des 2.Jh.s, der mit seinem einleitenden Satz, die Christen unterschieden sich weder hinsichtlich ihrer Heimat, noch ihrer Sprache und Kleidung von den übrigen Menschen, am [218] stärksten solcher

---

*   ZKG 72 (1961), 217-262.
1   Als Nachhall urchristlicher bzw. apostolischer Tradition vgl. Polycarpbrief 10, 2: „Conversationem vestram irreprehensibilem habentes in gentibus, ut ex bonis operibus vestris et vos laudem accipiatis et dominus in vobis non blasphemeretur", Nachweis bei JOSEPH ANTON FISCHER, Die Apostolischen Väter, München 1956, 261, Anm. 123. Der Nachweis lehrt, dass wir uns hier bereits außerhalb der eschatologischen „Interimsethik" befinden.
2   Aristides, Apol. 15f.; Justin, Apol. I, 13f., 27f.; Athenagoras, Suppl. 3, 33; Theophilus, Ad Aut. III, 15; Tertullian, Apol. 45f., vgl. JOHANNES GEFFCKEN, Zwei Griechische Apologeten, Leipzig 1907. – Der Neutralismus hängt mit der „historischen" Methode der Reisebeschreibungen antiker Geographen zusammen. Der Versuch von Strabo I, 1, 1, Geographie als philosophische und damit dogmatische Disziplin nachzuweisen, ist ephemer.

ethnographischen Neutralität Rechnung trägt, gibt die Grundposition nicht auf:
das moralische Ethos beweise die Überlegenheit des Christentums.[3] Daß aber das
ethnische Brauchtum selber ein Ferment heidnischer Religiosität sein könnte, liegt
außerhalb des Gesichtsfeldes der Apologeten. Trotz des griechischen Philoso-
phenmantels, den sie betont zur Schau tragen, prägt auch sie das geschichtliche
Erlebnis der schroffen Diastase zwischen Heidentum und Christentum. Ja, man
kann eher die Frage stellen, ob nicht gerade durch diesen Philosophenmantel, d.h.
durch die philosophische Interpretation des Christentums die Diastase zu den
konkreten Ausdrucksformen heidnischer Frömmigkeit noch erweitert worden ist.

Sie stellt sich einem vor allem gegenüber *Origenes*. Er sah sich in seiner literarischen Kontroverse mit dem Christengegner Kelsos zum erstenmal jener „Renaissance" heidnischer Frömmigkeit mit ihrer bewußten Bejahung paganen
Brauchtums gegenüber, die man als Reaktionserscheinung zu bewerten hat; aus
nachkonstantinischer Zeit ist dieses Phänomen bestens bekannt. Kelsos hatte in
den einschlägigen Partien seines Werkes, die heute in den Fragmenten V,
25.34.41.33 vorliegen, unter dem berühmten Begriff des Dichters Pindar vom
„Nomos Basileus" sein religiöses Programm begründet und mit seinem prinzipiellen und universalen Aspekt bewiesen, wie bewußt er die heidnische Frömmigkeit
mit Kult und Sitte verbunden wissen wollte. Die Traditionsanalyse der genannten
Partien lehrt, daß in ihnen zwei unterschiedliche Betrachtungsweisen, die auch
quellenmäßig verschieden abzuleiten sind, miteinander gekoppelt werden. Die
eine orientiert sich vorwiegend an Herodot und ist dementsprechend deskriptiv-
phänomenologisch; sie folgt darin dem Leitspruch aller Ethnographie: „Andere
Länder – andere Sitten" (fr. V, 34.41).[4] Die zweite Sicht hingegen ist apodiktisch-
theologischer Natur. Sie greift auf die Vorstellung vom Volksdämon in den platonischen Dialogen zurück (V, 25)[5], und es unterliegt keinem Zweifel, daß Kelsos
persönlich gegenüber dem erstarkenden Christentum einer solchen religiösen
Verankerung des Brauchtums das Wort redet.[6] Doch das Ohr seines christlichen
Gegners ist für seine Argumentation sichtlich taub. In seiner polemischen Erwiderung zieht Origenes die abgespielten Register der skeptizistisch-akademischen
Kritik an den Göttermythen (C. Cels. V, 27). Gewisse pragmatische Wendungen
bei Kelsos bieten ihm die Möglichkeit, den Vorwurf eines religiösen Utilitarismus
zu erheben, auf dessen bedenkliche Folgen für die Moral hinzuweisen er nicht

---

3 Diognetbrief V, 1-17, dazu HENRI IRÉNÉE MARROU in seiner Ausgabe SC 33, Paris 1951, 127ff.
   Die antithetischen Formulierungen der Partie, deren Nähe zu Paulus H.I. MARROU nachweist,
   ergeben sich aus dem Gegensatz zwischen dem Neutralismus ethnischer Beschreibung und der
   Thetik der ethischen Sicht.

4 Er spielt dann in der exegetischen Apologetik des Alten Testamentes unter dem Motto „Andere
   Zeiten – andere Sitten" eine Rolle, vgl. Origenes, De princ. IV, 2, 9, 16 (ed. KOETSCHAU, GCS
   Orig. V, 322, 5ff.) und ferner Augustin, Contra Faustum 22, 47; Conf. III, 7, 13.

5 Hierzu meine Ausführungen in: Logos und Nomos. Die Polemik des Kelsos wider das Christentum, Berlin 1955, 189ff., mit entsprechenden Nachweisen.

6 Bes. fr. VII, 68 (ed. ROBERT BADER, Stuttgart 1937/1940), wo Kelsos unter Bezugnahme auf
   die Lehre von den Volksdämonen die Pflege der nationalen Kulte ausdrücklich fordert.

versäumt (C. Cels. V, 28). [219] Dabei liegt die Vorstellung der „Volksdämonen"
als Hüter der ethnischen Religiosität und ihres Brauchtums Origenes gar nicht so
fern, wie seine Exegese der Geschichte vom Turmbau Gen. 11 beweist (C. Cels.
V, 28-32): auch er kennt die Konzeption von „Völkerengeln", nur daß er die
Bindung der heidnischen Völker an sie als göttliches Strafgericht und die Pflege
des Brauchtums als Sklavendienst deutet.[7] Es läßt sich aber nicht übersehen, daß
das Schwergewicht der origenistischen Polemik in dem Gedanken von der moralischen Überlegenheit des christlichen Nomos liegt, der nun im spätantik-
popularphilosophischen Sinne als frei bejahtes Gesetz philosophischer Haltung
gegenüber dem Ethos verstanden wird (C. Cels. V, 33). Hält Origenes damit an
der apologetischen Tradition fest,[8] so auch mit seinem Argument, daß es Pflicht
des Philosophen sei, das Brauchtum der Väter zu mißachten, wenn es dem ethischen Gebot des „Ziemlichen" (τὸ καθῆκον) widerspreche (C. Cels. V, 35).[9]
Schon der akademische Belehrungsstil, in dem das alles vorgetragen wird, bekundet hinlänglich, daß Origenes in dem literarischen Appell des „Alethes Logos" zur
religiösen Verwirklichung des Altüberlieferten keine ernsthafte Gefährdung des
Christentums sieht. Ebenso deutlich ist aber auch, daß die spekulative Ausdeutung des Christentums durch den Alexandriner und die sich mit ihr verbindende
Geistigkeit, die in erster Linie den religionsphilosophischen Ideengehalt einer
positiven Religion im Auge hat, die Welt der Volkssitte und des Brauchtums noch
weiter aus dem Gesichtsfeld gerückt hat.[10]

Doch damit wäre nur eine Seite der Sicht, die Origenes zum Verhältnis zwischen Christentum und Heidentum entwickelt, festgehalten worden. Daneben
gibt es breite Partien, welche die Auseinandersetzung mit dem Heidentum nun
nicht mit der Siegesgewißheit geistiger Überlegenheit betrachten, sondern einer
echten Kampfsituation darin Rechnung tragen, daß sie auch die Furcht des
Kämpfers kennen. Vielleicht empfindet Origenes hier den Wirkungsbereich der
heidnischen Lebensmächte oder, wie er sagt, der Dämonen noch konkreter als
der Heide Kelsos. Sie betätigen sich natürlich auch für ihn innerhalb der Magie
und Zauberei, vor allem aber auch durch den heidnischen Opferkult. Doch dem
gegenüber vertraut Origenes [220] entsprechend der kirchlichen und apologetischen Tradition auf die überlegene Macht des Christusnamens, die sich besonders

---

7 Zum Zusammenhang mit der spätjüdischen Angelologie vgl. JEAN DANIÉLOU, Les sources
juives de la doctrine des anges des nations chez Origène, in: RSR 38 (1950), 132-137.

8 Vor allem vgl. den Topos vom Siegeszug des christlichen „Logos und Nomos" nach Jes. 2, 1ff.
mit Justin, Apol. I, 39. Er stammt aus dem Bereich der Testimoniatradition, dazu J. DANIÉLOU,
La charrue symbole de la croix, Irénée IV, 34, in: RSR 42 (1954), 192-303, ferner jetzt ANDRÉ
BENOIT, Saint Irénée. Introduction à l'étude de sa théologie, Paris 1960, 100f.

9 Zur Thematik: Christentum als Bruch mit der herkömmlichen Sitte vgl. Justin, Apol. I, 2, 1; 12, 6
u.ö., ferner Origenes I, 67 (KOE. I, 121, 20ff.) u. ö., vor allem VIII, 47 (KOE. II, 261, 26ff.), wonach die Ethik der Christen die im Christenglauben wirksame göttliche Dynamis beweise, vgl.
aber auch De princ. IV, 1,1 (KOE. V, 293ff.).

10 Letztlich gilt das auch für den Episkopat der nachkonstantinischen Kirche. Man darf die bekannten Beispiele, wie z.B. den Zusammenstoß des Ambrosius mit Symmachus um die Ara Victoriae
oder das tragische Ende der Hypatia in Alexandrien nicht verallgemeinern.

im altchristlichen Ritus des Exorzismus immer wieder bekundet.[11] Nein, er fürchtet die Macht der Dämonen auf einem ganz anderen Kampffeld. Das kommt dort zum Ausdruck, wo seine persönliche Feder ein Argument gegen die Macht der Dämonen vorträgt, nämlich daß die Dämonen durch den Mut und das Blut der christlichen Märtyrer jüngster Vergangenheit eine entscheidende Niederlage haben hinnehmen müssen (C. Cels. VIII, 45). Es ist die geschichtliche Erfahrung, daß der Staat und seine Organe sich zum Beschützer des Heidentums machen, weshalb er die Macht der Dämonen fürchtet. Solcher Erfahrungsschatz – und damit kommen wir zur zweiten Beobachtung, die Origenes uns für unsere Thematik vemittelt – prägt das Urteil und engt zugleich das Blickfeld ein. Origenes ist in unserm Zusammenhang auch deshalb wichtig, weil er mit der längeren Friedenszeit unter der Regierung von Philippus Arabs bereits einen Blick für die Gefahr gewonnen hatte, die der christlichen Kirche durch das Einströmen der breiten Masse erwachsen könnte. Trotzdem sucht man vergeblich nach Ausführungen bei ihm, welche mit den Massenübertritten eine Paganisierung des Christentums durch Einflüsse heidnischen Brauchtums befürchten. Ja, gerade an Origenes wird deutlich, daß eine Generation, die den Wechsel von Frieden und Verfolgung in jäher Abfolge und unberechenbarer Willkür erlebte, in dieser Beziehung überfragt ist. Was Origenes angesichts der „Kirche der Vielen", wie er sich formuliert, fürchtet, ist ihre Anfälligkeit in Zeiten der Verfolgungen. Das Ideal einer „ecclesia in vinculis", die sich in solchen Zeiten in den Coemeterien versammeln muß, bestimmt seine Gedanken. Er greift auf die Petruslegende von dem „Christus rediens", der nach Rom wandert, um sich anstelle des flüchtigen Petrus abermals kreuzigen zu lassen, zurück. Nur als „Märtyrerkirche" wird die Christenheit sich bewähren, wenn die besiegten Dämonen sich erneut zum massierten Generalangriff formiert haben werden.[12]

Was dann bald in der Verfolgung des Decius blutige Wirklichkeit werden sollte! Doch vor dem Forum der empirischen Geschichtlichkeit haben weniger die Märtyrer und Confessoren als die katholischen Bischöfe durch ihre [221] Maßnahmen die Voraussetzungen für den endlichen Sieg der Kirche geschaffen. Indem sie das kirchliche Bußinstitut der Unzahl von „lapsi" in solchen Sichtungs-

---

11 Instruktiv Justin, Apol. I, 14,1ff., wo ähnlich neben der ethischen Prävalenz des Christentums der Hinweis auf die magische Macht der Dämonen steht; für den Bezug auf den Exorzismus vgl. Apol. II, 6,5; I, 40,7 im Rahmen des Weissagungsbeweises. Für Origenes vgl. C. Cels. VII, 4 (KOE. II, 156,12ff.); VII, 35 (KOE. II, 186, 6ff.) u. ö.; VII, 70 (KOE. II, 219, 16ff.) wird der auch im Spätjudentum exorzistisch benutzte Ps. 90 zitiert, vgl. dazu ERIK PETERSON, Heis Theos, Göttingen 1926, 91f.

12 Origenes, Hom. in Jerem. IV, 3 (ed. Klostermann, GCS Orig. III, 257ff.); das Thema des „Christus rediens" war Origenes aus den Paulusakten bekannt, vgl. Johannes-Kommentar XX, 12 (ed. Preuschen IV, 342, 5ff.). Auch die Exhortatio ad martyrium 42 (KOE. I, 39, 19ff.) nimmt den Gedanken auf, daß das Martyrium der Gläubigen die Dämonen entmachtet, wobei cap. 45f. (KOE. I, 41, 17ff.) christliche Stimmen nennt, die das Dämonenopfer als Adiaphoron bezeichnen und mit der Möglichkeit einer „reservatio mentalis" beim Aussprechen des Götternamens spielen: dem späteren Konfessor war die konkrete Verfolgungssituation der Kirche durchaus bekannt.

zeiten offen hielten und ihnen damit die Möglichkeit einer Rückkehr in den Schoß der Kirche boten, konnte ungeachtet staatlicher Verfolgungsaktionen der stete Zustrom anhalten. Am Ende des 3.Jh.s war die „Kirche der Vielen" (Origenes) ein politischer Öffentlichkeitsfaktor geworden, auf den Konstantin seine Rechnung setzen konnte und mit dem die antichristlichen Tetrarchen rechnen mußten. Sollte so in der zweiten Hälfte des 3.Jh.s die innerkirchliche Situation durch die Entwicklung zur Massenkirche sich nicht unwesentlich wandeln, so hat das dennoch nichts an dem Selbstverständnis der vorkonstantinischen Kirche geändert. Wie Origenes erwartet man weiterhin den Feind jenseits von den Mauern der Kirche. Das Bild, das bereits Theophilus von Antiocheia (ad Aut. II, 14) gebraucht, wonach die Kirchen Inseln gleichen, um welche die Fluten des Heidentums branden, bleibt unverändert für die Kirche im heidnischen Staat charakteristisch. Nicht von innen, sondern von außen bedrohen die dämonischen Mächte das Christentum, die mit den sakralen Institutionen des heidnischen Kultes überall die Öffentlichkeit beherrschen. Das gilt selbst noch für Laktanz, dessen „divinarum institutionum libri" unmittelbar in die Zeit des Überganges zur konstantinischen Reichskirche fallen. Die bekannten Argumente werden festgehalten, z.B. daß Dämonen die heidnischen Religionen eingeführt haben,[13] und ihr dunkles Treiben im Tempelkult offenbar wird (Inst. II, 15, 3; VI, 2, 7-10). Ähnlich wie Origenes bringt er ihre verderbliche Tätigkeit mit einem göttlichen Strafgericht in Zusammenhang, wobei er allerdings nicht auf Gen. 11, sondern Gen. 6,2 zurückgreift.[14] Natürlich ist auch für ihn die sog. „Schwarze Kunst" der schlagende Beweis einmal für das zerstörerische Teufelswerk der Dämonen,[15] zum andern für ihre Ohnmacht, die der exorzistische Ritus offenkundig macht (Inst. II, 15, 3f.; IV, 27, 1.5; Epit. 46, 7-8). Vielleicht kommt die Konstanz dieser Schwarz-Weiß-Sicht, die überhaupt die Möglichkeit des Feindes innerhalb der eigenen Mauern nicht bedenkt, dort am stärksten zum Ausdruck, wo man den Formulierungen von Laktanz den sich anbahnenden Wechsel abspüren kann: gerade hier verwendet der nordafrikanische Rhetor [222] einen alten Topos vorkonstantinischer „Märtyrertheologie", um seine Hoffnung auf den baldigen Sieg der Kirche zu begründen.[16]

---

13   Epit. 38, 3: „nam cum primum scelerati atque impii deorum cultus per insidias daemonum inrepserunt", vgl. Inst. II, 16, 3; wobei der Euhemerismus eine Rolle spielt, vgl. Inst. IV, 28, 14; vgl. ferner für den Zusammenhang zwischen Tempelkult und Dämonen Inst. IV, 27, 14.

14   Inst. II 17, 10 in einer abschließenden Partie über die Dämonen, vgl. ferner Inst. II, 14, 1ff., wo Laktanz ausführt, daß Gott zum Schutz des Menschengeschlechtes gegen den Teufel „Engel" gesandt habe: „itaque illos cum hominibus commorantes dominator ille terrae fallacissimus consuetudine ipsa paulatim ad vitia pellexit et mulieribus congressibus (Gen. 6,4) iniquinavit…". Der Rückgriff auf Gen. 6,4 geschieht im Hinblick auf den Euhemerismus, der bei Laktanz eine größere Rolle in der Argumentation spielt als bei Origenes.

15   Inst. II, 16, 1: „Eorum (sc. daemonum) inventa sunt astrologia et haruspicina et auguratio et ipsa quae dicuntur oracula et necromantia et ars magica et quidquid praeterea malorum exercent homines vel palam vel occulte…", vgl. Epit. 23, 5.

16   Epit. 48, 4f.: „habemus enim fiduciam in deo, a quo expectamus secuturam *protinus* ultionem. nec est inanis ista fiducia, siquidem eorum omnium qui hoc facinus ausi sunt miserabiles exitus par-

Daß die vorkonstantinische Kirche hinsichtlich unserer Fragestellung über-fordert ist, geht endlich aus einem so profilierten Schriftsteller wie *Tertullian* her-vor, dessen Rigorismus ein ausgesprochenes Gespür für das Heidentum selbst in den peripheren Erscheinungen des Lebens hat. Der Appell an die Römer als „religiosissimi legum et paternorum institutorum protectores et ultores" (Apol. 6, 1-10) verfolgt die apologetische Methode des Nachweises eines Selbstwider-spruchs beim Gegner: die Römer haben gerade das, „was zur Wahrung und Sitte geeignet ist", preisgegeben und damit ihre eigene Tradition verraten. Argumen-tiert hier der Rhetoriker, so der Theologe, wenn Tertullian alles Heidentum als dämonischen Machtbereich anspricht (aaO 22, 1ff; vgl. de idol. 9: ähnlich wie Laktanz aus Gen. 6,2 begründet); auch für ihn erweist der christliche Exorzismus die Ohnmacht der Dämonen (aaO 23, 16ff.; 37, 9f.).[17] An Origenes erinnert das Argument, daß die Kraftlosigkeit der Dämonen durch das Widerstandszeugnis der Märtyrer enthüllt werde:

> „Wenn sie daher wie aufständische Insassen von Arbeitshäusern oder Gefängnissen oder Bergwerken oder sonst zu Zwangsarbeit Verurteilte wider uns losstürmen, in de-ren Gewalt sie doch sind, in der Gewißheit, daß sie uns nicht gewachsen und nur um so mehr dem Verderben geweiht sind, stellen wir uns ihnen notgedrungen wie ihres-gleichen entgegen und bekämpfen sie durch starres Festhalten an dem, wogegen sie anrennen, und niemals triumphieren wir mehr über sie, als wenn wir wegen eigensin-nigen Beharrens im Glauben verurteilt werden" (Apol. 27,7 in der Übertragung von CARL BECKER, München 1952, vgl. auch de fuga 2, 1ff.).

Angesichts der theologischen Welten, die Origenes und Tertullian voneinander trennen, wird besonders deutlich, daß die geschichtliche Verfolgungssituation der Kirche sie in diesem Punkte zu einem gemeinsamen Urteil kommen läßt. Dem-entsprechend läßt sich für unsere Thematik kein Unterschied der Einstellung zwischen dem vormontanistischen und dem montanistischen Schrifttum des Nordafrikaners konstatieren. Hierbei wird man mit in Rechnung setzen müssen, daß die ältere Tradition der nordafrikanischen Kirche einem Kirchenbegriff na-hegestanden haben dürfte, der später im sog. Donatismus zum Tragen kam. Die beiden Bücher „De cultu feminarum" und die ihnen vergleichbaren Traktate „De virginibus velandis" und „De monogamia" verbindet die Prävalenz des morali-schen Pathos, das [223] eifersüchtig über die Absolutheit des christlichen Ethos wacht;[18] eben darum konnte ein katholischer Bischof wie Cyprian mit seinem

---

tim cognovimus, partim vidimus..." Die geschichtsempirische Struktur des Topos „De morte persecutorum", vgl. auch schon Tertullian, Ad Scapulam 3, 4-6, gewinnt durch die geschichtliche Situation eines Laktanz an Konkretheit.

17 Vgl. auch den wiederholten Hinweis auf die „abrenuntiatio diaboli et eius pompae" bei der Taufliturgie de idol. 6 (ed. REIFFERSCHEID/WISSOWA, CSEL 20, 35, 25ff.); 10 (R./W. 40, 9); 15 (R./W. 49, 15f.); 16 (R./W. 52, 27ff.), dazu de spect. 4 (ed. KROYMANN, CSEL 20, 6, 2ff.); 24 (Kr. 24, 14ff.).

18 Vgl. in de virg. vel. 2, 3 den Hinweis auf die Gemeinsamkeit mit der kath. Kirche, ferner de monog. 4, 1: „Secedat nunc mentio Pacliti ut nostri alicuius auctoris; evolvamus communia in-strumenta scriptuarum pristinarum", nachdem vorher 3, 10ff. von der fortführenden Erkenntnis

Traktat „De habitu virginum" den von ihm geschätzten „magister" (Hieronymus) Tertullian zum literarischen Vorbild nehmen. Die Traktate „De spectaculis" und „De idololatria" aber eint das minutiöse Fahnden nach den offenbaren und geheimen, vor allem jedoch den potentiellen Beziehungen des Alltagslebens zum Götzen- bzw. Dämonendienst.[19]

Was uns in diesem Zusammenhang an Tertullian besonders interessiert, ist, daß seine Schriften sehr gut einsichtig machen, wie ein Kirchenbegriff der radikalen Diastase zur „Welt" es in vielen Dingen leichter hat, in der „lex divina" die Sicherung und Unangefochtenheit seiner gläubigen Existenz zu finden.[20] Allerdings kann nicht übersehen werden, daß Tertullian sehr oft gegenüber den konkreten Fragen, die ungenannte, aber sicher weltzugewandte Stimmen seinem radikalen Nein zur Welt stellen, sichtlich in die Enge getrieben wird. Er selber kann nicht daran vorübergehen, daß der Christ durch seinen bürgerlichen Lebenslauf – er nennt die Mündigkeitsernennung, die Namensgebung, den Ehevertrag und die Hochzeit – mit heidnisch-sakralen Akten in Berührung kommt. Die kasuistischen Ausführungen über mögliche Verhaltensweisen wirken schreibtischartig, der sie begründende Satz: „Sed quoniam ita malus circumdedit saeculum idololatria, licebit adesse in quibusdam, quae nos homini, non idolo, officiosos habent" aber wirft die Fragestellung auf ihren Ausgangspunkt zurück.[21] Desungeachtet sucht Tertullian die Bereiche der bürgerlichen Existenz, wie sie mit den genannten [224] Festdaten zusammenhängt, auf die ihnen zugrundelie-

---

des „Geistes" die Rede war. Natürlich macht sich auch die Verfolgungssituation in der Argumentation des Montanisten Tertullian geltend, vgl. de ieunio adv. 12 (ed. REIFFERSCHEID/ WISSOWA, CSEL 20, 290, 9ff.).

19 Statt vieler und bekannter Belege sei nur die Kritik am Circusbesuch de spect. 9 (Kr. 10, 21ff.) genannt: ursprünglich diente das Pferd der nutzbringenden Ackerbestellung und damit dem Menschen, wurde aber dann zum Attribut heidnischer Götter, womit die Geschichte seiner „Dämonisierung" begann, vgl. ferner aus de idol. 8 das Berufsverdikt, das über die Herstellung von Götterbildern hinaus auf alles ausgedehnt wird, was die „auctoritas" derselben erhöht; nach dem Prinzip „nulla ars non alterius artis aut mater aut propinqua est, Nihil alterius vacat" sind ungezählte Handwerkerberufe als „gefährdet" dem Christen verschlossen.

20 Bes. das Schlußkapitel de idol. 24, das nicht nur die „lex nostra, propria Christianorum" als sicheren Grund christlicher Verhaltensweise nennt, sondern auch dafür aufschlußreich ist, wie die ekklesiologische Exegese der Arche Noahs (zur großkirchlichen Interpretation durch Kallist vgl. Hippolyt, Elenchos IX, 12, 23) im Sinne eines sektenhaften Kirchenbegriffs mit der Lösung des Problems aufs engste zusammenhängt. Für uns tritt die Streitfrage, ob „de idololatria" nun aus der vormontanistischen oder montanistischen Schaffensperiode stammt, aus oben genannten Gründen zurück.

21 De idol. 16 (R./W. 50, 2ff.). Wie de idol. 1 (R./W. 31, 9f.) „ita fit, ut omnia in idolatria et in omnibus idololatria deprehendatur" zeigt, handelt es sich im wahrsten Sinne des Ausdrucks um eine „petitio principii". Tertullian unterscheidet zwischen aktiver Beteiligung am Zeremoniell (particeps idolatriae) und rein passiver Anwesenheit (tantum spectator) aaO (R./W. 49, 26ff.). Noch schwieriger ist das Problem für christl. Staatsbeamte aaO 17 (R./W. 50, 14ff., die ex officio an heidnischen Opferakten beteiligt sind. Die Auskunft, sie hätten „in solo honoris nomine" anwesend, aber nicht aktiv dabei zu sein, erscheint ihm selber so unrealistisch, daß er mit der konditionalen Wendung, „si haec credibile est fieri posse", abschließt.

genden, natürlichen Ursachen (causae) zurückzuführen und so nachzuweisen, daß
sie „um ihrer selbst willen" dem Teufelskreis des „Götzendienstes" enthoben
seien.[22] Er müht sich um eine Neutralität christlicher Innerweltlichkeit, deren
Devise wie immer bei ihm in der Formulierung glänzend, in der Sache aber wenig
befriedigend ist: „Licet convivere cum ethnicis, commori non licet..., pares anima
sumus, non disciplina, compossessores mundi, non errorum" (aaO 14). Und es ist
nun gerade bei Tertullian symptomatisch, wie das Regulativ: „Exeundum de saeculo" eines sektenhaften Kirchenverständnisses jenes Bewußtsein der Gesichert-
heit vor der „Welt" schafft, so daß er sogar behaupten kann, wie leicht es letztlich
sei, als Christ sich von der Idololatrie frei und unbefleckt zu erhalten.[23] Wo man
ausschließlich sein Augenmerk auf die „Reinheit" der Gemeinschaft der „spirita-
les" gerichtet hat, kann man, sich auch leichter von der Verantwortlichkeit für die
„Welt" dispensieren und sagen „Ego me saeculo, non deo liberum memini" (de
ieunio 13). Hier genügt es, die Christen darauf zu verweisen, daß ihnen im Glauben hinlänglicher Ersatz für jene weltliche Freuden geboten wird, die ihnen zur
Zeit die Unbedingtheit der göttlichen Forderung versagt hat.[24] Und so findet man
gerade bei einem vorkonstantinischen Schriftsteller wie Tertullian, bei dem man
am ehesten Material für unsere Fragestellung erwarten könnte, keine Anhaltspunkte zu ihrer Lösung. Im Gegenteil, wer unter dem Blick auf die spätere Problematik der Großkirche seine Ausführungen zur montanistischen Fastenpraxis
liest, wird über die Unreflektiertheit, um nicht zu sagen theologische Naivität
erstaunt sein, mit der hier heidnisches Brauchtum als Zeugnis für die eigene Position verwendet wird.[25]

Nicht zufällig bietet hierfür in vorkonstantinischer Zeit zumindest das frü-
heste Material der Bereich von *Armenien* mit der anschließenden Pro- [225] vinz
Pontus, wo weder die Verfolgungssituation noch ein sektenhaftes Verständnis der
Kirche die Entwicklung bestimmte. Bekanntlich wurde die Christianisierung

---

22   De idol. 16 (R./W. 49, 17ff.): „... eas mundas esse opinor per semetipsas, quia neque vestitus
      virilis neque anulus aut coniunctio maritalis de alicuius idoli honore descendit", obwohl Tertul-
      lian, Adv. Nat. II, 11 sehr wohl weiß, welch' Unzahl von römischen Hilfsgöttern sich mit dem
      menschlichen Lebensgang verbindet. Ihr Dickicht wird von dem Naturrechtsgedanken beiseite-
      geschoben, um ein An-und-für-sich-Sein zu postulieren, vgl. auch de spect. 8 (Kr. 10, 20ff.): „lo-
      ca nos non contaminant *per se*, sed quae in locis fiunt".

23   De idol. 24 (R./W. 57, 20ff.): „nemo dicat: quis tam tuto praecavebit? exeundum de saeculo erit.
      quasi non tanti sit exire quam idolatren in saeculo stare. nihil esse facilius potest, quam cautio
      idolatriae, si timor eius in capite sit." Es ist sehr aufschlußreich, daß T. das biblizistische (vgl.
      1.Kor. 5,10) Argument des hypothetischen, weltoffenen Gegners indirekt aufnimmt und sich zu
      eigen macht.

24   De spect. 29f. mit dem Hinweis auf die „spectacula christianorum sancta perpetua gratuita",
      dazu vgl. Ps. Cyprian – Novatian, De spect. 9f., wobei sich zeigt, wie der eschatologische Aspekt
      von T. bei dem Vertreter der Kirche der „Reinen" in die Naturbetrachtung umschlägt. Nicht zu-
      fällig erscheint zuerst bei Novatian der literarische Topos des „Welttheaters" als der Naturbühne
      Gottes.

25   De ieunio 16 (R./W. 295, 22ff.), wo die „nudipedalia" (Bittprozessionen bei Trockenheit) etc.
      für die montanistische Fastenpraxis zeugen sollen.

Armeniens durch Gregorius Illuminator mit dem Übertritt des Königshauses zum Christentum sozusagen von oben her gelenkt. Die starke Rücksichtnahme auf das altüberlieferte Brauchtum bei der Missionierung, die z.b. das Reliquienwesen bewußt förderte, resultierte nicht zuletzt aus dem Bestreben, den politischen Bruch zwischen der christlichen Dynastie und der heidnischen Bevölkerung, die sich nur widerwillig der Mission öffnete, zu verhindern. Desungeachtet zeigt gerade Armenien, wie eine christliche Staatskirche wohl nach außen gesichert, in ihrer theologischen Struktur aber umso gefährdeter ist, weil mit der christlichen Sanktionierung von Sitte und Brauchtum zugleich auch deren heidnischen Fermenten ein neuer Lebensraum gesichert wird.[26] Noch anschaulicher tritt uns dieser Tatbestand in der missionarischen Praxis des Origenesschülers Gregorius Thaumaturgos im Bereich von Pontus entgegen. Gregor von Nyssa, der Verfasser seiner Vita, lobt seine Methode der Anknüpfung an das Brauchtum als einen „Beweis seiner großen Weisheit" und gebraucht dabei den Vergleich mit einem Wagenlenker, der eben deshalb, weil er die Pferde fest in seiner Gewalt hat, sie getrost auch etwas „tänzeln" lassen kann. Die Metaphorie bezieht sich darauf, daß Gregorius der pontischen Bevölkerung konzedierte, nach Art der heidnischen Leichenbankette fröhliche Märtyrerfeste an den Märtyrergräbern zu veranstalten.[27] Gregor von Nyssa, der bereits unter dem Einfluß des asketischen Ideals seiner Zeit steht, sucht sichtlich die konkreten Tatbestände zu verwischen. Der im Mönchtum jedoch wieder neu aufbrechende Dämonenglaube läßt ihn umso ungehemmter in seiner Vita eine weitere Nachricht aus dem Leben des „Wundertäters" mitteilen, die für uns wichtig ist. Darnach soll Gregorius vor seiner bischöflichen Tätigkeit sich durch Krankenheilungen einen Namen gemacht haben indem er „Dämonen durch Briefe in die Flucht geschlagen habe".[28] Wir haben es hier eindeutig mit der Christianisierung heidnisch-magischer Heilpraktiken zu tun,

---

26 Das Material vor allem bei Faustus v. Byzanz, dazu vgl. HEINRICH GELZER, Die Anfänge der armenischen Kirche, Leipzig 1895, 109ff. spez. 133f.

27 Gregor von Nyssa, Vita Gregorii (PG 46, 953C), wo die Wendung: „ἐπαφῆκεν αὐτοῖς ταῖς τῶν ἁγίων μαρτύρων ἐμφαιδρύνεσθαι μνήμαις καὶ εὐπαθεῖν καὶ ἀγάλλεσθαι" bezeichnenderweise sehr formal gehalten ist. Auch Gregor von Nazianz, Or. 11, 6 (PG 35, 840) gebraucht im Zusammenhang des Märtyrerkultes das neutrale Verb φαιδρύνεσθαι = „fröhlich, ausgelassen sein", sichtlich weil er dem christianisierten Parentalia kritisch gegenüber steht, vgl. aaO (PG 837 und 840): „Ich möchte nicht dem Vergnügen wehren, aber ich strafe die Unmäßigkeit." Schon Baronius, Annales ecclesiastici ad annum vermutete, daß auch fröhliche Mahlzeiten, sondern auch Tänze bei den pontischen Märtyrerfesten stattfanden. Ob Gregor von Nyssa durch seinen Vergleich mit den „tänzelnden" Pferden dies andeuten wollte? Vgl. zum Verbum ὑποσκιρτᾶν Platon, Nomoi II, 653D / 654A. Wie wir noch sehen werden, wäre es nicht ein singuläres Beispiel für Tanz an Märtyrergräbern.

28 Laut Socrates, h.e. IV, 27 (PG 67, 536B/C), der sonst der Vita Gregors von Nyssa folgt. Allerdings besteht auch die Möglichkeit, daß Socrates eigene Quellen benutzt. Denn der Nyssener berichtet nie von Krankenheilungen durch „Grammata", vgl. (aaO 924A; 944A) u.ö.; der allein vergleichbare Fall (aaO 916D) betrifft eine Tempelreinigung. Übrigens verschweigt er nicht, daß der „Wundertäter" in der Verfolgungszeit den Rat zur „fuga in persecutione" erteilte, (aaO 945C – 949B), was das oben zur ekklesiologischen Situation Gesagte unterstreicht.

wobei der „Brief" ursprüng- [226] lich im Sinne der Zauberpapyri als Phylakterien gegen dämonische Einwirkungen gedacht war. Gerade aus dem Bereich der parsistischen Magie, spez. des „Magus Ostanes" sind uns solche „Briefe" bekannt.[29] Es verdient festgehalten zu werden, daß ein früherer, wenn auch theologisch sehr ungleicher Schüler des Origenes derartige Missionspraktiken bejaht hat. An seiner Gestalt wird sichtbar, wie stark die jeweilige Situation der Kirche – ob nun Kirche des Widerstandes oder Kirche „der Vielen" – für unsere Fragestellung ausschlaggebend gewesen ist.

Doch geht es uns nicht um jenen bekannten Vorgang der Substituierung heidnischen Brauchtums in der nachkonstantinischen Reichskirche, der aufs engste damit zusammenhängt, daß das Christentum nicht nur für die Gestaltung des öffentlichen Lebens und seines Festkalenders, sondern auch für die vielschichtigen Bedürfnisse der Volksfrömmigkeit verantwortlich wird. Schon aus dieser Aufgabenstellung heraus liegt das Material offen zutage und der Tatbestand ist damit hinlänglich bekannt. Die religionsgeschichtliche Erbfolge läßt sich z.B. gut an den „heiligen Stätten" frommer Wallfahrt oder der Umwandlung heidnischer Tempel in christliche Kirchen verfolgen,[30] während die Rolle der altchristlichen Liturgie, die solcher Christianisierung nicht nur die theologisch legitime Gestalt, sondern auch die exorzistisch wirksame Form verlieh, besonders gut aus dem altchristlichen Bestattungsritual erhellt.[31] Was jedoch sich der Öffentlichkeit entzieht, wird gewöhnlich zu wenig auch beachtet. Es manifestiert sich als die Kehrseite der Zurückdrängung des heidnischen Lebensgefühls aus dem Bereich der kultischen Öffentlichkeit, um sich mit den privaten Lebensbezirken und damit jenen Daten zu verbinden, die Tertullian zu „Adiaphora" zu erklären suchte. Gerade sie werden in der nachkonstantinischen Zeit zum Kristallisationspunkt heidnischer Lebensformen. Dies soll an einem Einzelpunkt, der Stellung der alten Kirche zum Tanz der Spätantike, ausgeführt werden.[32]

---

29 Dazu JOSEPH BIDEZ – FRANZ CUMONT, Les mages hellénises I, Paris 1938, 188, als Beleg für solchen Brief an „Ostanes" aaO II, 308 nr. 28. Auch Tatian, Or. ad Graec. 16, aaO II, 293ff. fr. 16 (mit Kommentar) kennt die „Bücher des Ostanes" als Mittel gegen die Krankheit, erwähnt in dem Zusammenhang aber keine Zauberbriefe. Die hermetische Praxis hingegen ist astrologisch orientiert, vgl. ANDRÉ-JEAN FESTUGIÈRE, La révélation d'Hermès Trismégiste I, Paris ³1950, 131ff.

30 RGG³ III, 160ff. habe ich die entsprechende Literatur zusammengestellt.

31 Vgl. meinen Aufsatz „Bestattung als liturgisches Gestaltungsproblem in der alten Kirche", PTh 49 (1960), 86-91 [in diesem Band S. 47-53].

32 Für ein breiteres Publikum geschah dies bereits in meinem Beitrag: „Die Kritik der alten Kirche am Tanz der Spätantike" in dem Sammelwerk: „Der Tanz in der modernen Gesellschaft", hg. von FRIEDRICH HEYER, Hamburg 1958, 139-168. Zur Thematik selber vgl. JOHANNES QUASTEN, Musik und Gesang in den Kulten der heidnischen Antike und der christlichen Frühzeit, Münster 1930 (zitiert: QUASTEN; als Materialsammlung auch für unser Thema bisher das Beste; dort auch ältere Lit.). EUGÈNE LOUIS BACKMANN, Religious dances in the Christian Church and in Popular Medicine, London 1952, enthält gerade für die alte Kirche viele Fehlinterpretationen und -urteile, die eine schärfere Kritik des bereits 1945 schwedisch (Stockholm) erschienenen Werkes hätte eliminieren sollen. Das Thema verleitet manchen Autor, partout den

Nach unsern Vorbemerkungen nimmt es nicht wunder, wenn das Urteil der Kirchenväter über den Tanz in seiner Negation durchaus einheitlich ist, in seiner Motivierung jedoch den Unterschied zwischen vorkonstantinischer [227] und nachkonstantinischer Situation der Kirche deutlich erkennen läßt. Bei Tertullian z.B. stehen die polemischen Ausfälle im größeren Zusammenhang seiner allgemeinen Kritik am Heidentum, und zwar so stark, daß man vergeblich bei ihm nach einer konkreten Stellungnahme zum Tanz als solchem sucht. Der Seitenhieb auf die „tanzenden Götter" (Apol. 15, 4ff.) trifft in tertullianischer Manier mit einem Schlage das blutige Treiben im Amphitheater, zugleich aber auch die dortigen Pantomimen und den Sakraltanz, bekundet jedoch ebenso deutlich das persönliche Disengagement. Wie fern der Generation des 3.Jh.s die Problematik des Tanzes liegt, erkennt man an jenen großkirchlichen Stimmen, die Novatian zitiert, und die den Besuch von Circus und Theater damit zu rechtfertigen suchen, daß hierfür in den heiligen Schriften kein Verbot ausgesprochen sei. Würden bei der Himmelfahrt des Elias und anläßlich des Tanzes Davids vor der Gotteslade nicht „nabla, cynaras, aera, tympana, tibias, cithara, choros" genannt? (Ps. Cyprian, De spect. 2). Eben daß man den tanzenden David zur christlichen Sanktionierung des Theaterbesuchs heranzieht, charakterisiert die Situation, und leicht kann Novatian dies Argument durch den Hinweis entkräften, David habe nicht seine Glieder in obszönen Bewegungen verrenkt, um Fabeln griechischer Erotik tänzerisch zu gestalten (aaO 3). Erst mit der Reichskirche des 4. Jh.s wandelt sich das Bild. Jetzt muß die christliche Predigt öfters beanstanden, daß die Christen selber sich dem Tanz hingeben. Der Tanz der Salome um das Haupt des Täufers Johannes (Mk. 6; Mt. 14) wird zu einem vielgebrauchten Argument, daß der Tanz Ausdruck sittlicher Verworfenheit sei. So benutzt z.B. Ambrosius den neutestamentlichen Bericht (de off. II, 12, 77).[33] Andern Ortes zieht er aus seiner Auslegung die konkrete Schlußfolgerung: „Jede wahrhaft schamempfindende und keusche Frau sollte ihre Töchter die Religion, nicht das Tanzen lehren" (de virg. III, 6, 26ff.). Der Wandel der Situation spiegelt sich ferner in einer erstaunlichen Homogenität der [228] Formulierung wider, wenn vor dem Tanz gewarnt wird. In

---

Kulttanz für die alte Kirche nachweisen zu wollen. Das gilt auch für RENATO TORNIAI, La danza sacra, Roma 1951, wo im übrigen reiches Bildmaterial geboten wird. Für das archäologische Material seien genannt: FRITZ WEEGE, Der Tanz in der Antike, Halle 1926 (zitiert: WEEGE); LOUIS SÉCHAN, La dance grecque antique, Paris 1930; HELMUT THEODOR BOSSERT – WILLY ZSCHIETZSCHMANN, Hellas und Rom. Die Kultur der Antike in Bildern, Berlin 1936 (zitiert: BOSSERT); H. WILD, La Danse dans l'Egypte ancienne. Les documents figurés, Paris 1956.

33   In Ägypten kann Clemens Alex. für das gleiche Argument auf das neutestamentliche „exemplum" (vgl. Paed. II, 40, 2; ed. STÄHLIN, GCS Clemens I, 181, 21ff. verzichten und braucht nur zu schildern: „Die sich viel mit Flöten, Saiteninstrumenten, Tänzen, Tanzschritten, ägyptischen Klappern und derlei ungehörigen Leichtfertigkeiten abgeben, werden sehr bald ungesittet, schamlos und zuchtlos. Man lärmt mit Cymbeln und Tympanen, man rast mit den Instrumenten des Wahnkultes"; das fällt für Clemens unter das Verdikt von Röm. 13,12f., weil er sich auf nächtliche Kultfeiern (Pannychis) bezieht, ohne den Kult als solchen (Kybele?) anzugeben. Wir werden noch sehen, daß die Tradition des Kulttanzes im spätantiken Ägypten am längsten sich gehalten hat.

Syrien erklärt Ephraem: „Wo Psalmengesang im Geist der Buße erschallt, dort ist Gott mit den Engeln zugegen… Wo Zithern erschallen und Tänze unter Händeklatschen stattfinden, dort ist Verblendung der Männer, Verderbnis der Weiber. Dort trauern die Engel und feiert der Teufel ein Fest" (de abstinentia 5, vgl. PIUS ZINGERLE, BKV 1870, I, 414f.). Ähnlich erklärt Johannes Chrysostomus kategorisch zum Tanz der Salome: „Wo getanzt wird, dort ist der Teufel" (in Mt. hom. 48/49; PG 58, 491), um in Antithese hierzu den Psalmensänger David als christliches Leitbild herauszustellen: „Wie diejenigen, die Schauspieler, Tänzer und unzüchtige Weiber zu Gastmählern einladen, die Dämonen und Teufel zu sich rufen, so laden diejenigen, die David mit der Zither herbeirufen (sc. Psalmen singen), durch ihn Christus in ihr Heim" (Exp. in Ps. 41; PG 55, 157). Aus seinen Predigten, in denen die Invektiven gegen den Tanz einen auffällig breiten Raum einnehmen, geht hervor, daß in Antiochien und Konstantinopel die christliche Hausordnung durch den Einbruch der alten Tanzsitten besonders gefährdet ist. Für den Westen aber bezeugt sein Zeitgenosse Gaudentius von Brescia mit seinen Predigten ein Gleiches. Ganz ähnlich muß auch er mit mahnender Stimme sagen:

> „Wo Leier und Flöte erklingen, wo schließlich alle möglichen Musikinstrumente, untermischt von den Zimbeln der Tänzer, zusammenklingen, dort finden wir jene unglückseligen Häuser, die in nichts sich von den Theatern unterscheiden. Ich kann nur bitten – mögen sie allesamt aus unserer Mitte verschwinden! Möge das Haus eines getauften Christenmenschen von dem ‚Chor des Teufels' unbefleckt bleiben! Es sei wahrhaft menschlich und gastfreundlich, geheiligt durch andauerndes Beten erfüllt von zahlreichen Psalmen, Hymnen und geistlichen Liedern" (Serm. 8, PL 20, 890B).

Es ist kaum ein Zufall, daß die genannten Prediger der nachkonstantinischen Kirche bevorzugt von dem „chorus diaboli" sprechen, während der liturgische Begriff der „pompa diaboli" der alten Abrenuntiationsformel zurücktritt. In den Gemeinden, die den altchristlichen Exorzismus nur als traditionell-liturgische Form aus dem Taufformular kennen und im bedenklichen Hiatus hierzu durch Amulette etc. eine kryptoheidnische Magie im christlichen Gewande praktisch üben, ist der Blick für die „Dämonie des Lebens" verloren gegangen. Wohl sind die Tempel zerstört, die Theater haben weithin ihre Pforten geschlossen, aber in den Häusern der Christen lebt der Tanz als Fortsetzung heidnischen Brauchtums weiter. Der neue Begriff, der trotz seiner apodiktischen Sprache zunächst rein folkloristisch abzuleiten ist, will die Gewissen wachrufen. Seine Massivität ist aber letztlich ein Ausdruck dafür, daß die nachkonstantinischen Prediger auf ihr eigenes theologisches Urteil angewiesen sind und sich nicht auf offizielle Verlautbarungen stützen können. Wie oft ist auch hier die laute Sprache das Zeichen einer gewissen Unsicherheit. Sie hat drei Gründe, die zunächst aufgezeigt werden müssen:

1. Die kirchenrechtlichen Bestimmungen reichten nicht aus, um der Wiederbelebung des Tanzes in der nachkonstantinischen Zeit zu begegnen. An sich waren sie ebenso einhellig wie das Urteil der Kirchenväter. Ein christlicher [229] Berufstänzer war in der alten Christenheit genauso undenkbar wie ein christlicher Schauspieler. Die Kirchenordnung Hippolyts (ca. 220) zählt beide zu den für den

Christen verbotenen Berufen. Die spanische Synode von Elvira um 305 schließt den sog. Pantomimus, d.h. den Ballettänzer, aus der kirchlichen Gemeinschaft aus. Eine kleinasiatische Synode um die Mitte des 4. Jh.s verbietet generell allen Christen, bei Hochzeiten zu tanzen, während die gleichzeitigen Bestimmungen der „Apostolischen Konstitutionen" den Beruf des Tanzlehrers neben einer Fülle anderer, der öffentlichen Lustbarkeit dienenden Berufen aufführen und verwerfen. Aus allen diesen kirchenamtlichen Verlautbarungen geht hervor, daß man vorwiegend unter soziologischen Gesichtspunkten das Verwerfungsurteil aussprach: man wollte keinen verpönten Beruf in den Reihen der Christen dulden.[34] Es ging hier in erster Linie um die Bürgerlichkeit des Christentums, die theologische Problematik als solche stand nicht im Vordergrund.

2. Auch der Unterstützung des christlich gewordenen Staates konnte man sich nicht erfreuen. So bereitwillig der Staat der nachkonstantinischen Kirche seine Hilfe zur Verfügung stellte, um durch gesetzliche Erlasse das Heidentum aus der Öffentlichkeit zu verbannen, so wenig beteiligte er sich an einer kirchlichen Verfemung des Tanzes. Er mußte vielmehr den Wünschen der christianisierten Volksmassen entgegenkommen. Diese aber wollten auf die öffentlichen Lustbarkeiten, bei denen der Ballettanz eine Rolle spielte, und die von Staats wegen veranstaltet wurden, nicht verzichten. Diesen Tatbestand beleuchtet ein Erlaß des Jahres 399, wonach die öffentlichen „Spiele" fortbestehen sollen: nur die heidnischen Opferhandlungen, die traditionsgemäß damit verbunden waren, werden verboten.[35] Wenn Theodosius I. im Jahre 387 die Ballettschule (Orchestra) von Antiochia schließen ließ, dann hatte das andere Gründe. In der Stadt war es über Steuern zu Krawallen gekommen, bei denen kaiserliche Standbilder umgestürzt wurden. Der Kai- [230] ser wußte genau wie er dafür die ballettfreudige Bevölkerung, die zudem ihre Orchestra als weltbekannte Institution mit dem entsprechenden Lokalpatriotismus betrachtete, am härtesten bestrafen konnte. Es

---

34 Bis auf can. 53 (Laodikeia – MANSI II, 571f.) ist immer der Berufsstand gemeint, vgl. nach obiger Reihenfolge: KO Hippolyts can. 11, 4 (FUNK II, 107); Elvira can. 62 (MANSI II, 16); Ap. Konst. VIII, 32, 9 (FUNK I, 534). Weitere ähnliche Konzilsbeschlüsse: Carthago 397 can. 35 (MANSI III, 885); Carthago 419 can. 12/30 = Canones Africae 45/63 (MANSI IV, 484/490; MANSI III, 735/767). Die Verbote gegen den Tanz als solchen kommen erst später, vgl. Toledo 589 can. 37 (MANSI IX, 999) (bei Heiligenfesten); Konstantinopel 692 can. 51 (MANSI XI, 967); Rom 826 can. 35 (MGH Conc I, 581f.). – Can. 37 Canones Basilii (WILHELM RIEDEL, Kirchenrechtsquellen des Patriarchats Alexandrien, Leipzig 1900, 206) ist wieder berufsständisch und darin typisch, daß er die Alternative stellt: entweder gibt der Tänzer seinen Beruf auf, oder er wird nicht aufgenommen, wobei natürlich das sakramentale Prinzip „Not kennt kein Gebot" ihm auf dem Sterbebett das Taufsakrament zubilligt. Umgekehrt schützte cod. Theod. XV, 7, 1 vom 11.2.371 (übernommen Carthago 419 can. 30 = Can. Africae can: 63; MANSI IV, 490 / III, 767) die „scaenici et scaenicae" davor, nach Übertritt zum Christentum ihrer Berufsorganisation zugezählt zu werden.

35 Cod. Theod. XVI, 10, 17. Nach Euseb, Vita Constantini II, 19 wurde der Sieg über Licinius 324 mit öffentlichen Spielen und Tanzveranstaltungen gefeiert. Wenn Euseb dazu vermerkt, daß das Volk „zu Ehren des πανβασιλεὺς θεός getanzt" habe, dann handelt es sich um eine interpretatio christiana der Volksfeste (gegen BACKMANN, aaO 23).

war daher nicht ganz zutreffend, wenn Johannes Chrysostomus die kaiserliche Strafaktion in einer Predigt als Unterstützung seiner steten Warnung vor dem Tanz bezeichnete.[36] Wie wenig er und seine Gesinnungsgenossen auf staatliche Unterstützung rechnen konnten, sollte er bald erfahren, als er in Byzanz seine Polemik wider den Tanz fortsetzte. Nahe der Hauptkirche war vor dem Rathaus ein Standbild der Kaiserin aufgestellt worden. Wie üblich fanden dabei Ballettänze statt. In Konstantinopel kann man noch heute auf dem Theodosius-Obelisk sehen, wie vor dem Kaiser und seiner Familie in ihren Logen die Tänzer und Tänzerinnen auftreten.[37] Der wegen seiner Orthodoxie vielgerühmte und nicht zuletzt durch seine Gesetzgebung die Kirche fördernde Regent hat daran sichtlich keinen Anstoß genommen. Anders hingegen der Bischof der byzantinischen Metropole seines Nachfolgers. Er bezeichnete jene staatlichen Volksbelustigungen auf dem Marktplatz als eine offene Brüskierung der christlichen Religion. Zugleich zielte er mit seinem Protest auf die Kaiserin, die er wegen ihrer Putzsucht und des weltlichen Hoftreibens für tadelnswert fand. Die Predigt, deren erste Sätze uns Sozomenos überliefert, fängt daher mit den Worten an: „Wieder einmal rast Herodias, wiederum tanzt Salome, wiederum bemüht sie sich, das Haupt des Johannes auf der Schüssel davonzutragen" (h.e. VIII, 20). Mit Herodias war eindeutig die Kaiserin gemeint, der Tanz der Salome bezog sich auf die Ballettaufführungen, mit dem Täufer aber dachte er an sich selber, der den gleichen Namen trug. Die geschichtliche Metaphorie sollte Wirklichkeit werden, tatsächlich fiel der kühne Prediger dem Widerstand am kaiserlichen Hof gegen seine asketische Auffassung des Christentums zum Opfer.

Erst als sie auch in Byzanz Allgemeingut geworden war, sollte Kaiser Justinian im Jahre 526 sich dazu bereit finden, das Hippodrom von Kon- [231] stantinopel, das gleichzeitig für Aufführungen von Tanzpantomimen diente, zu schlie-

---

36 Hom. ad popul. Antiochenum 15, de Statuis (PG 49, 153). Über den sog. „Säulenaufstand" berichten ferner Libanius, Sozomenus u. a (Nachweis bei KARL MRAS z.St.).

37 Hom. 12 in ep. I ad Corinthios (PG 61, 102f.) Unterhalb der Kaiserloge, in der Theodosius I., Valentinian II. und Arkadius zu sehen sind, tanzt ein Ballett zum Klang einer Wasserorgel, eines Syrinxbläsers, eines Flötisten und eines Tubabläsers, Abb. BOSSERT 312, vgl. JOHANNES KOLLWITZ, Oströmische Plastik, Berlin 1941, 116ff. Auf der andern Seite, wo in der Loge die weiblichen Mitglieder des Kaiserhauses erscheinen, sieht man unten ein Wagenrennen, Abb. GERHART RODENWALDT, Kunst der Antike (Propyläen), Berlin ⁴1944, 714; HEINZ KÄHLER, Rom und seine Welt. Bilder zur Geschichte und Kultur, München 1958-60, Taf. 274. Wagenrennen, Theateraufführungen, Tierhetzen gehörten gleichfalls zu solchen staatlichen Lustbarkeiten, die höhere Beamte wie z.B. Prokonsuln in den Provinzen durchzuführen hatten, vgl. Abb. bei RICHARD DELBRÜCK, Die Consulardiptychen und verwandte Denkmäler, Berlin 1929, bes. N. 18.20.21, ferner BOSSERT, 320; DAVID TALBOT RICE – MAX HIRMER, Kunst aus Byzanz, München 1959, 22f.26f.30. Zur sog. „Mappa", einem Tuch das man von der Loge zum Zeichen der Eröffnung der Veranstaltung herabfallen ließ, und das daher die Konsuln meistens auf den Diptychen in der Rechten halten, vgl. die Statue eines römischen Konsul aus dem Konservatorenpalast, Rom bei WOLFGANG FRITZ VOLBACH – MAX HIRMER, Frühchristliche Kunst, München, 1958, Taf. 60, und ferner Tertullians massive Deutung: „teneo testimonium caecitatis: non vident missum quid sit, mappam putant; sed est diaboli ab alto praecipitati figura" (de spect. 16, Kr. 18, 2ff.)

ßen und den subventionierten Balletts die staatlichen Mittel zu entziehen.[38] Unser Gewährsmann kann dabei nicht die hämische Bemerkung unterdrücken, daß des Kaisers Gattin selber einst auf den Brettern der Bühne gestanden habe. Auch wenn man mancher Skandalgeschichte aus dem Vorleben der Theodora mißtrauen muß,[39] so steht doch außer Zweifel, daß sie Balletttänzerin gewesen war. Als „Leda mit dem Schwan" hatte sie auf einer Tournee nach Ägypten und Byzanz das Publikum begeistert. Es gehört zu den Treppenwitzen der Geschichte, daß dann ihr kaiserlicher Gemahl über die antike Tanzkunst das Todesurteil sprechen sollte. Betrachtet man heute in Ravenna die Mosaiken von San Vitale, die Justinian und Theodora inmitten ihres Gefolges zeigen, dann empfindet man sehr stark den Wandel vom 4. bis zum 6.Jh., der sich in Byzanz vollzogen hat. Der anschaulich wiedergegebene, hieratische Stil des Hofzeremoniells bietet der leichten Muse keinen Raum. Das asketische Heiligkeitsideal hat aus der einstigen Balletteuse eine der Welt entsagende und dem frommen Werk hingegebene Kirchenstifterin gemacht. Der Prunk ihrer Kleidung unterstreicht nur noch solche Hingabe an eine transzendente Welt. Anschaulicher kann kaum verdeutlicht werden, wie durch das Christentum Kräfte der Weltflucht ausgelöst wurden, die das heidnische Lebensgefühl auslöschen mußten. Sie haben den antiken Tanz endgültig für das Abendland zu Grabe getragen. Alle Versuche, wie z.B. um die Jahrhundertwende die Tänzerin Isidora Duncan sie unternommen hat, denselben zu neuem Leben zu erwecken, bleiben hoffnungslose Romantik. Rückblickend muß man aber festhalten, daß die Hilfe des byzantinischen Staates sozusagen posthum kam. Die Reichskirche des 4. Jahrhunderts hatte in erster Linie den Kampf mit dem spätantiken Tanz und seinen Auswüchsen zu führen.

3. Dabei mußte sich der religionsgeschichtliche Zusammenhang mit dem Judentum in einem viel stärkeren Maße, als unser heutiges, weithin vom Pietismus beeinflußtes Verständnis der Problematik es nachempfinden kann, erschwerend für die kirchliche Polemik auswirken. Denn das Judentum ist zu allen Zeiten ausgesprochen tanzfreudig gewesen und hat den Tanz sowohl in seiner sakralen Gestalt wie als Kunst- und Volkstanz geübt.[40] [232]

Der Sakraltanz wurde bei den Juden ausschließlich von Männern ausgeführt. David, der als Priesterkönig die Bundeslade umtanzt (2.Sam. 6,14), ist das klassische, aber auch singuläre Beispiel. Kultgeschichtlich geben die Psalmen die wert-

---

38   Procop, Hist. arc. 26, 8f.; nach Malalas, Chronogr. 18 (ed. NIEBUHR 448, 20ff.) schloß Justinian auch das antiochenische Theater und damit sein berühmtes Ballett. Da nach Choricius, Apologia pro mimis 8, 4f. (ed. CHARLES HENRI GRAUX, RPh NS 1, 1877, 225 mit Anm. 5) Justinian mit dem Hofstaat an den Theater- und Tanzaufführungen der Brumalien teilzunehmen pflegte, ist sein Entscheid nach reichlicher Überlegung gefallen.

39   Procop aaO 9, 1ff. Malalas, Chronogr. 18 gibt daneben die andere Version, Theodora sei einfache Näherin gewesen, was der offiziellen Darstellung ihres Vorlebens entsprechen dürfte.

40   Das gilt auch für das mittelalterliche und neuzeitliche Judentum, vgl. den von der jüdischen Tänzerin D. LAPSON verfaßten Art. „Dance", UJE III (1941), 456ff. Zu den Beziehungen zw. frühchristlicher Musik und spätjüdischem Musikleben vgl. ERIC WERNER, The sacred Bridge, London 1959 der zu unserm Thema auch Abb. Bringt; ERNST LUDWIG EHRLICH, Die Kultsymbolik im AT und im nachbiblischen Judentum, Stuttgart 1959, 34-38 („Der kultische Tanz").

volleren Anhaltspunkte, indem sie den Brauch der Priester bezeugen, durch rhythmisches Schreiten um den Altar herum einen kultischen Festreigen zu veranstalten (Ps. 24,5; 26,2; 149,3). Religionsgeschichtlich hingegen will verwertet werden, daß man an dem gleichen Brauch der Baalsreligion perhorreszierende Kritik übte (1.Kön. 18,26), die auch in der Geschichte vom Tanz um das Goldene Kalb (Ex. 32,6.19) durchklingt. Noch im ersten nachchristlichen Jh. tanzten die Männer in der Nacht des ersten Feiertages vom Laubhüttenfest innerhalb des Tempelvorhofes einen Fackeltanz.[41] Als später den Juden Tempel und Heimat geraubt wurden, verband sich der kultische Tanz mit den religiösen Festen der Synagoge, z.B. den Beschneidungsfeiern, wo selbst die Rabbiner sich am Tanz eifrig beteiligten. Von einem Tanz ums Feuer mit anschließendem Feuersprung anläßlich des Purimfestes hören wir aus dem Talmud; vielleicht wurde eine Pantomime, welche die Tat der Esther feierte und in der Verbrennung einer Holz- oder Strohpuppe, die Haman zu personifizieren hatte, ihren Höhepunkt fand,[42] tänzerisch aufgeführt. Obwohl die Synthese von Sakraltanz und Pantomime sehr alt ist und sich schon in der Religion der Kreter nachweisen läßt, dürfte es sich hier um eine Mischform handeln, die aus dem hellenistischen Kunsttanz das Mitwirken einer Frau übernommen hat. Solche hellenistischen Umwelteinflüsse sind zweifelsohne für die Sekte der „Therapeuten" anzunehmen, von der Philon berichtet, in ihr hätten Männer und Frauen gemeinsam einen kultischen Tanz vollzogen. Daß sie allerdings ihre sakralen Tänze bei einer monatlichen Nachtfeier unter Absingen von Hymnen in getrennten Reigen der Männer und Frauen aufführte, ist gleichfalls von Philon festgehalten worden.[43]

Der jüdische Volkstanz knüpfte vornehmlich an die Feste des ländlichen und häuslichen Lebens an und zeigt nach den ältesten Berichten das Vorwiegen des weiblichen Elementes. So wie nach Richter 21,1ff. „die Töchter Silos" anläßlich eines kanaanitischen Weinbergfestes ihren Reigen aufführen, kennt auch Jeremia den Brauch (31,4f.) und tanzen noch zur Zeit Jesu die jungen Mädchen Palästinas. Ebenso setzt die Jephtalegende für die Richterzeit einen Jungfernreigen voraus, der mit Hochzeitsfeierlichkeiten im Zusammenhang zu stehen scheint (Richter 20,34ff.).[44] Wie die Braut am Vor- [233] abend ihrer Hochzeit, begleitet vom

---

41 Mischna, Sukka 4a (ed. HANS BORNHÄUSER 141f.); der Berichtsraum liegt vor der Tempelzerstörung 70 n.Chr.

42 STRACK — BILLERBEK I, 682 zu Mt. 14,6 Anm. d; weiteres Material bei H. BORNHÄUSER aaO. — Zum Feuertanz vgl. Talmud, Sanh. 4 und D. LAPSON, aaO 458. Er wurde im Jahre 408 durch Theodosius II. verboten (cod. Theod. XVI, 8, 18).

43 De vita contemplativa 11, 83 (ed. LEOPOLD COHN — PAUL WENDLAND VI, 68). Leider gibt die idealisierende Darstellung wenig Anhaltspunkte für eine religionsgeschichtliche und kultgeschichtliche Analyse.

44 Auch das Griechentum scheint den Jungfrauenreigen im Zusammenhang eines Vegetationskultes gekannt zu haben, wenn man das kunstgeschichtlich so reizvolle Thema des „Tanzes der Horen", dazu jetzt FRIEDRICH MATZ in seiner Arbeit zum Jahreszeitensarkophag von Badminton, JDAI Erg.-Heft 19 (1958), 118ff., auch religionsgeschichtlich auswerten darf. — Für das Spätjudentum wird uns im übrigen berichtet, daß Männer und Frauen gemeinsam den Myrtentanz aufführten, wenn die Frau ins Hochzeitshaus geleitet wurde, vgl. Taanith 4, 8 STRACK —

Chor der Frauen und unter dem Klang der Instrumente, ihren Solotanz aufführt, durch den sie den Bräutigam zum Entzücken hinreißt, wird lebendig in Hohelied 7 geschildert. Es gibt kein schöneres Zeugnis jüdischer Lebensfreude, die sich trotz der Schwere des Geschickes durch die Jahrhunderte ungebrochen erhalten hat. Daher enthalten auch die Evangelien keine grundsätzliche Kritik; der Tanz der Salome ist trotz der bis heute den Kirchenvätern immer wieder nachgesprochenen Interpretation hierfür nicht heranzuziehen.[45]

Allerdings war das Spätjudentum in seiner Tanzfreudigkeit für die Tanzformen der heidnischen Umwelt sehr aufgeschlossen. Aus Alexandrien hören wir, daß das dortige Judentum am Sabbat das Theater mit seinen Ballettaufführungen derart frequentierte, daß es die Besucher majorisieren konnte.[46] Für Nordafrika erfahren wir durch die Predigten Augustins, für Konstantinopel aber durch eine antijüdische Schrift des Johannes Chrysostomus, daß man am Sabbat besonders gerne in jüdischen Häusern tanzte.[47] Angesichts der aszetischen Strömungen innerhalb des Christentums des 4./5. Jh.s mußte solcher Unterschied der Einstellung natürlich stark auffallen.

Den Kirchenvätern ist jedenfalls die jüdische Tanzfreudigkeit im Hinblick auf ihre eigene ablehnende Haltung sichtlich unangenehm gewesen. Allein ihre oft sehr gewundene, spiritualistische Interpretation des bekannten Herrenwortes Mt. 11,17; Lk. 7,31 (das Maschal von der Kinderklage über die Spielgenossen, die

---

BILLERBECK II, 381 nr. 31 zu Joh. 2,1; Bill. I, 514 Anm. r zu Mt. 9,15, was auf hellenistischen Umwelteinfluß deutet. Das gilt ferner, wenn Jes. 13,21 LXX den hebr. Text ändert und „Siren" = Spuckgeister und dämonische Wesen am Ort des zerstörten Babels tanzen läßt; Nachweise EMIL KAUTZSCH zu Henochapocal. 19, 2.

45   Mk. 6,2ff. = Mt. 14,6ff. Der Name Salomes ist nicht angegeben, weshalb die Kirchenväter oft irrtümlich vom „Tanz der Herodias" sprechen. Die Geschichte ist wohl außerhalb Palästinas in jüdischen Kreisen entstanden, nach ERNST LOHMEYER, Das Evangelium des Markus, KEK I/2, Göttingen 1951, 119ff., der mit Recht sagt, daß es dem Erzähler nicht auf den Tanz, sondern die Verschlagenheit der Mutter ankam. Das Negative der Tanzszene liegt höchstens darin, daß eine Fürstentochter sich wie eine Berufstänzerin benimmt.

46   Socrates, h.e. VII, 13 (PG 67, 760ff.), wobei der Zusammenstoß zwischen Juden und Christen mit dadurch verursacht wurde, daß die Spätantike die Sitte kannte, im Theater Verwaltungsmaßnahmen zu proklamieren und in öffentlicher „Fragestunde" zu verantworten, dazu unten Anm. 103. Die Tanz„wut" der Alexandriner prangert schon Dio Chrysostomus, Or. 32, 68 an, während Philon, De ebrietate § 177 unangefochten davon spricht, daß er „oft" im alexandrinischen Theater gesessen habe.

47   Augustin, serm. 9 de decem chordis 3; in Joannis Ev. tract. 3, 19; Enn. in Ps. 91, 2. Das MA greift im Kampf gegen die Leichentänze auf die augustinische Kritik zurück, vgl. die Synode von Würzburg 1298, can. 4: „Die Priester sollen unter Strafe der Exkommunikation verbieten, daß die Tanzreigen auf den Coemeterien oder in der Kirche aufgeführt werden. Sie sollen auch mahnend darauf dringen, daß sie nicht anderswo stattfinden, wie Augustin sagt: ‚Es ist auch besser, an Festtagen zu graben und zu pflügen denn Reigen aufzuführen'" (MANSI 24, 1190); Bayeux 1300 can. 31 (MANSI 25, 26) wiederholt das wörtlich – Joh. Chysostomus, adv. Judaeos I, 2 (PG 48, 846).

nicht zum Klang der Flöte getanzt haben) läßt das deut- [234] lich erkennen.[48] Auch der Tanz Davids vor der Gotteslade und das Ezechielwort 6,11: „Plaude manu et percute pede" (Vulg.) sind ähnlich spiritualistisch ausgedeutet worden.[49] Apologetische Tendenzen verbinden sich mit der These, die Juden hätten während ihres langen Aufenthaltes in Ägypten von der heidnischen Umwelt das Tanzen gelernt: es sei an sich dem Gottesvolk wesensfremd.[50] Solche Erklärungen ändern jedoch nichts an der Tatsache, daß die nachkonstantinische Reichskirche, die in vielen Dingen gerade dank jener Traditionselemente, die sie der jüdischen Synagoge verdankte, sich erfolgreich gegen die heidnischen Umwelteinflüsse abschirmen konnte, an diesem Punkte nicht auf eine indirekte Unterstützung durch jüdische Überlieferung bauen konnte. Im Gegenteil – es ist nicht abwegig, die starke Polemik gegen den Tanz in den Predigten eines Johannes Chrysostomus damit in Zusammenhang zu bringen, daß im Bereich der byzantinischen Kirchenprovinzen, vor allem in Konstantinopel selbst, das erstarkte Judentum auf manche Christen anziehend wirkte. Darauf hat im Gefolge älterer Beobachtungen von ADOLF SCHLATTER neuerdings wieder HANS BIETENHARD hingewiesen.[51]

Erst die Berücksichtigung der drei oben genannten Faktoren läßt die theologische Leistung, welche die nachkonstantinische Kirche und hier in erster Linie ihre Bischöfe vollbracht haben, indem sie den spätantiken Tanz verfemten, einsichtig werden. Die Motive solcher kritischen Einstellung wie auch die Methoden der Abwehr sind sehr unterschiedlich gewesen, je nachdem ob es [235] sich um

---

48 Solche Verlegenheit offenbart bes. Ambrosius. Er stellt de off. I, 13, 22 fest: „Saltavit ante arcam Domini David (2.Sam. 6,14): non saltavit Samuel; nec ideo ille reprehensus, sed magis iste laudatus". Anders hingegen interpretiert Ambr. ep. 58, 8 (PL 16, 1180): Diejenigen, die nicht getanzt haben, so wie einst David vor der Lade tanzte, sind die Juden. Sie folgten nicht dem Ruf Christi und verstanden daher nicht, was mit der Aufforderung Ps. 46,2: „Omnes gentes plaudite manibus" gemeint war; nur die Heiden verstanden es. Seine Exegese, die auf Origenes zurückgeht (Matthäuskommentar X, 22; ed. KLOSTERMANN X, 30, 2ff.) versteht das Händeklatschen (plaudite manibus) entsprechend dem spätantiken Volkstanz als Taktschlagen zum Tanz, jedoch einem Tanz „in spiritu". Wieder anders erklärt Ambr. de poenitentia II, 6, 41f., spez. 43 (PL 16, 508): die Juden haben nicht im rechten Verständnis des „Mysteriums" getanzt, da ihre Seele sich nicht zur „geistigen Gnade" erhob. Expos. in Ps. 118 serm. 7, 26f. (PL 15, 1290) endlich heißt es: „Cantavit nobis et in Evangelio veniam delictorum, debuerunt Judaei mentem attolere non histrionico corporis motu, sed sancto spiritu. Non fecerunt, ideo reprehenduntur", worauf eine unerwartete Rechtfertigung des Sakraltanzes folgt: „Sed etiam et corporis saltatio in honorem Dei laudabilis habetur". Denique saltavit David ante arcam Domini". Sie steht jedoch isoliert da.

49 Exp. ev. Lucae 6, 5-10 (CSEL 32, 233ff.), wo im Schlußsatz betont wird: „Sed hoc canticum non in foro, non in plateis canebatur". Es steht mit dem Wortlaut in schroffem Widerspruch, wenn BACKMANN aaO 27 darin „a defence of church dance" sieht. Zur spirituellen Deutung des Davidtanzes vgl. auch Gregor von Nazianz, adv. Julianum Or. 5, 35 (PG 35, 708ff.), der von dem „Mysterium des rhythmischen und figurenreichen Weges zu Gott" spricht, aber nicht meint: „by dancing one approaches God" (BACKMANN aaO 31).

50 Theodoret, Graec. aff. cur. 7, 16 (ed. JOHANNES RAEDER, 185f.) Das Argument greift sichtlich auf spätantikes Wissen von Ägypten als einem Zentrum des Sakraltanzes zurück.

51 Kirche und Synagoge in den ersten Jahrhunderten, in: ThZ 4 (1948), 174ff., spez. 190f. Gregor von Nazianz (s. Anm. 49) spricht kaum zufällig von häuslichen Tänzereien am Neumondstage.

den heidnischen Kulttanz, den Volkstanz oder den Kunsttanz handelt. Wir werden daher unsere weitere Darstellung an diesen drei Tanzgattungen orientieren müssen.

1. Der Kulttanz

Der antike Tanz war seinem Ursprung nach sakraler Natur: man tanzte zu Ehren der Gottheit. So auch im griechischen Theater, in dem jede Darbietung durch einen Tanz beendet wurde, der je nach dem Charakter der Aufführung verschieden war. Die Tragödie wurde durch die „Emmeleia", die Komödie durch den „Kordax" und das Satyrspiel durch den „Sinnix" abgeschlossen. Später haben die drei Stilformen unabhängig von ihrem Ursprungskreis sich erhalten und sind „Kunst"tanz geworden. Immer steht aber hinter ihnen die Gestalt des Dionysos, der im Verlauf einer langen, hier nicht näher zu schildernden Entwicklung recht eigentlich der Tanzgott der Griechen gewesen ist. – Auf religiöse Wurzeln stößt man auch bei der Geschichte des Tanzes der Römer. Seinen vornehmsten, kultischen Ort hatte er bezeichnenderweise am Tempel des Kriegsgottes Mars gefunden. Dort führte die hochangesehene Priesterschaft der Salier einen Waffentanz, eine Art Springtanz, auf, wie auch im lateinischen Wortgebrauch „saltare" und „salire" alterierend angewendet werden können. Es charakterisiert ferner die römische „pietas", daß das alte Rom allem Anschein nach auch einen Kulttanz zu Ehren der sog. Laren, der späteren Hausgötter, kannte.[52]

Ohne Zweifel hatte der Sakraltanz in der Spätantike seine Bedeutung für das religiöse Leben der politischen Gemeinschaften verloren. Seine Krise setzte schon lange vor unserm Berichtsraum ein, nämlich mit dem Zerfall der Geschlechterreligion und der Nationalkulte.[53] Dafür war er aber in einem bedeutsa-

---

52 Zu antiken Tanzformen vgl. WARNACKE, Art. „Tanzkunst" in PRE IVA (1932), 2242ff.; WÜST, Art. „Pantomimus" aaO 36 II (1949) 836ff., ferner die kleine Studie von WALTER FRIEDRICH OTTO, Menschengestalt und Tanz, München 1956. Natürlich kannte auch das alte Hellas den Waffentanz, z.B. den noch zu nennenden „Pyrrichios". Unsere stark geraffte Charakteristik will nur den Unterschied zwischen griechischem und römischem Tanz herausstellen. – Zum Tanz der Laren vgl. KURT LATTE, Römische Religionsgeschichte, München 1960, 96ff.; WEEGE aaO 148ff. mit Abb. 216, 218f. Die zahlreichen Beispiele aus Pompeji, vgl. GEORGE K. BOYCE, Corpus of the Lararia of Pompeji, in: MAAR XIV (1937) zeigen, daß in den häuslich beengten Verhältnissen der Larentanz nicht geübt werden konnte. Die Ikonographie der Larenbilder und auch Statuen (vgl. die beiden Laren einer zusammengehörenden Gruppe im Röm. German. Zentralmuseum, Mainz, aus dem 1. Jh. n.Chr.) hält jenes ältere Stadium des Larenkultes fest, da derselbe noch dem ländlichen Leben angehörte.

53 Der hellenistische Herrscherkult trug das Seine dazu: Athenaios VI, 250a (ed. KAIBEL) berichtet auf Grund älterer Quellen von dem Syrakusaner Demokles, er habe den Tanz zum Nymphenfest nicht den Göttinnen, sondern unmittelbar Dionisios II. geweiht. Ich verdanke die Stelle FRITZ TAEGER, Studien zur Geschichte des antiken Herrscherkultes I, Stuttgart 1957, 157. Nur dem Tanzgott Dionysos erging es besser, vgl. dazu unten.

men Bereich spätantiker Privatfrömmigkeit lebendig geblieben, in den Mysterienkulten. Ein anonymer Apologet des Tanzes, der uns noch öfter beschäftigen wird,
schreibt Ende des 2. Jh.s: [236]

> „Ich lasse beiseite, daß man keine einzige Weihe finden kann, die des Tanzes ent-
> behrt. Als Orpheus und Musaios, die besten Tänzer der damaligen Zeit, die den Tanz
> für das Schönste hielten, die Weihen einführten, verordneten sie, daß jedermann mit
> Tanz in die Mysterien aufgenommen würde. Daß es sich mit diesen Feierlichkeiten so
> verhält, darf man wegen der Uneingeweihten nicht näher erklären. Jedermann aber
> hört, daß man von denen, die die Mysterien ausplaudern, zu sagen pflegt: ‚sie tanzen
> sie aus‘“ (Ps. Lukian, De Salt. 15).[54]

Der sakrale Tanz erhielt sich vor allem in den Dionysosmysterien, die in der Spätantike längst das orgiastische Element des thrakischen Kultes abgestreift hatten
und zu Garanten eschatologischer Jenseitshoffnung geworden waren. Die berühmten Fresken der Villa dei misteri zu Pompeji stellen einen solchen Mysterientanz dar, indem eine nackte Frauengestalt mit erhobenen Händen zu Ehren des
Dionysos mit unnachahmlicher Grazie tanzt,[55] während die spätantike Sepulkralplastik die Lebendigkeit der dionysischen Mysterienfrömmigkeit beweist.
Zahlreiche Sarkophage stellen den Thiasos mit seinen Mänaden, Satyrn und Sile-
nen dar und beweisen, wie populär es war, das Leben im Jenseits sich als „Reigen
der Seligen" vorzustellen.[56] Die Breitenwirkung wird durch ein Grabsteinrelief
unterstrichen, das ein in Deutschland stationierter Soldat Macrinus sich errichten
ließ. Die rohe und z.T. zerstörte Arbeit läßt noch eine tanzende Mänade erkennen
und wird so zu einem Bekenntnis dionysischer Jenseitserwartungen durch einen
römischen Legionär.[57] Man versteht, warum die alte Kirche das dionysische Element im Tanz besonders stark empfinden mußte. Noch in justinianischer Zeit hat

---

54   Zum „Austanzen" der Mysterien vgl. Clemens Alex. Paed. II, 12, 1, den Synodalbrief bei Euseb,
     h.e. VII, 30, 16 und ferner Plutarch, Alcibiades 19: der Grieche galt der Spätantike als klassisches
     Beispiel. Nach Platon, Euthydemus 7, 227D zählte man Samothrake zu den ältesten Belegen für
     den Mysterientanz.

55   Farbige Wiedergabe des viel abgebildeten Freskos bei AMEDEO MAIURI, La peinture Romaine,
     Genf 1953, 59. Eine eschatologische Deutung hat MARTIN PERSSON NILSSON, The Bacchic
     Mysteries of the Roman age, ThR 46 (1953), 175ff. spez. 195ff. vorgetragen, während
     REINHARD HERBIG, Neue Beobachtungen am Fries der Mysterienvilla, Baden-Baden 1958, 47
     die Tanzszene dem Thiasos als einem getrennten Programm der Bilderfolge zuweist. Übrigens
     hat M.P. NILSSON, The Dionysiac mysteries of the Hellenistic and Roman Age, Lund 1957, 58f.
     die Deutung nicht wiederholt, vgl. aber S.130.

56   Z.B. WEEGE Abb. 232; FRANZ CUMONT, Recherches sur le symbolisme funéraire romain, Paris
     1942, Taf. 40c. FRIEDRICH MATZ, dem die Bearbeitung der dionysischen Sarkophage in dem
     Sarkophagkorpus obliegt, hat in der Mainzer Akademie-Abh. 1952, Nr. 5 („Eine bacchische
     Gruppe") nachgewiesen, daß dieselben Umzüge der hellenistischen Zeit in griechischen Städten
     widerspiegeln, die von dionysischen Techniten bestritten wurden.

57   Abb. bei QUASTEN, 38. Auf eine verwandte Darstellung im Museum von Arleon macht M.P.
     NILSSON in dem erwähnten ThR-Aufsatz (s. Anm. 55) aufmerksam.

der Rhetor Choricius seine „Apologia pro mimis" mit einer Ekloge auf den „Gott der Mimen" Dionysos beschlossen.[58] [237]

Daneben scheint der Mysterientanz auch in Form der mimischen Darstellung von Kultlegenden geübt worden zu sein. Bei der Arkandisziplin der Mysterien geben die literarischen Quellen hierzu wenig aus. Wir besitzen aber ein aufschlußreiches Dokument für den Isiskult in Herkulaneum. Ein Fresko zeigt im Vordergrund eine Opferhandlung, die uns nicht zu beschäftigen hat. Unser Interesse richtet sich vielmehr auf die Mitte des Hintergrundes, wo vor einem Tempeleingang ein bekränzter Tänzer sichtbar wird, der durch seine Größe als Gottheit bzw. Heros gekennzeichnet ist. Vielleicht handelt es sich um den Flußgott Nil, der mit der Osirislegende der ägyptischen Mysterien zusammenhängt. Alles spricht jedenfalls dafür, daß durch ihn das Kultdrama nach Art der Pantomime tänzerisch dargestellt wird.[59]

Nur mit ihren Prozessionen traten die Mysterienkulte in das helle Licht der Öffentlichkeit. Da dieselben teilweise dem offiziellen Festkalender angehörten, hielten sie sich mit diesem verhältnismäßig lange und wurden bei den veränderten Verhältnissen der nachkonstantinischen Zeit von alleine zu einem Propagandainstrument für das Heidentum.[60] Mit ihnen verbanden sich auch Prozessionstänze. So hören wir aus nachkonstantinischer Zeit von einem Fest zu Ehren der Göttinnen „Artemis" und „Athena" (sicher gräzisierte, lokale Gottheiten), das zu Ancyra gefeiert wurde. Die Prozession galt der Waschung der Kultbilder (lavatio dearum), wie sie in fast allen Mysterienkulten nachzuweisen ist. Unsere christliche Quelle schildert, wie die Kultgemeinde im feierlichen Zuge die Kultbilder zum See hinabträgt, während zum Schall der Flöten und der Zimbeln Frauen Tänze aufführen, „die Zöpfe aufgelöst wie Mänaden".[61] Angesichts eines solchen Be-

---

58 Apol. 20, 1ff. (ed. C.H. GRAUX aaO 246). Die dominierende Stellung von Dionysos als „Gott des Tanzes" in der Spätantike hängt vielleicht damit zusammen, daß er von dem ptolemäischen Herrscherkult in der hellenistischen Krise der Sakraltänze beansprucht wurde, dazu vgl. wieder MATZ in seiner Mainzer Abh. (s.o. Anm. 56), ferner in seiner Rez. von M.P. NILSSON, Gnomon 32 (1960), 540ff.

59 QUASTEN Taf. 24 nach Photo Anderson 23422; zur Deutung JOHANNES LEIPOLDT, Angelos I, Leipzig 1925, 127. Selbstverständlich vollzogen sich auch die Mysterienopfer unter Flötenspiel und Tanz, was für den delphischen Apollonkult und Delos Plutarch, De musica 14; Ps. Lukian, De salt. 16 bezeugen.

60 Der berühmte Chronograph von 354 (vgl. HENRI STERN, Le calendrier de 354, Paris 1953) bietet die nötigen Unterlagen, vgl. ferner ANDREAS ALFÖLDI, A Festival of Isis in Rome under the Christian Emperors of the IVth Century, Diss. Pann. ser. 27, Budapest 1937. Auch der Christengegner Kelsos fr. III, 16b empfindet die Prozessionen des Kybelekultes als aufdringlich.

61 Martyrium S. Theodori, ed. PIO FRANCHI DE'CAVALIERI, StT 6, Rom 1901, 70. Noch bekannter ist der Protest Augustins gegen die öffentlichen Darbietungen „a nequissimis scenicis" am Tage der Lavatio der Virgo Caelestis von Carthago und gegen die „meretricis pompa" (De civ. dei II, 4 u. 26, 2), deren Zeuge er als Student gewesen war, vgl. Enn. in Ps. 98, 14 nach der Schließung des Tempels und seiner Umwandlung in eine Basilika im Jahre 399 durch Bischof Aurelius den historischen Rückblick. Wie Kelsos fr. I, 9 (R. BADER) mit Anm. 4 nimmt er daran Anstoß, daß die Bettelpriester der Göttermutter im Lande herumziehen, um durch die Spenden den Kult zu finanzieren.

richtes versteht man besser, daß den Christen der Tanz schlechthin zum Ausdruck heidnischer Frömmigkeit werden konnte. Ein Nichtchrist konnte schon schreiben: „Daß in den Religionen getanzt wird, hat darin seinen Grund, daß unsere Vorfahren von keinem Teil des Körpers wollten, daß er ohne religiöse Empfindung bleiben sollte. Denn der Gesang gehört zur Seele, der Tanz zur Bewegung des Körpers." Ein Christ konnte in der damaligen Situation unmög-[238] lich dies unterschreiben.[62] Wenn für ihn die Liturgie das Verlangen nach Sinnenfälligkeit erfüllen sollte und wollte, dann bot sie ihm nur im Psalmodieren die Möglichkeit, sich den Gefühlsregungen der Seele hinzugeben. Das gottesdienstliche Erlebnis seiner Körperlichkeit aber war ihm verwehrt. Die nachkonstantinische Kirche ist in der christlichen Umprägung heidnischen Brauchtums sehr weitherzig gewesen: mit der Aufnahme des kultischen Tanzes hätte sie aber ein Herzstück ihrer Frömmigkeit preisgegeben!

Diese Gefahr stand ihr zudem in den christlichen Sekten dauernd vor Augen, besonders im Bereich der morgenländischen Kirchen. Dort gab es die Sekte der „Messalianer" (Euchiten), die der Ansicht war, daß in der Brust jedes Menschen, auch des Christen, der Teufel wohne und weder durch Sakramente noch christliche Askese, sondern nur durch andauerndes Beten ausgetrieben werden könne. Sei das gelungen, dann müsse er im Tanz am Boden mit den Füßen zertreten werden, damit er nicht erneut – so ist wohl die Vorstellung – in den Menschen zurückkehren könne.[63] Die gleiche Quelle berichtet von jener ägyptischen Sekte, die sich nach Bf. Meletios von Lykopolis „die Meletianer" nannte bzw. genannt wurde: auch sie übte den religiösen Tanz im Gottesdienst. Den kurzen Angaben ist zu entnehmen, daß man durch Händeklatschen den Takt zum Tanzen angab, während gleichzeitig Hymnen gesungen wurden. Die Notiz, daß die Meletianer dabei auch Holzglocken in Bewegung gesetzt hätten, deutet zugleich auf magisch-apotropäische Vorstellungen: durch den Lärm der Glöckchen sollen die Dämonen vom Offenbarungsort vertrieben werden.[64]

---

62 Servius, In Virgil ecl. V, 73, der hier Varro wiedergibt; ich verdanke die Stelle CARL SCHNEIDER, Geistesgeschichte des antiken Christentums II, München 1954, 182, wende mich aber gegen dessen Interpretation, zumal Servius zum Symmachuskreis gehörte. Dazu unten.

63 Theodoret, Haer. fab. comp. 4, 11 (PG 83, 492), der hier den Hypomnemata des Amphilochius folgt; h.e. IV, 11,1 erwähnt er den Tanz nicht, ebenso auch nicht Epiphanius, Pan. 80, 1ff. und Augustin, De haer. 57. Die schmale Quellenbasis macht die religionsgeschichtliche Analyse schwierig. Obige Deutung nimmt exorzistische Elemente an. Zur Vorstellung von der Rückkehr des Dämons vgl. Mt. 12,43ff. = Lk. 11,24ff (Q), zum Vorstellungskomplex des „calcare in diabolum" vgl. JOSEF KROLL, Gott und Hölle, Studien der Bibliothek Würzburg 20, Leipzig 1932, 17ff. – Hält man sich hingegen an die Wendung, daß die Messalianer behaupteten, den „Dämon übersprungen" zu haben und mit den Fingern die Geste des Bogenschießens machten (vgl. das bekannte Mosaik gegen den „bösen Blick" aus der Basilika Hilariana auf dem Coelius in Rom bei FRANZ JOSEPH DÖLGER, Ichthys 4, Rom/Münster 1928, Taf. 290 und den noch heute in südlichen Ländern üblichen Akt, mit gespreizten Fingern den „bösen Blick" abzuwehren), dann hätten wir es mit einem magischen Mimus ähnlich dem Feuersprung des Purimfestes zu tun.

64 Theodoret aaO IV, 7 (PG 83, 425); auch in diesem Falle wird der Tanz nicht von Epiphanius, Pan. 68, 4ff.; Philastrius, haer. 90 und Augustin, de haer. 48 erwähnt. Zu den magischen Vorstel-

Diese dürftigen Nachrichten müssen außerdem der kultgeschichtlichen Interpretation der vielzitierten Stelle aus den Johannesakten als Quellenbasis dienen, in der berichtet wird, wie Jesus vor seiner Verhaftung die Jünger [239] um sich versammelt, um „den Vater im Hymnus zu besingen" (§ 94). Im Stil eines Mysterienlogos wird Sinn der Sendung und vor allem des Leidens Christi den Aposteln enthüllt. Die gnostische Sicht läßt dabei das Leiden Jesu als Scheinleiden deuten und gibt der christlichen Heilslehre zugleich eine kosmische Ausweitung, die auf der Lehre von der Allbeseelung basiert.[65] Der Tanz aber wird zum Mittler geheimer Offenbarung: „Wer tanzt, erkennt, was ich begehe /. Ich will, daß die heiligen Seelen im Rhythmus sich auf mich zubewegen /. Erkenne mit mir den Logos der Weisheit" (§ 96). Der historisierende Bericht setzt voraus, daß er kultisch verankert ist. Es heißt von Jesus: „Dann befahl er uns (sc. den Aposteln), einen Kreis zu bilden, indem wir uns gegenseitig mit den Händen anfaßten. Er selbst trat aber in die Mitte und sagte: ‚Achtet auf mein Amen'. Darauf hob er an, den Hymnus zu sprechen und zu sagen: ‚Ruhm sei Dir, Vater!' Wir aber drehten uns im Reigen und gaben ihm Refrain durch das ‚Amen'" (§ 94). Das Bild eines sakralen Rundtanzes, wie er uns bereits aus vorklassischer Zeit bekannt ist,[66] läßt sich mit Händen greifen. Hinter der literarischen Form steht ein liturgisches Formular. Die gleiche Folgerung wird man ziehen müssen, wenn im Bereich der Barbelognostiker ein Hymnus in seinem Aufbau stark dem der Johannesakten ähnelt. Auch hier versammelt Jesus die zwölf Jünger um sich, die seinen Lobpreis Strophe für Strophe mit einem dreimaligen „Amen" refrainartig beantworten müssen.[67] Am Nil war man seit alters gewohnt, dem sakralen Tanz Raum zu geben, in

---

lungen QUASTEN 37f. mit Anm. 9, vgl. ferner S. 48 Anm. 11 den aus einem Zauberpapyrus mitgeteilten Ritus. Zur ganzen Stelle FRANZ JOSEPH DÖLGER, Klingeln, Tanz und Händeklatschen im Gottesdienst der christlichen Meletianer in Ägypten, AC 4 (1934), 245-265.

65 Acta Joannis § 87-105, RICHARD ADELBERT LIPSIUS — MAX BONNET, Acta apostolorum apocrypha I, Leipzig 1891, 525ff., dazu M. PULVER, Jesu Reigen, Eranos (1942), 141fff.; ANDRÉ-JEAN FESTUGIÈRE, La révélation d'Hermès Trismégiste IV, Paris 1954, 233ff. Zu dem hier vorliegenden Aspekt einer kosmologischen „Sympathie des Alls" vgl. HANS LIETZMANN, Ein christliches Amulett auf Papyrus, in: DERS., Kl. Schriften I², Berlin 1958, 416-419: mit dem Text vom Meerwandel Petri (Mt. 14,28-31), der als Phylakterion wohl für einen christlichen Seemann (?) gedacht war, wird eine Akklamation (Hymnodie) an Gott den Allmächtigen verbunden, den der „himmlische Chor" der Äonen (?) bzw. der Engel gemeinsam mit dem Amulettträger preist.

66 Vgl. z.B. die Bronzegruppe aus Olympia, WEEGE Abb. 36 oder Hesychius s.v. περιχορίζειν und θρώνωσις. Schon im kabirischen Kult (Platon, Euthydemos 277D) haben wir es mit einem Rundtanz zu tun, vgl. ARTHUR DARBY NOCK, A Cabiric Rite, AJA 45 (1941), 579 mit Anm. 15. Ebenso kannte das archaische Kreta den Rundtanz und verband ihn mit den „passionplays" einer sakralen Pantomime, die Tod und Auferstehung der Göttermutter von Ida darstellte, vgl. LILLIAN B. LAWLER, The Dance in Ancient Crete, in: Studies presented to DAVID MOORE ROBINSON, Bd. I, St. Louis 1951, 22-51 spez. 40f.

67 Das erste Buch des Jeśû, ed. CARL SCHMID — WALTER TILL, Berlin 1954, 297ff. Der Hymnus steht am Schluß des Buches, was schon auf den liturgischen Charakter deutet. Eingeleitet wird er mit den Worten: „Er aber sprach zu ihnen, den Zwölfen: ‚Umgebet mich alle'. Sie aber umgaben ihn alle. Er sprach zu ihnen: ‚Antwortet mir und preiset mit mir, auf daß ich meinen Vater wegen

der Spätantike namentlich innerhalb der Isis- und Sarapismysterien.[68] Hier ist durch die [240] christliche Mönchssekte der Meletianer die christliche Adaption des ägyptischen Sakraltanzes bezeugt.[69] Die gnostischen Christushymnen spiegeln ein gottesdienstliches Brauchtum wider, das seine Herkunft vom spätantiken Mysterientanz nicht verleugnen kann. Denn heidnische Mysterienfrömmigkeit umgibt uns, wenn es am Schluß des Hymnus der Johannesakten heißt: „Ich habe ein einziges Mal die ganze Lehre als Mimus aufgeführt und wurde doch nicht völlig bloßgestellt. Ich habe getanzt, Du aber erkenne das alles, und wenn Du erkannt hast, sprich: Ruhm sei Dir, Vater! Amen" (§ 96). Das Kerygma ist durch den Mimus, die Homologia durch jenes gnostische Geheimwissen ersetzt worden, das die Enthüllung nur in der Verhüllung kennt und damit das Christentum einer zweifelhaften Esoterik ausliefert. Es war notwendige Abwehr sowohl der dogmatischen Verfälschung wie auch der religiösen Entwesung des Christentums, wenn die alte Kirche angesichts solcher sektiererischen Erscheinungen den Sakraltanz aus ihren Reihen verbannte.

Der Gebrauch der gnostischen Johannesakten bei andern Sekten wie z.B bei den Manichäern und den Priscillianern (Philastrius, haer. 88.7; Augustin, ep. 237, 4) hat gelegentlich in der Forschung zu dem übereilten Schluß geführt, auch diese Gemeinschaften hätten den Sakraltanz ausgeübt.[70] Da zur Klärung dieser Frage nur Texte hymnologischer Art zur Verfügung stehen, kann die Beweisführung nur indirekt durch eine geistesgeschichtliche Analyse geführt werden. Dieselbe wird bei ihrer Erhebung der kultischen Vorstellung, die zentralen Begriffen zugrunde liegt, gleichzeitig berücksichtigen müssen, daß der antike Sakraltanz Ausdruck einer kosmischen Weltfrömmigkeit ist, was nun auch in der kultischen

---

der Emanation aller Schätze preise"'. Auch DÖLGER, AC 4, (1934), 259 nahm den Hymnus als Ausdruck eines Sakraltanzes.

68 Vgl. das Relief eines Grabdenkmales von der Via Appia bei WEEGE Abb. 19; JOHANNES LEIPOLDT, Die Religionen in der Umwelt des Urchristentums, Leipzig 1926, nr. 17. Vor einem ägyptischen Tempel tanzen auf offener Straße drei leichtbekleidete Tänzerinnen, die ausgesprochen obszön sich bewegen, zum Klang der Flöten. Auf einem bekränzten Altar steht eine Gruppe, die durch Händeklatschen den Rhythmus angibt und darin durch einen Taktangeber, der vor dem Altar steht, angeführt wird. – Für den Mimus der Johannesakten nimmt man im übrigen Einfluß sakraler Tanzpantomimen, welche das Sterben eines Mysterien-Gottes (Attis, Adonis oder Osiris) darstellten, an. Vgl. ERNST WÜST aaO 833ff. Eine genaue metrische, aber auch philologische und doxologische Analyse hat D.I. PALLA in den Mélanges offerts à Octave et Melpo Merlier, Athen 1956, 1-44 gegeben.

69 Damit bringe ich in Zusammenhang, daß heute der sakrale Rundtanz nur noch in der monophysitischen Kirche Äthiopiens nachzuweisen ist, vgl. FRIEDRICH HEYER, Die Kirche Äthiopiens. Eine Bestandsaufnahme, Berlin 1971, 28, Anm. 1. Die griechisch-orthodoxe Liturgie kennt bei der Priesterweihe und Taufe ein Umschreiten des Altars bzw. Taufbeckens. Ich hatte Gelegenheit, in Saloniki April 1961 anläßlich einer Taufe (durch ein Mitglied der dortigen theologischen Fakultät an einem Kinde des Kollegen Kalogiru vollzogen) dieses Phänomen zu beobachten. Der „Tanz" ist erstarrt, indem Priester und Pate (mit Kind auf dem Arm) um das Taufbecken schreiten und durch jeweiliges Stillestehen ein Kreuz markieren.

70 So z.B. WILHELM DEINHARDT, Art. „Tanz" in LThK IX (1937), 991, der im übrigen auch den Mandäern den Sakraltanz zuschreibt.

Sprache seinen Niederschlag findet. Charakteristisch hierfür ist aus dem Christus-hymnus der Johannesakten jener Passus, nach dessen Worten auch das Univer-sum mit der Kultgemeinde tanzt: „Eine Ogdoas singt gleichzeitig mit uns / die zwölfte Zahl hoch oben tanzt mit uns zu Ehren des (Herren) des Alls, dem man tanzen muß /. Wer nicht tanzt, erkennt nicht das Werden" (§ 95). Die kultische Form eines „passion play" (Anm. 66) verbindet sich mit einem Weltverständnis, das auf [241] der einen Seite den Sakraltanz zu einer „Analogia entis" werden läßt, auf der andern jedoch dank der gnostisch-dualistischen Kosmologie den Passi-onshymnus zur Mimesis der „Sym-patheia des Alls" macht. Die für den Sakral-tanz zu fordernde Einheit von Ritus und hymnischer Sprache, bzw. dem ihr zugrunde liegenden Weltverständnis ist in unserm Falle dadurch gegeben, daß es sich um einen Passionstanz handelt. Sie wäre zerstört, wenn der Tanz Ausdruck der Freude sein sollte. Unter diesen Gesichtspunkten sollen gewisse Begriffe, wie die Vorstellung vom Tanz der seligen Geister bzw. der Engel näher ins Auge genommen werden, zumal sie gelegentlich zur Quellenbasis für einen angeblich christlichen Sakraltanz gemacht worden sind (BACKMANN).

Am eindeutigsten sind die kosmologischen Vorstellungen, die dem Begriff vom „Chor bzw. Reigen der Sterne" entsprechen. Selbst in der christianisierten Form von 1.Clem. 20, 3 läßt der Begriff den Zusammenhang mit der griechischen, in diesem Falle spez. stoischen Naturfrömmigkeit erkennen, wobei nicht zufällig 1.Clem. 20, 9 auf den friedvollen Wechsel der 4 Horen hinweist. Der sakrale Rundtanz der Horen (oben Anm. 44) auf Erden entspricht dem „Reigen der Sterne" am Himmel. – Ebenso eindeutig ist die Vorstellung vom „Reigen der Seligen" mysterienhaft. Während der Begriff vom „Reigen der Sterne" in die altchristliche Liturgie Eingang finden konnte (Apost. Konst. VIII, 12, 9), hat sich dieser in der altchristlichen Literatur nicht ein-bürgern können. Warum, lassen sowohl der älteste Beleg wie auch ein zweiter aus spä-terer Zeit erkennen. Letzterer ist Synesios von Cyrene, der Bischof mit dem heidni-schen Denken, der Hymnus 8 Z. 25 durchaus dionysisch-orphisch von den „heiligen Reigen der Seelen" in der Unterwelt sprechen kann, wie er auch Hymnus 9 ed. TERZAGHI Z. 29 von dem „Reigen der Engel" spricht. Noch deutlicher tritt der ach-ristliche Charakter des Begriffes bei Clemens Alex. Protr. XII, 119, 1-120, 2 (STÄHLIN, GCS Clemens I, 84), 4 X. in Erscheinung. Die Ausmalung der christlichen Eschato-logie unter dem Stichwort der „sobria ebrietas" nimmt allzu deutlich ihre Bildlichkeit von dem dionysischen Thiasos, wobei auch der „Tanz der Engel" um den „Ungewor-denen und Unvergänglichen" (Tim. 52 A) das Bild des mysterienhaften Rundtanzes ins Jenseits projiziert. Ungeachtet der Metaphorie dieser Bildsprache muß festgehalten werden, daß der älteste Beleg für die Vorstellung vom „Tanz der Engel" auf Elemente dionysisch-kosmischer Frömmigkeit zurückgreift. Das eschatologische Bild von dem Tanzhymnus, welchen die Erlösten mit den Engeln und dem Logos Gott darbringen, steht in seinen kosmologischen Voraussetzungen unmittelbar neben dem Sakraltanz der Johannesakten, nur daß jetzt der dualistische Aspekt fehlt. Hätte Clemens Alex. den Bildrahmen sprengen und die erkenntnismetaphysischen Gründe für solche „cognitio aeterna" im Tanz nennen wollen, hätte er sich im Sinne des Timaios (vgl. bes. 90A/C) formulieren müssen. Solche hypothetische Überlegung ist angesichts der scharfen Unterscheidung, die Origenes, Sel. in Ps. 118, 17 (PG 12, 1628A) zwischen dem Hymnus der Engel und dem Psalmengesang der Christen macht, durchaus gerechtfertigt.

Wenn die altchristlichen Texte bevorzugt von dem „*Chor der Engel*" sprechen, ist daher präzise zu fragen, unter welchen denkerischen Voraussetzungen das geschieht. Auch hier ist einer der ältesten Belege, nämlich Hermas Sim. IX, 11, 5 symptomatisch, wo gleichfalls ein eschatologisches Jenseitsbild gemalt wird. Es spricht von dem Reigen der 12 Jungfrauen, wobei es differenzierend heißt: „die einen aber bildeten einen Kreis (ἐχόρευον), die andern jedoch tanzten (ὠρχοῦντο), [242] die dritten hingegen sangen (ᾖδον)". Ungeachtet des kaleidoskopartigen Charakters der visionären „similitudines" läßt hier die geistesgeschichtliche Analyse zwei verschiedene Wurzeln der Vorstellung zu. Die eine liegt im Spätjudentum und seiner Angelologie: sie kommt im dritten Kreis, der als Sängerchor um den Turm steht, zum Vorschein. Denn das „Stehen" um den Thron oder vor dem Thron ist für die spätjüdische Angelologie bzw. Eschatologie charakteristisch, vgl. Apc. Joh. 5, 11; 7, 11; 14, 1ff., aber auch Hermas Sim. IX, 12, 8. Dieser Vorstellungskomplex interessiert uns besonders im Hinblick auf die Bezeichnung des Mönchtums als „vita angelica", vgl. Basilius Caes. ep. 2, 2 (Askese als „Mimesis" des „Chor der Engel"); ep. 46, 2 (Nonnenkloster als „heiliger Chor der Jungfrauen", die den „englischen Chor" repräsentieren), vgl. auch Martyrium Andreae 13, LIPSIUS – BONNET II, 54, 11ff. Daß hier die spätjüdische Vorstellung vorliegt, würde mit ähnlichen Beobachtungen, die ALFRED ADAM zur Selbstbezeichnung des altsyrischen Mönchtums gemacht hat (vgl. ThLZ 79, 1954, 400), korrespondieren. – Die zweite Wurzel des Bildmaterials der Hermasstelle hängt mit der spätantiken Astrologie, die immer zugleich im heidnischen Sinne auch Dämonologie, d.h. Götterlehre ist, zusammen. Soweit ich sehe, hängt damit auch die Bildung zweier Tanzkreise (Planeten, Fixsterne) zusammen. Jedenfalls fällt auf, daß bei der Ausdeutung Sim. IX, 13, 1ff. die „Jungfrauen" als die „heiligen Geister" angesprochen werden und ihnen eine soteriologische Funktion zugesprochen wird: „kein Mensch kann im Reich Gottes sein, wenn diese ihn nicht mit ihrem Gewand bekleiden" (13, 2). Auch daß sie mit dem kosmischen Begriff der „Dynameis" bezeichnet werden, fällt auf. Diese Bildelemente erinnern nun an die spätantike Kosmologie, welche zugleich die gnostische Soteriologie mit ihrem Durchschreiten der verschiedenen Himmelsphären bestimmt, vgl. zum „Chor der Dämonen", d.h. Gestirngötter herm. tract. IV, 8 (ed. ANDRÉ-JEAN FESTUGIÈRE – ARTHUR DARBY NOCK I, 52); XVI, 13 aaO II, 236, aber auch den Rundtanz der 7 Planeten bei Synesios, Hymn. V, 153-180 oder seinen Begriff „Chor der reinen Sterne" aaO IX, 31-61. Es ist ganz interessant zu beobachten, wie der ursprünglich kosmische Aspekt dieser Tanzvorstellung sich nicht verbergen kann, wenn er mit dem Begriff von der mönchischen „vita angelica" verbunden wird. Das tut z.B. Theodoret, Graec. aff. cur. III, 52 (PG 83, 892), aber er bezeichnet jetzt auch das asketische Leben als eine „Mimesis" des Tanzes des Universums und seiner Hymnodie auf den Schöpfer!

Als ein reiner Ersatzbegriff erweist sich die Vorstellung vom „Tanz der Engel", wo mit ihm das Offenbarungsgeschehen bezeichnet werden soll. Das geht eindeutig aus der Weihinschrift der Georgskirche von Esra Or. Gr. II, 610, vgl. FRIEDRICH WILHELM DEICHMANN, JDAI 54 (1939), 104, dem ich die Stelle verdanke, mit ihrer Zeile: „wo früher Opfer der Götzen, sind jetzt Tänze der Engel" hervor. Ähnlich kann Gregor Thaum. hom. 1 (PG 10, 1146) zum Tag der Verkündigung Mariae eine Predigt mit den Worten beginnen: „Heute wird Adam erneuert und tanzt, in den Himmel emporgehoben, mit den Engeln". Epiphanius, hom. 7 in festo Palmarum; (PG 43, 505) aber fordert seine Hörer auf: „Laßt uns eilend mit den Engeln im Tanz vereinen, indem wir mit der Menge in die Hände klatschen" und meint damit den Dank der Gemeinde für die göttliche Offenbarung. Erst in der Malerei des Mittelalters ist dies Bildmotiv der tanzenden Engel als Zeichen göttlicher Epiphanie zum Tragen gekommen. Nicht zufällig werden in der altchristlichen Kunst Engel als Zeugen göttlicher Epiphanie stehend dargestellt (z.b. bei der Jordantaufe, vgl. WOLFGANG FRITZ VOLBACH — MAX HIRMER, Frühchristliche Kunst, München 1958, Taf. 248). Das Ikonogramm war dadurch belastet, daß geflügelte Wesen als Zeichen göttlicher Epiphanie ursprünglich an die Göttin Aphrodite gebunden waren, vgl. NIKOLAUS HIMMELMANN-WILDSCHÜTZ, Zur Eigenart des klassischen Götterbildes, München 1960, 23ff. und sich so auch noch in der Spätantike gehalten hatten, vgl. Fresko der Venus Pompeiana, KURT LATTE aaO Abb. 26, auch wenn man sich im Repräsentationsstil, vgl. Chronograph von 354, Stadtbild von Konstantinopel; Missorium, Theodosius I. Madrid, Akademie, VOLBACH — HIRMER Taf. 53, davon frei machte. Interessant ist, daß das früheste Beispiel tanzender Engel als Epiphanie-Emblem sich über der thronenden Theotokos einer Monzaer Ampulle um 600 n.Chr. (VOLBACH — HIRMER Taf. 254) befindet. Aber auch hier zeigt sich der Unterschied zwischen spätjüdischer Angelologie und hellenistischer Dämonologie.

Diese Erkenntnisse lassen sich auf die gleichfalls umstrittene Frage, ob die Mandäer den Sakraltanz gekannt haben, anwenden. Denn in den Mandäertexten kommt der traditionsgeschichtliche Gegensatz zwischen dem spätjüdischen Vorstellungskreis vom „Stehen" vor dem himmlischen Thron und dem andern vom tanzenden Rundkreis der Gestirngötter deutlich zum Ausdruck. Im Hymnus auf den Lichtkönig durch die Engel (GINZA I, 7ff., ed. MARK LIDZBARSKI, Göttingen 1925, 11, 4ff.) nr. 60 heißt es: „Sie alle stehen da mit Gebet und Lobpreis... (nr. 69). Ihre Erde ruht auf keinem Amboß, ihr Firmament dreht sich nicht durch Räder, die 7 Sterne wandeln nicht über ihnen, die Fünf und die Zwölf leisten nicht ihr Geschick". Oder GINZA II, 30 (aaO 31, 26f.); von den Engeln der Lobpreisung: „Sie sind alle voll Lobpreises und stehen da und preisen den hohen Lichtkönig". Umgekehrt und in schroffer Gegenzeichnung erscheinen die 7 Planeten und die 12 Fixsterne als die Geschöpfe des Bösen (GINZA III, 94ff.; aaO 99, 15ff.). Ihr Tanz wird mythologisch von Kain-Adam abgeleitet, „als er in die Trunkenheit der Planeten geriet, stand er auf und tanzte in der Trunkenheit" (GINZA III, 116; aaO 129, 9ff.). Dieser kosmologische Dualismus verbindet sich aber nun eindeutig mit einer Kritik am Christentum, die dasselbe als Religion des Tanzes charakterisiert, vgl. GINZA II 59 nr. 159; aaO 52, 30, wie auch der Tanz selber für die Glieder der Taufsekte perhorresziert wird, vgl. Ginza I, 20 nr. 146 (aaO 22, 21ff.). In der Tat, nach den obigen, von uns gemachten Prämissen ist auch ein Sakraltanz bei den Mandäern unvorstellbar.

Der ausgedehnte Exkurs läßt uns zur Fragestellung nach einem manichäischen Sakraltanz eine begründete Verneinung aussprechen. Wohl haben die Manichäer die Musik, die ihrer Meinung nach aus den göttlichen Lichtbereichen stamme (Aug., de mor. Manich. 16, 46), außerordentlich geschätzt und damit ihre Gottesdienste zusammen mit den Psalmen anziehend gestaltet. Das Manichäische Psalmbuch (ed. CHARLES R. C. ALLBERRY, Stuttgart 1938, Part II) jedoch bestätigt das Schweigen der antimanichäischen Quellen über einen Sakraltanz. Wählen wir z.B. den Hymnus auf den „Vater der Größe" aus der Sammlung ψαλμοὶ Σαρακωτῶν (ALLBERRY 133, 1ff.). Als eschatologisches Bild ist vorausgesetzt, daß die 12 Äonen den „Vater des Lichtes" mit ihren Harfen und Kitharen „umgeben", „as they make music unto him, the glorious one" (Z. 22). D.h. als Vorstellungskomplex herrscht das Stehen um den Himmelsthron vor, das wir als spätjüdisch erkannten. Oder wenn wir aus der gleichen Sammlung jenen Hymnus wählen, der noch am stärksten an die Johannesakten durch sein „Amen" als Refrain erinnert (ALLBERRY 179, 7ff.), dann wird hier wohl liturgisch ein Doppelchor mit musikalischer Begleitung vorausgesetzt, aber eindeutig keine Tanzsituation.[71] Im übrigen läßt die [244] manichäische Kosmologie nicht den sakralen Tanz zu. Es ist kein Zufall, daß der Hymnus von dem „Stehen" der Äonen spricht – sie liegen jenseits jener materiellen Welt der bewegten Gestirne, so wie auch bei Plotin, Enn. III, 7, 2 von dem „Stehen" der Ewigkeit im Unterschied zur Bewegtheit der Zeitlichkeit, vgl. auch Enn. II, 2, 1, gesprochen wird.

Was aber die Priscillianer betrifft, so läßt der Bericht Augustins (ep. 237, 4) noch erkennen, daß man bei dieser Sekte den Hymnus der Johannesakten nicht als Sakraltanz verstanden und als liturgisches Formular benutzt hat. Hierfür sprechen die einleitenden Worte Augustins: „Habes verba eorum in illo codice ista posita: ‚Hymnus Domini, quem *dixit* secrete sanctis apostolis discipulis suis quia scriptum est in Evangelio Hymno dicto adscenti in montem (Mt. 26,30)…'" Schon die historische Festlegung des Hymnus kennzeichnet den Wandel im Verständnis. Dem gebrauchten Verbum „dicere" entspricht aber, daß der von Augustin mitgeteilte Wortlaut des Hymnus die Tanzsituation eliminiert hat. In diesem Falle werden wir uns nicht darauf beschränken, den Hiatus zwischen der dualistischen Kosmologie der Priscillianer und dem jetzt als Lobgesang (nicht als Trauertanz!) verstandenen Christushymnus zu betonen, sondern können zudem darauf hinweisen, daß in der Spätantike der Sakraltanz vorwiegend an den Osten, den Bereich kosmischer Frömmigkeit, gebunden war. Im übrigen spricht vieles dafür, daß die westliche Sekte den Christushymnus der Johannesakten als magische Epodia, d.h. als magisches Beschwörungsformular gegen die Macht der Gestirne verwandte.[72]

---

71 Der Hymnus schließt mit den Worten (181, 17f.): „Amen, amen, we make music (psallein) to thee". Dem entsprechend stellt ALLBERRY S.XX als liturgische Situation einen Vorsänger, dem die Gemeinde im Refrain antwortet, fest. Nimmt man noch die Beobachtungen von TORGNY SÄVE-SÖDERBERGH, Studies in the Coptic Manichaean Psalmbook, Uppsala 1949 hinzu, daß auch nach ihrem metrischen Stil die Psalmen nichtägyptischen Ursprungs sind, sondern eher in den mandäischen Ursprungskreis gehören, vgl. dazu KURT RUDOLPH, Die Mandäer I, Göttingen 1960, dann verfestigt sich für uns nur das verneinende Urteil.

72 Aug. de haer. 70: „Adstruunt etiam fatalibus stellis homines colligatos ipsumque corpus nostrum secundum duodecim signa caeli esse compositum, sicut hi qui Mathematici vulgo appellantur…", was nicht wie die übrigen Nachrichten über die Priscillianer aus Philastrius, sondern aus Orosius, Comm. 2 (ed. SCHEPß, CSEL 18, 154, 1ff.) stammt. Ein sakraler Tanz im Sinne der magischen

2. Der Volkstanz

War so für den kirchlichen Osten der Sakraltanz eine besondere Gefahr, bedeutete dagegen der Volkstanz in beiden Reichshälften für die nachkonstantinische Kirche eine umso größere Gefahr. Er war formende Sitte, weil er mit Grunddaten menschlichen Lebens, in erster Linie Hochzeit und Bestattung zusammenhing. Die heidnischen Vorstellungen hatten hier eine letzte Zuflucht gefunden, als die christliche Kirche schon das Leben der Öffentlichkeit beherrschte.

Das schlagendste Beispiel hierfür ist der Brauch des Leichenschmauses und Leichentanzes. Seine religiösen Wurzeln liegen im Totenkult, sei es, daß man mit den Feiern die Seelen der Verstorbenen beschwichtigen wollte, oder daß man dem [245] heroisierten Toten das Opfer darbrachte, an welches Opfermahl und Spiele anschlossen. Für den antiken Kulturkreis sind in erster Linie die Beerdigungsriten der Etrusker bedeutsam geworden. Zahlreiche Wände etruskischer Katakomben sind mit Malereien bedeckt, die das Leichenbankett und den nachfolgenden Tanz darstellen.[73] Dazu kommen plastische Figurationen auf Graburnen oder Grabsteinen. Wegen ihres Bildaufbaus interessiert in unserm Zusammenhang vor allem eine Grabstele aus Fiesole.[74] Sie gliedert den dargestellten Stoff in zwei Felder, die auf den ersten Blick voneinander unabhängig zu sein scheinen. In der oberen Zone sieht man auf einer Kline ein Ehepaar liegen, die Verstorbenen. Links hinter einem kleinen Tisch, auf dem Trinkgefäße zu erkennen sind, steht ein Diener. Rechts sitzt auf einem Stuhl eine kleine männliche Person: es ist ein Lebender, der den als heroisiert gedachten Toten ein Opfer darbringt, wie ein kleiner Hahn unter der Kline andeutet. Der Sinn der Szene ist völlig eindeutig: es handelt sich um eine Totenehrung, die ein Sohn seinen Eltern darbringt, indem er an ihrem Grabe ein Opfer mit nachfolgender Mahlzeit vollzieht. Dabei sind die Verstorbenen als Teilnehmer am Totenmahl vorgestellt.

Sympathie würde gerade die Unterwerfung unter den kosmischen Zwang der Heimarmene bedeuten. Eben deshalb war in dem priscillianistischen Text der Johannesakten nach Augustin der Passus von dem Tanz der Ogdoas und der Fixsterne fortgelassen, während die Zeile „Cantare volo, saltate cuncti" stehen bleiben konnte, vgl. auch BERTHOLD ALTANER, Augustinus und die neutestamentlichen Apocryphen, An Boll 67 = Mélanges PAUL PEETERS I, Brüssel 1949, 239ff.

73 Z.B. Katakombe Ruovo bei Neapel, vgl. MASSIMO PALLOTTINO, La peinture Etrusque, Genf 1952, auch bei MAIURI aaO 15; Detailaufnahme BOSSERT 278. Für die Verbindung zwischen Leichentanz und Leichenbankett PALLOTTINO 43ff.; 67ff.; 81ff.; die entsprechende Abb. bei HERMANN LEISINGER, Malerei der Etrusker, Stuttgart 1954, ferner WEEGE 137ff. Plastische Darstellung eines Leichenbanketts CUMONT, Recherches Taf. XXV, 2. Zur Sache vgl. auch MARY A. JOHNSTONE, The dance in Etruria. A comparative study, Florenz 1956 = Pocket library of „Studies" in Art 6. – M.P. NILSSON macht darauf aufmerksam, daß das Leichenbankett nicht griechischen, sondern römischen Ursprungs sei; Lukian, de luctu 24 sei auf römischen Einfluß zurückzuführen. Ob man nicht richtiger von etruskischem Einfluß sprechen sollte?

74 QUASTEN Taf. 32. Leichentanz auf einem etruskischen Urnenrelief aus Chiusi (heute Florenz) bei BOSSERT 177: die Handbewegungen der Tänzerinnen illustrieren die Grabstele von Fiesole. Vgl. ferner einen weiteren Grabaltar von Chiusi (heute in Palermo) bei PRENTICE DUELL, The tomba del triclinio at Tarquinia, MAAR 6 (1927), plate 9 a.b.

Von dort fällt Licht auf ungezählte etruskische Sarkophage, die den gleichen Typus des auf der Kline lagernden Ehepaares oder des zum Symposion geschmückten Bürgers auf ihren Sarkophagdeckeln zeigen.[75] Diese Sepulkralplastik hat ihren „Sitz im Leben" der etruskischen Totenehrung. Vor solchen Sarkophagen wurde der Leichenschmaus veranstaltet; die in Lebensgröße ausgeführte Plastik verstärkte die Illusion einer Anwesenheit der Verstorbenen, die übrigens auch im Zeremoniell zum Ausdruck kam. Wenden wir uns nun der zweiten, unteren Zone auf der Grabstele von Fiesole zu. Zum Spiel eines Flötenbläsers, der ihnen im Zuge vorangeht, tanzen zwei Frauen. Der Vergleich mit den Malereien etruskischer Katakomben lehrt, daß es sich um einen Leichentanz handelt. Beide Szenen gehören also als Einheit zusammen und sind daher einheitlich, d.h. in diesem Falle religionsgeschichtlich zu deuten. Auch der Leichentanz gehört zur Totenehrung, ist nicht symbolisch gemeint. So wie man die in ihren monumentalen Gräbern wohnenden Toten einmal im Jahr aufsucht, um mit ihnen zu essen, so läßt man sie auch an den Freuden des Lebens im Tanz teilnehmen. In das dunkle Reich, das Dämonen wie der schauererregende etruskische Unterweltsgott Charu beherrschen, dringt bei solcher Gelegenheit das helle Tageslicht diesseitiger Lebensfreude. Fast alle Religionen mit Totenkult kennen diesen sepulkralen „Epikureismus", der sich mit seinem Leitmotiv [246] des „Carpe diem" überall findet und allen Wandlungen der Zeiten zum Trotz erhält. Gerne wird er in alten Zeiten dem Verstorbenen, der durch eine Grabinschrift zu den Lebenden spricht, in den Mund gelegt, wie auf einer ptolemäischen Stele Ägyptens aus der Zeit von Ptolemaios XIII:

> „Oh, mein Bruder, mein Gatte, mein Freund, Hoherpriester, dein Herz werde nicht müde, beim Trinken, Essen, beim Rauschtrank, beim Pflegen der Liebe! Mache dir einen guten Tag, folge (deinem) Herzen Tag und Nacht, gib nicht die Sorge in Dein Herz! Ach, was sind die Jahre, die nicht auf Erden verbracht sind, denn der Westen (d.h. das Totenland) ist ein Land des Schlafens, eine Finsternis, die lastet …".[76]

Erst in dem zweiten Entwicklungsstadium, das eine persönliche Bevorzugung nach dem Tode auf Grund einer Erlösungshoffnung erwartet, kann das Brauchtum des Totenkultes auch zum Träger eschatologischer Symbolik werden, kann sich an dem Leichenschmaus die Vorstellung vom „Mahl der Seligen" im Jenseits,

---

75   Z.B. Deckel eines etruskischen Tonsarges aus Caere (jetzt Villa Giulia, Rom) 6. Jh. v.Chr. bei BOSSERT 145; LEISINGER Taf. 7. Das plastische Sarkophagdeckelprogramm hält sich bis in die Spätantike, wo es gerne auch in das Motiv des „schlafenden Toten" abgewandelt und „entheroisiert" wird.

76   Zitiert nach MARIA CRAMER, Die Totenklage bei den Kopten, SAWW.PH 219, 2, Wien 1941, 55. Nicht nur im Hinblick auf mangelnde Quellen bei den Etruskern, sondern auch um der Verbreitung des „epikureischen" Motto ist das Beispiel so weit hergeholt. Schon Herodot II, 78 kennt aus Ägypten die gleiche Devise, vgl. SIEGFRIED MORENZ, Ägyptische Religion, Stuttgart 1960, 205, dem ich den Hinweis verdanke. Wie weit im ägyptischen Totenkult „parentalia" gefeiert wurden, ist nicht ganz sicher, vgl. dazu SIEGFRIED SCHOTT, Das schöne Fest vom Wüstentale. Festbräuche einer Totenstadt, Abh. Ak. Mainz, phil.-sozialw. Kl., Mainz 1952, nr. 11 spez. 64ff. u. 78ff., vgl. aber auch das zurückhaltende Urteil von S. MORENZ aaO 203ff.

an den Leichentanz die eschatologische Metapher vom „Reigen der Seligen" anknüpfen. Daß dies schon bei den Etruskern der Fall gewesen sein dürfte, geht aus der Tatsache hervor, daß bei ihnen die dionysischen Mysterien Eingang gefunden haben.[77] Aus ikonographischen Gründen wenden wir uns jedoch einem andern Monument und damit einer andern Mysterienreligion zu, um diesen Wandel der Auffassung zu veranschaulichen. Es handelt sich um eine Grabstele aus Cyzikus, die von Angehörigen des jüdisch-synkretistischen Kultes des Zeus Sabazios bzw. Zeus Hypsistos errichtet wurde.[78] Im Aufbau zeigt sie die gleiche Gliederung. Im oberen Feld werden aber jetzt die Kultgottheiten dargestellt, während die etwas primitivere Arbeit des unteren Feldes das Leichenbankett mit dem nachfolgenden Leichentanz erkennen läßt. Bei diesem zweiten Beispiel kommt nun das dionysische Element des Sabazioskultes unverhüllt zum Durchbruch, indem zum Klang der Flöten zwei Nackttänzerinnen auftreten. Der Ritus des bacchischen Kultes hat sich mit dem Brauchtum der Totenehrung aufs engste verbunden. Trotz der rohen Zeichnung, die etwas primitiv wirkt, ist der Prozeß einer „Theologisierung" unverkennbar. An die Stelle der Verstorbenen sind die Kultgottheiten getreten. Der Leichenschmaus wird zum mystischen Mahl der Kultgemeinde, der Leichentanz aber zum Mysterientanz. Die Familienangehörigen, die sich bei den jährlichen Gedächtnisfeiern vor dieser Grabstele versammelten, verbanden mit der alten Sitte religiöse Vorstellungen, die aus dem Sabazioskult kamen. Sie ehrten nicht nur die Toten, sondern in ihnen auch die Götter ihres Kultes.

Einen fortgeschritteneren Grad der „Theologisierung" der Totenbräuche beobachten wir auf jenen Wandmalereien innerhalb der Praetextatkatakombe zu Rom, die der Sabaziospriester Vincentius für sich und seine Frau Vibia machen ließ. Über dem Arkosolgrab der Gruft sehen wir Vincentius selber in priesterlicher Tracht, wie er beim heiligen Mahl der Sabaziosmysterien den Vorsitz für sieben andere Kult- [247] genossen führt.[79] Damit ist zunächst auf das empirische Kultmahl abgezielt, wobei durch den Ort der Brauch des Leichenmahls sich mit dem kultischen Ritus eines Mysterienvereins verbindet und nach den beobachteten Gesetzen eine religiöse Umprägung erfährt. Für den Maler war aber das Bild von einem noch weitergehenden Gehalt erfüllt. Er hat über den Kultgenossen die Inschrift „Septem sacerdotes" angebracht, die zunächst nicht ganz verständlich ist, weil gewöhnlich nur ein Priester beim Kultmahl präsidiert. Die Lösung bietet jedoch die Inschrift, in welcher Vincentius die Besucher seiner Gruft anspricht:

---

77 [Diese Fußnote fehlt in der gedruckten Fassung und auch bereits im Typoskript des Autors.]

78 Abb. bei LEIPOLDT nr. 155.

79 Abb. bei LEIPOLDT nr. 167; PAUL WILPERT, Katakombenmalerei II, Freiburg i.Br. 1903, Taf. 133, 1, dazu ferner FRANZ JOSEPH DÖLGER, Ichthys V, Rom 1943, 485ff.

„Vincentius gehört dieser Ort der Ruhe, den du siehst.
Mehrere sind mir vorangegangen, alle erwarte ich.
Iß, trink, spiel und komm zu mir. Solange du lebst,
laß es dir gut gehen. Doch behalte dies im Gedächtnis:
Hier liegt der Priester der Gottheit Sabazios,
der in den heiligen Mysterien den Gott mit frommen Sinn verehrte".

Diejenigen, die ihm „vorangegangen" sind, sind die sieben Priester, seine Amtsvorgänger. Mit ihnen genießt er jetzt im Jenseits das Mahl der Seligen unter den
Formen der Mysterien, die er auf Erden „mit frommem Sinn" feierte. In ähnlicher Weise wird auf einem andern Fresko der Vincentiusgruft geschildert, wie die
Gattin Vibia in die Gefilde der Seligen durch Hermes Psychopompos eingeführt
wird, um dort mit den Frommen am Mahl der Seligen – diesmal im bukolischen
Elysäum – teilzunehmen, nachdem sie vor dem Hadesgericht dessen für würdig
befunden worden ist. Das Bildprogramm beweist, daß mit der theologischen
Umdeutung des Brauchtums sich auch bestimmte Bildvorstellungen vom Jenseits
neu einstellen. Das Ritual wird mit einem spirituellen Gehalt erfüllt, die Spiritualisierung aber führt dazu, daß die Kultgemeinschaft bei ihren Feiern am Grabe in
einer neuen, eschatologischen Weise den Kontakt mit dem Verstorbenen aufnimmt: proleptisch teilt sie mit ihm das Mahl der Seligen. Nicht der Verstorbene
wird ins Diesseits gerufen, sondern hier erweisen sich die Kräfte des Jenseits als
stärker. Die alte Devise epikureischer Diesseitigkeit („Iß, trink und spiel... solange du lebst, laß es dir gut gehen") ist wohl geblieben, aber die einst sie begleitende
Vorstellung vom Schrecken der Totenwelt und ihre dunklen Schatten sind gewi-
chen. Selbst das Hadesgericht hat der Gläubige nicht zu fürchten. Getrost kann er
den Ruf des Verstorbenen an sein Ohr klingen lassen: „Komm zu mir". Wohl
untersagen die räumlichen Gegebenheiten der Katakombe die Ausführung eines
Leichentanzes, und schon dieser lokale Grund mußte auch eine Modifizierung
des Brauchtums in dieser Beziehung zur Folge haben. Daß aber die eschatologischen Wandbilder der Vincentiusgruft nirgendwo den „Reigen der Seligen" bringen, muß bei den Sabaziosmysterien auffallen. Alles spricht dafür, daß die Spiritualisierung des eschatologischen Aspektes für solche Eliminierung verantwortlich
zu machen ist, zumal sich auch im Ausdruck („ludere" statt „saltare")[80] eine mo-
difizierende Tendenz offenbart. [248]

Allerdings – eine solche spirituelle Erfüllung des Brauchtums war ephemer
und stets an die Intensität des Mysterienglaubens gebunden. Das bedeutete aber,
daß die für die antike Totenehrung konstitutiven Sitten des Essens, Trinkens und

---

80 Zu dem spirituellen Gehalt von „ludere" vgl. die Vision des Saturus im „Martyrium Perpetuae et
    Felicitatis" 12, wo es bei der Entlassung nach dem eschatologischen Gericht vor dem Thron der
    Herrlichkeit heißt: „et dixerunt nobis seniores: ‚Ite et *ludite*'", worauf Saturus zur Perpetua sagt:
    „Deo gratias, ut *quomodo* in carnis hilaris fui, hilarior sum et hic modo" (12, 4). Der bukolische
    Charakter der Jenseitsvorstellung entspricht dem spirituellen Begriff der „hilaritas" christlichen
    Glaubenslebens.

auch Tanzens jederzeit in ihrer konkreten Diesseitigkeit aufleben konnten.[81] Und da nach der Spiritualisierung durch die Mysterienfrömmigkeit eine Rückkehr zum Totenkult nicht möglich war, mußte ein solcher Vorgang des „Rückfalls" zugleich den Charakter einer Profanisierung des Brauchtums annehmen.

Der religionsgeschichtliche Exkurs war notwendig, um gewisse Vorgänge bei den Gräbersitten der alten Christen verstehen zu können. Wie nicht anders zu erwarten, haben auch sie die Gedächtnisfeiern für die Verstorbenen mit dem Leichenschmaus (sog. Parentalia oder Lektisteria) geübt. Der archäologische Befund (Triklinien mit Speiseresten, Libationsgefäße, Goldgläser, Katakomben-malereien) in christlichen Gräberfeldern beweist das eindeutig.[82] Der Brauch mußte für die Christen religiöse Bedeutung gewinnen, wenn man sich als Ge-meinde bei den Jahresfeiern für die Märtyrer an deren Gräbern versammelte (sog. Refrigeria).[83] Wieder läßt sich der Prozeß der „Theologisierung" beobachten, indem der Leichenschmaus zu einer Eucharistiefeier wird. Er ist also ein Akt der liturgischen Gestaltung und dürfte bereits unter bischöflichem Einfluß gestanden haben. Wie so oft in der liturgiegeschichtlichen Entwicklung nimmt Rom eine Ausnahmestellung ein. Wie stark die örtlichen Gegebenheiten dabei eine Rolle spielten, erkennt man schon an dem Unterschied der Formen, in denen sich der Märtyrerkult für die Apostelfürsten in S. Sebastiano und für Petrus am Vatikan vollzog: an erstgenannter Stelle ließen sich „Refrigerien" durchführen, was durch ein Triclinium und Inschriften bezeugt ist, während die Memoria Petri dies un-möglich machte; hier führte man die Feiern als karitative Wohltätigkeitsveranstal-tung mit einer Speisung für die Armen durch.[84] Vor allem [249] mußten die be-engten Verhältnisse in den Katakomben die christliche Umdeutung des Ritual

---

81   Sicherlich haben angesichts der engen Katakomben Totenfeiern auch außerhalb derselben stattgefunden, vgl. ALFRED STUIBER, Refrigerium interim. Die Vorstellungen vom Zwischenzu-stand und die frühchristliche Grabeskunst, Bonn 1957, 131 Anm. 35 (der Beleg: Fresken der Clodius-Hermes-Kammer liegt nicht zufällig im Außenbezirk Ad Catacumbas!). Gerade die dann unvermeidliche Trennung von Toteneucharistie und Parentalia mußte einer Profanisierung nur noch förderlicher sein.

82   Grundlegend bleibt THEODOR KLAUSER, Die Cathedra im Totenkult der heidnischen und christlichen Antike, Münster 1937; dort auch die Einzelnachweise. Zu den christlichen Beerdi-gungssitten vgl. ferner JOACHIM KOLLWITZ, Bestattung, RAC II (1954), 208ff.

83   Neuere Lit. zum Thema „Refrigeria" notiert PIERRE COURCELLE, Recherches sur les Confes-sions de St. Augustin, Paris 1950, 87 Anm. 1. Dazu kommt die oben Anm. 81 notierte Monogra-phie von STUIBER, ferner die kritische Auseinandersetzung mit ihr von LUCIANO DE BRUYNE, Refrigerium interim, in: Riv. arch. crist. 34 (1958), 87-118 und CHRISTINE MOHRMANN, Locus refrigerii, lucis et pacis, QLP 39 (1958), 196-214.

84   Der Fall des Konsul Pammachius, der an der Memoria Petri Refrigeria als Speisung für die Armen Roms durchführte und von Paulinus von Nola wie auch Hieronymus gelobt wird (Nach-weis: COURCELLE aaO 230f.), ist also atypisch. Eine Fortsetzung altchristl. Agapenfeiern ist das sicherlich nicht. Zu dem möglichen Konkurrenzverhältnis zwischen der Memoria Petri und der Apostelfürsten-Gedächtnisstätte Ad Catacumbas vgl. HENRY CHADWICKs interessante Ausfüh-rungen: St. Peter and St. Paul in Rome: The Problem of the Memoria Apostolorum ad Catacum-bas, JThS NS 8 (1957), 31-52, ferner dazu: ERICH DINKLER, Die Petrus-Rom-Frage, in: ThR 25 (1959), 289ff., spez. 326ff., wo auch topographische Zeichnungen gegeben werden.

stark beeinflußen. Dieselbe mußte sich ausschließlich auf die Substitution des
Opfers für die Toten zum sakramentalen Opfer Christi in der Eucharistie beschränken; nur in größeren Cubicula war die anschließende Eucharistiefeier möglich. Darauf basiert dann die Deutung des Mahles der Seligen im Jenseits als einer
himmlischen Eucharistiefeier, wie sie auf zahlreichen Fresken christlicher Katakomben gezeigt wird. Der religionsgeschichtliche Vorgang der Spiritualisierung
des Brauchtums wiederholt sich jetzt im Sinne einer Christianisierung desselben.
Wo aber die Märtyrergräber vornehmlich „sub divo" lagen, war ein breiterer
Rahmen für die Feiern der Gemeinde gegeben; neben dem theologischen Tenor
der sakramentalen Toteneucharistie konnte das kommunikative Element der an
die Eucharistie sich anschließenden Mahlzeit stärker zur Geltung kommen. Das
scheint z.B. in Mailand der Fall gewesen zu sein, und ein Bischof wie Ambrosius
wird gewußt haben, warum er die christianisierten Mahlzeiten an den Gräbern der
Heiligen untersagte.[85] Unsere religionsgeschichtlichen Beobachtungen lassen über
die spärlichen Nachrichten hierüber hinaus die Gründe seines Verbotes noch
mehr präzisieren. Die theologische Umdeutung hat nicht verhindern können, was
wir oben als Profanisierung, jetzt aber als Paganisierung bezeichnen müssen. Die
christlichen Gedächtnisfeiern für die Märtyrer wurden zum Schauplatz einer
diesseitigen Lebensfreude. Es konnte dabei nicht ausbleiben, daß zugleich das
bisher unterdrückte Element des Leichentanzes wieder lebendig wurde.

Durch Augustin erfahren wir, daß solche Vermutung zu Recht besteht. Er erzählt, wie man in Hippo Rhegius alljährlich das Martyrium des Ortsheiligen Leon-
tius mit einem Fest feierte, das bezeichnenderweise „Laetitiae Leontii" hieß. Die
nächtliche Feier nahm unter Essen, Trinken und Tanzen einen lärmenden Verlauf. Trotz aller Gegensätze waren Donatisten und [250] Katholiken der Stadt
sich in diesem Punkte einig. Eine dem Episkopat sicher unerwünschte Uniformi-
tät machte sich bemerkbar, die nicht zufällig auf den vorchristlichen Formen des
Totenbrauchtums basierte. Im Jahre 395 (noch als Priester) unternahm Augustin
dagegen einen erfolgreichen Vorstoß. Er unterband die lauten Lustbarkeiten,
indem er einen liturgisch geordneten Nachtgottesdienst (Vigiliae) zu Ehren des
Märtyrers einführte. Ein Gleiches tat auf seine Empfehlung hin Aurelius von
Carthago für die Gedächtnisfeiern des hl. Cyprian. Augustin erinnert später anläßlich einer Festpredigt in der Märtyrerkapelle des Cyprian die Karthager daran, wie
es einst bei ihnen zuging: „Die ganze Nacht hindurch wurden hier nichtswürdige

---

85   Augustin, Conf. VI, 2, 2 dazu COURCELLE aaO 88f. Eine gute Veranschaulichung des von
     Mutter Monnika geübten Brauchtums bietet der Sarkophag des Lateranmuseums, Photo Ander-
     son 24199 mit dem Verstorbenen auf der Kline in der zentralen Partie. Er enthält übrigens mit
     der Frau, welche die Kithara spielt, bereits ein musisches und damit spirituell-philosophisches
     Element. Die Figuren links tragen Brot und die Spendekanne zum Grab des Toten wie Monnika
     auch, die Figuren rechts aber Kaninchenbraten bzw. Geflügel, von denen Knochen in den Tricli-
     nien gefunden wurden. Zur Kritik des Ambrosius vgl. De Helia et ieunio 17, 62 (CSEL 32,2,
     448, 18). Ebenso tadelnd spricht Paulinus v. Nola über die nächtlichen Mahle und Tänze an den
     Märtyrergräbern; Material: QUASTEN 245 Anm. 39.

Gesänge gesungen und wurde unter Absingen von Liedern getanzt".[86] Als Vorbild für Augustins Maßnahmen, die gleichzeitig die Errichtung von Märtyrerkapellen oder -basiliken auf den Coemeterien in sich schloß, dürfte zweifelsohne Ambrosius und seine mailändische Reform der Märtyrerverehrung gedient haben.[87]

Im Osten, wo die Berichte für Syrien, Kappadokien und Ägypten ein noch düsteres Bild der Ausschweifungen an den Gräbern der Verstorbenen und Heiligen bieten,[88] mußte man allerdings etwas behutsamer zu Werke gehen. Man erkennt das an östlichen Märtyrerpredigten, die sichtlich auf das Volksempfinden Rücksicht nehmen, wie ein unbekannter Prediger im Jahre 363 ganz unbefangen die rhetorische Frage stellt: „Aber was sollen wir dem Märtyrer zum Geschenk machen, das seiner würdig wäre? ... Wenn es gefällt, werden wir ihm zu Ehren unsere gewohnten Tänze ver- [251] anstalten".[89] Selbst der schärfste Kritiker des

---

86 Serm. 311, 5; der Bericht über die Abschaffung der „Laetitiae Leontii" in ep. ad Alypium 29, vgl. ferner Contra ep. Parmeniani III, 6, 29. – Enn. II in ps. 32, 5 (PL 36, 279) fragt Augustin rhetorisch: „Nonne id egit institutio in nomine Christi vigiliarum istarum, ut ex isto loco citharae pellerentur?" Serm. 326, 1 wird mit den Worten eröffnet: „Sollemnitas beatissimorum martyrum laetiorem nobis reddidit diem. Laetamur, qui de terra laboris ad regionem quietis martyres transierunt, sed hoc non saltando, sed orando, non potando, sed jeuniando, non rixando, sed tolerando meruerunt", wobei in der Formulierung polemisch auf die früheren „Laetitiae" Bezug genommen wird. Ebenso werden die Parentalia an den Privatgräbern kritisiert (Enn. I in Ps. 18, 15f.) oder die öffentlichen Tanzveranstaltungen am Neujahrsfest (Serm. 198, 1.3).

87 Conf. VI, 2, 2 läßt in Verbindung mit der gleichfalls wichtigen Stelle De civ. dei VIII, 27 folgendes erkennen: a) A. kennt die Sitte, an den Parentalia = 13.-21. Febr. an die Gräber der Verstorbenen zu gehen. Er weiß, daß die Heiden damit die „dii partentes" ehren, vgl. FRANZ CUMONT, Lux perpetua, Paris 1949, 83.397; KURT LATTE, Römische Religionsgeschichte, München 1960, 98ff. Die Verwendung des terminus technicus „calicem ponere" vgl. CIL VIII, 20277 (aus Mauretania Sitifensis) und Serm. 86, 6 läßt vermuten, daß er auch die biblizistische Begründung des Spendetrunkes mit Tobias 4, 18 „Panem tuum et vinum tuum super sepulturam iusti constitue" kennt. b) Die nordafrikanischen Refrigeria führten diese Sitte an den Gräbern der Heiligen und Märtyrer fort. Die Gemeinde wanderte mit dem Opferbrei (pultes), der Spendekanne (Wein) und Brot zu den Gräbern, und da jeweils der Spendetrunk bei jedem Grabe vollzogen wurde, stellte sich die Weinfröhlichkeit von selber ein, vgl. hierzu: PAUL MONCEAUX, L'inscription des martyrs de Dougga et les banquets des martyrs du Afrique, BAr (1908), 87-104; JOHANNES QUASTEN, Vetus superstitio et nova religio. The Problem of refrigerium in the Ancient Church of North Africa, HThR 33 (1940), 253-266. c) Die Reform des Ambrosius und damit auch Augustins hängt eng mit dem Bau von Märtyrerkapellen auf den Coemeterien zusammen, da nur so die liturgische Gestaltung möglich war. Die alten Opfergaben wurden dabei als Spenden an die Armen verteilt. Auch hier haben wir keinen Anhaltspunkt dafür, daß damit die altchristlichen Agapenfeiern fortgesetzt wurden.

88 Die Quellen (Ephraem Syrus, Basilius von Caesarea, Schenute von Atripe) bei QUASTEN 243ff. Zu den Ausschreitungen bei den Märtyreragapen, die eben durch den Ort selber inauguriert wurden, vgl. auch BO REICKE, Diakonie, Festfreude und Zelos in Verbindung mit der altchristlichen Agapefeier, Uppsala 1951, 131ff.

89 Quellennachweis und Zitat: QUASTEN 243 mit Anm. 23. Im gleichen Jahre 363 starb Kaiser Julian, was bei den Christen derartigen Jubel auslöste, daß man „in den Kirchen und an den Gräbern der Märtyrer tanzte" (Theod. h.e. III, 28, 1). Es handelt sich ähnlich wie bei obiger Eu-

Tanzes, Johannes Chrysostomus, sieht sich gezwungen, seine übliche Polemik zurückzustellen, wenn bei den großen Märtyrerfesten die Landbevölkerung nach Antiochien kommt und die Märtyrer mit „schönen Tänzen" – so seine Formulierung – feiert. Johannes meint dies bei Bauern rechtfertigen zu können, weil sie wegen ihres „philosophischen Lebens" unbefangener Naturnähe vor Auswüchsen gefeit seien (!), wie sie hingegen in der städtischen Verderbtheit vorkämen.[90] Um 600 n.Chr. berichtet der Kirchenhistoriker Euagrius, daß er beim Besuch von Kalat-Siman dessen Zeuge wurde, wie das Volk innerhalb der Wallfahrtskirche und ihrem Zentrum, der Gedächtnissäule für Symeon Stylites, um dieselbe einen Rundtanz aufführte.[91] Desungeachtet hat man auch im Osten den von Ambrosius eingeschlagenen Weg beschritten, die Märtyrervigilien als eucharistische Gottesdienste zu feiern und durch Psalmodieren bzw. Chorgesang liturgisch auszugestalten.[92] Das Bestreben, die heidnischen Fermente des Leichenschmauses und Totentanzes auszumerzen, ist offenbar. Es sind daher auch in erster Linie die Bischöfe gewesen, die konsequent den Kampf gegen die Verfilzung des Heidentums mit dem Brauchtum geführt haben.

Das gleiche Motiv beherrscht die altkirchliche Kritik an den Hochzeitsgebräuchen, auch wenn hier die moralischen Argumente überwiegen. Immerhin konnte man nicht daran vorübergehen, daß die Hochzeitssitten z.T. mit dem altheidnischen Fruchtbarkeitszauber in Zusammenhang standen. Das gilt von den sog. „licentia fescennina", Spottverse obszönen Inhaltes, die namentlich beim Hochzeitszug ihren Platz hatten. Wie lebendig dies Brauchtum noch in der christlichen Ära war, geht aus den vielen Andeu- [252] tungen bei Johannes Chrysostomus hervor.[93] In erster Linie kritisiert er jedoch den Hochzeitstanz im Hause selber. Dabei wurden Lieder gesungen, die natürlich die Göttin der Liebe, Aphro-

---

sebnotiz über die Freudentänze beim konstantinischen Sieg um einen plerophorischen Ausdruck. Ebenso sagt Theodoret, man habe in dem Theater von Antiochia „den Sieg des Kreuzes" verkündet, weil man dort satirische Witze über den bei den Antiochenern wenig beliebten Kaiser gemacht hatte. Nicht ein kirchlicher Kulttanz (BACKMANN), sondern nur die Tanzsitte an Märtyrerfesten geht aus solchen Stellen hervor.

90　Ad populum Antiochenum hom. 19, 1 = ad agricolas (PG 49, 187). Sein eigenes Fernbleiben von den Feierlichkeiten begründet Johannes mit Krankheit!

91　Euagrius, h.e. 1, 14; (PG 86, 2460f.). Der archäologische Grabungsbefund läßt noch heute die lokale Möglichkeit eines sakralen Rundtanzes erkennen.

92　Z.B. Ephraem Syrus, vgl. den bei J. QUASTEN 117 Anm. 14 mitgeteilten Auszug eines Anonymus nach Assemani. Aus dem syrischen Bereich vgl. ferner Ephraem, Märtyrerhymnen ed. THOMAS J. LAMY III, Mecheln 1882-1902, 695-749; Const. Apost. VI, 30, 1ff., dazu die Nachweise bei F.X. FUNK aaO. Desungeachtet scheint sich im syrischen Raum der alte Ritus erhalten zu haben, vgl. Ephraem, Testament: „Daß niemand das Böse behält und Sünde begeht, wenn ihr zu meinem Gedächtnis kommt, sondern achtet meine Brüder auf Reinheit, Keuschheit und Heiligkeit" (zitiert nach RUBENS DUVAL, Le testament de S. Ephréem, in: Journal ascétique 18 (1901), 260). Hier hielten sich auch die animistischen Vorstellungen, vgl. aaO den Satz: „Die Toten haben ein Empfinden für ihre Gedächtnisse", was mit dem Mosessegen an Ruben, der Totentaufe aus 1.Kor. 15,29 und mit 2.Makk. 12, 34ff. begründet wird. Vgl. dagegen den starken Protest Augustins in dem Traktat „De cura pro mortuis gerenda".

93　Stellennachweis bei QUASTEN 180ff., vgl. noch Ps. Lukian, De salt. 11.

dite, in allen Variationen priesen. Man versteht seine Kritik, wenn bei einem Nichtchristen wie Ps. Lukian zu lesen ist: „Selbstverständlich ist auch das Lied, das in der Zwischenzeit die Tänzer singen, eine Anrufung (ἐπίκλησις) der Aphrodite" (de salt. 11). Das Ohr des Christen vernahm in ihm eine Epiklese des Teufels. In reichen Häusern mietete man sich daneben noch Berufstänzer, die eine Pantomime tanzten. Die Thematik eines solchen Hochzeitsballetts war durch die heidnische Mythologie, in erster Linie wieder durch das unerschöpfliche Thema der Aphrodite, bestimmt. Auch das erfahren wir durch eine Predigt des Johannes. Sie zeichnet das Idealbild einer christlichen Hochzeit an den biblischen Beispielen der Heirat von Isaak und Jakob, um kontrastartig dagegen das Bild einer zeitgenössischen Hochzeit zu stellen:

„Man gab (sc. im Falle von Isaak und Jakob) ein Gastmahl bzw. ein Essen, das etwas reichlicher war als am Alltag. Dazu lud man den Verwandtenkreis zur Hochzeit ein. Flöten aber, Schalmeien, Zimbeln, betrunkene Tänzer und die sonstigen, heute üblichen Schamlosigkeiten gab es nicht. Heutzutage hingegen besingen die Tanzenden in Hymnen die Aphrodite. Täglich hört man Lieder zu ihren Ehren, die von schmutzigen Erlebnissen nur so strotzen. Trunken und zuchtlos gibt man unter schimpflichen Worten (lic. fescennina) das öffentliche Geleit. Wenn Arme in Dein Haus kommen, dann ist Christus da. Umgekehrt, wenn dort die weichen Jünglinge (d.h. Ballettänzer) und Mimen tanzen, dann tanzt in ihrer Mitte der Teufel".

Johannes gesteht gelegentlich selbst, daß er bei vielen Christen seiner Zeit mit seinem Protest gegenüber diesem Brauchtum nicht verstanden wurde.[94] Um so mehr verdient Beachtung, daß eine Synode der gleichen Zeit generell verbietet, was der Prediger aus dem Alten Testament zu begründen sucht: „Den Christen ist es nicht gestattet, zu Hochzeiten zu gehen und zu tanzen, sondern sie haben in aller Würde nur zu essen bzw. zu frühstücken, wie es sich für Christen geziemt".[95] Auch in der Frage des Hochzeitstanzes urteilte das Bischofsamt geschlossen.

Abschließend sei zu diesem zweiten Punkt noch folgendes bemerkt. Die Konformität des bischöflichen Urteils gegen den Volkstanz wurde nicht zuletzt dadurch gefördert, daß in der christlichen Spätantike seine verschiedenen Formen auffallend gleichartige Auswüchse zeigten. Dies äußerst bemerkenswerte Phänomen läßt sich sehr schön literarkritisch an einer Ambrosiuspredigt zeigen, die in der Fastenzeit des Jahres 387 gehalten wurde. [253]

„Aber was reden wir von den Männern, wenn selbst die Frauen, die doch ganz besonders über die Keuschheit wachen und Mäßigung beweisen sollten, sich stark be-

---

94 Hom. in ep. 1 ad Cor. 12 (PG 51, 103). Das obige Zitat steht aaO 7, 2 (PG 51, 210f.).

95 Es hat verhältnismäßig lange gedauert, bis auf den christlichen Hochzeitssarkophagen das traditionelle Motiv der Juno Pronuba verschwindet, vgl. z.B. den zweizonigen Riefelsarkophag Lateran nr. 26; WILPERT 156, GIUSEPPE BOVINI, I Sarcofagi paleocristiani, Città del Vaticano 1949, nr. 130 (Bibliographie) und als Gegenstück eines christlichen Hochzeitsbildes, das Davids Verheiratung darstellt, eine Silberplatte aus Nicosia Abb. 73 bei DAVID TALBOT RICE — MAX HIRMER, Kunst aus Byzanz, München 1959; trotzdem haben sich auch hier die beiden flötenden Knaben der heidnischen Opferhandlung im Ikonogramm gehalten. – Zu obigem Zitat can. 53 Laodikeia (MANSI II, 571.).

trinken? Sie, denen selbst in der Zurückgezogenheit des Hauses von Fremden gesehen oder gehört zu werden nicht ziemt, brechen von dort auf und gehen dreisten Antlitzes mit *unverhülltem Haupte* in die Öffentlichkeit hinaus. Der Apostel gebietet den Weibern, sogar in der Kirche zu schweigen, und befiehlt ihnen, zu Hause ihre Männer zu befragen (1.Kor 14,34f.). Jene aber führen auf öffentlichen Plätzen mit Männern gemeinsam schamlose Reigen im Anblick zügelloser Jünglinge auf. *Wild schleudern sie ihr Haupthaar zurück, gürten die Tuniken,* zerreißen das Obergewand, zeigen nackte Arme, klatschen mit den Händen, *stampfen mit ihren Füßen,* schreien mit ihren Stimmen durcheinander und reizen durch ihre Schauspielerschritte *die Begierden der Jünglinge. Lüsternen Blickes* und mit unziemlichen Witzen *schaut der Kreis der Jünglinge* zu. Ein erbärmliches *Schauspiel.* Indem die *Tanzenden stürzen* und die Zuschauer mit sich reißen, wird der *Himmel* durch einen unreinen Anblick *beschmutzt. Die Erde, durch obszöne Tanzschritte mißhandelt, wird durch einen widerlichen Tanz besudelt.* Wie kann ich hier noch duldsam sprechen? Wie kann ich daran schweigend vorübergehen? *Wie kann ich geziemend Tränen vergießen? Der Wein verursacht uns den Verlust unendlich vieler Seelen!*" (de Helia et ieunio 18, 66; CSEL 33, 2; 450, 12ff.).

Die kursiv gesetzten Worte sind wörtliche Anleihe aus einer Predigt des Basilius von Caesarea, die derselbe in kappadokischen Landen, also im fernen Osten gehalten hat (hom. 14 in ebriosos; PG 31, 445f.). Der Tatbestand ist jedoch nicht nur traditionsgeschichtlich interessant. Er beleuchtet auch die religionsgeschichtliche Problematik des Tanzes in der christlichen Spätantike.[96] Denn viel auffälliger als die geistige Anleihe ist, daß Ambrosius den Situationsunterschied nicht zu beachten braucht. Basilius geißelt in seiner Predigt Volkstänze, die in der Ostervigilie an den Märtyrergräbern außerhalb der Stadtmauern stattfinden; es handelt sich um die bekannten Exzesse, die mit dem sepulkralen Brauchtum zusammenhängen. Ambrosius hingegen zielt auf Tänze, die mitten in der Stadt, anscheinend bei privaten Anlässen oder aber auch Volksfesten (Neujahrsfeierlichkeiten) vorkommen. Das Faktum beweist, daß im 4. Jh. der Volkstanz, mit welchem Brauchtum er nun verbunden sein mochte, überall die gleichen bedenklichen Auswüchse zeigte. Er war zu einer Art Ventil geworden, in dem sich das vom christlichen Staat und der verstaatlichten Kirche zurückgedrängte Heidentum Luft machte.[97]

---

96 Die literarische Abhängigkeit von Basilius ist z.B. beim Hexaemeron des Ambrosius ein bekanntes Faktum. Obige Parallele aus den Homilien (sie dürften Ambrosius durch die Übersetzung von Rufin bekannt geworden sein) ist m.W. noch nicht festgestellt worden.

97 So finden wir auf den Kontorniaten (Spielmünzen) Tänzerinnen abgebildet, vgl. ANDREAS ALFÖLDI, Die Kontorniaten, ein verkanntes Propagandamittel der römisch-heidnischen Kreise in nachkonstantinischer Zeit in ihrem Kampf gegen das christliche Kaisertum, Budapest 1943: Taf. VII, 11 (Togatus und Tänzerin); XXXI, 4 (Orgelspieler und Tänzerin, Thematik der öffentlichen Tanzspiele), vgl. ferner die Beispiele XLI, 5; LXVIII, 6.7; LXIX, 2.3.5.7; LXII, 9. Es ließen sich noch weitere Dokumente nennen, z.B. Elfenbeindiptychon aus Paris, Louvre Ende 4. Jh. innerhalb eines musischen Ikonogramms, vgl. HAYFORD PEIRCE — ROYALL TYLER, L'Art byzantin I, Paris 1932, Taf. 148 oder das Elfenbein mit Tänzerinnen aus Paris, Ecole des Beaux-Arts gegen 400 aaO Taf. 58. Vor allem wäre hier die bekannte Silberschale aus Parabiago, jetzt in Mailand, aus dem Ende 4. Jh., VOLBACH — HIRMER, Taf. 107 zu nennen, wo die Darstellung der

Es liegt keine Veranlassung vor, der christlichen Kritik Übertreibung vorzu- [254]
werfen. Es entspricht einem Gesetz der Religionssoziologie, wenn das zurückge-
staute heidnische Lebensgefühl bei solchen gelegentlichen Durchbrüchen einem
wilden Strudel glich. Ihr fehlte – um im Bilde zu bleiben – das Flußbett einer als
öffentliche Sitte anerkannten Festordnung, seitdem das Christentum den offiziellen Kalender bestimmte. Ja, man wird auf dieses Phänomen vielleicht den modernen Begriff der „Tanzkrankheit" anwenden dürfen. Die Schilderung des baccha-
nalisch anmutenden Treibens bei nächtlichen Märtyrerfeiern, die wir der Feder
von Basilius Caesareensis verdanken, erinnert stark an den Bericht, den ein Heide
für die dionysischen Tänze der gleichen Landschaft aus dem 2. Jh. gibt.[98] Hier
bestehen zweifelsohne Zusammenhänge, nur daß die Bischöfe der alten Kirche
sie nicht in Begriffen einer sozialen Pathologie werteten, sondern die dionysisch-
orgiastische Wurzel stärker empfanden. Es ist jedenfalls nur zu verständlich,
wenn sie bemüht waren, solche Einbruchsstellen in dem von ihnen gegen das
Heidentum errichteten Damm abzuriegeln.

3. Der spätantike Kunsttanz

Es wäre ein Irrtum zu meinen, der spätantike Kunsttanz sei rein abstrakter, ästhe-
tischer Bewegungstanz gewesen. Auch mit ihm verband sich die Gefahr einer
Paganisierung des Christentums. Wohl war das Theater, auf dessen Bühnenbret-
tern er sich vollzog, längst seiner religiösen Funktionen entkleidet. Das pantomimische Ballett beherrschte die Szene, sein Repertoire nährte sich aber von der
reichhaltigen Mythologie des Heidentums. Durch die Balletts „wurden alle Themen von der Erschaffung der Welt bis zum Tode der Kleopatra" dargestellt.[99]
Zweifelsohne hat es dazu beigetragen, den antiken Mythos noch lange in breiten
Bevölkerungsschichten lebendig zu erhalten. Schon das mußte das altchristliche
Bischofsamt zu einer kritischen Einstellung veranlassen. In seine Kritik münden

---

Apotheose von Kybele und Attis mit einem klassizistisch wiedergegebenen, altattischen Waffentanz, dem Pyrrichios, verbunden wird.

98 Basilius, hom. 14 in ebriosos (PG 31, 455f.); vgl. Ps. Lukian, de salt. 79. Schon die „Bakchen"
des Euripides mit ihrer Schilderung der turbulenten Vorkommnisse bei der Einführung der Dionysien in Athen kann man unter dem Gesichtspunkt der „Tanzkrankheit" interpretieren, vgl. dazu ERIC ROBERTSON DODDS in der Einleitung seiner Ausgabe (Oxford 1944) S. XIII, der weitere Literatur zur Geschichte der Tanzkrankheit aufführt. Zu dieser durchaus aktuellen Thematik
vgl. WILHELM KATNER, Das Rätsel des Tarentismus. Eine Aitiologie der italienischen Tanzkrankheit, Nova Acta Leopoldina NF 18, nr. 124, Leipzig 1956.

99 Ps. Lukian, De salt. 37. In erster Linie waren die mythischen, nicht die historischen Themen
beliebt, vgl. Tertullian, Apol. 15, 2f. Zur Verbindung zw. Pantomime und mythischem Sagen-
kreis vgl. auch Libanius, Or. pro salt. 70 (ed. RICHARD FÖRSTER IV, 464, 6ff.). Derselbe betont
aaO 119 (R. FÖRSTER IV, 497, 15ff.) die enge Beziehung zw. dem Kunsttanz und dem dionysischen Thiasos. Mag das auch mehr rhetorisch gemeint sein, so darf man doch nicht die Christen
der Zeit tadeln, wenn sie die gleiche Behauptung aufstellten.

jedoch auch andere Argumente ein. Sie werden nachträglich erst sichtbar, wenn
man kulturgeschichtlich, d.h. rein neutral die Situation der spätantiken Pantomime sich vergegenwärtigt. Dabei muß man von einer akuten Krise des antiken
Tanzes in seiner Spätphase sprechen, denn der Verlust der ursprünglich sakralen
Zwecksetzung bekundet sich in einem sichtlichen Stilverfall. [255]

Wir besitzen mehrere Berichte über spätantike Tanzballetts. Der anschau-
lichste stammt aus der Feder des nordafrikanischen Rhetors Apuleius von Madaura, der auf seinen ausgedehnten Reisen z.B. die ballettartige Aufführung des
Urteils des Paris erlebt hatte. Ihm ist abzulesen, wie der pantomimische Tanz sich
in eine kaleidoskopartige Folge von Bildern aufgelöst hat. Die Szenenfolge des
Schauspiels ist das Vorbild, illusionistische Impression aber, welche die getanzten
Szenen gleich farbenreichen Gemälden oft unter Anwendung primitiver Effekte
auszumalen suchte, der Hauptgesichtspunkt der Regieleitung. „Ein jegliches Herz
wallte vor Vergnügen", sagt Apuleius von den Zuschauern und charakterisiert
damit treffend die beabsichtigte Gefallsucht dieser zweifelhaften Kunst. Die
tänzerische Rhythmik als solche tritt in den Hintergrund; die reinen Tanzpartien
wirken wie eingestreute Einlagen, die dem Szenenwechsel dienen. Der Eindruck
der Mißachtung des künstlerischen Tanzes wird noch dadurch verstärkt, daß die
Wahl des Tanzstiles jeweils der Thematik der Szenerie unterworfen wird. So
tanzte man in dem geschilderten Ballett den altattischen Waffentanz, den sog.
„Pyrrhichios", nur, weil in dem Kampf um den Siegespreis des Paris auch die krie-
gerische Minerva als Konkurrentin der Venus auftrat! Das wirkt maniert, ganz
davon abgesehen, daß die Wahl der Tanzformen vorwiegend im Hinblick auf ihre
Beliebtheit erfolgte. In andern Pantomimen wurde der sog. „Geraunos", der
Kranichtanz aus Delos, oder der Kyriatidentanz, der in klassischer Zeit der Göttin Artemis geweiht war, aus gleich ephemeren Motiven aufgeführt.[100] Es ist mit
Händen zu greifen, wie die alten Sakraltänze, die nicht mehr zu Ehren der Götter
aufgeführt werden, zum Unterhaltungsgegenstand geworden sind. Man tanzt sie
um des Applauses willen dem Publikum zu Liebe. Sie sind austauschbar, unterliegen der Willkür des Regisseurs, sie sind profan geworden.

Von solcher Profanisierung aus ist es nur ein Schritt, den religiösen Ursprungskreis eines Tanzstiles zum Vorwand der Laszivität zu nehmen. So schildert uns Tacitus ein Ballett im Hause der berüchtigten Messalina, das einen dio-

---

100 Apuleius, Metamorph. X, 29-34 nach WEEGE 165ff. Eine „Pyrrische" WEEGE Abb. 42. Die
     Vermengung derselben mit den Dionysien fand nach WEEGE 53ff. bereits im 4. Jh. v.Chr. in
     Athen statt. Im Lateinischen wird später „pyrrica" schlechthin zur Bezeichnung für den Ballet-
     tanz, vgl. Sueton, Nero 12; Augustin, De musica 3, 1. Zu den verschiedenen Formen des antiken
     Sakraltanzes hat vor allem LILLIAN B. LAWLER zahlreiche Einzeluntersuchungen geliefert, vgl.
     z.B. The Geranos-Dance. A New Interpretation, TPAPA 77 (1946); The Dance of the Holy
     Birds, CJ 37 (1941/42), 351-357. Schon in klassischer Zeit erhielt die religiöse Pantomime eine
     sakrale Zwecksetzung. Wir verdanken endlich der Amerikanerin die Einsicht, daß im minoischen
     Kreta bereits der „Invocation-Dance" bei der Epiphanie der Götter vor der Tempelfassade eine
     wichtige Rolle spielte, vgl. The Dance in Ancient Crete, in: Studies presented to D.M. ROBINSON
     I, St. Louis 1951, 23-51, ferner FRIEDRICH MATZ, Götterscheinung und Kultbild im minoi-
     schen Kreta, Abh. Ak. Mainz 1959, nr. 7, 385-448.

nysischen Thiasos sich zum Thema gewählt hatte. „Das Bild einer [256] Weinlese feierten sie im Hause. Keltern knarrten, Ströme von Wein flossen, mit Fellen gegürtete Frauen sprangen wie opfernde oder rasende Mänaden umher. Sie selbst (sc. Messalina) schwang mit gelöstem Haar den Thyrsosstab, neben ihr der efeu-bekränzte Silius (Liebhaber der M.) ... So warf sie ihr Haupt zurück, umtobt von dem rasenden Chore."[101] Wir kennen auch aus christlichen Quellen das dionysi-sche Motiv des im ekstatischen Tanz wild zurückgeworfenen Haares, das vor-christlich ist und auf zahllosen Darstellungen des dionysischen Thiasos mit seinen Mänaden schon seit der griechischen Vasenmalerei bis in die spätantike Plastik hinein sich großer Beliebtheit erfreut hat.[102] In der Tat bedurfte die altchristliche Polemik nur dieses literarischen Motivs, um die heidnisch-dionysische Wurzel des Tanzes den Lesern und Hörern in Erinnerung zu bringen. Eben auch deshalb kann man aber im Falle des Hausballetts der Messalina sagen, daß wir hier trotz der realistischen Darstellung des Thiasos von echter dionysischer Frömmigkeit weit entfernt sind. Das Ballett diente der lasziven Lustbarkeit.

Zusammenfassend muß also festgestellt werden, daß der spätantike Kunst-tanz stilgeschichtlich ein komplexes Gebilde darstellte, das sehr heterogene Ele-mente in sich aufgenommen hatte. Religionsgeschichtlich gesehen aber kam in ihm die innere Aushöhlung des antiken Sakraltanzes, der schon längst der Ver-gangenheit angehörte und nur in den privaten Bezirken der Mysterienfrömmigkeit fortlebte, offen zu Tage. Hier lag die eigentliche Wurzel für die Entartung seiner Stilformen.

Selbst in heidnischen Kreisen hat man daher das Ballett als eine allgemeine Dekadenzerscheinung der Zeit empfunden. Der antiochenische Rhetor Libanius hat sich zum Sprecher dieses kritischen Urteils gemacht: „Solange das Geschlecht der tragischen Dichter blühte, waren die Dramen die Lehrmeister des Volkes. Nach ihrem Aussterben aber führt aus Mitleid ein Gott den Pantomimus ein" (Or. 70 pro saltatoribus, FÖRSTER IV, 464). Der Satz steht in einer Apologie, die den Tanz gegenüber der Kritik – nun nicht aber der Christen – verteidigt. Leider ist jene angesprochene Tanzkritik des Ailios Aristeides (Smyrna um 180 n.Chr.) für uns verloren. Die starke literarische Wirkung des verlorenen Werkes geht aber aus den Gegenschriften hervor, die sich dagegen wandten. Die hier schon mehr-mals zitierte Schrift „Über den Tanz", die unter dem Pseudonym Lukians von Samosata überliefert ist, eröffnete als erste die Diskussion. Noch Libanius stand unter dem Eindruck der von Aristeides vorgetragenen Kritik. Für ihn hatte sie jedoch eine aktuelle Bedeutung gewonnen, weil jetzt Christen wie z.B. Basilius

---

101 Tacitus, Ann. XI, 31. Natürlich ist die Darstellung tendenziös – aber in ihrer Tendenz greift sie durchaus treffend das Blasphemische in dem Mißbrauch des Sakraltanzes auf.

102 BOSSERT 282-283 stellt ein Vasenbild 5. Jh. v.Chr. und ein neuattisches Relief 2. Jh. n.Chr., das übrigens mit seinem Ikonogramm gut der Ballettszene entspricht, gegenüber und läßt die lange Tradition des Motivs erkennen, vgl. ferner WEEGE Abb. 117f. 122-24.222 und die Arbeit von L.B. LAWLER, The Maenads, MAAR 6 (1927), 69-112, spez. zum Motiv 101f. Zur literar. Tradi-tion des Motivs, das dann dort auf andere Kulte übergeht, in diesem Falle den Kybelekult, vgl. Catull Carmina 63, 19ff. (ed. KROLL 133).

[257] von Caesarea oder Johannes Chrysostomus von den Kanzeln herab gegen den Tanz predigten. Trotz dieser polemischen Situation, die sich gerade in Antiochia, der Stadt seiner Wirksamkeit, konzentriert hatte,[103] sah der Heide Libanius sich gezwungen, die anfängliche Verteidigung des Balletts in seiner Arbeit „Für die Tänzer" durch spätere Schriften bzw. Äußerungen zu revidieren, ja aufzugeben. In harten Worten hat er sich z.T. gegen die Pantomime ausgesprochen, weil sie demoralisierend und bildungszerstörend wirke. Mit Bedauern stellt er fest, daß sie den guten Ruf der Stadt Antiochia in der ganzen Welt gefährde.[104] Das wird den Tatsachen entsprechen, stimmt zumindesten damit überein, daß die Zunft der Tänzer schon immer in einem üblen Ruf gestanden hatte. Ihr schlechter Leumund dürfte auch die Bischöfe des Ostens veranlaßt haben, die kanonische Bestimmung zu erlassen, daß ein Kleriker eine Hochzeit zu verlassen habe, bevor das Hochzeitsballett seinen Anfang nehme.[105] Selbst der Gegner des Christentums, Kaiser Julian, der die Verhältnisse in Antiochia aus eigener Anschauung kannte, achtete bei seiner Reform des heidnischen Priesterstandes darauf, daß die Priester keinen Privatverkehr mit Berufstänzern, Schauspielern und Mimen pflegten.[106]

Etwas anders lagen die Dinge im Westen. Dort hatte schon immer die griechische Pantomime in gewissen Kreisen als eine Überfremdung altrömischer Sitte gegolten. Cornelius Nepos hat dem einen typisch römischen Ausdruck verliehen: „Wir wissen, daß die Gestalt des Musikers von Anfang an unsern Sitten fremd gewesen ist, ja daß man das Tanzen zu den Lastern zählte. Alle derartigen Dinge werden (sc. nur) bei den Griechen für beliebt und lobenswert angesehen." Aus der gleichen Einstellung einer traditionell-römischen Aversion heraus urteilt Cicero, daß der Tänzerberuf nicht zu den „ehrenhaften Künsten" gehöre, weil er dem

---

103   Beste Schilderung bleibt VICTOR SCHULTZE, Altchristliche Städte und Landschaften III, Antiochia, Gütersloh 1930, 57ff. PAUL PETIT, Libanius et la vie municipale à Antioche du 4ᵉ s. après J.Chr., Paris 1955, 225ff.; ANDRÉ-JEAN FESTUGIÈRE, Antioche paienne et chrétienne. Libanius, Chrysostome et les moines de Syrie, Paris 1959, haben unsere Thematik nicht im Auge.

104   Or. 23 ad Icarium (FÖRSTER III, 14, 2f.); Or. 31 c. Florentium (III, 394, 10ff.); Or. 41, 7ff. ad Timocratem (III, 298ff.). Schon Ps. Lukian, de salt. 76 rühmt Antiochia als östliches Zentrum der Pantomime.

105   Can. 54 Laodikeia 340-380, vgl. Gregor v. Nazianz, ep. 232 (PG 37, 376); can. 24 des Trullanum 692 (MANSI XI, 953) hält das fest, dehnt den Besuchspassus in seinem Verbot auf das Hippodrom aus, was damals bereits überholt war, und was für den Traditionalismus der canones typisch ist. Noch heute stellt CIC can. 140 das Ballett unter Besuchsverbot.

106   Julian, ep. 89b ed. JOSEPH BIDEZ — FRANZ CUMONT 144: „Kein Priester soll ins Theater gehen, weder mit einem Musikanten noch einem Wagenlenker befreundet sein, noch soll ein Tänzer oder Mime in sein Haus kommen." Resigniert stellt der Kaiser wie Johannes Chrysostomus fest, man könne das Volk doch nicht von Theater und Ballett abhalten. Daß laut Gregor von Nazianz Adv. Julianum Or. 5, 18 (PG 35, 688) bei der Leichenpompe Tänzer die Taten des verstorbenen Kaisers in einer Pantomime verherrlichten, verleiht dem Ende des „Romantikers auf dem Thron" einen tragikomischen Aspekt.

Vergnügen diene.[107] Bewußt sucht er bei den Richtern die altrömischen Antipathien zu wecken, wenn er [258] ausruft: „Kein nüchterner Mensch tanzt, weder für sich selbst noch auf einem ehrhaften Gastmahl, wo es ordentlich zugeht, er sei denn wahnsinnig" (Pro Murena 13).

Im kaiserlichen Rom dürfte Cicero allerdings diesen Satz kaum so pointiert formuliert haben. Augustus zeigte lebhaftes Interesse für die neue Unterhaltungskunst, Caligula trat persönlich als Tänzer auf und Nero war ein begeisterter Anhänger des Balletts.[108] Die Höflinge jedoch folgten dem kaiserlichen Vorbild und seinem Philhellenismus. Der bekannte Maecenas gehörte zu den Förderern des Balletts, und eilfertig brach sein Hausdichter Ovid in begeisterte Worte über die Tanzleistungen der Balletteusen aus. Plinius bestätigt in einem seiner Briefe, daß zu seiner Zeit fast jeder reiche Römer eine private Ballettgruppe besaß, um die Gäste seines Hauses zu unterhalten.[109] Selbst als unter den Claudiern die Behörden wegen vorgefallener Skandale gegen die Berufstänzer vorgingen, haben die staatlichen Maßnahmen den römischen Siegeszug der Pantomime nicht aufhalten können.[110] Das Ballett eroberte auch den westlichen Kulturkreis und im Laufe der Zeit zugleich das Herz der breiten Massen. Als man im Jahre 353 wegen Getreidemangels sich gezwungen sah, die Bevölkerungszahl der römischen Hauptstadt zu kontingentieren, durften die Berufstänzer in den Mauern Roms verbleiben; es waren nicht weniger als 3000.[111] Auch das ist ein spätantiker Beitrag zu dem bekannten Thema: „Panem et circenses".

Zu diesem Zeitpunkt aber hatte sich die Situation bereits grundlegend geändert. Das Christentum beherrschte das öffentliche Leben und bald auch die öffentliche Meinung. Die heidnischen Kreise um den römischen Stadtpräfekten Symmachus bzw. den Konsul Praetextatus aber, die in die innere Opposition gegangen waren, hatten sich mit ihrem restaurativen Programm erneut den alten republikanischen Idealen zugewandt. So kam es, daß ein jenen Kreisen nahe stehender Schriftsteller wie Macrobius erneut die altrömische Kritik am Kunsttanz wachrief, indem er an die „gute, alte Zeit" erinnerte:

„Um mit jener Zeit zu beginnen, die am sittenstrengsten war, die Zeit zwischen den beiden Punischen Kriegen. Damals fingen Freigeborene, was sage ich: Freigeborene, sogar die Söhne von Senatoren an, die Tanzschule zu besuchen, und lernten dort, mit Kastagnetten zu tanzen. Schweigen will ich davon, daß auch Matronen das Tanzen

107 Cornelius Nepos, Vita 15 Epaminondas 1, 2 (ed. HALM 60 Z. 4); Cicero, De off. I, 42, 105f. vgl. I, 50; V, 15; pro Deiot. 28. Daß Cicero in seiner persönlichen Haltung von diesem Urteil sich nicht bestimmen ließ, hat uns hier nicht zu beschäftigen.

108 Hierzu WÜST aaO 843ff., dort 863f. auch zur Rechtsstellung der Berufstänzer, die keine Bürgerrechte besaßen, ähnlich den Schauspielern, vgl. HANS GEORG MAREK, Der Schauspieler im Lichte der Soziologie I: Seine gesellschaftliche und rechtliche Stellung im alten Rom, Wien 1956. – Zu Caligula vgl. Sueton, Caligula 11.54; Cassius Dio 59, 2, 5; 5, 5; Seneca, Dial. III, 20, 8.

109 Plinius, ep. VII, 24. Zu Ovid vgl. die Belege WEEGE 152.

110 Dazu WÜST aaO 864ff. Teilweise ging man durch Verbannung gegen die Ballettänzer vor. Unter den philhellenischen Flaviern wurden die Maßnahmen rückgängig gemacht.

111 Ammianus Marcellinus XIV, 6, 19.

nicht für unehrenhaft ansahen. Daß aber die Söhne von Vornehmen, sogar – schrecklich, aber wahr – ihre Töchter und Jungfrauen zu den Tanzschülern zählten, bezeugt Scipio Aemilianus Africanus, der es tadelt, daß Mädchen und Knaben aus vornehmem Hause mit Weichlingen in die Tanzschule gehen. ‚Als mir jemand', so sagt er, ‚dies erzählte, da konnte ich mir nicht vorstellen, daß vornehme Leute [259] ihre Kinder tanzen lernen lassen. Ich ließ mich also in eine Tanzschule führen. Und so wahr mir Gott helfe, mehr als 50 Knaben und Mädchen sah ich, darunter einen Knaben von noch nicht 12 Jahren mit der Bulla. Der Sohn eines Mannes, der sich um ein öffentliches Amt bewarb, tanzte mit Klappern einen Tanz, wie ihn anstandshalber kein elender Sklave tanzen würde.'"[112]

Macrobius wollte mit solcher Geschichte aus republikanischer Zeit seine Leser nicht einfach unterhalten. Gleich manchen zeitgenössischen Römern suchte er in der Welt altrömischer Gesittung und Frömmigkeit die geistigen Kräfte einer heidnisch-religiösen Restauration. Indem er dabei auch die altrömische Kritik am Tanz aufgriff, verbündete er sich ungewollt mit der christlichen Kritik der Theologen und Bischöfe. So erleben wir die paradoxe Tatsache, daß Gegner, die sich in der religiösen Auseinandersetzung ihrer Tage feindlich gegenüber stehen, den Tanz mit den gleichen Verdikten verurteilen. Aus dem Macrobiustext seien davon nur zwei hervorgehoben. Da wäre einmal die Bezeichnung des Kunsttänzers als „Weichling" – ein Schimpfwort, das unterschiedslos bei Nichtchristen und Christen auftaucht.[113] Da wäre zum andern der Hinweis auf den „honor matronalis" – das altrömische Ideal, das auch Ambrosius in seinen Ausführungen gegen den Tanz beschwört.[114] Der aufgezeigte Tatbestand wäre nicht das einzige Beispiel dafür, wie römische „virtus" und christliche Ethik sich miteinander verbünden.

---

112 Saturnalia III, 14, 7. Diesem romantischen Republikanismus kommt deshalb besondere Bedeutung zu, weil Macrobius wie andere Vertreter des Symmachuskreises sonst als „Hellenist" zu gelten hat, vgl. PIERRE COURCELLE, Les lettres grecques en Occident. De Macrobe à Cassiodor, Paris 1948, spez. 3ff. Neben den neueren Arbeiten von ANDREAS ALFÖLDI sollte FRANZ CUMONT, La polémique de l'Ambrosiaster contre les paiens, RHLR 8 (1903), 417-440 mit seiner glänzenden Darstellung der heidnischen Opposition in Rom unter dem Konsul Vettius Agorius Praetextatus nicht vergessen werden.

113 Es rührt daher, daß ursprünglich nur Männer im Ballett auftraten und Frauenrollen übernehmen mußten. Strenge Diät, Geschmeidigkeitsübungen, Enthaarungsmittel etc. dienten dazu, den Körper zu entmännlichen. Wenn Christen wie Tertullian (Apol. 15, 3; de spect. 17.23), Minucius Felix (Oct. 37, 12), Novatian (Ps. Cyprian, de spect. 6 in fine), Laktanz (Div. Inst. VI, 20, 29) oder Ambrosius (ep. 58, 5) sich über die Frauenrollen der Mimen mokieren, rechnen sie zugleich mit den altrömischen Aversionen gegen die Kunsttänzer bei ihren Lesern. Doch auch der Osten kannte das Verdikt des „Weichlings", vgl. Ps. Lukian, De salt. 2; Joh. Chrysostomus hom. 17, 2 ad populum Ant. (PG 48, 178).

114 Zu Ambrosius vgl. obiges Zitat aus De Helia 18, 66, wo römisches Matronenideal und paulinische Anweisung (1.Kor.) sich höchst charakteristisch verbinden. Der „honor matronalis" auch Canones Africae can. 60 (MANSI 3, 766f.) – Ich verweise ferner auf das Verdikt des „schauspielerhaften Benehmens". Es wird bei Sueton, Caligula 54 gegen den tanzenden Kaiser (gestus histrionis) angewandt und erscheint als Polemik gegen die „histrionici corporis motus" oder „gestus histrionici" bei Ambrosius Exp. in Ev. Lucae VI, 5ff. (CSEL 32, 2, 233ff.); Exp. in Ps. 118 serm. VII, 26f. (PL 15, 1290); ep. 58, 5 (PL 16, 1179).

Was also den Kunsttanz betrifft, so haben wir im Osten wie im Westen die gleiche Situation vorliegen: die alte Kirche fand in ihrer Kritik sogar heidnische Unterstützung, mochten die Motive der Kritik noch so verschieden sein. Die christlichen Bischöfe haben die hier sich anbietende Allianz für ihre Zwecke genutzt. Wer wollte einem Ambrosius vorhalten, daß er sich des ciceronianischen Schlagwortes vom „Tanz der Wahnsinnigen" bedient, wenn [260] er vor dem Hochzeitstanz warnt?[115] Das spätantike Ballett befand sich auch ohne die christliche Polemik in einer akuten Krise. An diesem Punkte kann man getrost den Gesichtspunkt beiseite lassen, daß es mit seinen Themen an die heidnische Mythologie gebunden war. Hätte die alte Kirche den spätantiken Kunsttanz geduldet, ja gar gefördert, dann hätte sie sich gegen das Rad der Geschichte gestemmt – hier verfiel auch ohne sie, was dem inneren Verfall schon längst, dem äußeren jedoch unaufhaltsam preisgegeben war.

Es dürfte deutlich geworden sein, daß die alte Kirche gegenüber dem Tanz als Volkssitte oder als Kunsttanz, vom Sakraltanz ganz abgesehen, unmöglich eine neutralistische Stellung einnehmen konnte. Soweit ich sehe, hat nur Augustin in einer gelegentlichen Randbemerkung den Versuch unternommen, vom Ästhetischen her die Forderung eines zweckfreien Tanzes als l'art pour l'art zu erheben, wobei solche marginale Zufälligkeit sich in die rhetorische Frage kleidet: „Wenn sich unsere Glieder nur um des Schönen und der Anmut willen und wegen keines anderen Zweckes bewegen, nennen wir das nicht Tanz und nichts anderes?" (De musica I, 2, 3). Es ist bekannt, daß jenes Werk, in welchem der Satz erscheint, sich zur Aufgabe gestellt hatte, die Bedeutung der musischen Ausbildung für den Theologen und damit überhaupt das Programm einer christlichen Erziehungswissenschaft zu erarbeiten. Nicht minder ist anerkannt, daß sich dies gleichzeitig mit ganz bestimmten Prinzipien der augustinischen Erkenntnismetaphysik verbindet. Es geht um die ontologische Bedeutung der Zahl und das veranlaßt nun Augustin, schon im Bereich des Sinnenfälligen die konstitutive Bedeutung der Zahl bzw. des Zeitmaßes sowohl für die Musik wie für den Tanz als Anschauungsmaterial aufzuzeigen. Die Beobachtung lehrt, daß der Takt bei dem Tanz ähnlich wie der Rhythmus bei der Musik auf der Zahl basiert:

> „Wenn einer rhythmisch in die Hände klatscht, so daß ein Schlag eine Zeiteinheit, ein zweiter eine doppelte Zeiteinheit ausmacht, was bekanntlich als jambischer Versfuß bezeichnet wird, wenn derselbe ferner die Schläge aneinanderreiht und fortsetzt, ein zweiter aber dazu tanzt, indem er nach dem Rhythmus die Glieder bewegt, sprichst du nicht auch dort von einem Zeitverhältnis zwischen dem Einfachen und Zweifachen der Bewegung, sei es im Klatschen, das du hörst, sei es im Tanzen, das du siehst? Oder ergötzt dich wenigstens nicht die Zählbarkeit, die du wahrnimmst, auch wenn du die Zahlen nicht genau nachrechnen kannst?"[116]

---

115 De virg. III, 5, 25 (PL 16, 227) unter Zitierung von Cicero, Pro Murena 13.

116 De musica I, 13, 27, vgl. auch die Ausführungen über „Grundzahlen", die den Tänzen zugrunde liegen sollen, aaO VI, 8, 22: „Sane ut in sonis per instrumentum aurium, ita in saltationibus caeterisque visibilibus motibus, quod ad temporales numeros attinet, eadem adjuvante memoria iisdem numeris judicalibus dijudicamus." Während die „iudicalia" der Memoria angehören und so

Nach den konkreten Zeitbildern, die uns bei diesem Überblick über den spätantiken Tanz ins Gedächtnis gerufen worden sind und mit den archäolo- [261] gischen Dokumenten teilweise noch heute vor Augen stehen, ist es durchaus berechtigt, nach dem tänzerischen Vorstellungsbild des obigen Zitates zu fragen. Der Kunsttanz mit dem bunten Gemisch seiner Orchestermusik scheidet von vornherein aus. Doch auch nicht der sakrale Rundtanz oder gar der Volkstanz, die immer eine Mehrheit von taktangebenden Statisten voraussetzen, werden uns mit dem obigen Zitat vor Augen gestellt. Aus der theoretischen Fragestellung heraus wird ein Bild entwickelt, das sich zeichenhaft auf ein Mindestmaß beschränkt, nämlich auf den Tänzer und den Taktgeber. Ist es ein Zufall, daß Augustin ungewollt damit jene älteren Tanzbilder vor Augen malt, die uns auf frühen attischen Vasenmalereien begegnen, bevor das dionysische Element sich in ihnen bemerkbar machte?[117] Angesichts der Tatsache, daß Augustin ähnlich wie seine bischöflichen Amtskollegen sich gezwungen sah, ex cathedra gegen den spätantiken Tanz einzuschreiten, muß man die Kraft der denkerischen Abstraktion bewundern, die diesem apollinischen Tanzbild zugrunde liegt. Hier ist dank einer theoretischen Besinnung am Ausgang der alten Kirche jenes „propter se et per se" gewonnen worden, um das sich Tertullian in seiner Weltdiastase vergeblich bemühte. Das Denken von der Sache her „entmythologisiert" den Tanz.

Als Augustin später sein literarisches Werk kritisch überprüfte, hat er daher auch gegenüber solchen Sätzen keine Bedenken gehabt. Aber es sind eben jene selbstkritischen „Retractationes" (I, 11, 4), welche uns noch eine zweite Seite an seinen Aphorismen über den Tanz hervorheben lassen. Augustin hat offen zugestanden, daß in bestimmten Partien von De musica lib. VI die Vorstellung von der „infima pulchritudo" des sichtbaren Universums auf die platonische, d.h. neuplatonische Konzeption von der Weltseele zurückgreife (VI, 14, 44).[118] Liest man nun bei Plotin jene Stellen, welche die ewige Bewegtheit des Universums mit einem „Tanz" zu veranschaulichen sucht, dann zeigt sich, daß diese Kosmologie, welche die Vielheit in der Einheit zu fassen sucht, vorstellungsmäßig sich an die Tanzpantomime mit ihren Orchestern und verschiedenen Tanzstilen gewiesen sieht (Enn. IV, 4, 33), während das altgriechische Bild vom „Reigen der Sterne"

---

apriorischer Natur sind, gehören die Zahlwerte des Tanzes der „sichtbaren Bewegung" an, sind daher auch als „corporalia" zu bezeichnen, vgl. VI, 9, 24. Schon diese Unterscheidung führt den christliche Neuplatoniker dazu, das Gedicht, aber noch lieber einen rezitierten Psalm des Ambrosius („Deus creator omnium" vgl. de mus. VI, 9, 23; 17, 57; Conf. XI, 27, 35), der ihn seit Cassiciacum begleitet (de vita beata 4, 35), als Vergleich zu bevorzugen.

117　Vgl. z.B. das entzückende Bild eines attischen Kraters des 5. Jh. v.Chr. in Berlin, BOSSERT 281 oben, wo allerdings die Flötenspielerin als zweite Figur den Takt mit dem Fuß angeben muß.

118　Dazu jetzt A. SQUIRE, The Cosmic Dance. Reflections on the „De musica" of St. Augustine, Blackfriars 35, (1954), 477-484, vgl. REA 3 (1957), 297. Den Wandel Augustins in seiner Einstellung zur platonischen Weltseele von De immortalitate animae bis zu De civitate dei bringt am übersichtlichsten VERNON J. BOURKE, St. Augustine and the Cosmic Soul, in: Riv. di Metafisica 9, (1954), 431-440.

(Enn. IV, 4, 8) mehr traditionell übernommen wird.[119] Trotz seiner Abhängigkeit von Plotin wird man Augustin das einräumen müssen, daß er [262] zugleich mit jener „Entmythologisierung" des Tanzes auch die neuplatonische Ontologie überwindet und in De musica nicht von einer tänzerischen „analogia entis" spricht. Er hat den Tanz zugleich „ent-ontologisiert".

So zeigt sich auch bei der Einkehr in die stille Gelehrtenstube, des Episcopium von Hippo Rhegius und in den Bereich rein abstrakt-theoretischer Erörterung wieder jene gleiche Distanz, welche die alte Kirche gegenüber den lauten Erscheinungen des spätantiken Tanzes einnahm und einnehmen musste.

---

119 Vgl. ferner Plotin, Enn. VI, 9, 8f. (ed. RICHARD VOLKMANN). Die Wurzel der Tanzvorstellung liegt in dem Timaios von Platon mit seinen Spekulationen über die Weltseele. Die pythagoreische Vorstellung von der „Musik der Sphären" ist hingegen instrumental und orientiert sich gerne an der „Leier", vgl. Plotin, Enn. IV, 4, 8 Z. 55f. Noch bei Proklos findet sich die Vorstellung von dem „tanzenden Weltgeist", vgl. LAURENCE JAY ROSÁN, The philosophy of Proclus, New York 1949, 185f.

Zum Formular frühchristlicher Gemeindebriefe

Hermann Dörries zum 70. Geburtstag gewidmet[*]

Den ältesten Beleg für die Abfassung eines Gemeindebriefes bietet uns das lukanische Geschichtswerk (Acta 15). Sein Verfasser weiß nicht nur um die rechtliche Bedeutung formgerechter Beschlüsse (er bekundet dies auch 19,35.40), sondern scheint auch ein Briefformular zu kennen, das gemeindlichen Entscheidungen auch anderen Ortes „verbriefte" Geltung verschafft. Woher bezieht er sein Wissen?

Auch bei Konzentrierung auf diese formgeschichtliche Fragestellung kann die allgemeine Forschungsproblematik des genannten Kapitels nicht umgangen werden. Der Entscheid, daß Lukas in ihm eine literarische, aus Jerusalem stammende Quelle verwerte[1], wäre zugleich für die Frage nach der Herkunft des Briefformulars bindend. Umgekehrt bleibt sie völlig offen, wenn man mit MARTIN DIBELIUS und ERNST HAENCHEN sowohl für die Verhandlungen wie das Dekret, ferner das Schreiben ausschließlich die lukanische Feder verantwortlich macht oder wie HANS CONZELMANN nur das Dekret als traditionsgeschichtlichen Kern des Berichtes erachtet[2]. Da Bestandteil des Synodalschreibens 15,29 (wenn auch in anderer, Lev 17f. folgender Gestalt, vgl. 21,25), gehört dieses auch seinem Gehalt nach in den von uns eingeengten Untersuchungskreis. Im übrigen können formgeschichtliche Beobachtungen weder über die Quellenproblematik noch die Historizität des Textes letztgültig entscheiden. Dies kommt der exegetischen Sachanalyse bzw. ihrer konkreten Auskunft zu, ob das Dekret als organisches Ergebnis der Verhandlungen verständlich gemacht werden kann. Mit H.

---

[*]   ZNW 56 (1965), 233-259.

[1]   So neuerdings wieder RUDOLF BULTMANN, Zur Frage nach den Quellen der Apostelgeschichte, in: Angus J. Higgins (Hg.), New Testament Essays. Studies in Memory of THOMAS WALTER MANSON 1893-1958, Manchester 1959, 68ff.; GUSTAV STÄHLIN, NTD 5 (1962), 6f. 209ff.; ersterer in einer mehr unter methodischen Gesichtspunkten vorgetragenen Kritik an ERNST HAENCHENs Kommentar, letzterer im Streben, den Geschichtswert der Apostelgeschichte zu erneuern, vgl. dazu meine demnächst in Gnomon erscheinende Kurzanzeige.

[2]   E. HAENCHEN hat die Position in der Erwiderung auf R. BULTMANNs Kritik näher begründet, vgl. WALTHER ELTESTER (Hg.), Judentum, Urchristentum, Kirche. Festschrift für Joachim Jeremias, Berlin 1960, 153ff.; HANS CONZELMANN, Die Apostelgeschichte, HNT 7 (1963), 85ff. Man wird verstehen, wenn ich nur die Literatur aus der jüngsten Diskussion der vielbehandelten Problematik nenne, zumal es sich um einen ganz speziellen Forschungsskopus handelt.

CONZELMANN (Ktr) ist das gegen E. HAENCHEN zu verneinen. Den Ausschlag gibt der materiale Befund. Das Dekret stellt nicht, wie im lukanischen Kontext postuliert, eine Konzession jüdischer Christen an Heidenchristen dar, sondern um- [234] gekehrt: Heidenchristen nehmen zusätzliche Verpflichtungen auf sich, damit Judenchristen ohne religiöse Anfechtung im Alltag mit ihnen verkehren können. Als Entstehungsort kommt daher nur eine Gemeinde gemischter Zusammensetzung in Frage, wie auch das Zustandekommen nur als Gemeindebeschluß denkbar ist[3]. Damit fällt Jerusalem als Heimat des Dekrets aus und die These einer Jerusalemquelle für Acta 15 hin, während gleichzeitig Antiochien in den Gesichtskreis rückt. Es sei denn, man sehe in dem Dekret den Widerhall einer verbreiteten Gewohnheitsregel gemischter Christengemeinden! In jedem Fall folgt aus solcher Prämisse, daß Lukas selbst die Verhandlungen und das Synodalschreiben formulierte. Welche institutionellen und literarischen Vorbilder haben ihm dabei zur Seite gestanden?

Allgemein besteht Übereinstimmung darüber, daß das Briefformular mit seinem eingliedrigen Präskript (V. 23) und Schlußgruß (V. 29) profan-griechischen Ursprungs ist. Durch die Einfügung des Dekrets in ein offizielles Schreiben, dessen Präskript neben der östlichen Metropole und dritten Kapitale des Imperiums noch die ihr unterstellten Provinzen als Adressaten nennt, wird der Eindruck eines Erlasses vermittelt, der von einer Zentrale (Jerusalem) unter Wahrung des Instanzenweges an die unterstellten Verwaltungsbezirke ergeht. Daß die Bekanntgabe des Jerusalemer Beschlusses nur für Antiochien samt der dortigen Reaktion berichtet wird (15,30-33), entspricht dem proklamativen Unterton in der Briefadresse[4]. Ebenso hat es seinen formgerechten Platz, wenn unmittelbar auf die Briefanrede der Anlaß des Schreibens behandelt wird (V. 24ff.). Dabei greift die Notiz über die Einmütigkeit der Beschlußfassung (V. 25a) nicht nur auf V. 22 („Darauf beschlossen die Apostel und Presbyter gemeinsam mit der ganzen Versammlung...") zurück, sondern steht ihm auch formgeschichtlich näher als V. 28: „Es gefiel dem heiligen Geist und uns..." Für letztere Formel hat bereits WALTER BAUER[4a] auf ein römisches Kaiseredikt bei Josephus, Ant. 16, 163 verwiesen, dessen autokratischer Stil sich auch in der deutschen Übertragung berücksichtigen läßt[5]. Hingegen entspricht die Erwähnung der „Gemeindeversammlung" in V. 22 als mitwirkender Körperschaft dem [235] ältesten Gesetzgebungs- und Urkun-

---

3   Nicht zuletzt wegen des rituellen Charakters der 4 Verbotspunkte. Ihre Moralisierung hingegen (E. HAENCHEN, Die Apostelgeschichte, KEK 3 ([10]1956), 395f., Anm. 5) läßt viel weniger einen Rückschluß auf die Gemeindezusammensetzung zu, vgl. zu Apc 2,14f.20 die Nachweise bei WILHELM BOUSSET, Die Offenbarung Johannis, KEK 16 ([6]1906), 213.

4   Erst 15,41 macht sie in Verbindung mit 15,36 für den Leser historisch einsichtig. In der Adresse ist Antiochien zunächst als Metropole der vereinigten Provinzen Syrien und Cilicien angesprochen, vgl. FREDERICK FYVIE BRUCE, The Acts of the Apostles, London 1951, 320.

4a Art. δοκέω, in: WALTER BAUER, Griechisch-deutsches Wörterbuch zu den Schriften des Neuen Testaments und der übrigen urchristlichen Literatur, Berlin [5]1958, 399-401.

5   Die in Nachfolge von GUSTAV H. DALMAN gern zitierte Parallele eines Schreibens von R. Gamaliel an die Diaspora: „Es hat uns und unsern Kollegen gefallen..." (Nachweis in den Kommentaren) entbehrt wegen des kollegialen Prinzips des Vergleichspunktes.

denstil[6]. Ihm gehört auch bereits die Betonung der Einmütigkeit an, wobei ursprünglich wohl weniger an das Zustandekommen eines Beschlusses als die nur durch Eintracht zu fördernde Wohlfahrt der Polis gedacht war[7]. Führten bisher die Formelemente in den Bereich profan-hellenistischer Tradition, so greift das Schreiben mit V. 25b/26 sichtlich auf andere Vorbilder zurück. Schon im ψυχή-Begriff der Empfehlung für Barnabas und Paulus (LXX-Wiedergabe für das hebräische נפשׁ) kündet sich ein jüdisches Element an[8]. Ferner fällt auf, daß dort, wo sonst eine Mitteilung über die Regelung des Streitpunktes zu erwarten wäre, Abgesandte der Jerusalemer „empfohlen" werden (V. 25b-27). Der Leser empfindet sie für Barnabas und Paulus ebenso überflüssig wie Lukas selbst für Judas und Silas nach seiner Notiz V. 22. In der Tat bietet sowohl für die „Auswahl" von Gemeindedelegierten wie ihre Ausstattung mit Empfehlungsschreiben das rabbinische Institut des Apostolats das nächstliegende Vergleichsmaterial[9]. Ob Lukas selbst dies im Auge hatte und damit die Jerusalemer Gemeinde als eine Nachfolgerin der Zentralbehörde des Synhedriums charakterisieren wollte, ist damit noch nicht gesagt. Für Antiochien bringt er jedoch das Institut als gemeindliches Brauchtum in Ansatz (13,1-3), was nun eher auf ein synagogales Vorbild weist. Eben letzteres will hier berücksichtigt sein, wenn auch Handauflegung und Mitwirkung des hl. Geistes beim Delegationsbeschluß von Jerusalem (vgl. 15,22) fehlen. Der hl. Geist erscheint dafür in der Präambel des nochmals mitgeteilten Dekrets (V. 28f.), dessen profanes Vorbild bereits genannt wurde[10]. Dabei [236] werden durch das ἡμῖν, das auf das Präskript V. 23 zurückverweist, geschickt zwei Formvorbilder miteinander verquickt. Das wiederholt sich im Briefabschluß V.29b, denn die Ambivalenz seiner Übersetzung („Wenn ihr euch davor bewahrt, so werdet ihr recht tun" bzw. „...wird es euch gut gehen", H. CONZELMANN Ktr. z.St) resultiert letztlich aus der in ihm vorliegenden Kontamination von profanem Briefformular mit legislativer Segens- bzw. Heilsformel[11].

---

6   Zur Nennung des Demos bereits in vordemokratischer Zeit und die Erweiterung der Präambel durch Nennung der Gegeninstanz des Rates vgl. jetzt VICTOR EHRENBERG, Der Staat der Griechen, Zürich ²1965, 72ff. bzw. 315f. Zu dem vorwiegend inschriftlichen Belegmaterial Ktre z.St. Auch die Asylieurkunden von Kos (ed. RUDOLF HERZOG – GÜNTHER KLAFFENBACH, ADAW.S 1, 1952) sind heranzuziehen. Unter gewöhnlicher Voranstellung der Formel ἀγαθᾷ τύχᾳ nennt die Präambel nur die Polis in: 4.5B.6B; nur den Demos: nr. 5C.14; nur die Ekklesia: nr. 6C, sonst Rat und Demos: nr. 8.9.15.16, einmal auch Archonten, Rat und Demos: nr. 11.

7   Neben den Ἀγαθῇ τύχη-Akklamationen der Asylieurkunden auch die Präambel der nr. 12.13: ἐπ' ἀγαθᾷ τύχᾳ καὶ ὁμονοίᾳ καὶ σωτηρίᾳ bzw. ἐπ' ἀγαθᾷ τύχᾳ καὶ ὑγιείᾳ καὶ σωτηρίᾳ καὶ ὁμονοίᾳ. Zur Heilsprädikation Soteria im politischen Sinne vgl. RAC 6, 79ff.

8   Parallelen bei STRACK – BILLERBECK II, 740; auch Rm 16,4 kann herangezogen werden.

9   Material im Exkurs bei EDUARD LOHSE, Die Ordination im Spätjudentum und im Neuen Testament, Berlin 1951, 60-63, vgl. bes. Justin, Dial. 17; 108.

10   Nur der moderne Leser empfindet die Formel hybrid. Der antike Mensch – die Formel: ἔδοξεν τῇ βουλῇ καὶ τῷ δήμῳ als althergebrachte Wendung kennend – bezog ἡμῖν ohne weiteres auf die Ekklesia und wußte dabei, daß die Volksversammlung nur zu akklamieren hatte.

11   Vgl. oben Anm. 6f.

Mit anderen Worten, die formgeschichtliche Analyse erweist das Jerusalemer Gemeindeschreiben samt seinem Beschluß (Acta 15) als ein komplexes Gebilde, dessen Autor sowohl von synagogalen Institutionen, aber auch von griechisch-profanen Formeln brieflichen und rechtsurkundlichen Charakters Kenntnis hatte. Das läßt sich mit seiner Lokalisierung nach Antiochien durchaus vereinbaren, löst aber gleichzeitig die nächste Frage aus, ob dem Autor auch darin formale, vor allem rechtliche Vorbilder vor Augen schwebten, wenn er dem Jerusalemer Gemeindeschreiben ein übergemeindliches Weisungsrecht zuerkannte. Mit dem Hinweis auf die Rolle Jerusalems in der lukanischen Missionstheologie ist sie noch nicht beantwortet. Unsere formgeschichtliche Fragestellung verlangt nach einer literarischen Parallele aus dem Bereich der urchristlichen Literatur, wobei sich eigentlich nur das römische Gemeindeschreiben nach Korinth vom Jahre 96 n.Chr. anbietet[12]. Nun verdanken wir für die gattungsgeschichtliche Einordnung des *1. Klemensbriefes* ERIK PETERSON den wichtigen Nachweis, daß sein Präskript nicht I.Cor 1,2 nachahmt (so RUDOLF KNOPF), sondern auf das Formular eines jüdischen Diasporabriefes zurückgreift[13]. Man wird darüber hinaus noch darauf verweisen müssen, daß die als offizielle „Abgesandte" genannten Überbringer des römischen Gemeindeschreibens sowohl in ihrer Funktion als „Zeugen" (I.Clem 63,3; 65,1: Dreizahl!) wie durch die ihnen ausgestellte [237] „Empfehlung"[14] an das synagogale Institut des „Apostolats" erinnern. Die für die These einer lukanischen Konzipierung des Jerusalemer Schreibens zu Recht herangezogene Wendung Acta 15,27, wonach die Abgesandten Judas und Silas (also: Jerusalems!) das Aposteldekret mündlich in Antiochien zu erläutern haben, entspricht formal dem Passus I.Clem 63,3: „... die auch Zeugen zwischen euch und uns sein werden". Allerdings ist sein Sinn etwas rätselhaft. R. KNOPFs Auskunft[14a], die Abgesandten „sollen entscheiden, ob die Korinther auf die Mahnungen der Römer gehört haben oder nicht", macht de facto aus den „Zeugen" Richter, zumindest Bevoll-

---

12 Wohl ist auch der I.Ptr für unsere Untersuchung wichtig. Zunächst ist er aber als apostolisches Sendschreiben, dessen Paränese (Haustafeln) auf die Autorität des Petrus rekurriert und darin dem Typ nachapostolischer Pastoralbriefe angehört, zurückzustellen. – Der Jakobusbrief ist auszuscheiden: sein Praeskript beansprucht wohl, Diasporaschreiben zu sein, gründet seinen Anspruch jedoch auf eine exklusive Jakobustradition, dazu HERBERT KEMLER, Der Herrenbruder Jakobus bei Hegesipp und in der frühchristlichen Überlieferung, Diss. Göttingen 1965.

13 Dazu die von HANS WINDISCH, HNT 15 (^{3}1951), mitgeteilte Parallele Sanh. 11b (Brief des R. Gamaliel): „An unsere Brüder, die Einwohner der babylonischen Diaspora und an unsere Brüder in Medien und an die ganze übrige Diaspora von Israel: Euer Friede gedeihe!" – ERIK PETERSON, in: Pro regno, pro sanctuario. Een bundel studies en bijdragen van vrienden en vereerders bij de zestigste verjaardag van Prof. Dr. GERARDUS VAN DER LEEUW, Nijkerk 1950, 351-357 = Ders., Frühkirche, Judentum und Gnosis, Rom 1959, 129-136. Den verdienstvollen Forscher hat jetzt FRANCO BOLGIANI im ersten Band der RSLR 1 (1965), 1-58 eingehend gewürdigt.

14 I.Clem 63, 3: „Wir haben ferner zuverlässige und besonnene Männer, die von ihrer Jugend bis ins Alter unter uns untadelig gewandelt sind" – eine gut jüdisch empfundene „Presbyter"-Empfehlung! Zur Dreizahl der „Zeugen" vgl. neben Deut 19,15 und Mt 18,16 auch I.Tim 5,19.

14a RUDOLF KNOPF, Der erste Clemensbrief, TU 20/1, Leipzig 1899, z.St.

mächtigte. Vor allem wird sie der forensischen Seite der Aufgabe – die Abgesandten stehen als „Zeugen" zwischen der ermahnenden und der ermahnten Gemeinde – nicht gerecht.

Beim Versuch, diese Spezialfrage zu klären, hilft die *syrische Baruchapokalypse* weiter, die f.m.V. auch zur Lösung des größeren in diesem Aufsatz angeschnittenen Problemkreises bisher noch nicht genügend ausgeschöpft worden ist. In ihrem Epilog – einem Brief – heißt es: „Dieser Brief aber soll zwischen mir und euch zum Zeugnis dienen, daß ihr der Gebote des Gewaltigen eingedenk seiet; und soll auch für mich eine Rechtfertigung sein vor dem, der mich gesandt hat. So gedenket des Gesetzes und Zions, und vergesset der Feste und Sabbate nicht!" (VIII, 6, 7 VIOLET; 84, 7 KAUTZSCH). Schreiber ist der in Jerusalem befindliche Baruch (II, 1, 1-5 V.; 10, 1-5 K.), Empfänger des Briefes aber sind die „neuneinhalb Stämme", d.h. die assyrische Diasporagemeinde (VIII, 1, 1 V.; 78, 1 K.); ein paralleles Schreiben soll an die jüdische Gemeinde in Babylon ergehen (VII, 5, 3 V.; 77, 17K.).[15] Die formgeschichtliche Auswertung der Parallele hat zu beachten, daß das apokalyptische Konzept von dem „Seher" auch auf den Briefschreiber Baruch ausstrahlt. Denn in erster Linie ist er der Gottesbote, der „Gesandte" im Auftrage Gottes, um endzeitliche Offenbarung und Mahnung zu übermitteln; danach wird er „bis zum Ende der Zeiten aufbewahrt werden, um ein Zeugnis zu sein" (II, 3, 5 V.; 13, 3 K.). Deshalb wird die letzte Verheißung der Entrückung mit dem Befehl verknüpft, das Volk letztwillig zu belehren, „wie immer du kannst" (VII, 2, 5 V.; [238] 76, 5 K.)[16]; dem dienen auch die Briefe des Epilogs. Baruch ist also primär der „apokalyptische Zeuge" wie Moses, Henoch und Abraham im Buch der Jubiläen, die ähnlich mit ihrer Botschaft das Volk der Erwählung vor dem Verderben am „Tage des Zeugnisses" bewahren wollen[17]. Daß der Autor hingegen mit seinen Briefen ein gängiges Formular im Auge hat, entzündet sich nicht zufällig an den Angaben zum zweiten, nach Babel gehenden und inhaltlich nicht mitgeteilten Brief. Bezeichnend ist schon, daß er nicht aus Baruchs Verpflichtung zur apokalyptischen Zeugenschaft abgeleitet wird, sondern erst auf eine Aufforderung der Jerusalemer Gemeindeversammlung hin von ihm ins Auge gefaßt wird (VII, 4, 2 V.; 77, 12 K.). Baruch läßt denn auch keinen Zweifel daran, daß er den Auftrag als seiner eigentlich nicht gemäß ansieht, indem er die alltägli-

---

15 Daß der zweite Brief „offenbar verloren gegangen ist" (ALFONS WEISER, Einleitung in das Alte Testament, Göttingen ²1949, 320), ist unbegründete Vermutung. Durch die Art, wie er Baruch sich von diesem Brief persönlich distanzieren läßt, hat sich der Autor zugleich davon dispensiert, ihn inhaltlich mitzuteilen. Was hätte er im übrigen enthalten können, als was man nicht schon aus dem 1. Brief gewußt hätte?

16 Innerhalb der Schlußpartie der sog. Visiones, die mit einer Rede an das Restvolk im hl. Lande (VII, 3), dessen Bitte um den Brief an die Diaspora in Babel (VII, 4) und ihrer Erfüllung durch Abfassung zweier Briefe und der ausführlich geschilderten Entsendung des Adlerbriefes (VII, 5f.) ausmündet. Sie stellt die Verbindung zu dem als Urkunde angehängten Adlerbrief (VIII) dar.

17 ERNST GÜNTHER, Zeuge und Märtyrer, ZNW 47 (1956), 145-161, spez. 153f., der auf Jub 6, 37f.; 10, 17, vgl. 4, 22-24, Hen 81, 5f. verweist. Auch Jub 23, 32 ist heranzuziehen: der „Zeuge" Moses soll seine Worte hinaufbringen auf die himmlischen Tafeln „zum ewigen Zeugnis für ewige Geschlechter", vgl. zum „ewigen Zeugnis auf den himmlischen Tafeln" Jub 30, 21f.; 31, 32.

che Übermittlung des Briefes nach Babel „durch Menschen" unterstreicht (VII, 5, 3 V.; 77, 17 K.). In der Tat kann er für diesen Brief nur die Funktion eines Gemeindeschreibers ausüben, wie sie auch der Presbyter Clemens für das römische Gemeindeschreiben ausfüllt. Die größere Bedeutung beim Überbringen des Diasporaschreibens nach Babylon kommt den drei Abgesandten der Stammgemeinde zu, in denen wir zweifelsohne institutionelle Vorgänger der drei römischen Delegierten nach Korinth sehen dürfen. Um so verständlicher ist, daß der Autor einer Apokalypse nur den durch einen Adler übermittelten und über dem Euphrat abgeworfenen Brief eines Baruch für würdig hält. Wie er ihm das apokalyptische Tier[18] vorbehält, so erweist er dem Euphratschreiben auch die Ehre ausführlicher Inhaltsangabe. Umso mehr verdienen Wendungen in ihm, die nicht der apokalyptischen Vorstellungswelt entsprechen, die Aufmerksamkeit einer formgeschichtlichen Analyse. [239]

So fällt auf, daß der Brief nicht mit der Entrückung, sondern dem nahen Tode Baruchs motiviert wird: „Deshalb liegt mir so sehr daran, euch die Worte dieses Briefes zu hinterlassen, bevor ich sterbe…" (VIII, 1, 5 V.; 78, 5 K.). Das besagt zugleich, daß die zeitbegrenzte Funktion des „apokalyptischen Zeugen" auf ein seinen Tod überdauerndes Dokument übertragen wird – prinzipiell ein mit der Entrückungstheorie, die den „Zeugen" aufbewahrt sein läßt, damit er im Endgericht wieder auftritt, unvereinbarer Gedanke. Es nimmt daher nicht wunder, wenn hierfür auf ein repräsentatives Vorbild geschichtlicher Vergangenheit und so unapokalyptischer Natur hingewiesen wird: „Siehe, ich habe es euch verkündet, solange ich am Leben bin … denn der Gewaltige hat mir befohlen, euch zu unterweisen: so lege ich euch ein wenig von den Geboten seines Gerichtes vor, bevor ich sterbe. Gedenkt, daß einst Mose Himmel und Erde feierlich über euch beschworen und gesprochen hat: ‚Wenn ihr das Gesetz übertretet, werdet ihr zerstreut werden; wenn ihr's aber bewahrt, werdet ihr eingepflanzt werden'" (VIII, 6, 1f. V.; 84, 1f. K.)[19]. Der Vergleichspunkt einer Verfügung letzten Willens

---

18   Als nächste Parallele erweist sich der „fliegende Adler" von Apc 8,13 (vgl. auch Apc 4,7 im Unterschied zu Ez 1,10; 10,14). Wer als Gottesbote zu reden vermag, kann als Bote eines Visionärs auch den Auftraggeber hören. Die Ansprache Baruchs an den Adler (VII, 6, 3-7 mit Hinweis auf Vorbilder: Taube Noahs, Raben Elias' und „Vogel" Salomos, dazu vgl. BRUNO VIOLET z.St. (Leipzig 1923) sowie den Nachtrag S. 362; gemeint ist der Wiedehopf, vgl. Koran, Sure 27, 21-29) wirkt haggada-artig und darin gut jüdisch-orthodox.

19   VIOLET liest: „wenn ihr's aber bewahrt, werdet ihr bewahrt werden", weil auch anderswo der Autor das Wortspiel liebe. Ausschlaggebend für unsern Entscheid in der Textvariante ist die Schlußbitte aus dem Opfergebet Nehemias bei der Tempelweihe nach II.Macc 1, 24-29: „Pflanze dein Volk in deinen heiligen Ort ein, wie Moses gesagt hat". Der weder aus altjüdischer Gebetstradition und ihrer Bitte um Rückführung der Diaspora (z.B. 10. Benediktion des Schemone Esre oder Tob 13,11ff.) noch aus dem Musafgebet am Versöhnungstag jüngerer Tradition (dazu R. KNOPF, Die Lehre der zwölf Apostel. Die zwei Clemensbriefe, HNT, Ergänzungsband I, Tübingen 1920. Die Apostolischen Väter, 27) zu belegende Verweis auf Moses läßt sich textgeschichtlich nur aus einer mit syr. Bar 84, 2 konform gehenden Textüberlieferung zu Deut 31,28 erklären. Eine Kontamination mit dem in einem ganz andern historischen Kontext stehenden Jahwespruch Jer 42,10 (vgl. auch 45,4, worauf B. VIOLET z.St. verweist) liegt nicht vor, höchs-

erhärtet, daß damit nicht auf Deut 30,19 (so B. VIOLET App.) trotz seiner späteren Beliebtheit angespielt werden soll, sondern die Szene Deut 31,25ff. gemeint ist, wo Moses vor seinem Tode die „Vorgesetzten und Amtsleute" versammelt, „daß ich ihnen diese Worte laut verkündige und den Himmel und die Erde als Zeugen gegen sie nehme" (Deut 31,28f.). Wie man auch die sehr komplizierten Traditionsprobleme von Deut 31f. beurteilen mag[20], das forensische Kolorit in der deuteronomistischen Schlußfassung ist unverkennbar. Sowohl das Niederschreiben des Liedes (Deut 31,19.21 vgl. Deut 32) wie die Deponierung des Deuteronomium neben der Bundeslade (Deut 31,20) als auch die Verkündigung [240] desselben (Deut 31,28) sollen im Rechtshandel Jahwes mit seinem Volk als „Zeugen" gegen „Israel" dienen[21].

Für den deuteronomistischen Geschichtsschreiber hat das Exilerlebnis seiner Generation die Mosesszene aktualisiert, ja die Vertreibung aus dem hl. Lande ist ihm zur geschichtlichen Bestätigung jener dreifachen Beurkundung einer „Zeugenschaft" geworden, die so zwangsläufig einen negativen Tenor haben muß: „Denn ich weiß, daß ihr euch nach meinem Tode schwer versündigen und abweichen werdet..." (Deut 31,29f.). Für den Verfasser des apokalyptischen Baruchbriefes, der seinen Zeugen in den Rang eines „alter Moses" erhebt, bedeutet die noch längere Diasporaerfahrung nicht minder eine Aktualisierung der berühmten Schlußszene aus dem Leben von Moses. Dies bricht gelegentlich in die literarische Fiktion, nach der Baruch von Jerusalem aus schreibt (VIII, 2, 1. 7 V.; 79, 1 u. 80, 4f. K.), unmittelbar ein, wenn Baruch sich in die Situation der Exulanten versetzt (VIII, 7, 1 V.; 85, 1 K.). Allerdings müßte ihm solche geschichtliche Erfahrung einer Jahrhunderte andauernden „Zerstreuung" unerträglich sein, wenn ihr nicht auch die Verheißung der Rückkehr gegeben wäre. Hier liegt das eigentlich theologische Motiv für die textliche Abwandlung von Deut 31,28f. durch die Baruchapokalypse vor, ganz davon abgesehen daß sie dem Mosewort eine über das babylonische Exil der Geschichte hinausgehende zeitlose Gültigkeit verleiht. Zugleich ergibt sich aus der Aufnahme des Verheißungsmotives die Konsequenz, daß neben der negativen Deutung der Diasporasituation als einer Folge der Gesetzesübertretung die kausale Verknüpfung von Rückkehr und Gesetzesbeobachtung als positives Komplement betont werden muß. Nicht nur der antithetische Aufbau des Mosespruches bekundet dies, sondern auch der Briefanfang, wo der Schreiber mahnt, den eitlen Irrtum aus dem Herzen zu verbannen,

---

tens ganz allgemein mit der prophetischen Weinbergmetapher. Der Textentscheid VIOLETs übersieht im übrigen die bereits mit VIII, 7, V; 78, 7 K angegebene Thematik der Rückführung aus der Diaspora.

20 OTTO EISSFELDT, Das Lied des Moses Deut 32,1-48 und das Lehrgedicht Asaphs Ps. 78 samt einer Analyse der Umgebung des Moseliedes, BVSAW.PH 1958, 43ff.; dagegen GERHARD VON RAD, Das fünfte Buch Mose, ATD 8, Göttingen 1964, 134ff.

21 Deut 31,19 wörtlich: „als Zeuge gegen die Söhne Israels". Zur Frage, ob auch das selbständige Traditionsgut des Moseliedes Deut 32 auf das Formular des Gottesprozesses zurückzuführen sei, vgl. ERNEST G. WRIGHT, The Lawsuit of God: A Formal-Critical Study of Deut 32, in: Israel's Prophetic Heritage, New York 1962, 26ff.

„um dessentwillen ihr von hier weggekommen seid. Denn wenn ihr das tut, so gedenkt auch der euer getreulich, der … versprochen hat, er werde nicht ewig unsern Samen vergessen oder verlassen, sondern mit vielem Erbarmen alle die wieder sammeln, die zerstreut sind" (VIII, 1, 6f. V.; 78, 6f. K.). Die göttliche Heilsverheißung ist konditional an die Verwirklichung der mosaischen Gesetzesvorschriften in der Diaspora gebunden. Damit wird die innere Distanz zur apokalyptischen Rettungsidee noch stärker sichtbar. Mag der Diasporabrief Baruchs aus ihr auch viele, hier nicht weiter zu erörternde Vorstellungen aufgenommen haben, so bewegt er sich doch mit seinen das Formular als solches legitimierenden Gedankengängen [241] in den Bahnen eines Judentums, das in heilsgeschichtlichen Kategorien denkt, zugleich aber die Heilserfüllung von seiner geschichtlichen Selbstverwirklichung erwartet. Ist der „apokalyptische Zeuge" eine ein-, weil letztmalige Erscheinung, so muß einer Zeugenschaft, welche die Diaspora an ihre innergeschichtliche Zielsetzung zu erinnern hat, institutionelle Dauer verliehen werden. Es entspricht also durchaus der für das Briefformular verantwortlich zu machenden Diasporatheologie, wenn Baruch am Schluß die Mahnung ausspricht, sein Schreiben solle regelmäßig in den Versammlungen, besonders aber an den Fastentagen vor der Gemeinde verlesen werden (VIII, 9, 1 V.; 86, 1 K.). Weil Zeugnis vor der Diaspora eine stete Aufgabe ist, wird jedes aktuelle Mahnschreiben in den Rang eines liturgischen Textes mit gottesdienstlicher Verankerung erhoben, wie umgekehrt der Briefschreiber bemüht sein muß, den konkreten Anlaß seines Schreibens auf die höhere Stufe einer zeitlos gültigen „Vermahnung" durch seine Ausdeutung emporzutragen. Erneut fällt so von dem apokalyptischen Baruchbrief auf den 1. Klemensbrief Licht. Wer denkt nicht an die gleich noch zu erörternde Tatsache seiner regelmäßigen Verlesung in Korinth um 170 n.Chr.? An sein sichtliches Bestreben, der Vermahnung das Aktuelle zu nehmen und so eine homilieartige Paränese zu schaffen, die bis hin zum abschließenden Fürbittgebet der gottesdienstlichen Verwertung offen steht? Nicht nur wegen seines Präskriptes, sondern auch um der genannten Merkmale willen ist es durchaus berechtigt, den 1. Klemensbrief in die Gattung christlicher Diasporaschreiben einzuordnen, formgeschichtlich aber dem synagogalen Sendschreiben unterzuordnen. Denn auch das Briefformular der in den gleichen Zeitraum fallenden syr. Baruchapokalypse[22] ist trotz seiner literarischen Fiktion nicht an Jerusalem gebunden; es ist wegen seiner ekklesiologischen Prämissen nicht nur zeitlos, zumindesten für die Periode seiner Notwendigkeit, sondern auch räumlich ungebunden.

Dadurch wird der angeblich apokalyptische Baruchbrief zu einem wichtigen Beweismittel, ERIK PETERSONs These vom formgeschichtlichen Vorbild des spätjüdischen Diasporaschreibens für die „*katholischen Briefe*" der frühchristlichen Literatur überzeugender zu untermauern. Er beantwortet vor allem die für PETERSONs Deduktion so wichtige, von ihm am 1. Klemensbrief entwickelte Problematik, wie eine Diasporagemeinde an eine andere die ihr doch gleichrangig sei

---

22 JOSEF G. PLÖGER, Art. Baruchschriften, apokryphe, RGG³ I, 900-902 legt sich mit dem Zeitraum der Entstehung zwischen 70-132 nicht näher fest, doch ist 100 n.Chr. ein traditionelles Datum.

(mit Recht wird für I.Clem jeglicher römischer Primatsanspruch verneint), ein Mahnschreiben richten könne (aaO 133). Zweifelsohne wirkt an dieser Stelle PETERSONs Beweisführung [242] mit ihrem Hinweis darauf, daß sowohl die „Ermahnung" bzw. „Tröstung" wie auch das Martyrium als charismatische Geistesgaben die Briefform des „katholischen" Sendschreibens verlange (135), am schwächsten[23]. Oben wurde bereits auf den Briefpassus syr. Bar VIII, 7, 1 V.; 85, 1 K. verwiesen: „Ferner aber wisset, daß in früheren Zeiten und einstigen Weltaltern unsere Väter die Gerechten, die Propheten und die Heiligen zu Helfern hatten, wir aber waren damals in unserm Land". Er zeigte uns, wie der Briefschreiber sich mit den Exulanten situationsgleich setzt. Noch stärker kommt das im übernächsten Vers zum Ausdruck: „Jetzt aber sind die Gerechten beigesetzt und die Propheten sind entschlafen; wir aber sind aus unserm Lande gezogen, und Zion ist uns fortgenommen; und wir haben jetzt nichts mehr als den Gewaltigen und sein Gesetz" (VIII, 7, 3 V.; 85, 3 K.). Es ist nicht zu überhören, warum der Schreiber sich mit den Angeschriebenen gleichstellt: gemeinsames Heil der Erwählung und Unheil einer geschichtlichen Verfehlung desselben! Wohl steht am Ende dieser gemeinsamen Geschichte die erhoffte Vereinigung im Lande der Verheißung, sie läßt jedoch nur die Vergangenheit „in unserm Lande" mit ihren „Helfern" im hellen Lichte erstrahlen, während die Gegenwart der Diasporasituation im tiefsten Dunkel liegt und nur dank der Lichtfunken des göttlichen Gesetzes auf eine lichte Zukunft hin sich öffnet. Für solche Geschichtsteleologie ist der örtliche Aufenthaltsort belanglos geworden. Sie hat vielmehr die „Katholizität" einer Schicksalsgemeinschaft entstehen lassen, die in der Gegenwart keine Prärogative einer Gemeinde, selbst nicht Jerusalems, geschweige denn einer synagogalen Lokalgemeinde, kennt. Sehr deutlich wird das durch den Briefkopf formuliert: „Und ich weiß gewiß, daß wir alle, die zwölf Stämme, in *eine* Gefangenschaft geführt worden sind, da wir ja von *einem* Vater stammen" (VIII, 1, 4 V.; 78, 4 K.). In Nachfolge von Moses (VIII, 6, 2 V.; 84, 2 K.) und der verstorbenen „Helfer" kann daher jede Diasporagemeinde das Amt des Gotteszeugen wahrnehmen und die Schwestergemeinden an „den Gewaltigen und das Gesetz" d.h. aber an die Gesetzestreue erinnern. Roms Gemeinde, die schon mit dem Präskript ihres Schreibens und dem in ihm verwandten Begriff der „Parökie" das paritätische Nebeneinander mit der korinthischen Gemeinde festhält, kann auch um der hinter diesem Formular stehenden Ekklesiologie willen kein Weisungsrecht gegenüber Korinth beanspruchen; sie kann höchstens sich auf ihre Zeugenpflicht berufen. Gemeinsamkeit als Gemeinde der Zerstreuung erklärt endlich das Motiv der „Tröstung", [243] wie denn Baruch unmittelbar aaO fortfährt: „...damit ihr getröstet werdet über die Leiden, die euch betroffen haben" (VIII, 1, 5 V.; 78, 5 K.). Gemeinden „in der Fremde" leben immer in der Leidensgemeinschaft, die in der Verfolgungszeit eine Steigerung erfahren kann. Mit andern Worten: weder „Ermahnung" noch „Tröstung" noch Martyriumsbericht brauchen auf eine charismatische Wurzel zurückgeführt zu werden (E. PETERSON), sondern erklären sich

---

23   Vor allem belastet die Argumentation, daß sie stark auf I.Cor rekurriert, wo die Gemeindesituation das Thema der Charismen stellt, nicht aber aus dem Formular abgeleitet werden kann.

organisch aus jener Gedankenwelt, die das Formular des „katholischen" Sendschreibens entstehen ließ. – Von ihr aus läßt sich jetzt auch besser der 1.Petrusbrief aus der Zeit der domitianischen Verfolgung beleuchten, der zunächst zurückgestellt wurde, weil wir es bei dem zeitlich, und vielleicht auch örtlich nicht weit von dem I.Clem entfernten Dokument ähnlich wie beim Baruchbrief mit einem Mischtyp zu tun haben. Man geht dabei am besten nicht von seinem das Diasporaformular aufnehmenden Präskript, sondern von der die Verfolgungssituation ansprechenden Schlußpartie aus. Sie fordert zur Demut unter die „gewaltige Hand Gottes" (vgl. I.Clem 28,2; 60,3) und zum Widerstand gegen den Teufel auf, „standhaft im Glauben und wissend, daß dieselbe Art von Leiden an eurer Bruderschaft in der (ganzen) Welt sich vollzieht" (I.Ptr 5,9). Daß HANS WINDISCH (Die katholischen Briefe, HNT 15, Tübingen 1951, 80) mit seiner Vermutung, „man möchte beinahe ein allgemeines Edikt voraussetzen", die Interpretation in eine falsche Richtung lenkt, hingegen aber mit dem Hinweis auf I.Clem 2,4 dem Tatbestand eher gerecht wird, dürfte schon mit dem letzten Baruchzitat begründet sein. Ohne falsch zu übertreiben, kann der Autor eines Diasporaschreibens aus dem Selbstverständnis der Diaspora heraus die örtlich verfolgte Gemeinde mit dem Hinweis auf die „Leiden" der andern Gemeinden trösten[24]. Vor allem läßt sich durch das diasporale Brieformular der vielbehandelte Gruß der „miterwählten (sc. Gemeinde) in Babylon" (I.Ptr 5,13) besser verstehen. Der syr. Baruchbrief legt es nahe, das Kryptogramm nicht aus der apokalyptischen Vorstellungswelt abzuleiten, sondern ihm das Selbstverständnis der spätjüdischen Diaspora unterzulegen, die immer und überall „in Babylon", d.h. „in der Welt" ist. So rückt denn auch der 1. Petrusbrief unter formgeschichtlicher Betrachtung in die Nähe zum 1. Klemensbrief und beweist, wie „Tröstung" und „Vermahnung" zur Verfolgungszeit im Diasporaschreiben die ihnen gemäße literarische Form finden. [244]

Wenden wir uns nun der Frage zu, wie lange das spätjüdische Formular auf die „katholischen" Sendschreiben der christlichen Frühzeit eingewirkt hat, so bedarf die bereits von E. PETERSON herangezogene, weil von Eusebius als „katholische Briefe" (h.e. IV, 23,1) charakterisierte Korrespondenz des Bischofs Dionysios von Korinth (etwa 170 n.Chr.) zweifelsohne der gattungskritischen Sichtung. Leider bieten die recht kurzen Resumées des Kirchenhistorikers hierfür wenig Anhaltspunkte. Die eusebianische Wendung: τῇ ἐκκλησίᾳ δὲ τῇ παροικούσῃ Γορτ. bzw. Ἀ. (so h.e. IV, 23, 5f. für Gortyna und Amastris) ist auch sonst bei ihm geläufig, und auch die von PETERSON geltend gemachte unpersönliche Adresse bei dem Brief an die Lakedämonen (IV, 23, 2) tragen formgeschichtlich nichts aus; beim Brief an die Knosser (IV, 23, 7f.) formuliert Euseb ähnlich, wobei dieser Brief nach seinen Andeutungen an den Bischof Pinytos gerichtet war,

---

24 Vgl. dazu noch das Sabas-Martyrium unten am Schluß. WOLFGANG NAUCK, Freude im Leiden, ZNW 46 (1955), 68ff., der bereits mit Erfolg syr. Bar. für die Verfolgungstheologie heranzog, übersieht diese Parallele zu I.Ptr 5,9. Da er im übrigen nur die eigentlichen apokalyptischen Texte von syr. Bar. heranzieht, stellt er die behandelte Thematik in einen vorwiegend apokalyptischen Rahmen. Das dürfte aber nicht generell für das Spätjudentum gelten.

weshalb dieser auch als Antwortender erscheint – ein typisches Beispiel der jetzt vermehrt einsetzenden Bischofskorrespondenz![25] Einen festen Ausgangspunkt für formgeschichtliche Überlegungen bietet Dionysios in seinem Brief an die Römer mit der Feststellung, man habe das römische Gemeindeschreiben („euren Brief")[26] im sonntäglichen Gottesdienst verlesen. Dem fügt er die wie selbstverständlich klingende Versicherung hinzu, man werde „immerdar" durch ständige Lesungen sich von diesem Schreiben „vermahnen" lassen. Sein Hinweis auf die gleichartige Verwendung des 1. Klemensbriefes sichert die liturgische Kontinuität dieses Brauches in Korinth für die 1. Hälfte des 2. Jh.s (h.e. IV, 23, 11). Das rechtfertigt den Rückschluß, nicht nur dank seines allgemein gültigen paränetischen Gehaltes, sondern auch schon durch sein Brieformular habe das unter Soter verfaßte Gemeindeschreiben Roms sich für solchen Zweck qualifiziert. Durch das Fragment Eus. h.e. IV, 23, 10 läßt sich zudem diese Zuordnung zum Genos paränetischer Gemeindeschreiben glaubhaft machen. Der Lobspruch für Rom und seine traditionelle Unterstützung anderer Gemeinden, vor allem aber die Belobigung der [245] Gastfreundschaft entstammen sichtlich dem Briefanfang (captatio benevolentiae) und nimmt zumindesten im zweiten Punkt einen traditionellen Topos des Brieformulars auf, das in der Partie I.Clem 1-2, spez. 1, 2 seine nächste Parallele findet[27]. Das Fragment kann auch deshalb besondere Aufmerksamkeit beanspruchen, weil es zeigt, wie durch die Verfolgungssituation traditionelle Begriffe des Formulars bzw. seine Bräuche neue Ausdeutung erfahren. Zweifelsohne dürfte z.B. der zweimal auf die Liebestätigkeit der römischen Gemeinde angewandte Begriff der ἐφόδια (h.e. IV, 23, 10) in seiner ursprünglichen Bedeutung als „Reiseproviant" einen festen Platz im zwischengemeindlichen Verkehr kleinerer Diasporagemeinden, damit aber auch als Lobesprädikat ihres Brieformulars gehabt haben. Gerade wegen der metaphorischen Aufnahme des Begriffes in I.Clem 2,1 (τοῖς ἐφοδίοις τοῦ Χριστοῦ ἀρκούμενοι) kann auch diese als formgeschichtlicher Beleg angeführt werden[28]. Das korinthische Gemeinde-

---

25 Ihr dürfte auch das nach Amastris und die Gemeinden der Pontus gerichtete Schreiben angehören, das – ein neues Motiv – von dort angefordert wurde (IV, 23, 6), zumal in dem ihm zuweisenden Fragment IV, 23, 12 ein ausgesprochen subjektiver Ton in den Brief hineinkommt. – Die Briefe nach Athen und Nikomedien (IV, 23, 2-4) lassen sich formal nicht bestimmen. PIERRE NAUTIN, Lettres et écrivains chrétiens du IIe et IIIe siècles, Paris 1961, 13ff. stellt die Frage nach dem Formulat überhaupt nicht, was seine Argumentation vorbelastet. Umgekehrt muß E. PETERSON, der auf die eusebianische Charakteristik der Dionysiosbriefe als „katholische Briefe" sich beruft, entgegengehalten werden, daß dies noch kein formgeschichtliches Argument liefert, man vgl. nur Euseb, h.e. VI, 14, 1.

26 Also kein Soterbrief, wie Euseb, h.e. IV, 23, 9 vielleicht suggerieren will oder zumindest könnte.

27 Da in diesem Zusammenhang Soter besonders hervorgehoben wird, kann Eusebs Notiz IV, 23, 9 (s. Anm. 26) hieran sich entzündet haben. Vielleicht enthielt der Brief an die Gemeinde in Gortyna (IV, 23, 5) einen ähnlichen Topos der captatio benevolentiae, da das von Euseb angegebene Stichwort der πλεῖσται ἀνδραγαθίαι dem gut sich einfügen würde.

28 Neben Did 11,4.6; 12,2 vgl. auch III.Joh 5-8, wo das Verb προπέμπειν auftritt, vgl. ferner Tit 3,13. προπέμπειν als terminus technicus bedürfte bei seiner Nähe zu ἀποστέλλειν und πέμπειν einer näheren Untersuchung, zumal Paulus mit Rm 15,24; I.Cor 16,6.11; II.Cor 1,16 anregt.

schreiben des Dionysios als zweiter Beleg lehrt darüber hinaus, wie das Wort auch für die Betreuung finanziell schwacher Gemeinden und Fürsorge für die in die Bergwerke deportierten Gemeindeglieder dienen[29], so aber auch seinen Platz im Formular beibehalten kann.

Das sich so für die Kontinuität des Briefformulars als wichtig erweisende Phänomen eines begrifflichen Bedeutungswandels interessiert in erster Linie im Hinblick auf den Begriff des „Martys", d.h. „Zeugen", der – wie wir sahen – für das Formular des Diasporaschreibens konstitutive Bedeutung besaß, aber gleichzeitig dort die spezifisch forensische Begriffsbestimmung verlangte. Daß er in seinem ursprünglichen Sinn des gegen die Gemeinde im Endgericht auftretenden Zeugen nicht innerhalb einer Verfolgungssituation beibehalten sein kann, liegt auf der Hand. Diesbezügliche Beobachtungen sind bereits durch den Vergleich der sog. Thanksgivingsformeln in den beiden (von E. PETERSON gleichfalls für das Formular der Diasporaschreiben beanspruchten) Korintherbriefen des Paulus zu machen. Sieht der Apostel I.Cor 1,6ff. in der Tatsache, daß „das Zeugnis von Christus (τὸ μαρτύριον τοῦ Χριστοῦ) unter euch [246] rechtskräftig vorgebracht wurde (ἐβεβαιώθη)", und in der Verheißung, daß Christus „euch auch fest machen wird bis zum Ende"[30], Motive seines Dankes gegenüber Gott, so verleiht die Verfolgung in Achaia wie Asia der entsprechenden Partie des 2. Korintherbriefes neue Begriffe und einen andern Tenor. Jetzt sind an die Stelle des „Zeugnisses von Christus" die „Leiden Christi", d.h. die Deutung der Verfolgung als Teilhabe am Leiden des Christus getreten und zum Inhalt der Tröstung geworden: „und unsere Hoffnung für euch steht fest, denn wir wissen, daß ihr mit uns wie im Leiden so auch im Trost Gemeinschaft habt" (II.Cor 1,5-7). Kannte das Präskript des Baruchschreiben nur den Trost einer in der Zerstreuung geeinten Leidensgemeinschaft (s.o.), so deutet paulinische Christologie das gemeinsame Verfolgungsschicksal als Todesgemeinschaft mit Christus, auf welche das Licht eschatologischer Osterhoffnung fällt[31]. Darin kann ihm natürlich spätjüdisches Denken nicht folgen. Immerhin liefert uns die Literatur der Makkabäerzeit für einen vergleichbaren Prozeß der Umwandlung des forensischen Zeugenbegriffes durch die „Bedrängnis" der Verfolgung entsprechende Anhaltspunkte.

Das *2. Makkabäerbuch* hat bekanntlich seinem historischen Bericht zwei Diasporaschreiben vorangestellt (1, 1-9; 1, 10-2, 18)[32]. Schon dieser posthume, für die

---

29 Also nicht Personen, sondern sozusagen das Geld geht auf Reisen, daher jetzt das einfache πέμπειν.

30 Aus formgeschichtlichen Gründen entscheide ich mich für den Vorschlag ThWNT I, 602f. WERNER GEORG KÜMMELs Gegenargumentation in: An die Korinther I, II. HNT 9 (1949), 167 hat mich zudem nicht überzeugt: gerade der eschatologische Aspekt V.8 plädiert für ein forensisches Verständnis.

31 Das Formular letztlich erklärt, warum II.Cor 1,4ff. nicht im pluralis maiestaticus vom Leiden des Apostels spricht, sondern generell die Trostbegabung aller Verfolgten untereinander beinhaltet. II.Cor 1,8 macht das eindeutig, bietet allerdings die Aufklärung etwas spät.

32 ELIAS J. BICKERMANN, Ein jüdischer Festbrief vom Jahre 124 v.Chr., ZNW 32 (1933), 233-254; CHARLES CUTLER TORREY, The Letters prefixed to II.Macc, JAOS 60 (1940), 119ff.; EUGÈNE CAVAIGNAC, Remarques sur II.Macc, RHR 130 (1945), 42-58.

Zeitenwende anzusetzende Kompositionsvorgang[33] rückt die historische und mit
Dokumenten arbeitende Darstellung der Erhebungszeit in eine ganz bestimmte
Perspektive. Die dreimal in den Briefen aufklingende Erwartung der Rückführung
des Volkes aus der Zerstreuung nach Jerusalem (II.Macc 1, 27-29: im bereits oben
erwähnten Gebetsformular; 2, 7: im Zusammenhang einer Jeremiasprophetie über
die heiligen Tempelgeräte; 2, 17f.: als abschließende Segensformel des zweiten
Briefes) verleiht dem historischen Bericht Jasons von Kyrene eine ekklesiologi-
sche Note. Das Bekenntnis eines ganzen Volkes zum Gesetz und der Heiligkeit
des Tempels wird zum eindrucksvollen „exemplum pietatis" und Vorbild jener
Gesetzeshaltung, die Moses als Bedingung an die Verwirklichung göttlicher [247]
Verheißung der Rückführung geknüpft hatte, und an die auch das Formular des
Festbriefes an die Diaspora erinnern will. Die interessante, weil ihrerseits mit
Hilfe älteren Materials bewerkstelligte Aktualisierung einer Geschichtsepoche
vermittelt derselben Bedeutung von bleibender Dauer; sie ist für das Volk der
Zerstreuung ein entlastendes Zeugnis geworden. Erst recht kommt solche Zeu-
genfunktion den makkabäischen Märtyrern zu (6,18ff.; 7,14.23ff.). Sie können
auch der Jugend, d.h. künftigen Geschlechtern, „edles Beispiel" (6,28.31) sein.
Das damit sich bereits ankündende, dann IV.Macc beherrschende aretalogische
Moment beeinträchtigt dabei nicht den Grundtenor, daß der Märtyrertod der
Abwendung göttlichen Zorns von seinem Volke dient (Einleitung zu den Märty-
rerberichten 6, 12-17, spez. 7, 38, vgl. auch IV.Macc 6, 29; 17, 21). Selbst das
moralphilosophische Kolorit des 4. Buches unterdrückt dies nicht und läßt die
Mutter ihre tapferen Kinder ermahnen: „Edel, ihr Kinder, ist der Agon, zu dem
ihr berufen wurdet für die Vermahnung (ὑπὲρ τῆς διαμαρτυρίας) des Volkes, und
in dem ihr bereitwillig für das Vätergesetz gekämpft habt» (IV.Macc 16, 16). Der
Tod der Blutzeugen geschieht zum Heil des Volkes. Wie das Volk in seiner Ge-
samtheit, so sind die sieben Märtyrer samt ihrer Mutter zu Entlastungszeugen für
das Volk geworden. Und wenn die Brüder sich mit den Worten: „Der Herr unser
Gott sieht es und erbarmt sich gewißlich über uns" (II.Macc 7, 6)[34] gegenseitig
Mut zusprechen, so ermutigen sie damit auch das Volk in der Zerstreuung, dem
sie durch ihren Tod das göttliche Erbarmen zugewendet haben. Ihr „Zeugnis"
enthält nicht das Moment belastender Aussage im künftigen Gottesgericht, sondern vielmehr Entlastung im Blick auf die Zukunft und Trost für die Gegenwart.
Das ist der ekklesiologische Kontext zum stets betonten Gedanken stellvertre-
tender Sühne der Blutzeugen für das Volk. Er wird gerade durch die ganz andere
Thematik wie freudige Stimmung der vorangestellten Festbriefe in Erinnerung
gebracht, da er sich nur an dem Briefformular entzünden kann. Dieses übt eine
wichtige hermeneutische Funktion aus, weil es die historischen Ereignisse theologisch erhellt, so daß spätjüdisches Diasporaschreiben und Märtyrerbericht gerade
bei diesem, durch die Vielfalt heterogener Quellen sich auszeichnenden Buch aufs
engste sich verbinden.

---

33 Dazu KLAUS-DIETRICH SCHUNCK, Art. Makkabäerbücher, RGG³ IV (1969), 620-622.
34 Unter charakteristischer Sinnveränderung der Textquelle des Moseszeugnisses Deut 32,36, vgl.
    ThWNT 5 (1954), 775 Anm. 25.

Die ältesten Zeugnisse frühchristlicher Martyrien sind dafür ein anschaulicher, auch viel einfacher gelagerter Beweis. An erster Stelle ist das sog. *Polykarpmartyrium* zu nennen, dessen Zuordnung zum Genos des „katholischen" Sendschreibens durch E. PETERSON die traditionsgeschichtliche Analyse HANS VON CAMPENHAUSENs noch stärker [248] sichtbar macht[35]. Vollzieht sich innerhalb der sog. „Euangelion-Redaktion" eine christliche Metamorphose des Martysbegriffes mit Hilfe des Ideals passionaler „Nachahmung", das den Blutzeugen als „Christus alter" zum „speculum" und Gegenstand der Verehrung macht, so bewegt sich der Grundstock der Quelle noch im Rahmen des spätjüdischen Vorstellungskreises. Am instruktivsten ist die Schlußpartie 20,1f., welche die Aufforderung zur Verbreitung des Sendschreibens „an die weiterab wohnenden Brüder" mit dem Satz begründet, „damit auch jene den Herren preisen, der aus dem Kreis seiner Knechte seine Auswahlen (pl. ἐκλογάς) trifft". Das Martyrium des Polykarp und seiner 11 Leidensgenossen wird in die Kategorie der „auserwählten Knechte" als einer Auswahl aus den „Knechten" (vgl. dazu das Präskript des gallischen Märtyrerberichtes Eus. h.e. V,1, 3) eingeordnet, die nur als Zeugen verdienen, aus dem Volk der Erwählung als besonders „Erwählte" herausgehoben zu werden. Darin sind sie mit den „Gerechten" und „Heiligen" der syr. Baruchapokalypse vergleichbar. Während diese aber als forensische Gerichtszeugen gedacht waren, werden die christlichen Märtyrer im künftigen Gottesgericht als Entlastungszeugen auftreten können[36]. Sie sind darin die wahre Repräsentanz für die christliche Gemeinde in der Zerstreuung. Ob dies auch mit ihrer Zwölfzahl (vgl. Jac 1,1), die nicht aus dem Text selbst martyriologisch begründet ist, sondern fast abstrakt wirkt (Mart. Pol. 19,1), angedeutet sein soll? Beachtung erfordert auch die abschließende Doxologie, die zugleich den Lobpreis der christlichen Gemeinde in der Sichtungszeit wiedergibt. Sie ist deshalb eschatologisch orientiert, preist aber so in typisch christlicher Metamorphose jüdischer Diasporaerwartung auf die Rückführung in das Gottesland den, „der uns alle dank seiner Gnade und Gabe in sein ewiges Reich einführen kann durch seinen Knecht, den eingeborenen Jesus Christus …" (20,2)[37]. So ist gerade in den traditionsgebundenen Rahmenpartien des Grundstockes noch jenes spätjüdische Gedankengut spürbar, das aufs engste mit dem Brieformular des Polykarpmartyriums zusammenhängt. Es formte sowohl sein Präskript, das sich nicht nur an die Gemeinde in Philomelium, sondern auch an „alle an jeglichem Ort befindlichen Parökien der heiligen und all- [249] gemeinen Kirche" wendet, wie umgekehrt das Institut des Sendschrei-

---

35 HANS VON CAMPENHAUSEN, Bearbeitungen und Interpolationen des Polykarpmartyriums, SHAW.PH 1957, 3 = Ders., Aus der Frühzeit des Christentums, Tübingen 1963, 253-301; die kritischen Einwände von HENRI IRÉNÉE MARROU, ThLZ 84 (1959), 361-363 haben mich nicht überzeugt.

36 Die letztlich aus Verkennung des spätjüdischen Untergrundes des Begriffes resultierende Bemerkung GOTTLOB SCHRENKs, Art. ἐκλογή, E. In der alten Kirche, in: ThWNT 4 (1966), 185, er sei „dem Sektengefühl benachbart", halte ich daher für verfehlt.

37 διὰ τοῦ παιδός wirkt ebenso nachgehängt wie in den Gebetsformularen der Didache. Ohne das Christologumenon wäre das Gebet auch jüdisch möglich.

bens und sein Brauch der Überbringung durch mehrere „Zeugen"[38] das Fortleben seines Formelgutes begünstigte. – An zweiter Stelle wäre der Bericht der *gallischen Gemeinden* nach Asien und Phrygien über die Verfolgung von 177/8 n.Chr. zu erwähnen. Auch er gehört seinem Präskript nach zu den „katholischen" Sendschreiben. Diesmal ist der christliche Skopus der Nachahmung Christi dem Bericht von Anfang an eigen (Eus. h.e. V, 2, 2), wird allerdings viel zurückhaltender durchgeführt als in der Euangelion-Redaktion des Mart. Pol. (vgl. h.e. V, 1, 23 nach Jes 53 mit Mart. Pol. 8,1). Im übrigen orientiert man sich an dem Vorbild des Stephanusmartyriums (h.e. V, 1, 60; 2, 5) und der Mutter der sieben makkabäischen Märtyrer (h.e. V, 1, 55). Die Thematik der „imitatio Christi" wird in den von Euseb erhaltenen Partien eigentlich nur angeschnitten, um die Ablehnung des technischen Märtyrertitels mit Phil 2,6 zu begründen (V, 2, 2). Gleichzeitig wird seine Exklusivität als Christusprädikation mit der vom „treuen und wahrhaftigen Zeugen" (Apc 3,14) begründet, d.h. aber mit einem christologischen Titel, der auf dem apokalyptisch-forensischen Zeugenbegriff des Spätjudentums basiert. Somit stoßen wir auch hier auf Spuren jener Ekklesiologie, deren literarischen Niederschlag wir in dem Diasporaschreiben erkannten.

Neu hingegen ist, wie im gallischen Märtyrerbericht der durch die Blutzeugenschaft im Sinne des Entlastungszeugen gewandelten Funktion der „Zeugen" das Vorrecht zuwächst, durch Fürbitte bei Gott Sündenvergebung für Gemeindeglieder zu erbitten und zu erteilen. In erster Linie um dies zu sanktionieren, wird auf den „vollkommenen Märtyrer" Stephanus hingewiesen (V, 2, 5). Unter Zitierung von Acta 7,60 stellt man, das spätjüdische Auslegungsprinzip des Schlusses „a minore ad maius" anwendend, die rhetorische Frage: „Wenn er für die Steiniger betete, wie viel mehr für die Brüder?" Leider bricht hier Euseb mit seinem Exzerpt ab, doch fällt es nicht schwer, den Anlaß solcher brüderlichen Fürbitte zu eruieren: das Versagen in der Verfolgungszeit. Wie ein roter Faden zieht sich dieses Thema, oft in Einzelbildern veranschaulicht (z.B. Biblias: V, 1, 25f.), durch den Verfolgungsbericht hindurch und macht ihn so zu einem höchst realistischen Dokument (V, 1, 11. 33-35). Dementsprechend wird die „echte Liebe" der Märtyrer darin gesehen, daß ihr Kampf hauptsächlich gegen den Teufel gerichtet gewesen sei, „damit das erstickte Ungeheuer diejenigen lebendig ausspeie, die es zunächst [250] verschlungen zu haben wähnte. Sie rühmten sich nicht auf Kosten der Gefallenen, vielmehr gaben sie den Bedürftigeren an ihrem Reichtum im mütterlichen Erbarmen Anteil. Indem sie viele Tränen um sie vor dem Vater vergossen, baten sie um ihr Leben und gaben es ihnen (sc. wieder)… Die stets den Frieden geliebt und immer den Frieden als Gruß und Parole weiter-

---

38 Mart. Pol. 20, 1 ist der Wunsch der Philomelier um Unterrichtung „διὰ πλειόνων" personalistisch, d.h. im Sinne einer Entsendung mehrerer Delegierter als „Zeugen" zu verstehen. Die Entschuldigung der Smyrnäer bezieht sich daher nicht nur auf den „summarischen" Stil ihres Berichtes, sondern auch auf die Entsendung nur eines Delegierten.

gaben[39], gingen in Frieden zu Gott. Sie hinterließen der Mutter weder Kummer, noch Aufruhr und Streit den Brüdern, sondern vielmehr Freude, Friede, Eintracht und Liebe" (V, 2, 7). Wie das Bild von der »mater ecclesia« sehr einprägsam festhält, wird die Fürbitte der Märtyrer bzw. die von ihnen getätigte Sündenvergebung ekklesiologisch gewertet. Die Märtyrer haben durch ihr Verhalten ungeachtet der negativen Erfahrungen in der Verfolgung die Integrität der Gemeinde gerettet. Die Richtigkeit solcher Interpretation erhärtet sich an der Partie, welche die Situation der Christen im Gefängnis schildert: „Die Zwischenzeit wurde aber von ihnen nicht untätig und fruchtlos verbracht, vielmehr wurde dank ihres Ausharrens das unermeßliche Erbarmen Christi offenbar. Denn durch die lebendigen (sc. Glieder) wurden die toten lebendig gemacht, die Märtyrer erwiesen den Nichtmärtyrern Gnade, und der jungfräulichen Mutter widerfuhr viel Freude, da sie die toten Frühgeburten als lebende (sc. Kinder) zurückerhielt ..." (V, 1, 45). Das bekannte Bild von der „jungfräulichen" Kirche bringt an dieser Stelle den Gedanken der ekklesiologischen Integrität noch nachdrücklicher zur Geltung als an der andern[40]. Eben weil Versagen oder gar Verleugnen in erster Linie die Gemeinde belasten, da ihr Heil gefährden, wird das Hauptverdienst der gallischen Bekenner darin gesehen, ihre makellose Reinheit wiederhergestellt zu haben. Das Konzept des forensischen Entlastungszeugen im künftigen Gottesgericht wird antizipierend in die Gegenwart einbezogen und ermöglicht so, ungeachtet der Realitäten an der Idealität einer „heil" aus der Verfolgung hervorgegangenen Gemeinde festzuhalten[41]. Von dort aus sind auch die beiden Schlußsätze in dem bereits oben zitierten Fragment (V, 2, 7) zu interpretieren. Ihr Leitbegriff ist εἰρήνη, was sicht- [251] lich aus dem Brauch und dem Briefformular mit seinem «Friedensgruß» übernommen ist; auch die andern, diesem Hauptbegriff subsummierten Nomina der genannten Sätze entstammen dem Formelschatz der Gemeindebriefe bzw. der Liturgie[42]. Das besagt aber, daß εἰρήνη inhaltlich von dem spätjüdischen „Schalom" erfüllt ist und das „Heil" im Sinne ekklesiologischer Integrität im Auge hat. Nicht vom Begriffspaar „Aufruhr und Streit" aus, d.h. um eines konkreten Anlasses von Zwistigkeiten willen wurde das Wort gewählt, da-

---

39 παρεγγυᾶν, Synonym für παραδιδόναι bzw. παραγγέλλειν in der LXX meint ursprünglich das Weitergeben militärischer Parolen bzw. Befehle von Mann zu Mann, so daß zugleich das Thema der „militia christiana" anklingt.

40 So werden auch die Ketten der Märtyrer als „Brautgewand" bezeichnet (V, 1, 35), das die Verleugner nicht besitzen (V, 1, 48). Daher ist die Deutung des Märtyrertodes als Ruf zum νυμφικὸν δεῖπνον (V, 1, 55) nicht von Mt 22,2-10 aus, sondern von der Vorstellung der „jungfräulichen Kirche" (V, 1, 45) her vorzunehmen.

41 Konsequent wird das „Heils"-werk der Märtyrer auf die gesamte Gemeinde bezogen: „Für alle legten sie Rechenschaft ab, keinen klagten sie an; alle sprachen sie los, keinen banden sie" (V, 2, 5), was an Mt 18,18 erinnert: die Blutzeugen üben die Gemeindezucht im Sinne einer Generalabsolution für alle.

42 Vor allem I.Clem liefert die Belege, vgl. neben der Gebetsformel I.Clem 60,4; 61,1 aus dem Postskript 65, 1; ferner die Wendung ὁμονοοῦντας ἀμνησικάκως ἐν ἀγάπῃ καὶ εἰρήνη 62, 2, die mit der Zielsetzung des Briefes nach I.Clem 63, 2 übereinstimmt.

mit „Friede" das Stichwort einer irenischen Haltung werde[43], sondern das bemerkenswert unanschauliche Begriffspaar erweist sich umgekehrt als dunkle Unheilsfolie zum Heilswort[44]. Daß Unheil durch das Parakletentum der Märtyrer (vgl. V, 1, 10 die Bezeichnung des Vettios Agathos als „Parakleten der Christen") abgewehrt wurde, ist der eigentliche Kern ihrer „Friedens"aktion. Dies aber in allen Gemeinden der christlichen Diaspora durch Sendschreiben mitzuteilen, ist gesamtkirchliche Verpflichtung und in einer Ekklesiologie verankert, die nur in der Glaubenstreue aller Diasporagemeinden die eschatologische Zukunft der Gesamtkirche gesichert sieht.

Läßt sich so noch für den Martyriumsbericht der gallischen Gemeinden die Übereinstimmung ekklesiologischer Vorstellungen mit dem Briefformular konstatieren, so werden doch gleichzeitig mit den andern Schreiben der gallischen Märtyrer in Sachen des Montanismus die ersten Anzeichen einer formgeschichtlichen Krise sichtbar. Was [252] Euseb (V, 3, 4-4, 3) dazu an Anhaltspunkten – sei es der Paraphrase, sei es durch Zitat oder Skizze – bietet, läßt leider nicht immer präzise Schlußfolgerungen zu. Offen bleibt vor allem, ob „die Brüder in Gallien" bei der Bekundung ihres „persönlichen Urteils" (V, 3, 4) über den Montanismus sich des üblichen Formulars eines „katholischen" Briefes bedienten, dem die von Euseb als „Friedensbriefe" (τῆς ἐκκλησιῶν εἰρήνης ἕνεκα πρεσβεύοντες) charakterisierten Sonderbriefe der gallischen Märtyrer beigefügt waren, oder ob man nur im Fall der Stellungnahme gegenüber Rom diesen Weg beschritt, während man andern Ortes seine Ansicht ohne Rückgriff auf die Autorität der Märtyrer im Sinne einer gesamtkirchlichen Verpflichtung zur Zeugenschaft bekundete. Fest steht nur, daß der uns durch Euseb (V, 4, 2) erhaltene Briefschluß aus dem Schreiben nach Rom (Empfehlung für den Briefüberbringer Irenäus) in seiner bischöflichen Anredeform eine Ekklesiologie berücksichtigt, die in dem Bischof den Repräsentanten der Gemeinde sieht. Ihr konnte zweifelsohne das alte Formular der Diasporagemeinden nicht mehr gerecht werden, wie auch die Märtyrerschreiben an „die Brüder in Asien und Phrygien" (V, 3, 4) sich dessen nicht bedienen konnten; die

---

43 So liest Euseb (V, 2, 8) den Passus, den er von der Problematik rigoroser oder laxer Handhabung des Bußinstituts her interpretiert, und der darin manchen Nachfolger gefunden hat.

44 Das gilt auch I.Clem 2, 6, wo „Aufruhr und Schisma", die den Korinthern verabscheuungswürdig gewesen seien, nicht aus den korinthischen Zwistigkeiten deduziert, sondern als Gegensatzpaar zu dem in diesem cap. entwickelten Bild des „tiefen Friedens" (2, 2) gedacht sind. Bereits bei Ignatius hat εἰρηνεύειν eine ähnlich martyriologisch bedingten Sinngehalt, vgl. Smyrn. 11, 2: (über die antiochenische Gemeinde nach überstandener Verfolgung) εἰρηνεύουσιν καὶ ἀπέλαβον τὸ ἴδιον μέγεθος καὶ ἀπεκατεστάθη αὐτοῖς τὸ ἴδιον σωματεῖον. „Größe" ist ekklesiologisches Prädikat und meint die gesamtkirchliche Bedeutung einer Gemeinde auf Grund einer Haltung, die metaphorisch als Wiederherstellung ihres „gequälten Leibes" (M. DIBELIUS, Die Lehre der zwölf Apostel, HNT, Die apostolischen Väter. Ergänzungsband II, 1920, 272 z.St.) beschrieben ist, wobei die Schalom-Theologie die sprachliche Nähe zum Bild: „Heil" = körperliche Heilung ausnutzt. Ungeachtet seines persönlichen Engagements löst das Bemühen von Ignatius um die Entsendung kleinasiatischer, mit entsprechend formulierten Gemeindebriefen ausgestatteten Delegationen als Ausdruck der Mitfreunde (Smyrn. 11; ad Polyc. 7, 1-2; 8, 2; Philad. 10, 1f.) die Frage aus, ob nicht auch dahinter institutionelles Brauchtum stehe.

Usurpierung gemeindlicher Zeugnisverpflichtung durch eine ein besonderes Charisma beanspruchende Gruppe war mit den alten ekklesiologischen Prämissen des Formulars nicht vereinbar. Mit den Märtyrerschreiben begegnet vielmehr zum ersten Mal die Gattung jener „Friedensbriefe", die in den späteren Verfolgungszeiten eine große Rolle spielen wird, deren Entwicklungsgeschichte aber hier nicht weiter verfolgt werden kann.[45]

Den stärksten Ausdruck für das Abklingen der spätjüdischen Fermente und damit des Wandels in der frühchristlichen Ekklesiologie stellt jedoch das Auftreten der *Synodalbriefe* dar. In ihnen begegnet eine neue Gattung zwischengemeindlicher Briefkommunikation, die nicht mehr Organ der lokalen Gemeindeversammlung ist, erst recht nicht einen Sitz in deren liturgischem Leben hat, sondern Sprachrohr übergemeindlicher Zusammenkünfte wird, auf denen die Gemeinde durch den Episkopat vertreten sind. Daß solcher Wandel zugleich in jenen Zeitraum Ende des 2. Jh.s fällt, wo die Kirche gegenüber Gnosis und Häresie ihr altkatholisches Selbstverständnis mit seiner Grundnorm einer in der episkopalen Sukzession garantierten Apostolizität und Orthodoxie entwickelte, beleuchtet ihn nur von der dogmengeschichtlichen Seite. Für die ältesten Synoden Kleinasiens gegen den Montanismus die Abfassung von Synodalbriefen anzunehmen, liegt kein Anlaß vor. Unsere Quelle – der Anonymus bei Euseb (V, 16, 9f.) – legt eher nahe, daß man sich auf Lokal- [253] synoden versammelte und durch den Akt gemeindlicher Exkommunikation dem Zweck Genüge leistete. Synodalbriefe wurden erst nötig, als man solcher Exkommunikation angesichts der sich ausbreitenden Bewegung auch anderswo Geltung verschaffen wollte. Das erste gattungsgeschichtlich auswertbare Beispiel eines solchen episkopalen Synodalbriefes bietet Serapion von Antiochien (190-211 n.Chr.). Leider ist der Ort der Synode nicht bekannt, ebenso wie ungeklärt bleibt, ob die beiden Adressaten (Karikos und Pontios) vor dem Montanismus nur gewarnt oder mit der Exkommunikation bedroht werden (Eus. h.e. V, 19, 1-4). Umso eindeutiger lehrt das Fragment h.e. V, 19, 3, daß der von dem Vorsitzenden der Synode (Serapion) aufgesetzte Brief (V, 19, 1: ἐν ἰδίᾳ ἐπιστολῇ) erst durch die eigenhändige Unterschrift der anwesenden Bischöfe als synodales Schreiben autorisiert wird. In der Pluralität der Unterschriften[46] kommt zugleich jenes altkatholische Kirchenverständnis zum Ausdruck, das im Unterschied zu Rom in dem Pluralismus der apostolischen

---

45   Dazu WERNER ELERT, Abendmahl und Kirchengemeinschaft in der alten Kirche, Berlin 1954, 108ff.

46   Da Serapion (V, 19, 2) eindeutig von der Schrift (γράμματα) des Antimontanisten Claudius Apollinaris von Hierapolis als einer Anlage zu seinem Brief spricht, umgekehrt ebenso eindeutig Euseb (V, 19, 3) von den „Unterschriften in dem Brief des Serapion", halte ich die von WALTER BAUER, Rechtgläubigkeit und Ketzerei im ältesten Christentum, Tübingen 1934, 146 Anm. 2 aufgeworfene, aber nicht entschiedene Frage, ob die Unterschriften aus der Apollinarisschrift stammen könnten, für irreführend. Der Plural γράμματα meint bei Euseb immer nur ein Schriftstück, wie W. BAUER aaO Anm. 1 selber festhält. In erster Linie richtet sich unsere Anm. gegen BERTHOLD ALTANER, Patrologie, Freiburg u.a. ⁶1963, 103, der des Apollinaris Werk als ein „Sendschreiben gegen die Montanisten (mit andern Bischöfen)" kennzeichnet. Der Begriff des „Sendschreibens" sollte überhaupt den „katholischen" Gemeindebriefen vorbehalten bleiben.

Tradition der Bischofssitze die Garantie seiner Katholizität erblickt. Da das Formular des durch Unterschriften bestätigten Synodalbriefes sich auch für synodale Protokolle eignet (z.B. Sententiae episcoporum 87 = Carthago 1. 9. 256), wird ihm die Zukunft gehören. Größere Schwierigkeiten der gattungsgeschichtlichen Klassifizierung bereiten die Synodalbriefe, die durch den *Osterterminstreit* Viktors I. von Rom (etwa 189-198) ausgelöst wurden (h.e. V, 23-25)[47]. Das große Rätsel ist vor allem die Frage, wie das Schreiben Roms ausgesehen hat, das zur Einberufung von Bischofssynoden bzw. zum Entscheid in der Terminfrage aufrief und so die Antwortschreiben der andern Synoden auslöste. Schon ihrer Zielsetzung nach bedurfte die römische Rundfrage, die zufolge der spärlichen Andeutung Eusebs (V, 23, 3) und dem nicht minder spärlichen Anhaltspunkt bischöflicher Anrede-[254] form (Brudertitel im Antwortschreiben der Kleinasiaten V, 24, 7)[48] von einer Synode italienischer Bischöfe beschlossen wurde, nicht bestätigender Unterschriften unter diesen Beschluß. Vor allem fragt man sich, ob überhaupt der Ende des 2.Jh.s in Rom eindrucksvoll vertretene, auf die Apostelfürsten sich berufende Führungsanspruch des römischen Episkopats ein Brieformular zulassen konnte, das – wie wir sahen – den Episkopalismus voraussetzte. Das hernach von Rom ausgehende Schreiben Viktors, welches die Exkommunikation der Kleinasiaten aussprach, wird zumindesten von Euseb mit Worten beschrieben (V, 24, 9: στηλιτεύει γε διὰ γραμμάτων), die es als Dekret charakterisieren. Das braucht nicht mit seiner inneren Ablehnung des Vorgehens von Viktor zusammenhängen. Es kann auch den Tatsachen entsprechen, weil es mit dem Anspruch episkopaler Hegemonie gut korrespondiert; es kann nicht übersehen bleiben, daß wir für diese Zeit keine Synodalschreiben mit bischöflichen Unterschriften aus Rom kennen. – Anders hingegen in Kleinasien, wie aus dem fragmentarisch erhaltenen Antwortschreiben des Polykrates von Ephesus (V, 24, 1-8), vor allem seiner Schlußbemerkung hervorgeht: „Ich könnte zwar die anwesenden Bischöfe erwähnen, die zusammenzurufen ihr mich auffordertet, und die ich auch zusammengerufen habe. Wenn ich deren Namen niederschreibe, ergibt es eine stattliche Menge. Sie, die mich geringen Menschen kennen, haben dem Brief ihre Zustimmung gegeben, denn sie wissen, daß ich nicht umsonst meine grauen Haare bekommen habe, sondern allzeit in Christus Jesus gewandelt bin" (V, 24, 8). Zur Erklärung des Textes bedarf es nicht jener historischen Substruktionen, die von

---

47 Schon der flüchtige Blick auf die kurze Skizze Eusebs (V, 23, 3f.) lehrt, daß diese Briefe formal keine Einheit darstellen. So wird ohne jegliche Bischofsnennung das Schreiben der Osrhoene „und der dortigen Städte" angeführt – was noch ein „katholisches" Formular zuließe –, während der Brief des Bischofs von Korinth durch das Adverb „ἰδίως" eindeutig als reiner Bischofsbrief erscheint

48 Wie der Kontext V, 24, 6 zeigt, ist λαός Relationsbegriff. Im übrigen hat die Demutswendung nur gegenüber Bischöfen ihren Sinn, da sie in bewußtem Kontrast zu dem selbstbewußten Pochen auf die Tradierung des Bischofsamtes durch Generationen in seiner Familie steht; ebenso will der Verkehr „mit den Brüdern der Ökumene" bischöflich gesehen sein.

PIERRE NAUTIN vorgetragen worden sind[49]. Wer die Formprobleme beachtet und vor allem berücksichtigt, daß in dem sonst überlieferten Wortlaut der Polykratesbrief wie eine Replik auf das Schreiben Roms wirkt (z.b. in der Betonung der Monumente apostolischer Tradition V, 24, 2; übrigens auch von P. NAUTIN betont), der vermag schon aus dem gesicherten Überlieferungsbestand eine hinreichende Interpretation zu geben. Die angebliche Verlegenheit des Bischofs von Ephesus besteht darin, daß er sich auf der einen Seite durchaus bewußt ist, daß das Formular eines episkopalen Synodalschreibens bestätigender Unterschriften durch die bischöflichen Kollegen bedarf, andererseits sich aber solcher Formvorschrift entzieht, um wie Viktor seine klein- [255] asiatische Autorität hervorzukehren, ohne jedoch zu versäumen, darauf hinzuweisen, daß sie von dem Bischofskollegium bejaht wird. In der Tat gibt es noch einen weiteren Anhaltspunkt aus dem Bereich der anderen Synoden in Sachen des Ostertermins dafür, daß man im Osten solcher bischöflichen Kollegialität in der Antwort an Rom auch formal Ausdruck verlieh. Wenn man z.b. miteinander vergleicht, was Euseb über die palästinensische Synode zunächst einmal summarisch schreibt (V, 23, 3), dann aber aufgrund der ihm wohl archivalisch vorliegenden Urkunde ausführlicher berichtet (V, 25, 1), dann ist man zu dem formgeschichtlichen Rückschluß berechtigt, daß das palästinensische Synodalschreiben bereits in seinem Briefkopf die Namen der anwesenden Bischöfe aufführte[50] und darin jenem zweiten Briefformular bischöflicher Synodalverlautbarungen entsprach, wie wir es durch Cyprian (ep. 57. 67. 70) aus dem Bereich des nordafrikanischen Episkopalismus kennen. Das Fragment des Palästinaschreibens V, 25 beurkundet ferner, daß dem konsequenterweise durch den Stil des kollegialen „Wir" Rechnung getragen wurde.

*

Besagtes Fragment, das Euseb als einen Schlußpassus bezeichnet, fesselt unsere Aufmerksamkeit jedoch vor allem deshalb, weil es als Beweis für das *Nachklingen des älteren Sendschreibenformulars* noch in der Epoche des altkatholischen Episkopalismus dienen kann. Wohin auch immer der Brief gegangen sein mag[51], die Aufforderung, durch Abschriften für die Verbreitung „in allen Parökien" Sorge zu tragen, und die Begründung derselben mit den Worten: „..., damit wir an denen, die leichtfertig ihre eigene Seelen verwirren, nicht schuldig seien" (V, 25) sind formgeschichtlich sehr aufschlußreich. In Hinsicht darauf, daß durch sie die Osterterminfrage den unsachgemäßen Charakter häretischer Verwirrung erhält,

---

49   P. NAUTIN, aaO 73f. vermutet einen Verlegenheitsausdruck, da Polykrates und die Quartadezimaner in Kleinasien eine Minorität gebildet hätten.

50   Während Euseb V, 23, 3 nur Theophilos von Caesarea und Narzissos von Jerusalem nennt, werden V, 25 zusätzlich noch die Bischöfe Kassios von Tyros, Klaros von Ptolemais, Pal. „und die mit ihnen", d.h. weitere ungenannte Bischöfe aufgezählt.

51   P. NAUTIN, aaO 89 meint: zu den Gegnern des Polykrates innerhalb des kleinasiatischen und sonst östlichen Bereiches, die aus kirchenpolitischen Gründen sozusagen das Synodalschreiben möglichst überallhin verbreiten sollen.

wirken sie unangebracht und darin formelhaft. In der Begründung selber aber lebt noch jene alte Verantwortlichkeit für das „Heil" der in der Welt zerstreuten Einzelgemeinden (Parökien) fort, die einst die spätjüdischen Diasporaschreiben beseelte. Die traditionsgeschichtliche Anamnese kann sich dabei darauf stützen, daß in dem gleichen Fragment der älteste Beleg für den regelmäßigen Austausch von Osterfestbriefen zwischen Palästina und Alexandrien vorliegt, der [256] zweifelsohne auf das ältere Institut des spätjüdischen Festbriefformulars zurückgeht und gerade als Austausch zwischen Judäa und Alexandrien durch II.Macc 1, 1-9; 1, 10-2, 18 bezeugt wird, wie wir bereits sahen. – Auch der sog. „*Friedensbrief*" *des Irenäus* zum Osterterminstreit an Viktor von Rom zeigt noch Spuren des diasporalen Briefformulars (h.e. V, 24, 10-17; Sacra Parallela fr. 178 Holl). Diesbezügliche Beobachtungen knüpfen daran an, daß Euseb in seinem Summarium (V, 23, 3) die gallische Reaktion auf die römische Exkommunizierung der Kleinasiaten durch die Feststellung hervorhebt, es handle sich um ein Schreiben τῶν κατὰ Γαλλίαν δὲ παροικιῶν ἃς Εἰρηναῖος ἐπεσκόπει[52], und später bei der speziellen Einführung der Briefexzerpte (V, 24, 10f.) die ungewöhnliche Formulierung gebraucht, Irenäus habe ἐκ προσώπου ὧν ἡγεῖτο κατὰ τὴν Γαλλίαν ἀδελφῶν geschrieben. Sein Interesse, den wichtigen Gewährsmann Irenäus herauszustreichen, ist unverkennbar. Gerade aber dies weckt Zweifel, ob der Name desselben überhaupt im Briefpräskript genannt wurde, und ob nicht auch dies gallische Schreiben, wie vorher der Märtyrerbericht, mit seinem Briefkopf dem Formular der gemeindlichen Sendschreiben Rechnung trug. Die weitere Beobachtung, daß der Brief selber wie selbstverständlich auch für Rom die Presbyterialverfassung, d.h. aber eine Verfassungsform, die dem ekklesiologischen Grundkonzept des „katholischen" Briefes am nächsten steht, voraussetzt[53], würde damit durchaus im Einklang stehen[54]. Doch läßt die Sprachgestalt des Schreibens noch weitergehende Rückschlüsse zu. In den von Euseb mitgeteilten Exzerpten fällt die Vorliebe für den εἰρήνη-Begriff auf, was dann den Kirchenhistoriker für die bekannte Namensdeutung: Eirenaios als „Friedensstifter" (εἰρηνοποιός) ausmünzt (V, 24, 17). Euseb versteht darunter den „Frieden" zwischen den Einzelkirchen und ist dazu insofern berechtigt, als auch Irenäus angesichts der Veranlassung des Briefes

---

52 Die auch verfassungsrechtlich schwer deutbare Wendung hebt sich besonders von der diesbezüglich recht klaren Charakteristik des Schreibens der „Bischöfe der Pontos, deren Vorgesetzter als Ältester Palmas war" (aaO), ab.

53 Noch deutlicher macht dies die von MARCEL RICHARD, La lettre de s. Irénée au pape Victor, ZNW 56 (1965), 260-282, für V, 24, 13 vermutete Textlücke. M. RICHARD (aaO 264) liest: ...καὶ πολὺ πρότερον ἐπὶ τῶν πρὸ ἡμῶν [τῶν μετ' αὐτοὺς πρεσβυτέρων, τούτο τῶν ἐθῶν] τῶν παρὰ τὸ ἀκριβές, ὡς εἰκός, κρατούντων κτλ. Sein Aufsatz führt den älteren: La question pascale au IIe s., in: L'Orient syrien 6 1961, 179-212 weiter und beantwortet zugleich CHRISTINE MOHRMANNs Bedenken, Le conflict pascal au IIe s., VigChr 16 (1962), 154-171.

54 Die Vermutung gewönne auch historisch, wenn Irenäus – wie P. NAUTIN, aaO 54-59 vermutet – tatsächlich der Verfasser des gallischen Märtyrerberichtes war, so daß man von ihm auch gegenüber Viktor ein ähnliches Präskript erwarten könnte. Die Formel: ἐκ προσώπου kommt in ähnlicher Weise bei Euseb nur IV, 15, 2 vor, wo er mit ihr den Briefkopf des Mart. Pol., also ein Sendschreiben (!) einführt.

(Exkommunikation [257] Kleinasiens durch Viktor) dem Wort diesen Begriffsinhalt unterlegen muß. Bezeichnenderweise aber kommt bei der Darstellung des früheren Konfliktes zwischen Polykarp und Aniket von Rom bei Irenäus ein älterer Friedensbegriff zum Durchbruch. Gehen wir von dem abschließenden Satz zu diesem Thema (Fragment II) aus, zumal sich mit ihm noch ungeklärte Probleme der Konstruktion und Interpretation verbinden: …καὶ μετ᾽ εἰρήνης ἀπ᾽ ἀλλήλων ἀπηλλάγησαν, πάσης τῆς ἐκκλησίας εἰρήνην ἐχόντων, καὶ τῶν τηρούντων καὶ τῶν μὴ τηρούντων. Sowohl die deutsche wie die französischen Übersetzungen ringen sichtlich damit, daß die Worte: πάσης τῆς ἐκκλησίας εἰρήνην ἐχόντων… in der Satzkonstruktion Schwierigkeiten bereiten[55]. Geht man jedoch davon aus, daß εἰρήνη als Äquivalent für Schalom im Sinne ekklesiologischer Integrität aller Diasporagemeinden steht, so daß zugleich mit der Metapher „Friede der Gesamtkirche" eine den Einzelgemeinden übergeordnete und sie umfassende Größe gewonnen ist, dann öffnet sich auch die grammatikalische Möglichkeit, den Genitiv des Partizips ἐχόντων von dem voraufgehenden ἀπ᾽ ἀλλήλων abhängig zu machen, dem die beiden nachfolgenden Genetive als Appositionen unterstellt sind: „… und sie schieden mit Frieden voneinander im Besitz des Friedens der Gesamtkirche, ob nun als Observanten oder Nichtobservanten". Der Übersetzungsvorschlag geht davon aus, daß innerhalb einer Frömmigkeit der Observanz das Verb τηρεῖν als feststehender Begriff sich selbst trägt. Er insistiert zugleich auf die Bedeutsamkeit des „Friedensgrußes" im Verkehr der Diasporagemeinden untereinander, sei es nun im Briefformular oder im Zeremoniell der Verabschiedung von Gemeindedelegationen. Gerade bei solchen Anlässen wird die Segensformel „Eirene" zum Ausdruck der übergemeindlichen Zusammengehörigkeit. So kann denn auch Irenäus der Abschiedsszene zwischen den Exponenten sich widerstreitender Brauchtümer symbolische Bedeutung und ekklesiologisches Gewicht beilegen. Über der [258] Abschiedsstunde der beiden Männer in Rom, deren Wege sich trennen und deren Kirchen fortan das Osterfest unterschiedlich feiern werden, steht jener Friede, der das „Heil" der Gesamtkirche beinhaltet. Die Szene ist paradigmatisch, so daß die unterstellten beiden Partizipien pluralisch fortgeführt werden und ihnen eine generelle Ausweitung verliehen werden kann; sie beziehen sich auch auf die nachfolgenden Geschlechter. Ja, vieles spricht dafür, daß auch in seinem Aufbau der Friedensbrief des Irenäus in der Abschiedsszene seinen Hö-

---

55 PHILIPP HAEUSER, Des Eusebius Pamphili Bischofs von Cäsarea Kirchengeschichte, BKV 2, München 1932, 225: „Und es hatten Frieden mit der ganzen Kirche sowohl die, welche es so hielten als jene, welche es nicht so hielten" zerreißt nicht nur den Zusammenhang, so daß ein subjektsloser gen. abs. (ἐχόντων) entsteht, sondern übersieht auch, daß Irenäus sonst „Frieden haben mit" durch εἰρηνεύειν πρὸς oder εἰρηνεύειν mit Dativ wiedergibt, vgl. h.e. V, 24, 13f. – P. NAUTIN aaO: „Toute l'Eglise avait la paix, q'on gardât ou non l'observance" ist anzulasten, daß sie als gen. abs. πάσης τῆς ἐκκλησίας εἰρήνην ἐχούσης…, d.h. einen ganz anderen Text voraussetzt, der zudem die nachfolgenden Partizipien herrenlos machen würde. – M. RICHARD (aaO 261): „Ils se séparèrent donc en paix et dans toute l'Eglise ceux qui n'observaient pas (le jour) et ceux qui l'observaient restaient en paix" (versehentlich vorangestellte negative Form) hält wohl am Satzgefüge fest und gibt dem Verbalpartizip in den beiden untergeordneten Partizipien ein doppeltes Subjekt, so daß ein gen. abs. entsteht, der zumindest ungewöhnlich ist.

hepunkt fand, da Fragment I sich gleichfalls ihrer Symptomatik einordnen läßt. Wohl geht es in seiner Erörterung der Divergenzen über das Osterfasten anders vor (V, 24, 12), indem diese auf die Treue gegenüber dem übernommenen Ritus und das daraus resultierende Gesetz sich steigernder Betonung der Eigenheiten zurückgeführt werden[56]. Der abschließende, prinzipiell formulierte Satz: „Die Verschiedenheit des Fastens ist eine Empfehlung (συνίστησιν) für die Eintracht des Glaubens" (V, 24, 13) enthält jedoch den gleichen Grundtenor einer Ekklesiologie, die ungeachtet der Unterschiedlichkeit im Einzelnen in der Treue (Pistis) gegenüber dem jeweils Überlieferten das Heil der Gesamtgemeinde, in diesem Falle als ὁμόνια τῆς πίστεως formuliert[57], gewährleistet sieht. Wäre ein dogmatischer Komplex, z.B. das Christusbekenntnis angesprochen, würde der Friedensbrief des Bischofs von Lyon einen äußerst fragwürdigen Kompromiß darstellen. In Wahrheit bewegt er sich in den Bahnen jener Diasporafrömmigkeit, die durch Diasporaschreiben immer wieder zur Observanz ermahnt wurde, nicht des Gesetzes und Zions und des heiligen Landes, des Bundes der Väter und auch nicht der Feste und Sabbate zu vergessen (syr. Bar. VIII, 6, 7 V; 84, 7 K). Die Ermahnung zum „Frieden" erwächst vielleicht aber auch aus einer Liberalität gegenüber örtlichen Unterschieden, in der die jahrhundertealte Erfahrung diasporaler Zerstreuung sich zwangsläufig niederschlagen mußte. So sprechen in erster Linie innere, weil ekklesiologische Überlegungen dafür, daß auch der „Friedens"-Brief des Irenäus noch das Briefformular des gemeindlichen Sendschreibens in seinem Präskript berücksichtigte.

Sicher trug die äußere Situation, das Leben inmitten einer fremdsprachigen und heidnischen Bevölkerung, dazu bei, eine christliche Diasporafrömmigkeit und ihre Formen am Leben zu halten. Hierfür liefert aus nachkonstantinischer Zeit das um 372 n.Chr. anzusetzende *Martyrium des Goten Sabas*, das sich als „katholisches" Sendschreiben gibt und sowohl Präskript wie Postskript dem Martyrium [259] Polykarps entnimmt[58], ein gutes Beispiel. Es handelt sich um ein Begleitschreiben anl. der Übersendung von Märtyrerrelikten des Sabas nach Kappadokien, und das will den Sabas-Kult propagieren (8,2f.). Darin setzt es die nachkonstantinischen Verhältnisse voraus, was zu kleinen Veränderungen gegenüber dem Schlußwort der Vorlage führt (8,3: Ermahnung zur Beachtung der Anniversarien, zur Bekanntgabe derselben im Bereich Kappadokiens; 8,4: Vorwegnahme des Grußauftrages, Umstellungen in der Schlußdoxologie). *Eine* unter diesen geringfügigen Abwandlungen am übernommenen Formular kann jedoch auch unser Interesse beanspruchen. Wo die Vorlage Euarestos als Schreiber und Grüßenden nennt (Mart. Pol. 20), heißt es jetzt: „Euch grüßen die mit euch Verfolgten" (8,4). Verfolgungszeit um 370 in Kappadokien? Historische Anhalts-

---

56 Dazu M. RICHARD, aaO 265ff.

57 „Pistis" dürfte also wie im I.Clem. noch stark vom spätjüdischen Begriffsgehalt der Treue gegenüber dem Gott der Väter und des Gesetzes bestimmt sein, dazu meine Anz. von OLOF ANDRÉN, Rättfärdighet och Frid, ZKG 75 (1964), 365ff.

58 RUDOLF KNOPF – GUSTAV KRÜGER, Ausgewählte Märtyrerakten, SQS 3, Tübingen 1931, 119-124.

punkte gibt es hierfür ebensowenig wie Wahrscheinlichkeit. Blitzartig leuchtet vielmehr noch etwas von jener zwischengemeindlichen Verbundenheit auf, die einst die Gemeinden der Diaspora aktivierte, wenn über eine andere Diasporagemeinde das Leiden oder „die Bedrängnis" hereingebrochen war. Umgeben von den Goten und zugleich von ihnen verfolgt, lebt noch in nachkonstantinischer Zeit am Rande des christianisierten Reiches ein christliches Diasporagefühl, das wegen der literarischen Kopie einer älteren Vorlage nicht zu tadeln ist, weil es mit einem erstaunlich sicheren Gefühl für die ekklesiologisch gebundene Form der frühchristlichen Gemeindebriefe nun das Brieformular wählte, das seinem Selbstverständnis entsprach.

Gedanken zum philosophischen Bildungshorizont Augustins vor und in Cassiciacum[*]

Contra acad. II, 6, 14 f; III, 17-19, 37-42

Es ist letztlich Augustin selber, der die Augustinforschung immer wieder zwingt, sich mit seiner geistigen Entwicklung vor und in Cassiciacum zu beschäftigen. Es kann daher die hervorragenden Leistungen nicht schmälern, die seit dem Erscheinen von PIERRE COURCELLEs Untersuchungen zu den „Confessiones" im Jahre 1950 zu unserm Thema erbracht worden sind, wenn wir erneut uns dieser Thematik zuwenden. Zu diesen bedeutsamen Leistungen der Forschung zähle ich auch die mehr systematisch engagierte und geistesgeschichtlich orientierte Studie von RAGNAR HOLTE[1]. Der schwedische Gelehrte wirkte vor allem anregend durch seine These, in Mailand bzw. Cassiciacum habe Augustin unter dem Einfluss einer älteren Tradition der kirchlich-alexandrinischen Gnosis gestanden; ihr verdanke er vor allem jene Zuordnung von platonischer Philosophie und christlicher Offenbarung unter der Dialektik von „ratio" und „auctoritas", die er bis Lebensende nie preisgeben sollte.

Solche Auskunft war insofern unerwartet, nachdem das Forschungsinteresse sich auf Mailand als Sammelbecken verschiedenster Geistestraditionen konzentriert hatte. Man hätte erwartet, dass R. HOLTE in diesem Bereich Umschau gehalten hätte, um seine These zu begründen. In diesem Sinne habe ich bereits in einer Anzeige seines Werkes (Gnomon 1967) das Gespräch mit ihm aufgenommen. Damit fällt mir aber gleichzeitig die Aufgabe zu, einen positiven Gesprächsbeitrag zu liefern.

Es geht in erster Linie um die vielbehandelte Partie Contra acad. III, 17-20, 37-43. Sie bietet das gedankliche Schlußergebnis aus den frühsten Überlegungen Augustins nach seiner Bekehrung und fasst dieses in die Worte zusammen: [78]

„Nulli autem dubium est gemino pondere nos impelli ad discendum auctoritatis atque rationis. Mihi ergo certum est nusquam prorsus a Christi auctoritate discedere; non

---

[*]   Augustinus 13 (1968), 77-98.

1   Béatitude et Sagesse. Saint Augustin et le problème de la fin de l'homme dans la philosophie ancienne, Paris-Worcester 1962 (zuerst 1958 schwedisch publiziert). Nach Niederschrift dieses Festschriftbeitrages erschien der Aufsatz von JOHN ARTHUR MOURANT, Augustine and the Academics, RechAug IV (1966), 67-96. Er nötigte mich, nicht zu korrigieren. Die Anzeige der Arbeit von RAGNAR HOLTE durch mich erfolgte im Gnomon 39 (1967), 260-267.

enim reperio valentiorem. Quod autem subtilissima ratione persequendum est... apud Platonicos me interim, quod sacris nostris non repugnet, reperturum esse confido"[2].

Das trägt den Stempel erster theologischer Gehversuche an der Stirn. Die Vertrauenserklärung zur Philosophie der Platoniker, den Exponenten rationaler Gotteserkenntnis, wird als Interimsurteil deklariert, der Rückgriff auf die christliche Offenbarung als Exponent des Autoritätsprinzips effektiv (*valentiorem*) und nicht theologisch formuliert. Hinzu kommt der Tenor dezidierter Proklamierung, dessen Voluntarismus einem Bekehrten gut zu Gesicht steht: er meint mit seiner Entscheidung die Zukunft zu besitzen.

Subjektivistisch und als Interimsurteil werden auch die voraufgehenden Ausführungen zur Geschichte der platonischen Transzendentalphilosophie[3] formuliert: „Hoc mihi de Academicis interim probabiliter, ut potui, persuasi"[4]. Dem entsprechend läßt Augustin an ihrem Anfang deutlich erkennen, dass auch dieser historische Stoff für ihn persönlich Gewicht besitzt. Deshalb habe er ihn für das Ende des Dialogs aufgespart:

> „Audite iam paulo attentius non quid sciam, sed quid existimem; hoc enim ad ultimum reservabam ut explicarem, si possem, quale mihi esse videatur totum Academicorum consilium"[5].

Wir werden noch auf diese Unterscheidung von gesichertem Wissen und persönlicher Ansicht zurückkommen müssen. Zunächst sei er als Beweis für das persönliche Engagement Augustins an der Frage, ob die Akademiker, d.h. die Vertreter einer erkenntnistheoretischen Skepsis unter ihnen für sich beanspruchen können, die Integrität platonischer Lehrüberlieferung gewahrt zu haben oder nicht. Schon dieses Interesse von Augustin rechtfertigt, dem Geschichtsaufriss von Contra acad. III, 17-19, 37-42 erneute Aufmerksamkeit zu leihen. Es wird sich dabei zeigen, dass dies ohne Vergleich der parallelen Partie Contra acad. II, 6, 14f. nicht möglich ist.

Philosophiegeschichtliches Handbuch oder schulpolemisches Geschichtsbild?

Es ist forschungsgeschichtlich bedingt, wenn die bisherige Quellenanalyse [79] von Contra acad. III 17, 37 ff nach einem doxographischen Handbuch bzw. Autor fahndete. Hierfür hatte HERMANN DIELS[6] mit der Nennung des, von Augustin, Solil. I 12, 21 apostrophierten, römischen Enzyklopädisten Cornelius Celsus (1. Jh. n.Ch.), dessen „Opiniones omnium philosophorum" Augustin im

---

2   Contra acad. III, 20, 43.

3   Contra acad. III, 17-19, 37-42.

4   Contra acad. III, 20, 43.

5   Contra acad. III, 17, 37.

6   Doxographi graeci, 1879, 183f.

Prolog zu „De haeresibus" im Auge habe[7], den Wegweiser gestellt. MARTIN SCHANZ[8] knüpfte hingegen in einer Gegenthese an die Erwähnung eines Celsinus in Contra acad. II 2, 5 an und identifizierte ihn mit Kelsinos von Kastabala/ Kappadozien (4. Jh. n.Chr.), dessen Werk „Kompendium der Lehren aller Philosophenschulen" wir nur durch Suidas (s.v.) kennen. Seitdem geht der Streit: Celsus oder Kelsinos hin und her. Für letzteren setzte sich unter Nachweis einer möglichen Übersetzung durch den Augustinfreund und späteren Konsul Manlius Theodorus ins Lateinische P. COURCELLE ein, während AIMÉ SOLIGNAC S.J. erneut für Celsus plädiert, allerdings den Passus über Pythagoras in Contra acad. III, 17, 37 auf Varro, „De philosophia" zurückführt[9].

So gewichtig die Argumente im *pro et contra* dieses Gelehrtenstreites auch sein mögen, so scheint mir die Fahndung nach einem doxographischen Handbuch eine Verengung der Fragestellung zu sein, die darin nur präjudizierend im negativen Sinn sich auswirken kann. Sie schließt von vornherein die Möglichkeit eines Einflusses jener schulphilosophischen Eristik aus, die gerade für die Spätantike so charakteristisch ist. Sie berücksichtigt nicht, daß die Zeiten des systematischen Lehrbuches, eine Schöpfung der hellenistischen Epoche, eigentlich vorüber sind, ob dieses nun doxographischer Art wie die „Physicae opiniones" des Theophrast (gest. 287 v.Chr.) oder mit seinen Philosophenstammbäumen dem biographischen Genos angehörte wie die „Diadochai" des Sotion (erste Hälfte 2. Jh. v.Chr.). Um uns aber von vornherein gegenüber den Gegenvorwurf der Einseitigkeit abzuschirmen, sei hervorgehoben, daß dank der Zähigkeit literarischer Gattungen auch das philosophische „Handbuch" in Fortsetzungswerken und Neuentwürfen der Spätantike bekannt war[10].

Noch in der zweiten Hälfte des 2. Jh. n.Chr. schuf Diogenes Laertios mit seinen „Leben und Meinungen berühmter Philosophen" ein imponierendes Werk der Diadoche-Schriftstellerei, das in der Aufnahme seines doxographischen Materials durchaus kompilatorisch wirkt. Seinem Prolog verdanken wir überhaupt [80] nur unsere Kenntnis über Sotion. Es ist instruktiv dafür, wie dem Unternehmen, die verschiedenen Philosophenschulen von einander abzuleiten, zwangsläufig ein geschichtskonstruktives Element innewohnt. Erinnert sei nur an das Bemühen des Diogenes (Sotion), die gesamte Philosophie aus zwei Wurzeln abzuleiten. Immerhin ist damit auch eine gewisse Neutralität geboten, wie überhaupt der

---

7   PL 42, 23.

8   RMP 36 (1881), 369-371.

9   COURCELLE, PIERRE: Les Lettres grecques en Occident, Paris 1948², 179-181. 241, 217, der zugleich über die Forschungsdebatte der Zwischenzeit berichtete; SOLIGNAC, AIMÉ, Doxographies et manuels dans la formation philosophique de s. Augustin, in RechAug I (1958), 113-148, spez. 126 nr. 36, wo S. eine weitere Untersuchung ankündet, die mir jedoch nicht zu Gesicht gekommen ist.

10   FUHRMANN, MANFRED: Das Systematische Lehrbuch, Göttingen 1960, ist ein neuester Beitrag zu dem vielbehandelten Thema. Weiteres bei FRIEDRICH ÜBERWEG – KARL PRAECHTER, Grundriß der Geschichte der Philosophie I: Die Philosophie des Altertums, Darmstadt 1967 = ¹²1926, 18f.

objektive Stil belehrender Information diese bio- und doxographischen Handbücher kennzeichnet. Dieser Tenor distanzierter Wissenschaftlichkeit wird besonders bei dem Christen Hippolyt von Rom sichtbar, dessen erstes Buch der „Widerlegung aller Häresien" dank der Verarbeitung eines philosophiegeschichtlichen Handbuches mittelplatonischer Herkunft ausgesprochen kühl wirkt, während die andern Bücher leidenschaftliche Polemik, zunächst verhaltend, dann immer mehr sich steigernd, erfüllt.

Parteiliche Polemik kennt auch jene Streitliteratur, die ihre schulphilosophischen Gegensätze in die Vergangenheit zurückprojiziert und so zu einem tendenziösen Geschichtsbild kommt. So behauptet der Traktat „Daß man nicht nach den Lehren der andern Philosophen leben kann" aus der Feder des Epikurschülers Kolotes von Lampsakos (erste Hälfte 3. Jh. v.Chr.) – um eines der frühsten Zeugnisse zu nennen –, Aristoteles, Xenokrates, Theophrast wie überhaupt der Peripatos insgesamt habe Platons Ideenlehre akzeptiert, um diese Schulphilosophie abzutun, was Plutarch dann später den Ausruf entfahren läßt:

> „Welch' Leichtfertigkeit gehört dazu, ohne Kenntnis dessen, was diese Männer tatsächlich lehrten, ihnen lügenhaft Dinge unterzuschieben, die mit ihren Ansichten in Widerspruch stehen! Ungeachtet der Überzeugung, andere zu widerlegen, liefert man doch nur eigenhändig einen Beweis persönlicher Unkenntnis und Dreistigkeit mit der Behauptung, Männer hätten mit Platon übereingestimmt, die sich von ihm unterschieden! Als wären seine Kritiker seine Gefolgsmänner gewesen!"[11]

Wir werden noch sehen, daß man über das Verhältnis des Peripatos zur platonischen Tradition auch anders, d.h. im Sinne der angegriffenen Position denken konnte. Sicherlich hätte Plutarch den Beifall seines platonischen Gesinnungsgenossen Attikos von Athen (ca. 170 n.Chr.) gefunden, der in einem Mustertraktat der Schulpolemik gegen die Harmonisierung von Aristoteles und Platon protestiert. Er arbeitet dabei zugleich mit einem, auch schulplatonischen Darstellungen bekannten Geschichtsschema (z.B. Apuleius: De Pla- [81] tone et eius dogmate), wonach Platon die, zuvor für sich getrennt existierenden, drei Sparten der Philosophie (Physik, Ethik und Logik) zu einer Einheit zusammengefaßt habe, die Aristoteles dann wieder zerstörte[12]. Es liegt auf der Hand, daß solcher Dogmatismus zu verzeichnenden Geschichtskonstruktionen führen mußte, je mehr er bemüht war, die Einzigartigkeit Platons durch ein Geschichtsbild herauszustreichen, das in ihm den alleinigen Ursprung philosophiegeschichtlicher Entwicklung und zugleich auch ihr Telos erblickte[13].

---

11 Adv. Colol. 14, 1114F-1115C; das Zitat am Schluß.

12 Nach den Fragmenten bei Euseb. Praep. ev. XI, 2; XV, 4ff., die JEAN BAUDRY, Paris 1931, in einer Spezialausgabe zusammenfaßte.

13 Selbst die ausführliche, um die Details der Entwicklung bemühte Philosophiegeschichte des Peripatetikers Aristokles von Messene (zweite Hälfte 2. Jh. n.Chr.) konnte, soweit aus den Fragmenten seines Werkes „Über die Philosophie", Buch 7 und 8 bei Euseb. Praep. ev. XI, 3; XV, 17.19-21; XV, 2.4 zu ersehen ist, sich dem zeitgenössischen Trend zur „Simplifizierung" der Geschichte nicht entziehen und vertrat die ideelle, wie auch historische Einheit von Akademie, Peripatos und Stoa.

Die verschiedenartigen Geschichtsentwürfe in
Ciceros „Academici"

Allerdings will auch ein für das geschichtliche Selbstverständnis des spätantiken Platonismus wichtiges Datum griechischer Philosophie berücksichtigt sein: das Bemühen des Antiochos von Askalon (1. Jh. v.Chr.), neuakademische Skepsis mit Zenons von Kition Begriff der „erfassenden Vorstellung" zu überwinden und gleichzeitig der stoischen Ethik ein Heimrecht bei den Platonikern zu gewähren. Es ist recht instruktiv, wie dieses Unionsprogramm eines philosophischen Eklektizismus sich mit einem spezifischen Geschichtsbild verbindet. Es leitet nicht nur die Stoa von Platon ab, sondern auch den Peripatos. Dabei werden die Grade solcher Platonabhängigkeit in feiner Nuancierung unterschieden: Peripatetiker und Akademiker stimmten in der Sache überein und unterschieden sich nur in ihrer Bezeichnung, während die Stoiker sich wiederum von diesen beiden Schulen „mehr durch Worte als Ansichten unterschieden"[14].

Solche feine Nuancierung geht dann in eine bewußte Akzentuierung innerhalb dieses konformistischen Geschichtsbildes über, je nachdem man das Programm des Antiochos beurteilt. Die „Akademischen Reden" Ciceros mit ihren drei Geschichtsentwürfen bieten hierfür den Anschauungsunterricht. Allen dreien ist gemeinsam, daß sie dem gleichen Entwicklungsschema folgen. Es beginnt mit Sokrates und schreibt Platon die Zusammenführung von Ethik, Physik und Logik zu der einen Disziplin der Philosophie zu. Es kennt für Peripatos, Stoa und Akademie die wichtigsten Namen der Schulfolge (Diadochai) und unterscheidet im Unterschied zur Alten Akademie von Arkesilas bis [82] zu Karneades hin die Neue. Einheitlich ist ferner die Behauptung, zwischen der Alten Akademie und dem Peripatos habe *concordia* bestanden[15]. Divergenzen brechen hingegen bei der Beurteilung von Arkesilas und Antiochos von Askalon auf.

Der erste Entwurf, den Cicero dem römischen Enzyklopädisten Varro in den Mund legt[16], bejaht die Synthese von Akademie und Stoa. Sie sieht daher in dem Wirken des stoischen Schulhauptes Zenon eine berechtigte Korrektur an der Akademie und beruft sich dafür auf Antiochos[17]. Das tut auch der zweite Geschichtsentwurf, den „Lucullus" vorträgt[18]. Er will miterlebt haben, wie Antiochos seinen Sosos verfasste, mit dem er sich von dem damaligen Schulhaupt der

---

14 Cicero: De fin. 5, 3, 7; Lucullus 5, 15 – durch De nat. deor. 1, 7, 16 ausgewiesen; De fin. 5, 8, 22.

15 Luc. 35, 113; vgl. neben 5, 15 noch Ac. 1, 4, 17.

16 Ac. I, 4, 15 - 11, 42. Im Hinblick auf den fragmentarischen bzw. unvollständigen Überlieferungszustand lasse ich Ciceros Antwort auf diesen Entwurf Varros Ac. I, 12, 44ff. und den sie bestimmenden Geschichtsentwurf beiseite. Was erhalten ist, besagt, daß Cicero in dem neuakademischen Skeptizismus (Arkesilas) die Wahrung eines sokratischen Erbes („Ich weiß, daß ich nicht weiß") erblickte, weshalb er die angeblich Neue lieber als Alte Akademie bezeichnen möchte (Ac. I, 12, 46). Das gleiche Geschichtskonzept erscheint als Resumée seiner 4 Bücher „Academici" in De natura deorum I, 5, 11.

17 Ac. I, 9, 35; vgl. 11, 42.

18 Luc. 5, 15-19, 63; nach OTTO PLASBERG = Academici III.

neuen Akademie, Philon von Larissa, lossagte[19]. Er ist deshalb getreuer Parteigänger des Antiochos, dessen Kritik an der neuakademischen Skepsis von ihm geteilt wird. So spricht er von der „calumnia Arcesilae", der die herkömmliche Eintracht zwischen Peripatos, Akademie und Stoa zerstörte[20] und Zenon von Kition vorhielt, er habe nur die Worte gewandelt, das System als solches aber nicht[21]. Das ist aber in den Augen von „Lucullus" ein Verdienst, denn mit seiner sensualistischen Definitionsformel einer objektiven Erkenntnis[22] erbrachte Zenon ein gewichtiges Argument gegen den neuakademischen Skeptizismus. Daß Philon just diese Definition bekämpfte, ist in den Augen des „Lucullus" ebenso verhängnisvoll wie der Protest eines Antiochos dagegen lobenswert; denn die Verweigerung der Zustimmung zum Erkannten lähme jede geistige und ethische Handlung[23].

Im dritten Entwurf[24] nimmt Cicero selber das Wort. Er macht sich die Gegenposition zu eigen, sodaß die geschichtlichen Urteile konträr zu Lucullus ausfallen. In der Auseinandersetzung zwischen Zenon und Arkesilas gehört seine Zustimmung dem letzteren[25]. Das Erbe der von ihm begründeten Neuen Akademie habe dann Karneades so ausgezeichnet verwaltet, daß an ihm das [83] kompilatorische System eines Antiochos von Askalon scheitern muss[26]. Antiochos sei nur dem Namen nach Akademiker gewesen, und hätte er noch einige wenige Lehrpunkte geändert, wäre er ein „Stoiker von reinstem Wasser" gewesen[27]. Vor allem wird ihm persönliche Inkonsequenz vorgeworfen, da er als Greis im Konflikt mit Philon verworfen habe, was er bis dahin vertreten hatte[28]. Im übrigen habe weder die alte Akademie noch der Peripatos die erst von Zenon aufgebrachte Definitionsformel gekannt. Im Gegenteil, gerade die Peripatetiker und Altakademiker böten einem erkenntnistheoretischen Skeptizismus den nötigen Spielraum[29].

Kennzeichnet es also die drei genannten Geschichtsentwürfe, daß sie nun an bestimmten Knotenpunkten der philosophiegeschichtlichen Entwicklung die Akzente verschieden setzen, so ist auch unverkennbar, wie man sich einem gemeinsamen Erbe der Akademie verpflichtet fühlt[30]. Das prägt auch den Stil. Man polemisiert nur, weil man miteinander diskutiert. Dazu trägt natürlich das häusliche Kolorit des Gesprächspodium bei, das im übrigen mit der Situation in Cassiciacum vergleichbar ist. Vor allem darf nicht vergessen werden, daß alle drei

---

19   Luc. 4, 11f.

20   Ebd. 5, 14f.

21   Ebd. 6, 16.

22   Ebd. 6, 16.

23   Ebd. 10, 31; 19, 61f.

24   Ebd. 20-47, 64-146.

25   Ebd. 21, 62; 24, 76f.

26   Ebd. 31, 98.

27   Ebd. 43, 132.

28   Ebd. 22, 69.

29   Ebd. 35, 113.

30   Ac. 1, 2, 7.

Sprecher – Varro[31], Lucullus[32] und Cicero[33] – sich mit der am meisten umstrittenen Geschichtsfigur des Antiochos irgendwie persönlich verbunden fühlen. Hier ist von vornherein kein Raum für jene pamphletartige Polemik, wie sie der Eristik eigen sein kann.

Der Geschichtsabriß des Alypius
(Contra acad. II 6, 14 f).

Es versteht sich von selbst, daß solcher Hinweis auf den unterschiedlichen Sprachstil und Geschichtstenor, je nachdem wir es mit einem philosophiegeschichtlichen „Handbuch", schulpolemischer Streitliteratur oder gar der spezifischen Konzilianz der „Akademischen Reden" zu tun haben, von der Erwartung diktiert wurde, von dort aus den Untersuchungsgegenstand erhellen zu können[34]. Gerade bei dem reifen Augustin kann man beobachten, wie die Benutzung [84] eines „Handbuches" in „De civitate Dei" VIII, 2-4 sich auch in der Sachlichkeit der Darstellung dokumentiert.

Die Benutzung eines solchen Arbeitsmittels haben die erwähnten Untersuchungen von A. SOLIGNAC erneut bestätigt, mag man nun seinem Plädoyer für Cornelius Celsus als Autor zustimmen oder nicht. Unserm Untersuchungsgang genügt die Feststellung, daß Augustin als reifer Theologe ähnlich wie vor ihm Hippolyt von Rom sich lieber der neutralen Informierung anvertraut als tendenziöser Streitliteratur, wie Euseb von Kaisareia es bedenkenlos tut. Interessant ist ferner, daß Augustin in dem besagten Geschichtsentwurf mit der Unterscheidung zwischen einem *genus Italicum* und einem *genus Ionicum* antiker Philosophieentwicklung, die seit Sotion in den Handbüchern festgehalten wurde[35] die mon-archische Ableitung der Philosophie aus einer Wurzel (Einquellentheorie) ablehnt. Sogar die neuralgischen Punkte platonischer Schulentwicklung interessieren nicht mehr, wie bei der Nennung des Antiochos von Askalon sichtbar wird:

---

31   Ac. I, 3, 12.

32   Luc. 4, 11ff.

33   Ebd. 35, 113.

34   Daher wurden auch die Cicero: Tusc. V, 3, 7-37, 107, in De nat. deorum I, 10, 25-16, 43 und De finibus IVf. sichtbar werdenden Geschichtsentwürfe nicht berücksichtigt. Ganz abgesehen davon, dass sie in ihrer doxographischen Orientiertheit das Prinzip der successiones vernachlässigen, sind sie an der Überlieferungsproblematik platonisch-sokratischer Tradition ausgesprochen desinteressiert; nur Tusc. V, 4, 11 wird beiläufig von der Geheimhaltung philosophischer Wahrheit als „sokratischer Tradition" gesprochen. Die beiden Entwürfe als mögliche Quellen für De civitate Dei VIII, 2ff. ins Auge zu fassen, wie MARROU, HENRI IRÉNÉE: S. Augustin et la fin de la culture antique, Paris 1938, 134 erwägt, halte ich daher für unergiebig.

35   Vgl. Diogenes Laertius, prol. 13.

„… quem sane Cicero in pluribus fuisse Stoicum quam veterem Academicum. Sed quid ad nos, qui potius de rebus ipsis iudicare debemus, quam pro magno de hominibus quid quisque senserit scire?"[36].

Den Christen hat nur der Sachgehalt einer philosophischen Aussage zu beschäftigen. Probleme der Schulzugehörigkeit sind belanglos, zumal sie die Gefahr des Personenkultes in sich bergen.

Solche christlich begründete Distanz zur antiken Philosophiegeschichte ist bei dem Neubekehrten von Cassiciacum nicht zu erwarten. Immerhin konnten die „Akademischen Reden" Ciceros, deren Einfluß vor allem in „Contra academicos" greifbar ist und zu derer Lektüre Augustin am Ende des Disputes seinen Freundeskreis aufruft[37], in eine ähnliche Richtung weisen. Wenigstens glauben wir den Tenor zur Distanz jenem Geschichtsabriß entnehmen zu können, den Alypius[38] auf Bitten von Augustin vorträgt. Es wird noch unten für uns ins Gewicht fallen, dass Alypius in seiner Einleitung das Dargebotene als Resumée [85] augustinischer Belehrung bezeichnet[39]: „Si enim nihil me fugerit, gratabor cum doctrinae tuae tum etiam memoriae meae". Ferner will beachtet sein, daß unmittelbar vorher[40] das Stichwort „Unterschied zwischen Neuer und Alter Akademie" das Zentralthema der „Akademischen Reden" Ciceros aufnimmt.

Schwieriger ist allerdings ein Entscheid darüber, welcher der drei Geschichtsentwürfe der ciceronianischen „Academici" Augustin vor Augen stand, als er die fragliche Partie Alypius literarisch in den Mund legte. Die Beobachtung, daß kurz vorher[41] Zenons sensualistische Definitionsformel für seinen Begriff der fassbaren Vorstellung nach Lucullus 6, 18 gebracht wird, lenkt die Aufmerksamkeit zunächst auf den von „Lucullus" vorgetragenen Geschichtsaufriß[42]. Doch allein schon, daß die Abspaltung der Neuen Akademie nicht so sehr gegen die Alte als

---

36   De civ. Dei XIX, 3, 2. Ungeachtet der vielen Rekurse Ciceros auf seinen Lehrer Antiochos von Askalon kommen als Nachweise für Augustin nur zwei Stellen in Betracht. Da die autobiographische Notiz Brutus 91, 315: „Cum venissem Athenas, sex menses cum Antiocho, veteris Academiae nobilissimo et prudentissimo philosopho fui…", kaum heranzuziehen ist, bleibt de facto nur Lucullus 43, 132 übrig: „… per ipsum Antiochum, qui appellatur Academicus, erat quidem si perpauca mutavisset germanissimus Stoicus. erit igitur res iam in discrimine; nam aut Stoicus constituatur sapiens aut veteris Academiae". Der Beleg würde zugleich Augustins Zitierweise beleuchten: er referiert aus dem Gedächtnis und macht aus der kritischen Alternative des Cicero ein Urteil des Römers über eine schulphilosophische Zuordnung.

37   Contra acad. III, 20, 45.

38   Ebd. II, 6, 14f.

39   Ebd. II, 6, 14.

40   Ebd. II, 5, 13.

41   Contra acad. II, 5, 11. Während die Definition Contra acad. II, 5, 11: „… id verum percipi posse, quod ita esset animo impressum ex eo, unde esset, ut esse non potest ex eo, unde non esset" fast wörtlich mit Lucullus 6, 18: „… impressum effectumque ex eo unde esset quale esse non posset ex eo unde non esset" übereinstimmt, ist die Digression in der Wiedergabe Zenons durch Cicero selbst (Lucullus 24, 77) wesentlich stärker.

42   Luc. 5-19, 15-62.

gegen die Stoiker gerichtet sein soll[43], was eine negative Wertung Zenons und vor allem des Antiochos durch Alypius in sich schließt, widerstreitet dem Geschichtsbild des „Lucullus", der eine ursprüngliche Übereinstimmung von Peripatos, Akademie und Stoa postuliert und, wie wir oben sahen, deshalb dem Antiochos fast emphatisch die Rolle eines Reformators zuspricht[44].

Hingegen meint Alypius, Antiochos habe die Akademiker und ihren Skeptizismus mehr aus „Begehr nach Ruhm als nach Wahrheit" bekämpft[45]. Diesen Vorwurf nennt Cicero[46]: er behauptet, Antiochos habe nur deshalb seine Lehre als Restitution der Alten Akademie ausgegeben, um sich von vornherein vor ihm abzusichern. Bei der Rolle, welche das dogmatische Urteil über Antiochos von Askalon für die Bildung des jeweiligen Geschichtsbildes spielt, wird man daher den dritten Geschichtsentwurf der „Academici" aus dem Munde Ciceros als Vorwurf für Augustin ansprechen müssen. In dessen gleichfalls oben skizzierten Bildrahmen, der die Stoa als Mittlerin eines gemeinsam von Alter Akademie, Peripatos und Neuer Akademie vertretenen Erbes ausscheidet, fügt sich sehr gut der Vorwurf des Alypius ein, Zenon habe nicht zuletzt darin [86] gegen akademische Traditionen verstoßen, indem er die, im Gefolge von Sokrates und Platon bis dahin unreflektiert geübte, erkenntnistheoretische Skepsis durch eine plumpe und neuartige Fragestellung eliminiert habe[47].

Wir können daher davon ausgehen, daß der Geschichtsabriß des Alypius in Contra acad. II, 6, 14f über die Entwicklung der Alten Akademie zur Neuen vom ciceronianischen Standpunkt der Bejahung des neuakademischen Skeptizismus aus entfaltet worden ist. Mit unserer Argumentation ist jedoch auch zugleich zum Ausdruck gebracht, daß man den Entwurf in Lucullus 20, 64 ff kaum im literarhistorischen Sinne als unmittelbaren Vorwurf ansprechen kann.

---

43   Contra acad. II, 6, 14f.

44   Zur durchgehenden Kritik an dem neuakademischen Skeptizismus (6, 17 verkürzt als Academici wiedergegeben, was auch Augustin kennt), die neben Arkesilas auch Karneades angreift, vgl. neben oben angeführten Stellen ferner Luc. 18, 59f. Das von Luc. 19, 62 vorgetragene Argument, der septische Probabilismus lähme die Ethik, bringt auch Augustin Contra acad. III, 15, 33.

45   Contra acad. II, 6, 15.

46   Luc. 22, 70.

47   Contra acad. II, 6, 14. Es könnte aus Ciceros Ausführungen Ac. I, 12, 44-46 stammen, worauf WILLIAM M. GREEN in seiner Textausgabe (StPM II, Utrecht/ Antwerpen 1955 z.St) verwies, zumal dort in gleicher Weise wie hier von Alypius Contra acad. II, 6, 14 versucht wird, die neuakademische Skepsis eines Arkesilas auf die sog. Naturphilosophen, das sokratische Nichtwissen und sogar Platon zurückzuführen.

Die Doppelschichtigkeit im Geschichtsabriß Augustins
C. Acad. III

Ich habe bereits in der oben erwähnten Gnomonanzeige darauf hingewiesen wie die Einleitungsformel: „Audite iam paulo attentius non quid sciam..." (s.o. zitiert) zu der Partie Contra acad. III, 17-19, 37-42 Ausdruck eines persönlichen Engagements Augustins darstellt. Darüber hinaus ist auf ein weiteres Motiv hinzuweisen. Durch die Betonung der Subjektivität der vorgetragenen Deutung geschichtlicher Entwicklung antiker Philosophie entzieht Augustin sich zugleich der Kontrolle seiner Hörer bzw. Leser. Solche Kontrolle kann nach den bisherigen Darbietungen von den Hörern nur durch Rückgriff auf die Geschichtsentwürfe der „Academici" des Cicero geübt werden, auf die Augustin denn am Schluß auch verweist[48]. Doch auch der nähere Kontext beweist, daß Cicero im Unterschied zu Augustins persönlicher *existimatio* als Instanz historischer *scientia* gilt.

Nachdem dargetan wurde, was Augustin persönlich probabel erscheint, heißt es[49]: „ipsum Ciceronem audiat". Darauf folgt ein Ciceroausspruch, der von der Übung der Akademiker, ihre Meinung zu verbergen und nur denen zu enthüllen, die bis ins hohe Alter mit ihnen zusammen gelebt hätte, spricht. Mag die Einordnung desselben in das literarische Oeuvre Ciceros als fragm. 21 MÜLLER auch ungewiß sein[50], so ist doch seine argumentative Funktion als objektives *dictum probans* mit der Ait-Formel der Einführung gesichert. Weitere Beobachtungen machen es unwahrscheinlich, daß Augustin selbst der Vater dieses Diktum sein könnte, indem er die Quintessenz des voraufgehen- [87] den Geschichtsabriß zu einem Cicerozitat verdichtete[51]. In der Tat spielt dort Geheimhaltung letzter, philosophischer Wahrheitserkenntnis eine gewichtige Rolle. Umso mehr drängt sich die Frage auf, woher Augustin dieses Konzept und den als seine subjektive Auffassung vorgetragenen Geschichtsentwurf Contra acad. III, 17-19, 37-42 gewonnen hat.

---

48 Contra acad. III, 20, 45.

49 Ebd. III, 20, 43.

50 Nach MÜLLER in Buch III, nach REIL – PLASBERG in Buch II der Academici.

51 Contra acad. III, 20, 43: „Ait (sc. Cicero) enim illis morem fuisse occultandi sententiam suam nec eam cuiquam nisi qui secum ad senectutem usque vixisset, aperire consuesse". Bei der Auswertung des Fragments ist folgendes zu beachten: 1) es bezieht sich auf die Academici, womit nach dem Zusammenhang nur die neuakademischen Skeptiker gemeint sein können; 2) Mit sua sententia war im Fragment noch keine doxographische Bestimmung verbunden, denn Augustin fährt fort: „Quae si autem ista, Deus viderit; eam (sc. sententiam) tamen arbitror Platonis fuisse", sieht sich also zu einer inhaltlichen Ausfüllung des Begriffs gezwungen; 3) lebenslängliche Schülerschaft als Bedingung einer Lehrmitteilung ist etwas anderes als jenes Minoritätsprinzip jenseitiger Wahrheitserkenntnis, das der Spätplatoniker mit Timaios 28B/C, d.h. der Schwererkennbarkeit Gottes, der Geschichtsauffriss Contra acad. III, 19, 42 hingegen mit der Transzendenz des mundus intelligibilis begründet. Im übrigen wird zur Verifizierung des Fragmentes auf JOHN JOSEPH O'MEARAs Kommentar, ACW 12, Westminster, Md. 1951, 158f Anm. 73 verwiesen.

Besagte Partie charakterisiert, daß sie den weiten Bogen geschichtlichen Rückblicks von Pherekydes dem Syrer (Mitte 6. Jh. v.Chr.) bis hin zu Plotin (gest. 270 n.Chr.), d.h. über ein Jahrtausend der antiken Philosophiegeschichte hinweg spannt. Dabei ist die Ausschöpfung philosophiegeschichtlichen Handbuchwissens unverkennbar. Schon die Art, wie Platon die Vereinigung von Ethik, Physik und Dialektik zu einer umfassenden Disziplin zugeschrieben wird[52], deutet darauf hin. Aus gleicher Quelle stammt die Vertrautheit mit den Einzeldaten der nachplatonischen Entwicklung. In der Entwicklungsgeschichte der Akademie wird zwischen der Alten und Neuen unterschieden, dieser aber eine Dritte Akademie angeschlossen, die mit Karneades beginnt und mit Philon von Larissa endet, während dessen Gegenspieler Antiochos von Askalon eine neue Periode der Bedrohung platonischer Tradition markiert.

Eben daher ist auch die Schulgeschichte der Stoiker von ihrem Gründer Zenon von Kition über Chrysipp bis hin zu Mnesarchos, dem Schüler des Panaitios, bekannt[53]. Allerdings fällt jetzt die Akzentuierung in der philosophiegeschichtlichen Entwicklung anders aus. Sie ist am Schicksal platonischer Transzendentalphilosophie mit ihrer Entgegensetzung von „mundus intellegibilis" und „mundus sensibilis" orientiert. Indem dieser ontologische Gegensatz einerseits auf die Erkenntnislehre (Transzendentalerkenntnis des Wahren im Gegensatz zu dem Meinen des Wahr-Scheinenden in der Immanenz), andererseits auf die Ethik (wahre Tugenden der spärlichen Weisen im Unterschied zu den wahrscheinenden Tugenden in dieser Welt) übertragen wird[54], wodurch [88] der bekannte Topos von der Zusammenfassung der drei Bereiche von Physik, Logik und Ethik durch Platon auf einen einheitlichen hermeneutischen Nenner gebracht ist, zeichnet sich bereits bei Platon der Skopus ab, der die Deutung der nachplatonischen Entwicklung bestimmen wird. Er versteht die neuakademische Skepsis als Hüterin der Tradition platonischer Seinserkenntnis.

Das wird besonders bei der Darstellung von Karneades deutlich[55]. Erzfeind, weil tödliche Bedrohung platonischer Seinserkenntnis, ist hingegen der immanente Monismus der Stoa. Daher steht Augustin im Konflikt zwischen Zenon und Arkesilas auf Seiten des letzteren, dessen Skeptizismus die schon immer als Geheimlehre gehütete, intelligible Wahrheitserkenntnis vor der Profanierung bewahrte und „wie Gold vergraben habe"[56]. Umgekehrt steht er in der Auseinandersetzung Philons von Larissa mit dem „Strohkopf" Antiochos von Askalon auf Seiten des ersteren[57]. Philon wird nachgerühmt, „die Pforten geöffnet und die Akademie wieder zur Autorität Platons zurückgerufen zu haben"[58]. Im übrigen

---

52 Contra acad. III, 17, 37.
53 Wendungen wie „inter successores eius" oder „moritur Polemo, succedit ei Arcesilas" (17, 38) sind für ein unter der Kategorie der Schulabfolge entworfenes Geschichtsbild typisch.
54 Contra acad. III, 17, 37.
55 Ebd. III, 18, 40.
56 Ebd. III, 18, 38.
57 Ebd. III, 18, 41.
58 AaO.

hätten die Akademiker nach dem Zeugnis des Karneadesschüler Metrodoros von Stratonikos (ca. 150-31 v.Chr.) nur zur Abwehr der Stoiker den Begriff ihrer ἀκαταληψία entwickelt[59]; das beweise gerade Philon von Larissa, der nur durch die unzeitgemäße Neubelebung des Stoizismus durch Antiochos sozusagen *contra voluntatem* sich gezwungen sah, ihn unzeitgemäß mit den „Waffen" neuakademischer Skepsis zu bekämpfen[60].

Nun wirft gerade diese letztgenannte Begründung der Verhüllung platonischer Wahrheits- und Seinserkenntnis per necessitatem, die bereits zur Deutung des Arkesilas[61] herangezogen wurde und vielleicht auch hinter der Deutung des Karneades steht[62], gewisse Fragen auf. Denn sie steht in Spannung zu der anderen Aussage, bereits Platon habe die Lehre von der Wahr-scheinlichkeit immanenter Erkenntnis vertreten[63]. Ist letzteres ontologisch begründet, besitzt darin also zeitlose Gültigkeit, so eignet dem Argument einer zeitbedingten Apologetik das Konzept einer Verfremdung der eigentlichen [89] Intention. In der Tat kann denn Augustin auch die neuakademische Methode der „Geheimhaltung" ausdrücklich kritisieren:

„Nam nihil mihi videtur inflatius, quam tam multa copiosissime atque ornatissime dicere non ita sentientem"[64].

Und mag es auch eine positive Wertung des neuakademischen Probabilismus darstellen, wenn Augustin „unserm Tullius" das Verdienst zuschreibt, „alle Überbleibsel" des Antiochos beseitigt zu haben[65], so kann doch nicht übersehen werden, dass damit nicht nur die historisch ungewöhnliche Behauptung vom alsbaldigen Erlöschen der Stoa[66] begründet wird, sondern auch die endliche Preisgabe

---

59   Viel wäre geholfen, ließe sich nachweisen, woher Augustin die Parenthese: „quamquam et Metrodorus id antea facere temptaverat, qui primus dicitur esse confessus non decreto placuisse Academicis nihil posse conprehendi, sed necessario contra Stoicos huiusmodi eos arma sumpsisse" bezogen hat. Cicero (De oratore I, 45; II, 360; III 75; Tusc. I 59) kennt nur den früheren Epikuranhänger und späteren Karneadesschüler gleichen Namens, der wegen seines phänomenalen Gedächtnisses auch von Diog. Laertios X, 9 beiläufig erwähnt wird.
60   Contra acad. III, 18, 41.
61   Ebd. III, 17, 38 finis.
62   Ebd. III, 17, 39 finis.
63   Ebd. III, 17, 37.
64   Ebd. III, 18, 41.
65   Contra acad. III, 18, 41: „... et omnes eius (sc. Antiochi) reliquias Tullius noster oppressit se vivo impatiens labefacti vel contaminari quidquid amavisset" könnte sich auf eine Partie wie Lucullus 36, 114 beziehen, meint aber zweifelsohne ganz allgemein das Eintreten Ciceros für den Skeptizismus in den „Academici".
66   AaO.: „Adeo post illa tempora non longo intervallo omni pervicacia pertinaciaque demortua", was sich eindeutig auf Zenon und Chrysipp bezieht, vgl. III, 17, 39 und meine Gnomonanzeige. Formal erinnert das Satzgebilde an Contra acad. II, 1, 1, wo allerdings von der pertinacia und pervicacia der Akademiker gesprochen wird.

akademischer Geheimhaltungspraxis durch Plotins manifeste Enthüllung wahrer Seins- und Gotteserkenntnis[67] erklärt werden soll.

Solche Inkonzinnitäten wecken den Verdacht, dass wir es bei dem Geschichtsentwurf aus dem Munde Augustins in Contra acad. III mit einem doppelschichtigen Material zu tun haben. Die Grundschicht bildet ein schulplatonisches Geschichtskonzept, in das wie ein roter Faden ein ausgesprochen soteriologischer Aspekt hineingewoben wurde. Er beginnt mit der Feststellung, Pythagoras habe von dem Syrer Pherekydes die Lehre von der Unsterblichkeit der Seele übernommen, und setzt sich in der Bemerkung fort, daß nach Platon die Erkenntnis jenseitiger Wahrheit durch die Selbsterkenntnis der Seele möglich sei[68].

Bezeichnenderweise wird dieser Erkenntnisvorgang unter dem Bilde des Blankpolierens eines Spiegels (*velut expoliri*) geschildert, das den bekannten Satz platonischer Erkenntnismetaphysik: „Gleiches wird vom Gleichen erkannt" zur Prämisse hat. Soteriologisch ist auch die Forderung der Reinigung (Katharsis) „von allen Fehlern", die nur von einer Minderheit erfüllt werde, orientiert. Dies korrespondiert mit der Telosdefinition der Philosophie: sie habe „über die Seele zu wachen". Daher der Protest gegen Zenon, der die Seele als sterblich bezeichnete und mit seiner monistischen Ontologie Gott und die Materie des Feuers gleichsetzen konnte[69]. Dem soteriologischen Aspekt ist [90] endlich die religiöse Bildsprache zuzuweisen, die Platons Philosophie mit dem Adyton eines Tempels vergleicht, das Antiochos von Askalon „durch die Asche der Stoiker" entweiht habe[70].

Vor allem ist der religiöse, auf die Unsterblichkeit der Seele bzw. die Kontinuität dieses philosophischen Dogmas ausgerichtete Tenor für die Exklusivität der Geschichtsschau verantwortlich zu machen. Er verbannt sowohl die Stoiker, als auch die Kyniker aus dem Kreis der Gralshüter. Stattdessen rückt der Gesichtspunkt: „Was dem Heil der Seele dient"[71] Platon und Aristoteles noch enger zu einer Einheit zusammen: nur „für die Unerfahrenen und weniger Aufmerksamen" scheint zwischen ihnen ein Dissensus zu bestehen. Die Tatsache aber, daß in der Gegenwart eigentlich nur die Peripatetiker und Platoniker das kostbare Erbe antiker Tradition wirkungsvoll vertreten, beweist eindrucksvoll, wie am Ende der geschichtlichen Entwicklung sich „eine einzige Disziplin der absolut wahren Philosophie" durchgesetzt hat. In ihr kehrt die antike Philosophie zu ihrem Ursprungsthema zurück.

Allerdings beschäftigt sich diese *verissima philosophia* nicht mit den sinnlichen Erscheinungen, sondern mit der intelligiblen Welt. Bei der sinnlichen, niemals zu vermeidenden Gebundenheit des menschlichen Geistes wäre sie zum Scheitern

---

67 Contra acad. III, 18, 41 finis.

68 Ebd. III, 17, 37.

69 Ebd. III, 17, 38.

70 Contra acad. III, 18, 41: „nescio quid inferens mali de Stoicorum cineribus, quod Platonis adyta violaret". Der Vorwurf meint wohl den Frevel, bei Betreten des Heiligtums nicht die Schuhe ausgezogen zu haben; an die alttestamentliche Vorstellung ritueller Befleckung ist kaum gedacht.

71 Contra acad. III, 19, 42.

verurteilt, wenn nicht „der höchste Gott" durch seine lnkarnierung des „göttlichen Geistes" ihrem Transzendentalprinzip exemplarische Anschaulichkeit verliehen und so das plotinische Programm der „Rückkehr in das Vaterland"[72] auch jenseits der klärenden „Streitgespräche" jedermann verständlich gemacht hätte[73].

Neupythagoreischer Einfluß
im Geschichtsabriß Augustins?

Woher hat Augustin diesen religionsphilosophischen, sich von dem schulphilosophischen Geschichtsschema abhebenden Aspekt, den er so unmittelbar mit dem christlichen Inkarnationsdogma verknüpfen kann? Nach einem Handbuch zu fahnden, halte ich für aussichtslos, weil dabei übersehen wird, daß in den Partien Contra acad. III, 17-19, 37-42 das Handbuchwissen über die philosophischen Diadochai und den Streit der Schulen nur Mittel zum Zweck ist: es dient dem Nachweis der einen Philosophie, die sich gegenüber den Zersetzungskräften ihrer eigenen Geschichte erfolgreich behauptet und somit [91] ihren Absolutheitsanspruch auch geschichtlich untermauert hat. Erfolgversprechender erscheint da schon die Umschau im Bereich der oben erwähnten Streitliteratur. Man könnte z.B. an Attikos denken, der das Dogma von der Unsterblichkeit der Seele besonders hervorhebt und betont, der bis zum Ehrgeiz der einzelnen Platoniker gesteigerte Einsatz für die Erhaltung gerade dieses Dogmas habe sich als das stärkste Einheitsband für den Schulplatonismus erwiesen[74]. Allerdings scheidet er aus unserm Überlegungskreis aus, weil er mit diesem Argument zugleich sich gegen den Peripatos wendet. In welchem Bereich man zu suchen hat, ergibt sich vielleicht aus der Pythagorasnotiz am Anfang der Ausführungen Augustins und die Plotinreminiszenz am Ende derselben, nämlich im Bereich eines pythagoreisierenden Neuplatonismus bzw. platonisierenden Neupythagoreismus.

Letzterem gehört Numenios von Apameia (zweite Hälfte 2. Jh. n.Chr.) an, der uns mit seinem Traktat „Über die Abspaltung der Akademiker von Platon" ungeachtet seiner fragmentarischen Wiedergabe durch Euseb[75] das gewünschte Beispiel einer Schuleristik „voller Bosheit und seichter Witzelei" (KARL MRAS) liefert[76]. Auch hier liegt den mehr polemisch als apologetisch gehaltenen Geschichtsaussagen ein Handbuchwissen über die einzelnen Daten der philosophischen Schulabfolgen zugrunde. Es überschaut die Entwicklung von „Pythagoras

---

72   Enn. I, 6, 8.
73   Contra acad. III, 19, 42.
74   Bei Euseb. Praep. ev. XV, 9, 1ff.
75   Praep. ev. XIV, 5, 1-9, 3.
76   Aufgrund der Zitationsformel λαβὼν ἀνάγνωθι in Praep. ev. XIV, 4, 16 (dazu KARL MRAS, Euseb. VIII, Leipzig ²1956, GCS LVIII seiner Ausgabe) kann begründet angenommen werden, daß Euseb der Traktat als Bibliotheksexemplar von Kaisareia/Palästina vollständig vorlag.

dem Großen"[77] bzw. Sokrates an bis hin zu Antiochos von Askalon, der gegen seinen Lehrer Philon von Larissa „eine andere Akademie begründete" und unter Einfluss des Stoikers Mnesarchos[78] „zahlloses Fremdgut mit der Akademie verknüpfte"[79]. Ihm sind die Konflikte der Akademiker mit den Stoikern bekannt, sei es des Arkesilas mit Zenon von Kition[80], sei es zwischen Karneades und dem Stoiker Antipater[81].

Geht man davon aus, daß Euseb ähnlich wie in der Kirchengeschichte mit seinen Verbindungstexten zwischen den einzelnen Exzerpten aus der Vorlage referierte, dann dürfte Numenios ähnlich wie Augustin[82] Karneades als Gründer einer dritten Akademie bezeichnet haben[83]. Doch auch bei Numenios diente [92] solches Handbuchwissen nur, um einem tendenziösem Geschichtsbild das Material zu liefern. Dessen Farbtöne sind wesentlich greller ausgewählt worden. Ich nenne z.b. nur die Bezeichnung des Karneades als „Räuber und besserer Goet"[84], von dem Abgleiten in die blödelnde Persiflage z.B. in der Darstellung des Neuakademikers Lakydes[85] ganz zu schweigen. Solche Steigerung des polemischen Tenors hängt sichtlich mit der Konzentrierung des Geschichtsaspektes auf den „pythagorisierenden Platon"[86] bei Numenios zusammen. Unmißverständlich gibt er seinem Programm einer neupythagoreischen Platonrenaissance und der daraus sich ergebenden Tendenz seiner Geschichtsanalyse Ausdruck:

„Wie wir von Anfang an uns vorgenommen haben, ihn (sc. Platon) von Aristoteles und Zenon zu trennen, so wollen wir auch jetzt ihn von der Akademie mit Gottes Hilfe abtrennen und ihn aus sich selbst in der Gegenwart einen Pythagoreer sein lassen. Wie er gegenwärtig erleidet, daß er in noch größerer Raserei, als sie einem gewissen Pentheus widerfuhr, in seinen Gliedern auseinandergerissen worden ist, so wandelt er sich gleichzeitig aus der eigenen Ganzheit zur ursprünglichen Ganzheit und wird keineswegs in sein Gegenteil verwandelt"[87].

---

77   Euseb. ebd. XIV, 5, 2.

78   Vgl. Aug Contra acad. III, 18, 41.

79   Euseb. ebd. XIV, 9, 3. Leider bricht Euseb hier seine Exzerpte ab. Die Notiz, Numenios habe noch „zahllos ähnliche Dinge" über die Schulabfolge Platons erwähnt (9, 4), läßt begründet vermuten, daß der Neupythagoreer auch gegen den mittleren Platonismus polemisierte, vgl. K. MRAS in der Fußnote zum Text.

80   Euseb. ebd. XIV, 6, 7-14.

81   Ebd. XIV, 8, 11f.

82   Contra acad. III, 18, 40 finis.

83   Euseb. aaO 7, 15.

84   Ebd. 8, 6; vgl. 8, 9.

85   Ebd. 7, 1-13.

86   Ebd. 5, 7.

87   Ebd. 5, 8. Das Bild des, von den Bacchantinnen und seiner eigenen Mutter Agave im Taumel zerrissenen Pentheus (Euripides: Bakchoi) benutzt auch Attikos, um den bekannten Topos, Platon habe die zuvor getrennt existierenden Disziplinen („die zerstreuten Glieder des Pentheus") Physik, Ethik und Logik zur Einheit zusammengefaßt, poetisch zu umschreiben, vgl. Euseb. Praep. ev. XI, 2, 2. Das ist darum beachtlich, weil beiden Autoren der Skopos einer erneuten

Diesem Programm entspricht der Geschichtsaufriß, der zeigt, wie bereits mit der Alten Akademie die Auflösung beginnt, die dann zur Selbstzersetzung der Akademie führt[88]. Das Schicksal der Stoa, wo alle gegen alle kämpfen, veranschaulicht diesen Prozeß noch eindrucksvoller[89]. Umso bedrängender ist, daß die als gottlos verschrienen Epikureer in anklagender Gefolgschaftstreue gegenüber ihrem Meister sich die Geschlossenheit ihrer Schultradition erhalten haben[90], während überall sonst in der Geschichte der griechischen Philosophie [93] das Gesetz des Zerfalls[91], ja des Aufruhrs gegen die Tradition herrscht. Bei Numenios gewinnt die Geschichte der einen Philosophie zugleich tragische Züge, weil Platon selber durch sein Verhalten ihre verhängnisvolle Entwicklung ausgelöst hat. Er „verbarg" seine philosophischen Erkenntnisse in der doppeldeutigen Mitte zwischen Eindeutigkeit und Undeutlichkeit; auch in seinen Schriften „sicherte" er so die Lehre[92]. Die Geheimhaltungstheorie, die anderswo zur Erklärung des neuakademischen Skeptizismus und seiner Deutung als Traditionsträger herangezogen wird (ein Nachhall auch bei Numenios zu Karneades[93]) dient also als Interpretament für die Zersetzungserscheinungen in der Geschichte des Platonismus.

Letztlich hat der Meister selber jene Kräfte der Auflösung ins Werk gesetzt, die dann den Raum zu seiner Wiedergeburt geschaffen haben. So ist die geschichtliche Entwicklung auf die Selbstmanifestierung der einen Philosophie des „pythagoreisierenden Platon" angelegt, dem im übrigen das Verdienst zugeschrieben wird, das „Ehrfurchtgebietende" an der Gestalt des Pythagoras zum „Philanthropen herabgebracht zu haben"[94].

Damit soll nicht behauptet sein, des Numenios Traktat sei für Augustin unmittelbare Vorlage gewesen. Schon die Beobachtung, daß er keine Italienreise des Platon zu den Pythagoreern kennt, sondern ausdrücklich sein pythagoreisches Wissen durch Sokrates vermittelt sein lässt[95], verbietet solche These. Numenios kann nur als Beispiel dafür dienen, wie im platonisierenden Neopythagoreismus des 2. Jh.s eine tendenziöse Betrachtung antiker Philosophiegeschichte beheimatet war, die in manchem an Augustins Geschichtsentwurf von Contra acad. III erinnert. Vor allem lässt sich an Numenios aufzeigen, wie eine soteriologische Religionsphilosophie dahin tendiert, ein mon-archisches Bild von der Entwick-

---

Sammlung der getrennten Glieder des Pentheus eigen ist, der nicht aus der euripideischen Tragödie abgeleitet werden kann. Zu dem von Numenios gebrauchten Verb μετατίθεσθαι sei noch bemerkt, daß es auch den Übertritt von einer Philosophensekte zur anderen ausdrücken kann, vgl. Diogenes Laertios VII, 37; VII, 166 (als Eigenname).

88   Euseb. ebd. XIV, 5, 1.
89   Ebd. 5, 4.
90   Ebd. 5, 3.
91   Ebd. 5, 5.
92   Ebd. 5, 7.
93   Ebd. 8, 12.
94   ὑπαγαγεῖν ebd. 5, 9; vgl. declinare beim Passus zur Inkarnation, Aug. Contra acad. III, 19, 42.
95   Euseb. ebd. XIV, 5, 7.

lung der Philosophie zu entwerfen, an deren Ende die Manifestierung der „einen Disziplin einer im höchsten Grade wahren Philosophie"[96] steht.

Calcidius als Inspirator von Augustins Geschichtsabriß.

Auf jeden Fall kann man begründet annehmen, daß im Bereich der spätantiken Religionsphilosophie ein tendenziös verfärbtes, mit den Materialien der philosophischen „Handbücher" arbeitendes Geschichtsbild lebendig war, um ihren Absolutheitsanspruch geschichtlich zu dokumentieren. Das gilt auch für [94] den Neuplatonismus des 4. Jh.s, erst recht dort, wo er sich neupythagoreischer Quellen bedient. Als ein Vertreter desselben hat neuerdings Calcidius das Interesse der Augustinforschung gewonnen, nachdem JAN HENDRIK WASZINK im Vorwort zu seiner Ausgabe des Timaioskommentars[97] wahrscheinlich gemacht hat, daß auch dieser Autor jenem christlichen Neuplatonismus Mailands zuzugesellen sei, der neben Manlius Theodorus und Ambrosius in den Mailänder Jahren für Augustin so bedeutsam geworden ist.

Natürlich ist die Textgrundlage – ein Timaioskommentar – kein kommensurables Objekt, um vergleichende Rückschlüsse für den Geschichtsentwurf Augustins zu ziehen. Immerhin kennt Calcidius Numenios und weiß, daß nach dessen Meinung gewisse Lehren des Pythagoras mit denen Platons übereinstimmen (c. 295 f). Mag dies auch wegen der Thematik des Timaios sich nur auf die Theologie bzw. Kosmologie beziehen, so ist dem Autor doch auch zuzutrauen, daß er im Gespräch die gleiche Übereinstimmung beim Dogma von der Unsterblichkeit der Seele zugeben würde. Und wenn Calcidius bei seiner Kommentierung des Timaios auch zwangsläufig zu einer doxographischen Auswertung der Philosophie gezwungen wird, was ihn bezeichnenderweise zu einer Darstellung stoischer Lehren „sine ira et studio" anhält, so kennt er doch viele Namen der antiken Philosophiegeschichte[98]. Dieser christliche Neuplatoniker war sicher in der Lage, im Diskussionsgespräch einen Geschichtsabriß zu bieten, wie ihn Augustin vor seinen Freunden entwickelt.

Hinzu kommt, daß Einzelaussagen des augustinischen Entwurfes sich sehr gut im Munde von Calcidius ausnehmen würden. Wenn z.B. Augustin ausführt, der „mundus intellegibilis" sei „wahr", der „mundus sensibilis" hingegen nur „wahr-scheinend", weil letzterer nach jenes Abbild (*imago*) geschaffen worden sei[99], so entspricht das durchaus dem mehr philosophisch im Timaioskommentar formulierten Satz: „Terra sensibilis imago quaedam intellegibilis terrae"[100]. Und

---

96 Contra acad. III, 19, 42.

97 Plato latinus IV, 1962, IX-XVII.

98 Index WASZINK, 936. Sehr auffallend ist das Fehlen von Plotins Namen bei Calcidius, zumal der Zitaten- bzw. Parallelenindex von WASZINK, 432 viele Nachweise bringt.

99 Contra acad. III, 17, 37.

100 C. 337, W. 330, 4.

wenn Augustin im obigen Zusammenhang die Möglichkeit der intellegiblen Wahrheitserkenntnis als Selbsterkenntnis der Seele nach dem Prinzip der *analogia entis* behauptet, so dürfte die Prämisse solcher Behauptung – das erkenntnistheoretische Prinzip, daß nur Gleiches von Gleichem erkannt werden könne – von Numenios bejaht worden sein, da er sie als ein „pythagoreisches Dogma" bezeichnet und schon vor Platon bei Empedokles ausgesprochen findet[101]. Dabei schärft der Vergleich mit Calcidius sogar den Blick [95] dafür, wie stark bei dem jungbekehrten Augustin in „Contra academicos" die Aussagen über die Selbsterkenntnis der unsterblichen Seele als Zugang zur jenseitigen Wahrheit noch im latenten, hermeneutischen Kontext zur Selbsterkenntnis der Weltseele im „Timaios" stehen könnte.

Vor allen finden wir zu Mailand in Calcidius einen Christen, der es versteht, seinen neupythagoreisch angereicherten Neuplatonismus nicht nur mit der hebräischen Philosophie, d.h. dem Alten Testament zu verbinden[102], sondern auch Geschichten christlicher Inkarnationtheologie für die Timaioskommentierung heranzuziehen wie die unter dem Stichwort eines „descensus Dei venerabilis ad humanae conservationis rerumque mortalium gratiam" zitierte Perikope von der Huldigung des Christkindes durch die Magier[103]. Dieser Mann ist durchaus in den Entscheidungsjahren von Mailand als Gesprächspartner in einer Diskussion über das Verhältnis von Philosophie und Christentum im Sinne einer geschichtlich bedingten Entwicklung der griechischen Philosophie auf die Begegnung mit der christlichen Offenbarung hin denkbar.

Biographische Einordnung der beiden Geschichtsentwürfe von „Contra academicos"

Durch die Gestalt des christlichen Neuplatonikers Calcidius gewinnt zugleich unsere bisherige Analyse der beiden Geschichtsentwürfe von „Contra acad." historischen Aussagewert für die Biographie Augustins. Wenn man in dem Entwurf Augustins aus Contra acad. III den Widerhall von Gesprächen mit einer historischen Gestalt der Mailänder Jahre Augustins sieht, dann müßte schon aus methodischen Gründen die gleiche Fragestellung einer biographischen Einordnung an den Entwurf des Alypius in Contra acad. II, 6, 14 f herangetragen werden, zumal dieser ausdrücklich – wie wir sahen – als Reminiscenz früherer Gespräche der Freunde deklariert wird. Eine solche These läßt sich mit den

---

101 C. 51. Dazu den Kommentar von Waszink aaO, 100, der Numenios als Urheber dieser Auffassung bezeichnet.

102 C. 130; W. 172, 33 ff. Weitere Belege: Timaioskommentar c. 132, W. 173, 21 ff.; c. 219, W. 231, 25ff.; c. 256, W. 265, 3ff. mit Fußnote; c. 276-278, W. 280, 1ff. unter Berufung auf Origenes und Philon v. Alexandrien; c. 300, W. 302, 11f.

103 C. 126, W. 169, 1ff.

autobiographischen Aussagen Augustins in den „Konfessionen" durchaus vereinbaren.

Conf . V 10, 19 lokalisiert seine Begegnung mit dem neuakademischen Skeptizismus nach Rom. In dieser Stadt hatte er seinen Jugendfreund Alypius wiedergefunden[104]. Für uns ist dabei eine kleine Notiz sehr wichtig. Augustin notiert, er habe zu diesem Zeitpunkt die von den Akademikern mit ihrem [96] Skeptizismus verfolgte „Absicht" noch nicht erkannt[105]. WILHELM THIMME hat das Verdienst, in einer Anmerkung z.St. seiner Artemisübersetzung auf Augustins Geschichtsentwurf von Contra acad. III hingewiesen zu haben. Er formuliert: „In Contra acad. III spricht Augustin die Vermutung aus, daß die Akademiker – gemeint ist die neue Akademie, deren Hauptvertreter Karneades war – ihren Skeptizismus nur als Waffe gegen den stoischen Materialismus und Sensualismus gebrauchten, im Grunde aber wie Platon echte Idealisten gewesen seien" (p. 426). Allerdings faßt eine solche Formulierung zusammen, was Augustin selber durch zwei getrennt aufgeführte dicta – einmal des Metrodoros[106], zum andern des Cicero[107] – ausdrückte. Beide dicta probantia sind nicht verifizierbar. Das braucht uns aber nicht zu belasten. Das Metrodoroszitat scheidet aus dieser engeren Fragestellung aus, weil es streng genommen nicht von einer *intentio* der neuakademischen Skepsis spricht, sondern diese als notwendige Folge (*necessario*) ihres Kampfes gegen die Stoa beschreibt.

Hingegen können wir uns auf obige Beobachtungen zur Doppelschichtigkeit des augustinischen Geschichtsentwurfes Contra acad. III berufen, wenn wir den aus dem religionsphilosophischen Konzept desselben stammenden Gedanken der Geheimhaltung (III, 17, 38 bes. Anfangssatz „… et pro mysteriis custodita") als Matrix des angeblichen Ausspruches von Cicero bezeichnen, der nun mit bestem Willen nicht aus Ciceros Werken abgelesen werden kann[108]. Dieses religionsphilosophische Konzept, das *e limine* auf eine Erklärung platonischer Arkandisziplin als bewußte „Absicht" angelegt ist, ist aber einem Calcidius zuzutrauen. Ausschlaggebend für unsern Beweisgang ist jedoch letztlich, daß die „Geheimhaltungstheorie" noch nicht in dem Geschichtsentwurf des Alypius Contra acad. III begegnet. Das weist ihr auch im biographischen Aufriß einen späteren Zeitpunkt an, während das Gespräch mit Alypius als historischer Kern des Geschichtsentwurfs desselben nach Rom zu verlegen ist.

Auch die von uns zunächst aus textanalytischen Gründen vollzogene Lokalisierung des augustinischen Geschichtsentwurfes von Contra acad. III bzw. des hinter ihm sichtbar werdenden Bildungshorizontes nach Mailand findet in den

---

104 Conf. VI, 10, 16.

105 Conf. V, 10, 19: „Etenim suborta est etiam mihi cogitatio, prudentiores caeteris fuisse illos philosophos, quos Academicos appellant, quod de omnibus dubitandum esse censuerant, nec aliquid veri ab homine comprehendi posse decreverant. Ita enim mihi liquido sensisse videbantur, ut vulgo habentur, etiam illorum intentionem nondum intellegenti".

106 Contra acad. III, 18, 41.

107 Contra acad. III, 19, 43.

108 Was J.J. O'MEARA an der oben Anm. 51 angegebenen Stelle zu Recht betont.

„Konfessionen" einen Anhaltspunkt. Conf. VI, 16, 20 berichtet Augustin kurz über Gespräche zum Thema der Telosdefinitionen der griechischen Philosophie, die er mit seinem Freunden Alypius und Nebridius zu Mailand [97] gehabt habe. Hier interessiert besonders die Wendung, er – Augustin – habe in diesen Disputen erklärt, er würde Epikur die Siegespalme reichen, hätte dieser nicht ein Fortleben nach dem Tode und die jenseitige Vergeltung entsprechend dem jeweiligen Verdienst geleugnet[109]. Im Rahmen der postumen „Confessiones" wirkt solches „Beinahe" einer Konversion zum epikureischen Hedonismus außerordentlich eindrucksvoll: es charakterisiert einerseits die heillose Verlorenheit Augustins kurz vor der eigentlichen „Bekehrung", deren Berichterstattung dann mit Buch VII einsetzt, unterstreicht aber andererseits auch das Wunder göttlicher Bewahrung vor dem Abgrund[110].

In den konkreten Zusammenhang eines philosophischen Disputes „de finibus bonorum et malorum" hineingestellt, wirkt die von Augustin eingenommene Position hingegen wie eine „contradictio in adiecto", da sie sowohl epikureische Diesseitsgläubigkeit als auch das Dogma von der Unsterblichkeit der Seele bejaht. Verständlich wird diese postume Aussage erst, wenn man sie als Resumée von Disputationen versteht, die ähnlich wie „Contra academicos" mit Überblicken zur Philosophiegeschichte arbeiteten. Bei ihrer Thematik liegt solche Vermutung nahe. Von ihr wird später Augustin schreiben: „De finibus enim bonorum et malorum multa et multipliciter inter se philosophi disputarunt"[111].

In solchen Gesprächen war historische Rückbesinnung auf die antike Philosophie einfach geboten. Vergegenwärtigt man sich nun, wie ein Vertreter neupythagoreischer Unsterblichkeitslehre, Numenios von Apameia, angesichts der Selbstzerfleischung der Akademiker als den berufenen Hütern dieser Lehre die geschlossene Einheit der Epikureer hervorheben konnte, die auch einem, unter seinem Einfluß stehenden, christlichen Neuplatoniker wie Calcidius imponieren mußte, ja jeden, der sich mit der Traditionsgeschichte des Platonismus als Hüter des Unsterblichkeitsdogmas beschäftigte, dann gewinnt auch die autobiographische Notiz[112] für die Mailänder Gespräche Augustins mit Alypius und Nebridius historischen Aussagewert. Sie rechtfertigt die These, der Geschichtsentwurf Augustins Contra acad. III sei gleichfalls Reminiszenz von Gesprächen, die er in Mailand mit Alypius führte. Schon damals ging es ihm das „totum Academicorum consilium"[113], d.h. die Wahrung des von Pythagoras durch Platon aufgenommenen Dogmas von der Unsterblichkeit der Seele, [98] deren „Anliegen" ihm nun

---

109 Conf. VI, 16, 26: „Et disputabam cum amicis meis Alypio et Nebridio de finibus bonorum et malorum, Epicurum accepturum fuisse palmam in animo meo, nisi ego credidissem post mortem restare animae vitam, et tractus meritorum, quod Epicurus credere noluit".

110 Dem entspricht auch der voraufgehende Satz: „Nec me revocabat a profundiore voluptatum carnalium gurgite nisi metus mortis et futuri iudicii tui".

111 De civ. Dei XIX, 1.

112 Conf. VI, 16, 26.

113 Contra acad. III, 17, 37.

nicht mehr durch neuakademische Skepsis, sondern durch den negativen Eindruck ihrer inneren Streitigkeiten zweifelhaft war.

Er charakterisiert seinen eigenen philosophischen Bildungshorizont in Cassiciacum, wenn er das letztlich auf eine Apologie für die Neue Akademie hinauslaufende Geschichtsbild, das ihn einst in Rom bestimmte, dem Freunde Alypius in den Mund legt, sich selber aber vorbehält, was ihn in jüngster Vergangenheit bewegt hat. Im steigenden Maße wird er dann bemüht sein, von den aus dem persönlichen Engagement heraus tendenziös verfärbten Geschichtsbildern über die Entwicklung der antiken Philosophie loszukommen. Dieser Prozeß, dessen Endstadium man an De civitate Dei VIII, 2-4 kontrollieren kann, lässt sich bereits für Cassiciacum im Vergleich von „Contra academicos" und „De ordine" beobachten. Es verwundert nicht, wenn Augustin am Schluß des letztgenannten Dialogs in Begeisterung ausbricht, weil sein Gesprächspartner auf „die Disziplin des Pythagoras" verweist. Aus dem Text geht jedoch gleichzeitig hervor, daß zuvor Augustin seinen Freunden eine Darstellung pythagoreischer Philosophie geboten hatte, die sich auf Varro, „De philosophia", d.h. ein philosophiegeschichtliches Handbuch stützte[114]. Das Bemühen um eine distanziertere Haltung zur Überlieferungsproblematik der antiken Philosophie setzt bereits in Cassiciacum ein.

---

114 De ordine II, 20, 53f. A. SOLIGNAC in seinem Anm. 9 erwähnten Aufsatz von dorther die Pythagorasaussage von Contra acad. III, 17, 37 auf Varro als Quelle ableiten. Mein vorgelegter Augustinbeitrag wollte nur zeigen, daß man auf diesem Wege einer Fahndung nach der literarischen Herkunft von Einzelaussagen nicht weiterkommt.

Kirchengeschichtsschreibung –
eine aktualisierte Selbstrechtfertigung[*]

Einleitung: Die Forschungssituation

„An Darstellungen der Kirchengeschichte fehlt es wahrlich nicht. Trotzdem habe ich mich der Aufforderung, eine neue zu schreiben, nicht entzogen, weil ich meine, daß wir einmal mit der alten Auswahl und Anordnung des Stoffes brechen müssen. Seit etwa 10 Jahren habe ich das für mich in immer neuen Anläufen versucht und lege nun die Ergebnisse vor". Mit diesen Sätzen eröffnete vor fast 70 Jahren der damalige Breslauer Kirchenhistoriker KARL MÜLLER die Vorrede zur ersten Auflage seiner dann zum Standardwerk werdenden Kirchengeschichte (Grundriß der theologischen Wissenschaften, Bd. 4, Freiburg i.Br. 1892). Sie könnten auch im Vorwort jenes Buches über die „Kirchen der Alten Christenheit" stehen, das ich im vergangenen Jahr der wissenschaftlichen Öffentlichkeit übergab. Es ist das Ergebnis zehnjährigen Aufenthaltes in Göttingen, um dessentwillen ich die mir liebgewordene Fakultät Rudolf Bultmanns in Marburg verließ. Es ist ein Versuch, zumindest für die Alte Kirche den Stoff neu auszuwählen, neu anzuordnen und auch neu zu bearbeiten. Wie meine Fachkollegen ihn beurteilen, wird man in den Fachorganen lesen können. Umso dankbarer wird ein Autor sein, wenn ihm die unmittelbare Aussprache mit seinen Lesern ermöglicht wird. Sein Dank wird sich noch steigern, wenn ihm, dem gebürtigen Sønderjyden, solche Chance durch das Kirkehistorisk Institut der Universität Aarhus eingeräumt wurde.

Heutzutage läßt sich wohl noch leichter der Ruf nach neuer Stoffauswahl und nach neuen Aspekten der Darstellung erheben als zu Zeiten KARL MÜLLERs. Wir leben im Zeitalter der großen Handbücher und Handbuchunternehmen. Was auf diesem Gebiete alles möglich ist, beweist am besten die dank verlegerischer Profitsucht mehrsprachig und natürlich auch illustriert herausgebrachte „Geschichte der Kirche" (Einsiedeln 1963ff). Sicherlich wird man davon ausgehen dürfen, daß die Herausgeber (die Herren LUDWIG JAKOB ROGIER, Nijmegen; JOHN TRACY ELLIS, Washington; ROGER AUBERT, Löwen; MICHAEL D. KNOWLES, Cambridge; ANTON GERARD WEILER, Nijmegen) um die Einheitlichkeit bemüht gewesen sind. Daß Geschlossenheit aber bei sieben Autoren nicht zu erreichen ist, zeigen schon jetzt die vier von den fünf geplanten Bänden.

---

[*] Vortrag vor der Theologischen Fakultät Aarhus am 18. Mai 1972.

Den noch besseren, weil weit sorgfältiger redigierten und auch von den Mitarbeitern ausgezeichnet bearbeiteten Beweis liefert hierfür ein anderes Unternehmen. Ich meine das von HUBERT JEDIN – Bonn herausgegebene „Handbuch der Kirchengeschichte" (Freiburg 1963ff), von dem bisher fünf der insgesamt sieben Bände der Planung erschienen sind. Man kann ihm nicht vorhalten, es leide an der üblichen Konzeptlosigkeit kirchengeschichtlicher „Handbücher". JEDIN legt sogar Wert darauf, daß sein Unternehmen sich „von den meisten früheren Hand- und Lehrbüchern" dadurch abhebe, daß es „neben dem äußeren Geschehen die inneren Lebensäußerungen der Kirche, die Entwicklung der Lehre und der Verkündigung des Kultes und der Frömmigkeit eingehend darstelle" (Bd. 1, VI). Trotz mehrerer Arbeitstagungen, die der Koordinierung der Mitarbeiter galten, trotz der konfessionellen Geschlossenheit in der Autorenauswahl, ist der Pluralismus in Darstellung und Deutung nicht überwunden worden. Ja, man wird prinzipiell fragen müssen, ob er nicht überhaupt neue Ansätze verhindert.

Diese Frage bricht besonders eindringlich bei einem neuen Versuch auf, den mein Göttinger Kollege BERND MOELLER zusammen mit dem Niederländer RAYMUND KOTTJE unternommen hat, indem beide eine sog. „Ökumenische Kirchengeschichte" herausgeben. Bisher wurde nur Band I „Alte Kirche und Ostkirche" vorgelegt (Mainz/München 1970). An diesem Unternehmen sind 19 Autoren beteiligt. Daß es nur gelingen kann, wenn es auf traditionellen Bahnen wandelt, liegt auf der Hand. Daher denn auch die Stoffaufteilung. Bd. 2 wird „Mittelalter und Reformation", Bd. 3 „Die Neuzeit" darstellen. Das ist die altbekannte Periodisierung der Humanisten, die seit den Tagen der Romantik (JOHANN ADAM MÖHLER, KARL AUGUST VON HASE) in der Kirchengeschichte angewandt wird. Katholischerseits wurde sie nochmals 1919 von EMIL GÖLLER („Die Periodisierung der Kirchengeschichte und die epochale Stellung des Mittelalters zwischen dem christlichen Altertum und der Neuzeit") aktualisiert und erhielt dann auch 1921 von dem protestantischen Kirchenhistoriker KARL HEUSSI („Altertum, Mittelalter und Neuzeit in der Kirchengeschichte") gewisse Korrekturen. Es kennzeichnet die Sterilität der historiographischen Diskussion der Gegenwart, daß diese beiden Schriften vor kurzem einen – sie übrigens vereinenden – anastatischen Abdruck erfahren haben.

Im übrigen ist die besagte Dreigliederung symptomatisch für die „universale Kirchengeschichtsdarstellung", als deren letzter großer Repräsentant der eingangs erwähnte Tübinger Kirchenhistoriker KARL MÜLLER (gest. 1940) zu gelten hat. Als solchen hat ihn sein wohl hervorragendster Schüler, mein Amtsvorgänger in Göttingen HERMANN DÖRRIES, im 3. Band seiner Gesammelten Aufsätze (Wort und Stunde, Göttingen 1970, 421-457) gekennzeichnet. Für KARL MÜLLER war die Kirchengeschichte integrierender Bestandteil der allgemeinen Geschichte. Das gab seiner Darstellung den Charakter eines profanen Positivismus, was aber seinen Intentionen völlig fern lag. Noch weniger würde man ihm gerecht geworden sein, wollte man ihm vorhalten, seine Darstellung nehme auf die Wesensgesetze der Kirche keine Rücksicht. Zu Recht weist HERMANN DÖRRIES darauf hin, daß für seinen Lehrer die Kirchengeschichte nicht mit der Profangeschichte identisch war, ebensowenig wie für ihn die Kirche niemals in die Welt aufgehen konnte –

eine Perspektive, die der von Hegel beeinflußten Theologie des 19. Jh.s gar nicht fremd war; ich erinnere nur an den Heidelberger Theologen RICHARD ROTHE (gest. 1867). Die universalgeschichtliche Darstellungsweise war bei KARL MÜLLER vielmehr von der Überzeugung bestimmt, die menschliche Gesellschaft in Volk und Staat werde von jenen heimlichen Kräften des Christentums getragen, die auch für die Kirche Mitte ihrer geschichtlichen Existenz seien und die ohne die Kirche niemals zur „Mitte des Abendlandes" geworden wären.

Ich glaube allerdings nicht, daß man heutzutage im Hinblick auf seine theologischen Prämissen wie aber auch seine gesellschaftspolitischen Konsequenzen noch an dem universalgeschichtlichen Konzept für die Kirchengeschichtsschreibung festhalten kann. Zunächst sei kritisch vermerkt, daß es seine ekklesiologische Legitimierung auf historischem Felde nur für das Mittelalter erbringen kann. Es ist kein Zufall, daß KARL MÜLLER in seiner Darstellung nicht darüber hinausgekommen ist. Zum anderen sei unterstrichen, daß die universalgeschichtliche Kirchengeschichtsschreibung nicht mehr den Realitäten kirchlicher Gegebenheiten in der Gegenwart entspricht. Wer wagte wohl zu behaupten, daß für die moderne Industrie- und Wohlstandsgesellschaft eine christliche Kirchlichkeit noch die tragende Mitte darstelle?! Drittens sei darauf hingewiesen, daß auch historiographisch gesehen die universalgeschichtliche Darstellung der Kirchengeschichte antiquiert erscheinen muß angesichts der Tatsache, daß sie von den profanen Geschichtswissenschaften schon längst aufgegeben ist. Dort ist man glücklich, wenn man der Vielfalt landes- bzw. stammesgeschichtlicher, sozial- oder wirtschaftsgeschichtlicher Phänomene in getrennten Darstellungen Herr werden kann. Es wird auch für die Kirchengeschichtsschreibung an der Zeit sein, sich zu bescheiden und bei ihren Ansprüchen auf eine universale Geschichtsschau jene Beschränkung walten zu lassen, in der – nach einem deutschen Sprichwort – bekanntlich sich der Meister zeigt.

Nun ist eine solche Beschränkung für mein Verständnis auch sachlich geboten. Kirchengeschichte als historische Fachdisziplin kann ihre Eigenständigkeit vor den anderen Geschichtswissenschaften nur so rechtfertigen, daß sie die „Kirchen" zum speziellen Gegenstand ihrer historischen Bemühungen deklariert. Sie hat sich im strengen Sinne des Wortes als „Geschichte der Kirchen" auszuweisen. Solche disziplinäre Selbstrechtfertigung ist für mein Verständnis eine stets zu stellende Forderung, weil in der eindeutigen Standortbestimmung die Gewähr für die notwendige und fruchtbare Zusammenarbeit mit den anderen Geschichtsdisziplinen liegt. Heutzutage ist aber die disziplinäre Selbstrechtfertigung angesichts des Ansturms der Sozialwissenschaften und des Führungsanspruchs der Soziologie für die Kirchengeschichtsschreibung zu einer aktuellen Nötigung ihrer disziplinären Selbstbehauptung geworden. Es ist zu erwarten, daß vor allem die Soziologie als eine systematische Disziplin eine Begrifflichkeit entwickeln wird, für die nicht mehr existiert, was frühere Generationen als „notae ecclesiae" zu bezeichnen pflegten. Ich meine die Ersetzung kirchlicher Wesensmerkmale durch soziologische Kategorien, das Aufgehen der Kirchengeschichte in eine Gesellschaftswissenschaft als Parallelerscheinung zur Umwandlung der Theologie in Religionssoziologie.

I. Religionssoziologische Typologie

Ich male keine Gespenster an die Wand! Schon einmal früher hat die Religionssoziologie der Kirchengeschichtsschreibung die Feder geführt. Da es sich um zwei führende Gestalten des ausklingenden Historismus handelt, könnte ein kurzer Rückblick auf sie zugleich auch Maßstäbe für eine künftige Debatte darstellen. Ich meine den Heidelberger Historiker MAX WEBER (gest. 1920) und den Heidelberger Theologen ERNST TROELTSCH, der 1923 als Professor der Philosophie in Berlin starb, nachdem er 1914 den Ortswechsel mit einem schon längst fälligen Fakultätswechsel verbunden hatte. Beide Gelehrte nahmen die Auseinandersetzung mit der marxistischen Geschichtstheorie auf. Sie sind in diesem Punkte jüngst durch HANS BOSSE („Marx – Weber – Troeltsch. Religionssoziologie und marxistische Ideologiekritik", München 1970) gewürdigt worden. Beide suchten die Auseinandersetzung, um gleichzeitig die marxistische Religionskritik zu entschärfen. Zu diesem Zwecke übertrugen sie die marxistische Unterbau-Überbau-Lehre auf das Feld der historischen Analyse geschichtlicher Zusammenhänge. Die Religion wurde nicht wie bei KARL MARX als der „unbegriffene Protest" gegen das Erlebnis der „Weltentfremdung" in einer ökonomisch-kapitalistischen Wirtschaftsordnung verstanden, sondern sie wurde zu einer immer irgendwie diskutablen Weltanschauung neben anderen, auch nichtreligiösen Sichtweisen neutralisiert. Und hatte KARL MARX das Christentum als den „institutionalisierten" Protest gegen diesen ökonomisch bedingten Verfremdungsprozeß gewürdigt, damit sogar ein erstaunlich hohes Verständnis für die sozialkritischen Möglichkeiten der Kirchen selbst noch in seiner Gegenwart an den Tag gelegt, so hatten die beiden Heidelberger Professoren mit ihren historisch-soziologischen Analysen dem Christentum höchstens noch die Chance eingeräumt, humanistische Ideen und soziale Forderungen in einer Form zu entwickeln, die von allen akzeptiert werden könnten, d.h. aber, eine Entkirchlichung des Christentums zur Voraussetzung hatten.

Mit anderen Worten – für einen Mann wie ERNST TROELTSCH war die Bejahung der Säkularisierung nicht nur des Christentums, sondern auch der Gesellschaft die zwangsläufige Folge seiner soziologisch orientierten Geschichtsbetrachtung. Wer als Kirchenhistoriker und Theologe Ende des 19. Jh.s zu der Einsicht gekommen war, daß der Gesellschaft nicht mehr mit einer religiösen, sondern nur mit einer säkularen Ethik gedient wäre (BOSSE aaO 38f), der mußte im fortschreitenden Gang seiner Forschung zwangsläufig den Weg von der theologischen zur philosophischen Fakultät nehmen. Der exemplarische Fall „Ernst Troeltsch" wird jedoch heutzutage, so vergleichbare Probleme auf die Kirchengeschichtsdarstellung einströmen, dem Kirchenhistoriker anraten müssen, nicht bei ihm, sondern bei seinem Mentor MAX WEBER um Orientierungshilfen nachzusuchen. Eine vergleichende Analyse ihrer *religionssoziologischen Typenlehre* soll einen solchen Entscheid rechtfertigen.

a) Bekanntlich hatte ERNST TROELTSCH drei Grundtypen religiöser Kommunikation unterschieden: einmal – und zugleich auch für das Christentum konstitutiv – die Anstaltskirche, zum anderen als davon streng geschiedener Typ: die Sekte, und drittens ein solche Gegensätzlichkeit transzendierender Typ: die Mystik. Gerade der dritte Typ ist der Interessanteste. Er macht deutlich, daß diese Typenlehre nicht so sehr der Religionssoziologie, als vielmehr der Religionspsychologie verhaftet war, der religiöses Erleben alles, religiöse Gemeinschaftsbildung jedoch nur ephemere Erscheinung ist. Im übrigen besitzt die Mystik in den Augen von TROELTSCH den Vorzug, nicht den Absolutheitsanspruch der „wahren Kirche" zu erheben. In ihrer Gestaltlosigkeit besitzt sie – streng genommen – kein soziologisches Konzept, das sie zu verwirklichen trachtet. Sie kann sowohl die Anstaltskirche als auch die Sekte zum Ort ihrer geschichtlichen Behausung machen. Umso intensiver versenkt der Typ mystischer Frömmigkeit sich in das urchristliche Vorbild einer aus Christus hervorleuchtenden Nächstenliebe. Er löst soziales Engagement aus und gerade deshalb gehört ihm das Herz des Philosophen TROELTSCH! Immerhin hatte er auch Verständnis für den Sektentypus, dem er „das Prinzip der subjektiv-persönlichen Wahrheit und der kompromißlosen evangelischen Maßstäbe" zusprach. Er sei im Vergleich zur Anstaltskirche ein „beweglicheres und subjektiveres, wahrhaftigeres und innerlicheres Prinzip", an dem nur zu tadeln sei, daß es „an das wörtliche Verständnis des Evangeliums gebunden sei" (Die Soziallehren der christlichen Kirchen und Gruppen, Bd. 1, Tübingen 1912, 424).

Solche Urteile lassen aber gleichzeitig erkennen, daß die religionssoziologische Methode von TROELTSCH auch einer Theologie verhaftet war, die wir als „theologischen Liberalismus" zu kennzeichnen pflegen. Das schlägt dann bei seiner Beurteilung der Anstaltskirche voll durch. Bekanntlich unterschied er dabei verschiedene Gestaltformen. Ob es nun der „reichskirchliche", der „landeskirchliche" oder der „universalkirchliche" Typ ist, immer handelt es sich für TROELTSCH um Erscheinungen einer Vergangenheit, die keine Zukunft besitzt. Die Zeiten der Kirche sind vorbei, an ihre Stelle ist das „Christentum" als „Loslösung der christlichen Ideenwelt von ihrer kirchlichen Grundlage" getreten. Dieses „Christentum" aber führt ein „überkirchliches und darum wesentlich ideelles Dasein" (Gesammelte Schriften IV, Tübingen 1925, 66f.). In der Tat, wer eine solche Typenlehre übernimmt, deklariert, ja: deklassiert die Kirchengeschichtsschreibung zu einem archivalischen Geschäft!

b) Im Gegensatz hierzu wollte MAX WEBER aus seiner Typenlehre generalisierende Werturteile verbannt wissen. Der Historiker müsse sich sogar hüten, den jeweiligen Gegenstand seiner Darstellung unmittelbar mit einem Sozialtypus zu identifizieren oder gar denselben nach seinen Sozialvorstellungen zu modellieren. Um das zu verhindern, schuf Weber den von ihm konstruierten Begriff des „Idealtypus". Man muß hier schon von einer Begriffskonstruktion sprechen. Der Idealtypus wird – wie WEBER selber sagt – „durch gedankliche Steigerung bestimmter Elemente der Wirklichkeit gewonnen" (nach BOSSE aaO 60). Er kann „materialistisch" konzipiert werden, wie die marxistische Geschichtstheorie es für die Gegenwart tue, wogegen WEBER mit dem Typus der mittelalterlichen Stadt ein alternatives Anschauungsmodell entwickelte. Der Idealtypus kann bei WEBER auch „spiritualistisch" konstruiert werden, indem nun umgekehrt ideelle Faktoren zu einem zweckrational-ökonomischen Verhalten und damit zu gesellschaftlichen Auswirkungen führen. Das bekannte Paradebeispiel hierfür war bei WEBER der Kalvinismus. Dessen Prädestinationslehre nähre bei dem Gläubigen die stete Angst, ob er zu den Auserwählten gehöre. Er komme deshalb einer solchen Ungewißheit im sog. „syllogismus practicus" zuvor, indem er sich bei seinem ökonomischen Handeln zweckrational verhalte, sich den wirtschaftlichen Erfolg sichere und so seines Heilstandes versichere, da der göttliche Segen nur auf den Auserwählten liege. Dieser Idealtypus der „innerweltlichen Askese" hat allerdings auch eine säkulare Kehrseite. Er ist sozusagen der religiöse „Kindergarten" für jenen „asketischen Sparzwang", der in dem modernen Kapitalismus eine wichtige Rolle spiele, weil er die Investierung des aus dem Produktionsgang herausgewirtschafteten Mehrwertes zur Pflicht mache, damit aber die Sammlung des Kapitals befördere.

Dieser „spiritualistische" Idealtypus einer „innerweltlichen Askese" war in erster Linie entwickelt worden als Gegenthese zum monokausal-ökonomischen Geschichtsmodell des Marxismus. Demgegenüber wollte MAX WEBER den historischen Nachweis liefern, daß auch eine umgekehrte, ideelle Rückwirkung des „Überbaus" auf den „Unterbau" möglich sei. In solchem Bemühen, den ideologischen Charakter der marxistischen Geschichtstheorie nachzuweisen, war MAX WEBER zweifelsohne der Repräsentant eines idealistisch und liberal gesonnenen Bürgertums. Immerhin regt sein Entwurf, ungeachtet der Zeitlosigkeit seiner „Idealtypen", zur folgenden Fragestellung an: Sollte es nicht möglich sein, eine sozialökonomische Typenlehre für die Geschichte des Christentums zu entwerfen, die darin typischen Merkmalen christlichen Denkens gerecht werden könnte, daß sie sowohl „materialistisch", sprich historisch, als auch „spiritualistisch", sprich: theologisch konzipiert ist? Das war jedenfalls die Überlegung, die mich bewogen hat, der kirchenhistorischen Fachwissenschaft das Programm einer „ekklesiologischen Typengeschichte" vorzutragen.

II. Exogene und endogene Faktoren
kirchlichen Selbstverständnisses

Ausgangspunkt meiner Überlegungen war ein seit eh und je der Kirchen- und Konfessionskunde bekannter Tatbestand – die Kirchenunterschiede, die aus der Unterschiedlichkeit des kirchlichen Selbstverständnisses resultieren. Dieses wird wie bei allen Gruppenbildungen durch äußere und innere Faktoren geformt. Gerade an den christlichen Kirchen wird dieser reziproke Prozeß einer endogen wie exogen sich vollziehenden Bewußtseinsbildung einer Gruppe besonders gut greifbar.

Das liegt bei den *exogenen*, oft mit historischen Zufälligkeiten zusammenhängenden Faktoren offen zu Tage. Ich erinnere an die Größenordnungen, wie unterschiedlich sich hier das Selbstverständnis gestaltet, ob es sich nun um eine religiöse Minderheit oder eine großkirchliche Mehrheit handelt. Ich erinnere ferner an die Auswirkungen eines temporären Ereignisses, die Missionierung der Westgoten durch Wulfila – es führte zur Arianisierung der west- und ostgotischen Landeskirchen, wobei kaum zu unterscheiden ist, ob solche Konfessionalisierung die Ursache oder die Folge einer kulturpolitischen Isolierung der germanischen Völker im katholischen Mittelmeerraum gewesen sei. Ich nenne als drittes Beispiel die Loslösung der Randgebiete von der byzantinisch-orthodoxen Reichskirche aufgrund der Völkerwanderung bzw. der Araberinvasion, das Entstehen von Nationalkirchen wie die der Armenier, der ostsyrischen Nestorianer, der Kopten. In diesen Fällen wurde der Prozeß der Abspaltung durch einen reichskirchlichen Grundsatz der konstantinischen Gesetzgebung befördert, nachdem die politischen Verwaltungs- und Reichsgrenzen mit den kirchlichen Organisationsformen zusammenfallen sollten. Noch heute spielt dieser Grundsatz der Gebietsidentität eine große Rolle, was natürlich im Bereich autoritärer Staatssysteme besonders augenscheinlich ist, doch auf sie nicht beschränkt bleibt.

Die Mitwirkung der *endogenen* Faktoren bei der Ausformung des kirchlichen Selbstverständnisses vollzieht sich hingegen auf einer der geschichtlichen Empirie entzogenen Ebene, nämlich im Bereich des theologisch-systematischen Denkens.

Wohl hat in ihm die Lehre von der Kirche als dogmatischer Schultopos einen verhältnismäßig späten Platz eingenommen. Wenn ich recht sehe, entstand eine selbständige Ekklesiologie für das Luthertum erst in Reaktion auf das Tridentinum, wie die Ausgabe der „Loci theologici" Melanchthons vom Jahre 1559 beweist. Calvin ließ die erste Ausgabe seiner „Institutio religionis christianae" vom Jahre 1536 mit einem Kapitel „De libertate christiana, de potestate ecclesiastica et politica administratione" ausmünden, das dann in der letzten Ausgabe von 1559 zu einem 4. Buch „De sancta ecclesia catholica" ausgearbeitet wurde. Die mittelalterliche Scholastik hingegen handelte die Ekklesiologie als Lehre von den Sakramenten ab und folgte darin Petrus dem Lombarden (gest. 1160), der ihr gleichfalls das 4. Buch seiner „Sentenzen" vorbehalten hatte. Immerhin war auch dies eine implicite Ekklesiologie, die unter ganz bestimmten Gesichtspunkten die Kirche als innerweltliches Heilsinstitut Gottes verstand. Diese Gesichtspunkte waren wesentlich andere als die des Pseudo-Dionysios Areopagites, der bereits 600 Jahre zuvor gleichfalls den Heilscharakter der Kirche hervorgehoben hatte, indem er die „hierarchia ecclesiastica" in Analogie zur „hierarchia coelestis" setzte.

Letztlich lassen sich solche Unterschiede ekklesiologischer Reflexion zwischen Ost und West bereits bei den sog. Apostolischen Vätern, d.h. im 2. nachchristlichen Jh., beobachten. Da bekannter, greife ich jedoch als Beweis hierfür auf altkirchliche Glaubensformeln zurück. Ich stelle fest, daß das I. ökumenische Konzil von Nikaia 325 n.Chr. überhaupt keine Aussage verbis expressis zur Kirche macht. Es verrät aber die östliche Herkunft seiner Glaubensformel dadurch, daß diese sich exklusiv nur zum hl. Geist bekennt; noch heute kennzeichnet es die griechisch-orthodoxe Theologie, daß sie die Ekklesiologie unter die Pneumatologie subsummiert. – In Rom hingegen hatte zum gleichen Zeitraum der Täufling sich zum „heiligen Geist, zur Heiligen Kirche, Vergebung der Sünden und des Fleisches Auferstehung" zu bekennen (Markell von Ancyra bei Epiphanius, haer. 72, 3; Hippolyt Trad. ap. 21). Das Credo von Konstantinopel 381 endlich bezeugt sich selber als „ökumenische" Glaubensformel, indem es noch in der Formulierung die Unterschiede zwischen Ost und West erkennen läßt: man glaube „an den Heiligen Geist, der da Herr ist und lebendig macht, der geredet hat durch die Propheten. Und an die katholische Kirche. Wir bekennen die eine Taufe zur Vergebung der Sünden. Wir erwarten die Auferstehung der Toten und das Leben des kommenden Äon. Amen".

Der Rückblick dürfte gezeigt haben, daß die an der Ausformung des kirchlichen Selbstverständnisses mitbeteiligten endogenen Faktoren ungeachtet ihrer theologischen Natur keine zeitlosen Konstanten sind. Ihnen eignet die stete Wandelbarkeit. Das läßt sich am besten im wahrsten Sinne des Wortes „veranschaulichen", wenn man sich jene Bildfigurationen vor Augen hält, welche das frühe Christentum für seinen Kirchenbegriff entwickelt hat. Auf der einen Seite kann man die Kirche als „mater ecclesiae" (so die grundlegende Studie von JOSEPH C. PLUMPE, Mater ecclesia. An inquiry into the concept of the Church as mother in Early Christianity, SCA 5, Washington, D.C. 1943) bezeichnen, die nach dem 2. Klemensbrief bzw. einem dort zitierten Jesajawort (2. Clem. 2, 1-3) als Weib und Mutter sich einer großen Kinderschar erfreuen darf. Die stadtrömische Hermasapokalypse entwirft um die gleiche Zeit (Mitte 2. Jh.) und sichtlich unter dem Vorbild der cumäischen Sibylle von der Kirche das Bild einer Greisin (vis. II, 4, 1; III, 3, 3), die dem Visionär aber später als „Jungfrau" entgegentritt, „geschmückt wie eine Braut, die aus ihrer Kammer tritt, ganz in Weiß, mit weißen Schuhen, bis zur Stirn verschleiert" (vis. IV, 2, l). – Andere ekklesiologische Vorstellungen stehen hinter dem Bild von der Kirche als einer keuschen „Jungfrau", welche durch die Häresien dann „geschändet" wurde; Hegesipp (bei Euseb, hist. eccl. IV, 22, 4) ist dabei nur der zufällige Beleg einer weitverbreiteten Auffassung von der Kirche als Gemeinde der Heiligen. – Dazu nehme man endlich das Bild von der Frau „Enthaltsamkeit" (continentia) und deren „keuschen Würde", das Augustin den Lesern seiner Konfessionen vor Augen malt, um seine Seelenkämpfe bei der „Bekehrung" zu schildern (Conf. VIII, 11, 27). Dabei wird man unwillkürlich an den 2. Klemensbrief erinnert, weil Augustin Frau Continentia zugleich auch als „eine gesegnete Mutter" bezeichnet. Ihre „zahlreichen Kinder" werden allerdings mit den Mönchen und Nonnen identifiziert, die in den Augen Augustins der reichskirchlichen Katholizität ihre ekklesiologische Legitimierung geben. Hier kann man mit dem Dichter eben nicht sagen, „wie sich die Bilder gleichen", sondern kann nur feststellen, wie sich mit und unter ihnen die Ekklesiologien wandeln.

WERNER ELERT hat in seiner nach wie vor beachtenswerten Untersuchung „Abendmahl und Kirchengemeinschaft in der Alten Kirche" (Berlin 1954; engl. „Eucharist and Church Fellowship in the first four Centuries", Saint Louis 1966) auf die Mehrdeutigkeit des Begriffs „communio sanctorum" aufmerksam gemacht und gezeigt, daß er als ekklesiologische Formel so unterschiedlichen Kirchentypen, wie TROELTSCH sie einmal als „Sekte", zum andern als „Anstaltskirche" charakterisierte, dienen konnte. Diese Mehrdeutigkeit der ekklesiologischen

Formeln und Bilder hat einen tieferen Grund. Sie ist in der hermeneutischen Natur der Ekklesiologie selber begründet. Ekklesiologien können ihren Kirchenbegriff nicht in freier Reflexion so entwickeln, wie er dem theologischen System genehm ist. Sie haben sich mit einem vorgegebenen Kirchenbegriff auseinanderzusetzen und denselben auf interpretatorischem Wege zu eigen zu machen. Das hängt mit dem Geschichtsdatum zusammen, daß Jesus von Nazareth Gemeinschaft gestiftet und die Ostergemeinde sich versammelt hat. Selbst wenn man berühmte Herrenlogien wie das Felsenwort Mt. 16,16ff oder das Gemeindezuchtwort Mt. 18,15ff als Gemeindebildungen erklären muß, so sind sie doch nicht willkürlich entstanden, immer bleibt doch das Urfaktum bestehen, daß Jesus von Nazareth in der Nacht des Verrates eine seinen Tod überdauernde Gemeinschaft gestiftet hat. Es besitzt ekklesiologische Konsequenz, wenn dies „Gedächtnis" als „Vermächtnis" auch konstitutives Merkmal christlicher Kirchenbildung und Herzstück kirchlichen Selbstverständnisses werden konnte.

III. Ekklesiologische Typengeschichte

Die Einsicht in die komplexe Welt der Faktoren, die auf das kirchliche Selbstverständnis Einfluß nehmen, bedeutet wahrlich keine Ermunterung für den, der sich das Programm einer „ekklesiologischen Typengeschichte" gestellt hat. Ginge es nur darum, eine Geschichte der Ekklesiologien zu schreiben, dann könnte ihm leichter ums Herz sein, zumal auf diesem Gebiet in jüngster Zeit beachtenswerte Vorarbeit geleistet worden ist.

Das wäre aber nur eine theologiegeschichtliche Untersuchung, keine kirchengeschichtliche Darstellung. Es geht doch darum, eine morphologische Typengeschichte zu beschreiben, die dem Wandel des kirchlichen Selbstverständnisses gerecht wird. Sie kann nicht mechanisch die universalgeschichtlichen Kategorien „Altertum, Mittelalter, Neuzeit" übernehmen, um leicht einprägsame Entwicklungsschwellen zu markieren, die sowieso problematisch sind. Anstelle des Nacheinander hat sie zudem stärker mit dem Nebeneinander zu rechnen. Sie hat dabei auch zu erklären, warum bestimmte Kirchentypen sich nicht geschichtlich bewähren, andere hingegen ihre Zeit überdauern, dritte sogar ihrer Zeit vorauseilen.

Für die spätantike Christenheit habe ich sowohl hinsichtlich der Periodisierungsproblematik als auch für die Fragestellung: „Diskontinuität und Kontinuität" mit meinen „Kirchen der Alten Christenheit" eine Antwort zu geben versucht. Auch ich „konstruiere" – allerdings anders als MAX WEBER – jeweils für einen bestimmten Zeitabschnitt einen Kirchentyp, indem ich eine möglichst große Zahl seiner geschichtlichen Erscheinungsformen mit seiner Ekklesiologie deckungsgleich zu machen bemüht bin. So spreche ich von dem „frühkatholischen" Kirchentyp, der für das 2. nachchristliche Jahrhundert bestimmend ist. Er wird aber von der kirchengeschichtlichen Entwicklung überrollt und von dem Typ der altkatholischen Kirche abgelöst, dessen Ekklesiologie so gehalten ist, daß sie auch in dem reichskatholischen Kirchentyp fortleben kann. Hat schon die reichskatholische Kirche in den Novatianern einen andersartigen Kirchentyp neben sich, so gewinnt dies Nebeneinander des römisch-katholischen und des byzantinisch-orthodoxen Kirchentyps abendländische Ausmaße. Das läßt sich gut demonstrieren und könnte generelle Bedeutung beanspruchen, wenn man heutzutage noch mit HARNACK sprechen könnte: „Wer die Geschichte der Alten Kirche kennt, der kennt die ganze Kirchengeschichte". Dem ist aber leider nicht so. Verfolgt man nämlich die Geschichte des römisch-katholischen Kirchentyps, dann liegen die Dinge doch etwas verwickelter.

Am Anfang steht die petrinische Ekklesiologie, die Mt. 16,18f kirchenrechtlich aufgefaßt und mit ihren jurisdiktionellen Primatsansprüchen zunächst an dem alt- bzw. reichskatholischen Episkopalismus, dann aber bei den germanischen Landeskirchen auf kaum überwindbare Hindernisse stößt; auch die Katholisierung der Landeskirchen ändert zunächst nichts. Erst mit Hilfe der römischen Imperiumsideologie und im Verein mit dem deutschen Königtum gelingt die Verwirklichung dieses Kirchentyps und erfährt ihre triumphale Vollendung im Pontifikat Innocenz III. Vom Transsubstantiationsdogma angefangen bis hin zur Lehns- und Kreuzzugspolitik des Papstes wird hier verwirklicht, was dem römisch-katholischen Kirchentyp von Anfang an eigentümlich war: die innerweltliche Repräsentierung des „regnum Christi" durch die „ecclesia universalis", deren Oberhaupt am „caput orbis" seinen Sitz hat. Andere Erscheinungen (Humiliaten, Waldenser, Albingenser) können demgegenüber als nichtrepräsentativ beiseite gelassen werden, zumal die Bettelorden unter Beweis stellen, wie stark auch nach dieser Seite hin die integrierende Kraft der „ecclesia universalis" war.

Anders hingegen das Spätmittelalter! Dasselbe steht zunächst im Zeichen einer Renaissance des „landeskirchlichen" Typus, indem der französische Nationalstaat unter den Kapetingern (Philipp IV. le Bel, 1285-1314) das „Babylonische Exil" des Papsttums in Avignon (1309-1377) erzwingt. Das Papsttum seinerseits besinnt sich hingegen auf die kirchenrechtlichen Konsequenzen seiner Ekklesiologie. Als kuriales Rechtsinstitut, das sogar den Frühkapitalismus seinen Zwecken dienstbar zu machen versteht, entwickelt es eine Agilität, die ihm nicht nur auf finanziellem Gebiet (Tempel, Paris) die abendländische Hegemonie noch einmal sichert. Erst der Zerfall des Papsttums selber und die Zerklüftung Europas in verschiedene Papstobödienzen führt eine abgewandelte Ekklesiologie herauf. Die Erhebung des Episkopalismus zum Dogma durch das Konstanzer Konzil („Haec sancta synodus", 6.4.1415) und die Proklamierung der Suprematie der „Generalkonzilien" als universalkirchlichen Repräsentationsorganen durch den Konziliarismus künden sie an. Wenn es trotzdem nicht zu einem neuen Kirchentyp kam, dann lag das nicht zuletzt daran, daß die Nationalstaaten die Reformkonzile dazu nutzten, ihr kirchliches Machtpotential zu mehren. Durch Konkordate mit ihnen konnte das Papsttum auch diese Krise durchstehen.

Einen neuen Kirchentyp hingegen hatte die Reformation im Gefolge, eben weil sie eine eigenständige Ekklesiologie entwickelte. An die Stelle der Universalkirche trat die Gemeinschaft der Glaubenden bzw. die „eine allgemeine Kirche", an die Stelle des einen Stellvertreters Christi auf Erden und der von ihm eingesetzten Bischöfe traten das allgemeine Priestertum der Gläubigen und die von ihm bestallten Prediger. Vor allem auf die gottesdienstliche Ordnung wirkte sich die reformatorische Ekklesiologie aus. – Das ist alles bekannt! Bekannt ist aber auch, daß innerhalb der reformatorischen Ekklesiologie Akzentverschiebungen (um nicht von „Unterschieden" zu sprechen) auftraten, die in Verbindung mit unterschiedlichen Umwelteinflüssen es nicht zu einem einheitlichen Selbstverständnis der Reformationskirchen kommen ließen. Gerade das, was noch am ehesten von einem reformatorischen Kirchentyp zu sprechen rechtfertigt – der Konfessionalismus – sollte den protestantischen Pluralismus fördern. Zunächst war man im Augsburger Religionsfrieden 1555 bemüht gewesen, denselben einzuschränken, indem man Königen und Landesfürsten das „jus reformandi" zubilligte. Doch gerade der „landeskirchliche" Grundsatz: „cuius regio, eius religio" sollte einen weiteren Konfessionstypus aus sich heraussetzen. Ich meine die „Freiwilligkeitskirche". Sie hat sich aus jenen Gruppen wie Taufgesinnte und ähnliche entwickelt, die der Augsburger Religionsfrieden ausschloß und denen er nur das „jus emigrandi" verstattet hatte. Diese Emigrantengemeinden sollten dann als „Freikirchen" in den Vereinigten Staaten kirchengeschichtlichen Rang und rückwirkend auch für Europa Bedeutung gewinnen. Im übrigen trug das in der reformatorischen Ekklesiologie verankerte allgemeine Priestertum dazu bei, die bunte Palette des konfessionellen Pluralismus noch farbiger zu gestalten. Ich erinnere z.B. nur an die typengeschichtlichen Auswirkungen der dogmatischen Lehrstreitigkeiten in der 2. Hälfte des 16. Jh.s auf das Luthertum. In dem Lande Søren Kierkegaards verweise ich zusätzlich auf die Bedeutung des Pietismus für die Ausformung des neuzeitlichen Selbstverständnisses der Kirchen.

Alle christlichen Konfessionen sehen sich mit dem Phänomen des Typenpluralismus konfrontiert. Am augenscheinlichsten wird dies dort, wo Tradition und mit ihr der landeskirchliche Kirchentyp eine erstaunliche Lebenskraft beweisen, ich meine England. Auch hier hat man nicht unterbinden können, daß neben der „High Church" des Anglikanismus die „Low Church" des Presbyterianismus entstand, und daß darüber hinaus – um von anderen zu schweigen – an diesem und aus diesem Antagonismus sich eine stark profilierte „Roman Catholic Church" herauskristallisierte. Am lehrreichsten aber bleibt die neuzeitliche Entwicklung der katholischen Kirchlichkeit. Das im Detail auszuführen, ist wieder nicht möglich. Stichwortartig sei daher daran erinnert, wie der tridentinische und nachtridentinische Katholizismus Züge des Konfessionalismus annimmt („professio fidei Tridentinae"; „index librorum prohibitorum", beide 1564; „societas Jesu" des Ignaz von Loyola), während gleichzeitig auf dem Boden des spanisch-portugiesischen Kolonialreiches der restaurative Typ der Nationalkirche Urstand feiert. Noch heute wird der Besucher des von Philipp II. (1556-1598) erbauten Eskorial (1557-1584) – eine Vereinigung von Palast, Kirche und Kloster – in Madrid daran erinnert, daß es auch heute noch einen spanischen Typ des Katholizismus gibt, dessen Eigenart sich im übrigen hiermit noch nicht erschöpft. Umgekehrt sollte im Zeitalter der Aufklärung das Konzept einer vom absoluten Staat restlos beherrschten Nationalkirche auf österreichischem Boden (sog. „Josephinismus"; Joseph II., 1780-1790) keine typenbildenden Auswirkungen haben. Hierzu fehlte ihm die eigenständige Ekklesiologie. Zu allertiefst hängt es mit dem römischen Anspruch auf Katholizität zusammen, wenn der Katholizismus in seiner weltweiten Verbreitung ein pluralistisches Erscheinungsbild bietet. Die vom Neuthomismus des 19. Jh.s getragene Renaissance der papalen Ekklesiologie wollte dem Einhalt bieten. Sie strebte eine zentralistische Vereinheitlichung des Katholizismus an und hoffte dies mit der „constitutio de ecclesia" des Vaticanum I vom 18.7.1870 gesichert zu haben, das dem Papst die unmittelbare Jurisdiktionsgewalt und bei Lehrentscheidungen „ex cathedra" die Infallibilität zusprach. Der weitere Verlauf der Geschichte hat gezeigt, daß solche Erwartungen nicht erfüllt wurden. Eher hat der gleichzeitige Konflikt mit dem jungen italienischen Nationalstaat, der Pius IX., den „Papa Rè", wie er sich selber bezeichnete, zum „Gefangenen des Vatikans" machte, zur Vereinheitlichung des europäischen Katholizismus beigetragen. Unter der Parole CAVOURs von „Chiesa libera in libero stato" sollte man in Italien ein ähnliches Verhältnis zum Staat entwickeln, wie es in Frankreich schon seit der französischen Revolution (1795) und in Deutschland seit dem Reichsdeputationshauptschluß von Regensburg (1803) bestanden hatte.

IV.

Nicht unbeabsichtigt schließt der Überblick über den neuzeitlichen Typenpluralismus mit dem Katholizismus. Ihm gegenüber läßt sich vielleicht noch am überzeugendsten die Notwendigkeit einer „ekklesiologischen Typengeschichte" demonstrieren und so empfehlen. Gehört es doch – wie früher ausgeführt – zu diesem Programm, daß für seine Darstellung „Idealtypen" konstruiert werden. Dank der katholischen Ekklesiologie läßt sich ein solcher „Idealtypus" als Inbegriff des pluralistischen Erscheinungsbildes im neuzeitlichen Katholizismus verhältnismäßig einfach „konstruieren".

In unserem theologischen Lehrbetrieb – und mit diesem Hinweis möchte ich schließen – arbeiten wir seit eh und jeh mit ahistorischen Kirchentypen. Das geschieht nämlich in der sog. „Konfessionskunde", neuerdings auch „ökumenische Kirchenkunde" benannt. Da sprechen wir von den orientalischen, orthodoxen Kirchen und Sekten. Da geben wir über protestantische Kirchen, über die anglikanische Kirche samt Ablegern und endlich auch über die römischkatholische Kirche Informationen der Gegenwart. Das geschieht weithin auf dem Hintergrund eines phänomenologischen Pragmatismus, was übrigens zur Folge hat, daß die „Kirchen- und Konfessionskunde" zwischen den Disziplinen hin- und hergezerrt wird, wenn dies Fach nicht schon längst aus dem Alltagsbetrieb der Fakultäten verschwunden ist.

Das Ihnen vorgetragene Programm einer typen„konstruierenden" Kirchengeschichtsschreibung will dies sowie auch den üblichen Pragmatismus konfessionskundlicher Darstellung überwinden helfen. Es möchte die „Kirchen- und Konfessionskunde" zu einer kirchenhistorischen Disziplin deklarieren, auf die der kirchengeschichtliche Unterricht ausgerichtet sein sollte.

Es erhofft, auf diese Weise auch im Studienbetrieb deutlich machen zu können, daß die Kirchengeschichte als Geschichte des kirchlichen Selbstverständnisses der gegenwärtigen Standortbestimmung dient. Es möchte auf jeden Fall klar-
stellen, daß die Kirchengeschichtsschreibung im eigentlichen Sinne eine
theologische Aufgabe darstellt, auch wenn sie nur mit den Mitteln der historischen und sozialgeschichtlichen Wissenschaften bewältigt werden kann.

Die geoffenbarte Wahrheit
und die sich offenbarende Wahrheit
oder
Das Verhältnis von Wahrheit und Autorität
bei Augustin.
Ein Gesprächsbeitrag[*]

I. Philosophische Wahrheitserkenntnis nach Augustin
in der heutigen Forschung

Zur Einstimmung sei es gestattet, mit einem Zitat aus dem Schluß des Augustin-Traktates „de vera religione" (49,96f.) zu beginnen. Augustin setzt sich an dieser Stelle mit dem Atomismus der Epikuräer, dem Monismus der Stoiker und dem Dualismus der Manichäer auseinander. Angesichts dieser sich widersprechenden Ontologien stellt er die Wahrheitsfrage:

„Wenn ich sie nötigte zu beschwören, sie wüßten, daß dies wahr sei, würden sie vielleicht das nicht behaupten, aber mir ihrerseits entgegenhalten: ,So zeige du uns, was wahr ist!' Ich brauchte ihnen dann bloß zu antworten, sie möchten jenes Licht suchen, das ihnen den Unterschied zwischen Glauben und Einsehen deutlich und gewiß macht, dann würden sie schwören, daß dies nicht mit leiblichen Augen zu sehen sei, daß man es auch nicht räumlich sich denken könne, daß es vielmehr den Forschenden überall gegenwärtig wäre und daß nichts heller und gewisser sei als eben dies Licht. – (97). Alles hinwiederum, was ich soeben von diesem Licht gesagt habe, ist einzig und allein durch eben dieses Licht offenbar. Denn durch dasselbe erkenne ich die Wahrheit des Gesagten, und auch daß ich sie erkenne, erkenne ich wiederum durch das Licht. Und so immerfort, wenn jemand erkennt, daß er etwas erkennt, und wiederum auch dies erkennt und so weiter ins Unendliche: es ist stets das gleiche. Und auch das erkenne ich, daß in diesem Erkennen die Ausdehnung des Raumes und die Flüchtigkeit der Zeit nichts zu bedeuten haben. Ferner erkenne ich, daß ich nur erkennen kann, wenn ich lebe, und noch gewisser, daß ich durch das Erkennen lebendiger werde. Denn das ewige Leben übertrifft das zeitliche auch an Lebendigkeit. Auch was Ewigkeit ist, schaue ich nur durch das Erkennen. Denn in geistiger Anschauung son-

*   Sichtbare Kirche. Für HEINRICH LAAG zu seinem 80. Geburtstag, hg. von ULRICH FABRICIUS/ RAINER VOLP (SIKKG 3), Gütersloh 1973, 22–39.

dere ich alle Wandelbarkeit von der Ewigkeit ab und erblicke in ihr keine Zeiträume. Denn die Zeiträume entstehen durch vergangene und zukünftige Bewegungen der Dinge. Aber im Ewigen vergeht nichts und nichts ist zukünftig. Denn was vergeht, hört auf zu sein, und was zukünftig ist, hat noch nicht angefangen zu sein. Von der Ewigkeit aber gilt, daß sie ausschließlich ist; da gibt es kein ,es war einmal' und kein ,es wird sein', als ob etwas nicht mehr oder noch nicht wäre. Darum konnte nur sie in vollster Wahrheit zum menschlichen Geiste sagen: ,Ich bin, der ich bin' und konnte von ihr mit vollster Wahrheit gesagt werden: ,Der da ist, hat mich gesandt' (Ex 3,14)." [nach WILHELM THIMME] [23]

Dies Zitat steht in einem Traktat, dessen Buchtitel man vielleicht nicht unzutreffend mit der Übersetzung „Über die Religion der Wahrheit" wiedergegeben hätte, da mit ihm die augustinische Veritas-Frömmigkeit der ersten Entwicklungsphase zum Abschluß kommt (389/91). Selbst wenn man die apologetische Zielsetzung von „de vera religione" und die streckenweise recht starke Abhängigkeit von der älteren Apologetik des spätantiken Christentums berücksichtigt, wird man doch die Art, wie in diesem Werke der Gottesbeweis mit Hilfe der neuplatonischen Erkenntnismetaphysik als Wahrheitserkenntnis vorgetragen wird, „typisch augustinisch" nennen dürfen. In diesem Sinne ist auch obiges Zitat für Augustin typisch und für das, was die Forschung seine „Illuminationslehre" genannt hat, charakteristisch.

Ohne die deutsche Augustinforschung und ihre Verdienste schmälern zu wollen (ich denke da auch an JOHANNES HESSEN), wird man doch in erster Linie französischen Augustinforschern den Ruhmeskranz überreichen müssen, da sie gerade auf dem Gebiet der „Illuminationstheorie" eine starke Arbeitsintensität und wissenschaftliche Publikationsfülle aufweisen können. Vor allem charakterisierte es bisher die französische Forschung, daß sie die Illuminationslehre zur Ausgangsbasis für das Konzept einer „augustinischen Philosophie" gemacht haben. Aus der Fülle der Namen nenne ich nur FULBERT CAYRÉ und seine Ausführungen in seiner Arbeit: „Initiation à la philosophie de saint Augustin", Paris 1947, 236ff. Ich tue es auch deshalb, weil in seiner Festschrift, dem 2. Band der „Recherches Augustiniennes", Paris 1962, mehrere Beiträge von Augustinforschern ihm die Impulse attestiert haben, die er bei der Bearbeitung dieser Thematik ausgelöst hat. Erst seit dem letzten Jahrzehnt regt sich auch auf deutschem Boden das Interesse für diese Thematik einer „augustinischen Philosophie". Wie gesagt, es ist nur eine Auswahl, wenn ich zunächst die Aufmerksamkeit auf die Arbeit von ALFRED SCHÖPF, „Wahrheit und Wissen. Die Begründung der Erkenntnis bei Augustin", München 1965, lenke. Sie will „am Leitfaden augustinischer Reflexion eine philosophische Frage systematisch verfolgen... Es soll gefragt werden, wie zweifelsfreies Wissen möglich ist und wie man dessen gewiß sein kann" (Vorwort, 11f.). Der Autor beansprucht dabei für sich, mit seiner „philosophisch-kritischen Methode" innerhalb der Augustinforschung neue Wege einzuschlagen. Dabei folge er doch nur einer Weisung Augustins im Vorwort zu Buch III „de trinitate", wenn er nochmals in philosophisch-kritischer Reflexion die augustinischen Gedankengänge nachvollziehe und sie auf ihre Gangbarkeit überprüfe. In der Philosophie gehe es im wesentlichen um eine Wahrheit, die sich im Wissen zu explizieren habe. Diesen philosophischen Grundtenor findet SCHÖPF bei Augustin wieder. Und so kann der Kirchenvater für ihn zu einem programmierten Text werden, an dem sich die Wahrheitsfrage mit Hilfe der Evidenz des augustinischen Wissens um seine eigene Wahrheitserkenntnis in einer Art philosophischer „retractatio" beantworten läßt. Unser Eingangszitat gehört z.B. zu einem [24] solchen Augustintext, mit dem SCHÖPF übrigens seine Untersuchung abschließt.

Sie erinnert stark an die sog. „existentielle Methode", die FRANZ KÖRNER nach seiner Monographie „Das Sein und der Mensch. Die existentielle Seinsentdeckung des jungen Augustin", Freiburg 1959, in mehreren Augustinaufsätzen noch erläutert, verteidigt, aber auch vertieft hat. KÖRNER kritisiert, daß die Augustinforschung betont distanziert die augustinischen Gedankengänge nur rein akademisch exegesiere, ohne sie persönlich nachzuvollziehen. Ohne einer historisch-geistesgeschichtlichen Analyse des augustinischen Denkens die Berechtigung abstreiten zu wollen, sei die exegetische Aufgabe doch erst dann voll erfüllt, wenn man der mehrmaligen Aufforderung des Kirchenvaters zu einem existentiellen „Nachvollzug" seines Denkens (KÖRNER zählt z.B. das berühmte Wort „de vera religione" 39,72: „Noli foras ire, in te ipsum redi" etc. dazu) nachgekommen sei. Dabei konvergiere das, was an Seinserfahrung hinter Augustins Lehre vom Sein stehe, in einer so frappierenden Weise mit dem modernen Existentialismus, daß man Augustin geradezu als den „ersten modernen Menschen" bezeichnen müsse (aaO 30).

Wie nicht anders bei so verwandten Augustininterpreten zu erwarten, setzt sich SCHÖPF kritisch mit Körner auseinander und bringt als Hauptargument vor, der von KÖRNER geforderte „existentielle Nachvollzug" augustinischer Gedankengänge sei nicht realisierbar (aaO 24). Ob er sich da über seine eigene „philosophisch-kritische" Methode nicht täuscht? Wird nicht auch von ihm – wenn auch in kritischer Reflexion – augustinisches Denken „nachvollzogen" und eignet diesem Vorgang nicht auch das Merkmal des „Existentiellen"? Es sei denn, die „philosophisch-kritische Methode" betrachte sich in ihrem erkenntnistheoretischen Bemühen um die Wahrheitsfrage als weniger „existentiell" engagiert! Ich kann hier keinen so tiefen Graben erblicken, um daraus einen Methodenstreit zu machen, wie SCHÖPF es gerne möchte. Dafür rekurieren zudem beide Augustinforscher zu stark auf das berühmte „Aeternum-Internum" des Kirchenvaters und dessen „Illuminationslehre". Und eben das erscheint mir für ein Gespräch viel verlohnender.

Wie eingangs bereits angedeutet, gehört die „Illuminationslehre" vor allem der Frühphase in der Entwicklung Augustins an. FRANZ KÖRNER ist sich auch dessen bewußt, wenn er als Untertitel seines Hauptwerkes die „existentielle Seinsentdeckung des jungen Augustin" zum Gegenstand seiner Untersuchung gemacht hat. Trotzdem legt er aber darauf Wert, das Hauptthema der Illuminationslehre, das augustinische „Intus-foris; aeternum-internum", in den Spätwerken des Kirchenvaters nachzuweisen (aaO 150ff.). Mit gutem Grund! Wer wie er die These vertritt, „Augustins Seins-Denken gründe in seiner Seins-Begegnung" (aaO 31), muß auch die biographische Längendimension solcher „Seins-Begegnung" ins

Auge fassen. Ähnlich legt ALFRED SCHÖPF Wert darauf, daß die Frage nach dem Wissen und seiner Gewißheit von [25] der ersten Augustinschrift „contra Academicos" bis hin zu den „retractationes" am Abend seines Lebens das Generalthema Augustins gewesen sei (aaO 11). Und man kann mit Fug und Recht sagen, daß jeder Vertreter einer „augustinischen Philosophie" daran interessiert sein muß, das „Kontinuum" im augustinischen Denken aufzeigen zu können. Dies um so mehr, als Augustin im Prolog zu seinen „retractationes" die Bemerkung macht: „Falls jemand sagte, jene Aussprüche, die hernach auch mir mißfielen, hätten von mir nicht gemacht werden dürfen, dann sagt er etwas Wahres und ist mein Mann. Er tadelt die Sätze, die auch ich tadele. Ich brauchte (heute) nicht zurücknehmen (reprehendere), was ich (einst) hätte sagen müssen" (Prolog Retr, cap. I). Damit bekennt sich Augustin zur theoretischen Möglichkeit einer gleichbleibenden Wahrheitserkenntnis. Die Wahrheit ist zeitlos gültig. Und es steht außer Zweifel, daß Augustin subjektiv auch am Lebensende der Meinung gewesen ist, stets dasselbe vertreten zu haben.

Stellen wir uns aus arbeitshypothetischen Gründen einmal auf den gleichen Standpunkt wie er und seine modernen Interpreten. Deshalb fragen wir nach dem „Verhältnis zwischen geoffenbarter und sich offenbarender Wahrheit bei Augustin". Die Formulierung ist bewußt so formal gehalten worden. Nur so können wir gerechterweise der These von der gleichbleibenden Denkstruktur in der „Philosophie" Augustins eine Chance geben. Je formaler die Thematik, um so mehr Schriften lassen sich darunter subsumieren. Zum anderen verlangt der formale Skopus aber auch seine inhaltliche Ausfüllung und kann so gleichfalls dem Phänomen einer Entwicklung im augustinischen Denken gerecht werden. Endlich gestattet die Verwendung des Partizip Passiv und des participium reflexivum für den Vorgang der Wahrheitsvermittlung, den augustinischen Relationsbegriffen „Glauben – Einsehen" (credere – intellegere) bzw. „Autorität – Vernunft" (auctoritas – ratio) gerecht zu werden. Denn diese Formulierung läßt es zu, daß sie sowohl auf temporale als auch auf ontische Kategorien angewandt wird.

2. Wahrheitserkenntnis als „Einleuchtung"

Kehren wir nochmals zu unserem Anfangszitat aus de vera religione 49,96f. zurück. Wie erinnerlich, schließt seine Analyse des menschlichen Erkenntnisvermögens auf eine höchste, transzendentale Wahrheit. Sie ist mit dem „Sein" identisch. Das wird am Schluß mit dem Gotteswort auf dem Berge Horeb Exodus 3,14 belegt. Dabei dient der Ausdruck „Ich bin, der ich bin" dazu, die Gottesprädikation mit der Seinsprädikation zu verbinden. Die Sentenz aber „Der da ist, hat mich gesandt", die Moses nach Gottes Willen vor Pharao sprechen soll, dient als Beleg für den apriorischen Charakter der menschlichen Wahrheitserkenntnis. So ist Gott „höchstes Sein" (summum esse), ist er „höch- [26] ste Wahrheit" (summa veritas), ist er – so können wir über das Zitat hinausgehend fortfahren – „höchstes Gut" (summum bonum), „höchste Glückseligkeit" (summa beatitudo). Da dies alles von dem menschlichen Geist dank der Apriorität seines Denkens „eingesehen" werden kann, dieser also einen „lux mentis" besitzt, ist Gott nicht nur Ursprung allen „Erkennens" (intellegere), sondern selber auch „Licht des Erkenntnisvermögens" (lux intelligibilis). Damit haben wir aus unserem Anfangszitat Gottesprädikationen deduziert, die schon in den „Selbstgesprächen" (Soliloquia) aus dem Bekehrungsjahr 386/7, und zwar in dem hymnusartigen Gebet am Anfang (Sol. I,2-6) auftreten. Es ist zugleich der klassische Text für die Veritas-Frömmigkeit christlich-neuplatonischer Färbung und so charakteristisch. In dieser ersten Entwicklungsphase wird die Wahrheitserkenntnis mit Hilfe der hermeneutischen Relation: Gotteserkenntnis – Selbsterkenntnis („noverim te – noverim me") zur Gottesfrage erweitert. Die Frage, wie solche Erkenntnis denn zustande komme, löst die Unterfrage nach dem Verhältnis von „Autorität und Vernunft" (auctoritas – ratio) bzw. von „Glauben und Einsehen" (credere – intellegere) aus. Gerade diese Unterthemen sind eine bestimmende Fragestellung in den philosophischen Frühschriften von Cassiciacum (c. Acad. III,43; de ordine II,5,19,26). Der Problemkreis „Glauben – Wissen bzw. Einsehen" kommt auch in den Soliloquien zur Sprache (I,8-11). Es ist ganz aufschlußreich, was hier unter „credere" verstanden wird. „Glauben" bedeutet, von den subjektiven „Einsichten" anderer abhängig zu sein. „Einsichten" anderer, die unreflektiert „geglaubt" werden, haben keine gültige Verbindlichkeit. Platons und Plotins Aussagen über Gott – so führt Augustin an besagter Stelle aus – besitzen deshalb keinen höheren Stellenwert als das Gebet um Einsicht, das er soeben auf Geheiß der Vernunft verrichtet hat. Objektives Wissen, das transsubjektive Geltung beanspruchen kann, eignet hingegen der mathematischen Evidenz. Mathematische Reflexion beruht auf allgemeingültigen Sätzen, gründet sich auf apriorisches Wissen und berechtigt so zu Aussagen über metaphysische Objekte. Zudem atmet sie in ihrer unsinnenhaften Begrifflichkeit die reine Höhenluft abstrakter Geistigkeit und bekundet schon darin ihren Transzendentalismus. Daher bleibt die Evidenz der Mathematik für die Gotteserkenntnis maßgebend. In gleicher Weise wird Augustin in seinen „confessiones" (400/1) den apriorischen Charakter von Mathematik, Geometrie und Algebra betonen (X,12,19), ohne allerdings den Bezug zur Gottes- bzw. Wahrheitserkenntnis herauszustellen. Damit kommt zugleich der Rationalismus zum Ausdruck, der aufgeboten werden muß, um das Verhältnis von „Glauben" und „Einsehen" zu klären und damit zugleich den Weg zur „Einleuchtung", d.h. der Wahrheitserkenntnis zu bahnen.

Im Hinblick darauf, daß die „Illuminationslehre" ihre Evidenz nur auf dem Hintergrund des Unterschiedes von „credere und intellegere" sichtbar machen kann, kann man sie mit RAGNAR HOLTE (Béatitude et Sagesse. Saint Augustin et [27] le problème de la fin de l'homme dans la philosophie ancienne, Paris 1962) ihrer theologischen Grundstruktur nach als „alexandrinisch" bezeichnen. Mit HARRY AUSTRYN WOLFSON (The Philosophy of Church Fathers, Cambridge/ Mass. 1958, 137ff.) kann man sie zudem jenem religionsphilosophischen Denkmodell zuordnen, das uns bereits in Philon von Alexandrien entgegentritt. Sein religiöser Intellektualismus ist bemüht, aus den heiligen Texten einer heilsgeschichtlichen Offenbarungsreligion metaphysisch-zeitlose Wahrheiten abzuleiten.

Schon aus der apologetischen Absicht, dann aber auch aus persönlichen Gründen intellektueller Redlichkeit ergibt sich für die alexandrinische Religionsphilosophie die Notwendigkeit, zwischen autoritativ hingenommenen Dogmen des Glaubens und intellektuell erarbeiteten und daher bejahten Einsichten zu unterscheiden. So gesehen wirkt auch der sog. „Fideismus" Augustins „alexandrinisch" (vgl. de utilitate credendi 10,23 mit dem Exkurs in BAug 8, 500f.), der auf der Priorität der „fides" insistiert, die sich auf die „auctoritas" beruft, ohne die Superiorität der „ratio" zu leugnen.

Und doch bestehen zwischen Augustin und diesem Denkertyp alexandrinischer Religionsphilosophie bemerkenswerte Unterschiede. Für Augustin ist der Gegensatz zwischen einer dem Dogma sich beugenden Frömmigkeit und dem von dem Wahrheitsstreben getriebenen Bemühen, das Dogma auch intellektuell „einzusehen", nur ein Sonderfall aus dem generellen Prozeß des Lernens. Bei dem bekannten Zitat de ordine II,9,26: „Ad discendum item necessario dupliciter ducimur, auctoritate et ratione" ist um des Kontextes willen das „item" zu betonen. Im übrigen läßt sich gerade an dem didaktischen Grundmodell gut zeigen, wie bei der Wahrheitsfindung „Autorität" und „Vernunft" im Kräftespiel der Gegensätze zusammenwirken. Der Gegensatz entpuppt sich als nur scheinbar. Er ist pädagogischer Art: der „Belehrte" – so meint Augustin – wird hernach selber „einsehen", „mit einem welch' hohen Maß an Vernünftigkeit jene Autoritäten selber ausgezeichnet sind, denen er vor der Vernunfterkenntnis gefolgt ist" (de ordine II,9,26). Als einen weiteren Unterschied nenne ich, daß auch unter anthropologischen Gesichtspunkten die Gegensätze zwischen den verschiedenen Formen des Erkenntnisvermögens abgebaut sind. Gilt für die alexandrinische Religionsphilosophie (z.B. Klemens von Alexandrien und vor allem Origenes) im Hinblick auf das mangelnde Erkenntnisvermögen der breiten Massen, der „Einfältigen", wie Origenes sagt, ein autoritätshöriges Christentum als eine unvermeidliche Erscheinung, so eignet Augustins „Wissenschaftslehre" ein gewisser Optimismus, der an den Sieg des Geistes glaubt. Damit korrespondiert, daß im Rahmen des ontischen Kategorials die Spannung zwischen der „geoffenbarten Wahrheit" als einer heteronomen Autorität und der „sich offenbarenden Wahrheit" als einer autonom sich erschließenden Einsicht bei Augustin wesentlich abgebaut ist, während für Origenes in Gestalt der „kirchlichen und apostolischen Verkündigung" (Vorwort zu „Peri Archon") oder in Gestalt der vom heiligen Geist [28] inspirierten Schriften (de princ. IV,1,6 u.ö.) die „auctoritas" fremdartige Züge annimmt. Auf ontologischer Ebene ist der augustinischen Illuminationslehre die Antithetik von „Autorität und Wahrheit" belanglos geworden. – Es wäre ganz interessant, diesen Unterschied zwischen den Alexandrinern und Augustin auch philosophiegeschichtlich zu analysieren. Ich deute nur an, wenn ich darauf verweise, daß bei Philon und Klemens von Alexandrien, aber wohl auch bei Origenes der mittlere Platonismus mit seiner noch stärker von aristotelischen Elementen durchsetzten Erkenntnistheorie bestimmenden Einfluß gewonnen hatte, während Augustin selber dem Neuplatonismus und seiner Erkenntnismetaphysik verpflichtet war. – Wie dem auch sei, bei der augustinischen Illuminationslehre ist der Trend, die Bipolarität der Wahrheitserkenntnis in eine Identitätsphilosophie zu transzendieren, unverkennbar. Das kann wohl gesagt werden, ohne sich des Vorwurfs des „Ontologismus" auszusetzen. Im übrigen mußte der Illuminationslehre auch im Rahmen des temporalen Kategorials das Spannungsverhältnis zwischen der geoffenbarten und der sich stets offenbarenden Wahrheit gleichgültig werden. Ihr war die Wahrheitserkenntnis ja Seinserkenntnis, deren Objekte jenseits von Zeit und Raum zu suchen sind.

3. Wahrheitserkenntnis als „Einsprechung"

Der Benediktiner VIKTOR WARNACH wies in seinem Vortrag zum Thema „Erleuchtung und Einsprechung bei Augustinus" (Augustinus Magister I, Paris 1954, 429-449) während des Jubiläums 1954 darauf hin, daß mit dem Dialog „de magistro" vom Jahre 389 (Thagaste) neben den Vorstellungen des Sehens und der Lichtwelt auch Begriffe aus der Sprachwelt bei Augustin auftreten, um den Prozeß der Wahrheitserkenntnis zu schildern. Natürlich spielt dabei das Thema des Dialoges – der himmlische Lehrer, der sogleich in der Jenseitigkeit der Seele wohnt und sie dort belehrt – eine Rolle; man sollte auch nicht das Verhältnis der beiden Gesprächspartner zueinander, des Vaters Augustin zu seinem Sohn Adeodatus, aus dem Auge lassen. WARNACH machte jedoch mit Recht darauf aufmerksam, wie in besagtem Dialog noch Aussagen zur „Erleuchtung" und solche zum Vorstellungskreis der „Einsprechung" ziemlich unvermittelt nebeneinanderstehen (aaO 441), während er an dem letzten Gespräch Augustins mit seiner Mutter, an der sog. Vision von Ostia (confessiones IX,10,23 ff.), glaubt nachweisen zu können, wie dort der Wesenszusammenhang zwischen den beiden Aussagebereichen weit stärker zum Ausdruck komme. In dem dogmatischen Hauptwerk Augustins, in „de trinitate" (ca. 399-419), werde er dann theologisch durchreflektiert vorgetragen. Hier heißt es z.B. von Christus: „Indem er [uns] erleuchtet, spricht er [sc. das Verbum] zu uns von sich selber und vom Vater das, was den Menschen zu sagen ist" (De trin. VII, 3, 4: illuminando dicet nobis de se et Patre quod dicen[29] dum est hominibus). Aus dem Kontext zu diesem Augustinzitat geht gleichzeitig hervor, wie in erster Linie der johanneische Prolog, der auch der Illuminationstheorie bei Augustin das Belegmaterial liefert, für ihre Abwandlung zur „Einsprechungstheorie" verantwortlich zu machen ist. Die Aussage über das „Licht, das alle Menschen, die in die Welt kommen, erleuchtet" (Joh. 1,7), tritt gleichzeitig in eine eigentümliche Relation zu dem bekannten Spruch 1,14: „Das Wort ward Fleisch und wohnte in uns." So wird man nach dem lateinischen Text: „Verbum caro factum est et habitavit in nobis" (so auch Vulg) die Prologstelle im Kontext zur „Einsprechung" wohl übersetzen müssen, auch wenn Augustin sonst die übliche Deutung bekannt ist. Ein klassischer Text der Inkarnationschristologie alexandrinischer Prägung wird zum Textbeleg für die zeitlose „Einwohnung" des „Wortes" in den Gläubigen. Wahrheitserkenntnis als „Einsprechung" bedeutet zugleich die zeitlose „Fleischwerdung" des ewigen Wortes.

WARNACHs Ausführungen wecken unser Interesse, weil im Aussagenkreis zur „Einsprechung" die Spannung zwischen „Autorität" und „Einsicht" viel stärker festgehalten werden müßte. Diese Vermutung knüpft vor allem an dem Biblizismus der Sprache an, wenn Augustin auf dieses Thema zu sprechen kommt. Muß mit dem Rückgriff auf die heiligen Schriften nicht auch deren heilsgeschichtlicher Offenbarungsgedanke zum Durchbruch kommen, der jeder Metaphysik abhold ist? Sollte dieser nicht in der Lage sein, eine echte Kontrapunktik zwischen „Autorität und Wahrheit" herzustellen?

Leider erweist sich solche Vermutung als ein Irrtum! Das läßt sich gut an einer von WARNACH schon herangezogenen Partie der „confessiones" XI,3,5 bis 8,10 zeigen. Es geht um die „Einsicht" in das christliche Schöpfungsdogma bzw. um die Auslegung von Gen. 1,1. Treffend hat AIMÉ SOLIGNAC bei der Kommentierung der Ausgabe, BAug 14, Paris 1962, 572ff. darauf hingewiesen, daß der Anfangssatz unserer Stelle: „Audiam et intellegam quomodo in principio fecisti coelum et terram" die berühmte Sentenz Augustins „credo ut intellegam" (in Joh. 29,6; serm. 118,11; de magistro 11,37) aufnimmt und im Sinne des augustinischen Verbalismus abwandelt. Die recht konstruiert wirkende Hypothese einer persönlichen Begegnung des Bibellesers mit dem hebräisch sprechenden Moses dient als Beweis, daß die Einsicht in den Satz Gen. 1,1 nicht auf einer äußerlichen Autorität ruhen kann: „Nein, inwendig in mir, drinnen in der Behausung meiner Gedanken würde – nicht auf hebräisch, griechisch, lateinisch oder in sonst einer unbekannten Sprache – würde die Wahrheit zu mir ohne die Organe des Mundes und der Zunge, ohne den Klang der Wortsilben sprechen: ‚Es ist wahr, was er sagt', und dann würde ich alsbald ohne zu zweifeln und vertrauensvoll zu jenem deinen Diener sagen: ‚Ja, Du sprichst wahr'" (Conf. XI,3,5). Aus der äußeren Autorität der Schrift ist die innere der Stimme geworden, die über den Gegenstand des Wissens („Im Anfang schuf Gott Himmel und Erde...") eine Aussage macht, indem sie ur- [39] teilend das Prädikat „wahr" ausspricht. – Ist so der Denkakt zu einem Sprachvorgang im erkennenden Subjekt geworden, so kann auch das erkannte Objekt – die Schöpfungswelt – ihre „ursprüngliche" Sprache wiedergewinnen. Sie „ruft laut", daß sie geschaffen wurde. „Et vox dicentium est ipsa evidentia" (aaO XI,4,6).

So eindrucksvoll diese Ausführungen Augustins auch sein mögen, sie können doch nicht verdecken, wie die erkenntnismetaphysische Grundposition bei der Beschreibung der Wahrheitserkenntnis als worthafte Ausformung bzw. Angleichung des Denkens an das „Verbum" sich noch nicht wandelt. Subjekt und Objekt der Erkenntnis sind gleicher Art, sind von dem „Verbum" ins Dasein gerufene Wesen. Der Grundsatz antiker Erkenntnismetaphysik, der dann auch für den Neuplatonismus bedeutsam wurde, daß Gleiches durch Gleiches erkannt werde, bestimmt diese Grundposition.

Im Zusammenhang einer intelligiblen Auslegung von Gen. 1,1 wird sie von Augustin in der nachfolgenden Partie (Conf. XI,5,7-7,9) anders begründet. Die Frage, auf welche Weise das Schöpfungswort „gesprochen" worden sei, gibt Gelegenheit, den Schöpfungsakt als Wortgeschehen zu schildern, das nur dem „inneren Ohr" des menschlichen Geistes vernehmbar ist. Dieser erkennt, daß das

Schöpfungswort aus dem Schweigen des Ewigen kommt und so vor aller Zeit war. Von ihm sagte schon Jesaja: „Verbum autem Domini nostri manet in aeternum" (Jes. 40,8). Augustin adaptiert das Jesajawort nicht nur seinem biblizistischen Confessionsstil an, sondern betont auch die Transzendentalität des göttlichen Schöpfungswortes durch ein eingeschobenes „supra me": „Das Wort meines Gottes aber über mir bleibt ewiglich" (aaO 6,8). Weil es aber das Wort ist, das – wie Augustin formuliert – „ewig gesprochen wird und durch welches die Dinge ewig gesprochen werden", weil es über allen Zeiten steht (aaO 7,9), kann es auch unmittelbar zu uns sprechen. Dafür greift Augustin als Beleg auf Joh. 8,25 d.h. die Antwort Jesu auf die Fragen der Juden nach seiner Herkunft, zurück. Er gibt der Stelle (Vulg. „Principium, qui et loquor vobis"), die wieder seinem biblizistischen Stil einverleibt wird, eine spezifische Ausdeutung im Sinne der Einsprechungstheorie, wenn er schreibt: „Die ewige Vernunft, das ist dein Wort, das der ‚Uranfang ist und zu uns redet' (Joh. 8,25)… in der ewigen Wahrheit, wo der gute und alleinige Lehrer alle Schüler belehrt. Dort höre ich Deine Stimme, Herr, die Stimme dessen, der zu mir spricht. Denn nur der spricht zu uns, der uns belehrt. Wer uns aber nicht belehrt, spricht zu uns nicht, auch wenn er spricht. Wer anders aber kann uns belehren als die standhafte Wahrheit? Daß wir aber erkennen, verdanken wir ihrer Belehrung, denn sie ist der Uranfang und redet zu uns" (aaO 7,9). Trotz des Bildes vom „himmlischen Lehrer" fehlt dieser Stelle die Antithetik zwischen „Autorität" und „Einsicht". Die Aussage, daß das „Wort" (Verbum) die „Stimme der unveränderlichen Wahrheit" sei, macht ebenso den ontologischen Aspekt der Ausführungen sichtbar wie die semantische Ambi- [31] valenz von „Principium", das sich sowohl mit „Uranfang" als auch mit „Urgrund" wiedergeben läßt.

Auch bei diesem Augustinbeleg für die „Einsprechungstheorie" haben wir es also mit einer Wortontologie zu tun, die sich ihrer erkenntnistheoretischen Struktur nach nicht von der Lichtmetaphysik der „Illuminationstheorie" unterscheidet. Man wird hier sagen müssen: „Gleiches spricht nur mit Gleichem." Diese Formel bleibt ungeachtet der stärkeren Nähe zur christlichen Dogmatik z.B. ihrer Schöpfungslehre oder der Personifizierung des abstrakten Wahrheitsbegriffes eine metaphysische Analogieformel. Ich würde nicht so weit gehen wie ULRICH DUCHROW (Sprachverständnis und biblisches Hören bei Augustin, Tübingen 1965) und von einer „Sprachfeindschaft" des Kirchenvaters sprechen (aaO 241). DUCHROW hat aber ganz richtig beobachtet, wie bei Augustin „durch die Erleuchtungsfunktion des göttlichen Logos dessen Sprachcharakter verlorengeht" (aaO 192). Noch mehr eigentlich aber muß es nachdenklich stimmen, wenn man ungeachtet solcher Modifizierung der Lehre von der „Erleuchtung" durch die von der „Einsprechung" selbst noch beim reifen Augustin die Beobachtung machen kann, daß er niemals die Offenbarung als Kategorie der „Autorität" beschwört, wo immer er den Problemkreis der Wahrheitserkenntnis anschneidet. Dabei ist ihm doch seit dem Beginn seiner Studien zur Exegese, vor allem bei den exegetischen Bemühungen um den Schöpfungsbericht, eine solche Kategorie in dem „deus dixit" vertraut geworden!

4. Wahrheitserkenntnis als Schrifterkenntnis

Ausgehend von jener Augustinforschung unserer Tage, die sich um das Konzept einer „augustinischen Philosophie" bemüht, hatten wir zunächst gesehen, wie die „Illuminationstheorie" dank ihrer erkenntnismäßigen Prämissen prinzipiell nicht auf ein Autoritätsprinzip hin angelegt ist. Immerhin zeigte sich, daß bei der Ergänzung der Lichtmetaphysik durch eine Art Sprachontologie im stärkeren Maße Kategorien der personalen Bezüge und sozialen Abhängigkeiten von Augustin bei der Beschreibung der Wahrheitserkenntnis herangezogen wurden. An solchem Wandel ist sichtlich die biblizistische Diktion Augustins, d.h. eine an den Heiligen Schriften orientierte Denkungsart, mitbeteiligt. Dem weiter nachzugehen, dürfte sich vielleicht für unsere Fragestelle nach dem Verhältnis von Wahrheit und Autorität als lohnend erweisen.

Gehen wir zunächst von dem bekannten Datum aus, daß Augustin seit der Übernahme des Presbyteramtes in Hippo Regius 391 n.Chr. vermehrt sich mit exegetischen Fragen beschäftigt und Kommentare zu schreiben anfängt. In dem bekannten Brief an seinen Bischof Valerius, in dem die Bitte um Aufschiebung des Dienstantrittes ausgesprochen wird (ep. 21,6), weist er auf die Notwendigkeit einer gründlichen Vorbereitung auf die „gefahrvollen Geschäfte" des [32] künftigen Amtes durch Schriftstudium hin: „Das habe ich früher nicht getan, weil ich auch keine Zeit gehabt habe" (aaO 21,3). Abgesehen von dem Werk „Über die Genesis gegen die Manichäer", das 388-390 n.Chr. in Thagaste entstanden war, stimmte das auch. Und so nimmt in dem Publikationskatalog nach 391 n.Chr. tatsächlich die Liste exegetischer Arbeiten stark zu, um nach dem zweiten bischöflichen Amtsjahr wieder abzuklingen. Angesichts des persönlichen Engagements an der exegetischen Bemühung verdient es unsere Aufmerksamkeit, daß verschiedene „Auslegungen" Augustin mißglückten oder in ihren Anfängen steckenblieben.

a) Das gilt in erster Linie für die *Genesisauslegungen* Augustins, sieht man von der bereits erwähnten Schrift: „de Genesi contra Manichaeos" ab. Schon das Schicksal eines ersten Entwurfes zur „Genesis nach dem Buchstabensinn" vom Jahre 393/4 (de Genesi ad litteram imperfectus liber) ist bezeichnend. In seinen „retractationes" von 426/7 erzählt der greise Bischof, er habe bei Überprüfung seiner Bibliothek den unvollendeten Entwurf wiedergefunden, ihn kurzfristig abgeschlossen und dann als Buch herausgegeben. Er täte es aus biographischen Gründen. Es sei sein erster Versuch gewesen, das Sechstagewerk nicht allegorisch, sondern nach seinem „historischen Sinn" (historicam proprietatem) auszulegen; er sei aber an dieser Aufgabe gescheitert. Im übrigen sei dieser Versuch durch seine „Zwölf Bücher über die Genesis nach dem Buchstaben" (De Genesi ad litteram libri duodecim) überholt (Retr. I,18[17]). Daß die Arbeiten an diesem exegetischen Werk sich über 14 Jahre (401-414) erstreckten, verschweigt Augustin sowohl an dieser Stelle als auch im zweiten Buch der „retractationes" bei deren zuständiger Besprechung. Doch hält er dort mit seiner Selbstkritik nicht zurück: „In diesem Werk sind mehr Fragen gestellt als beantwortet worden. Von denen, die beantwortet wurden, wurde nur die geringere Anzahl begründet. Die übrigen Fragen endlich wurden so gestellt, als seien sie noch zu lösen" (aaO II,24[51],1). Man spürt es den Worten ab, wie wenig Augustin mit seiner Arbeit zufrieden ist. Im übrigen hat er in seinen „retractationes" unterschlagen, daß er im Jahre 401 seine „confessiones" mit einer Auslegung des Sechstagewerkes abgeschlossen hatte (Conf. XII u. XIII). Der Prolog zum Buch XII zeigt, wie er auch diese Arbeit mit Seufzen auf sich nahm.

Schon der Buchtitel der beiden Genesiskommentare verrät, daß für Augustin „crux interpretationis" die Auslegung nach dem Literalsinn (ad litteram) gewesen sein muß. Seiner Erkenntnismetaphysik getreu, hätte er gleich den Alexandrinern einer spekulativen Allegorese sich verschreiben müssen. Bei Ambrosius hatte er sogar gelernt, wie auf diese Weise das Alte Testament zur Mittlerin tiefsinniger Wahrheit neuplatonischer Spekulation werden konnte, (Conf. V,14,24). Wenn er trotzdem den Versuch einer Auslegung nach dem „Literalsinn" unternahm, so in erster Linie, weil die Häretiker die allegorische Methode zu ihren Zwecken mißbrauchten. Das geht aus dem Prolog zum [33] „Liber imperfectus" (393/4) hervor. Im übrigen sicherte er in diesem Prolog sich selber alle Freiheiten, indem er auf den vierfachen Schriftsinn der üblichen Auslegungstradition verwies (cap. 2). Es mag vielleicht für ihn selber später eine etwas überraschende Feststellung gewesen sein, wie es doch letztlich auf eine literale Interpretation hinausgekommen war (Retract. s. oben). Man kann daraus nur den Schluß ziehen, daß die „auctoritas divina", d.h. die Autorität der Heiligen Schriften, ihre Fremdartigkeit, ohne daß der Exeget es selber gemerkt hätte, auf die exegetische Methode auswirkt und sie verfremdet.

Ähnliches läßt sich an dem exegetischen und homiletischen Handbuch „de doctrina christiana" vom Jahre 396 n.Chr. studieren, wo der Bischof am Ende des I. Buches auf Prinzipien der Schriftauslegung zu sprechen kommt und gleichzeitig die Autorität der Heiligen Schriften sehr stark herausstreicht (I,35,39-40,44). Wohl wird der spiritualistischen Exegese nicht das Recht abgesprochen, einen Text für eine intellektuelle Denkungsweise „ein-sichtbar" (intellegibilis) zu machen. Daneben wird der allegorischen Auslegungsmethode jedoch auch der Vorwurf gemacht, fragwürdige intellektuelle Gelüste des einzelnen zu befriedigen und darüber die Liebe am Nächsten zu versäumen. Dagegen wird die Autorität der Schriften beschworen. „Jeder, der sich in den Schriften etwas anderes herausfindet als der Schriftsteller, täuscht sich, da die Schriften nie lügen... Indem er leichtfertig behauptet, was jener nicht meinte, den er gelesen hat, fällt er meistens auf Meinungen anderer herein, die er nicht mit der Meinung des Autors in Einklang bringen kann. Sollte er diesen [anderen Meinungen] als wahr und gesichert zustimmen, dann kann das nicht wahr sein, was der Schriftsteller gemeint hatte. Hierbei kommt es denn – ich weiß nicht wie – dazu, daß der [Interpret] seine Meinung mehr liebt und anfängt, sich an der Schrift zu ärgern, nicht aber an sich selber. Wenn er zuläßt, daß dieses Unkraut sich ausbreitet, wird es bald um ihn geschehen sein. ‚Wir wandeln nämlich im Glauben, nicht im Schauen' (2.Kor. 5,7). *Der Glaube wird hilflos hin- und herschwanken, wenn die Autorität der göttlichen Schrif-*

ten wankt (titubabit autem fides, si divinarum scriptuarum vacillat auctoritas, aaO
I,37,41).

Auch in der Genesisauslegung von Buch XII und XIII der „confessiones"
wird die Schriftautorität sehr stark betont. So stellt dort Augustin die rhetorische
Frage: „Wer anders als du, unser Gott, hast über uns aufgerichtet die ‚Feste'
(Gen.1,6: ‚firmamentum') der Autorität in deiner heiligen Schrift?" Angeregt
durch die Pergamenthandschriften für den liturgischen Gebrauch, führt er für
diese eigenwillige Exegese weitere biblische Belege an, einmal Jes. 34,4: „Der
Himmel wird einst aufgerollt werden wie ein Buch", zum anderen Mal Ps. 103
[104],2, wo es von Gott heißt, er breite den Himmel aus wie ein Fell (Conf.
XIII,15,16). Dabei wird gleichzeitig deutlich, daß der Respekt vor der Schriftautorität für die Exegese hermeneutische Spannungsfelder schafft. Ich nenne aus
Conf. XIII,29,44 z.B. den Anstoß Augustins daran, daß Gott bei allen [34] sieben
Schöpfungswerken immer nachsah, ob es gut war. Heißt es doch „sieben- oder
achtmal": „Und Gott *sah*, daß es gut war." „Aber ich fand in deinem Schauen
keine Zeiten, die es mich verstehen ließen, daß du so oft ansahst, was du schufst.
Da sprach ich: ‚O Herr, ist nicht diese deine Schrift wahr, da du sie eingegeben
hast, der du wahrhaftig und die Wahrheit selber bist? Warum *sagst* du mir denn,
daß es in deiner Schau keine Zeiten gibt, und doch sagt mir keine Schrift von
einzelnen Tagen, in denen du anschautest, was du geschaffen, und sahest, daß es
gut ist – von Tagen, die ich zählen und feststellen kann, wie viele es sind.'" (ebd.)
Dem aufmerksamen Hörer ist vielleicht aufgefallen, wie sprachlich in diesem Text
sowohl Illuminationstheorie („in tua visione non inveni tempora…") als auch
„Einsprechungstheorie" („Cur ergo tu mihi dicis esse in tua visione tempora…?")
berücksichtigt sind, um gemeinsam mit der Schriftautorität konfrontiert zu werden. Gleichzeitig hat die augustinische Exegese geschickt den Gegensatz zwischen dem „Sehen" und „Reden" bzw. dem „Deus vidit" und „Deus dixit" des
biblischen Schöpfungsberichtes zu einer Antinomie der Wahrheitserkenntnis
gemacht. Und es ist recht charakteristisch, wie er sie löst, indem er fortfährt:
„Dazu nimmst du das Wort, denn du bist mein Gott, und sprichst mit starker
Stimme zum inneren Ohr deines Knechtes, meine Taubheit brechend, und rufst:
O Mensch, was meine Schrift sagt, sage ich! Sie freilich spricht zeitlich, aber mein
Wort ist nicht von der Zeit betroffen, weil es gleichewig ist wie ich" (Conf.
XIII,29,44).

Mit anderen Worten – Augustin läßt die Antinomie stehen, indem er sie
durch das „Wort" der inneren Offenbarung Gottes beantwortet sein läßt. Es
verdient zugleich festgehalten zu werden, daß er bei solchen exegetischen Prob-
lemen nicht daran denkt, die Bipolarität von Autorität und Wahrheitsfindung
preiszugeben. Eine vertiefte Einsicht in das Wesen einer Autorität ist das Ergebnis augustinischer Bemühungen um die Genesisauslegung gewesen.

b) Betrachtet man den Katalog neutestamentlicher Arbeiten, so hat man den
Eindruck, daß Augustin auf diesem Gebiet viel weniger mit Schwierigkeiten zu
kämpfen hatte. Wenn eine 394 begonnene Römerbriefauslegung bereits im Jahre
395 wieder abgebrochen und nicht vollendet wurde („epistola ad Romanos in-
choata expositio, liber unus"), dann ist die Retr. I,25[24] gebotene Begründung,

Augustin sei vor der großen Aufgabe der Kommentierung der vielen Kapitel zurückgeschreckt, durchaus glaubhaft. Daß er Kommentare schreiben konnte, hatte er an dem viel leichter zu bewältigenden Galaterbrief des Paulus („expositio epistolae ad Galatos", vgl. Retr. I,24[23]) hinreichend bewiesen. Sehr bald hatte er sich den Ruf eines Kenners des Römerbriefes erworben. Anläßlich eines Konzils Juni 394 zu Karthago hatten bischöfliche Brüder gebeten, mit ihnen den Paulusbrief zu lesen und gleichzeitig ihre Fragen zum Text beantworten zu wollen. Auf ihre Bitten hatte er später diese Erläuterungen in einem Buch zusammengefaßt und veröffentlicht („expositio quarumdam propositionum ex epistola Apostoli ad Romanos, liber unus"; [35] Retr. I,23[22]). Er kannte sich in dieser Materie gut aus. Trotzdem sollte der Römerbrief viel Unruhe in sein Leben bringen.

Da war einmal das Problem von Kapitel 7, vor allem mit seinem Vers 14: „Wir wissen, daß das Gesetz geistlich ist, ich aber bin fleischlich." Wollte der Apostel seine Situation beim Schreiben des Briefes festhalten, oder hatte er seine nichtchristliche Periode im Auge? Augustin hatte in der erwähnten Römerbriefvorlesung von Karthago zunächst letzteres bejaht und formuliert, Römer 7 meine den Nichtchristen „sub lege". Später änderte er dann seine Meinung und betonte, Röm. 7 könne auch den Christen „sub gratia" meinen, da auch der Christ bis ans Lebensende von der Konkupiszenz des Fleisches versucht werde, wie sie im besagten Kapitel geschildert werde. Solcher Meinungswechsel war natürlich seinen pelagianischen Gegnern bekannt und wurde ihm dauernd von ihnen vorgehalten. Noch schmerzlicher mußte es ihn allerdings treffen, als die Mönche von Lérins und Marseille – beunruhigt durch seine Äußerungen zur Gnadenlehre und zur Prädestination – ihm gleichfalls einen Stellungswechsel in der Auslegung von Röm. 9ff. vorwarfen.

So sah sich Augustin in seinem vorletzten Lebensjahr genötigt, ältere Auskünfte zum Römerbrief zu widerrufen oder zu verteidigen (de praedestinatione sanctorum 3,7-4,8). Lassen wir beiseite, wie er sich hinsichtlich Röm. 7 verteidigt und dabei auf die Selbstkritik in den gerade erschienenen „retractationes" verweist (aaO 3,7). Was die Interpretation von Römer 9ff. angeht, so befindet er sich hier in der noch günstigeren Lage, auf seine „Zwei Bücher an Simplicianus" vom Jahre 396 n.Chr. verweisen zu können. Hier hatte er Anfragen zum Römerbrief beantwortet und zu Röm. 9,10-29 auch die Frage der Gnadenwahl angeschnitten. So fängt denn Augustin etwas pikiert mit einem Vorwurf gegenüber den südgallischen Mönchsbrüdern an: „Unsere Brüder trugen zwar Sorge, meine Bücher zu lesen, nicht aber, mit mir auch in der Wahrheit Fortschritte zu machen. Denn hätten sie es sich angelegen sein lassen, so hätten sie die schriftgemäße Lösung dieser Frage (istam quaestionem secundum veritatem scriptuarum solutam) im ersten jener zwei Bücher gefunden, welche ich zu Beginn meiner bischöflichen Amtszeit für den Bischof von Mailand Simplicianus seligen Angedenkens, den Nachfolger des hl. Ambrosius, verfaßte" (de praedestinatione sanctorum 4,8). Wir werden noch auf diesen Auftakt zurückkommen. Zunächst halten wir fest, daß Augustin wieder nach bewährtem Verfahren aus der Selbstkritik seiner Retractationen zitiert. Beim Thema der Gnadenwahl ist das noch wirkungsvoller, weil die kritisierten Äußerungen höchstens zwei Jahre zurückliegen. Damals hatte er formuliert: „Bei der Lösung dieses Problems bemühte ich mich zwar darum, die Freiheit des menschlichen Willens [hervorzuheben]. Allein – die Gnade Gottes gewann die Oberhand. Ich konnte zu keinem anderen Ergebnis kommen, als daß der Apostel sehr richtig gesagt hat ‚Wer gibt dir denn einen Vorzug? Was hast du, was du nicht empfangen hättest? Hast du es aber empfangen, was rühmst du dich, [36] als hättest du es nicht empfangen?' [1.Kor. 4,7] (de praedestin. 4,8 = Retr. II,1[28],1). Wirkungsvoller hätte auch nicht gezeigt werden können, wie Augustin ursprünglich die Position der südgallischen Mönche in der Gnadenwahl eingenommen hatte, aber dann von der Autorität der Heiligen Schrift überwunden und eines anderen belehrt worden sei. Und so fährt denn Augustin an besagter Stelle fort: „Seht hier den Grund, warum ich oben sagte, auch ich selbst sei vor allem durch dieses apostolische Zeugnis (sc. 1.Kor. 4,7) überführt worden; war ich doch in dieser Sache anderer Ansicht. Gott hat sie mir in meinem Buch an Simplicianus – wie gesagt – bei der Lösung dieser Frage offenbart" (aaO 4,8). Man kann nicht sagen, daß die theologische Bewältigung von Röm. 9-11 und damit die Lösung des Prädestinationsproblems zu den einfachen Aufgaben der Theologie gehören. Sie ist allen Schweißes des Theologen wert, und es bedeutet keine Schande, wenn die Lösung nicht im ersten Ansturm gelingt. Was jedoch das augustinische Ringen um die Gnadenwahl so bemerkenswert macht, das ist die Beobachtung, wie die Lösung in einer Richtung gesucht werden muß und auch gefunden wird, die dem rationalen Intellektualismus und der idealistischen Veritas-Frömmigkeit des jungen Augustin völlig fremd ist. Sie fordert die intellektuelle Unterwerfung unter eine Schriftautorität, die keinen Raum für rationale Reflexion und für die Autonomie der menschlichen Wahrheitserkenntnis frei läßt. Es war schon konsequent, wenn Augustin den Mönchsbrüdern erklärte, Gott selber habe ihm die Lösung des Prädestinationsproblems „offenbart".

Mit diesem an die Schriftauslegung gebundenen Offenbarungsbegriff (vgl. auch de civitate XI,3; enchiridion 1,4) kündet sich eine neue Dimension der Wahrheitserkenntnis an. Es ist das progressive Moment. Es war latent in dem bereits erwähnten Vorwurf Augustins angesprochen, die Mönchsbrüder hätten wohl seine Bücher gelesen, nicht aber den in ihnen deutlich werdenden „Fortschritt" seiner theologischen Erkenntnis beachtet. Solcher „Fortschritt" kann im Sinne des Evolutionismus auch als „Vollendung" verstanden werden. Dem augustinischen Wahrheitsbegriff, für den das „Wahre" zugleich auch das „Ganze" und das „Eine" in seiner Absolutheit ist, müßte dies nicht fern liegen. Aus Augustins Frühschriften – ich denke hier besonders an das Hohelied seiner Veritas-Frömmigkeit, die „soliloquia" – ließen sich leicht dafür Belege anführen. Wo Wahrheitserkenntnis zur Seinserkenntnis geworden ist, dort wird ein Universum des „ewigen Geistes" oder der „höchsten Wahrheit" postuliert, innerhalb dessen der erkennende Geist mit seinem „Fortschreiten" nur den vorgegebenen Kreis abschreitet. Wo hingegen Wahrheitserkenntnis an die Schrifterkenntnis gebunden wird, mit letzterer jedoch sich ein Autoritätsbegriff verbindet, der dem Denken sein Diktat aufzwingt, dort bedeutet fortschreitende Erkenntnis den Gang in eine ungewisse Zukunft, weil der Wanderer nicht Herr des Weges ist. Die Wahrheitserkenntnis wird zu einem „Ereignis", weil sie die Kontingenz eines Offenbarungsbegriffes [37] in sich aufgenommen hat. An die Stelle eines ontologischen Wahrheitsbegriffes ist ein Offenbarungsbegriff absoluter Geschichtlichkeit getreten. Eben diese eschatologische Dimension der Ungewißheit, Produkt der engen Verknüpfung der Wahrheit an die Offenbarungsautorität und die von dieser geoffenbarten Schriftwahrheiten, verleiht Augustins Auslegung des Römerbriefes den Charakter eines spannungsvollen Bühnenstückes. Sein erster Akt beginnt mit der Exegese von Röm. 1, spez. 19ff., im Sinne einer „theologia naturalis" (Theologie der Anknüpfung) und einer intellektuellen Synthese neuplatonischen Christentums, wie Augustin es in Mailand kennengelernt zu haben glaubte. Dann folgt als nächster Akt die Auslegung von Röm. 7, die nicht nur in ihrem Hin und Her, sondern auch darin für den Zuschauer erregend ist, weil er ahnt, daß mit der Auslegungsformel „sub gratia" die Gnadenfrage ausgelöst wird und damit neue Verwicklungen sich anbahnen. Wie bei einem guten Bühnenstück werden diese nicht direkt dargestellt, sondern in die erregten Debatten des 3. Aktes eingeflochten, die durch die Auslegung Röm. 9-11 bzw. die Behandlung des Prädestinationsproblems durch Augustin ausgelöst worden sind. Selbst der Zuschauer wird von der ihn erregenden Frage erfaßt, die auch manche Zeitgenossen Augustins bewegte: Wo mag diese Schriftgläubigkeit noch hinführen? Da fällt jäh der Vorhang. Der Tod ließ ihn fallen. Und mag auch der Zuschauer als kundiger Theologe wissen, daß er das Spiel ganz bis zu Ende gesehen hat, weil mit Röm. 9-11 Augustin die weiten Distanzen dieses gewaltigen Briefes durchschritten hat, so bleibt in ihm eben doch die Frage: Wo hätte das enden sollen? Es ist nur allzu verständlich, daß im Rahmen einer „augustinischen Philosophie" dieses Thema einer autoritativen Schriftoffenbarung ausgeklammert werden muß.

5. Zusammenfassung

Wir stehen am Schluß unserer Ausführungen über ein Thema, das dank der theologiegeschichtlichen Auswirkungen des augustinischen Erbes mit allzu starker Brisanz der theologischen Gegensätze angereichert worden ist. Was legen wir als Ergebnis vor?

a) Wir glauben gezeigt zu haben, daß man selbst bei der formalen Fragestellung nach dem „Verhältnis von geoffenbarter zu der sich offenbarenden Wahrheit" nicht der Gretchenfrage aller Augustin-Interpretation ausweichen kann, ob man in dem Gedankengut des Kirchenvaters ein geschlossenes System erblicken kann oder nicht. Wir glaubten darauf mit einem „Nein" antworten zu müssen und taten das in erster Linie im Hinblick auf die letztlich unvereinbaren Strukturunterschiede, die zwischen einem Wahrheitsbegriff bestehen, der von einer — wie auch immer gearteten — spekulativen Erkenntnislehre getragen wird, und andererseits einem Offenbarungsdenken, das auf die Autorität der Heiligen Schriften sich stützt. [38]

b) Eben dieser Nachweis eines Strukturunterschiedes zwischen beiden Erkenntnishaltungen könnte aber einen Beitrag zur Beantwortung der sofort bei solchem Ergebnis auftauchenden Frage leisten, wie solche Gegensätze von Augustin vereint werden konnten. Sicherlich – zur Beantwortung dieser Frage, müßten noch andere Themen augustinischer Erkenntnisspekulation berücksichtigt werden! Wir haben von ihnen nur eines aufgegriffen, indem wir im Anschluß an WARNACH darauf verwiesen, wie durch die Vorstellung der „Einsprechung" und die mit ihr verbundene „Sprachphilosophie" (DUCHROW) eine Begrifflichkeit entstand, die dem biblischen Offenbarungsgedanken sich näherte und damit das Nebeneinander erträglich machte. Wir hätten aber ferner berücksichtigen müssen, wie mit Hilfe der spekulativen Unterscheidung von „Sache" und „Zeichen" (res – signum) bzw. „Wort – Zeichen" (verbum – signum) eine stärkere Integrierung der „Einspruchstheorie" in die Theologie erfolgte. Das beginnt bereits mit „de doctrina christiana" und findet dann in „de trinitate" den höchsten Grad seiner philosophischen und theologischen Reflektierung. Zu diesem Thema verweise ich auf ALFRED SCHINDLER, Wort und Analogie in Augustins Trinitätslehre, Tübingen 1965. Unser Beitrag zu der angeschnittenen Problematik der Augustinentwicklung besteht in dem Hinweis, wie aus der spekulativen Erkenntnislehre Augustins und ihren erkenntnismetaphysischen Fermenten eine Wahrheitserkenntnis resultieren mußte, die, wenn auch nicht abstrakte, so doch zeitlose Einsichten vermittelte. Sie blieben für Augustin auch dann gültig, als er sich einem Offenbarungsdenken erschlossen hatte, dessen „Einsichten" an der Kontingenz des Offenbarungsbegriffes teilhatten und nie beanspruchen konnten, ewig bleibende Wahrheit zu vermitteln. Mit anderen Worten: die aufgezeigten Strukturunterschiede haben die vielgerühmte „augustinische Synthese", die so viel Heterogenes in sich vereinen konnte, ermöglicht.

c) Damit darf sich aber eine sog. „augustinische Philosophie" nicht zufriedengeben. Man sollte um der philosophischen Glaubwürdigkeit willen darauf verzichten, für sich den „ganzen Augustin" zu beanspruchen. Man sollte das um so mehr, als auch jede Theologie, die das geistige Erbe des Kirchenvaters zum Gegenstand ihrer Selbstklärung macht, sich vor die Entscheidungsfrage gestellt sieht, ob sie dem „Wahrheitssucher" oder dem „Schriftexegeten" Augustin folgen will.

Augustin – das Geheimnis seiner Wirkung[*]

Sehr verehrte Damen und Herren!
Am 28. August des Jahres 430 n.Chr. ist Augustinus, Bischof von Hippo Regius
gestorben. Er wurde noch am gleichen Tage beigesetzt. Sein Reisebündel hatte er
schon längst geschnürt. Bereits im Jahre 426 n.Chr. hatte er seinen Nachfolger als
bischöflichen „adlatus" bestellt. In dem offiziellen Aktenprotokoll findet sich
hierfür die Begründung: „In diesem Leben sind wir alle sterblich. Jedem Menschen ist der letzte Tag dieses Lebens immer ungewiß. Trotzdem erwarten wir als
Kleinkind das Knabenalter, als Knaben das Jünglingsalter, als Jünglinge das Alter
der Schaffenskraft, als Jungmänner die Reife gewichtiger Ernte und in dieser
endlich das Greisenalter... Das Greisenalter hat jedoch kein anderes Lebensalter,
auf das es hoffen könnte" (epist. 213, 1). Infantia – pueritia – adulescentia – iu-
ventus – gravitas – senectus: das waren auch die „Lebensalter", die Augustin in
dem großartigen Entwurf zur Menschheitsgeschichte der Innerweltlichkeit seines
„Gottesstaates" zugrundegelegt hatte. Dessen 22 Bücher abzuschließen schickte
er sich just in dem besagten Jahre 426 n.Chr. an. Auch literarisch bestellte er sein
Haus! Eben deshalb wünschte er sich den bischöflichen Amtsgehilfen, den er
dann auch durch seine Bischofsgemeinde zugebilligt erhielt. Daß er im gleichen
Jahre mit der Aufarbeitung seines literarischen Schaffens, d.h. mit den „Retractationes" von 426 n.Chr. begann, rundet das Bild ab.
   Doch – wie hieß es noch? „Jedem Menschen ist der letzte Tag dieses Lebens
immer ungewiß". Der generell gesagte Satz sollte auch für den damals Zweiund-
siebzigjährigen gelten. Auch er erfuhr, daß der Tod manchmal sehr säumig sein
kann. Und gerade die letzten Jahre am Schreibtisch sollten, wie wir in den letzten
Stunden sahen, in das theologische Schaffen Augustins eine Dramatik unerwarte-
ten Ausmaßes tragen. Angefangen hatte es mit Pelagius, dessen Betonung schöp-
fungstheologischer Aussagen, sowie dessen leidenschaftlichen Eintretens für die
Verdienstfähigkeit des frommen Werkes. Geendet hatte es mit Augustins Äuße-
rung zur „doppelten Erwählung" (praedestinatio geminata) zum Guten wie auch
zum Bösen. Sie gründete in ihrer theologischen Argumentation ausschließlich auf
den Gedanken von der „unwiderstehlichen Gnade Gottes"(gratia irrestibilis). Ich
lasse dahingestellt, ob in der literarischen Fehde mit Julian von Eklanum, einem
Repräsentanten der zweiten Generation dieses Streitgespräches über die Gnadenlehre, der Widerspruch das letzte Wort hatte. Fest steht, daß vor allem die Augus-

---

[*]   Abschiedsvorlesung vor der Theologischen Fakultät der Georg-August-Universität Göttingen
      am 30.6.1977.

tin nahestehenden Mönche Nordafrikas und Südgalliens über seine Auffassung zur Gnadenwahl entsetzt waren. Die allerwenigsten unter ihnen äußerten ihm offen ihre Besorgnisse wie z.B. Prosper Tiro von Aquitanien, der später als Sekretär von Papst Leo der Große noch seine Ansicht revidieren sollte. Weit gefährlicher waren die versteckten und ohne Namensnennung vorgetragenen Angriffe, die hinter der vorgehaltenen Hand nur im Flüsterton geäußerten Zweifel an seiner theologischen Kompetenz. Diese Situation wird schlaglichtartig durch zwei Abhandlungen des südgallischen Priestermönches Vincentius von Lérins – einer Insel vor Nizza – beleuchtet. Im Jahre 434 – also erst nach dem Tode Augustins und dennoch unter dem Pseudonym eines „Peregrinus" – trug er mit seinen beiden „Denkschriften" (Commonitoria) der literarischen Öffentlichkeit die Bedenken gegen die augustinische Gnaden-und Erwählungslehre vor, die er bereits zu Lebzeiten des Verstorbenen mündlich geäußert hatte, um sie dann gleichfalls in einem – für uns allerdings verlorenen – Traktat niederzuschreiben. Mit keinem Wort wird Augustin genannt, das eigentliche Thema angesprochen. Gegenstand ist vielmehr die Frage, ob der Schriftbeweis als solcher eine hinreichende Basis für das kirchliche Dogma und theologische Lehren liefert. Die Tendenz, die sich mit der Warnung vor selbstherrlicher Schriftauslegung und mit dem Hinweis, daß „katholisch" nur sei, „was aller Orten, zu allen Zeiten und von allen geglaubt werde" (2, 5) verbindet, ist aber deutlich: hier wurden erhebliche Zweifel an der theologischen Autorität Augustins geäußert. Hatte dieser gar in der Starrsinnigkeit eines alternden Menschen sich selber um diesen Kredit gebracht?

Damit stehen wir vor der Thematik unserer Schlußvorlesung. Sie knüpft an den Schock an, den Augustin an seinem Lebensabend mit seiner Prädestinationslehre auslöste, und befaßt sich mit der Frage, warum er trotzdem für die abendländische Theologiegeschichte und europäische Geisteskultur eine so große Bedeutung gewinnen konnte. Die Fragestellung gewinnt noch härtere Konturen durch den historischen Tatbestand, daß der nordafrikanische Katholizismus nach Augustin zur Bedeutungslosigkeit herabsank. Dazu trug der Wandel der Verhältnisse durch die Völkerwanderung nicht wenig bei. Seit dem Sommer 429 n.Chr. zogen die Heereshaufen der Vandalen, von Spanien kommend, den Küstenstreifen von Mauretanien, dem heutigen Marokko, entlang. Anfang 430 fielen sie in Numidien, das heutige Algerien, ein und verwüsteten auch hier vor allem die Küstenstädte. Die alten Freunde, die an das Sterbelager eilten, waren zum Teil vor den Vandalen geflohen. Zu ihnen gehörte z.B. der Jugendfreund und jetzige Bischof der gemeinsamen Heimatstadt Thagaste mit Namen Alypius, der immer bei den entscheidenden Lebensstationen um Augustin gewesen war. Zu ihnen gehörte – um ein zweites Beispiel zu bringen – auch der spätere Biograph Augustins, der Bischof des numidischen Calama namens Possidius. Hippo Regius bot ihnen nicht nur die schützenden Mauern, sondern auch den rettenden Hafen. Obwohl Augustin in einer seiner letzten Verlautbarungen die katholischen Bischöfe beschworen hatte, nicht ihre Gemeinden zu verlassen, blieb ihnen später nichts anderes übrig als die Einschiffung nach Sizilien und Italien. Sogar nach Sardinien sollten sie fliehen wie Bischof Fulgentius von Ruspe, der leidenschaftliche Verteidiger der spätaugustinischen Gnadenlehre, den die neuen Herren samt

60 katholischen Mitbischöfen des Landes verwiesen (503 n.Chr.). Die Vandalen
waren militante Arianer. Ihr Verfolgungseifer traf in erster Linie die Katholiken,
weniger die Donatistenkirche, denn sie hatten sich vor allem in der „Africa pro-
consularia", dem heutigen Tunesien, niedergelassen, das seit jeher Stammland des
römischen Katholizismus gewesen war. Sicherlich – solche Katastrophen, angefangen mit der Brandschatzung von Hippo Regius im Jahre 431 n.Chr., lösten das
Lebenswerk Augustins – und als solches hat man auch den nordafrikanischen
Katholizismus der Endphase zu beurteilen – aus seinem provinziellen Rahmen,
vermittelten ihm europäische Weite. Seine Traditionsgeschichte unterlag aber
fortan einer spezifischen Gesetzlichkeit, wurde von ganz bestimmten Gesetzen
der Augustinrezeption bestimmt. Unter diesem Gesichtspunkt lassen sich drei
Entwicklungsphasen herausstellen. Wie schon die Zahlenangabe zeigt, sind sie
mit der üblichen Periodisierung der Kirchengeschichtsschreibung nicht deckungsgleich. Es handelt sich vielmehr um Einflußzonen, die in ihrer Ausdehnung unterschiedlich sind, je nachdem ein bestimmtes Augustinverständnis auf
sie einwirken oder dominierend sein kann.

I.

Die erste Entwicklungsphase zeigt, uns den *„Augustinus Magister"*. Dieser zeitgenössische Begriff kann für das frühmittelalterliche Augustinverständnis als symptomatisch bezeichnet werden. Bekanntlich hat der letzte Internationale Au-
gustinkongreß von Paris des Jahres 1954 ihn aufgenommen und seine
dreibändigen Kongreßakten unter dem Buchtitel „Augustinus Magister" veröffentlicht; der französische Augustinforscher PIERRE COURCELLE hat postum
auch die literarischen Belege nachgeliefert. Man kann den Ausdruck getrost mit
„Augustin der Schulmeister" übersetzen. Ja, eine solche Übersetzung empfiehlt
sich sogar, da sie der über 600 Jahre dauernden Längen- wie Breitenwirkung
dieser ersten Phase des Augustinsverständnisses gerecht zu werden vermag.
Das gilt einmal für den semipelagianischen Streit (429-529 n.Chr.), d.h. den
hundertjährigen Kampf um die augustinische Gnadenlehre innerhalb des südgallischen Mönchtums. Sicherlich – wohl neigte man in Kreisen eines schroffen Augustinismus dazu, den „Meister" mit jenem Titel eines „doctor gratiae" zu bedenken, den er selber gerne Paulus hatte zukommen lassen. Ansatzpunkte zu einem
über den Streit der Meinungen erhabenen Augustinverständnis sind jedoch schon
in diesem frühsten Stadium der Entwicklung zu erkennen, auch wenn sie nur im
Bereich des Formalen und der literarischen Auswertung des Augustinerbes zunächst sichtbar werden. Ich verweise z.B. auf die Gattung der Augustinflorilegien.
Vor allem der bereits erwähnte Prosper Tiro von Aquitanien (gest. ca. 455 n.Chr.)
hat sie berühmt gemacht. In seinem „Liber sententiarum ex operibus S.Augustini
delibatarum" bot er zunächst eine unsystematische Zusammenfassung augustinischer und „ausgewählter Kernsätze" („sententiae delibatae"), denen er dann mit
106 Epigrammen in seinem „Liber epigrammatum ex sententiis S.Augustini" eine

dichterische Gestalt und inhaltliche Zuordnung zu geben suchte. Dieselbe Methode augustinischer Blütenlese übte jedoch auch sein Gegenspieler, der gleichfalls schon vorgestellte Vincenz von Lerinum. In seinen „Excerpta Vincentiana" (PLS 3, 23-45) sammelte dieser trinitarische und christologische Zitate aus Augustin, um mit ihnen den Nestorianismus zu bekämpfen. Die Gemeinsamkeiten zwischen diesen beiden Kontrahenten im semipelagianischen Streit werden besonders evident, wenn man sie mit antinestorianischen Florilegien der Ostkirche vergleicht. Das sind pluralistische Kirchenväter-Florilegien. Wir haben es hingegen exklusiv mit Augustinflorilegien zu tun. Sie kennen nur die eine Autorität des „Augustinus Magister".

So stellt ihn uns denn auch das älteste Augustinbild dar, das um 600 n.Chr. entstand und sich heute als Fresko in der Papstbibliothek des Lateranpalastes findet. Vor seinen Schülern sitzt der Magister auf einem schönen „Lehrstuhl". Auf dem Lesepult liegt der aufgeschlagene Bibelkodex, in der linken Hand hält er aber die Buchrolle seiner eigenen Schriften, während er mit der Rechten doziert. In der Tat wird augustinische Schriftauslegung und Predigtliteratur das nächste Halbjahrtausend beherrschen. Doch eine ebenso große Rolle werden die augustinischen Sentenzensammlungen spielen und darin den westlichen Beitrag zu den Sentenzenkommentaren der Scholastik liefern. Vor allem darf nicht außer Acht gelassen werden, daß dieser frühmittelalterliche „Augustinus Magister" in den Kloster- und Kathedralschulen vorwiegend zu Hause war. Für viele war er zunächst der Lehrmeister in der lateinischen Sprache, um dann ihr stilistisches Vorbild zu werden. Welche Bedeutung dies für die „Europäische Literatur und das lateinische Mittelalter" gehabt hat, ist durch die Nachkriegsforschung besonders eindrucksvoll herausgestellt worden. Genannt sei auf der einen Seite das Standardwerk gleichen Buchtitels von ERNST ROBERT CURTIUS, das seit 1948 bis heute acht Auflagen gehabt hat. Noch instruktiver ist vielleicht der Aufsatz von ERICH AUERBACH, „Sermo humilis" des Jahres 1952 und dessen Fortsetzung von 1954, beide zunächst in den „Romanischen Forschungen" veröffentlicht, dann in dem Aufsatzband „Literatursprache und Publikum in der lateinischen Spätantike und im Mittelalter", Bern 1958 vereinigt. Der „sermo humilis" ist jene Diktion Augustins, wie sie vor allem in dessen „Confessiones" anzufinden ist. Sie orientiert sich an den Psalmen, weiß aber auch sich der Stilformen spätlateinischer Rhetorik zu bedienen. Diese „Sprache der Demut" sollte dann auch die Diktion des frühmittelalterlichen Mönchslatein worden.

Allerdings inaugurierte solche „schulmeisterliche" Vorbildlichkeit des „Augustinus magister" auch die Verfälschung seines literarischen Nachlasses. Die frühmittelalterliche Traditionsphase ist die Blütezeit der augustinischen Pseudepigraphen. Auf einen detaillierten Nachweis kann hier verwiesen werden. Die Benediktiner der französischen Kongregation des hl. Maurus (gegr. 1618 in Paris) haben hier gründlich aufgeräumt und den Weizen von dem Spreu, sprich: von den „Dubia" und „Spuria" gesondert. Da MIGNE in seiner bekannten Patrologie die Maurinerausgabe übernommen hat, kann man sich schnell über den Befund informieren. Nur ein Beispiel sei genannt, zumal es einer gewissen Aktualität nicht entbehrt. Augustin hatte in seinem „Gottesstaat" ein längeres Referat aus einem verlorenen Werk von Seneca gebracht, das sich u.a. mit den Juden befaßte. Nur einen Satz hatte er dabei wörtlich zitiert: „Indessen hat die Lebensweise dieses schändlichen Volkes solchen Einfluß gewonnen, daß sie in fast allen Ländern Eingang gefunden hat. Die Besiegten haben den Siegern Gesetze gegeben" (civ. dei 6, 11). Obwohl Augustin im gleichen Zusammenhang sich von diesem Urteil eindeutig distanziert und später das 17. Kapitel des 17. Buches von „de civitate Dei" der heilsgeschichtlichen Bedeutung des jüdischen Volkes widmete, sollte dies zweimal aus dem Zusammenhang gerissene Zitat späteren Generationen dazu dienen, ihren Judenhaß u.a. auch mit Augustin zu legitimieren. So sind denn in der Hoch-Zeit des mittelalterlichen Antisemitismus, d.h. in der Zeit der Kreuzzüge, als man von den Kanzeln gegen die Juden wetterte, unter seinem Pseudonym zahlreiche Predigten dieses Inhaltes und Traktate übler Tendenz herausgegangen.

Noch folgenreicher als solche literarische Brunnenvergiftung war die Fehlinterpretation des „Meisters" durch die ihm ergebenen „Schüler". Zu ihnen gehörte z.B. der Mönchspapst Gregor der Große (590-604 n.Chr.). Schon eine rein äußerliche Beobachtung charakterisiert seine Augustin-Anhänglichkeit. Als er den väterlichen Palast auf dem Monte Celio in Rom in ein Andreaskloster (heute San Gregorio) umwandelte und seinen besten Freund zum Abt desselben bestellte, da gab er ihm den Mönchsnamen Augustinus. Besagter Augustinus sollte dann die Mönchsgruppe anführen, die Gregor 596 n.Chr. zur Missionierung und Katholisierung Südenglands nach Norden entsandte. Doch was stand hinter diesem weitgreifendem Missionskonzept? Es war letztlich aus einer Fehlinterpretation der augustinischen Lehre von den „beiden Bürgerschaften" (duae civitates) hervorgegangen. Ihr geschichtstheologischer Rahmen wurde übersehen. In einem folgenschweren Kurzschluß des Denkens wurde die „civitas terrena" zunächst mit dem „regnum Dei", dann aber konkreter mit dem „imperium Romanum", d.h. dem Weltstaat gleichgesetzt, während die „civitas caelestis" mit dem „regnum Christi" gleichgesetzt und verkürzt als die innerweltliche Kirche angesprochen wurde. Das Ergebnis war ein Geschichtsbild christlicher Diesseitigkeit, das der Antagonismus zweier Pole, nämlich „imperium" und „sacerdotium" zu einem spannungsgeladenen Kraftfeld macht. Wir pflegen solche verkürzende Interpretation als „politischen Augustinismus" zu bezeichnen. Er beherrscht nicht nur das Denken Karls des Großen, der den „Gottesstaat" Augustins zu seiner Lieblingslektüre zählte, sondern er findet im sog. „ottonisch-salischen Reichskirchensystem" seine konkrete Gestaltung auch im politischen Raum. Allerdings wäre es zu einseitig, hinter dieser gregorianischen Verkürzung des augustinischen Konzeptes nur die dunklen Gewitterwolken eines zukünftigen Konfliktes heraufziehen zu sehen. Man sollte nicht vergessen, daß sie im Frühmittelalter gleichzeitig auch die „heile Welt" der abendländischen Christenheit in ihrem Selbstverständnis als „christianitas", als „corpus Christi" trug. Der Vergleich mit der „Chronik oder Geschichte der zwei Staaten" („Chronica sive historia de duabus civitatibus") aus der Feder des Zisterziensermönches Otto von Freising Mitte des 12. Jh.s macht das deutlich. Das Werk zeichnet sich durch seine genuine, nämlich eschatologische Interpretation von Augustins „zwei Bürgerschaften" aus. In ihm breitet sich daher aber auch ein Geschichtspessimismus aus, der auf das apokalyptische Weltende wartet, weil allein dieses die „neue Welt" einer heilen Zukunft bringen kann. „Augustinus magister" – das ist daher ein Beitrag nicht nur zum Thema der Fehlinterpretationen, sondern auch des „fruchtbaren Mißverständnisses" in der Geschichte.

II.

In der zweiten Entwicklungsperiode wird aus dem „Augustinus magister" der „*Doctor ecclesiae*". Sie ist im Wesentlichen mit dem Hoch- und Spätmittelalter identisch. Augustin, der jetzt mit erzbischöflichem Pallium und mit dem Krummstab in der Hand dargestellt wird, wird zur dogmatischen Lehrautorität. Er muß sie allerdings mit anderen teilen, und zwar seit 1298 mit Athanasius, Basilius dem Großen, Gregor von Nazianz, Johannes Chrysostomus, Kyrill von Alexandrien, Ambrosius, Hieronymus und Gregor dem Großen. Im „pro et contra", dem „proceditur" und „respondeo" der scholastischen „Summen" verlieren sich die Konturen der Eigenheiten wie auch die Geschlossenheit des augustinischen Denkens. Auch im vorliegenden Fall ist das Kontrastverfahren, und zwar der Vergleich mit Anselm von Canterbury (gest. 1109) dienlich. In ihm haben wir es mit einem eigenständigen, profilierten Theologen zu tun, eben weil aus dem pluralistischen Umkreis kirchlicher Überlieferung Augustin sich so weit hervortut, daß er für ihn zur alleinigen Autorität werden kann. Ihm verdankt er die entscheidenden Denkanstöße. So trägt die anselmische Formel: „Ich glaube, um zu erkennen" („Credo ut intelligam") in ihrer Zuordnung von Glaube und Vernunft („fides quaerens intellectum") eindeutig augustinische Züge, auch wenn sie die biblizistischen Eierschalen („Nisi credideritis, non intelligeritis", vgl. Jes 7,9 Vulg.: „Si non credideritis, non permanebitis") noch an sich trägt. Ebenso läßt sich an dem ontologischen Gottesbeweis Anselms das Argument für die Existenz Gottes als einem Begriff, über den hinaus kein höherer Begriff gedacht werden kann („quo maius cogitari non potest") auf Augustin, de doctr. Christ. I 7, 71 zurückführen, wobei mehr am Rand vermerkt sei, daß dieses Argument des höchsten Grades der Denkmöglichkeiten aus Cicero (de natura deorum) gewonnen war. Der stärkste Beweis für die theologische Eigenständigkeit ist, wie Anselm mit seiner Begriffspyramide eines immer höher ins Abstrakte emporsteigenden Denkens erneut die neuplatonische Erkenntnismetaphysik zur Urständ bringt, die ihrerseits auf vorplatonische Traditionen zurückverweist z.B. einen Parmenides, für den Sein und Denken identisch waren. Im übrigen beschränkt sich solche Eigenständigkeit nicht auf die vielzitierten „Monologion" und „Proslogion". Sie wird auch sonst greifbar. Als Beweis diene die letzte größere Schrift Anselms „Die Übereinstimmung von göttlichem Vorauswissen, Erwählung und Gnade mit dem freien Willen" der Jahre 1107/8 n.Chr. („de concordia praescientiae et praedestinationis et gratiae Dei cum libero arbitrio"). Souverän kehrt Anselm dem ganzen Fragenkreis, den der alternde Augustin durch seine Lehre von der Allwirksamkeit der

Gnade und der Unabänderlichkeit göttlicher Bestimmung aufgeworfen hatte, den Rücken, um von sich aus ein soteriologisches Konzept zu entfalten, dessen Idealismus der Ontologie seiner Erkenntnismetaphysik entspricht und auch darin theologisch konsequent ist.

Wie gesagt – Anselm wurde nur als Kontrastmodell zu jenem Augustinverständnis herangezogen, wie es für die Hoch- und auch Spätscholastik charakteristisch ist. Augustin der Kirchenlehrer mußte seine Lehrautorität mit vielen anderen teilen. So hat denn auch der nach der Augustinregel lebende, gewöhnlich an Kathedralen angesiedelte Orden der Augustiner-Chorherren nichts gegen die scholastische Einebnung, um nicht von einer „Verflachung" Augustins zu sprechen, getan. Als stellvertretend für viele sei der flämische Augustiner-Chorherr Hugo von St.Viktor bei Paris (gest. 1141) genannt, zumal an seinem dogmatischen Hauptwerk und seinem Kommentar zur „Himmlischen Hierarchie" des Pseudo-Dionysios Areopagita greifbar wird, wie die platonischen Spurenelemente und Denkkategorien in den „Sentenzen" Augustins den Weg für die Unendlichkeitsmystik neuplatonischen Ursprungs ebnen, die mit dem Areopagiten in das abendländische Denken eindringen. Das gilt auch für Bonaventura (gest. 1247 n.Chr.), der hier in erster Linie als Ordensgeneral der Franziskaner genannt wird. Wird doch dem Minoritenorden gewöhnlich nachgesagt, daß er in besonderer Weise sich für das Erbe Augustins eingesetzt habe. Man wird das differenzieren müssen, ja hat es dahin zu präzisieren, daß die Franziskaner der Spätscholastik in der Tat stärker auf Augustin zurückgreifen, da sie zu Fürsprechern der „via moderna" in der Theologie geworden waren. Für die Hochscholastik hingegen galt das Gesetz der „concordia discordantium", das jeder einseitigen Orientierung an Augustin entgegenstand.

Solche Augustin-Anhänglichkeit lebte vielmehr in jenen kleinen Eremitenverbänden fort, die gleichfalls sich der Augustinregel unterworfen hatten. In deren kleinen Klausen war für große Bibliotheken und eine Pluralität von theologischen Autoritäten kein Platz. Und als diese Eremitenverbände dann in der Mitte des 13. Jh.s zum Priesterorden der „Augustiner-Eremiten" (Ordo Eremitarum S.Augustini: OESA) zusammengefaßt wurden, da sollte der Augustinismus zu neuem Leben erwachen und auch theologische Breitenwirkung gewinnen. Die verschiedenen Reformkongregationen des 15. und 16. Jh.s traten erfolgreich Verfallserscheinungen entgegen. Erwähnt sei besonders die sächsische Reformkongregation des Jahres 1506 mit ihrem Provinzial Johannes von Staupitz, weil ein gewisser Ordensbruder Martinus Lutherus dessen Aktionen auch aktiv unterstützte. Man sieht – schon vor ihm war immer der Geist theologischer Opposition in diesem Zweig der mittelalterlichen Augustintradition zu Hause. Dafür nenne ich nur das eine Beispiel des Ordensgenerals der Augustiner-Eremiten Gregor von Rimini (gest. ca. 1358 n.Chr.). Es ist einfach symptomatisch, wie dessen Augustinismus einseitig um den alten Augustin kreist, der die doppelte Prädestination und die Alleinwirksamkeit der Gottesgnade lehrte. Deshalb griff Gregor von Rimini schonungslos den spätscholastischen Nominalismus eines Wilhelm von Ockham an und zieh ihn des Pelagianismus. Das hatte vor ihm bereits der Engländer Thomas von Bradwardine (gest. 1349 n.Chr.) getan. Es ist bezeichnend für das zeitgenössische Empfinden augustinischer Aktualität in diesen Kreisen, daß Thomas seine strenge Fassung der Prädestinationslehre („praedestinatio geminata") unter dem Buchtitel: „Die Sache Gottes gegen Pelagius" („de causa Dei contra Pelagium") veröffentlichte.

Eben dieser Wandel, daß der „doctor ecclesiae" zum Wortführer der theologischen Opposition werden konnte, ist das Interessante an dieser zweiten Entwicklungsphase. Sie ist mit dem Augustiner-Eremit Martin Luther noch nicht abgeschlossen. Für den römischen Katholizismus des 17. Jh.s kann man auch auf den Jansenismus verweisen, der mit dem Namen „Augustinus" seine Opposition gegen den zeitgenössischen Jesuitismus in Belgien und Frankreich legitimierte. Das darzustellen ist nicht mehr Zeit. Wir schließen daher die Ausführungen zum „doctor ecclesiae" mit der Feststellung: auch Augustins Wirkungsgeschichte liefert einen kleinen Beitrag zu der allgemeinen Beobachtung, daß dogmatische Autoritäten oft ungewollt oppositionelle Geistesströmungen auslösen.

III.

Über die dritte Periode europäischer Augustintradition schreiben wir die Formulierung persönlichen Engagements *„Augustinus meus"*. Bevor gesagt wird, woher sie stammt, sei das mit ihr gemeinte Augustinverständnis charakterisiert: es handelt sich um Augustin als literarische Persönlichkeit, als „geistiges Besitztum". Der Wirkungskreis hat sich optimal geweitet, weil Augustins Schriften jetzt die Klostermauern überwinden. Das Kennwort „Augustinus meus" stammt aus Luthers Streitschrift vom Jahre 1525 „De servo arbitrio". Bekanntlich hatte der Humanist Erasmus, Propagator einer katholisch-humanistischen Reformation und darin Gegner Luthers, denselben mit seiner Diatribe „Über den freien Willen" angegriffen. Wohlwissend, einen Augustiner-Eremiten vor sich zu haben, war der Buchtitel Augustins Frühschrift „De libero arbitrio" nachgebildet worden. Luther hatte das sehr wohl empfunden, denn auch seine literarische Antwort „Der Wille als Sklave" („De servo arbitrio") war Augustin entlehnt (c. Julianum II, 8, 23). Seine Antwort selber war allerdings alles andere als augustinisch-humanistisch! Hinter ihr stand vielmehr jenes spätmittelalterliche Augustinverständnis, wie es sich im Augustiner-Eremitenorden entwickelt hatte. Auch Luther glaubte, „die Sache Gottes gegen Pelagius", sprich: Erasmus verteidigen zu müssen. Hinzu kam, daß der Augustiner-Eremit zu Erfurt mit der „via moderna" des Spätnominalismus vertraut gemacht worden war: der Einfluß des ockhamistischen Gottesbegriff in „de servo arbitrio" ist unverkennbar. Nicht zuletzt dies machte den Graben zwischen Erasmus und Luther abgrundtief. Nur in der literarischen Diktion klingen noch gewisse Gemeinsamkeiten auf und zwar auch dort, wo sie polemischen Zwecken dient. So wenn es z.B. heißt:

> „In Summa, auf der einen Seite ist alles aufs Beste: Bildung, Verstand, der größte Haufe, Ansehen, Stärke, dazu Heiligkeit, Wunderwerk – ja, was ist da nicht alles? Auf meiner Seite steht als einziger Wiclif und als zweiter höchstens Laurentius Valla. Al-

lerdings – Augustinus, den Du übergehst, hält ganz und gar zu mir" („Augustinus, quem praeteris, meus totus est": WA 18, 640).

Genau genommen ist diese Diktion ciceronianischen Ursprungs. Sie läßt sich schön an den philosophischen Dialogen Ciceros beobachten, wobei die „Disputationen von Tusculum" hervorgehoben seien. Von dort übernimmt Augustin sie. Dabei ist es kein Zufall, wenn er nur in den Philosophischen Frühdialogen vom „Tullius noster" spricht; später fällt das Possessivpronomen fort, das Verhältnis wird distanzierter. Gerade das Possessivpronomen ist Ausdruck literarischen Besitzertums. Kein Wunder, daß es durch die Humanisten des 14. und 15. Jh.s zu neuem Leben erweckt wurde. Aus der Fülle der Belege sei als einziges Beispiel Francesco Petrarca (gest. 1374) genannt. In einem Kodex seiner Bibliothek hat er seine Lieblingsbücher notiert, die er als „die Seinen" bezeichnet und von denen er jeweils einige auf Reisen mitzunehmen pflegte. Das erhellt aus einer Szene, die deshalb auch berühmt geworden ist. Auf der Fahrt in die Provence durch die französischen Alpen wird er vom Anblick des Mont Ventoux derart überwältigt, daß er Augustins „Confessiones" aus seiner Reisetasche zieht. Angesichts der großartigen Bergkulisse, angesichts des Rhônetales und des fernen Mittelmeeres liest er dann sich und den Reisebegleitern aus dem 10. Buch folgenden Passus vor:

„Groß ist die Macht des Gedächtnisses, gewaltig groß, mein Gott, ein Tempel – weit unermeßlich…Und die Menschen gehen und bewundern die Bergesgipfel, die gewaltigen Meeresfluten, die breit daher brausenden Ströme, des Ozeans Umlauf, das Kreisen der Gestirne – und vergessen darüber sich selbst. Sie wundern sich nicht darüber, daß ich all' dies, als ich's nannte, nicht vor Augen sah und es doch nicht hätte nennen können, wenn ich nicht Berge, Fluten, Flüsse und Sterne, die ich einst sah, und den Ozean, von dem ich sagen hörte, drinnen in meinem Gedächtnis sähe – so ungeheuer groß, wie ich sie draußen je erblickt" (Conf. X, 8, 15).

In der besagten Situation ist von Petrarca konkretisiert worden, was er auch sonst von den antiken Autoren zu sagen pflegte: „Sie leben mit uns, wohnen bei uns, halten mit uns Zwiesprache" („nobiscum vivunt, cohabitant, colloquuntur").

Augustin als literarische Persönlichkeit, seine Bücher als Stätte der literarischen Begegnung: es ist nicht zuletzt diesem humanistischen Augustinverständnis zuzuschreiben, daß der Kirchenvater als Gesprächspartner in die Neuzeit, ja – bis in die neuste Zeit hineinwirken konnte. Er ist überhaupt der einzige Kirchenvater, der eine derart kontinuierliche Einwirkung auf die europäische Theologie- und Geistesgeschichte gehabt hat. Das hängt weniger damit zusammen, daß Augustin mit seinen „Bekenntnissen" eine Autobiographie geschaffen hat, die dem neuzeitlichen Individualismus durchaus lag. Die „Confessiones" sind nicht das einzige Beispiel der Selbstdarstellung in der christlichen Antike. Ich erinnere z.B. an den älteren Zeitgenossen Augustins, den kurzfristigen Patriarchen Konstantinopels Gregor von Nazianz: auch er hat interessante autobiographische Gedichte verfaßt. Obwohl spätere Generationen ihm das Ehrenprädikat „des Theologen" schlechthin gaben, haben diese Gedichte doch nie den Rang von Weltliteratur erlangt, haben es nie dahin gebracht, daß sie neuzeitlichen Schriftstellern wie z.B. einem ROUSSEAU mit seinen „Confessions" zum literarischen Vorbild werden konnten. Das Geheimnis neuzeitlicher Wirkung Augustins liegt vielmehr in der inhaltlichen Darbietung seiner Gedanken und läßt sich nach zwei Seiten genauer umschreiben:

1) Augustin scheut sich nicht, große Probleme, welche das Denken aller Generationen bewegt haben, in lapidarer Schlichtheit auf die Grunddaten menschlicher Existenz zurückzuführen. Von „seinem" Terenz, den er so gerne zitiert, beherzigte er vor allem die Sentenz „homo sum, nil nisi humanum alienum a me puto". Solche Argumentation „ad hominem" wird zur entwaffnenden Frage, mit der er seinen Leser unversehens überfällt, z.B. wenn er über den Ruhmesdünkel der Römer sein gelehrtes Material ausbreitet, um dann plötzlich den Leser anzusprechen: „Nimm den Ruhmesdünkel weg, was sind dann die Menschen? Nichts als Menschen" (civ. 5, 17), um nur eins der vielen Beispiele aus dem „Gottesstaat" zu nennen.

2) Mit schonungsloser Offenherzigkeit bringt Augustin seine persönliche Existenz in die gedankliche Reflexion ein. Das berühmte Wort: „Ich wurde mir selbst zum Problem" („mihi quaestio factus sum") kann man auch mit dem Satz umschreiben: „Ich habe mich selbst [für andere] zur Fragestellung gemacht". Natürlich, man kann das als raffiniert bezeichnen und hierfür zur Begründung anführen, daß Augustin gerade in den Schriften, mit denen er am nachhaltigsten wirkte, seine Ausbildung als Rhetor nie verleugnet. Daß er aber damit Wirkung erzielte, ist nicht zu leugnen. Selbst neuzeitliche Denker des größten Gegensatzes zu ihm haben solche Offenheit empfunden, wofür ARTHUR SCHOPENHAUER (gest. 1860) genannt sei, dessen Pessimismus Augustin „den Ehrlichen", wie er sagte, für sich zum Zeugen aufbot. Nur FRIEDRICH NIETZSCHE (gest. 1900) sollte es vorbehalten bleiben, solche Offenherzigkeit in Zweifel zu ziehen, indem er von Augustin als dem „unsauberen Gesellen" und dem „Untier der Moral" sprach.

Die moderne Existenzphilosophie ist ihm darin jedenfalls nicht gefolgt. Sie hat vielmehr das augustinische „sich Selbstdurchschauen", um mit KARL JASPERS zu sprechen, als einen bleibenden Beitrag zur philosophischen Seinserhellung gewertet. Ich nehme an dieser Stelle die Gelegenheit wahr, unter den von dem „Existentialisten Augustin" angeregten Existenzphilosophen wie HEIDEGGER, GERHARD KRÜGER, HANS JONAS u.a. auch den weniger bekannten ERICH FRANK zu benennen; ich selber verdanke diesen Hinweis auf den jungen Marburger Dozenten, Emigranten und dann in England Frühverstorbenen während meiner Marburger Jahre RUDOLF BULTMANN. Stellvertretend für die Benannten aber möge KARL JASPERS formulieren, was den philosophischen Existentialismus an Augustin fesselte: „Die Großartigkeit der Erscheinung Augustins für philosophierende Menschen liegt darin, daß wir von einer Wahrheit ergriffen werden, die so, wie sie uns ergreift, nicht mehr die christliche Wahrheit Augustins ist" (Provokationen. Gespräche und Interviews, München 1969, 37). Hier wird richtig festgehalten, daß humane Existenz als geschichtliche Koexistenz menschlicher Gemeinsamkeit auch für den Christen Augustin die Basis seiner Gesprächsbereitschaft darstellte. Das war bereits die große Entdeckung des Humanismus und sollte Augustin als literarischer Persönlichkeit Dauer verleihen. Die Fairness gegenüber seiner Gesprächsbereitschaft verlangt aber auch die Haltung schwebender Offenheit, in der es immer offen und damit möglich bleibt, daß die mich ergreifende Wahrheit – wenn auch nicht die Augustins – die christliche Wahrheit ist.

IV.

Ich kehre zum Ausgangspunkt zurück. Am 28. August des Jahres 430 n.Chr. verstarb der Bischof von Hippo Regius Augustinus, geboren im gleichfalls numidischen Thagaste am 13. November 354 n.Chr. Fast möchte es scheinen, er hätte Luthers berühmte Anfangssätze aus dessen Invokavitpredigt nach Rückkehr von der Wartburg (1522) gekannt: „Ein jeder lebt sein eigenes Leben, ein jeglicher stirbt seinen eigenen Tod... Wir sind alle zum Tode gefordert". Jedenfalls gab Augustin zehn Tage vor seinem Tode die Anweisung, außer Arzt und Pflegepersonal solle niemand zu ihm kommen. Statt dessen ließ er sich, wie sein Biograph, der Bischof Possidius von Calama, berichtet, die Bußpsalmen Davids abschreiben und seinem Bett gegenüber an die Wand heften (vita 31, 1-3). Die letzten Tage seines Lebens wollte er nur mit ihnen, genau genommen: mit Gott stumme Zwiesprache halten. Im ersten Jahr seiner Bekehrung (386/387 n.Chr.) hatte er noch stolze „Selbstgespräche" (Soliloquia) mit seiner Vernunft und sich selber führen können; nur wenn sie in ihren Denkverlegenheiten nicht weiter wußten, hatte er der „ratio" vorgeschlagen, doch ein gemeinsames Gebet um Erhellung an Gott zu richten. Nun war daraus ein letzter Dialog mit Gott geworden, ein unablässiges Gebet: „Verwirf mich nicht von deinem Angesicht und nimm deinen heiligen Geist nicht von mir" (Ps. 51,13). Das Gebet war dem Alternden zur „ultima ratio" in den Fragen, die ihn und seine Mitbrüder herumtrieben, geworden. Einem von ihnen, der wie viele andere von Augustins Worten über die unabänderliche Gnade – sei es zum Guten, sei es zum Bösen – aufgeschreckt worden war und ihn fragte, wie man denn überhaupt seiner Erwähltheit gewiß sein könne, antwortete er: „Solange Du beten kannst, bist Du von Gott erwählt." In der Grenzsituation des Todes erwies sich das Gebet als das Tor zur einsamen Zweisamkeit mit Gott!

Doch selbst diese Nachrichten von seinem Sterben verdanken wir dem Zufall, der ungeachtet der Zerstörung von Hippo Regius 431 n.Chr. und der Vertreibung des Possidius aus dem zerstörten Calama 437 n.Chr. den literarischen Nachlaß Augustins uns erhalten hat. Solche Zufälligkeit kann gleichzeitig im Hinblick auf die Reichweite Augustins und seines Lebenswerkes nachdenklich stimmen. Um mit dem augustinischen Buchtitel „de littera et spiritu" den Problemkreis zu umschreiben: auch in diesem Fall hing der Fortbestand eines wichtigen Monuments der europäischen Geisteskultur wie auch der abendländischen Theologiegeschichte an dem seidenen Faden der „littera". Nur der Buchstabe garantiert den Fortbestand des Geistes. Möge daher Augustin gelesen werden, damit er auch fürderhin unserer Gesprächspartner bleibe! Da Augustin sich auf solches Weggespräch versteht, bin ich gewiß: er wird auch weiterhin gelesen werden.

Adaption, Usurpation und Integration der Antike
in das spätantike Christentum[*]

Meine Damen und Herren!
Gestatten Sie mir, daß ich unseren Diskussionsgegenstand der religions-, kultur- und geistesgeschichtlichen „Integrationsprozesse" an dem mir naheliegenden Gebiet des frühen Christentums behandle. Entsprechend meiner Ankündigung gedenke ich die Thematik nach Entwicklungsphasen zu entfalten. Dabei zeichnen sich drei Stationen ab, welche uns die verschiedenen Formen von Adaptierung, Usurpierung und Integrierung der Antike in das Christentum vorführen.

1.) Der Prozeß der Adaptierung des Christentums an die Antike war zunächst auf breitester Basis ein Ereignis der sakralen Sprache. Dabei sei gleichzeitig daran erinnert, daß diese schon in ihrer Unterschiedenheit zur Alltagssprache normative Wirkung besitzt. Die sakrale Sprache des Urchristentums war die hellenische Koiné der „Septuaginta". Schon bei deren Entstehung, d.h. der Übertragung des hebräischen Wortlautes ins Griechische, war hellenistisches Gedankengut eingeströmt. Der „Gott Abrahams, Isaaks und Jakobs" wurde durch eine hellenisierende Theologie zum universalen Kyrios der Menschheit entschränkt. So stellte er sich auch den urchristlichen Gemeinden dar. Erinnert sei nur an den Begriff der „Menschenfreundlichkeit Gottes" (φιλανθρωπία τοῦ θεοῦ), den wir von Platon an über die Septuaginta, Philon von Alexandrien und Josephus bis ins Neue Testament und damit die Weihnachtsepistel (Titus 3,4) verfolgen können. – Natürlich wirkte die sakrale Sprache der als göttlich inspiriert geltenden Septuaginta auch auf die urchristliche *Homilie* ein. In ihr nahmen außerdem paränetische Ermahnungen einen breiten Raum ein. Wie bereits RUDOLF BULTMANN 1910 erkannt hat, war damit popularphilosophischen Vorstellungen und Begriffen der „kynisch-stoischen Diatribe" Tür und Tor zum Christentum geöffnet. ALBRECHT DIHLE hat neuerdings parallel laufende Beobachtungen zur „antiken und frühchristlichen Vulgärethik" mit seinen Untersuchungen zur „Goldenen Regel" (Göttingen 1962) gemacht. In den althergebrachten Rahmen des Zwei-Wege-Schemas bzw. des „Kanons der zwei Tugenden" mit seiner Unterscheidung zwischen Pflichten gegenüber Gott und solchen gegenüber den Menschen eingepaßt, vermitteln Proselytenkatechismen des hellenistischen Diasporajudentums den frühkatholischen Gemeinden hellenistisches Traditionsgut. Die Kontamination vollzog sich unter dem Gesichtspunkt der Zweckdienlichkeit, wobei man „mit

*   Vortrag auf dem Jubiläumssymposion der Philosophischen Fakultät Uppsala, Juni 1977.

naiver Selbstverständlichkeit" (A. DIHLE) sich aus dem reichen Sentenzenschatz der hellenistischen Umwelt bediente.

Unverkennbar konzentrierte sich der Hellenisierungsprozeß in den ersten beiden Jahrhunderten auf das Gebiet der *frühchristlichen Ethik*. Das hat seine Gründe. In Erwartung des baldigen Weltendes war dieselbe zunächst „Interimsethik", die nicht erst lange nach der Herkunft der von ihr verwendeten Materialien fragte. Mit den konsolidierten Verhältnissen des Frühkatholizismus und der Abwandlung zur „Situationsethik", die sich den jeweiligen und stets wandelbaren Verhältnissen anpaßte, vermehrten sich die moralphilosophischen Fremdeinflüsse. Ja, wenn man mit R. BULTMANN von der paulinischen Antinomie „Indikativ – Imperativ" ausgeht und die frühchristliche Ethik prinzipiell als „Gebotsethik" definiert, dann hätte man auch einen theologischen Schlüssel des Verstehens für die historische Tatsache, daß auf dem Felde der moralischen Paränese weiterhin die Tore für antikes Gedankengut offenstanden. Symptomatisch hierfür sind im Übergang vom 2./3. Jh. die „Sprüche des Sextus", die neupythagoreische, stoische und platonische Spruchweisheit in sich vereinen. Schon in ihrem vorchristlichen Stadium waren sie weltanschaulich neutral, was sie denn einem unbekannten Kompilator für eine christliche Überarbeitung empfahl. In dieser Fassung gewann sie viele christliche Leser, darunter auch Origenes. Die Gebotsethik begünstigte das Fortleben antiker Moralphilosophie sogar in der Mönchsethik, ungeachtet ihrer eigenständigen Tradition. So lebt z.B. mit der Sentenz „Plus amari quam timeri" eine sozialethische Maxime der Antike in der Benediktinerregel fort.

Solche bemerkenswerte Insuffizienz ethischer Konkretisierung hatte im Verlauf der weiteren Entwicklung die bekannten Haupttugenden Platons im Christentum fortleben lassen, wobei wir zum ersten Mal bei Ambrosius ihrer Kennzeichnung als „Kardinaltugenden" begegnen. Das Mittelalter (Petrus Lombardus, Sent. III) sollte sie mit den „theologischen" Tugenden von Glaube, Liebe und Hoffnung verbinden. Mit diesem ethischen Bezugssystem lebte immerhin das Spannungsverhältnis zwischen „Antike und Christentum" in dem Bewußtsein der Traditionsträger fort. Erst mit der Moralisierung des Christentums in der Aufklärungszeit sollte sich dies ändern. Das Fortleben antiker Moralphilosophie vorwiegend stoischer Provenienz wurde zu diesem Zeitpunkt von den Traditionsträgern nicht mehr empfunden. Die neuzeitliche Deutung des Christentums als autonome Gewissensreligion, in der unbewußt der stoische Gewissensbegriff fortlebte, ist hierfür ein anschauliches Beispiel. Natürlich läßt sich mit MICHEL SPANNEUT unter Absehung von der problemgeschichtlichen Analyse die europäische Wirkungsgeschichte der Stoa „von Zenon bis hin zu Malraux" (Gembloux, 1973) nachzeichnen. Es dürfte jedoch schon an diesem Punkt deutlich geworden sein, daß damit noch kein Beleg für eine „lebendige Antike" in der Gegenwart erbracht worden ist.

2.) Doch kehren wir zu unserem problemgeschichtlichen Rückblick und der nächstfolgenden Entwicklungsperiode einer Usurpierung der Antike durch die christlichen Apologeten des 2. Jh.s n.Chr. zurück. War die Adaptierung an die hellenistische Kulturwelt für das Christentum zunächst ein Gebot der Notwendigkeit, so wurde jetzt solche Angleichung gewollt. Die Generation der Apologetik bejahte den, aus der Konfrontation mit dem „Hellenentum" aktualisierten Lernprozeß, weil sie aus dem Geistesarsenal des Heidentums Waffen für die Verteidigung des Christentums entleihen konnte. Mit kühnem Schwung warf man sich den Philosophenmantel um. Trotzdem hielt man an dem Absolutheitsanspruch des Christentums fest und scheute selbst vor aggressiven Sätzen nicht zurück wie dem folgenden aus der Feder Justins, der im Hinblick auf Platon und Historiker, überhaupt generell die antike Literatur schreibt: „Was alles auch von allen schön formuliert wurde, gehört uns Christen" (Apol. II, 13, 4). Solche „Usurpierung" der griechischen Geistes- und Kulturtradition mußte auf einen bewußten „Griechen" wie den ersten literarischen Christengegner Kelsus provozierend wirken!

Die Auseinandersetzung in dieser zweiten Phase spielte sich auf der Ebene der „Grammatiker" bzw. „Sophisten", d.h. der Rhetoren der Zeit ab. Deren Bildungshorizont ging über Homer und die klassischen Tragiker kaum hinaus. Originallektüre griechischer Philosophen, selbst eines Platon, ist den Apologeten daher nicht zuzubilligen. Ihr philosophisches Wissen und ihre Zitate bezogen sie aus doxographischen Handbüchern und Kompendien. Umso beachtenswerter erscheint die Tatsache, daß sie bei der Auswahl der Zitate sich vorwiegend für Platon und in ihren philosophischen Ansichten eindeutig für den sog. Mittleren Platonismus entschieden. Damit ist jene Erneuerungsbewegung des 1. Jh. v.Chr. gemeint, die in jäher „Kehre" die Agonie der neuakademischen Skepsis hinsichtlich der Möglichkeiten metaphysischer Wahrheitserkenntnisse überwunden hatte, indem sie die Relation „Selbsterkenntnis – Gotteserkenntnis" zur Basis ihrer Religionsphilosophie machte. Mit dem religiösen Telos der Philosophie wurden die Schulgegensätze belanglos. Das machte zugleich den Mittleren Platonismus zu einer eklektischen Philosophie, die – grob formuliert – in der Dialektik der aristotelischen Logik, in der Metaphysik und damit ausschlaggebend Platon und in der Ethik der Stoa den Vorzug gab.

Mit diesem Entscheid für den Mittleren Platonismus stellten bereits die Apologeten des 2. Jh.s die Weichen für die europäische Geistes- und Theologiegeschichte. Darauf kann hier aber nicht weiter eingegangen werden. Zunächst hat uns ihre Motivation bei solchem Entscheid zu beschäftigen. Sie ergibt sich aus dem zeitgenössischen „Geistesklima". Beherrschenden Einfluß auf dieses übte – um die aerodynamische Metaphorik des deutschen Begriffes durchzuhalten – jenes „Tief" aus, das von dem Weltpessimismus jener Tage – verschiedenster Art, vor allem aber von dem gnostischen Nihilismus – ausstrahlte. Im Antagonismus dazu formierte sich eine Gegenfront, die dem Bösen jegliche ontologische Existenz absprach und dasselbe höchstens als „Minderung des Guten" (privatio boni) zuließ. Schulplatoniker Athens wie Albinos um die Mitte des 2. Jh.s auf der einen Seite und Justin zu Rom, aber auch der christliche Theologe Irenäus von Lyon auf der anderen Seite sind dessen Zeuge: christlicher Schöpfungsglaube, platonische Metaphysik und griechische Weltfrömmigkeit werden zu Waffengefährten gegen die Gnosis: Sie ist der „altböse Feind", den man als gemeinsame Herausforderung empfindet.

Solches Gespür gilt erst recht von der nächsten Theologengeneration, mit der das Christentum in die höheren Bildungsschichten aufsteigt. Männer wie Clemens von Alexandrien und Origenes markieren diesen Aufstieg. Als christliche „Schulvorsteher" (Scholarchen) oder als Presbyter waren sie bemüht, mit Hilfe der antiken, speziell der platonischen Schulphilosophie ein christliches Lehrsystem auszubauen. Am konsequentesten wurde es im Lehrbetrieb von Clemens verwirklicht. Er sprach seine Schüler zunächst als „Somatiker" an, um sie dann über die Zwischenstufe der „Pistiker" zum spekulativen Denken als „Gnostiker" zu führen. Das Lehrprogramm war dem Verstehenshorizont auf den verschiedenen Stufen im aufsteigenden Sinne angepaßt. Das Dreistufenschema entsprach zudem der trichotomischen Anthropologie der Mittelplatoniker, die dem Menschen Körper, Seele und Geist zusprachen. Dies Studienprogramm schien am meisten geeignet zu sein, Antike und Christentum optimal zu integrieren. – Doch nicht ihm gehörte die Zukunft, sondern der kirchlichen Hochschulgründung des Origenes in Caesarea/Palaestinensis. Als „Eingangsphase" war hier das Studium der sog. „freien Künste" (artes liberales) vorgeschrieben, während man auf der Mittelstufe sich ethische und philosophische Kenntnisse anzueignen hatte, um dann auf der Endstufe die heiligen Schriften spekulativ deuten zu können. Dies Studienprogramm war wirkungsvoller, weil es in einer höheren Form der „Usurpierung" die Schüler anhielt, sich das antike Geistesgut zunutze zu machen. – Sowohl Clemens wie Origenes waren aber darin geeint, daß sie den christlichen Gnostizismus bekämpften. Das einte sie sogar mit dem Begründer des Neuplatonismus Plotin, wie wir durch dessen Traktat „Gegen die Gnostiker" (Enn. II, 9) wissen. Auch im 3. Jh. n.Chr. erwies sich die idealistische Basis des Platonismus für eine Synthese von Antike und Christentum als tragfähig. Das christliche Bekenntnis zu dem Schöpfer Himmels und der Erden vereinte sich mit dem Dogma der Platoniker von der Güte des Seins zu einem antignostischen Schutzbündnis, das mit der platonischen Wendung von der „Monarchie Gottes" sogar eine gemeinsame Sprache führte.

3.) Solche Gemeinsamkeit mußte nach der sog. *Konstantinischen Wende*, konkreter gesagt: mit der zweiten Hälfte des 4. Jh. n.Chr. hinfällig werden. Die Verhältnisse hatten sich grundlegend gewandelt, ja verkehrt: der „Usurpierung" der Antike durch die neuen Machthaber waren keine Grenzen gesetzt. Auf gewissen Gebieten wie z.B. denen des Rechts übten sie dabei wichtige Hilfestellung der Entwicklung und Erhaltung römischer Juristentradition. Hingegen mußte es auf dem Felde der spätantiken Historiographie zum Kampf um die geschichtliche Vergangenheit kommen. Ich erwähne z.B. die „Historischen Denkwürdigkeiten" des kleinasiatischen Rhetors *Eunapios* (gest. 420 n.Chr.), der in 14 Büchern sich mit der „Geschichte der Neuzeit", sprich: der Jahre 270-404 n.Chr. und deren christlichen Kaisern kritisch befaßte, um den Christengegner und Kaiser Julian in ein umso helleres Licht rücken zu können. Aus ähnlichen Motiven stellte er mit seinen „Lebensbildern von Rhetoren" (vitae sophistarum) Männer vor, die wie er Neuplatoniker waren und z.T. deshalb auch das religiöse Reformwerk von Julian Apostata unterstützt hatten. Im übrigen manifestiert der literarische Nachlaß des,

zu Unrecht zum „Romantiker" abgestempelten, Kaisers die enge Allianz von
Neuplatonismus und Altheidentum in jener zweiten Hälfte des 4. Jh.s.
Ähnlich verhielten sich die Dinge im lateinischen Westen. Auch hier konnte
ein *Macrobius* mit seinen „Saturnalia" römische Patrizier und Exponenten der
heidnischen Senatsopposition zu einem literarischen „Symposium" vereinen, um
sie über die römischen „Altertümer" (antiquaria), speziell über den römischen
Festkalender diskutieren zu lassen. Als wäre er bei den christlichen Alexandrinern
in die Schule gegangen, empfahl Macrobius zur Renaissance heidnischer Religiosität die spekulative Mythenexegese. Wohl waren im Westen mit seinem historischen Interesse die Akzente etwas verschoben. Erinnert sei an die 31 Geschichts-
bücher des *Ammianus Marcellinus* (gest. ca. 392/4). Für ihn war nach guter alter
Tradition eines Sallust und Tacitus die römische Vergangenheit eine Schatzkam-
mer exemplarischer Vorbilder. Wertbegriffe des antiken Roms wie „religio",
„fides" feierten hier ihre Urständ. Die Stoßrichtung im Antagonismus zum Christentum war aber dieselbe.

Eben das kennzeichnet die Geistessituation der 2. Hälfte des 4. Jh. n.Chr. unterschiedslos in Ost und West: wie zwei Jahrhunderte zuvor bei Kelsos erstand
aus dem Gegensatz zum Christentum die *heidnische Antike als ideales Leitbild*. Sie
war zu einem Normbegriff der Überzeugung geworden. Und gerade in dieser
Geistessituation gedieh auch die Synthese von Antike und Christentum in einem
optimalen Prozeß der *Integrierung*. Den anschaulichen Beweis hierfür liefern die
drei Kappadokier: Basilius von Caesarea, sein jüngerer Bruder Gregor von Nyssa
und sein Freund Gregor von Nazianz. Nicht nur für letzteren ist kennzeichnend,
daß er sich nicht damit begnügte, die kirchlichen Hochschulen von Caesarea/
Palaestinensis und Alexandrien zu besuchen, sondern daß er auch an die Hochschule von Athen ging, wo er dann mit Basilius seine Lebensfreundschaft schloß.
Die Universität Athen mit ihren vier Lehrstühlen für die verschiedenen Schulphi-
losophien war schon um die Mitte des 4. Jh.s geistiges Widerstandsnest des Alt-
heidentums, wobei besonders die Lehrstuhlinhaber des Platonismus sich zu seinem engagierten Wortführer machten. Das scherte diese jungen Christen nicht. In
Athen konnte man wenigstens ein intensives Platonstudium treiben. Am meisten
wird man das vielleicht dem jüngsten unter ihnen, *Gregor von Nyssa*, zuschreiben
müssen, obwohl er persönlich nicht in Athen studiert hat. Er hat Platon im Original gelesen. Ihm ist noch bewußt, daß Platons Dialoge nur literarischer Niederschlag des dialektischen Prozesses logischer Wahrheitsfindung sein wollen. Eben
deshalb konnte er das letzte Gespräch mit seiner todkranken Schwester Macrina
in Nachahmung von Platons „Phaidon" literarisch festhalten. Der Denkeinsam-
keit zugewandt, hielt dieser Theologe gleichzeitig aber auch mit der Philosophie
seiner Zeit Schritt, stellte sich den, durch den Neuplatonismus gestellten Fragen
z.B. nach der Unendlichkeit Gottes und beantwortete sie für sich in eigenständiger Denkweise. Mit Recht hat WERNER JAEGER in ihm denjenigen altchristlichen
Theologen gesehen, bei dem die griechische Philosophie in das eigene Denken
eines Christen noch am stärksten integriert worden ist. Dem ist nur noch hinzu-
zufügen, daß eine solche optimale Synthese von Antike und Christentum in einer
Geistessituation ermöglicht wurde, in der im Spannungsfeld zwischen heidnischer

Gesinnung und christlicher Öffentlichkeit die „Antike" zu einer Norm bzw. „Antinorm" geworden war. In einem solchen „Geistesklima" gedieh „lebendige Antike".

Lassen Sie mich zum Abschluß kommen. Man kann das Problem: Adaption – Usurpation – Integration der Antike in das spätantike Christentum auch als Verfremdungsprozeß vorstellen und interpretieren. Bei der Beantwortung dieser Frage scheiden sich dann auch die Geister. Die Religionswissenschaft wird die aufgezeigte Problematik kaum einschneidend empfinden und durch sie beunruhigt werden: ihr und ihrer Phänomenologie erscheint das Christentum als eine Sonderform aller Religionen, für die der Synkretismus charakteristisch ist. Gerade angesichts des Absolutheitsanspruchs des Christentums wird sie es als symptomatisch bezeichnen, daß selbst diese Religion sich dem Prozeß der Vermengung mit anderen religiösen Welten nicht entziehen konnte.

Anders dort, wo man in systematisch prinzipieller Fragestellung von einem „Wesen des Christentums" spricht. Dabei ist es nicht so sehr von Belang, ob man mit ADOLF VON HARNACK – und in diesem Zusammenhang darf ich hier in Schweden und Uppsala auch NATHAN SÖDERBLOM nennen – das Wesentliche des Christentums in der Überhöhung des Individuums zur religiösen Gottessohnschaft erblickt und dann auch von dort aus eine intensive soziale Haltung bekundet (SÖDERBLOM), oder ob man mit R. BULTMANN das Wesen des Christentums darin sieht, daß es der Existenzerhellung beiträgt und den Menschen zum Dasein befreit und zur Entscheidung ermächtigt. In beiden Fällen will die Verfremdung einsichtig gemacht sein. Aber auch unter diesem Aspekt erweist sich, daß die „Antike" die „kostbare Perle" in der Geschichte des Christentums darstellt. Der Vergleich wurde bewußt gewählt, weil eben Perlen nur dadurch entstehen, daß sie durch den Gaskörper immunisiert und als Fremdkörper sozusagen empfunden werden.

Die Bibel im konziliaren, kanonistischen und synodalen Kirchenrecht[*]

Von den Anfängen des Christentums an beanspruchte die Bibel das Recht der Mitsprache auf allen Gebieten christlicher Kirchlichkeit. Wer die heiligen Schriften und ihre Textgeschichte zur Ausgangsbasis seiner theologischen Forschungen macht, kann deshalb über den Kreis der neutestamentlichen Forschung hinaus auch bei den Kirchen- und Dogmengeschichtlern, bei Liturgie- und Agendenforschung Gehör beanspruchen und ein entsprechendes Echo erwarten. Darin liegt der Grund für die Thematik dieser Festschrift, die einem Kirchenhistoriker zugedacht ist. Sie wird darin zugleich auch Luthers bekannter Deutung der Kirchengeschichte als „cursus Verbi" gerecht. Vor allem aber kann sie damit rechnen, einem wissenschaftlichen Forscher „aus dem Herzen zu sprechen", der sich nicht nur mit seiner Studienausgabe um die Pflege des Luthererbes verdient gemacht hat, sondern seit seinen grundlegenden Spenerstudien der Erforschung des Pietismus, für den die Bibel ein und alles war, immer wieder neue Impulse verlieh[1].

Auf den ersten Blick erscheint Luther allerdings kein glücklicher Auftakt zu dem vorgelegten Beitrag, der die allgemeine Thematik auf die engeren Kreise des konziliaren, kanonistischen und synodalen Kirchenrechts einengt. Seit den Wittenberger Thesen 1517 gegen die „canones penitentiales" (These 5ff.) und vor allem seit den Reformationsschriften des Jahres 1520 betrachtet Luther das kanonische Recht als unvereinbar mit der Bibel und bekämpft es mit der ihm eigenen Hartnäckigkeit. Noch in seinen beiden letzten Lebensjahren erregte es ihn aufs stärkste, daß in einem [170] konkreten Fall „heimlichen Verlöbnisses" zu Wittenberg die Juristen im Sinne des kanonischen Eherechts ihr Urteil gefällt hatten:

---

[*]   Text – Wort – Glaube. Studien zur Überlieferung, Interpretation und Autorisierung biblischer Texte. Festschrift für KURT ALAND, hg. von MARTIN BRECHT (AKG 50), Berlin/New York 1980, 169-208.

[1]   Stellenbelege zu dem, für Luthers Geschichtsverständnis von HERMANN DÖRRIES als charakteristisch empfundenen, Begriff bietet derselbe in seinen „Beiträgen zum Verständnis Luthers" = ders., Wort und Stunde III, Göttingen 1970, 78 Anm. 33, vgl. auch das Vorwort aaO V., ferner den Epilog zur Würdigung des Lebenswerkes seines Lehrers KARL MÜLLER im gleichen Aufsatzband, 456. Ich hätte auch EBELINGs Definierung der Kirchengeschichte als „Geschichte der Auslegung der Heiligen Schrift" nennen können, die jüngst KURT ALAND gegenüber WILHELM SCHNEEMELCHER aber verteidigt hat, vgl. seinen Festschriftbeitrag in „Kerygma und Logos", hg. von ADOLF MARTIN RITTER, Göttingen 1979, 29-48.

dessen Herrschaft meinte er mit seiner Reformation doch gebrochen zu haben[2]! Schon das reformatorische Schriftprinzip „sola scriptura" mußte gegen die Vorherrschaft des kanonischen Rechtes protestieren, zumal es mißbräuchlich verwendet wurde und zum Machtinstrument des Papsttums in den Augen Luthers geworden war.

Nun hat neuerdings HERMANN SCHÜSSLER in einer großangelegten und tiefschürfenden Untersuchung zum „Primat der heiligen Schrift als theologisches und kanonistisches Problem im Spätmittelalter"[3] darauf hingewiesen, daß schon in den ersten zwanzig Distinktionen des „Decretum Gratiani", die sich mit den Quellen des Kirchenrechtes befassen, von dem Primat der Heiligen Schrift als einem feststehenden Datum ausgegangen wird: nur weil sie unbestrittene Norm sei, habe Gratian seine Konkordanzmethode entwickeln können, die auf der Spannung zwischen dem Schriftprinzip und der Väterautorität beruhte[4]. H. SCHÜSSLER hat richtig gesehen, daß diese Spannung sich verstärken mußte, als später im Gefolge des „Decretum Gratiani" die kanonistische Überlieferung nach dem gleichen Prinzip der „concordantia discordantium" bearbeitenden „Dekretisten" von den sog. „Dekretalisten" in der Mitte des 13. Jh.s abgelöst wurden, die bis in die Mitte des 16. Jh.s hinein sich darauf beschränken mußten, die immer häufiger anfallenden Papstdekretalien juristisch zu bearbeiten. Das bedeutete zugleich, daß sowohl für Hoch- wie Spätscholastik und deren theologische Diskussion um das Verhältnis von Heiliger Schrift und Kirche das „kanonistische Schriftprinzip" in seiner Aussage an Stellenwert verlieren mußte. Es ist kein Zufall, daß im Zeitalter der Reformkonzilien Nicolaus de Tudeschi, Erz- [171] bischof von Palermo („Panormitanus")[5], wieder auf die älteren Dekretisten zurückgriff. Es ist daher nicht abwegig, wenn H. SCHÜSSLER das korrektive Schriftprinzip des Panormitanus als eine „katholische Möglichkeit noch am Vorabend der Reformation" (297f.) bezeichnet.

Eine protestantische war sie allerdings zu keiner Stunde! Hierfür war Luther viel zu stark dem kirchlichen Positivismus des Spätnominalismus verhaftet. Für ihn war „kanonisches" Recht immer zugleich Papstrecht. Dabei wußte er sehr wohl zwischen der wissenschaftlich-theoretischen Kanonistik und dem päpstlichen Dekretalienrecht zu unterscheiden. Desungeachtet beurteilte er seit seinen

---

2   Dazu gleichfalls H. DÖRRIES, Das beirrte Gewissen als Grenze des Rechtes. Eine Juristenpredigt Luthers, in: HEINZ BRUNOTTE (Hg.), Festschrift für ERICH RUPPEL. Zum 65. Geburtstag am 25. Januar 1968, Göttingen 1968, 63-88; in überarbeiteter Form: Wort und Stunde III, Göttingen 1970, 271-326. Eine grundlegende Untersuchung über das Recht in der Theologie Martin Luthers lieferte als Jurist JOHANNES HECKEL, Lex charitatis, Weimar/ Köln ²1953.

3   Erschienen als VIEG 86, Wiesbaden 1977. PETER MEINHOLD hat sich um die Veröffentlichung dieser ursprünglich als Kieler Habilitationsschrift gedachten Studien seines Schülers verdient gemacht, dem nach Niederschrift des Vorwortes der Tod die Feder aus der Hand nahm.

4   Hierfür konnte HERMANN SCHÜSSLER auf ältere Arbeiten zurückgreifen, z.B. GABRIEL LE BRAS, Les écritures dans le Decret de Gratien, ZSRG.K 27 (1938), 53ff.; BRIAN TIERNEY, „Sola scriptura" and the Canonists, Studia Gratiana 11 (1967), 347ff.

5   Zu ihm vgl. LUDWIG BUISSON, Potestas und Caritas, Köln/Graz 1958, 13f.; H. SCHÜSSLER aaO 172ff., spez. 191.

frühsten Reformvorschlägen beide gleichermaßen negativ. So heißt es 1520 in seinem Appell „an den christlichen Adel deutscher Nation von des christlichen Standes Besserung":

> „Die Ärzte lasse ich ihre Fakultäten reformieren, die Juristen und Theologen nehme ich auf mich und sage zum ersten, daß es gut wäre, das geistliche Recht von dem ersten Buchstaben bis an den letzten würde bis zum Grunde ausgetilget, sonderlich die Dekretalen... Heute ist geistliches Recht nicht das in den Büchern, sondern was in des Papstes und seiner Schmeichler Mutwillen steht... Dieweil denn der Papst und die Seinen selbst das ganze geistliche Recht aufgehoben, nicht achten und sich nur nach ihrem eigenen Mutwillen halten über alle Welt, sollen wir ihnen folgen und die Bücher auch verwerfen[6]. Warum sollten wir vergebens drinnen studieren? So könnten wir auch nimmermehr des Papstes Mutwillen, welcher nun geistliches Recht geworden ist, auslernen. Ei, so falle es ganz dahin in Gottes Namen, das in des Teufels Namen sich erhoben hat, und sei kein ‚doctor decretorum' mehr auf [172] Erden, sondern allein ‚doctores scrinii papalis'[7], das sind des Papstes Heuchler" (WA 6,459)[8].

Demgegenüber heißt es im gleichen Zusammenhang vom „weltlichen Recht" der jurisprudentischen Fakultät, „es sei viel besser/künstlicher, redlicher .../den das geystlich". Noch in einem von Lauterbach November 1538 aufgezeichneten Tischgespräch kann Luther die profane „Rechtsprechung der Juristen" dem „ius canonicum" entgegensetzen und feststellen:

> „Ius canonicum secundum omnium iuristarum[9] est spurcissimus liber, das nach geld stinckt. Tolle ambitionem et avaritiam, tum nihil substantiae manebit, et tamen sub

---

6 Der Satz nimmt zugleich den symbolischen Akt der Verbrennung des „Codex iuris canonici" am 10. Dezember vorweg. In der ihn begleitenden Flugschrift „Warum des Papstes und seiner Jünger Bücher von Dr. Martin Luther verbrannt sind" begründet Luther seine These mit Dist. 40c „Si papa" des Decretum Gratiani und deren Rekurs auf die berühmte Sentenz von Gregor VII: „Quod a nemini papa iudicari debeat" (vgl. MIRBT – ALAND, QGPRK I, ⁶1967, 282 nr. 547 = Registrum II 55a, ed. ERICH CASPAR, MGH.ES II 1, 202ff.; man beachte dabei das Hilfswort, das gewöhnlich in der Fassung, der Papst „könne" von niemanden gerichtet werden, falsch übersetzt wird). Bezeichnenderweise läßt Luther bei seinem Gratian-Zitat die Einschränkung: „nisi deprehendatur a fide devius" beiseite, d.h. die von den mittelalterlichen Dekretalisten erörterte Absetzungsmöglichkeit. Um so eindeutiger wird, daß für Luther „kanonisches" Recht päpstliches Recht, das sich selbst setzt, ist.

7 Der Ausdruck greift auf die voraufgehende Feststellung Luthers zurück, „daß der Papst alle geistliche Rechte in seines ‚Herzens Kasten' (scrinium pectoris) gefangen hat", womit Luther ein dictum von Papst Bonifaz VIII. im Auge hat.

8 Ich bringe den Text in hochdeutscher Übertragung von HANS HEINRICH BORCHERDT in der bekannten Münchener Übersetzungsausgabe: Ausgewählte Werke Martin Luthers, Bd. II, München ³1962.

9 Anfänglich hatte Luther den Begiff der „iuristae" auch auf die Kanonisten bzw. Dekretisten angewandt, vgl. Glosse zu Röm. 2,1 der Römerbriefvorlesung von 1515/16, ed. JOHANNES FICKER I, 15f., spez. 16,20ff.: „Hos proxime imitantur heretici et hypercrite omnes, et quot sunt hodie iuriste et pontifices, item causas habentes invicem, qui se mutuo iudicant *et neutri se ipsos*; et iustitiam suam iactant et vindictam Dei etiam imprecantur". Die Satzkonstruktion verlangt, daß man die von mir kursiv gesetzten Worte auf die „pontifices" bezieht. Das besagt zugleich aber,

optimo fuco habet splendorem. Den es mus sich in nomine Dei alles unglück anheben ..." (WA.TR I. nr. 4083).

Der durch die momentane Forschungsdebatte inaugurierte, für den Problemkreis „Bibel und Kirchenrecht" allerdings etwas verfehlte Einstiegsort bei Luther hat immerhin etwas Gutes. Die kritischen Überlegungen schärfen den Blick für die Frage, wie man unter historischen Gesichtspunkten Begriff und Wesen „kanonistischen" Kirchenrechtes überhaupt zutreffend beschreiben bzw. eingrenzen könne. Die bereits aus unsern Vorbemerkungen sich ergebende Folgerung, daß man für solche Beschreibung auf vorgratianische Zeiten zurückzugreifen haben wird, genügt für unsere Zwecke noch nicht. Solche Erkenntnis ist die zweite Frucht einer Durchforstung der gegenwärtigen Forschungsliteratur zum vorliegenden Themenkreis. Dabei ist in erster Linie an RAYMUND KOTTJEs „Studien zum Einfluß des Alten Testamentes auf Recht und Liturgie des [173] frühen Mittelalters (6.-8. Jahrhundert)" vom Jahre 1964 gedacht[10]. Der Verfasser benennt für das „neue Interesse am Alten Testament" (11ff.) in den irischen und altenglischen Rechtsquellen vor allem die „Collectio canonum", deren ca. 1500 Schriftzitate sich zu zwei Dritteln aus dem Alten Testament rekrutieren und die daher am besten KOTTJES These von dem alttestamentlichen Einfluß auf das Frühmittelalter untermauert. Zugleich stellt er fest, daß die „Collectio" als Rechtsquellen „nur in sehr geringem Maße die Kanones der alten Konzilien oder päpstliche Dekretalen" (11) benütze. An sich braucht das nicht zu überraschen, wenn man sich die eigenständig-insulare Geschichte der irisch-keltischen Mönchskirche vor Augen hält. Beachtenswerter ist eine weitere Beobachtung KOTTJES: in diesem insularen Raum, wo der Bibel ein starkes Mitspracherecht in der kirchlichen Gesetzgebung eingeräumt wurde, so daß dort ein „liber ex lege Moysi" Rechtssätze aus 2.-5. Mose unmittelbar übernahm[11], besaß man feines Gespür für den Unterschied zwischen Konzilskanones und päpstlichen Dekretalen. Der Befund einer von KOTTJE im gleichen Zusammenhang angeführten Reichenauer Handschrift ca. 806 n.Chr. (jetzt: Karlsruhe, Aug. XVIII) veranschaulicht dies: sie unterscheidet zwischen Konzilskanones, päpstlichen Dekretalen und den „canones ex veteri et novo testamento compositi"[12].

---

daß bereits zu diesem Zeitpunkt Luther das Diktum: „Papa a nemini iudicatur", das er später in seinem Flugblatt Ende 1520 zitiert (s. Anm. 6), in die Kritik einbezog. Ähnlich ist der Begriff „iuristarum glose" in der Scholie zu Röm. 5,3 auf Sätze des „Corpus iuris canonici" zu beziehen, vgl. ed. J. FICKER II, 134 mit Anm. 7.

10 Die von HUBERT JEDIN und ALFRED STUIBER geförderte Monographie erschien Bonn 1964 in den „Bonner historischen Forschungen" als Bd. 23; sie erhielt in ihrer zweiten Auflage wichtige Ergänzungen zur Sache und zur Literatur wie JOHAN CHYDENIUS, Medieval Institutions and the Old Testament, Helsinki 1965 und der Sammelband: La Bibbia nell'alto medioevo: Settimane di studio del Centro italiano di studi sull' alto medioevo X, Spoleto 1963.

11 Die 1964 „in Kürze" angekündigte Textausgabe (aaO 12 mit Anm. 4) konnte von mir nicht verifiziert werden.

12 ALFRED HOLDER, Die Reichenauer Handschriften I: Die Handschriften der Großherzogl. Badischen Hof- und Landesbibliothek in Karlsruhe V, Leipzig 1906, 69.

Mit dieser dritten Kategorie der „aus dem Alten und Neuen Testament zusammengestellten Kanones" ist demnach nicht ein spekulatives Schriftprinzip, sondern der konkrete Schriftgebrauch angesprochen. Für sie ist die unmittelbare Umsetzung des mosaischen Gesetzes in christliche Rechtssätze der Kirche charakteristisch. Deshalb besteht auch kein Zusammenhang zwischen den irisch-keltischen Kirchenrechtsquellen und der unter des Ambrosius Namen überlieferten „Collatio legum Mosaicarum et Romanarum" (ca. 394/5 entstanden). Dieses, auch unter dem Titel „Lex Dei quam praecepit Dominus ad Moysen" gehende Werk ist von einem Kenner des römischen Rechtes geschrieben worden, um alttestamentliche Bibelstellen mit römischen Juristen wie Gaius und dessen „Institutiones" [174] (161 n.Chr.) oder mit Spätklassikern des römischen Rechtes wie Papinianus (gest. 212 n.Chr.) und endlich auch kaiserlichen „constitutiones" zu vergleichen. Das Ergebnis des Vergleiches ist, daß die alttestamentlichen Rechtssätze, die von den Christen übernommen worden seien, mit der römischen Gesetzgebung und deren Traditionen übereinstimmen[13]. Die apologetische Motivation ist offensichtlich. Sie umgibt das Alte Testament mit der Aura des „ius Romanum" und legt Moses den Talar der Juristen um. Eine iurisdiktionelle Funktion wird den alttestamentlichen Texten jedenfalls nur theoretisch zugeschrieben. An einen konkreten Schriftgebrauch ist nicht gedacht.

Das ist aber in dem „Liber ex lege Moysi" und in allen irischen-keltischen Rechtsquellen der Fall. Dieses juridische Schriftverständnis wurde in den Bußkanones bzw. den Poenitentiarien noch konkreter und sollte dann auch im fränkisch-alemannischen Raum wirksam werden. Die Untersuchungen von R. KOTTJE zu den „Canones Theodorii" (gemeint ist Theodor, Erzbischof von Canterbury 668-690) als Auffangbecken von Traditionen altirisch-keltischer und britischer Herkunft einerseits und zu den „Responsa Gregorii" (gemeint ist Papst Gregor d. Gr. 590-604) als Exponent römisch-katholischer Rechtsauffassungen auf der anderen Seite lassen den „Grund"-Satz zu, dies iurisdiktionelle Bibelverständnis sei ganz generell der irisch-schottischen-britischen Inselwelt in frühmittelalterlichen Zeiten eigen gewesen[14]. Man kann sich nicht ganz der Versuchung erwehren, die Ursachen dieses Bibelverständnisses in einem Rechtspragmatismus zu suchen, dem jede systematische Rechtsdogmatik, ihre Normen und logisch deduzierten Rechtsentscheidungen fremd waren. Pragmatischem, von dem Handeln bestimmten Denken mußte zweifelsohne eine Rechtsfindung näher stehen, die sich an älteren Urteile in gleichgearteten Fällen orientierte und darin sicherer

---

13   Textausgabe: THEODOR MOMMSEN, Coll. librorum iuris anteiustiniani 3, Berlin 1880, 107-198; Indices zu den Glossen: VOLTERRA, RSDI (1936), 365-380. VOLTERRA benannte in einem Aufsatz der MPANL (2. ser.) 15 (1932), 1-123 als möglichen Verfasser einen Juden. Die biblischen Texte untersuchte u.a. auch der Jurist und Romanist FRITZ SCHULZ, Studia et documenta historiae et iuris 2, Rom 1936, 20-43.

14   P. W. FINSTERWALDE, Die Canones Theodori Cantuariensis und ihre Überlieferungsformen, Weimar 1929. Die „Responsa Gregorii papae ad Augustinum episcopum" finden sich bei PAUL EWALD – LUDWIG M. HARTMANN (edd.), Gregorii I papae registrum epistolarum II, Hannover 1893, 332-343; Stand der Diskussion bei R. KOTTJE aaO 110-116 (Exkurs).

zu gehen glaubte. Solche Rechtssicherheit wurde noch dadurch erhöht, daß sie sich von den Rechtsentscheidungen der göttlichen Heilsgeschichte sanktioniert wußte. Blieb nicht die aus allgemeinen Rechtsgrundsätzen deduzierte und auf den Einzelfall angewandte Rechtsentscheidung, wie sie dem römischen Recht eigen war, von [175] der Gefahr des Justizirrtums umwittert, weil sie den Juristen zustand? Bekanntlich ist die an älteren Rechtsfällen pragmatisch sich orientierende Rechtssprechung bis heute dem englischen Recht im Unterschied zu den kontinentalen, vom römischen Recht beeinflußten Rechtsverhältnissen eigentümlich. Es läßt sich jedenfalls nicht abstreiten, daß gerade auf englischem Boden das rechtspragmatische Verständnis der Bibel als „lex divina" eine lange Tradition finden sollte. Noch im Spätmittelalter wandte es sich gegen Papstrecht als „kanonisches" Recht; der Oxforder Theologieprofessor Wyclif (gest. 1384) wurde zum beredten Sprecher dieses Protestes. Es war eben kein Zufall, daß auch er von der Bibel als „lex Dei" sprach, wenn er die Schriftworte den Papstdekreten und Konzilskanones entgegenhielt. Ja – die Geschichte schien sich zu wiederholen: wie einst iroschottische Mönche mit ihren Pönitenzbüchern einen biblizistischen Legalismus auf den westeuropäischen Kontinent getragen hatten, so wurden Ende des 14. Jh.s tschechische Studenten und Hörer Wyclifs zu Sendboten eines juridischen Bibelverständnisses, dem in Prag dann Johannes Hus, der Ketzer und Märtyrer von 1415, revolutionär-protestierenden Ausdruck verlieh.

Vor diesem weitgespannten Geschichtshorizont werden auch die Konturen kontinentalen Kirchenrechts und die Eigenarten desselben bei der rechtlichen Auswertung der biblischen Texte besser sichtbar. Allerdings wollen auch hier nicht minder große Distanzen der Geschichtslandschaft durchmessen sein. Am Anfang einer vom mediterranen Raum ausgehenden Entwicklung hatten die sog. „Kirchenordnungen" (besser: „Gemeindeordnungen") gestanden. Ihrer Form nach rein deskriptiv, suchten sie Legitimität durch apostolische Verfasserschaft zu dokumentieren. Im Übergang vom 1./2. Jh. diente diesem Vorhaben die Autorität des Paulus (Pastoralbriefe) bzw. die der „zwölf Apostel" (sog. Didache). Im Übergang vom 2./3. Jh. kreierte man die Norm der „Apostolischen Überlieferung" (sog. Kirchenordnung Hippolyts). Dieser Norm ist es in erster Linie zuzuschreiben, wenn die vom Ideal der „Gemeinde der Heiligen" geprägte Ordnung einer stadtrömischen Sezessionsgemeinde nach einer großkirchlichen Textrevision (Bischofswahl und Bischofsliturgie!) von Alexandrien aus eine weite Verbreitung fand (sog. Ägyptische Kirchenordnung; Canones Hippolyti; Testamentum Domini nostri Jesu Christ; Didascalia apostolorum; Constitutiones apostolorum)[15]. Unter dem Schutzmantel des apostolischen Pseudepigraphon, das als solches schon eine Legitimation [176] darstellte, wie KURT ALAND gezeigt hat[16],

---

15   Begründung in meinen „Kirchen der alten Christenheit", Stuttgart 1971, 50-67.

16   KURT ALAND, Das Problem der Anonymität und Pseudonymität in der christlichen Literatur der ersten beiden Jahrhunderte. Studien zur Überlieferung des Neuen Testaments und seines Textes, ANTT 2, Berlin 1967, 24-34; vgl. ferner die kritische Auseinandersetzung mit NORBERT BROX, Falsche Verfasserangaben, Zur Erklärung der frühchristlichen Pseudepigraphie, Stuttgart 1975 in der Anzeige, in: ThRev 75 (1979), 1-10.

vollzog sich der Rückgriff auf das Schriftwort als apostolisches Selbstzitat ohne Bruch und Widerspruch. Daß dies vornehmlich dem Neuen Testament zugute kommen mußte, liegt auf der Hand. Doch schon die älteste Kirchenordnung außerhalb des Neuen Testamentes, die „Lehre der zwölf Apostel", alias Didache bringt in Erinnerung, daß mit den neutestamentlichen Schriftbelegen gleichzeitig auch der alttestamentliche Bezug vorgegeben ist. Diese Tatsache wird durch die Benutzung eines synagogalen Proselytenkatechismus in den Anfangskapiteln der „Didache" nicht beeinträchtigt. Zudem sind direkte Zitate aus dem Alten Testament im Unterschied zu alttestamentlichen Anklängen gering. Ein Vergleich des Verhältnisses zwischen den alt- und den neutestamentlichen Zitaten einerseits und in der Kirchenordnung Hippolyts andererseits lehrt außerdem, daß hier keine wesentlichen Unterschiede vorliegen[17].

Erst im weiteren Verlauf der Entwicklung des Typs der „Apostellehre", wie sie durch die nordsyrische „Didascalia" (Anf. 3. Jh.) und die westsyrischen „Constitutiones apostolorum" (Ende 4. Jh.) verfolgt werden kann, tritt eine bemerkenswerte Zunahme der Schriftstellen ein, die z.T. zu homiletischen Exkursen ausufern können; bei solcher Pluralisierung des Schriftbeweises sind übrigens Altes und Neues Testament gleichmäßig beteiligt[18]. Allerdings fehlt den literarischen Nachfahren die kirchenamtliche Legitimation. Es handelt sich um private Arbeiten klerikaler Einzelpersönlichkeiten. In kirchlichen Randgebieten lebend, hegten sie für sich [177] noch alte Traditionen und Konzepte, die durch das Institut der altkatholischen Bischofssynode überholt waren. Die Stunde der „apostolischen Gemeindeordnung" war im 4. Jh. längst verklungen; sie sollte ihr erst in der Reformationszeit erneut schlagen.

In den Zeiten des Altkatholizismus schlugen die Uhren zunächst anders. Mit dem Aufstieg zur großkirchlichen Bischofskirche und den sich entwickelnden bischöflichen Synodalorganen nahmen römisches Rechtsbrauchtum und vor allem Traditionen der mediterranen Rechtskultur auf konziliare Rechtsfindung und Beschlußfassung Einfluß. Von vornherein ist anzunehmen, daß dies zu Lasten einer biblizistischen Gestaltung der Synodalkanones gehen mußte. Ja – es wird sich noch zeigen, daß dieser juridische Einfluß die Ausmerzung von Bibelzi-

---

17 Man vergleiche nur den „Index scriptuaire" in der neuesten Didache-Ausgabe von WILLY RORDORF – ANDRÉ TUILIER, La doctrine des douze Apôtres, Paris 1978 = SC 248, 211-213 mit den „Citations et allusions bibliques" bei BERNARD BOTTE, La tradition apostolique de saint Hippolyte, LWQF H. 39, Münster ²1963, 108.

18 Vgl. den „Index locorum" bei FRANZ XAVER FUNK, Didascalia et Constitutiones Apostolorum I, Paderborn 1905 (anast. Turin 1960), 596-624 für die Bücher I-VI. Daß im zweiten Index für die Bücher VII und VIII = 624-631 sich das Zitatenschwergewicht zugunsten des Alten Testaments verschiebt, erklärt sich jedem, dem noch WILHELM BOUSSETS Untersuchungen in den Göttinger Akademienachrichten 1915, 449-479 bekannt sind, vgl. auch ERWIN RAMSDELL GOODENOUGH, By Light Light. The Mystic Gospel of Hellenistic Judaism, New Haven 1935, 306-358. Der Index „Citations de l'Écriture sainte", den PÉRICLÈS-PIERRE JOANNOU seiner verdienstvollen Quellenausgabe: Fonti diritto canonico fasc. IX, Roma (Grottaferrata) 1964, 344-358, für die „Discipline générale antique (IV-IX s.)" bietet, vermittelt für unsere Fragestellung einen falschen Eindruck, weil er auch die „Lettres canoniques des Pères" des 2. Bandes erfaßt.

taten als den altchristlichen „canones" begünstigte. Das bedeutete zugleich einen theologischen Substanzverlust und muß daher zunächst Gegenstand unserer Aufmerksamkeit sein. Erst dann wird man dem Schriftgebrauch in den altkirchlichen und frühmittelalterlichen Rechtsquellen des Kirchenrechtes gerecht werden können.

I.

Stellt man die Frage nach dem *Fortleben spätrömischen Rechtes* in der Alten Kirche, dann ist sie auf der Ebene des Verwaltungsrechtes verhältnismäßig leicht und schnell zu beantworten: zu offensichtlich leben die kaiserlichen Konstitutionen bzw. Edikte formgeschichtlich in den Papstbriefen bzw. päpstlichen Dekreten fort. Solche Beobachtung konvergiert mit neuerer Forschung zum Fortleben protokollarischer Usancen von Provinziallandtagen in der Protokollierung altkirchlicher Diözesansynoden[19]. Beides begünstigt die Vermutung, daß auch auf den Prozeß synodaler Rechtsfindung und deren „Richtlinien" (canones) spätrömische Rechtsinstitute speziell des römischen Senats Einfluß genommen haben, der nicht nur Vorbild der Provinziallandtage, sondern auch des Senates in Neu-Rom bzw. Konstantinopel war.

Besondere Aufmerksamkeit gebührt dabei dem Vorgang der „*Kodifikation*", durch den Beschlüsse der senatorischen Vollversammlung ihren verbindlichen Wortlaut und damit auch Gesetzesrang erhielten. Die investigatorische Zielsetzung, die hier verfolgt wird, verlangt allerdings eine Abgrenzung des Begriffes der „Kodifikation" gegenüber [178] den „Textstufen klassischer Juristen" von FRANZ WIEACKER. Er übernimmt den Begriff von der neutestamentlichen Textforschung und schließt sich speziell dem Satz THEODORS VON ZAHN an: „Die Codification ist die völlige, die sinnlich sich darstellende Kanonisation" und verlangt: auch für die spätrömische Rechtsüberlieferung sei in Ansatz zu bringen, daß der Prozeß mechanischen Abschreibens von Papyrusrollen auf Pergamentcodices zugleich eine dogmatische Überhöhung juristischer Texte darstelle und die Entstehung eines Schriftenkanons begünstige[20]. Ein ältestes Beispiel dessen, was dabei unter „Kodifikation" verstanden wird, bietet die Gerichtsbarkeit republikanischer Magistrate. Unter ihnen besaßen die Prätoren das Recht, für ihre Amtszeit bestimmte Grundsätze der Rechtssprechung, sog. „Edikte von Dauer" (edictum

---

19 JÜRGEN DEININGER, Die Provinziallandtage der römischen Kaiserzeit, München 1965, 187f. hat neuerdings solche Kontinuität allerdings mit einem Fragezeichen versehen.

20 THEODOR VON ZAHN, Geschichte des neutestamentlichen Kanons I, Leipzig 1888, 60; FRANZ WIEACKER, Textstufen klassischer Juristen, Göttingen 1960, 125ff. In der Tat verdiente dieser Aspekt mehr Beachtung. Die „Rolle" ist auf eine Fortsetzung ihrer Texte „ad infinitum" angelegt, der auf eine bestimmte Anzahl von „quaterniones" begrenzte „Codex" hingegen findet unabänderlich seinen „end-gültigen" Abschluß und begünstigt daher ein „autoritativ-dogmatisches Textverständnis" (WIEACKER, aaO 115).

perpetuum) festzulegen. Bedeutete dies schon eine Einschränkung der Magistrate, so noch mehr die Redigierung des prätorischen Edikts durch Kaiser Hadrian um 130 n.Chr.[21] Man pflegt von „Kodifikation" zu sprechen, weil durch das „edictum perpetuum" allgemeine Regeln des Gerichtsverfahrens (beschleunigte Rechtshilfe, Vollstreckung der Urteile, Nichtigkeitsbeschwerden etc.) behandelt wurden. Kennzeichnend für die „Kodifikation" ist der Formalismus, der kein Interesse an dem substantiellen Gehalt der einzelnen Rechtsvorgänge zeigt; dieser wird nur in soweit berücksichtigt als er für die Systematisierung des Stoffes von Bedeutung ist.

Solcher Zwang zur Systematik als Mittel der Stoffbewältigung wird besonders gut bei den großen Kodifikationen der nachkonstantinischen Zeit deutlich. Als ein bekanntes Beispiel sei der „codex Theodosianus" genannt. Allerdings muß zugleich der Wandel der Zeiten in Erinnerung gebracht werden. Es hatte dem Rechtsbrauchtum im Prinzipat entsprochen, daß neben dem Augustus der „Rechtsgelehrte" (homo iuris prudens) an dem Prozeß der Kodifizierung bzw. Rechtsfindung als eigenständige [179] Autorität beteiligt war. Dies ging auf die republikanischen Grundlagen der römischen Gesetzgebung zurück, die zwischen dem „ius publicum" und dem „ius civile" unterschied. Unter dem Dominat vollzog sich seit Ende des 3. Jh.s ein Wandel, indem die Gesetzgebungsgewalt an den Kaiser allein überging. Wohl erinnerten die „Constitutiones sacrae" des Kaisers in ihren verschiedenen Spielarten (edicta, mandata, decreta, rescripta) an alte, auch im Prinzipat fortbestehende Institute des römisch-republikanischen Verwaltungsrechtes. Im Dominat wurden sie aber unterschiedslos als „leges edictales" behandelt, d.h. dem Senat nur noch zur Kenntnisnahme vor der Publizierung zugeleitet. Die zwangsläufige Folge war der Zusammenbruch der sog. „klassischen" Jurisprudenz (1./2. Jh. n.Chr.) und der „nachklassischen" aus der Zeit der Severer (193-235) in Westrom. Als die „viri iuris prudentes" dann Ende des 3. Jh.s in Ostrom sich mit dem „codex Hermogenianus" und dem „codex Gregorianus" zu Worte meldeten, beschränkten sich diese beiden Angehörigen der Zentralverwaltung auf Sammlung und Ordnung der Kaiserkonstitutionen – der „Gregorianus" für die Zeit seit Hadrian bis zu Diokletian (Ende 291), der „Hermogenianus" mit den Reskripten Diokletians für die Zeit 293/294. Der Wandel ist evident: die Juristen betätigen sich als Redaktoren in kaiserlichen Diensten. Für eigene Rechtsfindung ist nur geringer Raum der Betätigung. Dabei war Hermogenianus Verfas-

---

21   OTTO LENEL, Das Edictum perpetuum, Leipzig ³1927 erfuhr 1974 einen anastat. Neudruck, vgl. außerdem GERHARD DULCKEIT – FRITZ SCHWARZ – WOLFGANG WALDSTEIN, Römische Rechtsgeschichte. Ein Studienbuch, München ⁶1975, 135-137. Der mit der Redaktion von Hadrian beauftragte Jurist P. Salvius Julianus gehörte zum Staatsrat Hadrians und war 148 n.Chr. sogar Konsul, vgl. DULCKEIT aaO 225. MEDICUS (KP 4, 1972, 1527f.) bezeichnet ihn nicht nur als den bedeutendsten Juristen, weil er mit den 90 Büchern „Digesta" die „bedeutendste römische Juristenschrift überhaupt" geschaffen habe, sondern auch als einen „der bedeutendsten Juristen aller Zeiten".

ser einer „Iuris epitomae"[22]! Ja, er bezeugt eine auch in Ostrom fortbestehende Tradition römischer „Jurisprudenz". 130 Jahre später hatte sie sich wieder ihren Platz im juristischen Alltag erobert, wie das sog. „Zitiergesetz" (cod. Theod. 1, 4, 3) beweist, eine gemeinsam von Theodosius II. und Valentinian III. unterzeichnete und deshalb für Ost- wie Westrom verbindliche Konstitution von 426 n.Chr.

Wie „grau" aber dieser juristische Alltag gewesen sein muß, geht aus den Bestimmungen des „Zitiergesetzes" hervor. Darnach durften in Gerichtsverfahren nur fünf römische Juristen der nachklassischen Periode zitiert werden. Im Falle eines gegenseitigen Dissensus hat die Mehrzahl zu entscheiden, bei Stimmengleichheit lag der Entscheid bei dem wegen seines „Märtyrertodes" (212 n.Chr.) hochgeachteten Aemilius Papinianus[23]. Wollte man zusätzlich noch einen anderen Juristen zitieren, dann mußte [180] derselbe seinerseits von den genannten „Zitierjuristen" zitiert sein, was de facto ihn als „klassischen" Autor auswies. Außerdem war die Integrität dieser zusätzlichen Rechtsquelle durch mehrere Handschriften nachzuweisen. Nicht zuletzt wegen dieses mechanistischen Prozesses der Urteilsfindung hat man das theodosianische Zitiergesetz als „Tiefstand der damaligen Rechtswissenschaft" (MEDICUS) bezeichnet.

Immerhin ist seine scholastische Methode der „concordantia discordantium" ein Spiegelbild des Lehrbetriebes nachkonstantinischer Jurisprudenz. Ein Jahr zuvor (425 n.Chr.) hatte Kaiser Theodosius II. in Konstantinopel eine Hochschule begründet, an der in fünf (!) parallelen Jahreskursen von besoldeten Professoren der Jurisprudenz regelmäßig über die Texte der „Zitierjuristen" gelesen wurde. Das war keine Neuerung, sondern sichtlich von der seit 239 n.Chr. nachweisbaren Rechtshochschule im westsyrischen Berytos (Beirut) übernommen. Solche jahrhundertlange Kollegtradition hatte die Juristentexte mit den Kaiserkonstitutionen gleichwertig gemacht. Damit wurde die Frage nach einer widerspruchslosen Rechtsordnung intensiviert. Im Jahre 429 n.Chr. übertrug daher Theodosius II. einer Kommission die zwiefache Aufgabe, einmal das nachklassische Juristenrecht, zum andern die kaiserlichen Konstitutionen zu kodifizieren. Mit dieser Doppelaufgabe wurde man sichtlich nicht fertig, denn eine neue Kommission mußte bestellt werden. Sie beschränkte sich auf die Konstitutionen und konnte dann das Ergebnis ihrer Arbeit 435 n.Chr. vorlegen. Das ist der besagte Codex Theodosianus, der durch eine feierliche Sitzung des oströmischen Senats alsbald veröffentlicht wurde[24]. Seine 16 Bücher gliederten die über 3000 „constitutiones" nach Sachgebieten, sog. „Titeln", innerhalb derer die chronologische Abfolge durchgeführt wurde. Dieser Kodifikation, die ihrem Wesen nach

---

22   DETLEF LIEBS, Hermogenianus, Iuris Epitomae, Göttingen 1964, 26. Der „Gregorianus" ist fragmentarisch erhalten und läßt sich nur aus der „Lex romana Visigothorum" herausschälen, ohne zur Urgestalt zurückzuführen.

23   Der „praefectus praetorio" und hochangesehene Jurist hatte sich geweigert, den kaiserlichen Brudermord Caracallas an Geta zu sanktionieren (Spart., Carac. 8, 1-8; übers. ERNST HOHL, Historia Augusta I, Zürich/ München 1976, 241 f.).

24   Zu den „Gesta senatus Romani de Theodosiano publicando" vgl. die Nachweise und Ausführungen in „Kirchen der alten Christenheit", 393.

eine Redaktion nach systematischen Gesichtspunkten war, blieb zwangsläufig das ursprünglich gesteckte Ziel einer Integrierung der Juristengesetze und Schaffung eines einheitlichen Reichsrechtes vorenthalten. Das wurde auch nicht dadurch erreicht, daß Valentinian III. durch Edikt vom 1.1.439 n.Chr. dem „Codex Theodosianus" auch für Westrom Gesetzeskraft verlieh.

Um so erstaunlicher ist, daß *Justinian* hundert Jahre später die Aufarbeitung der Kaiserkonstitutionen (cod. Gregorianus, Hermogenianus, Theodosianus) und Eliminierung ihrer Widersprüche in Jahresfrist zustande brachte (529 n.Chr.)[25]. Leider ist diese Erstfassung des „Codex [181] Justinianus" nicht mehr erhalten. Wir besitzen nur die Zweitfassung von 534 n.Chr., auch „codex Justinianus repetitae praelectionis" genannt. Die insgesamt (seit Hadrian) über 4600 Kaiserkonstitutionen waren jetzt in 12 Büchern untergebracht. Seit 530 n.Chr. war dann auch im kaiserlichen Auftrag das Juristenrecht aufgearbeitet worden: 2000 Bücher wurden exzerpiert (cod. Just. C 1, 17, 2, 1 = const. „Tanta") und auf 50 „libri", d.h. 1/20 des ursprünglichen Umfanges reduziert. Die übrigverbliebenen Juristentexte in den 200 ausgeplünderten Schriften gehörten überwiegend der nachklassischen Phase an. Sie bildeten fortan den „Schriftenkanon" des byzantinischen Juristenrechtes, d.h. Zivilrechts. Unter der Bezeichnung „Digesta" bzw. „Pandectae" wurden sie durch die soeben erwähnte Konstitution „Tanta" Ende 533 n.Chr. veröffentlicht. Ungeachtet der Tatsache, daß die „Digesten" für uns heute einen repräsentativen Querschnitt durch die spätrömische Jurisprudenz von unersetzlichen Wert bilden, kann man darüber streiten, ob auch den sog. „Kompilatoren" Justinians das angestrebte Ziel einer Integrierung von Kaiser (Staats)- und Juristen (Zivil)recht gelungen ist. Fest steht auf jeden Fall, daß in beiden Bereichen verschiedene Methoden angewandt wurden. Das Staatsrecht als diktiertes Recht verlangte die erschöpfende Erfassung und die thematische Ordnung des Stoffes, dafür aber keine Eingriffe in das Material. Das Zivilrecht als diskutiertes, weil im „Pro et contra" ausgehandeltes Recht machte die selektive Methode erforderlich, weil hier die Frage nach der Qualität der Rechtsfindung gestellt war. Hier war die Kodifikation nur durch Eingriff in die Überlieferung möglich.

Obiger, nur grob skizzierter Exkurs zur spätrömischen Rechtsgeschichte[26] war unvermeidlich, um gewisse Beobachtungen beim Kodifizierungsprozeß des altchristlichen Kirchenrechtes historisch zu verstehen und bewerten zu können:

1. Seit dem hadrianischen „Edictum perpetuum" bis in die Zeiten Justinians hinein kennzeichnet die Unterscheidung zwischen Staatsrecht und Zivilrecht die spätrömische Rechtsgeschichte. Beiden Rechtsgestalten war eine spezifische Form der Kodifikation eigen. Welche auf das nachkonstantinische Kirchenrecht Einfluß nehmen würde, war – weil nicht vorprogrammiert – eine völlig offene

---

25 Zusammenfassende Darstellung bei G. DULCKEIT – F. SCHWARZ – W. WALDSTEIN aaO § 43 „Die justinianische Kodifikation"; dort auch neueste Literatur.

26 Da für unsere Frage nicht von Belang, wurde die dritte Säule des justinianischen Gesetzwerkes, die „Institutiones" (533 n.Chr.), nicht berücksichtigt. Die „Institutiones" sollten als staatlich vorgeschriebenes Lehrbuch die Einheitlichkeit des juristischen Lehrbetriebes in Konstantinopel und Beirut sichern.

Frage. Ebenso eindeutig kann man aber für die nachjustinianische Zeiten davon ausgehen, daß in ihnen solche Alternative nicht mehr gegeben war. Mit dem bewußt „Basileus" sich [182] nennenden Kaiser Herakleios (610-641) hört der justinianische „Romanismus" auf, beginnt das byzantinische Staatskirchenrecht im eigentlichen Sinne. Es findet seinen literarischen Niederschlag in den „41 Titeln" des Juristen Enanthiophanes um 629/640 und seinen begrifflichen Ausdruck in der Gattung der „Nomokanones", für die zwischen Kaiser- und Kirchenrecht nur inhaltliche, aber keine formale Unterschiede bestehen[27].

2. In der justinianischen Epoche haben zwei „Kirchenjuristen", wenn der Ausdruck überhaupt brauchbar ist, die aus der spätrömischen Rechtstradition herrührende Alternative der Rechtskodifikation unterschiedlich genützt.

Der eine ist der als „Rechtsanwalt" (scholasticus) ausgewiesene, antiochenische Presbyter, dann seit 565 n.Chr. als Patriarch Johannes III. von Konstantinopel anerkannte Autor der griechisch erhaltenen „Synagogē ton kanónon". Diese „Sammlung" faßte die Konzilskanones der östlichen Synoden ab dem 4. Jh. und die „Apostolischen Kanones" zu einem einheitlichen „Corpus" zusammen, das sich in 50 „Titel" systematisch untergliederte. Daneben schuf er in einem zweiten Akt der Kodifikation eine „Auslese in 87 Punkten" (collectio 87 capitulorum), die aus den „Novellen" Justinians kaiserliche Konstitutionen kirchenrechtlichen Inhaltes aus den Jahren 535-546 zusammenstellte[28].

Der andere ist der in Rom lebende und auch dort gestorbene (ca. 545 n.Chr.) skythische Mönch Dionysius Exiguus, der zu einer Zentralfigur in der Überlieferung abendländischer Kanonistik werden sollte. Der zunächst einmal als „Übersetzer" und „Redaktor" einzuordnende Kanzleibeamte[29] hat seiner um 500 n.Chr. erstellten „Kanonessammlung" besondere Sorgfalt und mehrere Bearbeitungen angedeihen lassen. Sie wurde mit den „Apostolischen Kanones" (auf 50 reduziert) eröffnet. Ihnen folgte als Mittelstück die Konzilskanones und als Schluß eine Sammlung päpstlicher Dekretalen, die von Siricius I. bis zu Anastasius II. reichte. Dahinter steht [183] ein kirchenrechtliches Konzept, für das das Papstrecht des Abendlandes in der apostolischen Tradition wurzelt, aber in Rechtstradition mit den Ostkirchen steht. In diesem zweiten Fall werden wir also von einer einheitlichen Kodifikation sprechen müssen.

---

27   Zu dem biographisch sonst unbekannten Redaktor und Kompilator vgl. FRITZ PRINGSHEIM, Enantiophanes: Bollettino di Istituto di diritto Romano V 14/15 (1951), 503-522.

28   VLADIMIR NIKOLAEVIČ BENEŠEVIČ hat sich in seinen, russisch geschriebenen Studien: „Die Kanonessammlung der XIV Titel", St. Petersburg 1906 und „Die Synagoga in 50 Titeln des Johannes Scholasticus", St. Petersburg 1914, bleibende Verdienste auf diesem Gebiet gesichert, die ihm die Textausgabe „Joannis Scholastici Synagoga 50 titulorum…", München 1937 ermöglichten. Im übrigen ist es irreführend, wenn RGG IV (³1960), 1508f. Johannes Scholastikos unter dem Stichwort „Nomokanon" abgehandelt wird.

29   Zweifelsohne ist der Beitrag des Dionysius Exiguus zur abendländischen Kanonistik von WILHELM MARIA PEITZ – HANS FÖRSTER, Dionysius-Exiguus-Studien. Neue Wege der philologischen und historischen Text- und Quellenkritik, Berlin 1960 überschätzt worden, vgl. die kritischen Anzeigen von CHARLES MUNIER, SE 16 (1963), 236-250 und KNUT SCHÄFERDIEK, ZKG 74 (1963), 353-368.

3. Solche Einheitlichkeit der Kodifizierung bedeutet noch nicht eine einheitliche Behandlung des Textes. Es ist von vornherein davon auszugehen, daß die Eingriffe im Bereich der Konzilskanones stärker ausfallen werden als bei der Kodifizierung von Papstdekretalen.

Für letzteres bietet wieder Dionysius Exiguus Anschauungsmaterial. Die Dekretalensammlung – er selber spricht in der Widmung von „Praeteritorum sedis apostolicae praesulum constituta" – beginnt mit dem berühmten, weil für papales Selbstverständnis charakteristischen Brief des Siricius I. (384-399) an Bischof Himerius von Tarragona. Der betreffende Passus sei hier wiedergegeben[30]:

„INCIPIT EPISTOLA DECRETALIS PAPAE SIRICII. Siricius Himerio episcopo Tarraconensi salutem. Directa ad decessorem ... poterit obstruatur. DAT' III' ID' FEB' ARCADIO ET BAVTONE CONSS' EXPL EPISTOLA DECRETALIS SCI SIRICII".

Schon das Textbild, das im großen Buchstaben den sog. Proto-koll und den sog. Echato-koll hervorhebt, veranschaulicht die geringen Möglichkeiten eines Eingriffes in den Text. Der Stil des Briefregisters mit seinem „Incipit" und „Explicit" bindet den Registrator sogar in dem, was er zitieren will; zum vorliegenden Fall sei noch vermerkt, daß die Datumsangabe 10. Febr. 385 zum Brieftext, nicht zum Eschatokoll gehört, d.h. nicht eigener Beitrag des Registrators ist.

Solche redaktionelle Beiträge zu liefern, boten eher die Konzilskanones, der zweite Teil des dionysianischen „Codex" Möglichkeit. Hier waren Inhaltsverzeichnisse (capitula) anzulegen, um die verschiedenen Konzilien, angefangen von Nicaea (325 n.Chr.) bis zum 4. ökumenischen Konzil von Chalkedon (451), als Untereinheiten kenntlich zu machen. Sie sind nicht mit den „tituli" identisch, die über den einzelnen Konzilskanones selber zu stehen pflegen. Davon kann man sich schnell durch Quellenstudium überzeugen, ohne sich in die durch EDUARD SCHWARTZ ausgelöste, durch FRANK L. CROSS fortgesetzte und neuerdings durch CHARLES MUNIER geförderte Forschungsdebatte vertiefen zu müssen[31]. [184]

Vor allem aber Unterschiede in Stil und Gattung konnten dem Kompilator glättende Textänderungen nahelegen. Erinnert sei nur an die Unterschiede, die sich hinsichtlich der uns bewegenden Frage nach dem Schriftgebrauch im Kirchenrecht zeigen, wenn man einerseits zeitlos formulierte Konzilskanones liest oder feststellen muß wie im Fall von Serdika (342/3 n.Chr.) oder Carthago (419

---

30 Zitiert nach: HUBERT WURM, Studien und Texte zur Dekretalensammlung des Dionysius Exiguus, Bonn 1939 (anast. Amsterdam 1964), 62; dort auch der Text der Widmung.

31 Grundlegend immer noch „Die Canonessammlung des Dionysius Exiguus in der ersten Redaktion", hg. von ADOLF STREWE, AKG 16, Berlin/ Leipzig 1931, die wegen der selbstlosen Herausgeberschaft eigentlich „STREWE – LIETZMANN" zitiert werden sollte, wie FRANK LESLIE CROSS (s.u.) es tat. Daß der Übersetzer Dionysius Exiguus trotzdem in seinem Redaktionswerk eigene Initiativen entfalten konnte, betont EDUARD SCHWARTZ am Schluß seines grundlegenden Aufsatzes: „Die Kanonessammlungen der alten Reichskirche" (1936): Gesammelte Schriften 4, Berlin 1960, 272f. – Daneben sei auf den Aufsatz von F.L. CROSS, History and Fiction in the African Canons, JThS NS 12 (1961), 227-247 verwiesen, während ich für CHARLES MUNIER auf BERTHOLD ALTANER – ALFRED STUIBER, Patrologie, Freiburg u.a. ⁸1978, 599 verweise.

n.Chr.), daß sie unmittelbar aus den Synodalprotokollen hervorgegangen sind. Da zweifelsohne das biblische Argument zunächst in der synodalen Debatte zuhause ist, ist zu erwarten, daß bei der Kodifizierung und vor allem bei der Ausgestaltung von Konzilsbeschlüssen zu zeitlosen „canones" die stärksten Eingriffe erfolgen. Dies wird ein nächster und wichtiger Schritt unserer Untersuchung sein.

II.

Beginnen wir mit der ersten Einheit in der „Canonessammlung" des *Dionysius Exiguus*. Sie wird durch die „*Canones apostolorum*" in ihrer Kurzfassung von cann. 1-50 repräsentiert. Sie waren Dionysius Exiguus aus den Ostkirchen bekannt. Er verrät seine Quelle mit der Angabe: „Regulae ecclesiasticae sanctorum apostolorum per Clementem prolatae" (STREWE, 4,12f.). Damit sind die „Apostolischen Konstitutionen" gemeint. Ihr Kompilator hatte das Pseudonym besagten Petrusschülers gewählt, weil dieser neben Petrus als apostolischer Gründer der westsyrischen Kirche mit ihrer Kapitale Antiochien galt[32]. Schon die [185] Stellennachweise in den Ausgaben von FRANZ XAVER FUNK oder ADOLF STREWE belehren über das geringe Vorkommen von Bibelstellen. Von den in Frage kommenden sechs Kanones sind nur drei durch Zitationsformel kenntlich gemacht. Die drei anderen sind Biblizismen.

Zur ersten Kategorie gehört can. 25: er plädiert für Kleriker, die schwerer Vergehen (Hurerei, Meineid, Diebstahl) überführt wurden, wohl auf Absetzung, verneint aber die Exkommunikation mit der Bemerkung: „dicit enim scriptura: ,non vindicabit dominus bis in id ipsum'." Damit kann nur Nahum 1,9 gemeint sein, auch wenn der hebräische Kontext ebenso die Wiedergabe durch die Vulgata („Non consurget duplex tribulatio") eine ganz andere Thematik ansprechen. Die Möglichkeit einer direkten Übertragung aus der Septuaginta (Nah. 1,9: οὐκ

---

32   Der kurze Hinweis auf die Pseudoklementinen mag genügen. Von speziellem Interesse ist, ob der Redaktor Dionysius den oben zitierten Buchtitel („... per Clementem prolatae") aus der griechischen Fassung: Διαταγαὶ τῶν ἁγίων ἀποστόλων διὰ Κλήμεντος oder aus einer eigenständigen Überschrift über die „Canones apostolorum" in der Kurzfassung Const. Apost. VIII 47,1-50 (vgl. F.X. FUNK Bd. I, 564f. mit Anm.) oder aus einer selbständigen Erstfassung der 50 ersten Kanones gewonnen hat, die erst später unter Weglassung ihres „häretischen" Zusatzes zu can. 50 von dem griechischen Kompilator seinen 8 Büchern der „Apostolischen Konstitutionen" zugefügt wurde, wobei er sie um 35 Kanones vermehrte, vgl. E. SCHWARTZ, Die Kanonessammlungen aaO 273, Anm. 1. SCHWARTZ erwog unter dem Eindruck eines Aufsatzes von H. CUTHBERT TURNER, Notes on the Apostolic Constitutions II: The Apostolic Canons, JThS 16 (1914/15), 523-538 diese Möglichkeit. Vor ihm hatte schon JOHANN SEBASTIAN DREY, Neue Untersuchungen über die Constitutionen und Canones der Apostel (Tübingen 1832), die ein anast. Nachdruck Aalen 1967 aktualisierte, Ähnliches ausgesprochen. Heute müßte allerdings die Diskussion die sehr eindrucksvoll vorgetragene These von DIETER HAGEDORN, der „Arianer Julian" sei der alleinige Kompilator der acht Bücher der „Apostolischen Konstitutionen" (p. XXXVII-LVII der Textausgabe von 1973 = PTS 14), berücksichtigen.

ἐκδικήσει (sc. κύριος) δὶς ἐπὶ τὸ αὐτὸ ἐν θλίψει), sei es durch Dionysius Exiguus oder jemand anderes, lassen wir zunächst offen. Wichtiger ist, daß schon durch die Fortlassung des Situationsbegriffes „ἐν θλίψει" das Zitat eine bemerkenswerte Tendenz zeigt, sich als juristischen Grundsatz zu geben, wonach niemand für die gleiche Straftat zweimal bestraft werden darf. – Ein weiteres Beispiel der gleichen Kategorie bietet can. 50 (49). Er befaßt sich mit der dreimaligen Immersionstaufe und wendet gegen die einmalige Immersion „in morte Domini" (vgl. Röm. 6,3) das „argumentum e contrario" an: „Non enim dixit Dominus nobis: ‚in morte mea baptizate', sed: ‚Euntes docete omnes gentes baptizantes eos in nomine patris et filii et spiritus sancti'" (STREWE, 10, 20-22): hier ist ein Bibelwort in die Welt der forensischen Rhetorik verlegt worden. – Auch für die zweite Kategorie einer biblizistischen Zitierweise seien zwei Beispiele angeführt. So befaßt sich can. 27 mit Klerikern, angefangen mit Bischöfen, die sündhafte Gläubige („fideles deliquentes") oder strafwürdige Ungläubige („infideles inique agentes") prügeln oder schlagen, um auf diese Weise sich Respekt zu verschaffen („per huiusmodi volentum timeri"). Sie sind ihres Amtes zu entheben: „quia nusquam nos hoc Dominus docuit, e contrario vero ipse, cum percuteretur, non percutiebat, ‚cum malediceretur, non remaledicebat, cum pateretur, non comminabatur'" (STREWE, 7, 8-10). Seiner Form nach [186] gibt sich das, als solches nicht gekennzeichnete, Zitat 1.Petr. 2,23 als exemplarisches Lehrbeispiel („docuit"!) Jesu von Nazareth. In ähnlicher Weise führt can. 29 ohne Stellenkennzeichnung das apostolische Vorbild des Petrus aus Apg. 8,21f. an, der Simon Magus exkommunizierte („sicut Symon Magus a Petro")[33]. Im vorliegenden can. 27 aber wird der exemplarische Bezug auf Jesus dadurch erreicht, daß ein Bibelzitat (1.Petr. 2,23) durch einen stilistisch homogenen Vordersatz auf den konkreten Fall zugeschnitten wird. Zugleich wird ein Bezug zum spätrömischen Zivilrecht hergestellt, das stets dem Bürger das Recht vorbehalten hatte, gegen die Strafe der körperlichen Züchtigung die Volksversammlung anzurufen, das umgekehrt Züchtigung auch als Abschreckungsstrafe kannte[34]. – Ein typischer Biblizismus stellt ferner can. 46 (45) dar. Er befaßt sich mit Bischöfen und Presbytern, welche die Häretikertaufe anerkennen und deshalb „bestraft" (damnari) werden sollen. Daran wird unmittelbar die argumentative Frage des Paulus aus einem ähnlichen Kontext zitiert: „Quae enim conventio Christi ad Beliar, aut quae pars fideli cum infideli?" (2.Kor. 6,15). Hier ist keine Kennzeichnung des Zitates notwendig. Interessant ist aber, daß der lateinische Text des Dionysius Exiguus (can. 45) in dem einleitenden Satz von dem des griechischen Kompilators divergiert. Während der skythische Mönch das Verhältnis zu den Häretikern durch die Partizipialkonstruktion „hereticorum suscipientum baptismum" auf den Aufnahmeakt in der Gemeinde konkretisiert

---

33   So der lateinische Wortlaut bei Dionysius Exiguus, während Const. Apostol. VIII 47,29 mit dem Personalpronomen ὑπ' ἐμοῦ das historische wie dogmatische Modell vom Apostelkonzil in Jerusalem der „Apostolischen Konstitutionen" durchhält. Im übrigen hat can. 29 nicht die mittelalterliche „Laieninvestitur", sondern – wie der Vergleich mit can. 2 Chalkedon 451 lehrt – Geldbestechungen bei Bischofswahlen im Auge.

34   Vgl. die justinianischen Edikte: Dig. 48,19,6,1 und Novellae 123 c. 11.

und deshalb auch nur die Bestrafung der Gemeindeleiter[35] verlangt, erweitert der griechische Text Const. Apostol. VIII 47,46 den Personenkreis um den Diakonen, nennt neben der Taufe auch das Abendmahl (θυσία) und verschärft mit der Amtsenthebung das Strafmaß. In Westsyrien liegen die Verhältnisse sichtlich anders als in Rom. Dort geht es um die Aufnahme von Häretikern, die in der Minderheit leben. Im Osten muß hingegen das Zusammenleben mit häretischen Gemeinschaften geregelt werden, deren Größe sogar Kleriker der katholischen Kirche veranlassen können, an ihren Eucharistiefeiern teilzunehmen. [187]

Die Beobachtung von inhaltlichen Veränderungen bei der Übertragung der griechischen „Constitutiones apostolorum" VIII 47 durch die „Canones apostolorum" cann. 1-50 ins Lateinische weckt die Frage, ob sich die bisherigen Beobachtungen auch an den cann. 51-85, die Dionysius Exiguus nicht übernahm, bestätigen. Dabei wird man den abschließenden Kanon des Alten und Neuen Testament (= can. 85) aus dem Vergleich ausschließen. Bei den neun in Frage kommenden Kanones erscheint nur im can. 53 ein Biblizismus. Can. 63, der von allen Klerikern den Genuß sog. koscheren Fleisches[36] unter der lakonischen Bemerkung, „das hat das Gesetz untersagt", verlangt, nimmt wohl Septuagintaworte aus 1.Mos. 9,4; 2.Mos. 22,30 (κρέας θηριάλωτον) und 5.Mos. 14,21 (θνησιμαῖον) auf, verzichtet aber auf den naheliegenden, mit dem Geschichtskonzept der „Canones Apostolorum" parallel gehenden Bezug auf das Apostelkonzil und seine sog. noachitischen Gebote (Apg. 15,20.29)[37]: das Verbot erscheint im Gewande einer christlichen Thora. – Ebensowenig ist bei can. 80 von einem Biblizismus zu sprechen, der sich gegen die Wahl eines gerade aus dem Heidentum übergetretenen Christen zum Bischof wendet. Das hatte bereits der sog. „nicänische" Kanon 2 von 325 (?) unter deutlichem Zitat des gleichlautenden Pauluswortes 1.Tim. 3,6f. getan. Solcher Bezug aber fehlt hier. Unter dem Stichwort der „Gerechtigkeit" (οὐ δίκαιον) wird hingegen argumentiert, die Gleichberechtigung aller Gemeindeglieder hervorgehoben und zugleich auf die größeren Erfahrungen langgedienter Christen verwiesen. Im übrigen bevorzugen die andern Kanones der griechischen Restüberlieferung (cann. 51-85) den biblischen Klartext[38]. Sie bieten

---

35 „Episcopum aut presbiterum" erinnert stark an die stadtrömischen Gemeindeverhältnisse, ist aber auch für Alexandrien oder sonstige Großstadtgemeinden wie Antiochien denkbar.

36 Unter Androhung der Amtsenthebung für Kleriker und Exkommunikation für Laien, was zugleich für den „Philosemitismus" des Kompilators bezeichnend ist; um so weniger reflektiert sind die Strafen.

37 Das war bereits Const. Apost. VI 12,13-15 unter wörtlichem Zitat von Apg. 15,12-20.22-29 geschehen – eine der vielen Beobachtungen, welche für die Identität von Verfasser der „Apostolischen Konstitutionen" und des Zusatzes can. VIII 47,51-85 sprechen.

38 Can. 51: Mißachtung der Ehe durch Kleriker = 1.Mos. 1,31; 1,27 – can. 52: Abweisung des bußfertigen Sünders = Lk. 15,7 – can. 55: Schmähung des Bischofs durch Kleriker = 2.Mos. 22,8 – can. 75: Verdächtigung des Bischofs durch Häretiker, plurales Zeugenaufgebot = 5.Mos. 19,5 – can. 81: keine Wahrnehmung öffentlicher Aufgaben durch Bischöfe = Mt. 6,24 (ähnlich angewandt durch can. 15, Nicaea II von 787 n.Chr.; can. 19 aaO im Rahmen eines Zitates Basilius Caes.) – can. 83: Unvereinbarkeit von Staatsdienst (στρατεία) und Bischofsamt durch den gleichen Amtsträger = Mt. 22,21 parr.

darin das gleiche Bild, wie es auch an den anderen sechs Büchern der „Apostolischen Konstitutionen" zu beobachten ist. [188]

Unser vorrangiges Interesse gilt daher weiterhin den cann. 1-50 der „Canones apostolorum" in der lateinischen Übertragung des Dionysius Exiguus. Unter typengeschichtlicher Analyse soll versucht werden, die Vorgeschichte der von uns festgestellten zwei Zitationsformen aufzuhellen.

Obwohl es nur in einem zunächst belanglosen Detail sichtbar wird, hat man z.B. can. 39 dem biblizistischen Typ zuzurechnen. Es geht um den Nachlaß eines verstorbenen Bischofs, bei dem Vermögensansprüche sowohl seitens der Kirche als auch der Familienangehörigen geltend gemacht werden. Beides ist zu berücksichtigen, wobei es heißt: „... et iustum est hoc apud deum et homines, ut ..." (STREWE, 9,12f.) Diese Wendung erinnert an Lk. 2,52, wo die Wendung „Gnade bei Gott und den Menschen" ihrerseits ein typisches Beispiel für den lukanischen „Hebraismus" darstellt und auf Sprüche 3,4 zurückverweist. Im vorliegenden Fall läßt sich nun nachweisen, daß besagte biblizistische Wendung im can. 39 nicht auf Dionysius Exiguus zurückgeht, sondern älteren Ursprungs ist. Sie begegnet schon in einem Kanon der Kirchweihsynode von Antiochien 341 n.Chr., der sich gleichfalls mit der kirchlichen Vermögensverwaltung befaßt. In dem dortigen can. 24 ist Lk. 2,52 allerdings mit Röm. 14,18: δίκαιον γὰρ καὶ ἀρεστὸν παρά τε τῷ θεῷ καὶ ἀνθρώποις (ed. LAUCHERT, 49,30f.) kontaminiert worden. Man könnte diese redaktionelle Variante beiseite lassen, wenn nicht der Vergleich des antiochenischen Konzilskanons insgesamt mit dem lateinischen Text des Dionysius Exiguus noch weitere Zeichen für eine redaktionelle Straffung durch den Übersetzer bringt. Außerdem zeigt sich, daß Dionysius Exiguus auch thematisch redagiert, indem er aus can. 24 von Antiochien 341 drei Kanones macht, nämlich die can. apostolorum 38-40.

Antiochien, can. 24 / Const. Apostol. gr. 38/39 gr. 40

can. 24

τὰ τῆς ἐκκλησίας τῇ ἐκκλησίᾳ καλῶς ἔχει φυλάττεσθαι δεῖν μετὰ πάσης ἐπιμελείας καὶ ἀγαθῆς συνειδήσεως καὶ πίστεως τῆς εἰς τὸν πάντων ἔφορον καὶ κριτὴν θεὸν ἃ καὶ διοικεῖσθαι προσήκει μετὰ κρίσεως καὶ ἐξουσίας τοῦ ἐπισκόπου τοῦ πεπιστευμένου πάντα τὸν λαὸν καὶ τὰς ψυχὰς τῶν συναγομένων φανερὰ δὲ εἶναι τὰ [189] διαφέροντα τῇ ἐκκλησίᾳ μετὰ γνώσεως τῶν περὶ αὐτὸν πρεσβυτέρων καὶ διακόνων, ὥστε τούτους εἰδέναι καὶ μὴ ἀγνοεῖν, τίνα ποτέ ἐστι τῆς ἐκκλησίας, ὥστε μηδὲν αὐτοὺς λανθάνειν ἵν' εἰ συμβαίη τὸν ἐπίσκοπον μεταλλάττειν

Dionysius Exiguus, can. 38/39/40

can. 38

„Omnium negotiorum ecclesiasticorum curam episcopus habet,
et ea velut deo contemplante dispenset, nec
ei liceat ex his aliquid omno contingere aut parentibus propriis, quae dei sunt, condonare. quod si pauperes sunt, tamquam pauperibus subministret, ne eorum occasione ecclesiae negotia depraederitur." [189]

can. 39

„Presbiteri et diaconi praeter episcoporum nihil agere pertemptent. nam *domini populus ipsi commissus est*; et pro animabus eorum hic redditurus est rationem.

τὸν βίον, φανερῶν
ὄντων τῶν διαφερόντων τῇ ἐκκλησίᾳ
πραγμάτων, μήτε αὐτὰ διαπίπτειν καὶ
ἀπόλλυσθαι, μήτε τὰ ἴδια τοῦ
ἐπισκόπου ἐνοχλεῖσθαι προφάσει τῶν
ἐκκλησιαστικῶν πραγμάτων.
>δίκαιον γὰρ καὶ ἀρεστὸν παρά τε τῷ
θεῷ καὶ ἀνθρώποις< τὰ ἴδια τοῦ
ἐπισκόπου οἷς ἂν αὐτὸς βούλεσθαι
καταλιμπάνεσθαι, τὰ μέντοι τῆς
ἐκκλησίας αὐτῇ φυλάττεσθαι καὶ
μήτε τὴν ἐκκλησίαν ὑπομένειν ζημίαν,
μήτε τὸν ἐπίσκοπον προφάσει τῆς
ἐκκλησίας δημεύεσθαι, ἢ καὶ εἰς
πράγματα ἐμπίπτειν τοὺς αὐτῷ
διαφέροντας μετὰ τοῦ καὶ αὐτὸν μετὰ
θάνατον δυσφημίᾳ περιβάλλεσθαι.

can. 40
Sint autem manifesta res propriae
episcopi, si tamen habet proprias, et
manifestae dominicae, ut potestatem
habeat de propriis moriens episcopus, sicut voluerit et quibus voluerit,
derelinquere, *ne sub occasione ecclesiasti-
carum rerum quae episcopi esse probantur
intercidant.* fortassis enim aut uxorem
habet aut filios aut propinquos aut
servos.
>*et iustum est hoc apud deum et homi-
nes,*< *ut nec ecclesia detrimentum patiatur*
ignoratione rerum pontificis *nec
episcopus* vel eius propinqui *sub ob-
tentu ecclesiae proscribantur et in causas
incidant, qui ad eum pertinent, morsque
eius iniuriis infametur"*

Die kursiv gedruckten Worte, die der skythische Mönch sowohl mit dem antiochenischen Konzilskanon als auch mit dem griechischen Kompilator gemeinsam
hat, sprechen für die Annahme, daß nicht ihm, dem lateinischen Übersetzer, die
Aufgliederung eines Konzilsbeschlusses zuzuschreiben ist, sondern einer griechischen Vorlage. War dem Konzilsbeschluß – als Mehrheitsentscheidung! – an der
Erhaltung des Kirchenvermögens gelegen und billigte er deshalb auch Presbytern
und Diakonen eine größere Einsicht in die kirchliche Vermögensverwaltung zu,
so ist der griechische Kompilator der „Apostolischen Kanones" sichtlich be-
strebt, die Führungsrolle des Bischofs hervorzuheben und deshalb auch den Pro-
blemen der Vermögensauseinandersetzung bei [190] seinem Ableben Rechnung
zu tragen. Aus der apersonalen Direktive zu einer, vor Gott verantwortlichen
Vermögensverwaltung des Kirchengutes (can. 24 Antiochien ineunte) machte er
den selbständigen can. 38, der die Verantwortlichkeit ausschließlich dem Bischof
zuschreibt. Als Konsequenz wurde die Einfügung des Passus über die Zubilligung
des »Armenstatus« für nächste Angehörige wie Eltern des Bischofs nötig. Ferner
mußte jetzt ein weiterer, selbständiger Kanon (can. 39) die episkopale Prävalenz
durch die strikte Unterordnung von Presbytern und Diakonen absichern. So war
der Weg gebahnt, unter strenger Scheidung zwischen Kirchengut und Bischofs-
vermögen (can. 40) eine Regelung zu finden, die nicht nur Schaden von der Kirche, sondern auch von dem Ansehen verstorbener Bischöfe abwenden wollte.
Durch Akzentverschiebung gelang auf diese Weise dem griechischen Kompilator
ein kleiner, nur ein Detail betreffender, bischöflicher Standesspiegel.
    Die gleichen Beobachtungen wiederholen sich beim Vergleich von Dionysius
Exiguus can. 40 mit seiner Vorlage Const. Apostol. VIII, 47, 41 und deren Vorlage can. 25 Antiochien 341. Wieder erweist sich Dionysius Exiguus primär als
Übersetzer: er übernimmt die Umgestaltung des Synodalkanons durch den Grie-

chen. Dieser hatte den can. 25 und dessen im typischen Protokollstil gehaltene A.c.I.-Konstruktion: Ἐπίσκοπον ἔχειν τῶν τῆς ἐκκλησίας πραγμάτων ἐξουσίαν (LAUCHERT, 50, 5f.) mit dem Verbum προστάσσομεν (D.E.: „Praecipimus") versehen und so elegant den Anschluß an die literarische Fiktion der „Apostolischen Kanones" gefunden. Zugleich war so der Anschluß zum dem vorhergehenden „Bischofsspiegel" (Can. gr. 40) hergestellt: der Konzilsbeschluß zur Verwendung des Kirchengutes für den Lebensbedarf des Bischofs und seiner „bei ihm gastierenden Brüder" (LAUCHERT, 50, 9) erscheint jetzt als ein neues Thema bischöflicher Standesethik. Deshalb führt der griechische Kompilator auch den Gedanken der seelsorgerlichen Verantwortlichkeit des Bischofs ein, um von ihr aus die ökonomische Vollmacht desselben zu begründen. Die ganze zweite Hälfte des antiochenischen Schlußkanons (c. 25 Ant.) hingegen streicht der Grieche. Sie hatte wie der voraufgehende Konzilskanon (c. 24 Ant.) die Mitwirkung der Presbyter und Diakone bei der Verwendung des Kirchengutes für die Armenfürsorge verlangt und bei Mißbrauch die Rechenschaftsablage vor der bischöflichen Provinzialsynode festgesetzt. Solche Einengung bischöflicher Hoheit widersprach den Intentionen des Griechen. Ob er deshalb auch in seiner Konzilsvorlage das Wort des „göttlichen Apostels", d.h. des Paulus: „So wir Nahrung und Kleidung haben, so wollen wir uns dabei bescheiden" (1.Tim. 6,8) in Fortfall brachte? Jedenfalls heißt es bei ihm:

„Das Gesetz Gottes ordnete an, die am Altar weilenden (sc. Priester) sollten sich vom Altar ernähren, denn auch kein Soldat trägt auf seinen eigenen Sold hin die Waffen wider die Feinde" (F. X. FUNK, 576, 24ff.).

Das angebliche Gottesgebot erweist sich beim näheren Hinsehen als ein argumentatives Satzgebilde aus 1.Kor. 9,13 und 1.Kor. 9,7; es hält sich nicht an den paulinischen Wortlaut, nur der paulinische Kontext (1.Kor. 9,9) und sein alttestamentliches Kolorit[39] könnte ihm die neue Zitationsformel: ὁ γὰρ νόμος τοῦ θεοῦ διετάξατο suggeriert haben. Wichtiger erscheint uns die Beobachtung, daß der griechische Kompilator aus dem Pauluszitat 1.Tim. 6,8 seiner synodalen Vorlage einen generellen Gesetzestext macht, der nur von ferne her an die Begründung sakralen Brauchtums durch profane Vergleiche erinnert, wie Paulus sie übte. Das ist zweifelsohne gekonnt und stellt diesem frühen Zeugnis christlicher Jurisprudenz eine gute Note aus. Der Boden synodaler Beratung, auf dem das Bibelargument zuhause ist, wird damit aber auch verlassen. Solche Ausmerzung der Bibelzitate, bei der Auswertung von Synodalkanones für ein kirchliches Rechtskorpus scheint die zwangsläufige Folge der kompilatorischen und redaktionellen Überarbeitung der Vorlagen zu sein.

---

39   Ich verweise auf HANS CONZELMANN, Der erste Brief an die Korinther, Göttingen 1969, 184f. mit Anm. Er verweist mit EBERHARD NESTLE auf Num. 18,8.31 und für den religionsgeschichtlichen Bezug mit HANS LIETZMANN - WERNER GEORG KÜMMEL, An die Korinther I, II, HNT 9, (⁵1969) auf das heidnisch-antike Priesterbrauchtum. Die von H. CONZELMANN gestellte Frage, ob Vers 13a und Vers 13b synonym sind, möchte ich dahin beantworten, daß 13a alttestamentlich orientiert ist und jüdische Leser im Auge hat, während 13b heidnische Leser und deren heidnische Vorstellungen berücksichtigt.

III.

Zu ähnlichen Ergebnissen kam ich bereits vor Jahren, als ich mich mit der Kodifizierung ökumenischer und regulärer Synodalbeschlüsse befaßte. Damals verwies ich auf das „*Corpus canonum*" *von Antiochien* (ca. 400 n.Chr.), das neben den Konzilsbeschlüssen von Ancyra (314 n.Chr.) und der bereits erwähnten Kirchweihsynode von 341 n.Chr. auch die angeblichen Konzilskanones von Konstantinopel 381 und 394 n.Chr. enthielt, in dieser Gestalt aber uns nicht vorliegt[40]. Im Unterschied zu der gleichzeitigen Privatarbeit der „Canones apostolorum" handelt es sich [192] hier um ein kirchenoffizielles Gesetzwerk, das vor 381 n.Chr. in Laodicea kodifiziert wurde (LAUCHERT, 72-79). Es hat deshalb auch eine Präambel:

> „Die heilige Synode, die sich aus den verschiedenen Eparchien der Asiana in dem zur Phrygia Pacatiana gehörigen Laodikeia versammelt hat, erließ die untenstehenden kirchlichen Bestimmungen" (ὅϱοι).

Mit der Präambel war zugleich ausgesprochen, daß dies Gesetzeswerk innerhalb der staatlichen Diözese der Asiana, d.h. Kleinasien für alle christlichen Gemeinden kirchenrechtliche Geltung beanspruche. Wenn es z.B. in seinem letzten can. 60 die „Bücher" aufführt, die „verlesen werden" dürfen, dann will es mit diesem Kanonverzeichnis (can. 59 spricht von den „kanonischen Büchern des neuen und alten Bundes") die liturgischen Lesungen für Kleinasien vereinheitlichen. Solche Absicht entspricht den Intentionen der „Apostolischen Kanones", die auch mit einem Kanonverzeichnis abschließen (Const. Apost. VIII 47, 85)[41].

Am „*Corpus canonum*" *von Laodikeia* läßt sich nun durch Stilanalyse gut zeigen, daß es sich um die zweite Kodifizierung handelt, der eine frühere voraufgegangen ist. Die Canones 1-19 werden immer durch die Wendung „πεϱὶ τοῦ" mit Infinitiv eingeleitet; sie dürften die ältere Einheit sein. Canones 20-60 hingegen beginnen stereotyp mit einem: „Ὅτι οὐ δεῖ". Gemeinsam ist beiden Formeln der Kanzleistil: hier sind Protokollbeamten (sog. notarii) am Werk, welche nur die Überschriften (tituli) der Synodalbeschlüsse für die Kodifikation heranziehen. Daß bei solcher Prozedur jedem Bibelzitat das Lebenslicht ausgeblasen werden mußte, liegt auf der Hand.

Auch für das südspanische *Gesetzeswerk von Elvira* (LAUCHERT, 13-29) wird man aufgrund neuester Untersuchungen einen mehrschichtigen Kodifizierungs-

---

40   CARL ANDRESEN, Kirchen der alten Christenheit aaO 394ff. Zu der S. 396 notierten Literatur ist noch WALTER SELB, Die Kanonessammlungen der orientalischen Kirchen und das griechische Corpus Canonum der Reichskirche: Speculum iuris et ecclesiarum, FS WILLIBALD MARIA PLÖCHL, Wien 1967, 371-383, nachzutragen.

41   Auch das sog. Breviarium Hipponense von 393 (vgl. F.L. CROSS, JThS 12 (1961), 227-247, spez. 229ff.) beschloß im can. 36 ein Kanonverzeichnis. Besagtes „Breviarium" kodifizierte ältere Synodalbeschlüsse Nordafrikas; Text der Wiederholung Karthago 397: ERWIN PREUSCHEN, Analecta, 72f.; LAUCHERT, 173, vgl. außerdem CHARLES MUNIER, Cinq canons inédits du concile d'Hippone du 8 oct. 393, RDC 18 (1968), 16-29.

prozeß, der bis in die 2. Hälfte des 4. Jh.s andauerte, annehmen müssen[42]; die Erwähnung des Bischofs Hosius (gest. 357) im [193] Kodifikationsprotokoll gibt das Datum „ad quem". Solche Mehrschichtigkeit geht schon aus dem stilistischen Pluralismus hervor. Zur ersten Kodifikation wird man jene Kanones zählen, die im Unterschied zu den griechischen Corpora von Laodicea und Antiochien noch die typisch-synodale Beschlußformel des „Placet" (gr. ἀρέσκει) beibehalten[43]. Diese Formel erinnert daran, daß die altchristlichen Synodalkanones aus einem Mehrheitsbeschluß hervorgingen[44]: er wurde im Sitzungsprotokoll unter gleichzeitiger Notierung der Akklamationen festgehalten. Hierfür waren die sog. notarii verantwortlich. Sie haben sichtlich auch bei der letzten Kodifikation die Feder geführt, indem sie die Präambel jetzt als Eröffnungsprotokoll gestalteten:

> „Cum consedissent sancti et religiosi episcopi in ecclesia Eliberitana, hoc est... (folgen die Namen); item presbyteri... (folgen die Namen); die iduum Majarum apud Eliberim residentibus cunctis, adstantibus diaconibus et omni plebe, episcopi universi dixerunt: ..." (HERMANN THEODOR BRUNS II 1f.).

Für diese Form eines Eröffnungsprotokolls bieten die nordafrikanischen „Generalkonzilien" in Karthago das naheliegendste Vergleichsmaterial, mit der unter Cyprian vom 1. September 256 angefangen[45]. Allen ist [194] gemeinsam, daß mit

---

42 MAURICE MEIGNE, Concile où collection d'Elvire, RHE 70 (1975), 361-387 analysierte drei Schichten: a) 21 Kanones als Urgestein einer Synode von Elvira um 300 n.Chr., b) 13 Konzilsbeschlüsse, die vor dem 1. ökumen. Konzil von 325 n.Chr. liegen, und c) 47 Kanones, die in die Zeit zwischen Arles und Sardica, d.h. zwischen 314-343 n.Chr. fallen.

43 Elvira can. 1 (dazu noch gleich); 2-4; 7; 10-14.16.18.20.22-24.26-28.32-37.39-46.48-50.53.55f.58. 60-64.66.68-70.72-74.76.79. Das ist von den 81 Kanones die Mehrzahl gegenüber der Minderheit mit ihrer generellen Konditionalformel: „Si quis..." mit anschließendem Gerundivum. Hingegen verlangt die Placet-Formel prinzipiell das Gerundium, was in den Protokollen allerdings nicht durchgehalten wird.

44 Kirchen der alten Christenheit, aaO 193ff.

45 Eine Entwicklung ist unverkennbar. Die „Präfatio" von 256 n.Chr. bringt keine Namen und beginnt:

> „Cum in unum Cartaginem convenissent kalendis Septembribus episcopi plurimi ex provincia Africa, Numidia, Mauritania cum presbyteris et diaconibus, praesentibus etiam plebis maxima parte...",

um dann den Verhandlungsgegenstand zu benennen. Karthago I von 345 n.Chr. (so: F. L. CROSS) beginnt ähnlich, um dann zehn Bischöfe namentlich aufzuführen, dabei abschließend auf die Unterschriftenliste verweisend („et ceteris, quorum manus continentur"). Der Vorspann zu Karthago II von 390 n.Chr. wirkt mit seinen Angaben des Konsulatsjahres, des Kalenderdatums und des Tagungsortes sehr amtlich, nennt aber neben dem Bischof von Karthago als Vorsitzenden und einem „Victor Puppianensis" keinen der anwesenden Bischöfe mit Namen: die abschließende Unterschriftsleistung versetzte sie an das Ende des Protokolls. – Auch Karthago III von 397 n.Chr. bringt keine klerikale Anwesenheitsliste, steht aber der „Präfatio" von Elvira insofern am nächsten, als die stehenden Diakone erwähnt werden:

> „...cum Aurelius episcopus una cum episcopis consedisset astantibus etiam diaconibus, constituta sunt haec, quae in praesenti concilio definita sunt".

dem Platznehmen (consedere) die „Sitzung" (sessio) eröffnet ist. Das ist guter Protokollstil für eine legislative Versammlung. Ihm entspricht auch die „praefatio" von Elvira, die allerdings ihre stilistisch-logische (guter Protokollstil hat seine eigene Logik!) und grammatikalisch-richtige Fortsetzung gehabt hätte, wenn es heißen würde:

> „… episcopi universi dixerunt: ‚Qui post fidem…'" und nicht wie heute: „… episcopi universi dixerunt: ‚Placuit inter eos: Qui post fidem…'".

Der handschriftliche Befund lehrt, daß man diese „Nahtstelle" schon früher empfunden hat[46]. Sie beweist, daß hier die Kodifikation noch unmittelbar aus einer „Sitzung" hervorgegangen ist und damit in Händen der synodalen Protokollbeamten liegt, der „notarii". Den Zusammenhang mit einer legislativen Synode ließ auch das „corpus canonum" von Laodicea erkennen. Hier handelte es sich aber um eine „Präambel" im Stil juristischer Kodifikation, der sich dann im „Corpus canonum" von Antiochien und – wie wir bereits sahen – im Bereich der Ostkirchen unter Einfluß der dortigen Rechtsschulen durchsetzen sollte.

Umgekehrt scheint es eine Eigenart der spanischen Kodifikation von Konzilskanones zu sein, daß sie in Händen der „notarii" verblieb und deshalb im synodalen Protokollstil niedergelegt wurden. Ein anschauliches Beispiel bietet die zeitlich und räumlich sehr nahe liegende Metropolitansynode der Diözese der Terraconensis in Caesaraugusta, heute *Saragossa vom Jahre 380 n.Chr*. Hier lautet die „praefatio":

> „Caesaraugusta in secretario residentibus episcopis Fitadio, Delfino, Eutychio, Ampelio, Auxentio, Lucio, Itacio, Splendonio, Valerio, Symposio, Cartherio et Idacio, ab universis dictum est: ‚Recitentur sententiae'. Lucius episcopus legit… (folgt can. 1): ‚Ut mulieres omnes ecclesiae catholicae et fideles a virorum alienorum lectione et coetibus separentur, vel ad ipsas aliae studio vel docendi vel discendi conveniant, quoniam hoc apostolus iubet.' Ab universis episcopis dictum est: ‚Anathema futuros qui hanc concilii sententiam non observaverint'" (H.T. Bruns II p. 13).

Alle acht Konzilskanones von Saragossa werden mit geringfügigen Abwandlungen ähnlich vorgetragen. Am Anfang steht immer „Item legit [195] sc. Lucius episcopus", bzw. „Item lectum est". Dann folgt die Gesetzesformulierung. Sie erfolgt überwiegend in Konditionalsätzen („Si quis" bzw. „ne quis"), aber auch in der Finalform „Ut hi qui…". Beide Formen sind uns auch aus den juristisch-redaktionellen Kodifikationen des Ostens bekannt.

Besondere Beachtung verdient, daß die Konzilskanones von 380 n.Chr. Caesaraugusta als „sententiae" bzw. als „concilii sententia" (Einzelfall) proklamiert werden. Es ist daher zu erwarten, daß diese „Meinungsäußerungen" der bischöflichen Konzilsteilnehmer ungeachtet des hier vorliegenden, verallgemeinernden Stil der Kodifizierung noch die biblische Argumentation der Synodaldiskussion

---

Die Texte bietet jetzt die vorzügliche Ausgabe von CHARLES MUNIER, Concilia Africana 345-525 n.Chr., Brepols 1974 (CCL 149).

46 Ich benutze die Ausgabe von HERMANN THEODOR BRUNS, „Canones apostolorum…" II, Berlin 1839, der p. 2 in einer Fußnote die Lesart notiert: „Placuit ut quicumque post fidem…".

durchschimmern lassen. Dem ist auch so. So steht hinter der Formulierung „quoniam hoc apostolus jubet" (can. 1, s.o) unverkennbar ein bischöflicher Diskussionsbeitrag zum Thema der Gemeindeveranstaltungen, die von Männern und Frauen gemeinsam besucht werden, der auf Paulusworte wie 1.Kor. 14,34f. oder 1.Tim. 2,11f. (so der Quellennachweis bei H.T. BRUNS) hingewiesen hatte. – Ähnliches darf für den can. 7 angenommen werden, der die Selbstbezeichnung als „Gelehrter" (doctor) unter Ausnehmung eines bestimmten Personenkreises („praeter has personas, quibus concessum est")[47] mit dem allgemeinen Argument: „secundum id quod scriptum est" ablehnt. In diesem Fall läßt sich Mt. 23,8-10 als Schriftstelle benennen.

Sicheren Boden für solche Rückschlüsse bieten die „*Sententiae episcoporum numero LXXXVII*", die das Protokoll der bereits erwähnten Ketzertaufstreitsynode von Karthago 256 n.Chr. abschließen. Unter der stereotypen Zitationsformel: „N.N. dixit" und unter Angabe des Bischofssitzes halten sie die Begründung fest, mit der die einzelnen Konzilsteilnehmer die Ketzertaufe für ungültig erklärten. Es spricht für die theologische Führungskraft Cyprians, der als letzter sein Votum abgibt und dabei seinen Brief an Bischof Jubaianus, „unserm Kollegen"[48] zitiert (nr. 87), daß hier von Cyprian gebrauchte Bibelzitate und ihre argumentative Auswertung in den verschiedenen Bischofsvoten nachklingen[49]. [196]

Eines der Kernzitate Cyprians im Ketzeraufstreit ist Eph. 4,3-5 mit seiner einprägsamen Trias: „una fides, una spes, unum baptismum" (Eph. 4,5); zudem verstand er es, ihr die ekklesiologische Vertiefung zu geben (de catholica ecclesiae unitate cap. 4). Es ist daher nicht verwunderlich, wenn sie in den Bischofs„sentenzen" von 256 n.Chr. mehrmals wiederkehrt[50]. Ebenso ist es auf Cyprian zurückzuführen, wenn der missionarische Taufbefehl Mt. 28,19, der nur im Kontext einer – auch von den nordafrikanischen „Wiedertäufern" für sich beanspruchten (vgl. nr. 79) – apostolischen Sukzession Beweiskraft erhalten konnte, mehrmals angeführt wird. (nrr. 7.10.29.37).

Im übrigen spiegeln die verschiedenen Bischofsvoten von 256 n.Chr. auch die unterschiedlichen Schriftkenntnisse wider. Da gibt es in dem numidischen Tubunae (heute: Tobna) den Bischof Nemesianus, der ad vocem des „Wassers" alias der Taufe Spr. 9,12.18 zitiert. Das hatte vor ihm schon das Synodalschreiben Karthago 255 n.Chr. getan; es wurde zudem durch die sog. Afra (nordafrikani-

---

47 Damit dürfte der Katechumenen-Unterricht durch die Presbyter oder Katecheten gemeint sein, die im Westen auch „doctores" genannt wurden, vgl. Kirchenordnung Hippolyts nr. 15 (ed. B. BOTTE) und nr. 18f.; Acta Perpetuae 13,1; Tertullian, praescr. 3,5; Cyprian, ep. 29; vgl. ferner „Kirchen der alten Christenheit", 241f.

48 Jubaianus hatte laut Prooemium des Synodalprotokolls Sept. 256 an Cyprian eine briefliche Anfrage in Sachen der Ketzertaufe gerichtet (nicht erhalten). Nachdem bereits ein gewisser mauretanischer Bischof Quintus (ep. 72,1) ähnliche Fragen gestellt und Cyprian darauf unter Beifügung eines Synodalbriefes (= ep. 70) seine Stellungnahme hatte zugehen lassen (= ep. 71), wiederholte sich dies im Mai 256 (= ep. 73).

49 Zur „sententia" nr. 30 vgl. nr. 77.

50 Vgl. nrr. 1.4f.50.55.67f.72f.

sche Lateinbibel) nahegelegt (ep. 70, 1)[51]. Geschickt verzahnt aber Nemesianus dies mit Joh. 3,5f. und der Kernstelle Eph. 4,3ff. in seiner Argumentation so, daß er unter Zitat von Gal. 5,19ff. die Ketzertaufe für die verheerenden Folgen der „Werke des Fleisches" verantwortlich machen kann (nr. 5). Andere scheinen von dem gleichen Synodalbrief beeinflußt zu sein, wenn sie Mt. 12,30 bzw. Lk. 11,23 (in einer spezifisch afrikanischen Textform) heranziehen (vgl. nr. 24 mit nr. 21 und ep. 70, 3) oder mit Joh. 9,31 argumentieren (vgl. nr. 62 mit ep. 70,2). Wenn in eigenständiger Argumentation Bibelstellen zitiert werden, dann wirkt das eigenwillig (vgl. nr. 7 = Sprüche 14,9a LXX; nr. 43 = 1.Mose 1,4; nr. 57 = Joh. 3,27). Nur selten kommt man auf eine Schriftstelle, die dem eigenen Selbstverständnis entspricht und das Problem anspricht wie die Bischofssentenz nr. 27 (Jesus Sir. 34, 30: Qui baptizatur a mortuo, quid proficit lavatione eius?) oder die Sentenz nr. 44 (1.Kg. 18,21: „Aut enim Deus est aut Baal Deus est"). Mancher der Bischöfe ist eher geneigt, ganz allgemein auf das „Zeugnis der Schriften" oder die „Autorität der heiligen Schrift" zu verweisen (nrr. 4; 6 vgl. nrr. 8; 33; 74). Man sieht – bibelgewaltige Bischöfe waren es nicht, welche 256 n.Chr. zu Karthago mit ihrer Unterschrift votierten. Ihnen war sichtlich die Heilige Schrift nur in [197] Gestalt der liturgischen Lesungen, d.h. in ganz bestimmten Schriftabschnitten vertraut. Das mindert nicht den Wert ihrer Voten im Rahmen dieses Untersuchungsganges. Sie können als Beweis dafür dienen, daß ein biblistisches, d.h. auf konkrete Bibelzitate sich gründendes Kirchenrecht in Synodalverhandlungen und daraus resultierenden Synodalkanones seinen ursprünglichen „Sitz im Leben" hat.

Den Bibelzitaten sollte dann auch im Kodifikationsprozeß dort ein größerer Freiraum belassen werden, wo – wie im Falle von Elvira und im Unterschied zu den orientalischen Kirchen – Synodalprotokoll und Kodifikation in einer Hand, nämlich kirchlicher Protokollanten, lagen. Ungeachtet aller Wechselfälle der spanischen Kirchengeschichte ist dies sehr gut an der kontinuierlichen Entwicklung der *westgotischen Reichskonzilien* von Toledo bis ins 7. Jh. hinein verfolgen. Als Beispiel hierfür sei das letzte vom Jahre 694 n.Chr. angeführt:

An die landeskirchliche Verfassungssituation wird man zugleich erinnert, wenn am Schluß des Konzilsprotokolls die königliche „Lex in confirmatione concilii edita" mit den Worten anhebt:

„Congruum satis ac patriae nostrae atque expedibile perpenditur omni ecclesiae, si ea quae synodali definiuntur conventu principali confirmentur stylo. Idcirco per huius legis decretum serenitatis nostrae mansuetudo decernit, ut omnium capitulorum sententiae, quae in hac sancta synodo promulgatae noscuntur, firmissimae stabilitatis obtineant robur, id est…" (H.T. BRUNS I 391f.).

Darauf werden die acht beschlossenen Rechtssatzungen angeführt. Das erfolgt in der Form von Titelüberschriften oder „Rubriken" als Index und ohne Inhaltsangabe, wie es bei Registern üblich ist. Das heißt aber zugleich, daß nicht diese Sachtitel, sondern die Konzilsbeschlüsse selber als Gesetzestext gelten. Die sog.

---

51   Die Afra bringt in Gefolgschaft zur LXX Prov. 9,12a-12c und Prov. 9,18c-18d in lateinischer Wiedergabe, weicht darin von der Vulgata ab, die solche Kontaminierung nicht möglich macht.

„capitula" dieser letzten westgotischen Reichssynode sind ihrem Wert nach „Entscheide der Bischöfe, die auf der Synode geäußert wurden" („sententiae, quae in ... synodo promulgatae sc. sunt"). Mochte auch die westgotische Landeskirche dem König als Instrumentum seiner Macht ausgeliefert sein, mochten auch die westgotischen Reichskonzilien Organe seines Machtwillens und als „concilia mixta" durch das Mitspracherecht des Adels deformiert sein – das Wort führten die Bischöfe, die um so mehr darauf achteten, daß wenigstens im Kodifikationsprozeß kirchliches Brauchtum gewahrt wurde. Es nimmt daher auch nicht wunder, wenn auf den westgotischen [198] Synoden die Bibel reichlich zu Worte kommt und dies sich auch dann in den Konzilskanones niederschlägt, was sich leicht nachweisen läßt[52].

Von diesen Beobachtungen aus fällt ein besonderes Licht auf die „*Collectio Isidoriana (Hispana)*", deren Entstehung eher nach Spanien als nach Südfrankreich (Arles) zu verlegen ist (ca. 600 n.Chr. entstanden). Sie hat nicht nur den gesetzgeberischen Ertrag der altchristlichen (bevorzugt der spanischen) Synoden unter dem Stichwort der „sententiae patrum" zu erfassen sich bemüht (PL 84, 25-396), sondern verband sie auch mit der päpstlichen Dekretaliensammlung des Dionysius Exiguus (PL 84, 397-846). Man wird daraus folgern müssen, daß bereits im 7. Jh. diesem spanischen Kompilator ein Empfinden für die Heterogenität der durch ihn vereinigten Traditionen des altchristlichen Kirchenrechts abhanden gekommen war. Man muß ferner folgern, daß für ihn der Gegensatz zwischen einer synodalen Gesetzgebung („canones") und einer aus eigener Machtvollkommenheit, darum auch nicht auf das Bibelzitat angewiesenen Rechtssetzung („decreta") in dem Universalepiskopat des Nachfolgers Petri aufgehoben war. Darin eilte er seiner Zeit weit voraus, was denn auch ihm und nicht den biblizistischen Konzilskanones die Zukunft und den Einfluß auf das mittelalterliche Kirchenrecht sicherte. Dieses war aber seinem Wesen nach Papstrecht. Dabei darf nicht außer Acht gelassen werden, daß das mittelalterliche Papsttum in dem Institut der Laterankonzile sich ein synodales Organ für dieses Universalepiskopat geschaffen hatte. Es ist ganz interessant, wie die Beschlüsse dieser Laterankonzile alternativ sich als „canones" oder „constitutiones" geben. Im Schatten dieser Laterankonzile fand dann das Bibelzitat sein Heimatrecht, wobei ihm bei aktuellen Zeitfragen

---

52   Statt vieler Belege seien nur zwei eklatante Beispiele aufgeführt: a) Toledo VIII von 653 n.Chr. bemüht in can. 2 gegen eidbrüchig gewordene Lehnsleute nacheinander: 2.Mos. 20,7; 3.Mos. 19,12; Jes. 30,1; Jerem. 5,25-27; Micha 7,1-3; Jes. 58,6; 1.Tim. 4,8; Jk. 2,13; 1.Joh. 3,15; Mt. 5,44; Lk. 6,27f.; Lk. 6,37; Mt. 6,14; Ps. 85,11; Jes. 45,22f.; Hiob 29,13 (andeutend); Hiob 30,25; Spr. 24,11; 2.Sam. 1,16; Mt. 12,37; Hos. 6,6 = Mt. 9,13; Jerem. 18,7; Hesek. 33,13-15; Röm. 9,3 (vgl. H.T. BRUNS I, 271ff.).

b) Toledo X von 656 n.Chr. can. 7 gegen Kleriker, die sich am Sklavenhandel beteiligen: Ps. 68,7; 2.Mos. 21,16; 5.Mos. 15,12; 2.Mos. 21,2 vgl. 3.Mos. 25,39-41; 1.Chron. 16,12; 17,29; 5.Mos. 33,8-10; Mal. 2,6f.; Ps. 139,9.15f.; Mt. 10,6f.; Mt. 24,45-47; Job. 21,15; Apg. 2,45; 4,34f.; 1.Petr. 5,2.4; 1.Tim. 4,12; 1.Tim. 4,15; 1.Kor. 12,13; Gal. 3,13f.; Jk. 1,27; Lk.19,10; Lk. 19,8; 1.Kor. 11,1; Phil. 3,17; Mt. 24,6; Mk. 14,21; Jerem. 30,23; Jerem. 23,11f.; Jes. 47,6; 47,1; Jes. 47,5.11; Mt. 7,15; Mk. 12,38.40; Lk. 3,14; Mk. 9,42; Apg. 9,4; Lk. 10,16; Mt. 12,30; Mt. 15,8f.; Jes. 29,13; Mt. 16,26; Mt. 21,33.40f.; Mt. 26,41; Mt. 24,42.48-51 (vgl. H.T. BRUNS I, 301ff.).

ein größeres Mitspracherecht [199] eingeräumt wird[53]. Das eigentliche Kirchen-
rechtsinstrument des mittelalterlichen Papsttum waren seine Dekretalien, die
nicht auf das Bibelzitat angewiesen waren, es höchstens als Mittel zum höheren
Zweck benutzten.

IV.

Für die *Reformationskirchen* waren die papalen Prämissen des Kirchenrechtes hinfällig geworden. Die konsequente Folgerung aus dem protestantischen Prinzip
des allgemeinen Priestertums der Gläubigen konnte nur sein, in der Gestaltung
innerkirchlichen Lebens dem synodalen Kirchenrecht die Führungsrolle zuzu-
sprechen. Zur Verwirklichung dieser aus dem protestantischen Selbstverständnis
sich ergebenden Forderung bedurfte es allerdings einer langen Anlaufzeit: erst in
der zweiten Hälfte des 16. Jh.s, so kann man für alle Reformationskirchen festhalten, wurde sie verwirklicht. Es sollte nicht geleugnet werden, daß am Anfang des
protestantischen Kirchenrechtes nur in den seltensten Fällen eine Reformsynode
gestanden hat. Am Anfang stand weithin die „Ordnung", sei es in Gestalt der
sächsischen Visitationsordnungen oder reformierter Gemeindeordnungen. Umso
beachtenswerter ist, daß diese protestantischen Kirchenordnungen „instinktiv"
und d.h. in ekklesiologischer Folgerichtigkeit wie auch in ihrer biblischen Orientierung auf die Form deskriptiver Beschreibung des Gemeindelebens zurückgrif-
fen, wie sie bereits in urchristlichen Zeiten in den Pastoralbriefen angewandt und
im Früh- bzw. Altkatholizismus durch die Gattung der „Apostellehren" (s.o.
238ff.) fortgesetzt worden war.

Dieser weithin zu wenig berücksichtigte Tatbestand wird an den „Kirchenordnungen der nach Gottes Wort reformierten Kirche" (Buchtitel der Textausgabe von WILHELM NIESEL, München, 1938) besonders augenfällig. Es gilt auch für
die Kirchenordnungen des Calvinismus: von dem Genfer Katechismus an (1542)
bis zur Genfer Kirchenordnung (1561) bedurfte es immerhin zweier Jahrzehnte
uneingeschränkten, kalvinistischen Stadtregiments. Auf deutschem Reichsgebiet
lag zudem die reformatorische Initiative in Händen der evangelischen Reichsstän-
de. Erst seit dem Reichstag von Speyer 1526 konnten diese eine reichsrechtlich
zumindest geduldete Aktivität entfalten. [200]

Welch' weite Wegstrecke hierbei zurückzulegen war, bis die sach- und bibel-
gemäße Gestalt der Kirchenordnung gefunden war, beweist die Entwicklung in

---

53   Vgl. zum Beispiel das 4. Laterankonzil 1215, wo die Bekämpfung des Joachimismus (const. 2),
der Häretiker (const. 3) und die Einrichtung der Inquisition (const. 8) noch am stärksten durch
Bibelzitate untermauert wird. In der von H. JEDIN betreuten Textausgabe der COD erleichtert
ihre Hervorhebung durch Kursivdruck die Verifizierung. Diesen Vorteil bietet die Ausgabe auch
für die Laterankonzile I-III.

Hessen[54]. Wohl beschloß aufgrund des Speyrer Reichstagsabschiedes die Homberger Synode des gleichen Jahres die Einführung der Reformation und beabsichtigte der hessische Landgraf aufgrund derselben die „Reformatio ecclesiarum Hassiae" in Kraft zu setzen (1526). Dem folgte aber dann ein ganzes Jahrzehnt der verschiedensten „Teilordnungen" (1527-1537), das in die großen Ordnungen des Jahres 1539 (Ziegenhainer Zuchtordnung; Kasseler Kirchenordnung) ausmündete. Doch auch sie waren nur Durchgangsstufen auf einer nach größerer Einheitlichkeit strebenden Entwicklung. Erst nach „Jahren des Übergangs" (H. JAHR), die in der Kirchenzuchtordnung von 1543 und der Marburger Kirchenordnung von 1557 besondere Meilensteine fanden, war der Weg zum vorläufigen Abschluß der hessischen Reformation in der Großen Kirchenordnung des Jahres 1566 frei; ein Auszug aus ihr, die sog. Agende von 1574 sollte bis 1806 in Geltung bleiben.

In den *lutherischen* Einflußbereichen, wo Johann Bugenhagen für die Städte Braunschweig und Hamburg (1528), Lübeck (1531) und Bremen (1534), ferner die Länder Braunschweig-Wolfenbüttel (1534), Pommern (1535) und Schleswig-Holstein (1542) sozusagen zum „Familienvater" norddeutscher Kirchenordnungen wurde, lassen sich ähnliche Beobachtungen machen[55]. Im norddeutschen und auch im dänischen Raum, wo [201] Bugenhagen 1537 die lutherische Kirchenordnung einführte, begrüßte man es sichtlich, daß durch literarisches Vorbild der Pastoralbriefe bzw. die sog. „Standesordnungen" die schriftgemäße Rechtlichkeit

---

54 Ich mache mir im folgenden die Gliederung des Materials durch HANNELORE JAHR zu eigen, deren Bearbeitung der „Gemeinsamen Ordnungen Hessens" in der bekannten Reihe EMIL SEHLING, „Die Evangelischen Kirchenordnungen des XVI. Jahrhunderts" als Bd. VIII, Tübingen 1965 erschien und deren Ausgabe nachzurühmen ist, daß sie 485-489 als erste (!) in dieser Reihe auch ein Bibelstellenregister bringt.

55 Eine der letzten sei mit der Schleswig-Holsteinischen Kirchenordnung von 1542 auf ihren Schriftgebrauch hin überprüft. Dabei werden Schriftzitate, die liturgischen oder agendenhaften Textstücken angehören, von mir nicht aufgeführt, da sie innerhalb des vorliegenden Problemkreises keine Beweiskraft besitzen. Das will übrigens auch bei der Auswertung der Schriftstellenregister in den Bänden „Kurpfalz" und „Württemberg I" der gleichen Reihe (E. SEHLING, Bd. XIV, Tübingen 1969, 622-631; XV, Tübingen 1977, 689-691) beachtet sein. In diesem Zusammenhang sei am Rande notiert, daß die Ausgabe von PAUL JACOBS, Reformierte Bekenntnisschriften und Kirchenordnungen in deutscher Übersetzung, Neukirchen 1949, sich gleichfalls durch ein Bibelstellenregister empfiehlt. – Die Schleswig-Holsteinische Kirchenordnung von 1542 gab im Faksimiledruck, mit wertvollem „wissenschaftlichen Zubehör", der gelehrte Klanxbüller Deichpastor D. ERNST MICHELSEN in den Schriften des Vereins für schleswigholsteinische Kirchengeschichte I, 10, Kiel 1920 heraus. Ich zitiere danach unter Seiten- und Zeilenangabe 6, 2ff: frei nach Mt. 23,8 (Joh. 13,13), Mk. 9,7f. – 6, 4: Joh. 10,27 – 6, 6ff.: nach Mt. 11,25ff.; Kol. 1,26; Mt. 16,15 – 6, 12f.: Gal. 1,8 – 6, 15f.: Joh. 10,5 – 7, 25ff.: Röm. 8,17.33 – 12, 3ff.: Röm. 13,2-4 – 12, 11ff.: 2.Mos. 20,5 in Verbindung mit Nahum 1,lf. und 1.Thess. 4,6 – 33, 20ff.: Lk. 24,47 – 41, 16: Eph. 4,5 – 53, 4: Eph. 4,8ff. – 55, 17: Mt. 18,17 – 58, 17: Mt. 18,19f. – 59, 19f.: Hebr. 12,6ff. – 59, 26f.: Joh. 11,26 – 60, 19: Mt. 25,36 – 63, 15: 2. Makk. 7, 22 – 63, 23: 1.Mos. 3,16 – 63, 25: Joh. 16,21 – 64, 29f.: Mk. 10,14 und Joh. 16,24 – 76, 3f.: Mt. 6,33 und 5.Mos. 6,7 – 83, 3f.: Lk. 10,16 – 83, 7: Mt. 11,23 – 89, 11: Gal. 2,10-16 – 90, 25f.: Apg. 6,3 und 1.Tim. 3,8 – 99, 4f.: 1.Tim. 3,1-7 und Tit. 1,6-9 – 99, 16: Apg. 20,28-31.

eines evangelischen Bischofsamtes nachzuweisen war. Religiöser Konservatismus in der weithin bäuerlichen Bevölkerung vereinte sich dabei gelegentlich mit personalpolitischen Erwägungen. So trug z.B. der dänische König Christian III. von Dänemark nach dem Tod des letzten katholischen Bischofs von Schleswig (1541) Bugenhagen das freigewordene Bistum an, auf dessen episkopale Neigungen spekulierend; allerdings versagte sich der Reformator des Nordens den königlichen Wünschen[56].

Die konservative Grundeinstellung der norddeutschen Kirchenordnungen kommt besonders in der von *Schleswig-Holstein* zum Ausdruck, die von dem Rendsburger Landtag am 9. März 1542 angenommen wurde, und zwar dort, wo sie ihre Vorlage – Bugenhagens Kirchenordnung für Dänemark (1537) – auf die schleswig-holsteinischen Verhältnisse zuschneidet. Es geht um die Reformation des Schleswiger Domkapitels (ed. MICHELSEN 102ff.). Sein Fortbestand wird als wünschenswert unter der Voraussetzung angesehen, daß die Insassen des Domkapitels sich ihrer eigentlichen Aufgabe entsinnen, Prediger und Ausleger „der hilligen Schrifft" zu sein. Dabei kommt es zu einem charakteristischen Fehlurteil über das mittelalterliche Institut des Stiftskanonikat:

> „De Canorici scholen gedencken / dat se den namen hebben A Canonica scriptura /. Dat ys er ortsprunck / Vnde Capitel ys ein ander dinck gewesen / den als men nu daruan maket" (MICHELSEN 103,16-19).

„Kanonisch" – schon dies Reizwort löst bei den Evangelischen die Assoziation zum Begriff des „Kanons" heiliger Schriften des Alten und des Neuen Testamentes aus. Hier haben wir es mit einem klassischen Beispiel dafür zu tun, wie historisches Mißverstehen ein Spiegel ist, in dem [202] geschichtliches Selbstverständnis immer nur sein eigenes Antlitz betrachten kann[57].

Schon vor dem Reichstagsabschied von Speyer (1526) sind im *Herzogtum Preußen* die frühesten Ansätze zu einer landesherrlich verordneten Kirchenordnung im Geiste der Reformation zu beobachten. Dort befolgte der letzte Hochmeister des Deutschen Ordens, Albrecht von Brandenburg-Ansbach, zunächst Luthers Rat und wandelte das Ordensland in ein weltliches Fürstentum um, indem er am 10. April 1525 unter feierlicher Eidesleistung sich vom polnischen König mit dem weltlichen und erblichen Herzogtum Preußen belehnen ließ. Darauf überließ dem neugebackenen Herzog auch der Bischof von Samland, Georg von Polentz, der wie der Deutschmeister bereits seit 1523 die Reformation favorisiert hatte, seine weltlichen Gerechtsame (1525), um sich auf seine geistlichen Aufgaben als evangelischer Bischof von Ostpreußen zu beschränken. In dieser Funktion erließ er gemeinsam mit dem ebenfalls evangelisch gesonnenen, bischöflichen Amtskollegen von Pomesanien (= Westpreußen) Ende 1525 „Arti-

---

56   Literatur bei WILHELM BRANDT – OTTO KLÜVER, Geschichte Schleswig-Holsteins, Kiel [7]1976, 154.

57   Vgl. OTTO KÄHLER, Die Einführung der Schleswig-Holsteinischen Kirchenordnung von 1542, SVSHKG 11, Neumünster 1952, 101-110 (dort ältere Lit).

kel der Ceremonien und anderer kirchen ordnung", die im Dezember des gleichen Jahres von einem Landtag angenommen wurden[58].

Es ist nun zunächst etwas enttäuschend, wie wenig diese früheste Kirchenordnung überhaupt auf die Autorität des Bibelwortes rekurriert. Sieht man von den Bibellesungen in den gottesdienstlichen und sonstigen Formularen ab, so wird argumentativ Paulus sage und schreibe nur zweimal herangezogen[59]! Man kann sich nicht des Eindruckes erwehren, daß die beiden konvertierten Bischöfe auf dem kirchenrechtlichen Sektor noch nicht ihre „Bekehrung" vollzogen haben. Die Preußische Kirchenordnung hat sich darin noch nicht von der mittelalterlichen Kanonistik freigemacht, deren juridischer Formalismus das Bibelzitat möglichst zu vermeiden suchte.

Um so beachtenswerter und für unsere Fragestellung auch interessanter ist die Beobachtung, daß die Neufassung der soeben genannten ersten Kirchenordnung in Gestalt der „Ordnung vom eusserlichen gotsdienst [203] und artikel der cermonien, wie es in den Kirchen des herzogthums zu Preussen gehalten wird" (1544) die Bibelstellen als Argument vermehrt verwendet. Die zahlenmäßige Steigerung von zwei auf sieben Belegstellen[60] fällt weniger ins Gewicht als die Beobachtung textlicher Präzisierung und qualitativer Verbesserung im Sinne einer schriftgemäßen Argumentation. Aus den beiden früheren und einzigen, zudem ziemlich vagen Schriftverweisen der Erstausgabe (s. Anm. 59) wird jetzt ein Paulus-Cento:

„Denn es ist ein Christus, *ein geist, eine taufe, ein gott und vater unserer aller*, gleich wie wir auch alle ein wort und einen glauben haben, und *söllen vleissig sein, die einigkeit im geist*, *durch das band des friedes* (wie St. Paulus leret) *zu halten, nicht ein gott der unordnung, sondern des friedes*, wie in allen gemeinen der heiligen ader gleubigen" (aaO 62).

Der Passus und seine Textform lassen die Abfolge von Eph. 4,4-6; Eph. 4,3; 1.Kor. 14,33 deutlich erkennen. Das Schriftargument ist dadurch qualitativ verbessert worden, wobei seine proklamative Funktion im Vorwort der Zweitausgabe mitbedacht sein will.

Am Ende dieser Entwicklung der Preußischen Kirchenordnung steht dann ihre Drittausgabe als „Kirchenordnung und ceremonien, wie es in übung von gottes worts und reichung der hochwirdigen sacrament in den kirchen des herzogthums Preussen sol gehalten werden" vom Jahre 1568. Ein Schriftstellenregis-

---

58   Zu den Anfängen in Preußen, um die neben anderen bes. ROBERT STUPPERICH sich in seiner Forschung verdient gemacht hat, vgl. ERWIN ISERLOH, Handbuch der Kirchengeschichte IV, Freiburg 1967, 324ff.

59   Ich zitiere nach SEHLING IV, Leipzig 1911, 30ff., indem die linke Spalte als a), die rechte als b) gekennzeichnet werden. 30b: „wie uns der heilige Paulus lernet", womit wohl Eph. 4 (?) gemeint ist 31a: „denn auch Paulus 1.Corint. 14 nicht weret in der christlichen gemeine mit zungen zu reden..."

60   SEHLING IV 62a: Cento (s.o.) – 62b: 1.Kor. 14,26 – 63a: 1.Kor. 14,40 – 63b: Tit. 3,10 (?) – 64a: Gal. 2,5 – 68a: 2.Kor. 14ff. – 68b: 1.Kor. 10 (?).

ter könnte jetzt 59 Belege anführen[61]. Doch ist nicht nur eine quantitative Vermehrung, sondern auch eine qualitative Verbesserung dadurch eingetreten, daß die Bibelstellen genauer angegeben werden. Nicht zu übersehen ist ferner, daß neben den bisher alleinigen Schriftzeugen Paulus nun die Pluralität von Schriftstellen getreten ist.

Ähnliche Beobachtungen kann man für *Pommern* an der Entwicklungsgeschichte der „Kerckenordeninge des ganzen Pamerlandes ..." [204] (SEHLING IV, Leipzig 1911, 328ff.) machen. Die Erstausgabe „dorch Doc. Joannem Bugenhagen" von 1535 bringt elf Schriftstellen, von denen bis auf eine (331a: „wo Christus ock secht") alle sich auf die apostolische Autorität des Paulus berufen[62]. Diese Paulus-Dominante kennzeichnet auch die gleichzeitige Dienstanweisung für Ordensangehörige, die Bugenhagen lateinisch ausgearbeitet hatte und von sich aus bei Hans Lufft in Wittenberg drucken ließ („Pia et vere catholica et consentiens veteri ecclesiae ordinatio caeremoniarum in ecclesiae Pomerianae"): von ihren 29 Schriftstellenangaben sind 22 paulinisch[63]. Der „Herold der Gnade" (Augustin) ist zum Herold der Rechtfertigung aus dem Glauben geworden. Man wird zugleich festhalten dürfen, daß Bugenhagen mit solchem bevorzugten Rückgriff auf Paulus sich als genuiner Wittenberger ausweist.

Die Führungsstellung des Heidenapostels wird allerdings im weiteren Verlauf erschüttert. Die systematisch-theologisch motivierte Bevorzugung wird durch den Pluralismus des biblizistischen Schriftzeugnisses abgelöst. Den Beleg liefert die Zweitausgabe der Kirchenordnung für Pommern vom Jahre 1542. Ungeachtet der Tatsache, daß ihre ersten Teile (SEHLING IV, 354-359) liturgische Texte bringen, deren Bibelstellen im Rahmen dieses Untersuchungsganges unberücksichtigt

---

61 Auch in diesem Fall sei ein Registernachtrag zu SEHLING IV gemacht: 72a: Gal. 1,8f.; Joh. 16,2; 2.Thess. 2,3ff. – 73a: 1.Kor. 14,40; Gal. 2,11ff.; Gal. 2,3ff.; Gal. 4,8ff.; Gal. 5,6; 1.Kor. 7 (gemeint ist: 1.Kor. 8,1ff.); Röm. 14,1ff.; Röm. 14,5ff.; 1.Kor. 2,12f.; 1.Kor. 11,23 – 73b: Mt. 15,6ff.; 1.Kor. 7,7ff.; Gal. 5,6; Mt. 18,19f.; 1.Kor. 11,7f. (?); 1.Kor. 14,33 – 76b: Mt. 18,18 („Matth 16" ist Zitationsfehler oder Druckfehler); Joh. 20,23; Jerem. 15,19ff.; 1.Tim. 5,22; Ezech. 3,18ff.; Mt 7,6 – 77a: 2.Kor. 10,8; 1.Kor. 11,29; Eph. 2,4 – S. 77b: Röm. 10,17ff. – 78a: Mt. 18,15ff.; 5.Mos. 32, 25; Röm. 12,19; Spr. 29,26b – 79a: Eph. 6,9b – 79b: Hebr. 13,17 – 100a: Joh. 5,21ff.; Joh. 11,25; Phil. 3,20f.; Jes. 26,19f. – 100b: Ps. 49,13.

62 SEHLING IV, 329a: Tit. 1,7-9; 1.Tim. 3,2f. – 330b: 1.Kor. 5,4f.; 1.Kor. 6,5f. – 331a: Mk. 10,4-9 – 332a: 1.Tim. 5,4 – 333a: 1.Kor. 9,13f.; Gal. 6,6 – 336b: 1.Tim. 6,18 – 338b: 1.Tim. 3,9ff. – 339b: 1.Kor. 14,1ff. („na vormelding sant' Paulus 1.Cor. XIII": Druckfehler der Wittenberger Druckerei Franz Schlösser?).

63 SEHLING IV, 345a: 2.Mos. 20,7; Gal. 2,21; Röm. 10,3 – 345b: 1.Tim 4,1-3; Apg. 4,12 – 346a: Apg. 10,43; Gal. 2,21 – 346b: Tit. 3,5; Tit. 3,8; 1.Thes. 5,21ff.; 1.Tim. 4,6 – 347a: Lk. 1,30b; Lk. 1,45; 1.Kor. 1,13 – 347b: 2.Kor. 6,16; 1.Kor. 3,16; Eph. 2,20; Hebr. 13,10; 1.Kor. 37,37 (? „quod Paulus praedicabat") – 348a: 2.Kor. 11,2 (? „ut Paulus de quibusdam ait") 1.Kor. 7,9b – 348b: 1.Kor. 10f. – 349a: 1.Tim. 3,8ff. – 350b: Eph. 4,11 – 351b: 1.Kor. 11,26 – 352b Mt. 17,5; 5.Mos. 18,19 – Dem klerikalen Stand der Adressaten entspricht, daß diese, um den „Konsensus mit der alten Kirche" bemühte, lateinische Kirchenordnung sich auch auf die Kirchenväter beruft, bzw. diese kritisiert. Im Fall von Cyprian und Gelasius (aaO 349f.) wird aus dem „Decretum Gratiani" zitiert und zu ihm festgestellt: „sed erroneis patrum dictis saepe abutitur, ut nectat conscientiis laqueos" (aaO 348a, unten).

bleiben müssen, ist die Ausweitung des biblischen Belegmaterials unverkennbar: Paulus ist sozusagen hinter ihrem Horizont verschwunden[64]. Das gilt für die dritte [205] Gestalt der „Kerckenordeninge im lande to Pamern" vom Jahre 1569 (SEHLING IV, 376ff.) nicht: sie zieht jetzt wieder den Apostel als Lehrer der Gemeinden heran. Für diese Drittgestalt ist aber auch charakteristisch, daß sie die Bibelzitate z.T. in lateinischen Stichworten nur anzeigt: sie ist sichtlich für den pfarramtlichen „Dienstgebrauch" gedacht[65]. Ein weiteres Kennzeichen besagter Letztfassung, die von einer ebenso umfangreichen „Agenda" für „parrherren, seelsorgere unde Kercken dener" (SEHLING aaO 419-480) ausgestattet ist, besteht darin, daß sie in ihrem zweiten Teil (395-419) ganz auf die biblische Argumentation verzichtet. Das teilt sie übrigens mit der Kirchenordnung für die Stadt Frankfurt an der Oder vom Jahre 1540[66]. Bei beiden kommt aber deshalb, nämlich als eigenständige Nachahmung, noch stärker das formgeschichtlich-literarische Vorbild urchristlicher Gemeindeordnungen zum Durchbruch. Damit aber tritt zugleich in den Horizont unserer Fragestellung die grundsätzliche Problematik, ob die Verwertung der Heiligen Schriften in Texten, die – ob nun apodiktische Rechtssatzung oder anordnende „Vor-Schrift" – immer Menschensatzung bleiben, dem reformatorischen Schriftverständnis entsprechen kann.

Es ist Zeit, abzubrechen! Mehr als ein „birdsview" konnte sowieso hier nicht vorgetragen werden. Dazu war die zu überblickende Geschichtslandschaft zu weiträumig. Mehr als ein Fragment konnte zudem nicht geboten werden, weil das Thema des konkreten Schriftgebrauches in der kirchlichen Gesetzgebung in seiner ganzen Breite noch keine zusammenfassende Darstellung bisher erfahren und auch noch nicht erfahren konnte. Weithin fehlen hier noch die Vorarbeiten, angefangen mit den Schriftstellenregistern in den Quellenausgaben.

Umgekehrt stellte diese Festschrift ihre Forderungen. Sie ist einem Kirchenhistoriker zugedacht, der als Schüler von HANS LIETZMANN für sich beanspruchen kann, mit seinem weitgespannten Forschungsprogramm, [206] das bei der neutestamentlichen Textüberlieferung wie der Lehrer die eine Verankerung ge-

---

64 E. SEHLING IV, 360a: 2.Sam. 11; 1.Kor. 11,29 – 360b: 2.Mos. 22,17 – 361a: 5.Mos. 18,10ff. (völlig unsinnig als „dat 43. capitel im 5. boke Mosi" bezeichnet); Ps. 31,6; 1.Sam. 28; 3.Mos. 20, 3 („im 23. cap." ist wohl Druckfehler) – 361b: Jes. Sir. 6; Hagg. 1,10ff.; Mal. 1,6ff.; Mal. 2,2ff.; 3.Mos. 20,9; 2.Mos. 21,17; 5.Mos. 27,16; 5.Mos. 21,18ff. – 362a: 2.Mos. 22, Spr. 24,21 (irrtümlich: „Prov. 23."); 1.Kg. 21; 3.Mos. 20,10 (irrtümlich: „im anderm boke Mosi im 22."): Jes Sir. 9 – 363a: Lk. 21,34 – 365b: Joh. 3,18b – 367b: 1.Mos. 35,22; 1. Mos. 19,30ff. – 368a: 3.Mos. 20,6ff.; 3.Mos. 17,8f.; 5.Mos. 23,18; 3.Mos. 18,29 – 369a/b: 3.Mos. 19.

65 SEHLING IV, 379b: Joh. 3,6; 2.Kor. 2,14; 1.Mos. 8,21; Joh. 15,5; Mt. 23,37 (lat.) – 380b: Röm. 5,19 (lat.) – 381a: 1.Tim. 4,8 (lat.) – 381a/b: Röm. 13,5; 1.Petr. 2,13.18 – 381b: Mk. 12,17; Jes. 49,23 (lat.); Apg. 5,29 (lat.); 1.Kor. 14,40 (lat.) – 383a: 1.Tim. 3,5; Tit. 1,7 – 383b: 1.Tim. 5,17 (Zitationsfehler) – 384a: Gal. 2,10; 1.Kor. 6,1ff.; 1.Kor. 14,3-5 (lat.); Eph. 4,3 (lat.) – 386b: Nehem. 13,15-22 – 387a: 3.Mos. 12 – 389a: 1.Kor. 5,11 (Zitationsfehler) – 395b: 2.Kor. 3,5.

66 E. SEHLING, Die Evangelischen Kirchenordnungen des XVI. Jhs., Dritter Band: Die Mark Brandenburg – Die Markgrafenthümer Oberlausitz und Niederlausitz-Schlesien, Leipzig 1909, 208-211.

wählt hat, die zweite aber in dem Schrifttum Martin Luthers fand, der einzig noch lebende Repräsentant der sog. „Berliner Schule" unter den Kirchenhistorikern zu sein. Die Vertreter dieser Schule verstanden sich weniger als „Patristiker", sie wollten mehr sein als altchristliche Literaturhistoriker. Und diesen Anspruch haben sie wohl gelegentlich als „Goldenes Wort" ihrem Altmeister ADOLF VON HARNACK in den Mund gelegt: „Wer die Alte Kirche kennt, kennt die ganze Kirchengeschichte". Daß ihm ein Wahrheitskern zugrundeliegt, sollte gleichzeitig mit den vorgelegten Entwürfen angedeutet werden.

Allerdings verlangen die im engeren Sektor unserer Thematik gewonnenen Erkenntnisse die Modifizierung dieses anspruchsvollen Satzes. Wir versuchen sie zu geben und fassen damit gleichzeitig zusammen:

1. Es zeigte sich, daß von der spätmittelalterlichen Diskussion um den „Primat der heiligen Schrift" in dem päpstlichen Dekretalienrecht aus keine Verbindungsbrücke zum Schriftgebrauch in den reformatorischen Kirchenordnungen vorhanden ist. Das ist eigentlich nicht verwunderlich! In diesen Auseinandersetzungen ging es ja um die theoretische Frage nach der Geltung des Schriftprinzips als solchem, nicht um die rechtliche Verwertbarkeit von einzelnen Schriftstellen. Im übrigen war diese spätscholastische Diskussion weniger eine Vorwegnahme der reformatorischen Bemühungen um Bibel und Bibeltext, als Rückgriff in die eigene Vergangenheit. Es ist kein Zufall, daß die Verfechter eines Primats der Heiligen Schrift in der Mehrzahl der „via antiqua" angehörten. Der spätscholastische Nominalismus und sein kirchlicher „Positivismus" brachten weit größeres Verständnis für das kanonistische Kirchenrecht auf.

2. Anders war es um die Kontinuität zwischen der mittelalterlichen Kanonistik und dem altchristlichen Synodalrecht bestellt. Diese Kontinuität trat uns in erster Linie (es ließen sich noch weitere Tradenten namhaft machen) in Dionysius Exiguus entgegen. Sein kompilatorisches Rechtskorpus stellte sich uns in einem ersten Teil – den Papstbriefen – als eine Vorwegnahme des päpstlichen Dekretalienrechtes und damit der mittelalterlichen Kanonistik dar. Der zweite Traditionskomplex (Canones apostolorum, Synodale Rechtskorpora) gehörte der Ostkirche an. Wohl war die Kirchenrechtsüberlieferung hier unter dem Einfluß der oströmischen Rechtsschulen und Pflegestätten spätrömischer Jurisprudenz bei der Kodifikation weithin ihres Schriftbezuges entkleidet worden. Doch immer waren die Zusammenhänge mit den Synodalkanones wie Eierschalen zu erkennen. Die Bibelzitate hatten dort als Frucht der synodalen Gespräche [207] und bischöflichen „Meinungen" (sententiae), die unmittelbar aus der Heiligen Schrift argumentierten, ein Heimatrecht. Das Protokoll der Ketzertaufstreitsynode zu Karthago 256 n.Chr. bot dafür den ältesten Beleg.

3. Als besonders instruktiv erwiesen sich die Beobachtungen an der Entwicklung des altkirchlichen und frühmittelalterlichen Kirchenrechtes in Spanien. Elviras Rechtskorpus von der 1. Hälfte des 4. Jh.s bot zunächst das bekannte Bild eines reduzierten Schriftgebrauches, diesmal auf dem Hintergrund eines mehrmaligen Kodifikationsvorganges. Hingegen belehrte die Entwicklung der Synodalgesetzgebung innerhalb der westgotischen Landeskonzile über eine Zunahme der Schriftzitate. Diese waren zudem vor einer Eliminierung dadurch geschützt, daß

die Kodifikation ungeachtet der königlichen Proklamation der Konzilskanones ein synodaler Hoheitsakt verblieben war. Bei dieser Entwicklung mußte besonders nachdenklich stimmen, daß solcher Rückgriff auf die Bibelstellen sich verstärkte, je mehr die westgotischen Landessynoden Machtinstrument des Königs wurden und dem königlichen Herrschaftswillen zu Gebote standen.

Diese Beobachtung konvergierte mit der bereits von anderer Seite (R. KOTTJE) gemachten, daß vornehmlich in der irisch-britischen Kirche das Alte Testament in der Kirchengesetzgebung Präponderanz hat. Dies begünstigte dort die legislative Verwendung der Bibelstellen, förderte jedoch zugleich auch ein legalistisches Schrift- und Mißverständnis. Es sollte sich von England aus im Spätmittelalter und am Vorabend der Reformation von Prag aus (Hussitismus) negativ auf dem Festland auswirken.

4. Dadurch wurde eigentlich noch besser einsichtig, daß der Rückgriff auf die Bibel in den Kirchenordnungen der Reformationszeit traditionsgeschichtlich gesehen ohne Vorbild ist. Die Orientierung an der Heiligen Schrift ereignete sich als ein elementarer Vorgang. Sie resultierte einmal aus dem Bemühen, sich von dem „römischen Papstrecht" freizumachen, zum anderen aber auch aus dem Bestreben, nicht die Anweisungen der Landesherren, die seit dem Speyerer Reichstagsabschied 1526 als „Reformatoren" reichsrechtlich anerkannt waren, postum sanktionieren zu müssen. Um so mehr wiegt die Beobachtung, daß nach einem ersten Intervall, in dem unter Eindruck des kanonischen Rechtes (oder Einfluß des Reichsrechtes?) das Bibelzitat vermieden wurde, und nach einer weiteren Phase eines vermehrten Schriftgebrauches als Beweismittel die Bibelzitate in einer dritten und abschließenden Entwicklungsstufe wieder zurücktreten. Bei diesem Abschluß der reformatorischen Kirchengesetz- [208] reform wird wieder Gemeindeordnung in profanen Ausdrücken „beschrieben", wie es einst – allerdings unter apostolischer Autorität – in den Pastoralbriefen geschah. Über Jahrtausende hinweg wird das gleiche Modell kirchlichen Handelns aktualisiert. Ohne geschichtliche Kontinuität wird es durch die gleiche christliche Glaubenseinstellung zum neuen Leben erweckt!

5. Die vorliegenden Untersuchungen bestätigten die Vorherrschaft des kanonistischen Dekretalienrechtes im Mittelalter. Unter dem Blickwinkel kirchlicher Rechtsgeschichte wird man es als Wesensausdruck früh- und hochmittelalterlicher Ekklesiologie bezeichnen müssen. Kausale Zusammenhänge mit dem altkirchlichen Synodalrecht des bischöflichen Altkatholizismus herstellen zu wollen, wäre Gewaltanwendung, von den „apostolischen Kirchenordnungen" des Frühkatholizismus ganz zu schweigen. Für den uns hier obliegenden Themenkatalog kann also der erwähnte Satz: „Wer die alte Kirche kennt, kennt die ganze Kirchengeschichte" keine Anwendung finden. In unserem Zusammenhang aber zeigt sich, daß er von einer phänomenologischen Betrachtungsweise der Kirchengeschichte bestimmt ist. Sie suchte in erster Linie nach kirchengeschichtlichen Modellen der Anschauung und machte dabei nicht die Forderung der geschichtlichen Kontinuität zu ihrem „Grund-Satz". Das unterschied sie von der „Patristik" neuster Prägung, die kaum zufällig in Frankreich sich um die Tradition der Kirchenväter spez. deren Schriftauslegung formierte, um sie bis ins Mittelalter hinein zu verfol-

gen (HENRI DE LUBAC). Hier stand die theologiegeschichtliche Orientierung im Vordergrund. In diesem „Streit der Fakultäten" kann für mein Verständnis die „Berliner Schule" auch weiterhin Gehör beanspruchen.

„Ubi tres, ecclesia est, licet laici"

Kirchengeschichtliche Reflexionen
zu einem Satz des Montanisten Tertullian[*]

In einem Festschriftbeitrag darf man noch am ehesten eingestehen, was meistens verschwiegen wird: viele unserer wissenschaftlichen Fragestellungen auf dem Felde der Geistes- und Theologiegeschichte haben eine biographische Kulisse. Im vorliegenden Fall jedenfalls war nicht der Buchtitel dieser Festschrift der Anlaß, einen Satz Tertullians nur deshalb zum Gegenstand des Nachdenkens zu machen, weil zufällig der Begriff des „Laien" in ihm auftaucht. Eher lagen die auslösenden Elemente in der Tertullianforschung als solcher, die dem oben angeführten Satz bisher geringe Bedeutung bzw. Beachtung zuerkannt hat[1]. Größere Aufmerksamkeit schenkt sie noch dem einleitenden Satz der Passage und deren rhetorischer Frage „Nonne et laici sacerdotes sumus?" Das hängt mit ihrem sattsam bekannten Defizit an biographischen Daten für Tertullian zusammen. Es wirft den Forscher auf dessen Schriften zurück und rückt daher die biographische Analyse derselben etwas zu stark in den Vordergrund. In solchem Notstand wurde unsere Textpartie gerne um Auskunft gefragt, ob Tertullian Presbyter der großkirchlich-katholischen Gemeinde Karthagos gewesen sei, bevor er „aufgrund der Scheelsucht und Verunglimpfungen durch Kleriker der römischen Kirche später zur Kirche des Montanus abgefallen" sei, wie Hieronymus (de vir. ill. 53) behauptet hatte. Die rhetorische Frage unserer Textstelle diente dabei als Textbasis, um die Behauptung des „romgeschädigten" Kirchenvaters im „Gehäuse zu Bethlehem" zu verneinen[2]. [104]

---

[*] Vom Amt des Laien in der Kirche und Theologie. Festschrift für GERHARD KRAUSE zum 70. Geburtstag, hg. von HENNING SCHRÖER/GERHARD MÜLLER (TBT 39), Berlin/ New York 1982, 103-121.

[1] Die bekannte Patrologie BERTHOLD ALTANER – ALFRED STUIBER, Freiburg u.a. [8]1978, 580 notiert nur: G. OTRANTO, Nonne et laici sacerdotes sumus? (Exh. cast. 7, 3), VetChr 8 (1971), 27-47. Mit dem Nachweis, daß schon in den vormontanistischen Traktaten „de baptismo" und „de oratione" das allgemeine Priestertum der getauften Christen von Tertullian vertreten werde, berührt der Aufsatz zudem nicht unsere Fragestellung.

[2] Vgl. die Erörterung bei G. OTRANTO, 37f. Neuerdings erörtert auch TIMOTHY DAVID BARNES, Tertullian. A historical and literary study, Oxford 1971, 23ff. ausführlich die Unzuverläßlichkeit des Hieronymus, der bei seinem biographischen Aufriß letztlich auch nur wie wir auf einen Beutezug durch das Schrifttum Tertullians angewiesen gewesen sei. Dafür, daß Tertullian selber sich

In unserem Fall ist es gerade umgekehrt: Konkrete biographische Daten aus dem Leben GERHARD KRAUSES lenken meine Aufmerksamkeit auf den Tertulli-ansatz: „Ubi tres, ecclesia est, licet laici". Der Jubilar gehört einer Generation an, über deren Willen zum Widerstand gegen die Verfremdung der Kirche und ihrem Einsatz in der „Bekenntniskirche" stets das Damoklesschwert eines polizeistaatli-chen Diktums stand, wonach schon das Beieinanderstehen von drei Personen als Bandenbildung gedeutet und als Landfriedensbruch geahndet werden konnte[3]. Als autobiographische Motivierung des hermeneutischen Visierpunktes meines Beitrages kommt für mich außerdem die zufällige Begegnung mit GERHARD KRAUSE in russischer Kriegsgefangenschaft hinzu. Sie brachte mir ferner das Wiedersehen mit einem alten Freund aus Berliner Studienjahren, dem Patristiker und Origenesforscher FRANZ HEINRICH KETTLER. Bei dieser Begegnung hinter dem Stacheldrahtverhau mußte wohl jeder von uns das Dichterwort wiederholen: „Ich sei, gewährt mir die Bitte, in eurem Bunde der Dritte". Denn sie basierte auf dem zufälligen Besitz eines gedruckten Textes, worin GERHARD KRAUSE uns beiden andern überlegen war. Es bleibt eine unvergeßliche Erfahrung, daß selbst schlichte Reclamhefte, sei es Luthers „Freiheit eines Christenmenschen", sei es KANTs „Kritik der praktischen Vernunft", um von vielen anderen zu schweigen, die alte Sentenz „Tres faciunt collegium" veranschaulichen können.

An diese tröstliche Lebenserfahrung möchte mein Beitrag zu einer akademi-schen Ehrung anknüpfen. Seine Thematik sollte sowieso eines Tages behandelt werden. Vielleicht hätte ich aber dann einen anderen Text zum Ausgangspunkt gewählt, d.h. das rätselhafte Logion 30 aus dem koptischen Thomasevangelium: „Jesus hat gesagt: Wo drei Götter sind, dort sind Götter; wo zwei oder einer ist – ich bin bei ihm." (ERNST HAENCHEN) An ihm – erst recht in der von ANTOINE GUILLAUMONT vorgeschlagenen Interpretation, die „Götter" als Semitismus für „Richter" zu verstehen – ließe sich die im folgenden ange- [105] sprochene Prob-lematik determinierter und alternativer Zahlenangaben weit besser exemplifizie-ren[3a]. Nachdem aber der verdienstvolle Mitherausgeber der TRE sich jüngst gezwungen sah, zum Stichwort „Bruderschaften" einen Beitrag „Antike Collegia" zu schreiben, der mit dem Hinweis auf Tertullian endet, fühlt sich der Patristiker auf diesen Kirchenvater zunächst festgelegt, zumal die besagte Sentenz des römi-schen Juristen Nervatius Priscus (Ende 1. Jh. n.Chr.)[4] in Verbindung mit diesem

---

dem Laienstand zugeordnet habe, zieht BARNES, aaO 11 neben de monogam. 12, 2 gerade ex-hort. cast. 7, 3 heran.

3   Es ist erstaunlich, wie viele über die Zeitgenossen hinaus von diesem Tatbestand erzählen, ohne eine juridische Verankerung nennen zu können. Auch meine zeitgenössische Erinnerung z.B. ba-siert auf einem etwas „anrüchigen" Witz aus den Berliner Studienjahren (1929-31). Er legt der sog. „Sipo" (Sicherheitspolizei), die unangemeldete Demonstrationen zu verhindern suchte, die Aufforderung in den Mund: „Nicht stehen bleiben! Keine Haufen machen!"

3a   Vgl. ANTOINE GUILLAUMONT, Sémitisme dans les Logia de Jésus retrouvés à Nag'Hammadi, JA 246 (1958), 113-123, spez. 117, ferner jetzt: JAQUES-E. MÉNARD, L'Evangile selon Thomas, Leiden 1975, 124ff.

4   KP IV, 67 (nr. 4). Weiteres zur besagten Sentenz unten S. 275.

etwas an die Texte herangetragenen und daher ungewöhnlichen Skopus vielleicht einen Beitrag zu der viel ventilierten Frage, ob der Theologe Tertullian mit dem römischen Juristen gleichen Namens (geb. ca. 155 n.Chr.) identisch sei[5], leisten könnte.

I.

Doch lassen wir zunächst Tertullian selber zu uns sprechen! In dem Traktat „Ermahnung zur Sittenreinheit" (De exhortatione castitatis) warnt der Nordafrikaner im montanistisch bedingten Rigorismus einen befreundeten Witwer davor, sich abermals zu verheiraten. In einem fiktiven Streitgespräch, in dem der Freund sein Recht auf Wiederverheiratung durch das „argumentum e contrario" aus 1.Tim. 3,2 (vgl. Tit. 1,6) abliest, d.h. Laien könne doch freistehen, was „Priestern" bzw. Bischöfen verweigert sei, gibt Tertullian zu bedenken:

„Sind denn auch wir als Laien nicht Priester? Geschrieben steht: ‚Zur Königsherrschaft hat er auch uns als Priester für Gott und seinem Vater gemacht' (Apk. Joh. 1,6). Den Unterschied zwischen dem Stand (sc. der ordinierten Kleriker) und dem Gemeindevolk hat Autorität der Kirche zur festen Einrichtung gemacht (constituit); auch ist die, durch das Zusammensitzen des Klerikerstandes [bekundete] Ehren- [106] stellung von Gott geheiligt. Wo aber ein Beisammensitzen in kirchlicher Rangordnung nicht möglich ist, da opferst Du und taufst Du und bist Du Priester für dich allein. Nun ja – wo drei [zusammensitzen] ist Gemeinde, mögen es auch nur Laien sein" (De exh. cast. 7, 3; nach CCL 2, 1024f. u. Textapparat).

Da es uns um den letzten Satz dieses Zitates geht, lassen wir die nachfolgende Argumentation Tertullians (aaO 7, 4-6) beiseite, wonach für Laien in sittlichen Fragen (disciplina) die gleichen Forderungen wie für den Klerikerstand d.h. das Verbot einer zweiten Ehe gelten. Wir halten nur fest, daß ein Satz, den man gerne für den montanistischen Kirchenbegriff Tertullians als charakteristisch zu zitieren pflegt (z.B. B. ALTANER – A. STUIBER, Freiburg u.a. [8]1978, 162), seinem Kontext nach nebensächliche Bedeutung für die Argumentation besitzt. Die postume Gewichtigkeit für das Tertullianbild der Kirchen- und Dogmengeschichte verdankt er sichtlich der prägnanten Diktion, die schon im 5. Jh. Vincenz von Lerinum bewunderte (Commonitorium cap. 18: „Quot paene verba, tot sententiae").

Seit der Textausgabe EMIL KROYMANNS im Wiener Kirchenväterkorpus, die umstritten war, weshalb sie und ihr Textapparat nur unter Vorbehalt in das „Cor-

---

5   Die alte Fragestellung (PAOLO VITTON, I concetti giuridice pelle opere di Tertulliano, Roma 1924; ALEXANDER BECK, Römisches Recht bei Tertullian und Cyprian, Halle 1930, 39-132, vgl. dazu: ARTUR STEINWENTER, ZSRG.Rom. 52, 1932, 412ff.) nahm neuerlich T. D. BARNES (s. Anm. 2) S. 22-29 wieder auf, vgl. ferner: R. MARTINI, Tertulliano giurista e Tertulliano Padre delle Chiesa, SDHI 41 (1975), 79-124.

pus Christianorum, series latina" übernommen wurde[6], wird zu dieser Definition
der montanistischen Laienkirche als biblische Basis auf Mt. 18,20: „Wo zwei oder
drei versammelt sind in meinem Namen, dort bin ich in ihrer Mitte" verwiesen.
Das hätte höchstens in dem Traktat „Die Keuschheit" (De puditicia) einen Rück-
halt, wo Tertullian, der Montanist, feststellt:

> „Denn die Kirche als solche ist spezifisch und eigentlich der Geist selber. In ihm ist
> die Dreieinigkeit der einen Gottheit vorhanden: Vater, Sohn und heiliger Geist. Er
> (sc. der Geist) sammelt jene Kirche zuhauf, die der Herr mit drei gegeben sein ließ"
> (de pud. 21, 16: quam Dominus in tribus posuit).

Schon der Tertullianübersetzer KARL A. HEINRICH KELLNER verwies hierzu auf
Mt. 18,20 und vermerkt in einer Anmerkung: „Es soll dies zugleich eine Beschö-
nigung der Kleinheit der montanistischen Sekte gegenüber der großen [107] Zahl
der Katholiken sein". Als ob montanistische Indolenz mit Inferioritätskomplexen
behaftet gewesen wäre! ELIGIUS DEKKERS' Neuausgabe im CCL II, 1328 bzw.
ihr Stellennachweis verzichtet denn auch auf diese neutestamentliche Parallele[7].

Der dritte Fall eines montanistischen Traktats von Tertullian, wo in einem
ekklesiologischen Kontext ein Bezug auf Mt. 18,20 vorliegen könnte, findet sich
in „Zur Flucht in Verfolgungszeit" (14, 1). Tertullian läßt vor unserm Auge ein
sehr realistisches Bild von den Möglichkeiten aufsteigen, selbst in Verfolgungszeiten Gottesdienst abzuhalten. In den Elendsquartieren der Großstadt Karthago sei
es doch üblich, daß Kneipwirte, Pförtner, Badediebe, Hazardspieler und Kuppler
an Polizeispitzel Bestechungsgelder bezahlten, um einer Anzeige zu entgehen.
Warum solle nicht auch der Episkopat von solchen „Neujahrstrinkgeldern"
Gebrauch machen? Auf diesen Vorschlag hin erhält Tertullian von einem fiktiven
Katholiken die Frage vorgelegt: „Doch wie sollen wir uns versammeln, wie sollen
wir die Feierlichkeit des Herrn begehen?" (Sed quomodo colligemus, quomodo
dominica sollemnia celebrabimus?) In typisch tertullianischer Manier vermengt
die Antwort Glaubensappell und rationales Kalkül. Letzteres führt zu dem Ergebnis, daß Bestechungsgelder an die Polizeisoldaten (in Zivil) noch nicht vor
dem Pöbel schützen, vielmehr für die Katz sind. Nur „Glaube" und „Weisheit"
bieten Schutz. Letzteres empfiehlt er:

> „Schließlich, wenn du zeitweilig keine Versammlungen abhalten kannst (colligere in-
> terdiu non potes), dann steht dir die Nacht zur Verfügung, die durch das Licht Christi
> erhellt wird. Kannst du nicht bei einzelnen (sc. Christen) umherlaufen (sc. um sie zu
> versammeln), wenn für dich [schon] in Dreien die Kirche besteht (si tibi est in tribus
> ecclesia)? Es ist besser, wenn du manchmal deine Menschenhaufen (turbas tuas) nicht

---

6   CCL II, Turnhout 1954, 1013ff., spez. 1014: „Ex editione Vindobonensis quam anno MCMXLII
     evulgavit AEMILIUS KROYMANN textum et apparatum sumimus, paucis emendatis. Sed quid sit
     cogitandum de pruritu KROYMANNiano in textibus ad arbitrium castigandis, sapientem minime
     latet".

7   Zur Übersetzung vgl. KARL HEINRICH KELLNER, Tertullians sämtliche Schriften I: Die apologe-
     tischen und praktischen Schriften, Köln 1882, 448 Anm. 3.

zu Gesicht bekommst, als daß du sie [durch Bestechungsgelder] zu Sklaven machst" (aaO. 14,1).

An dieser Stelle scheinen mir die stärksten Zweifel angebracht, daß Tertullian Mt. 18,20 im Auge gehabt haben könnte. Die „sapientia", d.h. rationale Überlegung erteilt hier ihren Ratschlag. Die Süffisanz eines Montanisten, der hohnlächelnd sich das Bild eines katholischen Bischofs vor Augen stellt, der nachts hierher und dorthin eilt (discurrere), um drei Gemeindeglieder zu- [108] sammenzubringen (colligere), will bei der Auswertung gleichfalls mitbedacht sein. Vokabular und Kontext plädieren eher dafür, diese dritte Tertullianstelle auf dem hermeneutischen Hintergrund des volkstümlichen Rechtssatzes „tres faciunt collegium" (s.o. 268f.) zu sehen. Erst so wird der dativus commodi „tibi" verständlich. Es ist schon für den angesprochenen Repräsentanten der Großkirche dienlich, wenn er zum mindesten drei für einen Gottesdienst zusammengebracht hat: würde jemand sie dabei überraschen, könnte er immer sich als Vorsitzender und die anderen als Vereinsmitglieder angeben.

Bevor ein Entscheid in dieser speziellen Problematik gefällt werden kann, wollen noch weitere Rückgriffe Tertullians auf die sog. Gemeindeordnung Mt. 18,15-20 berücksichtigt sein. Bekanntlich greift sie ihrerseits auf eine alttestamentliche Rechtsvorschrift zurück, wonach bei zivilen Verfehlungen eine einzelne Zeugenaussage nicht genügt: „Auf die Aussage zweier oder dreier Zeugen hin soll ein Spruch zustande kommen" (Dt. 19,15; V. RAD). Das macht besonders die Wiederkehr der alternativen Angabe „Zwei oder drei" im redaktionellen Zusatz der Verse 19f. evident, weil er für die „Zeugen" eines Prozeßverfahrens die „Brüder" einer christlichen Gemeindeversammlung setzt[8]. Auch an anderen neutestamentlichen Belegen wie 1.Kor. 14,27; 2.Kor. 13,1; 1.Tim. 5,19 kann man das Fortwirken der alttestamentlichen Zeugenforderung in sehr unterschiedlicher Auswertung studieren. Letztlich gehört auch Tertullian in die Auslegungsgeschichte von Dt. 19,15 und deren Zeugenalternative, gerade wenn er ihre Anwendung ablehnt.

Dies geschieht d.h. in dem vormontanistischen Traktat „Prozeßeinrede wider die Häretiker". Hier lehnt er die Behandlung eines Häretikers nach dem Vorbild der Gemeindeordnung (Mt. 18,15f.) ab. Er will nur ein Glaubensverhör zulassen,

„weil er (sc. der Häretiker) kein Christ ist, damit es nicht den Anschein hat, als sei er nach Art eines Christen einmal und zweimal und vor zwei oder drei Zeugen zurechtzuweisen" (quia non est christianus [109] ne more christiani semel et iterum et sub duobus aut tribus testibus castigandus videretur: de praescr. haeret. 16, 2).

---

8   Zur alternativen Auswahl aus der reichen Fachliteratur seien genannt: GÜNTHER BORNKAMM – GERHARD BARTH – HEINZ JOACHIM HELD, Überlieferung und Auslegung im Matthäusevangelium, Neukirchen ⁷1975, 126f.; GEORG STRECKER, Der Weg der Gerechtigkeit. Untersuchung zur Theologie des Matthäus, Göttingen ³1971, 223 mit Anm.; GEORG KÜNZEL, Studien zum Gemeindeverständnis des Matthäusevangeliums, Stuttgart 1978, 194ff. mit Anm. 45 (weitere Lit.).

Es ist nicht zu übersehen, daß Tertullian den Wortlaut der sog. Afra (Mt. 18,16: „...adsume tecum unum aut duos, in ore enim duum aut trium testium stabit omne verbum")[9] abgewandelt hat. Ebenso macht der Kontext das Motiv solcher Textveränderung sichtbar: Im Gegensatz zu dem einen, d.h. einzigen Glaubensverhör mit einem Häretiker soll die Milde des großkirchlichen Bußverfahrens in seiner Mehrmaligkeit herausgestellt werden. Eben dies findet Tertullian in der alternativen Zahlenangabe des Bibeltextes ausgedrückt. In diesem Sinn wird sie als „Alternativformel" im folgenden bezeichnet.

Wie aus dem weiteren Kontext hervorgeht, steht die angesprochene Tertullianstelle noch unter einem anderen neutestamentlichen Einfluß:

> „...unser Glaube muß dem Apostel Gefolgschaft leisten, der es ablehnt, sich in Dispute (quaestiones) einzulassen, die Ohren neuartigen Begriffen zu leihen, mit einem Häretiker nach der einmaligen Schelte − nicht: nach einem Glaubensgespräch − zusammenzukommen (haereticum post unam correptionem convenire, non post disputationem). Im Grunde hat er dadurch, daß er [nur] die Schelte als Anlaß zur Zusammenkunft mit einem Häretiker bezeichnet, das Glaubensgespräch (disputationem) mit ihm untersagt" (de praescr. haer. 16, 1f.).

Der Einfluß von Titus 3,10 ist unverkennbar, wird aber erst durch die Afra unwiderlegbar, die an dieser Stelle liest: „Hereticum hominem post unam correptionem evita"[10]. Sie unterscheidet sich darin von der Vulgata („Haereticum hominem post unam et secundam correptionem devita"), die im übrigen damit eine Lesart wiedergibt, die bereits im Übergang vom 2./3. Jh. durch Irenäus belegt ist[11]. Sie kann als charakteristisch für großkirchliche Konzilianz gelten. [110]

Daraus ergibt sich zugleich, daß der personalen Alternative zweier oder dreier Zeugen auch eine zeitliche Alternative „einmal und zweimal" (semel et iterum) entspricht, die in gleicher Weise zahlenmäßig sich nicht festlegt. Während montanistischer Rigorismus auf die eindeutige Zahlenangabe wertlegt − er drängt auf die Entscheidung „hic et nunc" −, sucht katholische Liberalität sie zu vermeiden − ihre Alternativformel hofft auf einen positiven Ausgang des Bußverfahrens. Es ist daher schon zu vertreten, wenn PHILIPPUS BORLEFFS in seinem Testimonienapparat zu einem weiteren, vormontanistischen Beleg aus dem Traktat „Die Buße" (de paenitentia 10, 6: „In uno et altero ecclesia est, ecclesia vero Christus: ergo cum te ad fratrum genua protendis Christum contrectas, Christum exoras"; CCL

---

9   Ich zitiere nach ADOLF JÜLICHER − WALTER MATZKOW − KURT ALAND, Itala. Das Neue Testament in altlateinischer Überlieferung, I: Matthäusevangelium, Berlin [2]1972, 128.

10 Nach Cyprian, ad Quirinum III 78 mit dem Lemma: „Cum hereticis non loquendum" ed. R. WEBER = CCL III 1, Turnhout 1972, 161; nach EBERHARD NESTLE − KURT ALAND, Novum Testamentum Graece, Stuttgart [26]1979, 560 zählt auch der Ambrosiaster zu den Zeugen der Lesart.

11 Vgl. Textapparat [26]Nestle aaO, wo neben den großen Majuskeln des 4./5. Jh.s auch Origenes genannt ist. Zum Beleg Irenäus III 3,4, dessen griech. Text wir Euseb, h.e. IV 14,3-8 = fr. gr. 5 der Ausgabe ADELIN ROUSSEAU − LOUIS DOUTRELEAU, SC 211, Paris 1974, 42 verdanken, sei vermerkt: die ältere, altlateinische Übersetzung (Afra/Itala) lautet: „Haereticum autem hominem post unam correptionem devita..."; hier wiederholt sich also der oben skizzierte Gegensatz.

I, 337, 20f.) auf Mt. 18,20 verweist, obwohl dort von der Versammlung der „zwei oder drei" gesprochen wird, in der Christus anwesend ist. Der großkirchlichen Konzilianz in dem Bußverfahren entspricht eine potentielle Wachstumsdynamik, die deshalb die gleiche „Alternativformel" verwenden kann.

Das „argumentum e negativo" hierfür liefert die Beobachtung, daß in dem montanistischen Traktat „Die Keuschheit" (de puditia) – dem Gegenstück zu „de paenitentia" – Mt. 18,15-20 von Tertullian überhaupt nicht beansprucht wird[12], obwohl die „Gemeindeordnung" aufs beste die Beanspruchung der Binde- und Lösegewalt durch die Geistkirche des Montanus (vgl. de pudit. 21, 7!) hätte legitimieren können. Dem entspricht die bisherige Beobachtung, daß die montanistischen Traktate des Tertullian (spez. exhort. cast. 7, 3; de fuga 14, 1) präzise Zahlenangaben bieten[13], die sich bei Mt. 18,15-20 nicht finden. Mit solcher Beobachtung vertieft sich aber gleichzeitig die Fragestellung, ob der Gegensatz von „Alternativ"- und „Präzisionsformel" nicht auf den persönlichen Entwicklungsgang Tertullians vom Katholiken zum Montanisten zurückzuführen sei. [111]

Die Fragestellung zwingt allerdings dazu, noch einen weiteren Traktat aus der vormontanistischen Zeit – „Die Taufe" (de baptismo) – zu berücksichtigen, wo folgendermaßen argumentiert wird:

„Wenn auf drei Zeugen jedes Wort Gottes Bestand haben wird (in tribus testibus), wie viel mehr auch die Gabe (sc. Gottes)! Wir werden aufgrund der Segnung (sc. bei der Taufe) dieselben Begutachter (arbiter) des Glaubens(-bekenntnisses) wie auch Bürgen des Heils haben. Das Vertrauen auf unsere Hoffnung untermauert zudem die Zahl der göttlichen Namen. Wenn aber vor Dreien sowohl Bezeugung des Glaubens wie Zusage des Heils besiegelt werden, dann ist [dadurch] die Kirche zusätzlich erwähnt, denn wo drei, d.h. der Vater und der Sohn und der Heilige Geist, dort ist die Kirche, deren Körperschaft von Dreien gebildet ist" (de bapt. 6, 2).

Schon das Faktum, daß nicht wie sonst bei dem gleichen Thema der Zeugenschaft (Mt 18,16; 2.Kor. 13,1; 1.Tim. 5,19), weil durch Dt. 19,15 programmiert, die Alternative „zwei oder drei Zeugen" von Tertullian angewandt wurde, läßt Zweifel anmelden, ob dem Verständnis dieser Stelle hinreichend und auch richtig gedient ist, wenn als neutestamentliche Parallele zu ihr nur 2.Kor. 13,1 genannt wird[14]. Ist im Hinblick auf Tertullians Argumentation überhaupt ein biblischer Stellennachweis angebracht?[15] Die profane Begrifflichkeit (arbiter, sponsor, numerus) unserer Stelle rechtfertigt eine solche Frage. Solche Kennzeichnung wird

---

12 Nur Mt. 18,22 wird in de pud. 21, 1 u. 14 herangezogen, hat aber mit der vorliegenden Thematik nichts zu tun.

13 Ad uxor. II, 8, 9 bzw. sein Passus: „Talia (sc. christl. Eheleben) Christus videns et audiens gaudet. His pacem suam mittit. Ubi duo, ibi et ipse: ubi et ipse, ibi et malus non est" aus vormontanistischer Zeit scheidet hier aus, weil die präzise Zahlenangabe aus dem Kontext resultiert. Im übrigen notieren die Editoren richtig zu dieser Stelle als Parallele: Mt. 18,20.

14 So J. G. PHILIPPUS BORLEFFS, CCL I, 282.

15 Solche kritische Randbemerkung zur editorischen Meisterleistung von BORLEFFS gilt auch für seinen Hinweis auf Mt. 18,20; 1.Joh. 5,7f. als mögliche Parallelen zum Schlußsatz von de bapt. 6,2.

man auch auf das Wort „corpus" anwenden müssen. Bei Tertullian ist die christliche Verwendung des Wortes vorwiegend an dem Brotwort im Abendmahlstext: „Hoc est Corpus meum" (Mk 14,22 parr.) orientiert (de orat. 6, 2, vgl. 19, 1; adv. Marc. III, 19, 4; de pudit. 9, 16). Der paulinisch-ekklesiologische bzw. christologische Somabegriff spielt eine geringere Rolle, was vielleicht durch Markions Vorliebe für Paulus motiviert ist[16]. Doch zeigt das tertullianische Schrifttum [112] auch Spuren der Einwirkung eines profanen „Corpus"-Begriffes. Klassischer Beleg ist das „Apologeticum":

> „Klarheit schaffen will ich nun selbst über das Tun und Treiben der christlichen ‚Organisation' (christianae factionis) … Eine Körperschaft sind wir (corpus sumus) durch die innere Verbundenheit im Glauben, durch die Gemeinsamkeit unserer Lehre, durch den Bund unserer Hoffnung" (aaO 39, 1; übers. CARL BECKER).

Darauf folgt eine Schilderung christlichen Gemeindelebens nach Kultus und Zusammenleben, deren profane Sprachlichkeit nicht minder heidnische Leser im Auge hat. Ein zweiter Beleg für die Anwendung eines Corpus-Begriffes nichtchristlicher Herkunft bietet die „Prozeßeinrede":

> „Doch [sollten sie] auch nicht [behaupten], sie verteidigten die Kirche, die nicht in der Lage sind, nachzuweisen, wann und an welchem Gründungsort diese Körperschaft errichtet worden ist" (praescr. 22, 11: Quando et quibus incunabulis institutum est hoc corpus).

Bereits ALEXANDER BECK, Römisches Recht bei Tertullian und Cyprian (Halle 1930, 58f.) hatte auf die juristische Struktur des Corpusbegriffes in der Zusammenstellung „Corpus ecclesiae" bei Tertullian hingewiesen und neben obigen Stellen auch de bapt. 6, 2 benannt. Seine Identifizierung mit dem Pandektenjuristen gleichen Namens hat sich allerdings in der Forschung nicht durchsetzen können. Sein Hinweis auf die juridische Sprachlichkeit ist damit aber noch nicht aus der Welt geschafft.

Man braucht dafür nur die Übersetzung von KARL A. HEINRICH KELLNER heranzuziehen. Er gibt Tertullians Schlußfolgerung de bapt. 6, 2 mit den Worten wieder: „…weil, wo drei, der Vater, der Sohn und der Geist (sic), auch die Kirche ist, welche den Leib der drei bildet"[17]. Keiner wird Tertullian kühne und griffige Formulierungskunst absprechen wollen, zumal er da- [113] durch die künftige Trinitätstheologie vorwegnehmen sollte. In diesem Falle wäre es aber doch wohl

---

16   Bezugnahme auf 1.Kor. 12,12ff. = adv. Marc. V, 8, 9; auf Eph. 2,16 = aaO V, 17, 15f.; auf Eph. 5,23 = aaO V, 18, 8; auf Kol. 1,18f.24 = aaO V, 19, 5f.; vgl. de monog. 13, 3; Bezugnahme auf Eph. 5,30 = de fuga 12, 8. Auffallend ist, wie Tertullian bei der Behandlung von 1.Kor. 10,14ff. in de corona 10 den paulinisch-eucharistischen bzw. ekklesiologischen Gedanken von 1.Kor. 10,16 nicht berücksichtigt. Für Einfluß von Eph. 4,4-6 in De virg. velandis 2, 3 tritt begründet EVA SCHULZ-FLÜGEL in ihrer kommentierten Textausgabe, Göttingen 1977, 99 ein. Die Göttinger Dissertation bringt Anm. S. 211 eine Kurzübersicht zur profanen u. biblischen Wurzel des Corpus-Begriffes bei Tertullian.

17   K.A.H. KELLNER, Tertullians sämtliche Schriften II: Die dogmatischen und polemischen Schriften, Köln 1882, 46. KELLNER übernahm die Übersetzung bei seiner Neubearbeitung: Tertullian I, Kempten/ München 1912, 282f. – Zum lateinischen Wortlaut der Stelle s.o. S. 273.

etwas zu kühn, ihm die Auffassung beizulegen, die drei trinitarischen Personen bildeten den „Leib der Kirche". Anders nehmen sich die Dinge aus, wenn ein auf dem Hintergrund des spätrömischen Vereinsrechtes gebildeter Analogieschluß angenommen wird. Wie es keine Körperschaft ohne drei Gründungsmitglieder gibt, so begründen Vater, Sohn und Heiliger Geist als Zeugen beim Taufakt (s. Einleitungssatz de bapt. 6,2) immer wieder die Kirche. Man muß also zum Verständnis von der bereits zitierten Sentenz „tres faciunt collegium" ausgehen, um zugleich auch verstehen zu können, warum Tertullian anderswo die biblischen Texte und deren „Alternativformel" in eine präzise, nicht alternative Forderung „von drei Zeugen" abwandelt: drei Personen waren eine vereinsrechtliche Mindestforderung, „die die Erfordernisse für den Beginn eines collegium aufstellt, nichts aber darüber besagt, was von einem auf Zwei oder Einen reduzierten collegium gelten solle"[18].

Rechtshistorische Information läßt zugleich zwei Tertulliansentenzen recht unterschiedlicher Ekklesiologien – einmal katholisch-universaler Prägung, zum anderen montanistisch-partikularistischer Einengung – auf einem gemeinsamen Hintergrund verstehen. Wohl ist de bapt. 6, 2 (ubi tres, …ibi ecclesia) ein großkirchlicher Taufakt in normalen Zeitumständen vorausgesetzt, während „ubi tres, ecclesia est, licet laici" (de exh. cast. 7, 3) die Zwangsverhältnisse der Verfolgungszeit mitbedenkt. Gemeinsame Formulierungsbasis der unterschiedlichen Ekklesiologien ist aber ein vereinsrechtlicher Grundsatz, der keine „Alternativformel" zuläßt, weil er drei Personen für die Gründung einer Körperschaft vorschreibt. Was Tertullian sich im Rahmen dieses Grundsatzes als Variante offengelassen hat, liegt daher gleichfalls auf dem Felde der Formulierung: er kann ihn sowohl auf die Personen der Trinität wie auch auf die „Laien" anwenden. Solche Gemeinsamkeit würde noch stärker heraustreten, wenn man in Parallele zu „ubi tres, ecclesia est, licet laici" (de exh. cast. 7, 3) in de baptismo 6, 2 die durchaus zutreffende Ergänzung „ubi tres (sc. personae sunt), …ibi ecclesia" eintrüge.
[114]

II.

Obige Randbemerkung zur biblischen „Alternativformel" und deren Abwandlung zur juridischen „Präzisierung" bei Tertullian lassen sich auch an den Kirchenordnungen anbringen. Auch hier erweist die Einheit Mt. 18,19f. sich als neutestamentlicher bzw. christlicher Zusatz (s. Anm. 8), weil er in den Kirchenordnungen und Konzilsverordnungen nur als Ausdruck ekklesiologischen Selbstverständnis-

---

18   LUDWIG VON SCHNORR-CAROLSFELD, Geschichte der juristischen Person I, München 1933, 224 mit Anm. 4; vgl. ferner die Ausführungen „Zur Frage der Vereinsfreiheit im röm. Recht" (236-266), spez. zu Tertullian S. 244ff. Weitere Literatur notierte LEOPOLD WENGER, Die Quellen des römischen Rechtes, Wien 1953, 791 Anm. 619.

ses verwertbar war[19]. Hingegen boten Verse wie Mt. 18,15ff. und 2.Kor 13,1, gerade weil sie neutestamentliche Auswertung von Dt 19,15 waren, die Möglichkeit der Auswertung im kirchlichen Zeugenrecht[20].

Schon in frühchristlicher Zeit läßt sich solcher Prozeß juridischer „Präzisierung" bzw. Bevorzugung präziser Zahlenangaben verfolgen. Folgendes Beispiel sei vorgeführt: Anfang des 3. Jh.s zitiert die syrische „Didascalia apostolo- [115] rum" verbotenus Mt. 18,16 und zusätzlich noch die alttestamentliche Quellenstelle Dt. 19,15, d.h. die „Alternativformel", wenn sie das Verhalten des Bischofs beim Kirchenzuchtverfahren beschreibt[21]. Ihre nachkonstantinische Überarbeitung in Gestalt der „Constitutiones apostolorum"[22] greift gleichfalls im Zitat auf den Bibelbeleg zurück, wenn dort die Zeugenaussage eines Häretikers in einem Verfahren gegen einen Bischof abgelehnt wird: auch die Einzelaussage eines katholischen „Gläubigen" dürfe nicht gehört werden, „weil auf zwei oder drei Zeugen jedes Wort (sc. der Anklage) zu stehen habe" (CApost. VIII, 47, 75). Daß besagter Bibeltext (Dt. 19,15 bzw. 2.Kor. 13,1) mit seinem pluralen Zeugenprin-

---

19 Bisher hat die Forschung sich nicht auslegungsgeschichtlich mit dieser Thematik befaßt, so daß ich in Fortsetzung meines Beitrags zur Alandfestschrift „Text – Wort – Glaube", Berlin 1980, 169-208 („Die Bibel im konziliaren, kanonistischen und synodalen Kirchenrecht" [in diesem Band S. 233-266]) mich nur auf eigene, mehr zufällige Beobachtungen berufen kann. Zu ihnen gehört z.b., daß der auf römisch-katholische Eigenständigkeit der Kirche bedachte Bischof Martin von Braga (gest. 579/80) in seiner Konzilsansprache (allocutio) Mt. 18,20 zitiert (vgl. HERMANN THEODOR BRUNS, Canones apostolorum et conciliorum II, Berlin 1839, 37 = Conc. Braga II von 527 n.Chr.), was auf dem Conc. Braga III von 675 n.Chr. (= BRUNS II, 96) wiederholt wurde. Umgekehrt dokumentierte der Westgotenkönig Egika (687-701) in einem späten Stadium des Westgotenreiches seine kirchliche Eigenständigkeit dadurch, daß er seinerseits in seinen konziliaren Eröffnungs- bzw. Bestätigungsschreiben auf Mt 18,20 Bezug nahm, so: conc. Toledo XV von 688; conc. Toledo XVI von 693; conc. Toledo XVII von 694 (H.T. BRUNS I 353.379.382). – Beachtenswert ist außerdem, daß protestantische Kirchenordnungen verhältnismäßig selten, und dann spät, Mt. 18,20 als Leitmotiv christlichen Gottesdienstes herausstellen, vgl. die „Agenda" für das Herzogtum Pommern von 1569, Teil IV, Vorwort zur „Ordeninge der ceremonien..." = EMIL SEHLING, die evangelischen Kirchenordnungen des 16. Jahrhunderts, Tübingen, Abteilung IV, 434b; „Ordinatio coetus Leerani" von 1583 im Eröffnungsgebet, das auf Johannes a Lasco zurückgehen soll = SEHLING VII, 2, 440 (= Mt. 18,19); Kirchenordnung im Stift Verden: „Der ander teyl: von eusserlichen ceremonien... = Sehling VII, 2, 152a/b.

20 Der Bezug auf Dt 19,15 bzw. 17,6 in Joh 8,17 braucht nicht berücksichtigt zu werden, da dort die christologische Apologetik für die Reduzierung der Zeugen auf zwei verantwortlich ist; auslegungsgeschichtlich spielt Joh 8,17 außerdem kaum eine Rolle.

21 Ich zitiere Didasc. II, 38, 1-3 nach der Ausgabe von FRANZ XAVER FUNK (Didascalia et constitutiones apostolorum) I, Paderborn 1905 (Reprint: Torino 1960) 122ff., weil man sich hier schnell im Vergleich mit Didasc. II, 37, 2 („Laico autem non licet iudicare proximum neque onus in se suscipere, quod non est ipsius; nam pondus huius oneris non laicorum est, sed episcoporum") die Distanz zum Montanisten Tertullian wie auch zu den „Apostolischen Konstitutionen" vergegenwärtigen kann; dazu gleich.

22 Zur Frage der kompilatorischen Bearbeitung durch einen einzigen Redaktor vgl. jetzt (im Gegensatz zu EDUARD SCHWARTZ): DIETER HAGEDORN, Der Hiobkommentar des Arianers Julian, Berlin/ New York 1973, XXXVII-LVIII; vgl. auch meine Anmerkung 32 in „Text – Wort – Glaube" (s. Anm. 19), 184f. [In diesem Band S. 246f.]

zip auch von den Häretikern zugunsten ihrer Mitwirkung am Bischofsverfahren beansprucht werden könnte, wird übersehen: der Redaktor war eben kein Jurist! Ein zeitgenössischer Konzilskanon zum gleichen Thema von Konstantinopel 382 n.Chr. (gezählt als can. 6 des 2. ökumen. Konzils 381)[23] verzichtet daher auf jedes Bibelzitat. Er läßt überhaupt keinen Laienchristen als Ankläger in einem kirchlichen Bischofsprozeß zu, da dieser ausschließlich in den Zuständigkeitsbereich von Bischofssynoden (als gleichgestellten Amtsträgern) falle. Hingegen könne in einem Zivilprozeß jeder Bürger unabhängig von seinem Stande und seiner Religionszugehörigkeit (also auch die Häretiker) gegen einen Bischof klagen. Damit war zugleich die Entwicklung eines profanen Anklagerechtes bzw. des pluralen Zeugnisprinzips eingeleitet worden, welche den Übergang der Alternativformel zur „Präzisionsformel" begünstigen mußte. Das erweist sich an der Zusammenfassung altkirchlicher Gesetzgebung durch das sog. Quinisextum von Konstantinopel (692 n.Chr.) und dessen can. 85: [116]

> „Schriftlich (d.h. durch die heiligen Schriften) ist uns überkommen, daß durch zwei oder drei Zeugen jedes Wort bestätigt wird. Wir bestimmen daher, daß die von den eigenen Herren freigelassenen Sklaven vor drei Zeugen in den Genuß einer solchen Ehrung kommen mögen. Sie werden durch ihre Gegenwart der Freiheit Geltung verschaffen und mit ihrer Person der Handlung Glaubwürdigkeit verleihen" (FRIEDRICH LAUCHERT, 133).

An dieser späten Konzilsbestimmung ist nicht nur beachtenswert, daß sie den Bibeltext metaphrasiert, so daß man nicht ausmachen kann, ob Dt. 19,15, Mt. 18,16 oder 2.Kor. 13,1 angesprochen ist, sondern daß sie immerhin die „Alternativformel" bei ihrem Rekurs auf die Schrift festhält, bei der zivilrechtlichen Auswertung der Bibelstelle aber die exakte Zahlenangabe von drei Zeugen macht: bei juristischen Tatbeständen ist eine solche präzise Festlegung eben notwendig.

Manches spricht dafür, daß trotzdem im mittelalterlichen Prozeß- und Zeugenwesen dank der beherrschenden Stellung des Christentums die biblische „Alternativformel" auch in juristischen Texten fortgelebt hat. Das wäre noch nachzuweisen. Vorläufig sei auf die verschiedenen Entwürfe zur „Constitutio criminalis Carolina" Karls V. verwiesen. Von ihrem Erstentwurf auf dem Wormser Reichstag (1521) an, über die verschiedenen Entwicklungsstadien (Reichstage von Nürnberg 1524, Speyer 1529, Augsburg 1530) bis zur Endfassung des Regensburger Reichstages von 1532 taucht sie immer wieder auf:

> „Item so ein Missethat zum wenigsten mit zweien oder dreinn glaubhafftigenn guten zeugen, die vonn einem warenn wissen sagen, bewisen würdt, daruff soll nach gestalt der verhanndlungen mit peinlichem rechten vollnfaren unnd geurteilt werden" (nr. 67: „von genugsamen bezeugknus").

Dies läßt sich durch das Fortleben der sog. Carolina in der „Bambergischen Halsgerichtsordnung" bzw. deren revidierten Fassung bis ins Jahr 1580 hinein verfol-

---

23 HUBERT JEDIN et alii (ed.), Conciliorum oecumenicorum decreta, Freiburg/ Rom ³1973, 29f. Zur Entstehungszeit 382 n.Chr. vgl. ADOLF MARTIN RITTER, Das Konzil von Konstantinopel und sein Symbol, Göttingen 1965, 123 Anm. 1.

gen[24]. Dann scheint die Aufklärung dem Fortbestand der bibli- [117] schen, alternativen Zeugnisformel ein Ende bereitet zu haben. Noch einmal begegnet sie z.B. in einer hannöverschen „Consistorialordnung" von 1705 „wider die heimlichen Verlöbnisse". In deren Wiederholung von 1732f. wird dann aber von „zwey glaubhaffter Mannsperson" gesprochen und eine präzise Zahlenangabe im Sinn der „Präzisionsformel" gemacht. Das setzt sich in späteren Ablegern bzw. Eheverordnungen wie die Bremische und Verden'sche (1753) durch und kommt am Vorabend der französischen Revolution in der Hadelnschen Eheverordnung von 1786 zum konsolidierten Abschluß[25].

Selbst auf dem Sektor protestantischer Kirchenordnungen, wo der biblischen „Alternativformel" innerhalb der Rubrik „Vermahnung" oder „Vom Bann" sozusagen ein „natürlicher" Lebensraum gesichert war, weil hier der Rekurs auf Mt. 18,15f. sich von allein ergab[26], lassen sich ähnliche Modulationserscheinungen beobachten. Dabei kommt man zu unterschiedlichen Ergebnissen, je nachdem man die Entwicklung im sächsischen Raum oder im norddeutschen verfolgt.

1. Luther hatte in seinem, den Gegebenheiten vorauseilenden, Entwurf der „Deutschen Messe" (1526) für die Versammlung derjenigen, „so mit Ernst Christen wollen seyn", die Möglichkeit angesprochen: „Inn dieser ordnunge kund man die, so sich nicht Christlich hielten, kennen, straffen, bessern, ausstossen, odder ynn den bann thyn, nach der regel Christi, Matth. XVIII" (WA ²19, 75; BoA III, 297; SEHLING I, 1, 12). Dieser Passus Luthers wurde dann in die Rubrik „vom rechten christlichen bann" des [118] „Unterricht der Visitatoren an die pfarrherren im Kurfürstentum zu Sachsen" (1528) übernommen, wobei dessen genereller Hinweis auf Mt. 18 mit dem Zusatz versehen wurde: „...doch sollen sie etliche mal zuvor vermanet werden, das sie sich bessern" (SEHLING aaO 170a). Die „Alternativformel" erscheint in diesen kursächsischen, Mt. 18,15ff. als Muster eines Exkommunikationsverfahrens auswertenden Richtlinien nicht. Das gilt auch von

---

24 Nr. 78 „Von genugsamen zeugen": „Item so ein missetat mit zweyen oder dreyen glaubhafften, guten zeugen, die von einem waren wissen sagen, bewisen wirdet, darauff soll, nach gestalt der verhandlung, die peynlich straff geurteilt werden" (JOSEF KOHLER]Hg.], Die Carolina und ihre Vorgängerinnen II: Die Bambergische Halsgerichtsordnung, unter Einbeziehung der revidierten Fassung von 1580, Halle 1902, 35). Obiges Zitat stammt aus der gleichen Textausgabe von J. KOHLER, Bd. I: Die Peinliche Gerichtsordnung Kaiser Karls V. „Constitutio criminalis Carolina", Halle 1900, 40.

25 Quellen bei: CHRISTIAN HERMANN EBHARDT (Hg.), Sammlungen der Verordnungen für das Königreich Hannover aus der Zeit vor dem Jahre 1813, Bd. I, Hannover 1854, 25f.30.35.39.

26 Meine kirchenhistorische Kollegin ANNELIESE SPRENGLER-RUPPENTHAL macht mich darauf aufmerksam, daß die Formel auch bei Festlegung der Mindestzahl, die zur Abhaltung des Abendmahls verpflichtet, in den von Bugenhagen vorformulierten Kirchenordnungen angewandt wird, vgl. die Hamburger KO von 1529 (SEHLING V, 529b), als deren Duplikat die Lübecker KO von 1531 (SEHLING aaO). Die Formel erscheint allerdings nicht in der Braunschweiger KO von 1528 (SEHLING VI, 1, 442a), was die Schleswig-Holsteinische KO von 1542 übernimmt. Übrigens bringt auch die Ostfriesische KO (sog. Lüneburger KO) von 1535 die Alternativformel und zwar in einer für ihre seelsorgerliche Intention typischen Gestalt der Erweiterung: „... twee edde dree edder mehr" (SEHLING VII, 1, 377b).

der „Constitution und artikel des geistlichen consistorii zu Wittenberg" 1542, die sich in dem Artikel „Vom bann" auf „doctor Martinus" und dessen „visitation-büchlein" beruft. Ob zu Recht? Nach der „forma excommunicationis" heißt es:

> „Also sollen, die nach dem Sprichwort Christi Matth. am 18. vermanet und überwunden sein, verbannet werden, wie Augustinus auch sagt ‚a sacramentis visibilibus', von der ‚eucharistia', von der taufe, vom gottesacker, und soll wie ein beide und wie ein publican gehalten werden..." (E. SEHLING I, 1, 206).

Dem aufmerksamen Leser kann nicht entgehen, daß der Auswertung von Mt. 18,15ff. eine andere Interpretation zugrundeliegt: was in der neutestamentlichen „Gemeindeordnung" als „ultima ratio" in einem auf die Rückgewinnung des Sünders bedachten Bußverfahren genannt wird, ist hier zum Normalfall eines Gerichtsprozesses geworden, der keine Alternative kennt. Nicht die Rückgewinnung, sondern die Exkommunikation bildet hier den regulären Abschluß des Verfahrens. Dem entspricht, daß im gleichen Zusammenhang angeordnet wird:

> „... es soll aber kein pfarherr, prediger in irgendeinem fall, zu excommuniciren macht haben, one wissen des iudicis consistorii. bei demselbigen sollen die ursachen erwogen werden und beratschlaget, und als denn zu der straf procediert werden..." (SEHLING aaO 206).

Schon die lateinisch-deutsche Juristensprache wie auch die Entmachtung der Ortsgemeinde im ganzen Verfahren, deren Pfarrer das Ergebnis des kirchlichen Prozesses nur noch von der Kanzel verkündigen darf, lassen den hier vorliegenden Verlust seelsorgerlicher Gemeindezucht in der Wittenberger „Consistorial-verordnung" erkennen. Sollte auch der Verlust der „Alternativformel" damit zusammenhängen?

2. Diese Frage drängt sich beim Lesen der Schleswig-Holsteinischen Kirchenordnung von dem gleichen Jahre 1542 und deren Ausführungen über den Bann, „wo men don schal de vorstockeden" auf. Schon daß einleitend der [119] Bann als „de leste arstedie der Kercken" bezeichnet wird, um sich der Totschläger, Meineidern und anderer lasterhafter Sünder zu erwehren, fällt auf: durch solche Charakterisierung als „ultima ratio" wird der Gemeindeausschluß eingeschränkt. Er ist nicht der konsequente Abschluß eines Gerichtsverfahrens, sondern eher der ungewollte Ausgang eines vergeblichen Bemühens. Dem entspricht, daß die Forderung einer mehrmaligen Vermahnung („ein mal edder twe") nach Mt. 18,15f. unterstrichen wird. Selbst wenn man bei vergeblicher Vermahnung die Sünder nach Mt. 18,17 „vor Ketter unde vordömede lüde" zu betrachten hat, die nicht zum Sakrament, sondern nur zur Predigt zugelassen sind, bleiben die Uneinsichtigen Sorge der gemeindlichen Seelsorge:

> „... yn der mideeltid dewile se also yn dem banne sint, schal men nicht nalaten, so flitich tho vormanende, dat se God früchten, unde der Prediger ördel aver se, von wegen der gemene na uthwysinge (Ausweis) des Gödtliken wordes geghan (ergangen),

nicht vorachten, darmede se nicht ein schwarer gerichte Gade aver sick erwecken, unde desse möderlike straffe der Kercken yn ere ewige vordömenisse vorwandeln"[27].

Diese Kirchenordnung relativiert das kirchliche Exkommunikationsverfahren mit seinem endgültigen Bann durch den Hinweis auf das göttliche Endgericht. Das schafft der gemeindlichen Seelsorge an den Gebannten Raum. Sie betrachtet als Ziel der „mütterlichen Bestrafung", d.h. des Kirchenbanns die Rückkehr in den Kreis der Gemeinde – fast möchte man schreiben: in den „Schoß der mütterlichen Kirche", um zugleich anzudeuten, daß über alle konfessionellen Gegensätze hinweg die seelsorgerlichen Intentionen die gleichen sind.

Die gleiche seelsorgerliche Auffassung der kirchlichen Exkommunikation bzw. des gemeindlichen Zuchtverfahrens läßt bis in den Wortlaut hinein die Braunschweiger Kirchenordnung von 1528 erkennen. Das geht bekanntlich auf den gemeinsamen Verfasser der norddeutschen Kirchenordnung zurück: „Johann Bugenhagen Pomeranum, der hilligen Schrifft Doctorn", wie es in der Vorrede zur Schleswig-Holsteinischen Kirchenordnung heißt (aaO 3). Diese seelsorgerliche Orientierung kennzeichnet denn auch die von [120] Bugenhagen für Hamburg (1529), Lübeck (1531), Pommern (1535) und Dänemark (1537) entworfenen Kirchenordnungen. Die verdienstvolle Herausgeberin der Kirchenordnungen Niedersachsens, ANNELIESE SPRENGLER-RUPPENTHAL, hat von ihrem gemeindlich-presbyterialen Grundkonzept gesprochen, das allerdings mit den Kirchenordnungen von Wolfenbüttel (1543) und Hildesheim (1544) durch eine kirchenregimentlich-obrigkeitliche Abwandlung abgelöst wurde[28]. Sie kann sich darin auf die ältere, in ihrer Auseinandersetzung mit KARL HOLL grundlegende Monographie von HANS WALTER KRUMWIEDE stützen, der für die Entstehung des landesherrlichen Kirchenregimentes im Fürstentum Braunschweig-Wolfenbüttel die Visitationsinstruktion des Schmalkaldischen Bundes vom Jahre 1542 als eine maßgebliche Quelle benannte[29]. Meinerseits kann ich dem als Bestätigung nur die sprachliche Beobachtung hinzufügen. Sie stellt fest, daß die Hildesheimer Kirchenordnung die Alternative „einmal edder twema" unter Hinweis auf Tit. 3,10 plattdeutsch bringt, was den Bugenhagenschen Texten entspricht, während sie die Exkommunikation mit Mt. 18,17 rechtfertigt, jetzt aber lateinisch zitiert „sit tibi

27 Zitiert nach ERNST MICHELSEN (Hg.), Die Schleswig-Holsteinische Kirchenordnung von 1542, Kiel 1920, 55f.

28 Bugenhagen und das protestantische Kirchenrecht, ZSRG.K 88, (1971), 196-233, spez. 224f. 232f. In der Anm. 16 zur Rubrik „Vom banne" der Hildesheimer KO (SEHLING VII, 2, 2, 865 a) hat die Editorin die Belegstellen für die beiden Textgruppen aufgeführt und so den Vergleich der Texte erleichtert. Im Art. „Bugenhagen", TRE 7 (1981), 354-363 von HANS HERMANN HOLFELDER kann man unter „Quellen" für die Ausgabe der Hildesheimer KO als Erscheinungsjahr jetzt 1980 eintragen. Unter der gleichen Rubrik vermisse ich, gerade weil es sich um eine erschöpfende Information handelt, die Textausgabe „mit wissenschaftlichem Zubehör" der Schleswig-Holsteinischen Kirchenordnung von 1542 durch ERNST MICHELSEN, Kiel 1920; auch die Bugenhagensche KO für Dänemark (1537) in der Textausgabe von ERNST FEDDERSEN hätte aufgeführt werden sollen.

29 Zur Entstehung des landesherrlichen Kirchenregiments in Kursachsen und Braunschweig-Wolfenbüttel, SKGNS 16 (1967), 163ff.

sicut ethnicus et publicanus" (SEHLING VIII, 2, 2, 865a), was an die Wittenberger Konsistorialordnung von 1542 erinnert. Auch sprachlich läßt sich das Eindringen des obrigkeitlichen Kirchenordnungstyps in die Gebiete der Bugenhagenschen Kirchenordnungen beobachten. Letztere ist durch ihr seelsorgerliches Bemühen bei der Durchführung der Kirchenzucht gekennzeichnet. Es ist kaum Zufall, wenn Bugenhagens [121] Braunschweiger Kirchenordnung (1528) die „Alternativformel" doppelt, wo sie verlangt, daß „offenbare" Sünder

> „scholen vlitich tovoren vormanet werden eynmäl edder twemäl dorch eynen edder twe örer predicanten, dat se sick beteren. Willen se nicht, so holde me se vor un-christene unde vordömede lüde, alse Christus uns leret unde spreckt dat ordel Matthei 18,17" (SEHLING VI, 1, 384b).

The Integration of Platonism
into Early Christian Theology[*]

The topic this evening has the advantage of being very familiar to the audience. It belongs to the central subjects of patristic research; and theological involvement has been one of the important factors furthering this research. Of course I would not ascribe such involvement exclusively to the theologians ex officio. Occasionally it is also characteristic of the philosophers and historians of philosophy; the British scholarly world offers examples enough for this.

Only for the speaker this evening does the topic have a disadvantage. He has to lecture to experts. The church historian cannot compete with their highly developed special studies. He is more orientated toward the general lines of development; his presentation therefore resembles a rough woodcut. He covers the shortcomings with a cloak of silence. He commits a sin of omission and passes over in silence the many names of those to whom thanks are primarily due both for intensifying and also for expanding the research of Platonism. To be sure there is good reason for this silence. To a large extent the research has been done by symposiums, colloquies and study groups – the modern forms of organized scholarship. They have brought Platonism-research in the second half of the twentieth century to heights hitherto unknown. This is due especially to the continuity of dialogue in the research and among the researchers. We are also indebted to these study groups for the fact that we today, in contrast to earlier generations, do not stress so much the distinction between so-called Middle-Platonism and Neo-Platonism; we focus rather upon the unity of development.

However thanks to the reports and conference volumes we are in a better position to ascertain distinctions in motivation and goals between the various study groups. That is true in detail especially for the problem we are concerned about: the integration of Platonism into the history of early Christian theology. In view of the homogeneity of research interests characteristic for such present day – venia sit verbo – "Plato academies", the subjective concerns of the scholars hardly play a role and therefore cannot be cited to [400] explain the differences.

---

* Studia Patristica, Bd. XV/1: Papers presented to the Seventh International Conference on Patristic Studies held in Oxford 1975, hg. von ELISABETH A. LIVINGSTON, TU 128, Berlin 1984, 399-413.

The original German text was translated into English by my former assistant Dr. William Reader, Göttingen, now assistant professor at the Central Michigan University; I would like to express my thanks for this here.

These are clearly connected with the diverse "discussion situations" determining the various study groups.[1]

The concept "discussion situation" is the key-word for this evening's lecture. It is intended as an hermeneutical instrument which should enable us to do better justice to the process that integrated Platonism into the Christianity of late antiquity. Let us start hypothetically with two possible solutions. The one alternative would be diacritical. It would assess the integration process as a mingling of things incompatible; this alternative would thus reject the integration process. The other solution could be designated as synthetic because it sees in the integration of Platonism similar things being joined; this alternative thus affirms the Integration process. It is obvious that the diacritical answer A is closer to a monologic-systematic way of thinking intent solely on loyalty to principles. By way of contrast the dialogistic discussion situation requires that one listen to the other per-

---

1   The "Entretiens du Fondation Hardt" dealt with the subject of Platonism in three conferences: Vol. 3: "Recherches sur la tradition Platonicienne", Vandoeuvres 1955; Vol. 5: "Les sources de Plotin", Vandoeuvres 1957; Vol. 12: "Porphyre", Vandoeuvres 1965. – The study group of "Gregorians" was invited by (Mrs.) Prof. MARGUERITE HARL of the Sorbonne in Paris first to Chevetogne (1969). Its "Acts du Colloque de Chevetogne" were published under the title "Ecriture et culture philosophique dans la pensée de Grégoire de Nysse" by E. J. BRILL, Leiden 1971. Following this HEINRICH DÖRRIE issued an invitation to Münster (1972); the results of these discussions were published also by BRILL, Leiden 1976 under the title "Colloquium Gregorianum II: Gregor von Nyssa und die Philosophie". Mr. ADRIANUS VAN HECK and Mr. JACOBUS C.M. VAN WINDEN invited the study group to Holland for the third colloquium (acta not published). G. CHRISTOPHER STEAD arranged the fourth colloquium in Cambridge 1978, the acta were published by ANDREAS SPIRA – CHRISTOPH KLOCK, The Easter Sermons of Gregory of Nyssa. Translation and Commentary, Cambridge/ Mass. 1981. – For Origen Mr. HENRI CROUZEL took the initiative and issued an invitation to come to Montserrat (1973). The "Actes du 1er colloque origenien de Montserrat" were published in the series "Quaderni di Vetera Christianorum" 12. The next colloquy an Origen took also place in Bari. These papers were published in the "Quaderni" no. 15 as "Origeniana secunda", Bari 1980. According to reports a research group concerned with Platonism in late antiquity has also been formed in the Scandinavian countries. – It is obvious that "colloquies" with continual topics like those mentioned produce a different "discussion situation" than those dealing only temporarily or infrequently in an institutionalized framework with Platonism during the time of the emperors. For example I am thinking of the conference of Royaumont (1969) within the framework of the "Colloques internationaux du CNRS"; its lectures and contributions appeared under the title "Le Neoplatonisme", Paris 1971. This is also treated in the conference report: Plotino – tradizionalista o innovatore? Conferenza di occasione del Convegno Memoriale dedicato a Plotino, Roma 1973 = AAL 370. – To be sure, the specialists meet in a choice selection also here, but they face a discussion group which is far less informed. Finally the situation is still different where in the broadest sense of the word the goal is a "cooperative study group" like the "Groupe Romand de Patristique" which WILLY RORDORF subsequently reported about, (RThPh 22, 1973, 393-397). Ever since the autumn of 1971 this group has been investigating the origin, peculiarity and significance of Neoplatonic thought for the universities of Fribourg, Geneva, Lausanne and Neuchâtel at their "Soirées patristiques" with various topics. Cf. the articles of the participants in RThPh 22 (1973); also printed separately, Neuchâtel 1973. These observations and the present activity of research implies no evaluation regarding the effectiveness of that research.

son and [401] thus that one also be willing to make concessions. Here synthesis presents itself as alternative B and as the advisable way out of the problem mentioned.

ADOLF VON HARNACK has already spoken of these alternatives A and B in his "History of Dogma". He stated: "The question, what influence Neo-Platonism had upon the development of Christianity, is not easy to answer; for the relationships between the two can hardly be fully surveyed. Above all, different answers will be given depending on whether the concept 'Neo-Platonism' is understood in a wider or a narrower sense. If one regards Neo-Platonism as the highest and most suitable expression for the religious hopes and moods which moved the peoples in the Graeco-Roman world from the second to the fifth century, then ecclesiastical dogma... can appear as a younger twin sister of Neo-Platonism brought up by her old sister, whom however she struggled against and finally conquered. The Neo-Platonists themselves designated the church theologians as intruders who had adopted Greek philosophy, but mixed it with strange fables" (Lehrbuch der Dogmengeschichte I, Tübingen ⁴1909, 823). In these sentences and as a whole in his classical work HARNACK deprecates the diacritical solution A as a narrow-mindedness of Neo-Platonic confessionalism. Still his formulation of the question has again become relevant and needs to be answered anew.

It received fresh relevance through HEINRICH DÖRRIE. At a meeting of a Patristic study group in Göttingen at the beginning of 1971 he raised the question: "What is 'Platonism of late antiquity'?" He answered to the effect that one can well speak of a "Platonizing" language among early Christian theologians in the Sense of the verb πλατωνίζειν in late antiquity. "In its substance" however Platonism was not taken over by them. With "substance" DÖRRIE means the doctrines of the gradations of divinity, of the world without beginning or end, of the unchangeable primeval revelation of the λόγος, of the migration of souls, and of the liberation of the soul from its karma by means of "knowledge" (γνῶσις). On the contrary, early Catholic theology was developed as an antithesis to t he "theological model" of Platonism (the womb for every heresy) so that it is more appropriate to speak of a "Christian Counter-Platonism". As a parallel for this new phrase DÖRRIE points to the typically confessionalistic concept of the "Counter-Reformation" which really means post-Tridentine Catholicism. For DÖRRIE Christian and Platonic theology are in fact incompatible because one cannot espouse two different confessions at the same time.[2] [402]

---

2   H. DÖRRIE, "Was ist ‚spätantiker Platonismus'? Überlegungen zur Grenzziehung zwischen Platonismus und Christentum", ThR N.F. 36 (1971), 285-302, specifically pp. 293f., 301f. DÖRRIE was concerned about "setting the boundaries" also in an earlier lecture before the same "Patristic Cooperative Study Group" which appeared under the title "Die Platonische Theologie des Kelsos in ihrer Auseinandersetzung mit der christlichen Theologie auf Grund von Origenes, c. Celsum 7, 42ff.", NAWG 1967, pp. 19-55. This diacritical view determined also his review of my study "Logos und Nomos: Die Polemik des Kelsos wider das Christentum" (1955), Gnomon 29 (1957), 185-196. It commands attention and respect from the "discussion partners" especially

A Young Dutchman by the name of EGINHARD PETER MEIJERING, who also took part in the Göttingen meeting we mentioned, has reacted almost vehemently to such a view of the antithesis. He posed to Mr. DÖRRIE the counter question: "How did the Christians Platonize?" and answered in the sense of a synthesis[3]. He has argued his standpoint in several articles which have just appeared under the title "God-Being-History" as "Studies in Patristic Philosophy". His counter-thesis is: "Christian theology of the first five centuries was drawn up in regard to the heresies and in so far as the heretics took their theories from Platonism according to the opinion of the orthodox theologians, in regard to Platonism" (Studies 134f, note 6). The early Christian theologians could not master such a task with merely a "Platonizing" language. They were confronted with metaphysical questions requiring answers. The questions referred to such points, which according to DÖRRIE are irreconcilable with Neo-Platonic ontology, as for example the doctrine of creation or the dogma of incarnation. And according to MEIJERING precisely at these points "Platonism's substantial influence on patristic theology"[4] can be clearly demonstrated.

Everyone among us knows that this recent scholarly dispute only articulates what has always been controversial. Here the number of those siding with the young Dutchman probably represents the majority. Yet in questions of the intellect it is not "larger battalions" which do the deciding. Precisely for that reason it pays to reflect upon the issue especially since it is not only theological involvement which has made the scholarly debate so vehement. The indolence of judgment in our case is clearly connected with the fact that historical phenomena of intellectual history are measured with categories of a systematic-fundamental analysis and thus are stretched on the Procrustean bed of "aut – aut". Such criteria of abstract thinking however are little suited for doing justice to the laws of communication in the history of philosophy and theology. What KARL JASPERS in 1931 called "the intellectual situation of the time" is much more suitable as an aid for understanding the fluctuating course of the history of ideas. This is precisely what we are referring to with the concept "discussion situation". This concept can [403] perhaps better grasp the influence of the laws of dialogue also upon the

---

because it is supported by comprehensive research on Platonism in the time of the emperors. There is a bibliographical notice and literary expansion in RThPh 22 (1973), 133f. These papers now also in: DÖRRIE, Platonica minora, München 1976, with a useful bibliography pp. 524-548, esp. 538ff. "Platonismus und Christentum" (until 1974). H. DÖRRIE's sudden death in March 1983 interrupted the stimulating discussion in which many scholars participated, cf. ADOLF-MARTIN RITTER, Spätantikes Christentum und platonische Philosophie: Handbuch der Dogmen- und Theologiegeschichte, ed. by CARL ANDRESEN, vol. I, Göttingen 1983, pp. 111-116 (Lit.).

3   EGINHARD P. MEIJERING, "Wie platonisierten Christen? Zur Grenzziehung zwischen Platonismus, kirchlichem Credo und patristischer Theologie", VigChr 28 (1974), 15-28; reprinted in the essay collection mentioned above, Amsterdam/Oxford/New York 1975, pp. 133-146. This collection cannot compete with DÖRRIE in thematic concentration, but nevertheless in this question it does demonstrate the larger horizon of a synthetic standpoint.

4   MEIJERING, Studies, 136.

process of integrating Platonism into early Christian theology. The reason why our presentation now traces this development backwards – beginning with Pseudo-Dionysius Areopagita – may be justified in retrospect by the presentation itself.

I.

As you know, one can debate whether in *Pseudo-Dionysius Areopagita* Platonism has been integrated into Christianity in a genuine sense of the word or not. Yet this is obviously the intention of this anonymous theologian. By means of the mystagogical plan of his Christian theosophy he wants to combine an ontological interpretation of being with "Heilsgeschichte" based upon revelation. He does this when he interprets the "ecclesiastical hierarchy" in historical Christianity as an emanation (πρόοδος) of the "heavenly hierarchy" and its transhistorical order of being which historical Christianity is striving to attain again (ἐπιστροφή). The facts are well known concerning the tradition history of the "Corpus Dionysiacum" whose core also contained the tract "de divinis nominibus" as an introduction and the "theologia mystica" as a concluding mystagogy. Here the debate in recent research may only be briefly touched upon.

The situation of this debate can be depicted as follows. Even though the thesis remains unshaken that Pseudo-Dionysius exhibits a synthesis of Neo-Platonism and Christianity in the traditional sense (RENÉ ROQUES; MICHELE SCHIAVONE)[5], nevertheless the diacritical voices are growing. Two decades ago PHILIPPE CHEVALLIER already could raise the question: "Dionysius estne Christianus"".[6] This question, born of profound scepticism, has even lead to resignation in the most recent research regarding every analysis of the Dionysian corpus within the history of ideas. At the same time the scholars evasively withdraw to other areas. That is true, for example, of the monograph by RONALD F. HATHAWAY (The Hague 1969)[7] who stretches the structures of order in the Areopagitic hierarchy onto the hermeneutic network of political science. This is also true of the dissertation by HERMANN GOLTZ (Halle 1972). With a Neo-Marxist reference to MAX WEBER this dissertation emphasizes the "sociological" aspect of "dominion" and interprets the Areopagitic hierarchies as an "ideal type of rationally legal hierocracy". At the same time this study of [404] "the theory of hierarchical society" justifies its intention by saying that over against Pseudo-

5   RENÉ ROQUES, L'univers dionysien. Structure hiérarchique du monde selon de Pseudo-Denys, Paris 1954; MICHELE SCHIAVONE, Neoplatonismo e cristianesimo nello Ps. Dionige, Milano 1963.
6   ÉtCarm 26 (Bruges 1947), 308-316.
7   RONALD F. HATHAWAY, Hierarchy and the Definition of Order in the Letters of Pseudo Dionysius. A Study in the Form and Meaning of the Pseudo-Dionysian Writings, The Hague 1969.

Dionysius the formulation "Neo-Platonism or Christianity?" has proved to be "an unsatisfactory alternative in Areopagitic research"[8].

That of course was a somewhat rash judgment. Things are set right by a dissertation submitted in Göttingen at the beginning of this year and which will appear early next year in the series "Forschungen zur Kirchen- und Dogmengeschichte". It is the dissertation by BERNHARD BRONS entitled "Studies on the Relationship of Neo-Platonist Metaphysics and Christian Tradition in Dionysius-Areopagite"[9]. Diacritical analysis of a consistent "system criticism" can still bring clear results and even if only in negation. On the one hand it can vouch for the clear-sightedness and intellectual achievement of that anonymous Syrian theologian, who endeavoured to integrate the ripest fruit of the philosophy of late antiquity, namely Proclus. On the other hand, however, diacritical analysis must also recognize that at the same time the anonymous writer, Pseudo-Dionysius, destroyed the Proclian coordinate system of ontic relationships through his Christian corrections. (These included the elimination of the world soul, the transfer of the ideas from the world spirit [νοῦς] to the transcendental ἕν, God's monocausality in creation, and providence.) Pseudo-Dionysius thus also destroyed the synthesis he was striving for. The cracks in the Dionysian system were present from the very beginning and inevitably required the pseudo-epigraphic "packing", that is, what BRONS calls the "Areopagitization" of the corpus of writings. According to his observations here was an on-going process of Christian orthodox coloring. In the course of time several "Areopagites" – if one may call them that – took part in this process. They introduced their orthodox corrections through marginal notes, as for example John of Scythopolis in the sixth and Maximus Confessor in the seventh century. They worked with interpolations in the text. They are probably also responsible for the loss of the Areopagitic writings known today only by title, which the author himself has mentioned, for example the "Symbolic Theology" or the "Theological Outlines": these were removed from the "Corpus Dionysiacum" be- [405] cause they were capable of being theologically misinterpreted. And this was done although the writings themselves in part owe their origin to the apologetic endeavour to biblicize Dionysian thought as for instance the "Symbolic Theology" (Letter IX, 1113b/c). In other words: we will

---

8   The Halle dissertation was printed unchanged under the title "Hiera mesiteia. Zur Theorie der hierarchischen Sozietät im Corpus areopagiticum" (Oikonomia. Quellen und Studien zur orthodoxen Theologie, Vol. 4), Erlangen 1974. The series Oikonomia is edited by the professorial chair for the history and theology of the Christian East at the University of Erlangen. The above quotations come primarily from the presentation on pp. 25ff. HERMANN GOLTZ provides an extensive bibliography on pp. 317-357.

9   The monograph appeared under the German title "Gott und die Seienden. Untersuchungen zum Verhältnis von neuplatonischer Metaphysik und christlicher Tradition bei Dionysius Areopagita", FKDG 28, Göttingen 1976. Questions of literary criticism were already anticipated in BERNHARD BRONS' publication "Sekundäre Textpartien im Corpus Pseudo-Dionysiacum? Literarkritische Beobachtungen zu ausgewählten Textstellen", NAWG 1975, pp. 101-140. It will not escape the reader that my Oxford lecture underlines and emphasizes even more strongly the carefully weighed judgments of the author.

have to take into account that in the process the corrective notes of orthodoxy were intensified.

This process of "Areopagitizing" elucidates with a concrete example what we mean by the catch-word of the changing "discussion situation". In accord with Dionysius' studies the first discussion phase can be characterized as follows: a Syrian theologian undertakes the bold attempt to take over into Christian theology the ontological system of his teacher Proclus. The "intellectual situation" in the Orient which was dominated by Antioch and its Aristotelian traditions averse to metaphysics did not stand in the way. On the contrary, it even allowed the anonymous writer to lean upon his Neo-Platonist teacher so heavily in the writings introducing his main work that he named one of them after a book title of his master's "στοιχείωσις θεολογική". In the other writing he quoted his teacher extensively under the pseudonym "Ἱερόθεος". The Syrian obviously did not need to fear that his heathen partner would be unmasked in the East.

Such a "discussion situation" – and here we come to a second phase – had to change however when the core of the Dionysian writings became familiar in places where the Neo-Platonists were known as resolute opponents of Christianity. For several reasons Athens comes to mind. Here, where Proclus had worked as a school principal, Christian criticism could very quickly expose the Proclian thought and tear the mask from the face of the fictitious authority of a "Hierotheos". A new disguise was needed to be able to retain the synthesis of Christian theology and Greek ontology. What was more natural than to look for a new patron and to select the local saint of Athens the apostle's disciple, Dionysius Areopagita? Even at the beginning of the "Areopagitization" the same thing occurred that was to be repeated in the ninth century when Abbot Hilduin of St. Denis promoted the dissemination of the Areopagite in the Latin language by identifying Paul's disciple with the local Parisian saint and martyr Dionysius. Now at last the critical voices were silenced which had been raised from the very outset and which really started the whole process of "Areopagitization". This process can be characterized as an on-going discussion regarding the pros and cons for integrating the Proclian mysticism of being into the world of Christian thought. And this is a debate subject to the laws of the changing "discussion situation".

II.

At the same time, Proclus, the headmaster from Athens, represents certain traditions of an "Athenian Neo-Platonism" in the second half of the fifth century. In the wake of KURT PRAECHTER one usually distinguishes between [406] this and an Alexandrian Neo-Platonism[10]. The features mutually common in Neo-

---

10 KURT PRAECHTER, "Richtungen und Schulen im Neuplatonismus", Genethliakon CARL ROBERT, Berlin 1910, pp. 105-156. The distinction also determined his presentation "Die Herrschaft des Neuplatonismus etwa von der Mitte des 3. bis zur Mitte des 6. (in Alexandreia des 7.)

Platonism after Plotinus – I would only draw attention for example to the harmonization of Plato with Aristotle started by Porphyry – are of course not overlooked and the differences in essentials as well as in the nuances become all the more clear. Such nuances in the shift of emphases would include the differing exegesis of Plato and Aristotle, but I will not bother to go into that here. The fundamental differences however become evident in the doctrine of hypostases. In this connection let us recall the headmaster Plutarch of Athens at the beginning of the fifth century. Up until now PHILIP MERLAN had presented him as the man who was the first to bring the Platonic school in Athens under the influence of Plotinus[11]. However since PIERRE HADOT's identification of the Parmenides commentary fragment in Turin with Porphyry one will have to be more precise and say that Plutarch made the Plotinian-Porphyrian doctrine of oneness at home in the academy at Athens[12]. This is the doctrine that equated God with the highest ῎Εν and thus also with the "ground of being which transcends existence". Here Plato's first five hypotheses in his Parmenides (137C-160B) play an important role. Plutarch interprets them as expositions of the five Plotinian hypostases (oneness, intellect, soul, sensuality, understanding). Proclus of Athens then enriched the Plotinian model of emanations by putting a "horizontal" expansion beside the "vertical", that is, downward unfolding. However by presenting all the Greek divinities as elements of this two-dimensional emanation process, Proclus made Athenian Neo-Platonism the "philosophical system" of pagan polytheism.

In contrast to this, "Alexandrian Neo-Platonism" put more emphasis on Aristotle in its metaphysics. Ammonius Hermeiou (second half of the fifth century) was the first Neo-Platonist to hold Aristotle lectures in Alexandria. He took up for example the Aristotelian concept of God as the "unmoved [407] mover" from the eleventh book of the "Metaphysics" (A 1071b3-1076a4) and the related notion of a two-level gradation of divinity. He combined this with the Aristotelian statements from Physics II, 3 and concluded that Aristotle understood the "first mover" in the traditional way as the "first cause" (prima causa) for a timeless-eternal movement of the heavens. But at the same time he designated the "first

Jahrhunderts nach Christus" in ÜBERWEG's Grundriß der Geschichte der Philosophie I, Tübingen [13]1953, 590-655, specifically 621ff., 635ff. which has still not been surpassed. DÖRRIE arranged a new edition of the collected "Kleine Schriften", Hildesheim 1973.

11   The main work of PHILIP MERLAN, From Platonism to Neoplatonism, The Hague [3]1968 and his instructive presentation "Greek Philosophy from Plato to Plotinus" in: The Cambridge History of Later Greek and Early Medieval Philosophy, ed. ARTHUR HILARY ARMSTRONG, Cambridge [2]1970, pp. 11-132 are intended for a general audience. The specialists will welcome the news that after his death the research papers of this eminent American (California) have been collected by FRANCISZKA MERLAN as "Kleine philosophische Schriften", provided with a preface by HANS WAGNER and printed by H. OLMS, Hildesheim 1975 (= Collectanea XX).

12   PIERRE HADOT, "Fragments d'un commentaire de Porphyre sur le ‚Parmenides'", Revue des Etudes grecques 74 (1961), 410-438. An interpretive evaluation of the Porphyrian commentary on Parmenides was given by P. HADOT in his "Thèse pour le doctorat des letters" in Paris under the title "Porphyre et Victorinus" I, Paris 1968, pp. 102-143; II, Paris 1968, pp. 63-115 (text and French translation).

mover" as the "effective cause" (causa efficiens) for the inner-worldly, temporal events. Such an interpretation of Aristotle had to be welcomed by Jewish-Christian theology of creation. Above all such a synthesis was more philosophically formulated than the metaphysics of his predecessor in office, Hierocles of Alexandria, who flatly rejected the Plotinian doctrine of hypostases. Instead of this, at the peak of the universe conceived of as a unity he placed the demiurge as the creator of the world, who produced the cosmos out of nothing, that is, in a "creatio ex nihilo" by an absolute act of the will (Photius cod. 251). And this Hierocles, who is often called the founder of the "school of Alexandria" (PH. MERLAN), had once been a pupil of Plutarch in Athens and as such acknowledged the Plotinian hypostases! Can it be that he paid his tribute to the "genius loci" of Alexandria?

Let us pause before we enter into further details. Apparently the catchword "discussion situation" is not wholly adequate for our purposes. It focuses primarily on the immediate relevancy and thus on the changeability of the philosophical debate. There are however also trans-subjective and thus constant factors in the dialogue of the discussion partners. These create an abiding "intellectual climate" which constantly shapes every cultural centre. The traditional expression "genius loci" captures this well. Moreover it is to be noted that such an "intellectual climate" is not locally bound, but is rather of an expanding nature; from its starting point it has effects upon other intellectual centers.

Let us make these general statements more concrete and turn back to Hierocles of Alexandria. We already mentioned a few peculiarities of his "Neo-Platonism": the demiurge at the peak of his triadic structured ontology, the doctrine of the "creatio ex nihilo". As something new we might add the view that the highest God exercises his providence through angels, while the Εἱμαρμένη only influences the effects of human acts. Hence Hierocles preserves the freedom of the will of autonomous man. For this view he conjured up an "Origen" as authority. However it is dubious that the famous theologian from Caesarea is meant. The reference is plainly to a Neo-Platonist trained in the school of Plotinus (Photius cod. 251 p. 461 a 39). In spite of this the peculiarities of Heroclean Neo-Platonism appear theistic, if not to say: Christian! PRAECHTER, whom many followed on this point, already gave a twofold explanation for this[13]. He talked about

---

13   K. PRAECHTER, see above, footnote 10; further, "Christlich-neuplatonische Beziehung", ByZ 21 (1912), 1-27; also his article "Hierokles" 13, PRE VIII (1913), 1482f. He was followed in this point by HERMANN LANGERBECK, "The Philosophy of Ammonius Saccas and the Connection of Aristotelian and Christian Elements therein", JHS 77 (1957), 67-74; cf. also his article "Hierokles", RGG³ III (1959), 314f. From the literary remains HERMANN DÖRRIES published the unabridged and original German text in the collection of essays: HERMANN LANGERBECK, Aufsätze zu Gnosis, AAWG.PH III, 69, Göttingen 1967, pp. 146-166. At the same time the editor stated in a footnote the differences between LANGERBECK and HEINRICH DÖRRIE in the philosophical-historical derivation from Hierocles; however both agree that the connecting link is not Origen the Christian, but Origen the Neo-Platonist, even though a "pagan confessor" (LANGERBECK) like Hierocles may stand closer to the Christian Origen (de principiis) than Plotinus or even Porphyry and "Iamblichus" (op. cit.).

Hierocles' "Pre- [408] Plotinian Platonism" which was derived from Plotinus' famous teacher, Ammonius Saccas. In this way Hierocles avoided in cosmology and anthropology a head-on collision with Christian dogmatics. In contrast to the school at Athens the school at Alexandria was distinguished by the fact that its representatives were either converted or born Christians and remained so. Even Mr. LLOYD (Liverpool), who criticises the traditional view that Alexandrian Neo-Platonism derives from Pre-Plotinian Platonism of an Origen or Longinus, maintains that both the Neo-Platonists and the Christians in the Nile metropolis showed consideration for one another. For example the Neo-Platonists did not write a "theology of Plato" as Proclus did in Athens[14].

This detailed report would, to begin with, only elucidate what was defined as "discussion situation" in the first part of the lecture. Modern research however permits us to widen the findings so that Hierocles can also illustrate what was called the "intellectual-climate" in the second part of the lecture. In the introduction to the edition of "Alexander of Lycopolis' Treatise 'Critique of the Doctrines of Manichaeus'" (Leiden 1974), published jointly with Mr. VAN DER HORST, Mr. MANSFELD (Utrecht) pointed out that this Neo-Platonist in the transition from the third to the fourth century has many features in common with Hierocles. Like Hierocles in his fight against Manichean dualism he rejects the doctrine of the pre-existence of an "evil" material (ὕλη). Like Hierocles, Alexander also denies the existence of divine hypostases ranking above the demiurge. Like Hierocles he advocates rather the view that the creator of the world made the cosmos out of nothing. Not without good reason does Mr. MANSFELD draw the conclusion that Alexander of Lycopolis represents the hitherto "missing link" in the history of Alexandrian Neo-Platonism. He is the link between the pagan Neo-Platonist and student of Ammonius Saccas, namely Origen, on the one side, and Hierocles in the first half of the fifth century on the other side[15]. In addition I would [409] make a further observation. In comparison with his contemporary and classmate Porphyry, Alexander of Lycopolis is especially striking in that he speaks in a friendly way about Jesus of Nazareth[16]. Together with Hierocles he thus bears

---

14   A. C. LLOYD, in: The Cambridge History of Later Greek and Early Medieval Philosophy, Cambridge 1967, 315f.

15   PIETER WILLEM VAN DER HORST and JAAP MANSFELD, "An Alexandrian Platonist against Dualism. Alexander of Lycopolis' Treatise 'Critique of the Doctrines of Manichaeus'", Theta-Pi 3 (1974); printed separately ("Alexander and the History of Neoplatonism"), Leiden 1974, 6-47. For understandable reasons MANSFELD did not notice that LANGERBECK (op. cit. p. 165f.) had already referred to Alexander of Aphrodisias. Besides that in his Olaus Petri lectures in Uppsala in 1951 ("Fornkyrkan och den grekiska bildningen") ALBERT WIFSTRAND had already pointed out the common ground between Alexandrian Christians and Neo-Platonists at the time of Hierocles in their "struggle against intense propaganda of the Manicheans", cf. the German translation, "Die alte Kirche und die griechische Bildung", Bern 1967, p. 95.

16   The name itself does not occur in the tractate against the Manicheans. However the lecture formulation was consciously chosen in view of the characterization of Christianity as a "simple minded (ἁπλῆ) philosophy limited to ethics" (Introduction, op. cit., 48ff.) whose metaphysical

witness to an alliance in Alexandria between Christianity and Neo-Platonism which lasted for more than a century. This alliance was a pragmatic relationship founded upon the common defence against Manichean dualism and its wholly pessimistic contempt for man. By way of contrast the alliance was based upon a mutual affirmation of man's dignity – whether understood as an expression of the created image of God or as proof of the all-governing Logos which confirms in the rational decision of the will man's autonomous freedom. It is precisely the humanistic element which should not be overlooked in the Alexandrian alliance between Christianity and Neo-Platonism!

The alliance, after all, is not simply a local phenomenon limited to Alexandria! Elsewhere too, through their struggle against Manicheism, the two parties sought to establish contact with one another. The Christians were more strongly interested in this contact because Manicheism disguised itself as Christian while advancing into the West. The Christian theologians also wrote the majority of the tracts "contra Manichaeos"[17]. All the more attention should be paid to the fact that the last representative of pagan Neo-Platonism in Athens – Simplicius (died after 533 A.D.) – also joined in the defence against Manicheism at the end of his career. Yet in questions of cosmology he had polemicised vehemently against his Neo-Platonist fellow from Alexandria who had been converted to Christianity – Johannes Philoponus. It is significant that Simplicius inserted his criticism of Manicheism into his commentary an Epictetus' "Enchiridion"[18]. He too made clear that it was primarily the humanistic motive which had brought about the alliance of pagans and Christians against the Manichean disparagement of the world as totally evil. [410]

Even the Latin Neo-Platonism of the West joined the alliance. Whoever that anonymous writer may have been who wrote a "Book Against the Two Principles of the Manicheans" and addressed it "to the Manichean Justinus" (PL 8, 999-1010), the fact that he chose the name "Marius Victorinus" as pseudonym shows clearly which intellectual camp he comes from. Furthermore that is true for his statements about the ontic "non-existence" of "nothingness" (chap. 11) and his appeal to the "highest, unlimited, universal, omnipotent and all-preserving" God as the "sole and exclusive principle" (chap. 14 end).

The denial of an ontic existence of evil reminds one of Augustine. Indeed, the North-African church father also belongs to this common front of Neo-Platonists and Christians against the Manichean archenemy. Moreover among his

---

doctrine of God of course is pretentious. That calls to mind the theological liberalism of the 19th century with its emphasis on the ethical teachings of "Jesus of Nazareth".

17   For this, and for the spreading of Manicheism see ROBERT MCQUEEN GRANT, "Manichees and Christians in the Third and Early Fourth Centuries", in: Ex orbe religionum, Studia Geo Widengren oblata I, Leiden 1972, 430-439; further PETER BROWN, "The Diffusion of Manicheism in the Roman Empire", in his essay collection: Religion and Society in the Age of Saint Augustine, London 1972, 94.

18   For this cf. ILSETRAUT HADOT, "Die Widerlegung des Manichäismus im Epiktetkommentar des Simplikios", AGPh 51 (1969), 31-57.

contemporaries Augustine wrote the most Anti-Manichean polemical writings. Of course his personal past and relationship to the Manicheans played a role here. But such shadows from the past surely will have faded at the end of a long life of Christian testimony when Augustine composed the final books of "de civitate Dei" and his "Enchiridion". However, what made him then hold on to the basic dogmas of Neo-Platonism like the ontological affirmation of being as an expression of the highest existence created by God or the definition of evil as the "absence of good" (privatio boni), if not the fundamental rejection of "nihilism" in his time? Augustine too bears witness to that "intellectual climate" in the fourth and fifth century which is characterized by the rejection of metaphysical dualism.

We are dealing here with the "intellectual situation" of a century. It dominates the philosophical discussion in the Mediterranean world going far beyond the local and momentary "discussion situation" as well as beyond the differences within the Neo-Platonic school. To stay with the terminology of the English expression "intellectual atmosphere": the philosophical "weather map" is influenced by the "low pressure area" of Manicheism. A similar "weather map" could be drawn also for the "intellectual situation" of the second and third century. It can even attract more interest because it was in this period that the abiding synthesis of Christianity and Platonism was established. To be sure, the intellectual situation of this earlier century is somewhat more complicated because next to the "low pressure area" of gnosticism there is also a "high pressure area" which can exert its positive influence. I am referring to "Middle-Platonism" which came out of the profound crisis of neo-academic scepticism. Its System was geared to compromise and therefore it virtually forced itself upon theistic philosophy of religion whether Jewish or Christian. [411]

III.

But the time has run out! The "intellectual situation" of the second and third century really deserves a still more detailed treatment since it represents the wellspring of early Christian apologetics and theology; I hope to be able to give this treatment elsewhere. Here a concluding summary will only state what the working terms "discussion situation" and "intellectual climate" can do for a better understanding of the integration process of Platonism into Christianity. The following summary will also state what these terms are *not* able to do.

a) The introductory statements already pointed out that the dialogue of the "discussion situation" presupposes a readiness to make concessions and therefore is aimed at bringing the standpoints closer together. Which of the discussion partners was more ready to compromise when contact was made between early Christian theologians and Platonic school-philosophers is not certain from the outset. The Christian side was not predestined to indolence just because of its religious confessionalism. On the contrary, early Christian confessionalism had a missionary thrust! DÖRRIE errs when he ascribes to a basically indolent confessionalism incompatibility with related thought systems. However the Neo-Platonist side had also been trained in the spirit of compromise, at least in the readiness to say "we agree to differ". Behind this stood an even older tradition. Ever since WERNER JAEGER's Studies on Aristotle (1923) and his analysis of the lost early writings of Aristotle, we are familiar with the new type of "discussion-dialogue"[19]. Whereas the originator of the philosophical dialogue, Plato, inquires dialectically about the one truth, the "discussion-dialogues" of the young Aristotle set one opinion against another and reproduce the amicable, peaceful juxtaposition of views in the discussions of the Platonic academy. These were intended for the public, that is, they were of a hortatory nature. The Aristotelian "instructive writings" were reserved for only a select circle of students. We are dealing here with precisely those writings preserved for us which in the nineteenth century caused Aristotle to be snubbed as a kind of logical systematician. Ever since WERNER JAEGER one should not lose sight of the fact that it was not the dialectical Plato-dialogue, but the "discussion-dialogue" of Aristotelian origin which dominated the traditions of academic school activity. It was revived in the Neo-Platonism of late antiquity. This philosophy had long forgotten to pay attention to the inner logic of a system and instead – as Proclus shows – relied upon theurgic irrationalism. [412]

According to our observations the "discussion situation" of constantly changing times as well as the "intellectual climate" of a continuing intellectual epoch both exert an alienating influence upon fundamental-systematic reflection. In the first case mentioned it is prematurely interrupted by a liberal readiness to make concessions. A synthesis of the standpoints is the set goal to which systematic reflection must be subordinated. The apologetic motive dominates the dialogue and is anxiously intent on not allowing it to be broken off. Here there is fervor and the desire for understanding. The current "discussion-situation" usually stands at the beginning of a development and can further it precisely by virtue of its "productive misunderstanding". In the second case mentioned of the ossified "intellectual situation" the alienating effect occurs when in the course of the discussion certain basic dogmas become tabu which neither philosophers nor theologians dare to question. Here the synthesis is the given starting-point which one must return to again. That can be seen especially at the end of a period of development which not accidentally is marked by scholasticism. Its systematic reflection moves within a set framework like a prisoner in his cell. It is thus obvious that the development in late antiquity both in the history of philosophy and of theology was affected by factors which favoured neither logical thinking nor its consistent systematization. In this intellectual world diacritical dialectics had only

---

19 In this connection I would call attention to the article by HERMANN LANGERBECK, "Der geistesgeschichtliche Humanismus. Zu WERNER JAEGERs 60. Geburtstag" which was written already in 1948, but first put in print by H. DÖRRIES in the collection of essays mentioned in footnote 13, pp. 180-203. This article (p. 185f.) especially stresses as the merit of WERNER JAEGER'S well-known book on Aristotle (Aristoteles, Berlin 1923) that with the "discussion-dialogue" a form was created diverging strongly from Plato.

a narrow leeway. On the other hand the doors were wide open to uncritical acceptance of heterogeneous concepts and ways of thinking, especially since everything went on within the practices of school life.

b) Such statements already indicate what task the two hermeneutical concepts presented this evening can not perform. They cannot measure the independent intellectual achievement of a superior mind – be it of philosopher or theologian. There are figures in the history of ideas who transcend such criteria. In the framework of our topic I would concede without hesitation such a special position to Plotinus and Gregory of Nyssa, even if I should thereby prompt the counter-question why Origen, Augustine and other church fathers are not included in this special class. For the choice of the man from Nyssa I would have to refer again to WERNER JAEGER, who was able to show that Gregory in his Christian seclusion also very well knew how to philosophize in a Platonic-dialectical way. Others after him[20] have showed impressively how Gregory advanced to the concept of the infinity of God in a way which can hardly be described with the concept "Platonizing" (DÖRRIE). At the same time he does not only leave the negative theology of the school of Origen far behind, but he also criticizes the conception of God in classical metaphysics. This "quiet mind" was such a consistent Platonist that he consciously abolished the Aristotelian logic for the soul's [413] knowledge of God and its "ascent to God". Thus he also left the contemporary Platonists far behind.

As we said – our hermeneutical concepts, "discussion situation" and "intellectual climate", are not master keys for solving all the problems connected with the process of integrating Platonism into Christianity. Even if they help to understand better the "intellectual atmosphere" in the schools of the philosophers and catechists, they fail to work in the face of the towering minds in the history of philosophy and theology. Nevertheless Gregory of Nyssa who has been cited here represents the finest example of a perfect synthesis between Christianity and Platonism. In his independent intellectual achievement he confirms what we observed on the broader basis of teaching activity to be the result of compromise – namely the synthesis.

---

20   For example I think of Ekkehard Mühlenberg, Die Menschlichkeit Gottes bei Gregor von Nyssa. Gregors Kritik am Gottesbegriff der klassischen Metaphysik, FKDG 16, Göttingen 1966.

Dogmengeschichtliche Aspekte
zur religions- und geistesgeschichtlichen Ableitung
des frühen Christentums[*]

Die drei Stichworte dieses Colloquiums: „Judentum, Hellenismus, Christentum" stehen zum Glück für alle Teilnehmer unverbunden nebeneinander. Dieses Faktum gestattet, die drei Worte jeweils nach eigener Anordnung miteinander zu verbinden. Die Möglichkeit, dieselben sowohl religionsgeschichtlich wie geistesgeschichtlich aufzufassen, erweitert im vorliegenden Fall solchen Ermessensraum. Endlich stellt die freischwebende Formulierung dem Referenten anheim, an die Probleme anzuknüpfen, die ihn persönlich bei seinen laufenden Forschungsarbeiten bewegen. Das sei zur Rechtfertigung dafür angeführt, warum dieser Diskussionsbeitrag wie angegeben als „Dogmengeschichtliche Aspekte zur religions- und geistesgeschichtlichen Ableitung des frühen Christentums" formuliert wurde.[1] Die beiden genannten Aspekte sind im übrigen üblich. Ich nenne nur die Buchtitel zweier bekannter, theologisch sehr weit auseinanderliegender Autoren. Einmal ist das RUDOLF BULTMANN, *Das Urchristentum im Rahmen der antiken Religionen*,[2] und zum anderen JEAN DANIÉLOU [268] mit seinen beiden Bänden einer *Geschich-*

---

[*]   Archivio di filosofia 53 (1985), 267-286.

[1]   Er enthält daher auch Manches von dem, was in einem „Nachwort" zum letzten Band des dreibändigen „Handbuches der Dogmen- und Theologiegeschichte", Göttingen 1980ff. zur Sprache kommt, das von mir herausgegeben wird und Sommer 1984 zum Abschluß kam. – Zur obigen Trias sei noch vermerkt, daß ich sie schon in der Form „Paganisme, Judaisme, Christianisme" als eine Einengung empfinde, wie man sie für die Festschrift MARCEL SIMON (Paris 1977) wählte – für den Geehrten übrigens zutreffend, da SIMON in seiner Forschung wie JEAN DANIÉLOU gleichfalls den Judaisierungsprozeß betont: für das orthodoxe Judentum ist der „Hellenismus" in der Tat „Paganismus".

[2]   Zürich, Artemis (1949) [4]1976, als Paperback Göttingen 1981 und in Rohwolts Enzyklopädie, Bergedorf 1962; frz. Le christianisme primitif dans le cadre des religions antiques, Paris 1950; engl. Primitive Christianity in its Contemporary Setting, New York 1956, auch London 1960; jap. Übers. Tokyo 1960. Aus gegebenem Anlaß sei vermerkt, daß der Marburger Theologe (gest. 1976) vor mehr als zwanzig Jahren hier in Rom auf Einladung Prof. ENRICO CASTELLIS „Zum Problem der Entmythologisierung" gesprochen hat: AF (1961), 19-26; engl. JR 42 (1962), 96-102; dt. Kerygma und Mythos VI, 1, hg. von HANS-WERNER BARTSCH, Hamburg 1963, 19-27; RUDOLF BULTMANN, Glauben und Verstehen IV, Tübingen [3]1975, 128-137. Ein Hinweis auf die Forschungen und Bücher des amerikanischen Religionshistorikers ARTHUR DARBY NOCK (gest. 1963) inklusive des Aufsatzbandes: Early Gentile Christianity and its Hellenistic Background, New York 1962 darf nicht fehlen.

te der christlichen Lehren vor Nicäa[3]. R. BULTMANNS weitverbreitetes Büchlein repräsentiert dabei die religionsgeschichtliche Schule, aus der er selber hervorgegangen
ist; im übrigen wird uns mehr das Standardwerk dieser Schule in Gestalt von
WILHELM BOUSSETS *Kyrios Christos* beschäftigen. Die vornicänische Theologiegeschichte des französischen Kardinals hingegen stehe stellvertretend für die geistesgeschichtliche Methode. Doch nicht sie, sondern selbstredend das internationale Standardwerk, nämlich ADOLF VON HARNACKS *Lehrbuch der Dogmengeschichte*
(Tübingen [4]1909) wird unsere Aufmerksamkeit fesseln müssen.

Eine persönliche Randnotiz zu diesem zweiten Teil meiner Darlegungen sei
dabei erlaubt. Bereits vor Jahren hatte ALOIS GRILLMEIER[4] die [269] Thematik
*Hellenisierung – Judaisierung des Christentums als Deuteprinzipien der Geschichte des kirchli-
chen Dogmas* angesprochen. Er hatte in dem so überschriebenen Aufsatz von 1958,
der mit erweiterten Anmerkungen in seiner Aufsatzsammlung Aufnahme fand,
zunächst in einem historischen Rückblick aufgezeigt, wie von der Reformationszeit an bis hin zu HARNACK unter den Stichworten „Hellenisierung" bzw. „Judaisierung" theologische Kritik an dem Christentum und seinen Dogmen geübt
worden sei. Dann aber sei eine Wende zum Positiven eingetreten und zwar, als
aus der religionsgeschichtlichen Schule die „Kerygma-Theologie" – gemeint ist
BULTMANN – hervorgegangen sei. Das habe eine neue Situation in der Erforschung des Urchristentums geschaffen. Sie sei in Reaktion auf Bultmann in erster
Linie der Hervorhebung des jüdischen Einflußes in den Anfängen durch ERNST
KÄSEMANN und LEONHARD GOPPELT zugute gekommen und sei für die weitere
Entwicklung durch DANIÉLOU und seine „Theologie des Judenchristentums"
fortgeführt worden. In dieser Fassung sieht aber GRILLMEIER mit der Idee einer
„Judaisierung" die Gefahr einer ebenso einseitigen Ableitung des christlichen
Dogmas gegeben wie bei der Gegenthese einer „Hellenisierung" des Christen-

---

3   J. DANIÉLOU, Histoire des doctrines chrétiennes avant Nicée I. Théologie du judéo-
     christianisme, Tournai 1958; engl. Theology of Jewish Christianity, Chicago 1964; Dasselbe II.
     Message évangelique et culture hellénistique aux IIe et IIIe siècles, Tournai 1961; engl. Gospel
     message and Hellenistic culture, London/Philadelphia 1973. Der Buchtitel: Das Judenchristen-
     tum und die Anfänge der Kirche, Köln/Opladen ist ein zusammenfassender Vortrag (1964); die
     Kritik von CARL SCHNEIDER, ThLZ 92 (1967), 358 erinnert angesichts der Kritik, die seine bei-
     den, Religionsgeschichte und Geistesgeschichte vermengenden Bände: Geistesgeschichte des an-
     tiken Christentums (München 1954) durch EDUARD STOMMEL gefunden hat (JAC 1, 1958, 119-
     127), an die bekannte Warnung an den „Mann im Glaskasten".

4   ALOIS GRILLMEIER, Hellenisierung-Judaisierung des Christentums als Deuteprinzipien der
     Geschichte des kirchlichen Dogmas, Schol. 33 (1958), 321-355, 528-558; überarbeitet: Ders., Mit
     Ihm und in Ihm. Christologische Forschungen und Perspektiven, Freiburg 1975, [2]1978, 423-527.
     Zur Beurteilung von J. DANIÉLOU verweist GR. aaO 737 Anm. auf das Straßburger, von M.
     SIMON durchgeführte Colloquium „Aspects du Judéo-Christianisme" (Straßburg 1964/5) sowie
     auf die Kritik durch ROBERT MURRAY, Symbols of Church and Kingdom, Cambridge 1975;
     Ders., *Christus licet uobis inuitis deus*. Ein Beitrag zur Diskussion über die Hellenisierung der christ-
     lichen Botschaft, in: Kerygma und Logos. Beiträge zu den geistesgeschichtlichen Beziehungen
     zwischen Antike und Christentum. FS für CARL ANDRESEN, hg. von ADOLF-MARTIN RITTER,
     Göttingen 1979, 226-257.

tums. Für ihn gewinnt vielmehr die „moderne Hermeneutik" Stellenwert, um eine Lösung des Hellenisierung-Judaisierung-Problems herbeizuführen. Im fruchtbaren Gespräch mit dem Philosophen HANS-GEORG GADAMER und den Theologen GERHARD EBELING, WOLFHART PANNENBERG und JÜRGEN MOLTMANN bezieht er dabei zugleich für sich selber eine bemerkenswerte Position hermeneutischer „Offenheit".

Schon diese kurze Skizze des GRILLMEIER'schen Gedankenganges dürfte das Gewicht seiner dogmengeschichtlichen Reflexionen für unsere Thematik gezeigt haben. GRILLMEIER hat sie dann vor geraumer Zeit in einem mir zugedachten Festschriftbeitrag fortgeführt, wobei er mehr die spätere Entwicklung im Auge hat, wenn er von der „Hellenisierung und Enthellenisierung" des Christusdogmas als einem „innerchristlichen Prozeß" spricht. GRILLMEIER für seine dogmengeschichtlichen Forschungsbeiträge insgesamt zu danken, ist mir jedenfalls ein persönliches Anliegen. Es dürfte im Nachhinein dem Kundigen nicht verborgen bleiben, daß ich dem geschätzten Kollegen aus der *societas Jesu* manche Anregung verdanke. Wohl werden die nachfolgenden Ausführungen nur die Aporien behandeln, die sowohl bei einer religionsgeschichtlichen als auch geistesgeschichtlichen Ableitung frühchristlicher Dogmenbildung sich ergeben. Daß aber ihre Lösung in gleicher Richtung wie GRILLMEIER gesucht wird, sei jetzt schon vorweggenommen.

I. Die religionsgeschichtliche Aporie

Die jüngste Skizze über die Forschungssituation auf dem Felde der „Dogmengeschichtschreibung" stammt – soweit ich es übersehen kann – [270] aus deutscher Feder, und zwar des protestantischen Patristikers WOLF-DIETER HAUSCHILD, Münster/W. Er eröffnet das besagte Stichwort in der *Theologischen Realenzyklopädie* (Bd. 9, Berlin/New York 1982) mit der Feststellung, das Werk A. VON HARNACKs markiere „das Ende der klassischen Dogmengeschichtsschreibung" (aaO 116). Bei dieser Situationsschilderung wird die religionsgeschichtliche Problematik ausgeklammert, die „geistesgeschichtliche" Fragestellung hingegen mit der Orientierung an HARNACK einseitig berücksichtigt. Das spiegelt die Schlüsselposition wider, die der Altmeister noch heute in der protestantischen Dogmengeschichtsschreibung besitzt; wir werden darauf noch zu sprechen kommen müssen. Andererseits hängt die Ausklammerung der religionsgeschichtlichen Frage durch HAUSCHILD damit zusammen, daß trotz Aufblühens der internationalen Religionswissenschaft nach dem 2. Weltkrieg die Auswertung spätantiker Religionsgeschichte speziell für die Grundsatzdebatte der theologischen Reflexion aus dem Gesichtsfeld gekommen ist; Ausnahmen bestätigen nur solche Beobachtung.[5]

---

5   Zu solchen Ausnahmen zähle ich aus der jüngeren Generation z.B. HELMUT KÖSTER, Einführung in das Neue Testament im Rahmen der Religionsgeschichte und Kulturgeschichte der hellenistischen und römischen Zeit, Berlin/New York 1980, womit ein Standardwerk der religions-

Dabei hatte im Übergang vom 19/20. Jh. die religionsgeschichtliche Forschung eine hegemoniale Stellung inne. Die erste Auflage des heute noch einflußreichen Nachschlagewerkes *Die Religion in Geschichte und Gegenwart* (Tübingen 1909-1913) sah sich durch die Zustimmung aller anderen theologischen Disziplinen und deren Gelehrten getragen. Aus dieser Schule gingen ferner Wissenschaftsorgane hervor, die gleichfalls noch heute bestehen, wie z.B. die *Forschungen zur Religion und Literatur des Alten und Neuen Testaments*. Von dem alttestamentlichen Schulsprecher HERMANN GUNKEL 1903 begründet, wurde seit 1913 mit WILHELM BOUSSET zusätzlich ein neutestamentlicher Betreuer bestellt, dem später darin dann RUDOLF BULTMANN nachfolgte. Letzterer galt 1920 in der Fachwelt als Repräsentant der religionsgeschichtlichen Schule und des theologischen Liberalismus. In dessen Organ, der „Christlichen Welt", hatte er mit einem Aufsatz des gleichen Jahres *Religion und Kultur* sich wenigstens als solchen zu erkennen gegeben. Seine Auffassung des Religiösen knüpfte dabei an FRIEDRICH DANIEL ERNST SCHLEIERMACHERS *Reden über die Religion* an, nahm darin also [271] nicht von seinem Zeitgenossen und späteren Fakultätskollegen in Marburg – RUDOLF OTTO – Notiz, der in Abkehr von SCHLEIERMACHER das Wesen des Religiösen als das *numinosum* verstand, das sowohl als *mysterium tremendum* wie auch als *mysterium fascinans* den religiösen Menschen fessele.[6]

Für die religionsgeschichtliche Forschungssituation um die Jahrhundertwende einen gesamteuropäischen Überblick zu bieten, ist unmöglich, aber auch nicht erforderlich.[7] Beschränken wir uns daher auf die deutschen Verhältnisse, um so gleichzeitig für jene Breitenwirkung Darstellungsraum zu gewinnen, welche die Religionsgeschichte jener Zeiten bei den gebildeten Gesellschaftsschichten auslöste. Erinnert sei nur an die *Religionsgeschichtlichen Volksbücher für die deutsche christliche Gegenwart*, die mit ihren sechs Serien (Neues Testament, Altes Testament,

---

geschichtlichen Schule (RUDOLF KNOPF – HANS LIETZMANN – HEINRICH WEINEL) fortgesetzt wurde; ferner seine ältere Gemeinschaftsarbeit mit JAMES M. ROBINSON, Entwicklungslinien der Welt des frühen Christentums, Tübingen 1971. Hervorgehoben sei auch HENNING PAULSEN, Traditionsgeschichtliche und religionsgeschichtliche Schule, ZThK 75, (1978), 20-55. Umso wichtiger wird für uns der Forschungsbericht von KURT RUDOLPH, Das frühe Christentum als religionsgeschichtliches Phänomen, in: JOHANNES IRMSCHER – KURT TREU (Hgg.), Das Korpus der griechischen christlichen Schriftsteller. Historie, Gegenwart, Zukunft, Berlin 1977, 29-42.

6   Vgl. ANSGAR PAUS, Religiöser Erkenntnisgrund. Herkunft und Wesen der Aprioritheorie RUDOLF OTTOs, Leiden 1966; ERNST BENZ (Hg.), RUDOLF OTTOs Bedeutung für die Religionswissenschaft und die Theologie heute, Leiden 1971. Ernst Benz war um die Fortführung auch *dieses* Marburger Erbes (FRIEDRICH HEILER!) bemüht, vgl. Ders., Idee zu einer Theologie der Religionsgeschichte, Wiesbaden 1961. – Der Aufsatz von R. BULTMANN erschien in der ChW 34 (1920), 417-421, 435-439, 450-453; er fand bezeichnender Weise in BULTMANNs Aufsatzsammlung „Glauben und Verstehen" keine Aufnahme.

7   Grundlegend war HERMANN GUNKEL, Zum religionsgeschichtlichen Verständnis des Neuen Testaments, Göttingen 1903, vielgelesen hingegen ERNST TROELTSCH vgl. Gesammelte Schriften II. Zur religiöse Lage, Religionsphilosophie und Ethik, Tübingen 1913; 328-363, 500-524. Weitere Texte bei WERNER GEORG KÜMMEL, Das Neue Testament. Geschichte der Erforschung seiner Probleme, Freiburg/München (1958) ²1970.

Vergleichende Religionsgeschichte, Kirchengeschichte, Weltanschauung und Religionsphilosophie,, Praktische Bibelerklärung) seit 1904 in Tübingen erschienen und erst nach dem ersten Weltkrieg ausliefen. Erinnert sei ferner an die Berliner Reihe *„Klassiker der Religion"* (1912-1922).

Solche Reminiscenzen erfolgten, weil man zu leicht vergißt, daß in diesem literarischen „ambiente" einst RUDOLF BULTMANNs Jesusbuch 1926 erschienen ist. Es war der erste Band einer Berliner Reihe *Die Unsterblichen,* deren Untertitel *Die geistigen Heroen der Menschheit in ihrem Leben und Wirken* schon für das ganze Unternehmen kennzeichnend war. Allerdings hatte der Gießener Ordinarius vier Jahre zuvor Anschluß an die Dialektische Theologie (KARL BARTH, FRIEDRICH GOGARTEN) gefunden. Das kam 1926 bei dem jetzigen Marburger Ordinarius für Neues Testament denn auch eindeutig zum Ausdruck. Es war sichtlich gegen den Untertitel der Buchreihe gerichtet, wenn er schrieb:

> Die Betrachtung Jesu als Charakter oder Heros ist der Menschenauffassung Jesu einfach entgegengesetzt; denn der Mensch als Charakter hat sein Zentrum in sich selbst, und der Heros steht auf sich selbst, und darin ruht hier die Größe [272] des Menschen, der hier eben von einer ästhetischen Betrachtung aus gesehen ist. Jesus sieht aber den Menschen in seiner Beziehung zu Gott, unter dem Anspruch Gottes (aaO 198).

Mit anderen Worten: Jesus ist eben nicht jene religiöse Persönlichkeit, die durch die Erhabenheit ihrer Gottunmittelbarkeit und die Lauterkeit ihres sittlichen Wesens andere Menschen zu sich emporzieht. Jesus ist nach BULTMANN vielmehr der Rabbi, der den Willen Gottes verkündet und gleichzeitig verheißt, daß der Mensch im Gehorsam gegenüber dem Wort Gottes und im Glauben an Gottes Heilstat das Ereignis seiner Gotteskindschaft „in seiner konkreten Existenz, in der Einmaligkeit seines Hier und Jetzt" (S.178) erfahren kann.

An diesen Sätzen von 1926 wie überhaupt an dem ganzen Jesusbuch bis zu seinem letzten Nachdruck 1964 bzw. 1977 wurden keine Veränderungen vorgenommen.[8] Sie können daher als Zeugnis für das beansprucht werden, was ein Repräsentant der religionsgeschichtlichen Schule nach dem 1. Weltkrieg als Defizit derselben empfand. Er vermißte an ihr das „theologische" Element: im Sinne KARL BARTHs das Angeredetsein durch Gott. In der Tat bildete es für religiöse Denkungsweise eine Aporie, vom Gefühl zur Lehre, vom religiösen Subjektivismus zum dogmatischen Objektivismus, überhaupt zum Dogma als Wesensaussage des Christentums vorzustoßen.

Doch wurde man nicht als „Religions*geschichtliche* Schule" den historischen Disziplinen zugerechnet, weil man nach deren Methoden forschte? Ließ sich denn nicht unter historischem Aspekt Verständnis für die Notwendigkeit kirchlicher Dogmenbildung und Dogmenbindung entwickeln? Hatte es sich nicht seit

---

8   Nur die Rembrandt-Abbildungen des Anhangs und das Nachwort, in dem BULTMANN sich von religionsgeschichtlichen Arbeiten des Jahres 1925 (darunter MARTIN DIBELIUS!) distanzierte, fielen fort; die 2. Aufl. 1929 war geringfügig ergänzt, vgl. WALTER SCHMITHALS in seinem Nachwort zur Taschenbuchausgabe Tübingen 1983, 149-158, spez. 149.

den Tagen des Neologen JOHANN SALOMON SEMLER (gest. 1791)[9] immer wieder gezeigt, daß Dogmengeschichte als Theologiegeschichte erträglich sei? Warum nicht als Religionsgeschichte?

Solche Fragen lassen sich am besten an dem reifesten Beitrag der religionsgeschichtlichen Schule zur neutestamentlichen Theologie beantworten. Ich meine das Werk von WILHELM BOUSSET *Kyrios Christos* mit dem Untertitel *Geschichte des Christusglaubens von den Anfängen des Christentums bis Irenäus* (Göttingen 1913). RUDOLF BULTMANN hat in seinem *Geleitwort zur fünften Auflage* (Göttingen 1965) darauf hingewiesen, wie stark [273] in diesem klassischen Werk der sog. „Göttinger Schule" auch Gedankengut anderer, ihr zugehörigen Theologen fortgeführt werde. Wenn z.b. im Gegensatz zum kultisch verehrten *Kyrios Christos* des hellenistischen Christentums die eschatologische Gestalt des „Menschensohn" spätjüdischer Apokalyptik der palästinensischen Urgemeinde zugewiesen wurde, dann nahm BOUSSET einen Grundgedanken des Göttinger Neutestamentlers JOHANNES WEISS (gest. 1914) auf. Derselbe hatte in dem Werk *Die Predigt Jesu vom Reich Gottes* (Göttingen 1892; ³1964) darauf hingewiesen, daß Jesus mit dem „Reich Gottes" nicht jene ethischen Vorstellungen verbunden habe, wie es die liberale Theologie im Gefolge seines Schwiegervaters, nämlich ALBRECHT RITSCHLs, tat. Der Schwiegersohn wurde damit der Begründer der sog. konsequenten Eschatologie. Abhängig von anderen war BOUSSET auch mit seiner Forderung einer Beseitigung des neutestamentlichen Kanons. Das hatte vor ihm schon ein anderer „Göttinger" gefordert, nämlich WILLIAM WREDE (gest. 1906) mit seiner Programmschrift *Über Aufgabe und Methode der sog. neutestamentlichen Theologie* (Göttingen 1897): es gäbe keinen abgeschlossenen Schriftenkanon, das Insistieren auf einem besonderen theologischen Charakter des neuen Testamentes sei historisch nicht haltbar.

Ganz in dem Geist dieser Schule hatte BOUSSET im Vorwort zur 1.Auflage hervorgehoben, ihm gehe es um die Beseitigung einer „doppelten Schranke": 1) „um die Beseitigung der Scheidewand zwischen neutestamentlicher Theologie und altkirchlicher Dogmengeschichte" (VII), und 2) um die Beseitigung „der Abtrennung der Religionsgeschichte des Urchristentums von der allgemeinen Entwicklung des religiösen Lebens, welches das Christentum im Zeitalter seiner ersten Jugend umgibt" (VIII). Beides aber mußte zu dogmengeschichtlichen Aporien führen. Was die Aufnahme des religionsgeschichtlichen Aspektes betrifft, so konnte dieser nur rein deskriptiv dargestellt werden, was man am besten einem neutralistischen Historismus hätte überlassen können. Es ist ganz interessant, wie BULTMANN in seinem „Geleitwort" Gespür für diese Aporie zeigt. Er bejaht wohl BOUSSETS Anliegen, deutet es aber zugleich im Geiste seiner Existenztheologie, wenn es heißt: „Wenn nach der Religion gefragt wurde, so wurde im Grunde nach dem existentiellen Sinn der theologischen Aussagen des Neuen Testamentes gefragt" (aaO VI). Ungewollt macht diese *interpretatio bultmanniana*

---

9   Letzte Darstellungen: PHILIPP SCHÄFER, Johann Salomo Semler (1725-1791), in: Klassiker der Theologie, hgg. von GEORG KRETSCHMAR – HEINRICH FRIES, Bd. II, München 1983; GOTTFRIED HORNIG, HDThG III (1984), 67ff. (Lit.)

auf die Belanglosigkeit der religionsgeschichtlichen Methode aufmerksam. Zugang war auf diesem Wege zur dogmatischen Autorität nicht zu gewinnen. Das galt erst recht für die Niederlegung jener Grenzbäume, die durch den neutestamentlichen Kanon gegeben sind. Sie würde die neutestamentlichen Texte in ihrer Normgeltung auf jenes Niveau senken, das auch anderen religiösen Texten dank ihrer sakrosankten Tradition zukäme. Doch nur aus der Gegenwärtigkeit lebt dogmatische Autorität, nicht aus der Vergangenheit. Dogma und Kanon haben das miteinander gemein: mit dem Kanon wird auch das Dogma hinfällig. Mit dem Dogma zerfällt das neutestamentliche Schrifttum in eine Vielheit von Themen und neutestament- [274] lichen Theologien. Eben deshalb ist der *Kyrios Christos* von BOUSSET ein Dokument der religionsgeschichtlichen Erforschung des Neuen Testamentes geblieben, aber nicht eine „neutestamentliche Theologie" geworden. Sie ist im besten Fall als eine Geschichte der Christusverehrung im hellenistischen Christentum zu bewerten.

II. Die geistesgeschichtliche Aporie

Es ist zweifelsohne ungewöhnlich, ADOLF VON HARNACK (gest. 1930) als Repräsentanten einer geistesgeschichtlichen Aporie innerhalb der Dogmengeschichtsschreibung zu vindizieren. Angesichts der fast zum gängigen Topos gewordenen HARNACK-Elogen könnte solche Beurteilung sogar als Sakrileg erscheinen.

Um dies etwas anschaulicher zu machen, seien nur zwei Beispiele von heute angeführt. Das eine ist der im Erscheinen begriffene, auf zwei Bände angelegte *Grundriß der Dogmengeschichte* des Erlanger Kirchenhistorikers KARLMANN BEYSCHLAG. Nach ihm hat HARNACK „die thematisch strengste, aber auch universalste Dogmengeschichte geschrieben", die es gibt; er habe „mit seinem *Lehrbuch der Dogmengeschichte* ein Werk geschaffen, das in der neueren Theologiegeschichte einzig dasteht" (aaO 35), weil es gleichzeitig eine „geistesgeschichtliche Synthese größten Stils" biete (aaO 37). Noch mehr tritt das Hypertrophe solcher HARNACK-Enkomien in Erscheinung, wenn sonst die nüchterne Sprache dominiert wie bei dem Bochumer GOTTFRIED HORNIG: dieser stellt in seinem Beitrag zum *Handbuch der Dogmen- und Theologiegeschichte* III durchaus nüchtern fest, HARNACKs dreibändiges „Lehrbuch ist eine Monographie über das altkirchliche Dogma, seine Entfaltung und seinen dreifachen Ausgang im römischen Katholizismus, im Protestantismus der Reformationszeit und im Sozianismus" (aaO 140). Trotz solcher indirekten Kritik an dem universalen Lehrbuchtitel zögert aber auch HORNIG nicht, HARNACKs Werk „zu den grundlegenden und bis heute unübertroffenen Forschungsleistungen" zu zählen und. festzustellen, daß „...die gesamte neuere protestantische Dogmengeschichtsschreibung bis auf unsere Gegenwart eine kritische Auseinandersetzung mit HARNACKs Konzeption geblieben ist, ohne jedoch dessen Darstellung bisher durch ein ebenbürtiges Werk ersetzt zu haben" (aaO 142).

Nun – mit Elogen ist es in der wissenschaftlichen Diskussion nicht getan. Deshalb kann man es nur begrüßen, wenn in der erwähnten Darstellung der Dogmengeschichtsschreibung HAUSCHILD zum ersten Mal die Frage nach „Aporien der Dogmengeschichtsschreibung" stellt (TRE IX, 1982, 116-125, spez. 121ff.). Es ist allerdings nicht ganz einfach zu erkennen, worin für ihn die „Aporie" der HARNACK'schen Dogmengeschichtschreibung besteht. Wenn ich recht sehe, ist es die bekannte These HARNACKs von der „Überfremdung" des urtümlichen Christentums durch den Hellenismus: sie habe nicht eine „positive Würdigung der Dogmengeschichte zugelassen" (aaO 122). Das läßt sich in der Tat an dem vielzitierten Satz: „Das Dogma [275] ist in seiner Conception und in seinem Ausbau ein Werk des griechischen Geistes auf dem Boden des Evangeliums" (Lehrbuch der Dogmengeschichte I, Tübingen ⁴1909, 20) leicht demonstrieren. Doch braucht die negative Wertung des Dogmas als Fremdkörper innerhalb eines ursprünglichen „Evangelium" noch nicht den Analytiker in eine Sackgasse zu führen. Seit den Tagen des Aufklärungstheologen JOHANN SALOMO SEMLER, d.h. seit den Anfängen der Dogmengeschichtsschreibung gehörte die Dogmenkritik zu deren Metier: nur so war zu dem lebendigen, religiösen Kern des Christentums als Ziel des ganzen Forschungsunternehmens vorzustoßen. Die verfeinerten Methoden historisch-kritischer Analyse, welche die sich spezialisierenden Geschichtswissenschaften entwickelt hatten, die Vermehrung der Quellen sowie die damit verstärkten Möglichkeiten vergleichender Untersuchung und ortender Datierung sind prinzipiell die einzigen Unterscheidungsmerkmale zwischen HARNACK und SEMLER.

Man wird daher „Aporie" als einen system-immanenten Begriff nehmen müssen, was auch seine begriffsgeschichtliche Herkunft empfiehlt. Dann erst ergibt sich ein Zugang zu der hier vorliegenden Problematik. Sie ist als Methodenkonflikt zwischen historischem Befund und dogmatischem Postulat zu charakterisieren. Das dogmengeschichtliche Konzept HARNACKs war auf einem historischen Fundament errichtet worden. Konnte dasselbe sich noch als tragfähig erweisen, wenn fortschreitende Forschung und neuauftauchendes Quellenmaterial die historischen Fakten veränderten? Und wenn das nicht Quisquilien betraf, sondern tragende Ecksteine des Fundamentes wie den Gnostizismus?

Es ist bekannt, daß die *Gnosisforschung* durch die Funde von Nag-Hammadi einen starken Auftrieb erfahren hat und zu ganz neuen Ergebnissen führte. Für solchen Wandel ist die Lektüre der *Aufsätze zur Gnosis* aus der Feder des Frankfurter Altphilologen HERMANN LANGERBECK (gest. 1964) ganz instruktiv. Sie wurden aus Nachlaß postum von dem Patristiker HERMANN DÖRRIES herausgegeben und erschienen 1967 in den AAWG.PH NF 69. Der Herausgeber als nicht zuständig hatte den bekannten Gnosisforscher CARSTEN COLPE – Berlin gebeten, für seinen Bereich das Manuskript auf den damaligen Forschungsstand zu bringen. Gerade durch diese, in den Anmerkungen kenntlich gemachten, Forschungsnachträge wird die Lektüre dieses Gnosisbuches so interessant! Der Leser fragt sich immer wieder, ob LANGERBECK – WERNER JAEGER-Schüler und Vertreter eines geistesgeschichtlichen Humanismus christlicher Prägung, der deshalb HARNACKs These von der Hellenisierung des Christentums durch die Gnosis aufgriff, allerdings ehre Deutung als Verfremdungserscheinung ablehnte – ob LANGER-BECK angesichts der durch Nag Hammadi völlig veränderten Forschungssituation an seiner Grundposition Korrekturen hätte anbringen müssen. HARNACK hätte sich dazu kaum veranlaßt gesehen, was ihm denn auch manche seiner Bewunderer von heute zugute halten.[10] [276]

Doch vergegenwärtigen wir uns kurz, daß für HARNACK die Gnosis die „acute Hellenisierung (bzw. Verweltlichung) des Christentums" herbeigeführt habe, dessen Dogmatisierung hingegen das Ergebnis einer „allmählichen Hellenisierung" gewesen sei, welche die ursprüngliche Gottfrömmigkeit zu einer doktrinalen „Glaubenslehre" deformierte und darin mit der „allmählichen Verweltlichung" der Kirche parallel verlief (Lehrbuch der Dogmengeschichte I, 244ff. 353ff. 496ff.). Dadurch war auch der chronologische Einsatzpunkt dogmengeschichtlicher Darstellung mit dem 2. nachchristlichen Jahrhundert festgelegt. Die „acute Hellenisierung" wurde von HARNACK jenen Gnostikern zugeschrieben, die man zu seiner Zeit der Quellenlage nach durch Zitate der sog. antignostischen Väter (z.B. Irenäus, Tertullian, Hippolyt, dessen Elenchos damals gerade entdeckt worden war), d.h. nur indirekt kannte. Das waren ausschließlich Gnostiker wie Valentinos in Rom (Mitte 2.Jh.) oder Ptolemaios in Alexandrien (2. Hälfte 2. Jh.), die platonisches und stoisches Gedankengut spätantiker Religionsphilosophie ihren Zwecken dienstbar machten. Der geistesgeschichtliche Ansatzpunkt war also quellenmässig geboten. Er wurde zusätzlich durch die Ausklammerung der „Orientalen" wie z.B. Basileides von Alexandrien (1. Hälfte 2. Jh.) unterstrichen. Wie sagte noch HARNACK? „Sie gehören ... nicht in die Dogmengeschichte und werden am besten in der allgemeinen Religionsgeschichte als Endproducte der babylonischen, vorderasiatischen u. weiteren Religionen mit christlichem Einschlag behandelt" (249); zugleich verwies er auf seine Anzeige von W. BOUSSETS *Hauptprobleme der Gnosis* (ThLZ 1908), in der er noch abschätziger von der orientalischen Gnosis gesprochen hatte. Die neutestamentliche Exegese gar mit dem Vergleichsmaterial solcher abstrusen Quellen zu belasten, musste HARNACK auch aus anderen Gründen abwegig erscheinen. Ihre Aufgabe war – dogmengeschichtlich gesehen – Jesu Verkündigung und die Verkündigung der Apostel über Christus Jesus herauszuarbeiten. Das war zunächst ein Gebot historischen Kausalitätsdenkens: letztlich war es ja Jesus von Nazareth gewesen, der zum Kristallisationspunkt späterer Dogmenbildung wurde. Es war aber auch eine Forderung der Argumentationslogik: nur die Kenntnis von dem „Evangelium Jesu" schuf das Kriterium, um die spätere Dogmenbildung als einen Verfremdungsprozeß beurteilen zu können.

---

10 Bes. beachtenswert HERMANN LANGERBECK, Paulus und das Griechentum. Zum Problem des Verhältnisses der christlichen Botschaft zum antiken Erkenntnisideal, aaO 83-145. Neben LANGERBECK wäre noch manch' anderer zu nennen, z.B. WILHELM KAMLAH, Christentum und Geschichtlichkeit, Stuttgart ²1951, 99: „Diese Hellenisierung hat überhaupt erst hervorgebracht, was wir bis zum heutigen Tag das Christentum nennen. Erst durch den Übertritt auf humanistischen Boden ist das Christentum seiner selbst als einer neuen geschichtlichen Religion bewußt geworden" (ich verdanke das Zitat RUDOLPH s. Anm. 5).

Dieses, von A.V. HARNACK entworfene, Geschichts- und Charakterbild [277] seines sog. „Gnostizismus" ist durch die heutige Gnosisforschung obsolet geworden.[11] In der „Gnosis" darf man mit HANS JONAS und anderen wie z.B. ALEXANDER BÖHLIG[12] eine zeitlos-menschliche Grundeinstellung zu den Existenzfragen und ihre gleichbleibende Beantwortung durch eine gnoseologische Ideologie erblicken, mag die geistige Höhenlage noch so unterschiedlich sein. Die auf dem Gnosiskongreß von Messina 1966 beschlossene Unterscheidung zwischen „Gnosis" als einem allgemeinen Religionsphänomen und dem „Gnostizismus" als historische Erscheinung erweist sich auch für die heuristische Methode als eine glückliche Lösung. Sie machte Revisionen notwendig. So wird die sog. orientalische Gnosis HARNACKs heute als sog. mythologische Gnosis unter diesen existenz- [278] philosophischen Aspekten weit höher bewertet. Erinnert sei außerdem an den Fall des Basileides von Alexandrien bzw. dessen Anhänger in der 1. Hälfte des 2. Jh.s. Sie wurden gleichfalls als „orientalisch" aus der Dogmengeschichte von HARNACK verbannt: heute hingegen wird ihr Begründer als

---

11 Aus der uferlosen Forschungsliteratur, die natürlich auch spezielle Bibliographien involvierte, kann nur eine persönlich motivierte Auswahl genannt werden: Le Origini dello Gnosticismo. Colloquio di Messina 13-18 aprile 1966. Testi e discussioni pubblicati a cura di UGO BIANCHI, Leiden 1967 (wegen der Unterscheidung zwischen „Gnosis" und „Gnostizismus" aaO XX-XXII wichtig); K. RUDOLPH, Gnosis und Gnostizismus, Darmstadt 1975 (Aufsätze anderer Autoren). CARSTEN COlpe bot in JAC 15 (1972) bis JAC 25 (1982) laufend interessante Auswertungen der Nag-Hammadi-Funde; erinnert sei an seine FS-Beiträge, in: Festschrift für Joseph Klein zum 70. Geburtstag, hg. ERICH FRIES, Göttingen 1967, 86ff. (Die „Himmelsreise der Seele" als philosophie- und religionsgeschichtliches Problem), sowie in: Religions in Antiquity. Essays in Memory of ERWIN RAMSDELL GOODENOUGH, ed. JACOB NEUSNER, Leiden 1968, 227ff. (New Testament and Gnostic Christology). Anschauliche Einführung auch in die anderen Textfunde durch KURT RUDOLPH, Die Gnosis, Göttingen ²1980. Gute Einführung in die hier vorliegende Problematik durch ROBERT MCLACHLAN WILSON, Gnosis und Neues Testament, Stuttgart 1971, vgl. auch die ihm von ALEXANDER BÖHLIG u. andern Gnosisforschern zugedachten Beiträge in der FS The New Testament and Gnosis edd. A.H.B. LOGAN – ALEXANDER J.M. WEDDERBURN, Edinburgh 1983. Im übrigen wird auf CARL ANDRESEN, HDThG I (1982), 42ff., 62ff. (Lit.) verwiesen.

12 Ders., Zur Struktur gnostischen Denkens, NTS 24 (1978), 490-509. Zu dem Standardwerk von HANS JONAS, Gnosis und spätantiker Geist, Göttingen ³1964 (Bd. I mit Ergänzungsheft); Göttingen ²1966 (Bd. II) vgl. auch die Korrekturvorschläge bzw. Anfragen in der JONAS gewidmeten FS: „Gnosis", hg. von BARBARA ALAND, Göttingen 1978, z.B. durch ARTHUR HILARY ARMSTRONG zum Ausdruck „Spätantiker Geist" (aaO 87-124: Gnosis and Greek Philosophy) oder durch die Hg.in (aaO 158-215: Gnosis und Kirchenväter. Ihre Auseinandersetzung um die Interpretation des Evangeliums), ob die Deutung des gnostischen Dualismus als Ausdruck des „immanenten Erlebnis der Mensch-Weltentzweiung" bzw. als „Projektion einer Grunderfahrung" des Gnostikers als „eigene Offenbarungswahrheit" (HANS JONAS, Zwischen Nichts und Ewigkeit. Zur Lehre vom Menschen, Göttingen 1963, 5-25 = Ders., Gnosis, Existentialismus und Nihilismus, in: Ders., Organismus und Freiheit. Ansätze zu einer philosophischen Biologie, Göttingen 1973, 292-316, spez. 300) nicht auch eine umgekehrte Deutung zulasse, nämlich daß von dem christlichen Offenbarungsgedanken aus „durchschaut werden konnte, was die Welt ist, nämlich das Nichtige" (aaO 160).

Repräsentant eines „christlichen Humanismus" (W.-D. HAUSCHILD) gewürdigt.[13]
Erwähnt sei endlich der mythische Vorstellungskomplex vom „Urmensch" irani-
schen Ursprungs, dessen synkretistischer Gehalt sich leicht mit den Adamsspeku-
lationen sethianischer Gnosis verbinden konnte, wie der neugefundene Traktat
von Nag Hammadi „Offenbarung des Adam an seinen Sohn Seth" (NHC V, 5)
lehrt:[14] hier hat jüdische Adamstheologie als Mittlerin den Rang eines „missing
link" gewonnen und verlegt solch' gnostisches Gedankengut in paulinische Umwelt.

Der Dogmenhistoriker ist naturgemäß am stärksten an der gnostischen Erlö-
serlehre bzw. Christologie interessiert. Das eint mit der neutestamentlichen Forschung, auf die er sich zugleich am meisten angewiesen sieht. Doch lassen wir uns
in diesem Falle vielleicht die Situationsschilderung durch einen (konservativen)
Gnosisforscher in Gestalt von HANS-MARTIN SCHENKE geben. Er schreibt in der
Anzeige von der Studie LUISE SCHOTTROFFs *Der Glaubende und die feindliche Welt*
(Neukirchen 1970), worin er mit ihr übereinstimmt: „Die bisher die gesamte
religionsgeschichtliche Erörterung des Verhältnisses von Gnosis und Neues Testament beherr- [279] schende Konzeption von dem einen, alle gnostischen Ob-
jektivationen prägenden und verbindenden Erlösermythos, d.h. die klassische
Theorie über den Mythos vom erlösten Erlöser ist nicht mehr aufrechtzuerhalten.
Es bedarf infolgedessen einer ganz neuen Bestimmung dessen, was gnostisch ist,
einer Neudefinition…als Grundlage des Vergleiches mit dem Neuen Testament".[15] Mit Frau SCHOTTROFF findet SCHENKE dann solche Vergleichsgrundla-

---

13   Christologie und Humanismus bei dem „Gnostiker" Basileides, ZNW 68 (1977), 67-92. Schon
      HERMANN LANGERBECK, Die Anthropologie der alexandrinischen Gnosis, in: Ders., Aufsätze
      zur Gnosis, Göttingen 1967, 38-82, spez. 46ff. setzte in einem, WERNER JAEGER 1948 zuge-
      dachten, Festschriftbeitrag Basileides und sein Menschenbild von dem gnostischen Weltpessi-
      mismus ab, was EKKEHARD MÜHLENBERG, Wirklichkeitserfahrung und Theologie bei dem
      Gnostiker Basilides, KuD 18 (1972), 161-175 bezüglich der Theologie des Martyriums fortführ-
      te, vgl. auch dessen Artikel s.v., TRE 5 (1980), 296-301 (Lit.).

14   Neben MARTIN KRAUSE, in: WERNER FOERSTER, Die Gnosis II, Zürich 1971, 17-31 vgl. jetzt
      auch OTTO BETZ, Art. „Adam" I 3, TRE 1 (1977), 421-424, spez. 422f., der zur gnostischen
      Adamliteratur auch das Apokryphon Johannes zählt; Lit. dort ergänze durch: A. BÖHLIG, Ein
      Zeugnis jüdisch-iranischer Gnosis, in: Ders., Mysterion und Wahrheit. Gesammelte Aufsätze,
      Leiden 1968, 149-161; FRANÇOISE MORARD, L'Apocalypse d'Adam de Nag-Hammadi. Essai
      d'interpretation, in: Gnosis and Gnosticism, ed. KRAUSE, Leiden 1977, 35-42; Dies.,
      L'„Apocalypse d'Adam" du codex V de Nag Hammadi et sa polémique antibaptismale, RevSR
      51 (1977), 214-233; P. PERKINS, Apocalypse of Adam. The genre and function of a gnostic Apo-
      calypse, CBQ 39 (1977), 382-395. Auch die Paraphrase des Sem (NHC VII, 1) dürfte jenem jü-
      disch-gnostischen Schrifttum zuzurechnen sein, das als Mittlerin gnostischer Schrifttradition an
      das frühe Christentum in Frage kommt, wie z.B. Der zweite Logos des großen Seth (NHC VII,
      2) oder die Drei Stelen des Seth (NHC VII, 5), ein dreiteiliger Hymnus auf Adamas, Barbelo und
      den Präexistenten, vgl. BERTHOLD ALTANER – ALFRED STUIBER, Patrologie, aaO 568; ergänze:
      C. COLPE, JAC 16 (1973), 106-119, 123-126.

15   HANS-MARTIN SCHENKE, ThLZ 97 (1972), 751-755, spez. 751. Schon COLPE hatte in seiner
      Göttinger Arbeit: Die religionsgeschichtliche Schule. Darstellung und Kritik ihres Bildes vom
      gnostischen Erlösermythus, Göttingen 1961, Bedenken angemeldet.

ge in dem gnostischen Dualismus. Daß gerade auf diesem Felde sich das palästinensische Judentum als Mittlerin anbot, legt der johanneische Entscheidungsdualismus nahe, der durch die Qumranfunde in den näheren Umkreis der Urchristenheit gerückt worden ist. Eben diese Ambivalenz hinsichtlich der Erlösergestalt und ihrer Definierung öffnete dem gnostischen Gedankengut gerade zum Judentum die Eingangspforten. Unter diesem Vorbehalt konfessioneller Gleichgültigkeit läßt sich von einer „gnostischen Christologie" sprechen.

Schon immer hat z.B. das hellenistische Judentum, das neuerdings wieder durch die Studien von MARTIN HENGEL in Palästina aufgespürt worden ist, als Wiege christologischer Vorstellungen gegolten. Besagter Neutestamentler hat dies für die christologische Prädikation *Der Sohn Gottes. Die Entstehung der Christologie und die jüdisch-hellenistische Religionsgeschichte* – so der Titel seiner 1975 ([2]1977) veröffentlichten Tübinger Antrittsvorlesung – konkretisiert und gleichzeitig auch die alttestamentlichen Weisheitsspekulationen einbezogen. Das hatte schon vor ihm monographisch die *Untersuchung zur Weisheitstheologie im hellenistischen Judentum* von BURTON LEE MACK (Göttingen 1973) getan und zugleich das Untersuchungsfeld auf Philon von Alexandrien ausgedehnt, d.h. aber auch geistesgeschichtlich-religionsphilosophische Gefilde aufgesucht. Ich hebe das hervor, um abermals daran zu erinnern, wie in der heutigen Forschungsdebatte die alte Frontstellung: religionsgeschichtliche gegen geistesgeschichtliche Ableitung des frühen Christentums obsolet geworden ist:[16] Nicht zuletzt die Nag Hammadi-Traktate, in denen die Figur der Weisheit als „Sophia Jesu Christi" ihre starke Anziehungskraft auf [280] gnostische Spekulationen unter Beweis stellt,[17] erinnern an diesen Tatbestand.

Man kann also heute als gesichert davon ausgehen, daß Paulus in Korinth (1.Kor 1f.) mit gnostischer Christologie in Gestalt solcher Weisheitsspekulationen

---

16   Im gleichen Jahr wie BURTON LEE MACK erschien auch R. G. HAMERTON KELLY, Pre-Existence, Wisdom and the Son of Man. A Study of the Idea of Pre-Existence in New Testament, New York 1973. Zu MARTIN HENGEL – vgl. auch Ders., Judentum und Hellenismus, Tübingen (1962) [2]1973; Ders., Juden, Griechen und Barbaren. Aspekte der Hellenisierung des Judentums in urchristl. Zeit, Stuttgart 1976 – sei an die älteren Arbeiten von GERHARD KITTEL, Die Probleme des palästinensischen Spätjudentums und das Urchristentum, Stuttgart 1926; Ders., Urchristentum, Spätjudentum und Hellenismus, Gütersloh 1926 erinnert.

17   NHC III, 4, Die Sophia Jesu Christi (ALTANER – STUIBER, aaO 131.575 ohne Angabe der 2. Quelle des Pap. Berolinensis 8502, vgl. K. RUDOLPH, Die Gnosis aaO 33 f. 53) vgl. mit NHC VI, 2, Nebront (= Der Donner) Der vollkommene Verstand (ALTANER – STUIBER, aaO 567; C. COLPE, JAC 15, 1972, 11f.). Die Offenbarungsrede der Sophia bevorzugt den „Ich bin"-Stil, wobei ihr „jeder christlicher Einfluß fehlt" (so der Uebersetzer HANS-G. BETHGE, ThLZ 98, 1973, 97-104). Auch NHC III, 3 u. NHC V, 1, Der Brief des Eugnostos (ALTANER – STUIBER, aaO 106.566; C. COLPE, JAC 19, 1976, 131f.) gehört zum Genos gnostischer Weisheitsspekulation, steht außerdem in literarischer Abhängigkeit zur „Sophia Jesu Christi", wobei man heute den Primat dem Eugnostosbrief zuzuweisen geneigt ist, dessen ursprüngliches System „einige jüdische, doch keine christlichen Elemente" enthielt (WILSON, Gnosis und Neues Testament, aaO 105-110, spez. 109). Weiteres in den FS-Beiträgen von MARTIN KRAUSE, Mullus, FS. THEODOR KLAUSER, Münster 1964, 215ff. und H.-M. SCHENKE, FS für HANS JONAS, aaO, 351ff.

seine Bekanntschaft gemacht hat (so ULRICH WILCKENS und WALTER SCHMITHALS).[18] Ebenso ist kaum mehr in Zweifel zu ziehen, daß Weisheitsspekulationen in die Logientradition Eingang gefunden haben und trotzdem nicht abgelehnt wurde (Lk 7,33-35 = Mt 11,18f = Q).[19] Nichts steht f.m.v. eigentlich dem entgegen, formal-literarische Einflüsse gnostischen Schrifttums auch für das Neue Testament anzunehmen. Hier sei wiederum nur ein Beispiel aus den Texten vorgetragen, nämlich dem Traktat *Der dreigestaltige Erstgedanke* (NHC XIII, 1), zumal ihm JAMES M. ROBINSON in seiner Beziehung zum johanneischen Prolog eine besondere Würdigung hat zuteil werden lassen.[20] Beschränken wir uns dabei auf die [281] Selbstprädikation *Ego-Eimi* in dieser Offenbarungsrede, wobei aus gleich zu nennenden Gründen diejenigen Textpartien für uns interessant sind, die keine johanneischen Parallelen bieten. So der Textanfang:

> Ich bin die Protennoia / der Gedanke, der im (Vater) wohnt
> Ich bin die Bewegung, / die im (All) waltet,
> > die, in der das All seinen Bestand hat
> Das Erstlingsgeschöpf unter dem Gewordenen / (die, die) vor dem All ist,
> > genannt mit drei Namen
> > und allein existierend als vollkommen (p. 734)

Wir haben es mit einem gnostischen Offenbarungsspruch zu tun, der rhythmisch gestaltet ist, was die Übersetzer denn auch im Druck der gleichartigen anderen Textpartien kenntlich machen; sie sind als Hymnen zu beurteilen.[21] Besondere

---

18 ULRICH WILCKENS, Weisheit u. Torheit. Eine exegetisch-religionsgeschichtliche Untersuchung zu I.Kor 1. u. 2, Tübingen 1959; Ders, ThWNT VII (1964), 465ff. – WERNER SCHMITHALS, Die Gnosis in Korinth, Göttingen (1956) ³1969; Ders., Paulus und die Gnostiker, Hamburg 1965 (zur Kritik vgl. DIETER GEORGI, VuF 1958/59, München 1960, 17ff.; HANS CONZELMANN, KEK V, Göttingen ²1981, 32). H. CONZELMANN, Paulus und die Weisheit, NTS 12 (1965/66), 231-244. Ders., Theologie als Schriftauslegung. Gesammelte Aufsätze, München 1974, 177-190. MARTIN WINTER, Pneumatiker und Psychiker in Korinth. Zum religionsgeschichtlichen Hintergrund von 1. Kor. 2,6- 3,4, Marburg 1975, kommt aus der Marburger Schule W. G. KÜMMELs.

19 Neben den Kommentaren vgl. dazu HANS CONZELMANN, Die Mutter der Weisheit, Tübingen 1964 = Ders.,, Theologie als Schriftauslegung, München 1974, 167-176 (Religionsgeschichtliche Zusammenhang mit Isis etc); FELIX CHRIST, Jesus Sophia. Die Sophia-Christologie bei den Synoptikern, Zürich 1970.

20 JAMES M. ROBINSON, Sethians and Johannine Thought. The Trimorphic Protennoia and the Prologue of the Gospel of John, in: The Rediscovery of Gnosticism II, ed. BENTLEY LAYTON, Leiden 1980, 643-672, vgl. CARSTEN COLPE, JAC 17 (1974), 119ff., der einen Bezug zum johanneischen Prolog bezweifelt, vgl. K. RUDOLPH, Die Gnosis, aaO 101f. 153ff. 168.203f. 214f. Eine Übersetzung lieferte der „Berliner Arbeitskreis für koptisch-gnostische Schriften" (H.-M. SCHENKE) in ThLZ 99 (1974), 731-746.

21 Die von K. RUDOLPH aaO 154-157 gegebenen Textproben lassen das leider nicht erkennen. Weitere Belege der Ego-Eimi-Selbstprädikationen wie NHC VI, 2, „Nebront…" (s. Anm. 17) sind im parallelismus membrorum gestaltet, entbehren daher des für christologische Akklamationen alias „Namenspreisung" typischen Relativsatzes als prädikative Aussage, vgl. dazu R. BULTMANN, Bekenntnis- und Liedfragmente im ersten Petrusbrief, FS ANTON FRIDRICHSEN, Lund 1947 = Exegetica, hg. von ERICH DINKLER, Tübingen 1967, 285-297. Weiteres s.o.

Aufmerksamkeit verdienen die selbstprädikativen Relativsätze. In der gewandelten Gestalt eines christologischen Akklamationsstiles sind sie auch für urchristliche Hymnen charakteristisch. Im strengen Sinn handelt es sich um „Namenspreisung", um „Onoma-Doxologie". Sie hat ihren „Sitz" in erster Linie im gottesdienstlichen Leben, dann aber auch in der persönlichen Frömmigkeit, d.h. in dem gerade für das Judentum so charakteristischen Gebetsleben. Die Neutestamentler, darin auch von den Altphilologen unterstützt, haben sich in zahlreichen Untersuchungen mit diesen, weithin im *parallelismus membrorum* gehaltenen, Psalmen und Hymnen befaßt. Chronologisch ältester Beleg, zugleich auch Ausgangsbasis für alle diesbezügliche Forschung, ist der deshalb auch sehr bekannte, vorpaulinische Christushymnus Phil. 2,6-11. Er muß auch für den Dogmenhistoriker die Ausgangsbasis sein, wie die jüngste Darstellung von A. GRILLMEIER demonstriert.[22] In exemplarischer Weise kann an [282] dem Hymnus beobachtet werden, wie die hellenistische Kyrios-Prädikation und mit ihr zugleich die Präexistenzchristologie im gottesdienstlichen Kultgesang beheimatet sind, wenn man nicht besser vom gottesdienstlichen Sprechgesang sprechen sollte. Auf jeden Fall ist bei solcher Einordnung in den urchristlichen Gottesdienst der liturgische Zeitbegriff in Rechnung zu stellen. Der „Gepriesene" ist immer der „Gegenwärtige" – d.h. aber auch: der „Himmlische", der „Überirdische". Die liturgische Situation, die später im Auftakt zur Eucharistie nicht zufällig von dem *Sursum corda* geprägt wird, begünstigt die Erhöhungs- bzw. Präexistenzchristologie.

Auf ihren die Herzen emporreißenden Akklamationsstil ist endlich nicht nur die Usurpierung der Kyriosprädikation, sondern auch deren Anreicherung durch weiteres, hellenistisches Fremdgut zurückzuführen. Solche Ausweitung läßt sich an dem Hymnus Kol 1,15-20 aufzeigen. Er ist durch ERNST KÄSEMANN 1949 zur Diskussion gestellt worden.[23] Derselbe nahm in der ursprünglichen Fassung einen vorchristlichen Hymnus an, der von dem gnostischen Erlöserkonzept geprägt gewesen sei; durch wenige Zusätze – z.B. Kol 1,20b: „durch das Blut seines Kreuzes", was an den paulinischen Zusatz im Christushymnus Phil 2,8c: „zum Tode am Kreuz" erinnert – sei daraus das Bekenntnislied einer urchristlichen Taufliturgie geworden. Ob man nun dem zustimmt oder lieber mit EDUARD LOHSE, dem Kommentator dieser Stelle (Die Briefe an die Kolosser und an Philemon, KEK IX,2, Göttingen [15]1977, 82ff.), sich darauf beschränkt, als religions-

---

22   A. GRILLMEIER Jesus der Christus im Glauben der Kirche I, Freiburg [2]1982, 85-96. Zur frühchristlichen Hymnologie siehe für Quellen und Literatur C. ANDRESEN, HDThG I (1982), 17 Anm. 3; zu wenig Beachtung fand die Arbeit von HANS-WERNER BARTSCH, Die konkrete Wahrheit und die Lüge der Spekulation. Untersuchungen über den vorpaulinischen Christushymnus und seine gnostische Mythisierung, Bern/Frankfurt 1973.

23   E. KÄSEMANN, Eine urchristliche Taufliturgie, in: FS für RUDOLF BULTMANN, Stuttgart 1949, 133-148 = Ders., Exegetische Versuche und Besinnungen, Göttingen [6]1970, 34-51, vgl. dort auch dessen Kritische Analyse von Phil. 2,5-11 (1950), aaO 51-95. GRILLMEIER, aaO 96-122 stützt sich vor allem auf CHRISTOPH BURGER, Schöpfung und Versöhnung. Studien zu liturgischem Gut im Kolosser- und Epheserbrief, Neukirchen 1975, verweist aber auch auf WOLFGANG PÖHLMANN, Die hymnischen All-Prädikationen in Kol. 1,15-20, ZNW 64 (1973), 53-74. Zum Nachstehenden vgl. ANDRESEN aaO 15ff.

geschichtlichen Hintergrund des Taufpsalmes das hellenistische Judentum zu benennen, so ist im Unterschied zu Phil 2 an den beiden Strophen von Kol 1 die Ausweitung der Christusprädikationen in kosmologische, aber auch eschatologische – Urzeit und Endzeit ansprechende – Dimensionen offensichtig. Kosmische, d.h. griechisch-hellenistische Frömmigkeit mischt sich in die hymnischen Allprädikationen. Akklamationsstil und hymnisch-emotionale Eigengesetzlichkeit haben solche Entwicklung gefördert.

Auf die neutestamentliche Forschung angewiesen, um den Wandel seit HAR-NACKs Zeiten festzuhalten, mußte der Dogmenhistoriker Wohlbekanntes hier zu Gehör bringen. Er könnte in der Tat sich die Frage vorlegen, ob der dogmenhistorische Altmeister sich davon beeindruckt gezeigt und zur Korrektur veranlaßt gesehen hätte. Sein „Nein" müßte auf jeden Fall näher begründet werden: [283]

Sicherlich hätte HARNACK die, durch die *Wiederentdeckung des Gnostizismus* (Rediscovering of Gnosticism) gekennzeichnete, Forschungssituation kaum zwingen können, seine Deutung der Dogmenbildung als Verfremdungsprozeß zurückzunehmen. In seinen Augen hätte eben dann die besagte „Verfremdung" des Christentums von den Anfängen an bestanden. Um es pointiert zu formulieren: das Dogma von dem *Kyrios Christos* wäre eben dann *proton pseudos* gewesen. Schmerzlich würde für HARNACK höchstens sein, daß ausgerechnet die von ihm so heftig befehdete Religionsgeschichtliche Schule in ihrem letzten Vertreter (BULTMANN)[24] ihn zu einer solchen Konzession gezwungen hätte. Unentwegt aber hätte er an seinem Konzept des „Evangelium Jesu von Nazareth" festgehalten und auch festhalten müssen. Wohl war dasselbe von ihm als eine historische Größe konzipiert, wie überhaupt seine Argumentation entsprechend den Verstehenshorizonten seiner Zeit sich auf dem Felde der Geistes- und Theologiegeschichte bewegte. In Wahrheit aber war das „Evangelium", in das nicht Jesus, sondern nur sein himmlischer Vater und das Gottesreich der Liebe gehörten, eine systematisch-normative Größe, unter deren Sonde die Dogmengeschichte zu bewerten sei. Pate gestanden hatte die zeitbeherrschende Theologie des neukantianischen, dogmenfeindlichen Liberalismus, für HARNACK insbesondere verkörpert durch den Göttinger Systematiker ALBRECHT RITSCHL (gest. 1889). Darauf hat im Gefolge vieler Gelehrter der holländische Patristiker EGINHARD P. MEIJERING hingewiesen. Ich erwähne ihn besonders, weil derselbe Autor im vergangenen Jahr der Lutherpublikationen eine Abhandlung zum *Hintergrund und Bedeutung der Lutherinterpretation A. von Harnacks* vorlegte und gezeigt hat, wie HARNACK mit Hilfe der Unterscheidung zwischen dem „ganzen" und dem „wahren" Luther (so auch der Buchtitel) den Reformator im Geiste RITSCHLs interpretiert, indem er zum Kronzeugen des theologischen Liberalismus wird.[25] Was

---

24 Dazu vgl. ERICH DINKLER, Einleitung, in: Exegetica, aaO Xff. Zu HARNACK vgl. CARSTEN COLPE, Bemerkungen zu ADOLF VON HARNACKs Einschätzung der Disziplin „Allgemeine Religionsgeschichte" (1963) = Ders., Theologie, Ideologie, Religionswissenschaft, München 1980, 18-39.

25 EGINHARD P. MEIJERING, Theologische Urteile über die Dogmengeschichte. Ritschls Einfluß auf von Harnack, Leiden 1978 (= ZRGG.B XX); Ders., Der „ganze" und der „wahre" Luther.

HARNACK als objektiv-historische Gegebenheiten ausgab, war in seiner Anordnung und Deutung aus systematisch-theologischer Reflexion heraus in die Gegenwart zurückgerufen worden. Einem Geschlecht, das durch die Schule der Hermeneutik gegangen ist und etwas von dem „Vorverständnis" bei der Textinterpretation weiß, mag es beeindruckend erscheinen, wie HARNACK seine Dogmengeschichte im Lichte [284] seiner Theologie sieht. Wer ihm aber als Dogmenhistoriker gerecht werden will, der muß in der Tat von einem Konflikt zweier Methoden und deshalb von einer „Aporie" seiner Dogmengeschichtsschreibung sprechen.

Letztlich ist sie denn auch ohne die Wintervorlesung 1899/1900 nicht zu verstehen, in welcher HARNACK einer breiteren Öffentlichkeit sein dogmengeschichtliches und zugleich theologisches Konzept vortrug. Die Buchveröffentlichung unter dem Titel *Das Wesen des Christentums* (Leipzig 1900) erfuhr viele Auflagen und Übersetzungen. Zum halbhundertjährigen Jubiläum schrieb 1950 RUDOLF BULTMANN ein „Geleitwort". Es ist ganz aufschlußreich, wie der Marburger die Frage nach dem „Wesen" im Sinne seiner Existenztheologie als Frage nach der „Aktualität" des Christentums und „seiner gegenwärtigen Gültigkeit" (aaO XII) versteht. Sicherlich kommt damit seine Hochachtung vor HARNACK zum Ausdruck, die sogar zur Ehrfurcht vor dem Harnacktext werden kann, wenn BULTMANN an dem vielzitierten Satz: „Nicht der Sohn, sondern der Vater allein gehört in das Evangelium" den Nebensatz „wie es Jesus verkündigt hat" durch gesperrten Druck hervorhebt, um die Identität von Verkündigung und Verkündiger d.h. einen Kerngedanken seiner eigenen Theologie schon bei HARNACK wiederzufinden. In gleicher Weise – wir sahen es bereits – brachte BULTMANN seine Hochachtung gegenüber WILHELM BOUSSET zum Ausdruck, als er 1964 das Geleitwort zu dessen *Kyrios Christos* schrieb. Er konnte dies, weil er mit seiner hermeneutischen Methode in gleicher Freiheit sich den Ergebnissen der Religionsgeschichte wie Geistesgeschichte stellen konnte.[26]

Hintergrund und Bedeutung der Lutherinterpretation von A. von Harnack, Amsterdam 1983 (= MNAW.L NS 46, 3).

26 HARNACK, Das Wesen des Christentums, Stuttgart 1950. Von „Neuauflagen" im strengen Sinne des Wortes kann nicht gesprochen werden, obwohl HARNACK zu den Neudrucken bis „zum 70. Tausend" drei Vorworte schrieb. Das zum 56. Tausend ist wegen seiner Schlußbemerkung beachtenswert: „Die billige spanische Ausgabe in zwei Bändchen…hat mich besonders gefreut; denn hier ist das Büchlein in die Biblioteca sociológica international aufgenommen und steht dicht neben KARL KAUTSKY, La defensa de los trabajadores y la jornada de ocho horas. Ich kann nur wünschen, daß es überallhin gelangt, wo das KAUTSKYsche Buch gelesen wird". Das wurde in der wilhelminischen Ära von einem ihrer angeblichen Repräsentanten 1908 geschrieben! Vgl. zu diesem „Vorwort": LAURENTIUS CAVALLIN, Dogma und Dogmenentwicklung bei Adolf von Harnack. Eine Frage an die neuere Theologie, Rom 1976, 192-194. Mit dem BULTMANNschen „Geleitwort" vgl. auch das des Göttinger Systematikers WOLFGANG TRILLHAAS zur Taschenbuchausgabe Gütersloh 1977 (= GTBS Nr. 227).

III.

Eingangs wurde angekündet, daß die vorzutragenden Gedanken ausschließlich sich mit den „Aporien" beschäftigen würden, die sich für die religionsgeschichtliche Ableitung des frühen Christentums bzw. eine geistesgeschichtliche Alternative im Rahmen der Dogmengeschichtsschrei- [285] bung ergeben. So wird denn auch die Zusammenfassung zunächst nur aus einigen negativen Feststellungen bestehen müssen:

1) Prinzipiell gesehen ist für die dogmengeschichtliche Darstellung der Problemkreis einer „Ableitung" des Christentums ohne Belang. Weit größere Wichtigkeit besitzt die Frage, unter welchen theologischen Prämissen Dogmenbildung gewertet und geschildert wird. So gesehen ist es zu begrüßen, wenn LAURENTIUS CAVALLIN in seiner Dissertatio Gregoriana: *Dogma und Dogmenentwicklung bei Adolf von Harnack* (Rom 1976) das nicht verschweigt, indem er HARNACK als „reformatorischen Theologen" einstuft. Ihn allerdings als einen „authentischen" „Theologen der reformatorischen Tradition" auszuzeichnen, ist verfehlt, zumal wenn besagte „Tradition" für CAVALLIN mit dem theologischen Liberalismus identisch ist. Eher wäre die kontroverstheologische Anfrage angebracht, wieso protestantische Dogmenhistoriker, für die der theologische Liberalismus überholt ist, trotzdem am dogmengeschichtlichen Konzept HARNACKs festhalten (BEYSCHLAG).

2) Im Rahmen der Ableitungsversuche die Alternative: Religionsgeschichte oder Geistesgeschichte beizubehalten, ist forschungsgeschichtlich überholt. *Die Wiederentdeckung des Gnostizismus*, h. eine intensive Gnosisforschung habt die Einsicht gefördert, daß religionsphilosophische Reflektion und mythologische Projektion eng nebeneinander liegen. Ein oft übersehenes, aber ebenso großes Gewicht kommt den hymnologischen Untersuchungen zu neutestamentlichen wie frühchristlichen Texten zu. In der gottesdienstlichen Situation vereinen sich religiöse Anbetung im Hymnus und mitdenkendes Anhören des Kerygma zu einer bipolaren Einheit.

Eingangs wurde ferner angedeutet, in welcher Richtung die Lösung der aufgezeigten „Aporien" gesucht wird. Dabei wurde auf die Untersuchungen von ALOIS GRILLMEIER hingewiesen. Der Hinweis bedarf der Präzisierung:

1) Da dogmengeschichtliche Darstellung auf theologischen bzw. dogmatischen Texten fußt, die interpretiert werden, kann sie sich nicht der hermeneutischen Fragestellung entziehen. GRILLMEIER hat z.B. darauf hingewiesen, welche Bedeutung „Sprache, Sprachgeist und Denkformen" für die Lösung des „Hellenisierungs-Judaisierungs-Problem" besitzt; dies ist dann auch von ALFRED ADAM in seinem leider unvollendeten, aber jetzt schon in 4. Auflage vorliegenden *Lehrbuch der Dogmengeschichte* verwirklicht worden. Der zu früh Verstorbene schrieb seine Dogmengeschichte im Sinne GERHARD EBELINGs als *Auslegungsgeschichte der heiligen Schrift* und befand sich darin durchaus im Einklang mit GRILLMEIER.[27] [286]

---

27   K. BEYSCHLAG, aaO I, 42 meint allerdings dazu: „Dagegen wird das von HARNACK hinterlassene Problem der Hellenisierung durch den Rückgriff auf die These vom Sprachgeschehen weniger

2) Daraus ergibt sich aber auch die Folgerung, daß Dogmengeschichtsschreibung als Theologiegeschichte durchzuführen ist. Diese muß sich selbst immer auf ihren schriftexegetischen Wahrheitsgehalt besinnen, um von dort aus die dogmatischen Entscheidungen der Kirche kritisch zu überprüfen und ihre Verbindlichkeit erwägen zu können. Für diese Zwecke die Hermeneutik einzuspannen, um – wie GRILLMEIER schreibt – „die klassische Christologie in ihren offenen und verborgenen Gehalten mit in unsere Theologie hereinzuholen" (aaO 527), würde das Ende der Dogmengeschichte als Dogmenkritik bedeuten. Es würde vor allem vergessen machen, daß Verstehen und Bejahen zwei verschiedene Dinge sind. Schon immer war Theologie in Gestalt der Schriftexegese Entscheidung zum Dogma. Selbst dessen Erstform „Herr ist Jesus Christus" (Phil 2,11b) ist aus der christologischen und d.h. aus der dogmatischen Exegese der Schrift hervorgegangen. Nur deren Anspruch, das Wort Gottes als Ruf zur theologischen Entscheidung zu vergegenwärtigen und für die christliche Gemeinschaft verbindlich zu machen, legitimiert die Dogmengeschichtsschreibung.

---

gelöst als vielmehr umgangen" und lehnt die Hermeneutik als eine „moderne Theorie, die den Vätern der DG selbst ganz unbewußt war" (aaO), ab. Nun – die schrieben ja auch nicht für unsere Gegenwart. Meine eigenen Studien, vgl. z.B. Art. Erlösung (RAC 6 (1966), 54-219) haben mich selber zu sehr von der Bedeutung der semantischen Fragestellung im Prinzipiellen wie auch im Speziellen z.B. der „Romanisierung" der Sprache überzeugt. ALFRED ADAM, Lehrbuch der Dogmengeschichte I, Gütersloh 1965, ⁴1981; II, Gütersloh 1968, ⁴1981 war auf drei Bände angelegt und sollte bis in die Gegenwart führen, vgl. ThLZ 89 (1964), 525f.

Bibliographie Carl Andresen

Monographien

Logos und Nomos. Die Polemik des Kelsos wider das Christentum (AKG 30), Berlin 1955

Die Kirchen der alten Christenheit (Die Religionen der Menschheit 29,1/2), Stuttgart 1971

Bibliographische Einführung in die christliche Archäologie (KiG 1, B1), Göttingen 1971 (zweite anastatische Auflage u.d.T.: Einführung in die christliche Archäologie, Berlin 1974)

Bibliographia Augustiniana, Darmstadt (1962) ²1973

Zum Augustin-Gespräch der Gegenwart I (WdF 5), Darmstadt (1962) ²1975

Zum Augustin-Gespräch der Gegenwart II (WdF 327), Darmstadt 1981

Geschichte des Christentums I (ThW 6): Von den Anfängen bis zur Hochscholastik, Stuttgart u.a. 1975 (Neubearbeitung von Adolf Martin Ritter in 2 Bänden; Geschichte des Christentums I/1: Altertum, Stuttgart u.a. 1993; Frühmittelalter – Hochmittelalter, Stuttgart u.a. 1995)

Herausgeberschaften

Arbeiten zur Kirchengeschichte, zus. mit Kurt Aland und Gerhard Müller, Berlin – New York (seit 1971)

Bibliothek der Alten Welt. Reihe Antike und Christentum, Zürich – Stuttgart (seit 1967)

Handbuch der Dogmen- und Theologiegeschichte, Bd. I: Die Lehrentwicklung im Rahmen der Katholizität, Göttingen 1982; Bd. II: Die Lehrentwicklung im Rahmen der Konfessionalität, Göttingen 1980; Bd. III: Die Lehrentwicklung im Rahmen der Ökumenizität, Göttingen 1984 (Neubearbeitung hg. von Adolf Martin Ritter, Göttingen ²1998/99)

Lexikon der Alten Welt, zus. mit Hartmut Erbse, Olof Gigon u.a., Zürich – Stuttgart 1965

Theologische Wissenschaft. Sammelwerk für Studium und Beruf, zus. mit Werner Jetter, Wilfried Joest, Otto Kaiser und Eduard Lohse, Stuttgart – Berlin – Köln (seit 1971)

Aufsätze

Die mit einem * markierten Aufsätze sind im vorliegenden Band abgedruckt.

Ephesus, die Geschichte einer Gemeinde, in: Fritz Rienecker, Praktischer Handkommentar. Der Epheserbrief, die Lehre von der Gemeinde für die Gemeinde, Neumünster 1934, 1-48 (Anhang)

Griechischer Sprachschlüssel zum Johannesevangelium, den johanneischen Briefen und der Johannesapokalypse, in: Sprachlicher Schlüssel zum griechischen Neuen Testament, hg. von Fritz Rienecker, Neumünster 1938 = Gießen [15]1977

*Justin und der mittlere Platonismus, in: ZNW 44 (1952/53) 157-195; wieder abgedruckt in: Der Mittelplatonismus, hg. von Clemens Zintzen (WdF 70), Darmstadt 1981, 319-368

Franz von Assisi und seine Krankheiten, in: WzM 6 (1954) 33-43

Asketische Forderung und Krankheit bei Franz von Assisi, in: ThLZ 79 (1954) 129-140

*Zur Dogmengeschichte der Alten Kirche, in: ThLZ 84 (1959) 81-87

*Bestattung als liturgisches Gestaltungsproblem in der Alten Kirche, in: PTh 49 (1960) 86-91

*Zur Entstehung und Geschichte des trinitarischen Personbegriffs, in: ZNW 52 (1961) 1-39

Geschichte der abendländischen Konzile des Mittelalters, in: Ökumenische Konzile der Christenheit, hg. von Hans Jochen Margull, Stuttgart 1961, 75-200; englische Fassung in: The Councils of the Church. History and Analysis, Philadelphia 1966, 82-240

*Altchristliche Kritik am Tanz – Ein Ausschnitt aus dem Kampf der Alten Kirche gegen heidnische Sitte, in: ZKG 72 (1961) 217-262; gekürzt wieder abgedruckt in: Kirchengeschichte als Missionsgeschichte, Bd. I: Die Alte Kirche, hg. von Heinzgünter Frohnes/Uwe W. Knorr, München 1974, 344-376

*Zum Formular frühchristlicher Gemeindebriefe, in: ZNW 56 (1965) 233-259

*Gedanken zum philosophischen Bildungshorizont Augustins vor und in Cassiciacum, in: Augustinus 13 (1968) 77-98

*Kirchengeschichtsschreibung – eine aktualisierte Selbstrechtfertigung (Vortrag vor der Theologischen Fakultät Aarhus, 1972, unveröffentlicht)

*Die geoffenbarte Wahrheit und die sich offenbarende Wahrheit oder: Das Verhältnis von Wahrheit und Autorität bei Augustin, in: Sichtbare Kirche. Für Heinrich Laag zu seinem 80. Geburtstag, hg. von Ulrich Fabricius/Rainer Volp (SIKKG 3), Gütersloh 1973, 22-39

Einführung in die philosophischen Spätdialoge, in: Augustinus. Philosophische Spätdialoge: Der Lehrer. Die Größe der Seele, übersetzt und erläutert von Karl-Heinrich Lütcke/Günther Weigel (Die Bibliothek der Alten Welt), Zürich – München 1973, 7-16

Die Legitimierung des römischen Primatsanspruches in der Alten Kirche, in: Das Papsttum in der Diskussion, hg. v. Georg Denzler, Regensburg 1974, 36-52

Der Erlaß des Gallienus an die Bischöfe Ägyptens, in: Studia patristica, Bd. XII/1: Papers Presented to the Sixth International Conference on Patristic Studies held in Oxford 1971, hg. von Elizabeth A. Livingston (TU 115), Berlin 1975, 385-398

*Das Geheimnis des Fortwirkens Augustins (Abschiedsvorlesung vor der Theologischen Fakultät Göttingen, 1977, unveröffentlicht)

*Adaption, Usurpation und Integration der Antike in das spätantike Christentum (Vortrag vor der Philosophischen Fakultät Uppsala, 1977, unveröffentlicht)

Einführung, in: Aurelius Augustinus, Vom Gottesstaat, aus dem Lateinischen übertragen von Wilhelm Thimme, eingeleitet und kommentiert von Carl Andresen, 2 Bde., München 1977, V-XXXII (zuletzt neu aufgelegt 2007)

Hermann Dörries 17. Juli 1895 – 2. November 1977, in: Jahrbuch der Akademie der Wissenschaften in Göttingen 1978, Göttingen 1979, 40-53

„Siegreiche" Kirche im Aufstieg des Christentums. Untersuchungen zu Eusebius von Caesarea und Dionysios von Alexandrien, in: Aufstieg und Niedergang der römischen Welt, Bd. II 23/1: Religion, hg. von Wolfgang Haase, Berlin – New York 1979, 387-459

*Die Bibel im konziliaren, kanonistischen und synodalen Kirchenrecht, in: Text – Wort – Glaube. Studien zur Überlieferung, Interpretation und Autorisierung biblischer Texte. FS Kurt Aland, hg. von Martin Brecht (AKG 50), Berlin – New York 1980, 169-208

Betrachtungen zur Madebakarte in Göttingen, in: Pietas. FS Bernhard Kötting, hg. v. Ernst Dassmann/Karl Suso Frank (JAC.E 8), Münster 1980, 539-558

Vorwort, in: Handbuch der Dogmen- und Theologiegeschichte, Bd. II: Die Lehrentwicklung im Rahmen der Konfessionalität, hg. von Carl Andresen, Göttingen 1980, XIII-XXVI

Vorwort, in: Handbuch der Dogmen- und Theologiegeschichte, Bd. I: Die Lehrentwicklung im Rahmen der Katholizität, hg. von Carl Andresen, Göttingen 1982, XIII-XVI

Die Anfänge christlicher Lehrentwicklung, in: Handbuch der Dogmen- und Theologiegeschichte, Bd. I: Die Lehrentwicklung im Rahmen der Katholizität, hg. von Carl Andresen, Göttingen 1982, 1-98

*„Ubi Tres, Ecclesia Est, Licet Laici". Kirchengeschichtliche Reflexionen zu einem Satz des Montanisten Tertullian, in: Vom Amt des Laien in Kirche und Theologie. FS Gerhard Krause, hg. von Henning Schröer/Gerhard Müller (TBT 39), Berlin 1982, 103-121

Nachwort, in: Handbuch der Dogmen- und Theologiegeschichte, Bd. III: Die Lehrentwicklung im Rahmen der Ökumenizität, hg. von Carl Andresen, Göttingen 1984, 605-611

*The Integration of Platonism into Early Christian Theology, in: Studia Patristica, Bd. XV/1: Papers Presented to the Seventh International Conference on Patristic Studies held in Oxford 1975, hg. von Elizabeth A. Livingston (TU 128), Berlin 1984, 399-413

Gedenkrede auf Erich Dinkler, in: ZThK 81 (1984) 44-53

Nobiscum vivunt, colloquuntur. (Un)zeitgemäßes zu Neuauflagen und Textausgaben der „Griechischen Christlichen Schriftsteller" (GCS), in: ThLZ 109 (1984) 857-862

Hans Lietzmann, in: Neue Deutsche Biographie 14 (1985) 544-546

*Dogmengeschichtliche Aspekte zur religions- und geistesgeschichtlichen Ableitung des frühen Christentums, in: Archivio di filosofia 53 (1985) 267-286

Einleitung, in: Paulus Orosius, Die antike Weltgeschichte in christlicher Sicht, übersetzt und erläutert von Adolf Lippold, eingeleitet von Carl Andresen, 2 Bde. (Die Bibliothek der Alten Welt), Zürich 1985/86, Bd. I, 5-54

Rezensionen

Franz von Assisi, Der Spiegel der Vollkommenheit oder der Bericht über das Leben des heiligen Franz von Assisi, übers. von W. Rüttenauer, Mümchen 1953, in: ThLZ 79 (1954) 617-619

Dumontier, Pierre, Saint Bernard et la Bible, Paris 1953, in: ThLZ 80 (1955) 611-613

Hanfmann, George M.A., The Season Sarcophagus of Dumbarton Oaks (Dumbarton Oaks Studies 2), Cambridge/ Mass. 1951, in: DLZ 76 (1955) 291-298

Honigmann, Ernest, Patristic Studies, Citta del Vaticano 1953, in: ThLZ 81 (1956) 680-682

Grillmeier, Alois, Der Logos am Kreuz. Zur christologischen Symbolik der älteren Kreuzigungsdarstellung, München 1956, in: ZKG 70 (1959) 160-162

Bibliographia Patristica 1956-57, hg. von Wilhlem Schneemelcher, Berlin 1959, in: ZKG 71 (1960) 333f.

Denys l'Aréopagite, La hiérarchie céleste. Publ. par René Roques (SC 58), Paris 1958, in: ThZ 16 (1960) 68f.

Kelly, John N.D., Early Christian doctrines, London 1958, in: ThLZ 85 (1960) 597f.

Hennecke, Edgar, Neutestamentliche Apokryphen in deutscher Übersetzung, hg. von Wilhelm Schneemelcher, Tübingen 1959, in: ZKG 71 (1960) 334-336

St. Methodius, The Symposium. A treatise on chastity (ACW 27), Westminster/Maryland, London 1958, in: ThZ 16 (1960) 146f.

Chadwick, Henry, The Sentences of Sextus. A Contribution to the History of Early Christian Ethics, Cambridge 1959, in: ZKG 72 (1961) 148f.

Gélaise Ier, Lettre contre les lupercales et Dix-huit messes du Sacramentaire léonien. Introduction, texte critique, traduction et notes de G. Pomarès (SC 65), Paris 1959, in: ThZ 18 (1962) 68f.

Stockmeier, Peter, Leo I. des Großen Beurteilung der kaiserlichen Religionspolitik, München 1959, in: ThLZ 88 (1963) 47-51

Mehnert, Gottfried, Die Kirche in Schleswig-Holstein. Eine Kirchengeschichte im Abriß, Kiel 1960, in: ZKG 75 (1964) 357f.

Andrén, Olof, Rättfärighet och Frid. En studie I det första Clemensbrevet. With a summary in English, Stockholm 1960, in: ZKG 75 (1964) 366-368

Plassmann, Otto, Das Almosen bei Johannes Chrysostomus, Münster 1961, in: ZKG 75 (1964) 375f.

Bibliographia Patristica 1958-59, hg. von Wilhelm Schneemelcher, Berlin 1960/61, in: ZKG 76 (1965) 158f.

Diepen, Dom Hermann M., Douze Dialogues de Christologie, Rom 1960, in: ThLZ 90 (1965) 195-197

Heitz, Carol, Recherches sur les rapports entre Architecture et Liturgie à l'époque carolingienne, Paris 1963, in: ZKG 76 (1965) 356f.

„Zeit und Geschichte". Dankesgabe an Rudolf Bultmann zum 80. Geburtstag, Tübingen 1964, in: ThR 31 (1965/66) 91-94

Holte, Ragnar, Béatitude et Sagesse, Paris 1962, in: Gnomon 39 (1967) 260-267

Hofmeier, Johann, Die Trinitätslehre des Hugo von St. Viktor, dargestellt im Zusammenhang mit den trinitarischen Strömungen seiner Zeit (MThS 25), München 1963, in: ThLZ 93 (1968) 674-677

Elert, Werner, Eucharist and Church Fellowship in the First Four Centuries, St. Louis/Miss. 1966, in: ThLZ 93 (1968) 607f.

Kelly, John N.D., The Athanasian Creed, London 1964, in: ThLZ 93 (1968) 433-435

Didyme l'Aveugle, Sur Zacharie. Texte inédit d'après un papyrus de Toura, ed. par Louis Doutreleau (SC 83-85), Paris 1962, in: ThZ 20 (1964), 229f.

Rozemond, Keetje, La Christologie de Saint Jean Damascène, Ettal 1959, in: ThLZ 90 (1965) 442f.

Korbacher, Joachim, Außerhalb der Kirche kein Heil? Eine dogmengeschcihtliche Untersuchung über Kirche und Kirchenzugehörigkeit bei Johannes Chrysostomus, München 1963, in: ThLZ 93 (1968) 356-358

Otto, Stephan, Die Funktion des Bildbegriffes in der Theologie des 12. Jahrhunderts, Münster 1963, in: ThLZ 93 (1968) 192-194

Hanson, Richard P.C., Tradition in the Early Church, London 1962, in: ThLZ 93 (1968) 186-189

Die Buße. Quellen zur Entstehung des altkirchlichen Buchwesen. Hg. und erläutert von Heinrich Karpp, Zürich 1969 (TC 1), in: ThZ 28 (1972) 239f.

Clasen, Sophronius, Legenda Antiqua S. Francisci. Untersuchung über die nachbonaventurianischen Franziskusquellen, legenda trium sociorum, speculum perfectionis, actus B. Francisci et sociorum eius und verwandtes Schrifttum, Leiden 1967, in: ThLZ 97 (1972) 918-922

Barnes, Timothy D., Tertullian. A Historical and Literary Study, Oxford 1971, in: ThLZ 97 (1972) 851-853

Thunberg, Lars, Microcosm and Mediator. The Theological anthropology of Maximus the Confessor (ASNU 25), Lund, Copenhagen 1965, in: ThZ 28 (1972) 242f.

Frend, William H.C., Martyrdom and Persecution in the Early Church, New York 1967, in: Gnomon 45 (1973) 691-697

Meijering, Eginhard P., God Being History. Studies in Patristic Philosophy, Amsterdam/ Oxford 1975, in: ThLZ 101 (1976) 276-278

Ruf, P. Gerhard, Franziskus und Bonaventura. Die heilsgeschichtliche Deutung der Fresken im Langhaus der Oberkirche von San Francesco in Assisi aus der Theologie des Heiligen Bonaventura, Assisi 1974, in: ThLZ 101 (1976) 288f.

Osborn, Eric F., Justin Martyr, Tübingen 1973, in: ThRev 72 (1976) 110-112

Chisholm, John E., The Pseudo-Augustinian Hypomnesticon against the Pelagians and Celestians, Friburg/Schweiz 1967-1980, in: ThRev 77 (1981) 212-215

Meagher, John C., The Way of the Word. The Beginning and the Establishing of Christian Understanding, New York 1975, in: ThLZ 106 (1981) 892-894

Theodoret of Cyrus, Eranistes. Critical text and prolegomena by Gerard H. Ettlinger, Oxford 1975, in: ThZ 37 (1981), 319f.

Lexikonartikel

Evangelisches Kirchenlexikon. Kirchlich-theologisches Handwörterbuch, hrsg. von Heinz Brunotte und Otto Weber, 4 Bde., Göttingen 1955ff.; ²1961.
Zur Geschichte des Papsttums: Alexander III. (I, 67), Alexander VI. (I,67f.), Calixt I. (I, 645), Calixt II. (I, 645f.), Clemens I. (I, 799), Clemens V. (I, 799f.), Clemens VII. (I, 800), Gregor I. (I, 1702-1704), Gregor VII. (I, 1704-1707), Gregor IX. (I, 1707f.), Gregor XIII. (I, 1708), Hadrian I. (II, 2f.), Hadrian IV. (II, 3f.), Innozenz III. (II, 331f.), Innozenz XI. (II, 333), Kaisertum und Papsttum (II, 506-512), Leo I. (II, 1073f.), Leo III. (II, 1074f.), Leo IX. (II, 1075), Leo XIII. (II, 1075-1077), Nikolaus I. (II, 1607f.), Nikolaus II. (II, 1608f.), Nikolaus V. (II, 1609), Papsttum/Geschichte des (III, 33-47), Papsttum/Geschichte des (III, 33-47), Papstnamen (III, 47f.), Paul III. (III, 90f.), Paul IV. (III, 91), Pius V. (III, 224), Pius VI. (III, 224f.), Pius VII. (III, 225f.), Pius IX. (III, 226-228), Pius X. (III, 228f.), Pius XI. (III, 229f.), Pius XII. (III, 230-232), Rom/Kirchengeschichtlich – Archäologisch (III, 667), Stephan I. (III, 1140), Stephan II. (III, 1140f.)
Zur Geschichte der Theologie: Alexandrinische Schule (I, 68-70), Antiochenische Schule (I, 149-151), Antiochenische Synoden (I, 151), Arius (I, 209-211), Athanasius (I, 234f.)
Zur Geschichte der Frömmigkeit: Franz von Assisi (I, 1334-1337), Franziskaner (I, 1334-1337), Petrus Damiani (III, 142f.)

Weltkirchenlexikon. Handbuch der Ökumene, hrsg. von Franklin H. Littell und Hans H. Walz, Stuttgart 1960.
Archäologie, christliche (86-89); Augustinus, Aurelius (111-113)

Die Religion in Geschichte und Gegenwart. Handwörterbuch für Theologie und Religionswissenschaft, hrsg. v. K. Galling, 7 Bde., Tübingen ³1957ff.
Zur Geschichte der Theologie: Apologeten (I, 477), Apologetik II (I, 480-485), Aristides (I, 596f.), Aristo von Pella (I, 597), Athenagoras (I, 679), Celsus (I, 1630f.), Diognetbrief (II, 200), Erlösung IV/Dogmengeschichtlich (II, 590-594), Hermias (III, 265f.), Hyginus/C. Julius (III, 498), Justin (III, 1076), Juvenal von Jerusalem (III, 1077), Kleinasien 2 (III, 1651f.), Kultur III/Kultur und Christentum, geschichtlich (IV, 99-105), Makarius Magnes

(IV, 619f.), Melito von Sardes (IV, 846), Miltiades Rhetor (IV, 954), Quadratus (V, 727f.), Theophilus von Antiochia (VI, 844), Wiederbringung Aller I/Dogmengeschichtlich (VI, 1693f.), Wort Gottes III/ Dogmengeschichtlich (VI, 1812-1817).
Zur Geschichte der christlichen Archäologie: Fisch (II, 968), Goldgläser (II, 1689f.), Grab/Heiliges (II, 1816f.), Heilige Stätten III/ In der Alten Kirche und im Mittelalter (III,160-162)

Lexikon der Alten Welt, hrsg. von Carl Andresen, Hartmut Erbse, Olof Gigon, Karl Schefold, Karl F. Stroheker und Ernst Zinn, Zürich/Stuttgart 1965. Acta Alexandrinorum (16), Adoptianismus (20), Antiochia 2/Altchristliche Bauten (181), Apollinaris von Laodikea (209), Arator (239), Architektur III/ Christliche (282-286), Aristeides von Athen (304f.), Baptisterium (432f.), Basilika im Kirchenbau (439-442), Biographie/Christliche (472f.), Christusbild (621f.), Ciborium (626f.), Coemeterien (649f.), Diodoros von Tarsos (740f.), Dionysios d. Gr. von Alexandria (753), Dura-Europos/Frühchristliche Bauten (781f.), Elfenbeinkunst/Christliche (805f.), Exegese (931-933), Fulgentius von Ruspe (1009f.), Grabeskirche (1126), Grabinschriften/Jüdische und christliche (1126f.), Gregor d. Gr. (1134f.), Inschriften/Jüdische (1386), Katakomben (1504-1506), Katechetik/Katechetische Schriften (1507f.), Konstantinopel/Altchristliche Bauten (1589f.), Kopten/Koptisches Christentum (1595f.), Kunst/Christliche. Geschichte – Bedeutung (1644f.), Lateranbaptisterium (1690), Leo d. Gr. (1708f.), Literatur/Christliche. Christliche Deutung Antiker Literatur (1750f.), Memoria/Memorialkirche (1901f.), Methodius von Olympos (1950), Monarchianismus (1983), Monophysitismus (1987), Mystik/Christliche (2042), Mythendeutung/ Christliche (2044), Narthex/Christlicher (2058), Niceta von Remesiana (2086), Ophiten (2136), Papstbriefe (2217f.), Paulinus von Pella (2234), Plastik/Christliche (2361-2364), Protreptik/Christliche (2459), Psalmen (2465f.), Reliquiar (2607), Rom E/Das altchristliche Rom. Altchristliche Bauten (2669f.), Romanus (2673), Schola cantorum (2723), Theater A/Aufführungen. Stellung des Christentums zum Theater (3029f.), Zentralbau (3327-3331)

Reallexikon für Antike und Christentum. Sachwörterbuch zur Auseinandersetzung des Christentums mit der Antiken Welt, hrsg. von Theodor Klauser, Stuttgart 1950ff.
Erlösung (VI, 54-219)

Theologische Realenzyklopädie, hrsg. von Gerhard Müller und Gerhard Krause, Berlin/New York 1977ff.
Antike und Christentum (III, 50-99)

Register

Bibelstellen

Autoren von Quellenschriften

Moderne Autoren